INTERNATIONAL ECONOMIC LAW
IN TRANSITION

变革中的国际经济法

孔庆江　主编

法律出版社 | LAW PRESS
北京

图书在版编目（CIP）数据

变革中的国际经济法 / 孔庆江主编. -- 北京：法律出版社，2025. -- ISBN 978-7-5197-9946-5

Ⅰ. D996

中国国家版本馆 CIP 数据核字第 2025J4N069 号

变革中的国际经济法	孔庆江 主编	责任编辑 罗　欣
BIANGE ZHONG DE GUOJI JINGJIFA		装帧设计 贾丹丹

出版发行　法律出版社　　　　　　　　　开本　710 毫米×1000 毫米　1/16
编辑统筹　法律教育出版分社　　　　　　印张　25.25　　字数　517 千
责任校对　裴　黎　　　　　　　　　　　版本　2025 年 2 月第 1 版
责任印制　刘晓伟　　　　　　　　　　　印次　2025 年 2 月第 1 次印刷
经　　销　新华书店　　　　　　　　　　印刷　北京新生代彩印制版有限公司

地址:北京市丰台区莲花池西里 7 号(100073)
网址：www.lawpress.com.cn　　　　　　　销售电话:010-83938349
投稿邮箱:info@lawpress.com.cn　　　　　客服电话:010-83938350
举报盗版邮箱:jbwq@lawpress.com.cn　　　咨询电话:010-63939796
版权所有·侵权必究

书号：ISBN 978-7-5197-9946-5　　　　　　定价:65.00 元

凡购买本社图书，如有印装错误，我社负责退换。电话:010-83938349

编写说明

当今世界正经历百年未有之大变局,经济全球化遭遇逆流,保护主义、单边主义蔓延,世界经济低迷,国际贸易和投资大幅萎缩,国际经济、科技、文化、安全、政治等格局都在发生深刻调整,世界进入动荡变革期。我国正处于实现中华民族伟大复兴的关键时期,经济已由高速增长阶段转向高质量发展阶段,经济长期向好,市场空间广阔,发展韧性强大,正在形成以国内大循环为主体、国内国际双循环相互促进的新发展格局。我国正处在转变发展方式、优化经济结构、转换增长动力的攻关期。在此背景下,反映国际经济关系的力量对比、代表国际经济秩序的国际经济法势必发生重大变化。

党的二十大报告指出,"形成同我国综合国力和国际地位相匹配的国际话语权",然而,我国在国际经济法中的话语权与要求尚有差距。中国作为一个新兴的大国,面对当前多边贸易体制的不稳定性状态,需要深刻了解作为国际公共产品的国际经济法的形成机理,有责任维护我国所坚持的符合全球最大利益的多边贸易体制;同时在维持现有多边贸易体制成果的前提下尽量包容现在的国际经济法,秉持构建人类命运共同体理念、共商共建共享的全球治理观、合作共赢的主导价值观,参与国际经济法的变革。

在此背景下,为了使国际经济法的初学者了解国际经济关系及调整国际经济关系的国际经济法正在发生的变革,了解中国如何在国际经济法的变革中发挥引领作用并借此扩大自己在国际经济法中的话语权,中国政法大学国际经济法研究所组织编写了本教材。与一般的教材重视体系不同,本教材采取专题的方式编写,力求对国际经济法的主要前沿问题进行透彻的剖析。这本教材的特色是:(1)内容前沿。本教材包含了最新的学术研究成果和学科发展动态,涵盖前沿发展和新兴领域,内容具有时效性和前瞻性,可以帮助学生了解最新的理论和实践。(2)体例编排可延展性强,更符合对研究生的教学要求。专题研讨使学生能够聚焦特定主题,同时,通过教材提供的研究背景、研究和思考方向、文献综述等内容,学生还可以进行深度的挖掘和探索,拓展创新思维和研究能力。(3)能力导向。研究生阶段最重要的是对科研能力的培养,本教材通过示范和引导,有利于学生把握学科前沿问题,培养问题意识以及文献分析的能力,提升学术素养。(4)国际视野和中国方案相结合。本教材每一专题的探究既重视合理利用全球视野和经验,同时结合中国的国情和现实,引导学生从中国实际出发提出解决问题的方案。

中国政法大学国际经济法研究所一直致力于国际经济法的教学和研究,在国际经济法课程教学方面形成了自己的特色,在为中国政法大学培养涉外法治人才方面发挥了重要的作用。本教材的编写，一方面反映了国际经济法研究所部分教师的近年研究成果，另一方面也反映了国际经济法研究所在研究生层面的课程教学的特点：寓教学于研究中。

本教材的作者简介及分工如下：

孔庆江教授：中国政法大学教授、国际法学院院长、博士生导师。兼任国际比较法学院联系会员、中国国际经济法学会副会长、中国法学会世界贸易组织法研究会副会长。主要研究方向为国际经济法。出版了中、英文学术著作10部，在《国际法和比较法季刊》（International and Comparative Law Quarterly）（剑桥大学出版社）、《国际经济法学刊》（Journal of International Economic Law）（牛津大学出版社）、《世界贸易学刊》（Journal of World Trade）等匿名评审的国际法学刊物和其他国际主流学术刊物发表英文撰写的论文50多篇。主持国家社科重大招标项目和国家社科基金4项。被评为教育部新世纪人才，曾获全国模范教师称号。在本书中撰写专题一、二、七、八。

张丽英教授：法学博士、中国政法大学国际法学院教授、博士生导师，现任中国政法大学海商法研究中心主任。兼任中国海商法协会常务理事、中国国际经济法学会常务理事、中国法学会世界贸易组织法研究会常务理事、中国海事仲裁委员会仲裁员等。加拿大多伦多大学、中国香港大学、美国天普大学、比利时安特卫普大学、英国牛津大学等访问学者。主要研究方向包括海商法、国际经济法、WTO法律制度等。曾获北京市高等学校优秀青年骨干教师称号、北京市教学成果一等奖、司法部优秀科研成果二等奖，是国家级优秀国际法双语教学团队成员。其主讲的"海商法"被评为北京市精品课程，主编的《海商法》教材被评为北京市精品教材。在本书中撰写专题三、四、五、六。

范晓波教授：法学博士、中国政法大学教授、国际经济法研究所所长、博士生导师。兼任中国国际经济法学会常务理事、中国国际法学会理事、中国法学会世界贸易组织法研究会理事、北京国际经济法学会副会长、北京国际法学会常务理事、文化和旅游部法治专家委员会委员、北京市市场监督管理局反垄断专家库成员、中国海事仲裁委员会仲裁员。主要研究方向为国际经济法、国际金融法、WTO法律制度、海商法等。出版有专著《多边规则视野下出口信贷法律制度研究》《美欧银行并购反垄断的法律规制研究》，合著《主权债务重组与巴黎俱乐部》《后危机时代的国际金融法》等，参与了《国际经济法》《国际金融法》《海商法》等多部教材的编写。发表论文多篇，主持国家社科基金、教育部、司法部等多项课题。在本书中撰写专题九。

兰兰副教授：法律硕士、中国政法大学国际法学院副教授。主要研究方向为国际经济法、国际税法、国际金融法等。参加《国际经济法》《国际金融法》《国际经济法教学案例》等多部著作的编写。发表的主要论文包括《国际投资涉税措施构成间接征收之实证分析》《论网络经济中的跨国所得分类规则》《预提税方案对解决电子商务征税的意义》《资本弱化之避税效应分析》《WTO国内税辨析》《新经济下税收管辖权法律问题研究》等。在本书中撰写专题十、十一、十二。

目 录

第一部分	国际经济法与全球治理	1
专题一	从经济全球化、逆全球化到有选择的经济全球化:服务于经济全球化的国际经济法	3
专题二	"一带一路"建设与国际经贸规则的创新和完善	24

第二部分	国际经济法架构与方法论	49
专题三	国际经济法架构与发展	51

第三部分	国际贸易法的新问题	75
专题四	国际贸易术语专题	77
专题五	制裁对国际经贸的影响	100

第四部分	数据治理的前沿问题	127
专题六	数据合规及相关热点问题	129

第五部分	知识产权国际保护的前沿问题	203
专题七	知识产权的国际保护	205

第六部分	国际投资法的晚近发展	223
专题八	国际投资法的晚近发展	225

第七部分	金融科技的前沿发展	247
专题九	金融科技的监管挑战及应对	249

第八部分	国际反避税新篇章	331
专题十	《多边税收征管互助公约》的签署	337
专题十一	CRS 的实施与落地	345
专题十二	BEPS 行动计划及 BEPS 公约的诞生	362

附件一：MCAA 主管当局间协议范本　　377

附件二：共同报告标准（CRS）主要内容　　380

附件三：《BEPS 公约》的主要内容　　387

第一部分
国际经济法与全球治理

专题一

从经济全球化、逆全球化到有选择的经济全球化：
服务于经济全球化的国际经济法

▫ 教学目标

本专题的目标是正确理解全球化及其意涵，帮助学生了解当下逆全球化的特点，引导学生分析其原因及可能的走势。帮助学生深刻理解全球化和国际经济法的互动关系，分析国际经济法如何助力全球化，帮助其摆脱逆全球化的牢笼。

▫ 研究背景

"全球化史无前例地改变了我们现在的生活方式。"然而，全球化也是一把"双刃剑"，它在全球范围内优化资源配置、促进经济增长、传播新技术新文化，但也冲击着传统经济模式、侵蚀传统文化、威胁社会稳定。

自20世纪90年代以来，反全球化的声浪就不断涌现，从对世贸组织部长级会议、国际货币基金组织和世界银行、世界经济论坛的年度会议的抗议中，均传出反全球化的声音。在这种声音中，民粹主义走上政治舞台。

关于全球化与逆全球化的关系，一个突出的例子是作为全球化的引领者和推动者的美国在特朗普任期乃至在拜登任期的表现。美国在特朗普总统任期，退出其已签署的《跨太平洋伙伴关系协定》，退出其已批准的《巴黎协定》，退出联合国教科文组织，阻碍世界贸易组织（World Trade Organization，WTO）上诉机构成员的任命，从而危及WTO争端解决机制的正常运行。美国的上述种种举措往往被一些人归结为"逆全球化"。在拜登就任总统后，他一方面恢复加入特朗普退出的若干国际组织和机制如联合国教科文组织等，另一方面又继承了特朗普的一些做法，进行供应链重置，对华搞科技脱钩、经济脱风险化。实际上也不脱逆全球化之色彩，但拜登与盟国之间协调的脱钩、去风险化实则是企图重塑志同道合的国家之间的国际规则。

▣ 研究与思考方向

逆全球化的外在表现与美国及其盟友重塑国际经贸规则的追求之间的矛盾。

▣ 文献综述

关于经济全球化背景下国际经济法的研究，可以分为如下三个部分：其一，全球化、反全球化与逆全球化的综合性概述；其二，经济全球化下国际经济法的晚近发展概述；其三，经济全球化发展背景下中国的境遇与对策。

（一）关于全球化、反全球化与逆全球化的文献综述

经济全球化并非一个系统性的学科。据学者考证，[1]西奥多·莱维特于1983年第一次使用了"全球化"（Economic Globalization）一词，其在标题为《市场的全球化》[2]的文章中用"全球化"形容前20年间国际经济发生的巨大变化。此后，全球化成为学者们研究的热点，相关文献著作斗量车载，涉及这一领域的方方面面。

关于全球化及其相关概念的理论基础与实践表现，主要可见于以下研究：

庞中英在《全球化、反全球化与中国》[3]一书中将全球化称作一个充满论争、悖论、问题的进程，其分析了全球化与反全球化问题的复杂性与多样性，认为世界政治经济中存在深刻危机的同时也并存挑战与机遇，最后得出全球化中的问题要靠进一步全球化才能解决的结论。赫尔德、麦克格鲁在《全球化与反全球化》[4]一书中通过透视全球化的种种迹象，讨论了在全球化争论中全球化论者和反全球化论者主要立场的竞争性判断并反驳了相关的治理问题、文化问题、经济模式和全球伦理，考察了这一争论中提出的政治生活中心的问题。

从批判的角度入手，针对多数学者"全球法律主义"的态度和对国际法的信仰，Eric Posner所著的 The Perils of Global Legalism [5]一书揭示了国际法的局限性与缺陷；以此为基础，对诸多国际机构、国际法律制度和国际法律问题进行了深入和切实的分析。Julia Ku 和 John Yoo 合著的 Taming Globalization: International Law, the U. S. Constitution, and the New World Order [6]揭示了全球化转向逆全球化、多边主义转向"小多边主义"、国际法治转向国际治理体系、主权概念的反转以及国际经济政治新秩序的剧变等现象；即便

---

[1] Chakravarthi Raghavan, *What is Globalization?*, 74 Third World Resurgence (1996).
[2] Theodre Levitt, *The Globalization of Markets*, in Alan M. Kantrow ed., Sunrise—Sunset: Challenging the Myth of Industrial Obsolescence, John Wiley Sons, 1985, p. 53 – 68.
[3] 庞中英主编：《全球化、反全球化与中国》，上海人民出版社2002年版，第3页。
[4] [英]赫尔德、麦克格鲁：《全球化与反全球化》，陈志刚译，社会科学文献出版社2004年版，第46页。
[5] Eric Posner, *The Perils of Global Legalism*, The University of Chicago Press, 2009.
[6] Julia Ku & John Yoo, *Taming Globalization: International Law, the U. S. Constitution, and the New World Order*, Oxford University Press, 2012.

该书给出的既是一种国内法本位主义的方案,也是国内法治驾驭国际法治的方案,但也揭示了如何解决全球化和国内法之间的紧张关系是一个值得研究的议题。沈伟的《驯服全球化的药方是否适合逆全球化?——再读〈驯服全球化:国际法、美国宪法和新的全球秩序〉》[1]一文是对该书内容的概要与评述。

在全球化及相关语词的概念层面,江时学在《"逆全球化"概念辨析——兼论全球化的动力与阻力》[2]一文中对"逆全球化"与"反全球化"的概念进行了比较辨析,认为就本质而言,由于全球化趋势在现实中是不可能逆转的,因此"逆全球化"是一个伪命题,但全球化的进程势必会遭遇"反全球化"的阻力。

就全球化理论的实质内容而言,廖晓明、刘晓锋的《当今世界逆全球化倾向的表现及其原因分析》[3]一文在列举了当前世界具体的几种逆全球化表现之后,主要从思想、经济、政治以及文化多个视角审视其成因,最终发现:逆全球化因其强大的社会基础仍会继续发展,此外推动全球化的力量也在继续增加,由此形成了当今世界多方力量博弈的格局。在《逆全球化风潮与全球化的转型发展》[4]一文中,徐坚认为逆全球化与全球化带来的社会分配不公、国家间发展失衡等问题密切相关,并推论出了全球化发展的历史规律:各国对全球化的态度在不同时期存在差异,全球化进程既有可逆属性也有通过变革持续发展的潜质;因此,逆全球化亦可被转化为普惠、包容的新型全球化转型的动力。在此基础上,郑一明、张超颖在《从马克思主义视角看全球化、反全球化和逆全球化》[5]一文中通过对全球化、反全球化、逆全球化理论的系统梳理和对比,得出全球化仍然是世界历史的发展方向的结论,提出需要开放、包容、普惠、平衡、共赢的新型全球化引领世界历史发展新进程的观点。

(二)关于经济全球化下国际经济法晚近发展的文献综述

随着经济全球化的发展,国际经济交往日益呈现出其独特的性质,深刻地影响着国际经济法的理论与实践的发展。曾令良、余敏友在《全球化时代的国际法:基础、结构与挑战》[6]一书中系统阐述了全球化时代的全球治理与国际法的政治基础、基本价值、法律性质、管辖权和发展趋势等基础性问题;此外,本书对经济全球化背景下联合国的改革困境,非政府组织及市民社会,国际法分支发展中凸显的新问题包括多边主义与区域主义、贸易与环境、贸易与劳工权益、国际货币规则与国际商事仲裁等内容均有涉及。

---

[1] 沈伟:《驯服全球化的药方是否适合逆全球化?——再读〈驯服全球化:国际法、美国宪法和新的全球秩序〉》,载《人民论坛·学术前沿》2020年第12期。
[2] 江时学:《"逆全球化"概念辨析——兼论全球化的动力与阻力》,载《国际关系研究》2021年第6期。
[3] 廖晓明、刘晓锋:《当今世界逆全球化倾向的表现及其原因分析》,载《长白学刊》2018年第2期。
[4] 徐坚:《逆全球化风潮与全球化的转型发展》,载《国际问题研究》2017年第3期。
[5] 郑一明、张超颖:《从马克思主义视角看全球化、反全球化和逆全球化》,载《马克思主义与现实》2018年第4期。
[6] 曾令良、余敏友主编:《全球化时代的国际法:基础、结构与挑战》,武汉大学出版社2005年版,第1页。

全球化使新旧国际经济秩序矛盾具有了新的内涵和表现形式，廖益新的《经济全球化与国际经济法学》[1]一文在此前提下指明了我国的研究重点应在于经济全球化与国家经济主权原则的关系、发展国际经贸合作中的国家经济安全问题、与国际惯例和世界市场机制接轨、信息技术革命引发的跨国经济法律问题。

此外，国际经济法领域的发展呈现出了一些明显的新趋势。车丕照在《经济全球化趋势下的国际经济法》[2]一文中指出国际经济法对经济全球化已经作出三方面的回应——规则统一进程加快、国家经济主权弱化以及国家之间彼此约束加深，并认为商人、国家和非政府组织的力量将是对未来国际经济法的发展产生决定性作用的三大主要力量。余劲松在《经济全球化与国际经济法》[3]一文中从宏观角度出发，同样谈论了经济全球化进程中的主权国家和非政府行为主体的问题，并分析了全球化对国际经济法实体规范的影响及规则的具体执行。沈四宝、盛建明在《经济全球化与国际经济法的新发展》[4]一文中对上述学者总结的趋势作了几点补充：与其他领域立法的联结和互动加强，法律规则越来越具有普遍适用性和权威性，立法主体呈多元化趋势，法律渊源有日益扩大的趋势；此外，缩小世界范围内贫富差距的议题开始受到各国的广泛关注。在再次梳理以上趋势的基础上，廖凡在《经济全球化与国际经济法的新趋势——兼论我国的回应与对策》[5]一文中对中国未来的对策进行了思索，认为中国需要厘清在当前国际经济秩序中的角色定位、加速区域经济一体化进程、更多利用法律机制解决经贸争端以及积极倡导创制新的理念与规则。

在各国法律趋同的层面，王贵国在《经济全球化与全球法治化》[6]一文中推演了经济全球化推动的这一完整进程。以 WTO 实践为例证，认为经济全球化需要与之相适应的国际规范，这些国际规范以强制性的拘束力进入国内法，导致各国法律规范、执法原则和标准及法律价值等不断向同一方向发展，最终势必导致国际社会成员的法律和制度逐步达到法治社会的要求。

在国际经济法律规则建构的层面，徐崇利在《经济一体化与当代国际经济法的发展》[7]一文中指出，经济一体化催生了各领域国际经济法律规则的内部整合及其与社会领域法律规则的外部联结，有助于形成内外联系紧密的国际经济法律秩序，但同时，国际经济立法一体化本质上是发达国家利益驱动的结果。规则发展的具体内容可见于

---

[1] 廖益新：《经济全球化与国际经济法学》，载《厦门大学学报（哲学社会科学版）》2000 年第 3 期。
[2] 车丕照：《经济全球化趋势下的国际经济法》，载《清华大学学报（哲学社会科学版）》2001 年第 1 期。
[3] 余劲松：《经济全球化与国际经济法》，载《法学家》2003 年第 3 期。
[4] 沈四宝、盛建明：《经济全球化与国际经济法的新发展》，载《中国法学》2006 年第 3 期。
[5] 廖凡：《经济全球化与国际经济法的新趋势——兼论我国的回应与对策》，载《清华法学》2009 年第 6 期。
[6] 王贵国：《经济全球化与全球法治化》，载《中国法学》2008 年第 1 期。
[7] 徐崇利：《经济一体化与当代国际经济法的发展》，载《法律科学（西北政法学院学报）》2002 年第 5 期。

张庆麟主编的《全球化时代的国际经济法》[1]一书,其主要从国际贸易法、国际投资法和国际金融法三个专题展开,分别就全球化时代下国际经济法若干热点与重大问题进行了深入的探讨。此外,在经济全球化的影响下,全球社会矛盾日益显现,国际法中的社会立法方兴未艾。徐崇利在《经济全球化与国际法中"社会立法"的勃兴》[2]一文中则探讨了跨国公司、非政府组织、主权国家、政府间经济组织与个人这些行为体在解决全球社会问题时的地位和作用。针对逆全球化潮流中软法的发展,何志鹏在《逆全球化潮流与国际软法的趋势》[3]一文中专门进行了探讨,认为即便软法在国际法渊源中的地位仍有待厘清,但其也构成了推进全球治理的新形式,为超越现有的规则体系寻求"历史性权利"或"公平与正义的规则"提供了可能。

具体到国际经济法律规则的价值层面,刘志云在《论全球化时代国际经济法的公平价值取向——兼论发展中国家及我国的角色定位与战略选择》[4]一文中则特别强调了全球化时代国际经济立法的公平价值缺失困境,认为寻找一种国际经济法公平价值重构的理念成为必要。何志鹏在《全球化与国际法的人本主义转向》[5]一文中指出,全球化趋势下,国际法正从以国家为主体、以国家利益为本位的"国本主义"走向"人本主义",在整体上以人类利益和可持续发展作为价值取向,这是实现国际法治的重要前提之一。陈辉庭在《经济全球化对国际法的挑战》[6]一文中同样认为,传统国际法是以"国家共存"为中心的"国家法",在调整跨国经济关系中面临着局限性,全球化背景下应当不断拓展以跨国私人利益为本位的"跨国法",增加其新功能和新使命。

(三)关于经济全球化发展背景下中国的境遇与对策的文献综述

在前文所述的全球化困境中,美国与中国作出了截然不同的选择。就中美的相关举措而言,车丕照在《是"逆全球化"还是在重塑全球规则?》[7]一文中指出,美国陆续脱离某些多边性机制安排不应被认定为"逆全球化",只是不满目前的全球化;并从经济和法律的角度剖析了美国以迂回方式重塑全球规则的手法,认为中国应保持警觉并做好新规则创设与制度调整的准备。栾文莲、杜旷在《理性认识和应对逆全球化和单边主义霸权》[8]一文中重述了以美国为首的西方大国捡起过时的零和博弈和冷战思维实施单边主义霸权、掀起逆全球化逆流的手段;并指出中国要保持同各国的深入合作,倡导新

---

[1] 张庆麟主编:《全球化时代的国际经济法》,武汉大学出版社2009年版,第1~2页。
[2] 徐崇利:《经济全球化与国际法中"社会立法"的勃兴》,载《中国法学》2004年第1期。
[3] 何志鹏:《逆全球化潮流与国际软法的趋势》,载《武汉大学学报(哲学社会科学版)》2017年第4期。
[4] 刘志云:《论全球化时代国际经济法的公平价值取向——兼论发展中国家及我国的角色定位与战略选择》,载《法律科学(西北政法学院学报)》2007年第5期。
[5] 何志鹏:《全球化与国际法的人本主义转向》,载《吉林大学社会科学学报》2007年第1期。
[6] 陈辉庭:《经济全球化对国际法的挑战》,载《中共福建省委党校学报》2011年第1期。
[7] 车丕照:《是"逆全球化"还是在重塑全球规则?》,载《政法论丛》2019年第1期。
[8] 栾文莲、杜旷:《理性认识和应对逆全球化和单边主义霸权》,载《党政研究》2019年第4期。

型全球化,推动全球治理公平公正发展,要"把中国自己的事情做好"。在《逆全球化与国际经济新秩序的开启》[1]一文中,佟家栋等则认为以上学者总结的迹象表明,当前全球已进入了一个没有美国作为主导者的国际经济新秩序探索期,因放弃对全球的责任,美国的国际地位会逐渐下降,而中国将在供给侧结构性改革、"一带一路"建设、人民币国际化推进及人类命运共同体打造的过程中,扮演国际经济新秩序建设的推动者、维护者、主导者角色。

大卫·莱恩、苏珊珊在《全球化的困境与中国方案》[2]一文中分析了全球化的多样性路径,指出当下的全球化在本质上是资本主义全球化,且正在丧失其全球影响力和权力;在批判性视角下评析了全球化的改革与取代两类路径。胡鞍钢、王蔚的《从"逆全球化"到"新全球化":中国角色与世界作用》[3]一文在分析当前"逆全球化"贸易占GDP的比重下降的经济表现、保护主义抬头的政治表现、以上现象的现实原因以及不利冲击的基础上,结合习近平总书记系列重要讲话并参考相关国际协定,提出了建立可持续"新全球化"体系的路径。宗良、黄雪菲在《新型全球化的前景、路径与中国角色》[4]一文中分析了传统全球化的重要作用,同样揭示了"逆全球化"思潮出现的根源在于现有的全球治理体系不能适应未来发展的需要,同意前述学者打造"新型全球化"的路径选择,并为中国引领构建"新型全球化"提供了多项建议。

在区域合作的视角下,逆全球化浪潮使迅猛发展的区域一体化势头发生了逆转,廉晓梅、许涛的《"逆全球化"与东亚区域经济合作的发展前景》[5]一文在此背景下对东亚区域合作前景进行了展望,认为中国应积极发挥自身在"一带一路"、《区域全面经济伙伴关系协定》(Regional Comprehensive Economic Partnership,RCEP)与中日韩自由贸易协定(Free Trade Agreement,FTA)等区域合作中的主导作用,积极探索推动东亚区域合作发展的新途径。此外,不少学者认为,"一带一路"是引领新型全球化的最优解。权衡在《经济全球化的实践困境与"一带一路"建设的新引擎》[6]一文中认为中国提出的"一带一路"国际合作与交流平台有助于破解现实困境,加快经济全球化的自我修复和调节,推动经济全球化发展朝着更加公平的世界经济方向前进。辜胜阻等在《新型全球化与"一带一路"国际合作研究》[7]一文中也探讨了"一带一路",认为其作为全球化升级

---

[1] 佟家栋、何欢、涂红:《逆全球化与国际经济新秩序的开启》,载《南开学报(哲学社会科学版)》2020年第2期。
[2] [英]大卫·莱恩、苏珊珊:《全球化的困境与中国方案》,载《当代世界与社会主义》2019年第5期。
[3] 胡鞍钢、王蔚:《从"逆全球化"到"新全球化":中国角色与世界作用》,载《学术界》2017年第3期。
[4] 宗良、黄雪菲:《新型全球化的前景、路径与中国角色》,载《金融论坛》2017年第6期。
[5] 廉晓梅、许涛:《"逆全球化"与东亚区域经济合作的发展前景》,载《东北亚论坛》2017年第5期。
[6] 权衡:《经济全球化的实践困境与"一带一路"建设的新引擎》,载《世界经济研究》2017年第12期。
[7] 辜胜阻、吴沁沁、王建润:《新型全球化与"一带一路"国际合作研究》,载《国际金融研究》2017年第8期。

的载体对新型全球化具有重要意义,也为新型全球化带来了新机遇,并在文中就中国推进"一带一路"国际合作、引领全球化升级提出了对策。

经济全球化一般被理解为生产者和投资者的行为日益国际化,它带来经济、政治、文化维度上社会关系的扩展深化,[1]促进了世界单一市场和生产区的形成,推动了全球经济增长,提升了人们的生活水平,[2]但同时引发了新的全球问题,非举国之力所能应对。全球金融动荡、跨国恐怖主义、气候变化、环境退化、食物短缺、全球流行病、网络安全、贫富差距加大、国际移民、宗教冲突等全球问题使人们怀疑全球化是否就是祸首。[3]

2016年被称为"黑天鹅之年",在全球经济衰退、政治分化、文化威胁的背景下,英国脱欧、美国"特朗普现象"、欧盟分裂危机加重等事件接踵而至,呈现出逆全球化趋势。2017年逆全球化势头不减,影响持续发酵。贸易保护措施滥用、全球多边贸易机制停滞不前、民族主义情绪膨胀、极端主义在全球范围内愈演愈烈。工商人士中的投机者、民族主义者、极端主义者成为逆全球化的代表,[4]他们主张,全球化下的竞争是"零和游戏",有赢家就必有输家,全球化注定会带来经济利益分配不均、国家主权减损、环境恶化、劳工待遇降低等问题。[5] 逆全球化浪潮由此积聚成势席卷而来。

可见,逆全球化与全球化的支持者背道而驰。逆全球化的支持者强调全球化带来的问题越发严重,使全球化难以继续,只有放弃全球化才能实现国家的自保自救。然而摒弃全球化是否就能避免全球问题的产生,并促进国际社会繁荣发展?

一、经济全球化和国际经济法的使命

(一)经济全球化及其特征

在西方的大航行时代就出现了全球化的萌芽,只不过那时的全球化伴随殖民、基督教的传播以及殖民国对殖民地的资源掠夺和其他不平等的贸易。人类历史上惨无人道的两次世界大战结束后,世界开启了真正意义上的经济全球化。冷战的结束刺激了经济全球化,并使之在20世纪末21世纪初达到了高潮。此时全球规模的国际贸易、国际投资代表生产要素在全球范围的流动在全球范围内形成了一个体系。这个巅峰时期的全球化呈现如下特征:

第一,经济全球化与美元全球化捆绑在一起,至少美元作为事实上的全球货币为经济全球化提供了条件。20世纪80年代以后,石油美元加上"广场协议",这些要素巩固

---

[1] Laurence Boulle, *The Law of Globalization*, Wolters Kluwer, 2009, p.2.
[2] G20 Leaders' Declaration: Shaping an Interconnected World, 7/8 July 2017, https://www.g20.org/Webs/G20/EN/G20/Summit_documents/summit_documents_node.html.
[3] Manfred Steger, *Globalization: A Very Short Introduction*, Oxford University Press, 2013, p.132.
[4] Laurence Boulle, *The Law of Globalization*, Wolters Kluwer, 2009, p.229.
[5] Laurence Boulle, *The Law of Globalization*, Wolters Kluwer, 2009, p.5.

了美元的全球货币地位。这为经济全球化插上了"翅膀"。如果没有全球通用货币,贸易和投资的规模就会大大缩减,也就没有全球范围的经济全球化。

第二,经济全球化与市场经济捆绑在一起,非市场经济国家纷纷转型,融入世界市场,成为经济全球化的组成部分。20世纪90年代初苏联解体,东欧国家和原苏联加盟共和国纷纷成为转型经济体,同时中国从计划经济转向社会主义市场经济。因此,有人说,在2001年12月中国加入WTO以后,世界市场才完整形成,最大规模的经济全球化也因此成型。

第三,经济全球化与技术进步捆绑在一起,经济全球化一直离不开技术特别是交通和通信技术的加持。随着互联网的出现,巨量信息在世界范围内同步流动,把全球真正连成一体,出现了全球同步的金融市场,使经济全球化规模倍增成为可能和现实。

第四,经济全球化与全球产业链、供应链和价值链的形成捆绑在一起。跨国公司是经济全球化的主要推动力量。跨国公司按照比较优势在全球投资布局,其中产业从生产要素成本相对高昂的经济体转向生产要素成本相对低廉的经济体成为常态,资源在全球范围的重新配置,带来全球产业链、供应链和价值链的形成及世界范围的利益重构和权力转移。

(二)服务于经济全球化的国际经济法

生产要素在全球范围内的跨境自由流动,需要良好的制度条件。不同国家的法律之间的不同使国内法无法承担起确保生产要素在全球范围内跨境自由流动的重任,虽然各国法律制度存在趋同的可能性,但这无法满足经济全球化的现实需要。于是,作为直接以国际经济关系为调整对象的规则体系,国际经济法应运而生。国际经济法伴随经济全球化而产生,随着经济全球化的发展而发展。与经济全球化相伴而生的国际经济法呈现如下特点:

第一,国际经济条约的勃兴。国际经济法的渊源主要是国际经济条约,最近几十年来,随着经济全球化达到巅峰,出现了大量的调整国际经济关系的国际经济条约,使国际经济法的统一进程明显加快。

第二,国际法与国内法的融合加深。如前所述,规则不同的并行的国内法不符合经济全球化的制度条件要求,与此同时,由于各国利益、立场和法律传统不一致,要制定全面的对各国都具有拘束力的国际经济条约存在极大难度,国际经济条约本身也无法为经济全球化提供其所需的制度条件。于是,国际法、国内法融合成为共同服务于经济全球化的国际经济法规则体系的一部分。另外,国内法之间出于服务经济全球化的需要出现竞优和趋同现象,为国际经济条约的形成创造了条件;同时,国际经济条约不但对缔约方具有拘束力,而且对其他国家也有溢出效应,从而影响国内法向国际经济条约规则靠拢。在这个过程中,国际法与国内法的融合加深。

第三,国家经济主权弱化,国际组织影响力增强。在经济全球化的过程中,个别国家无法承担起调整国际经济关系的任务,于是,各国纷纷让渡部分经济主权,或制定为其设定一定范围内的义务的国际经济条约,或将一定的权力让渡给专门为调整国际经济关系而设立的国际组织,国际货币基金组织(International Monetary Fund,IMF)、世界银行和 WTO 这三大国际经济组织就是在其成员方让渡经济主权的基础上设立的,并在国际经济关系上发挥日益强大的影响力。

第四,非政府组织的参与和影响日益扩大。伴随经济全球化,非政府组织已经成为民族国家、跨国公司和政府间国际组织之外的第四种行为体,其数量激增且活动频繁。非政府组织在这一领域的活动日益全球化,不仅针对各国政府和跨国公司采取各种行动,影响其立法或决策过程,还直接参与联合国及主要国际经济组织的会议、决策、日常活动、项目执行乃至争端解决,通过合作或抗议行动对相关规则的制定和实施施加影响。商会性质的非政府组织还直接制定或编纂规则,这些规则在国际经济活动的参与者接受的情况下,直接发挥法律规范的作用。这些对国际经济法的发展都具有重要意义。

二、逆全球化现象与全球化的制度失衡

近年来,世界范围内的反全球化思潮汹涌。面对国际上不同国家间发展的不平衡,国内不同阶层、群体间的贫富差距日益加大,越来越多的人开始反思曾经受到热烈追捧的全球化浪潮,质疑全球化的声音和力量越来越强。尤其是 2016 年以来,英国的脱欧公投、时任美国总统特朗普基于"美国优先"理念的一系列保护主义政策等,这些都被视为反全球化力量的集中展示。美国拜登政府并未实质性地改变特朗普的"美国优先"政策,只是更倾向于通过拉拢盟友,一方面尝试制定针对特定国家的排他性的区域经贸规则,另一方面将区域贸易协定作为制定法针对特定国家歧视性的国际经贸规则的试验场所。同时因不希望 WTO 机制成为进一步约束其国内围绕供应链安全的保护性经贸政策的有效工具,并希望 WTO 为其在经贸领域对华进行战略竞争打压提供新的法律武器而企图改变 WTO 规则和重构 WTO 规则。全球化进程受挫已是不争的事实。

逆全球化的产生自有其原因,概括起来不外乎全球化产生的利益在分配上的失衡、全球化利益相关者的异质性加大、全球化行为体的集体行动难题增多等方面。

(一)利益分配的失衡

全球化放大了优胜劣汰的作用,在促进经济发展、科技进步的同时,还带来了利益分配的不平衡,使社会上的被遗弃感和不安全感陡增。无论是国内层面还是全球层面,由于全球化惠及的群体不同,贫富差距不断被拉大。目前"全球最富有的1%人口拥有的财富量超过其余99%人口财富的总和"[1],导致群体分裂的形势严峻。社会各群体

---

[1] 习近平:《共担时代责任 共促全球发展——在世界经济论坛 2017 年年会开幕式上的主旨演讲》,载《人民日报》2017 年 1 月 18 日,第 3 版。

之间的差距拉得越大,合作的空间就越小。[1] 当前逆全球化趋势不断蔓延表明现有的应对全球化的国际制度并不完善。一方面,逆全球化的出现往往与全球经济表现低迷有关;另一方面,当前的全球化注重贸易与投资,经济发展不惜以分配公平为代价。[2]

针对全球化失衡问题,现有的国际法律制度并未有效改善现状:无论是代表多边机制的WTO、世界银行还是双边、区域性的自贸协定,都缺乏有效促进全球化平衡发展的架构。当前的全球化制度助推了中国、印度等新兴经济体的壮大发展,但同时也将一些欠发达国家边缘化,使这些国家与发达国家、新兴经济体间的贫富差距不断被拉大。此外,全球化制度在一定程度上也加剧了国家内部贫富群体间的矛盾。这无疑给国际、国内社会的动荡埋下了隐患。

(二)利益相关者的异质性加大

世界人口具有结构的多样性与规模的庞大性,在此背景下公共物品难以惠及每个人或绝大多数人。相反,政府出台的政策还可能带来严重不公平的结果。异质性的成本限制了政府提供公共物品的能力。对政策进行重新调整以安抚受害群体是十分困难的,因为政策对高度多样化人群的真实影响是难以判断的。如果国家间的异质性降低,国家就会彼此融合;如果国家间的异质性加大,国家就会彼此分裂。[3]

经济全球化带来了不断增长的跨境劳动市场,以及大量的国际移民。战争、贫穷等问题造成了数量庞大的国际难民。不同文化群体接触的增多通常会加剧社会、宗教、文化的冲突。[4] 例如,近来荷兰、法国等欧盟成员国都在经受分裂主义的压力,且压力无一例外来自一国政府无法通过政策满足不同利益群体的需要。尽管存在有关移民、难民的国际条约,但这仍然是由主权国家主导的领域。[5] 与对待资本的跨境流动相比,各国对移民的态度更加谨慎。各国缺乏统一的协调合作,造成现行应对移民、难民的制度无法有效应对现实中纷繁复杂的问题。

(三)行为体全球集体行动难题增多

随着全球化程度的加深,诸多全球危机迅速蔓延,全球集体行动难题给这个时代带来了最为严峻的挑战。正因如此,近年来全球法律主义得以推进。然而分散的国际法体系无法胜任一个政府才能完成的工作。逆全球化支持者认为,对战争、环境、过度捕

---

[1] Eric Posner, *The Perils of Global Legalism*, The University of Chicago Press, 2009, p.88.
[2] Laurence Boulle, *The Law of Globalization*, Wolters Kluwer, 2009, p.190.
[3] Eric Posner, *The Perils of Global Legalism*, The University of Chicago Press, 2009, p.83 – 84.
[4] H.M. Watt, *Globalization and Comparative Law*, in Reiman ed., The Oxford Handbook of Comparative Law, Oxford University Press, 2006, p.579.
[5] Laurence Boulle, *The Law of Globalization*, Wolters Kluwer, 2009, p.283.

捞、疾病、恐怖活动、经济动荡等诸多全球集体行动难题,国际法未能发挥预期的作用。[1] 国际法缺少来自全球公众拥护的世界政府的支持,尽管它有助于促成国际合作,但不能得到国内法那样的尊重。

对于全球集体行动难题,大部分的国际条约都是双边条约,它们不能解决全球集体行动难题,只能解决诸如"囚徒困境"那样的双边合作难题。两国在对彼此都重要的议题上谋求合作,都是采取条约的形式。由于国际法主要是由自助行为维系的,当违反条约的行为出现时,通常都由受害国实施自助救济。例如,当出现违反 WTO 规则的情事时,一般由受害国提起磋商请求直至实施授权的报复措施。因此从这个角度来说,国际法的实施主要是违法者与受害者之间的双边现象,而不是多边现象,因为"搭便车"问题会减损集体行动的效力。[2]

此外,当一项集体行动参与国数量增加、时间范围缩短且信息不对称时,执行将变得更加困难。一种情形是缔约方通过解释条约或选择退出的方式规避义务。例如,特朗普政府因不愿美国承担过多义务,使其国家利益受损,退出了《巴黎协定》。在实践中,全球集体行动难题还会使条约的义务被架空。[3]如《国际捕鲸管制公约》禁止商业捕鲸行为,日本等缔约方却以"科学研究"为名,从事商业捕鲸之实。

(四)国际法的制度性缺陷

国际法并非不断发展进步的独立实体,不能自动获得国家越来越多的认同支持。[4] 没有制度性的支持,国际法难以解决全球集体行动难题等问题。

首先,国际层面上不存在立法体系。国家只能靠签订条约尝试解决全球集体行动难题。条约的约束力来源于缔约方的同意。如果条约不再符合国家利益,国家就有退出该条约的自由。联合国大会缺乏执行力,而安理会没有立法权,其权力在本质上更像执行权与判决权——评估是否破坏和平并决定作出回应。

其次,国际层面缺乏有效的执法机构。国际层面只有联合国安理会一个执法体系,它不能执行自己的意志,而是授权或命令国家召集军队实施其意志,但国家有很多理由不参与。国际执法机构如果要独立于国家的控制,就离不开武力的保障,而世界上没有哪个国家愿意成立这样的机构。国际法的执行力需要国内法律制度的支持,全球化的法律框架就是各国政府间联合行动的产物。[5]

最后,与国内制度相比,国际法庭或仲裁庭最基本的特征在于不具有强制管辖权。

---

[1] Eric Posner, *The Perils of Global Legalism*, The University of Chicago Press, 2009, p. 3–6.
[2] Eric Posner, *International Law: A Welfare Approach*, The University of Chicago Law Review, Vol. 73, p. 10–11(2006).
[3] Eric Posner, *The Perils of Global Legalism*, The University of Chicago Press, 2009, p. 30.
[4] Eric Posner, *The Perils of Global Legalism*, The University of Chicago Press, 2009, p. 98.
[5] Laurence Boulle, *The Law of Globalization*, Wolters Kluwer, 2009, p. 107.

国家在符合其利益的情况下会服从裁判,必要时还会设定限制和条件。大多数的国际裁判需要国家以条约的形式对其管辖权表示接受,但当裁判不能满足其利益时,国家往往会不接受仲裁。此外,国际司法制度是由分散的法庭或仲裁庭集合而成的,就它们彼此之间的关系没有明确的规定,也没有对这些法庭或仲裁庭进行统一管理的上级机构。

经济全球化本身并不构成对国际法的威胁,但其长期影响是有害的,可能会削弱国际法律制度从而损害全球化带来的利益。这对国际法而言是威胁而不是机遇。一方面,全球化会加大国家间的异质性从而导致国家间的分裂,国家间的合作将更加困难,从而导致国际法的供给下降,难以提供足够的全球公共产品。主权国家如果没有将权力让渡给国际组织,则要依靠各国政府提供的制度性支持实施国际法。随着国家间的分裂以及政府的弱化,执行国际法将变得更加艰难,国际法也会随之衰弱。[1] 另一方面,国际法规则与国际机构的迅猛扩增,以及其在越来越多专业领域的出现,使国际法作为完整的体系处于碎片化的进程中:产生了空白、重叠和不一致,弱化了国际法治的根基。[2] 为此,国际法将会分裂成一系列区域的、局限的制度,且彼此之间缺乏联系。从许多方面来看,这可以归结于全球化扩张及其带来的全球性实践、机制的结果。[3]

综上,从表面上看是全球化引发的诸多问题引发了逆全球化,但究其根本,逆全球化是全球化制度失衡导致的。由于没有及时有效改进、完善全球化制度,全球化引发的问题不断增多,使国际社会产生了分裂,逆全球化从中获得了滋生和发展的条件。

(五)美国的供应链安全执念

近些年来,美国视中国为强有力的战略竞争对手,强力推行与中国的科技和经济脱钩,大力推动从"离岸外包"转向"友岸外包"。在与中国发生贸易摩擦后,美国在产业链供应链中进行的"去中国化"已取得了一定进展。美国已经启动印太经济框架等,极有可能采取一些违反WTO规则的手段,或者一些行政干预扭曲本区域的供应链。

三、应对全球化制度失衡的两种路径

(一)逆全球化的路径及其风险

逆全球化的路径,必然是摒弃全球化的路径。在许多逆全球化支持者看来,当前不断出现的全球问题是全球化自身属性导致的,是无法补救的,摒弃全球化就是应对全球化制度失衡的最好办法。此外,他们认为国际法"需要依靠强国政府实施,且无法独立于它们而存在",所以不应当对国际法的效力过度信任。[4] 原因在于国际法存在制度

---

[1] Eric Posner, *The Perils of Global Legalism*, The University of Chicago Press, 2009, p.94-99.
[2] Laurence Boulle, *The Law of Globalization*, Wolters Kluwer, 2009, p.342.
[3] Malcolm Shaw, *International Law*, Cambridge University Press, 2008, p.65-66.
[4] Eric Posner, *The Perils of Global Legalism*, The University of Chicago Press, 2009, p.81.

性缺陷,并会随着国家间的分裂而不断衰弱。因此,国际法无法应对全球化制度失衡的问题,摒弃全球化是解决问题的唯一途径。在应对非全球化带来的全球问题时,强国政府应发挥主导作用。在国际关系中,各国会相互效仿。[1]

1. 经济维度的保护主义风险

国际贸易与投资是全球经济增长的重要引擎,而保持市场开放是其前提条件。特别是在全球经济下行时期,一些国家为追求利益最大化,滥用 WTO 规则,任意实行贸易保护主义,设置技术性贸易壁垒,肆意采取贸易救济措施,由此产生的贸易争端的数量骤然增加并与逆全球化强度呈现正相关态势。只有抵制贸易保护主义,尊重互利的贸易与投资体制,坚持非歧视原则,才能给当前不振的经济形势带来希望。在经济增长依旧缓慢的当下,贸易保护主义无异于饮鸩止渴。从历史角度来看,贸易保护主义在一定程度上导致了第一次世界大战的爆发。虽然目前出现世界战争的可能性不大,但依然可能出现社会动荡。

2. 政治维度的单边主义风险

逆全球化路径主张的国家利益优先于和平、安全等国际社会的整体利益。现实中,国际社会面临全球和平、安全、人权等诸多政治问题,需要各国、组织通力合作才能更好地应对解决。如果各国不顾国际社会的整体利益,违反联合国决议擅用武力、发动战争等单边行动以实现自身利益,则会导致国际法被践踏、人权被侵犯,引起国际社会的混乱。

此外,即便对于逆全球化支持者而言,当今世界最棘手的一些问题仍是强国单独行使主权所无法解决的,[2]诸如全球气候、生物多样性问题。如果没有国际合作,"单打独斗"就是死路一条,如果没有国际法的保障,国际合作就会沦为空谈。

3. 社会维度的极端主义风险

如果放弃现行的全球化制度,采用逆全球化路径,依然会面临很多问题。在逆全球化的视域下,各国都面临零和的竞争。因此,在竞争到底的环境中,各国都极为关注其在经贸等领域的表现,为提高自身的竞争力,劳工待遇以及环境资源都可能受到威胁。这种资源分配的不均容易诱发极端主义的出现。

一些人或组织为了达到某些目的,不计一切后果,采取极端的手段对公众或政治领导集团进行威胁。例如,在 2017 年 G20 峰会期间,汉堡发生了极端主义团体的抗议活动,并演变成暴力袭击事件。逆全球化的国际法路径否定国际法的内在价值,主张国家利益优先,这很可能被极端的民族主义者利用。

---

[1] Eric Posner, *The Perils of Global Legalism*, The University of Chicago Press, 2009, p.77.
[2] Robert Howse, *The End of Globalization Debate: Continued*, in Meredith Lewis ed., International Economic Law and National Autonomy, Cambridge University Press, 2010, p.12.

(二)全球法律主义的路径及其适用性

1.国际法作为重塑全球化的路径

所谓"法律主义",是指通过法律及法律制度维持秩序以及解决政策争端,"全球法律主义"是"法律主义"向国际关系的延伸,[1]即通过国际法维持国际社会秩序、处理全球危机。原因在于,全球法律主义者认为国际法是各国利益的载体,受到各国的认可,从而约束各国的行为。[2] 此外,国际法平权式的法律结构同样可以对国际社会成员起到约束作用。因此,国际法可以作为重塑全球化、应对全球化带来的问题的路径。

全球化的好坏取决于治理全球化制度的优劣,而法律是塑造全球化的因素之一,可以为之提供制度性架构。[3] 全球法律主义者认为国际法具有内在道德价值,代表国际社会的整体利益,因而应优先于国家利益。

2.国际法的平权式法律结构

全球法律主义者认为,不依赖世界政府也可以通过国际法解决全球问题。[4] 从国际法的结构来看,主权国家不能通过国内法承认其他法律制度的有效性,其相互间平等自治关系的确立只能依靠国际法。因为国际法的功能在于使主权国家作为平等法律主体而共存。[5] 因此,国际法体系不是纵向的等级结构,而是横向平权式的法律结构。[6] 有观点认为,如果没有世界政府的制度性支持,国际法就会软弱无力。事实上,国际法的强制力不如国内法强正是由各主权国家所组成国际社会的性质决定的。

从立法层面看,国际法主要由国家签订的国际条约和国际社会普遍认可的国际习惯构成。为应对国际社会各领域出现的问题,国际法制度不断发展并形成了政治性国际组织联合国,经济性国际组织 WTO、IMF 等,以保证国际法的执行与遵守。国际法不是某一国家同意之法,在该国同意时才具有约束力。因为国家的同意是对国际法制度的接受,国际法制度是在各国的同意即国际社会各成员的合意下构成的,国家撤销同意并不意味着国际法会丧失强制性与合法性,只说明国家违反了其应承担的国际法义务。[7]

从执法层面看,国际法基本是一种以主权者"平等协作"为条件的法律体系,强制实

---

[1] Eric Posner, *The Perils of Global Legalism*, The University of Chicago Press, 2009, p.24.
[2] Eric Posner, *The Perils of Global Legalism*, The University of Chicago Press, 2009, p.16.
[3] Laurence Boulle, *The Law of Globalization*, Wolters Kluwer, 2009, p.38 – 39.
[4] Eric Posner, *The Perils of Global Legalism*, The University of Chicago Press, 2009, p.1 – 2.
[5] Jean Cohen, *Globalization and Sovereignty: Rethinking Legality, Legitimacy, and Constitutionalism*, Cambridge University Press, 2012, p.33 – 34.
[6] Malcolm Shaw, *International Law*, Cambridge University Press, 2008, p.6.
[7] Malcolm Shaw, *International Law*, Cambridge University Press, 2008, p.10 – 11.

施主要依靠国家自身的"自助式"行动,或联合国的强制行动。[1]这是它的特点而非缺陷。从违反国际法的后果来看,国际法以国际社会整体利益为本位,对国际社会成员的行为具有强制约束力,它最终将由外力强制执行。[2] 这种外力不是单一的国家暴力,而是各种外部力量的合力。[3]如国际法律制裁,还可能是政治和经济上的制裁,包括国际声誉降低、外交孤立、失去影响和信任、海外贸易以及援助的减少等。[4]

3. 全球法律主义路径的适用性

两种路径产生本质区别的原因在于相较于全球化推动者的多元化,逆全球化趋势主要是由全球化利益落空的群体和投机者推动的,其真实目的是为逆全球化松绑,以实现特定群体的利益。由此可见,逆全球化不可能实现国际社会的整体利益,而追逐国家各自利益是无法应对全球性问题的。

逆全球化路径过度强化了国家主权和国家利益。国家主权的含义从来不是绝对的,它植根于规制主权国家利益或国际社会整体利益的国际法律秩序。[5] 经过两次世界大战,国际社会普遍认识到:主权国家不仅存在,而且相互联系;国际社会不仅存在"分散"的国家利益,而且还存在"整体"的共同利益和基本价值。过分强调主权的绝对性最终只能带来主权的破坏与人类的灾难。[6]

显然,国际社会成员间高度的相互依存关系,有利于各成员的利益得到尊重和实现。这比逆全球化路径更容易被接受,也更能付诸实践。国际法对全球化制度进行重塑、纠正其现存的问题,就是在利用规则导向的路径改进、完善现行的全球化制度,在促进各方利益融合的同时,能够惠及更多的国际社会各成员,从而保障国际秩序的稳定,促进国际社会的可持续发展。

(三)两种应对路径的比较分析

1. 不同的利益本位

逆全球化路径与全球法律主义路径的本质区别在于前者认为国际法是国家同意之法,是各国追求自身利益时的合作规范;后者认为国际法蕴含着国际社会的整体利益,即便遵守国际法会使一时利益受损,也符合国家的长期利益。

从本质上来看,逆全球化支持者以国家的利益为出发点。就塑造全球化制度的国

---

[1] 曾令良、余敏友主编:《全球化时代的国际法——基础、结构与挑战》,武汉大学出版社2005年版,第72~73页。
[2] 王铁崖:《国际法引论》,北京大学出版社1998年版,第12页。
[3] Louis Henkin, *International Law: Politics and Values*, Martinus Nijhoff Publishers, 1995, p.45-51.
[4] Martin Dixon, *Textbook on International Law*, Oxford University Press, 2000, p.3.
[5] Matthias Herdegen, *Principles of International Economic Law*, Oxford University Press, 2013, p.66.
[6] 曾令良、余敏友主编:《全球化时代的国际法——基础、结构与挑战》,武汉大学出版社2005年版,第91页。

际法而言,他们主张国际法反映的是国家谋求自身利益时所遵循的合作规范,[1]即国家仅在国际法服务其利益的程度内遵守国际法。[2] 关于健康、环境、移民等涉及国家利益的事项,国际法限制了主权国家的管理能力,[3]为保护国家利益而违反国际法是合理的。[4] 此观点一出,便立刻引发人们的广泛关注。[5] 可见,逆全球化视域下的国际法只是合作规范,不具有更高的内在价值,国家在追逐自身利益时可以不问国际法背后的国际社会整体利益是否受到损害,因此国际法也无法解决实质上的国际问题。

国际社会不断发展,政府间国际组织、非政府间国际组织(Non-Governmental Organizations, NGOs)、跨国公司乃至个人等非国家行为体在国际社会发挥日益重要的作用,成为国际法主体。[6] 对于非国家主体是否能够遵守或促使国家遵守国际法这一问题,逆全球化支持者认为,非国家主体虽然数量众多、影响增大,但各自有着不同的利益,代表着不同的群体。当部分利益群体敦促国家遵守国际法以实现自身利益的时候,可能会损害另一些利益群体的利益,从而招致阻挠。因此,没有证据表明非国家行为体可以对国家行为产生影响。

与逆全球化支持者的观点不同,全球法律主义者认为:国际社会的各行为体因面临共同风险而具有共同命运。为了有效维护共同安全,行为体之间基于反复合作实践的经验形成制度化规范,这些制度不断演进形成法治。[7] 国际法调整的范围不断发展扩大,除安全问题外,还包含国际社会中的人权保护、国际金融管理等所有领域的全部利益。[8] 因而从其形成与发展来看,国际法蕴含着国际社会普遍认可的价值和利益,它不局限于国家间的合作规范,而是调整国际社会关系、维护国际秩序的法律。《联合国宪章》对联合国宗旨的规定就是鲜明的体现。

违反国际法通常会损害国际社会的共同利益,因而付出沉重的代价。例如,美国呼吁全球尊重人权,但其又不愿受到国际法的束缚,[9]其以保护人权为由对科索沃擅用武力,不仅未使当地的人权状况得到改善,反带来生灵倒悬之急;又如,叙利亚战争引发了分裂欧洲的难民危机。国际法是国际社会的实践总结,甚至是血的教训。历史证明,无论国际层面还是国内层面,抛弃法治带来的后果就是社会的动荡和文明的倒退。

---

[1] Jack Goldsmith, *The Limits of International Law*, Oxford University Press, 2005, p.13.
[2] Harold Koh, *Why Do Nations Obey International Law?*, 106 Yale Law Journal (1997).
[3] Meredith Lewis, *International Economic Law and National Autonomy*, Cambridge University Press, 2010, p.1.
[4] Eric Posner, *The Perils of Global Legalism*, The University of Chicago Press, 2009.
[5] Mary O'Connell, *The Power and Purpose of International Law*, Oxford University Press, 2011, p.2.
[6] Malcolm Shaw, *International Law*, Cambridge University Press, 2008, p.196.
[7] Bruno Simma, *The International Community: Facing the Challenge of Globalization*, 19 European Journal of International Law (1998).
[8] Malcolm Shaw, *International Law*, Cambridge University Press, 2008, p.44.
[9] Rudiger Wolfrum, *Solidarity: A Structural Principle of International Law*, Springer, 2010, p.209.

2. 不同的价值追求

逆全球化支持者认为,国际社会遵循"弱肉强食"的丛林法则,弱国终究要服从强国,因而国际事务应当由强权国家进行主导。

在全球法律主义者看来,经济体间的相互联系并非近来现象,资本、服务等领域的市场一体化趋势在"一战"前就已达到很高程度。[1] 但由于当时缺乏多边规制机制,各国都在追逐自身利益。国际法的合法性并非来自国家同意,也不来自其惩罚机制,而是缘于它所包含的不容置辩的规范和强制法原则,不容国家对此进行更改。[2]

3. 不同的治理机制

逆全球化路径主张利用强权解决全球事务,存在单边主义的问题,难以真正在国际层面实现国际合作,因此其只能在国内层面应对全球问题。但是,如果没有国际合作,全球问题根本无法得到有效的解决。

在全球主义者眼里,国际法能够在全球、区域以及国内层面对全球化制度进行治理。从历史角度来看,国际社会尚处于经济全球化和全球法治化的发展过程中。

四、有选择的经济全球化和国际经济法的新发展

(一)有选择的经济全球化

逆全球化凸显了全球化的两面性:建设性的全球化和破坏性的全球化。两者是同时存在的,是全球化一个整体的两股力量。在这两种力量并存的情况下,全球化就不可能是一种不加选择的全面全球化,只能是有所选择的全球化。各个国家的竞争力、要素、文化、国情不一样,各国只能选择对自己有利的部分全球化。但是,某个国家认为有利的正面全球化,在另一个国家看来可能是不利的负面全球化。

面对全球化的两重性,各国选择的差异性、复杂性扩大了。在全球化和逆全球化两股潮流都在发展的过程中,都处于起步阶段,都没有充分完整表现的情况下,在全球治理薄弱的情况下,各国进行有选择的开放,由此产生有选择的冲突、有选择的合作。

有选择的经济全球化应该是开放、包容、普惠、平衡、共赢的新型经济全球化,具体体现在以下几个方面:

1. 自由、开放的经济全球化。要充分发挥经济全球化在促进生产要素在全球范围内的自由流动中的作用,随着贸易、金融、科技形态的变化而发展升级,并加入新要素,以适应经济全球化新形势的需要。

2. 包容、共赢的经济全球化。要更好地适应新形势下经济全球化的需求,推动各国形成合力,促进世界和平和共同发展。要照顾各国国情和发展阶段、国内各阶层的价

---

[1] Matthias Herdegen, *Principles of International Economic Law*, Oxford University Press, 2013, p.20.
[2] Mary O'Connell, *The Power and Purpose of International Law*, Oxford University Press, 2011, p.9.

取向,赋予各国政府在合理范围内的选择权。同时,各国也要承担国际责任,不采取对别国负面影响很大的政策,加强沟通协调,对话解决分歧,协商解决争端。在此基础上,要建立政策协调对接机制,共同制定合作方案,共同打造有利于参与方的公共产品,推进世界经济的健康发展。

3. 普惠、平衡的经济全球化。应以公平合理规则为取向,由各国协商制定国际经济规则。要提高发展中国家和新兴市场国家在规则制定中的发言权,加强代表性和包容性,更全面地反映各发展阶段、各阶层人民的呼声和利益,使之有利于整合经济要素和发展资源,打造互惠互利的全球公共产品。

(二)有选择的经济全球化呼吁国际经济法的制度性补强

1. 以人类命运共同体为内核的国际经济法。构建人类命运共同体理念以及新发展观、安全观、全球治理观等理念丰富了国际法治思想,得到了越来越多国家的认同。随着经济全球化的发展,人类命运共同体理念将逐步转化为国际经济法的基本原则。

2. 加强规则的灵活性和适应性。充分尊重参与经济全球化各国的多样性,承认各国之间发展水平和发展阶段上的差异及其带来的不同利益和需求;强调灵活性、渐进性和开放性;遵循平等互利、协商一致、求同存异、自主自愿的原则;将单边行动与集体行动相结合。

3. 扩大软法的作用。软法是原则上没有法律约束力但有实际效力的行为规则。就国际经济关系层面而言,包括不具有直接法律约束力的各类国际非正式规范,如宣言、决议、换文、指南、纲领、通知、表态等。国际经济领域内的软法,是经济全球化的直接产品,是经济全球化对国际统一规则需求的不断增加同民族国家因主权不同的立法差异不能充分协调这对矛盾的必然结果。扩大软法的作用,有助于减少乃至解决经济全球规划过程中无法可依的现象。

(三)重塑有选择的经济全球化的国际经济法

重塑有选择的经济全球化的国际经济法,应当遵循如下路径:

1. 从"零和游戏"到互利共赢

国际法承载着国际社会的利益,其实施依赖于社会成员的利益融合。在经济全球化背景下,各国利益深度交融,一荣俱荣,一损俱损,共同发展是唯一出路。[1] 现实中各方通过扩大各方利益的方式满足彼此的优先利益,至少满足相互的部分利益,[2] 亦谓之"做大蛋糕"来优化共赢的环境,为国际法的实施创造了条件。当前全球化存在强国与弱国发展的不平衡,国内层面对全球化利益分配的不均衡,以及经济发展与环境、人权

---

[1] 刘振民:《坚持合作共赢 携手打造亚洲命运共同体》,载《国际问题研究》2014年第2期。
[2] J. G. Merrills, *International Disputes Settlement*, Cambridge University Press, 2011, p.61.

间的不协调,引发了一系列全球问题。我们要利用国际法对此进行治理,公平分配"蛋糕",避免全球化走向零和的竞争。

例如,"一带一路"倡议是"中国为应对逆全球化开出的一剂良药"。它与《联合国宪章》的宗旨相一致,并体现了国际合作等原则,旨在通过建立共建国家间的互联互通和经贸往来,促进各国间的政治互信、经济融合和文化包容。就经济维度而言,"一带一路"框架下的经贸协定将会提升发展中国家在全球价值链中的地位,发挥助推全球化平衡发展的作用。

2. 促进公平正义

当代世界具有不对称性,强国与弱国在国际关系中所处的地位存在相当大的差距。国际关系的不平等,以及少数既得利益者制定的全球化规则失衡,导致全球层面存在资源分配不均的问题,[1]这不仅容易引发国际社会的不稳定,还不利于国际社会共同面对日益严峻的全球问题。因此国际法不仅应服务于国家利益,还应促进全球的公平正义,[2]从而规制全球化的平衡发展。

从经济全球化层面来看,WTO 的决策受到少数贸易大国的主导,存在缺乏实质上的参与度、透明度等问题,过于注重经济贸易的目标,忽视了非经济的、分配制度的影响,引起了经济不公平、全球秩序合法性等问题,[3]这在一定程度上导致 WTO 多边体制的发展停滞。IMF 和世界银行在全球经济危机后进行了改革,赋予新兴市场国家更多的话语权,因而获得了新的活力。同样,作为发达国家集体代表的七国集团在发达国家普遍陷入世界金融危机的背景下不得不吸纳有影响力的若干新兴经济体,形成了二十国集团,并作为有效的全球治理主体在全球层面作出规划、协调行动,发挥了稳定全球政治经济的领军作用。

发达国家设立了很多双边、多边机制,如联合国开发计划署、世界银行、美国援外总署等,但没有真正帮助发展中国家发展起来,绝大多数国家仍然在"中等收入"陷阱和"低收入"陷阱中挣扎。可以预见,"一带一路"倡议下的一系列安排实施后,短期内可为所在国增加就业机会,长期看来,可帮助发展中国家逐渐从发达国家"输血"的发展援助模式向自身"造血"的发展合作新模式转变。[4]

3. 提升参与度

由于国际法的平权体系,其各个制度独立发展,带来了规则间的相互冲突,使人们

---

[1] Matthias Herdegen, *Principles of International Economic Law*, Oxford University Press, 2013, p. 21.
[2] Eric Posner, *International Law: A Welfare Approach*, 73 The University of Chicago Law Review (2006).
[3] Deborah Cass, *The Constitutionalisation of the World Trade Organization*, Oxford University Press, 2005, p. 19.
[4] 林毅夫:《"一带一路",助推对外开放》,载厉以宁、林毅夫、郑永军等主编:《读懂"一带一路"》,中信出版集团 2015 年版,第 90~92 页。

对潜在的混乱与不确定性感到担忧。[1] 最为显著的就是贸易、投资与环境、劳工、人权等国际法制度间的冲突。当前的全球化规则注重贸易与投资,因此非经济规则的落后是在所难免的。[2] 如在双边、多边投资协定中投资者与东道国权利义务的制定中,占据主导地位的经济强国通常侧重于保护投资者,导致东道国的公共利益往往难以得到保护。WTO、世界银行等主导秩序的国际组织正在面临合法性危机,[3] 许多国际组织被指存在民主瑕疵和经济导向问题。[4] 广泛的参与度有助于提升国际社会的民主程度,而民主的环境能积极促进对国际法的遵守。就某一国际协定而言,参与的行为体越多越有利于促进其他行为体的加入与国际法的遵守。[5]

所谓"参与"包含两个方面:某一组织决策阶段的透明度以及非国家行为体在此阶段的参加。[6] 国家并非全球化进程中的唯一行为体,包括跨国公司、NGOs 在内的行为体的能量不断剧增,对国际事务的影响加大,也为国际法的遵守设立了标准和动机。[7] 非国家行为体能够促进各方利益发展,因为国际法并不仅限于国家间制度,而是具有全球化进程中国家和非国家行为体参与的多样性。[8] 例如,主要的跨国公司主导了全球的产品和市场;NGOs 在国际环境保护、人权保护等领域发挥着重要作用。

毫无疑问,未来还会出现新的危机和更大的挑战。不能任由全球问题继续恶化,应当将未来全球化进程与重大改革相联系,促进全球化平衡发展。[9]

4. 应对全球问题

两次世界大战让人们意识到建立多边政治性组织以维持国际社会和平稳定的重要性,联合国因此应运而生。由于缺乏有效的国际金融监管机制,美国的次贷危机肆意蔓延,引发了全球金融海啸,但也促成了一些国际金融组织的改革。可见,全球问题可以刺激包括国际经济法在内的国际规则的完善,而完善国际规则正是为了应对全球问题,因而国际经济法是实践中应对全球问题的重要手段。

纵观现代史,持久的社会危机虽然会导致极端主义,但并不能阻挡全球化的势头。

---

[1] Margaret Young, *Fragmentation, Regime Interaction and Sovereignty*, in Christine Chinkin ed., Sovereignty, Statehood and State Responsibility, Cambridge University Press, 2015, p.71.

[2] Laurence Boulle, *The Law of Globalization*, Wolters Kluwer, 2009, p.336.

[3] Sophie Smyth, *Collective Action for Development Finance*, 32 University of Pennsylvania Journal of International Law (2011).

[4] Yuka Fukunaga, *GEIs and the Autonomy of Development Policy*, in Meredith Lewis ed., International Economic Law and National Autonomy, Cambridge University Press, 2010, p.43.

[5] Edith Weiss, *Rethinking Compliance with International Law*, in Moshe Hirsch ed., Impact of International Law on International Cooperation, Cambridge University Press, 2004, p.143.

[6] Yves Bonzon, *Public Participation and Legitimacy in the WTO*, Cambridge University Press, 2014, p.23.

[7] Malcolm Shaw, *International Law*, Cambridge University Press, 2008, p.22.

[8] Margaret Young, *Fragmentation, Regime Interaction and Sovereignty*, in Christine Chinkin ed., Sovereignty, Statehood and State Responsibility, p.84.

[9] Manfred Steger, *Globalization: A Very Short Introduction*, Oxford University Press, 2013, p.136-138.

解决全球问题的不是逆全球化,而是全球化本身。[1] 因为全球化使人类在全球层面上互助、互害的能力都达到了前所未有的程度,[2] 所以我们可以通过促进国际社会行为体间利益的融合积极应对全球性问题。因此只有全球治理才能使国家和人们以和平方式合作解决经济、环境、安全、政治问题,深化他们共同的利益和价值。[3]

全球治理是全球化时代的重要主题,其出发点是通过新的治理理念和治理模式,解决全球性问题,让全球化这一不可避免且不可逆转的客观进程在人类的掌控中前进。在全球治理视野下,治理权力整合到整个全球体系中,强大而有效的国际机制建立在具有合作精神的、寻求共同利益的国家基础之上。[4] 国际经济法集中蕴含了国际社会的共同利益,自然成为全球治理的手段。全球治理需要秉持"规则导向"的理念,以规则约束国际权力,保证国家行为体在治理过程中的平等权利,促进社会行为体依据规则参与治理进程。[5] 如果国际社会能够采取有效的规制措施,那么全球化正面作用的不均衡只是短期的,它的红利终将润泽全人类。

思考题

1. 请谈谈国际经济法与经济全球化之间的关系,特别是在当下经济全球化受挫的背景下,国际经济法如何助力经济全球化的复兴?
2. 新型全球化的意涵是什么?它对国际经济法提出何种要求?

---

[1] Manfred Steger, *Globalization: A Very Short Introduction*, Oxford University Press, 2013, p. 132.
[2] Charles Jones, *Global Justice*, Oxford University Press, 1999, p. 9.
[3] Michael Barnett, *Power in Global Governance*, Cambridge University Press, 2005, p. 1.
[4] [德]克劳斯·施瓦布:《21世纪的全球治理》,潘莉莉译,载《外交评论(外交学院学报)》2008年第6期。
[5] 赵骏:《全球治理视野下的国际法治与国内法治》,载《中国社会科学》2014年第10期。

专题二

"一带一路"建设与国际经贸规则的创新和完善

▢ 教学目标

"一带一路"倡议被广泛认为是全球治理的中国方案和中国引领与践行全球治理的实践样本。本专题的目的在于帮助学生理解"一带一路"的国际经济法意涵。

▢ 研究背景

2013年9月和10月,中国国家主席习近平在出访中亚和东南亚国家期间,先后提出共建"丝绸之路经济带"和"21世纪海上丝绸之路"(以下简称"一带一路")的重大倡议,得到国际社会高度关注。随后,中央将其上升到实践层面,在当年12月的中央经济工作会议上,习近平总书记提出,"推进丝绸之路经济带建设,抓紧制定战略规划,加强基础设施互联互通建设"。国家发改委、外交部和商务部为此于2015年3月28日联合发布的《推动共建丝绸之路经济带和21世纪海上丝绸之路的愿景与行动》,作为纲领性文件指导"一带一路"的建设。至此,"一带一路"实现了从理论到实践的转换。2017年5月14~15日举办的"一带一路"国际合作高峰论坛,标志着"一带一路"倡议得到广泛的国际认同。党的十九大报告强调,要以"一带一路"建设为重点,坚持引进来和走出去并重,遵循共商共建共享原则,加强创新能力开放合作,形成陆海内外联动、东西双向互济的开放格局。党的十九大《关于〈中国共产党章程(修正案)〉的决议》明确提出,把推进"一带一路"建设等内容写入党章。这充分体现了在中国共产党领导下,中国高度重视"一带一路"建设、坚定推进"一带一路"国际合作的决心和信心。

"一带一路"倡议一直是中外学术界跨学科研究的热点问题,内容涉及"一带一路"的图书超过1000种,涵盖历史、政治、法律、经济、文化、文学、艺术等多个学科类别;有关"一带一路"倡议与相关国家的报道超过1000万篇;全球各大智库超过3000份研究报告与图书聚焦"一带一路"。

"一带一路"倡议是新时期我国对外开放和区域协调发展的重大举措。在"一带一路"从理念提出到实践过程中,学者们进行了不少探索和研究。纵观国内外涉及"一带一路"倡议的研究成果,国外研究者主要关注"一带一路"倡议的提出背景、具体内涵和对中国国内经济发展以及世界政治经济格局的可能影响等宏观方面,中方研究者在关注宏观问题之外还关注"一带一路"倡议实施的可能路径,其中,法学研究还重点关注"一带一路"建设中我国的国家利益和我国参与"一带一路"倡议的企业合法利益的法律保障问题。毋庸讳言,在"一带一路"倡议和制度建设上,尽管中外学者均指出"一带一路"倡议将对全球治理格局产生重大影响,但从目前的研究来看中外学者都较少研究"一带一路"倡议对国际合作机制的需求,以及我国如何创新国际合作机制以更好回应和支持"一带一路"倡议的实施问题。

研究与思考方向

党的十九大后,"一带一路"倡议需要怎样的国际合作机制作为支撑?如何创新国际合作机制以更好地服务于"一带一路"倡议?"一带一路"倡议是包括共建国家政府在内的多行为体即利益相关者实施的,本专题将从国际治理的理论和实践两个方面的角度解释清楚一系列基础性重大问题,包括现有的国际合作机制是否健全、是否有效,"一带一路"倡议的利益攸关者有哪些诉求包括制度上的诉求,我国政府和相关行为体应如何创设有效的机制以便更好地实施"一带一路"倡议等。

文献综述

1. 关于"一带一路"倡议的背景,现有学术研究数量众多,研究程度深入,形成的基本共识是"一带一路"倡议源自中国与欧亚国家的共同利益驱动,有助于中国挖掘新的经济增长点,有利于保证中国和世界政治经济社会的平衡、稳定和发展。

一些学者从世界经济政治的高度,从中国与世界的角度考虑"一带一路"倡议的背景。例如,张蕴岭认为,"一带一路"是时代要求,中国对这个时代的最主流的要求就是持续发展、和平崛起,这是"一带一路"的根本目标。彭光谦认为,"一带一路"倡议构想的宏观背景是世界经济遭受国际金融危机的沉重打击,复苏乏力,食利为生的国际垄断资本失去引领世界经济发展的动力,同时中国外有世界强权战略围堵,内有经济转型、盘活过剩产能和外汇资产压力,肩负由世界大国向世界强国奋力迈进的重任,处在实现中华民族伟大复兴的历史使命的关键时刻,因此,"一带一路"倡议应被视为中国政府在人类社会何去何从的又一个十字路口作出的重大思考、抉择与布局。

一些学者从古今传承、中国与欧亚连接的角度去考虑"一带一路"倡议的背景。例如,李建民认为,建设"丝绸之路经济带"既发掘了古"丝绸之路"特有的价值和理念,实现共同发展、共同繁荣,又充分兼顾了国际、国内两方面的需求。从国内来看,是统筹中西部地区实现跨越式发展和寻求全方位开放格局的需要;国际因素是使在空间上形成的串联中外的轴线,成为促进中国与周边国家和地区互惠互利、交流合作的纽带。王海燕认为,"丝绸之路经济带"的提出旨在将古老的海上"丝绸之路"与陆上"丝绸之路"连接起来,将共建国家连接起来,将中亚地区的多种机制有机结合,包容发展,给中亚地区内陆国家经济发展以巨大推动,加快中国与欧亚国家互惠合作的步伐。吴宏伟认为,"丝绸之路经济带"对包括中亚国家在内的共建各国也是极为有利的。复兴"丝绸之路"是中亚各国独立以后的迫切需求和愿望。张恒龙认为,推进"丝绸之路经济带"建设是中国形成全方位开放新格局的重要举措,需要在促进周边区域合作与区域经济一体化的大背景下进行考量,需要在发达国家为削弱新兴市场国家对国际经济秩序的影响力而调整国际贸易规则的背景下进行考量。

2. 关于"一带一路"倡议的丰富内涵,国内专家普遍认为,无论是"丝绸之路经济带"还是"21世纪海上丝绸之路",都蕴含着以经济合作为基础和主轴,以人文交流为重要支撑,开放包容、和平发展、互利共赢的合作理念。由于研究的侧重点不同,学者们也存在一些不同的认识。国外智库和专家学者对"一带一路"倡议给予了高度关注,大多从"一带一路"倡议将会如何有助于中国崛起,以及中国将会如何通过"一带一路"倡议影响世界经济政治格局的角度解读其内涵。遗憾的是,对"一带一路"进入党的十九大报告和党章的背景少有解读。

国内学者侧重于"一带一路"倡议可能最终走向的区域一体化,在各要素自由流动这样一种理想状态的早期深度合作阶段挖掘"一带一路"倡议的丰富内涵。例如,潘志平的观点是,"一带一路"是大发展、大开放之路,是政治沟通与合作之路,是物质与精神结合的文明之路。王海运认为,这是一个"对外经济合作的基本框架""经济大合作的构想",是"经济带"而非"经济区"的合作构想,以广义上的"路"为重点的合作构想,覆盖古"丝绸之路"沿途主要地区的合作构想,秉承"丝绸之路"精神的合作构想。孙志远则认为,"一带一路"至少包含经济、安全、人文三方面的内涵,即经济的角度涵盖对外开放,经济转型升级,区域经济发展;安全方面涵盖保障国家经济安全、粮食安全与能源安全,维护社会稳定,促进世界和平与发展;人文内涵是通过扩大各国科技合作、密切人员往来,为中国及共建国家的经济发展提供有力的技术和智力支持,为加强不同国家、民族、宗教间的人文交流和相互理解,消除彼此的隔阂与误解,增强尊重互信,共创人类文明繁荣局面创造有利条件。关于"21世纪海上丝绸之路"内涵的较有代表性的文章《21世纪海上丝绸之路的战略构想与建设方略》认为,"21世纪海上丝绸之路"包括"三大支柱和七大支点",三大支柱即精神纽带、经贸合作与人文交流;海上丝绸之路沿线分为东南亚、南亚、西亚、非洲、欧盟、南太平洋岛国、拉美七大区域,在七大区域构建七大支点,形成七大推进路径,即第一支点是中国—东盟自贸区、第二支点是南亚区域合作联盟、第三支点是海湾阿拉伯国家合作委员会、第四支点是南部非洲关税同盟、第五支点是欧洲经济与货币联盟、第六支点是南太平洋岛国、第七个支点是太平洋联盟。

国外学者侧重从"一带一路"倡议可能带来的国际力量新平衡方面挖掘"一带一路"的丰富内涵。世界银行前副行长帕拉西奥在"丝绸之路经济带建设国际学术研讨会"上表示,古丝绸之路已经成为不同文明之间沟通桥梁的代名词,不冲突不对抗的独立外交政策是新丝绸之路的精华所在。开罗大学亚洲研究中心主任萨利赫认为,"一带一路"构想与中国梦的理念相辅相成。新加坡东亚研究所所长郑永年认为,丝绸之路既是中国古老文明的一部分,也是当代中国文明在国际政治舞台上自信和复兴的有效方法,是大国崛起所依托的时代精神。他还提出,丝绸之路的核心是贸易,中国对外关系的核心是经济贸易。缅甸资深媒体人吴温丁认为,中国领导人高瞻远瞩,提出了"一带一路"倡议,这也是为了解决和平发展、共同发展的问题。但是,也有部分国外学者质疑"一带一路"倡议深层的地缘政治动机。Shannon Tiezzi 认为,中国的"一带一路"就是当代的"中国版马歇尔计划",中国希望以此实现政治强国的目的。Jacob Stokes 指出,中国的欧亚一体化战略有两大服务目标,一是"向西看",服务于转移国内过剩的产能以振兴经济,二是服务于对外政策目标,即通过加强与周边发展中国家的关系,重塑世界以中国为权力中心的国际新体系。俄罗斯学者、远东研究所副所长卢贾宁认为,该构想试图重新划分太平洋到欧洲的经济版图,是遏制美国并将其赶到大西洋的有效武器,是从根本上改变世界美元架构的起始平台。日本《外交学者》杂志副主编蒂耶齐刊文称,该构想使"珍珠链"在新的名义下继续发展壮大,使美国、印度等国家的战略家感到担忧。关于"一带一路"倡议与制度(institutions)的关系,美国战略与国际中心 Scott Kennedy 等人注意到,"一带一路"倡议不涉及自由贸易区,也不含国与国之间的绑定协议。由于中国极力避免潜在的、具有可衡量要求的正式条约,通过减少正式的安排提高灵活性。因而,"一带一路"倡议有可能不涉及新国际机构的构建。

3."一带一路"倡议的定位问题与对"一带一路"倡议内涵的认识相伴而生。胡鞍钢等认为,"丝绸之路经济带"是在古代丝绸之路概念基础上形成的当代经贸合作升级版,具有重要的意义:在性质上,它是集政治经济、内政外交与时空跨越为一体的历史超越版;在内容上,它是集向西开放与西部开发为一体的政策综合版;在形成上,它是历经几代领导集体谋划国家安全和经济的当代升级版。关于"21世纪海上丝绸之路"的定位,全毅等学者认为,其承袭历史,以经略海洋、建设海洋强国为目标,从全球视角扩大我国对印度洋和亚欧非的开放,以经济外交和文化交流为手段,在广阔的亚欧非地区建立经济联系更加紧密、人文合作更加融合的人类命运共同体,使共建国家相互倚重,确保海上贸易通道安全,拓展我国地缘政治与地缘经济利益的发展空间。

随着研究的进一步深化,特别是"一带一路"建设的快速推进,学者们对"一带一路"倡议的内涵、定位看得更深刻,研究更深入更具体。例如,马莉莉、任保平编著的《丝绸之路经济带发展报告:2014》认为"一带一路"倡议有以下几个特点:第一,从推动国际区域经济一体化发展、营造多极化趋势下国际经济发展的和平环境、提高全球经济的开放度和包容度、搭建全球经济一体化的重要平台、推动中国全方位对外开放新格局的形成、推进中国东西部经济协调均衡发展、有利于维护中国的安全与稳定等层面对"丝绸之路经济带"作了定位;第二,以空间范围和辐射区域为依据,以国家为单位阐述域外涉及国家俄罗斯、哈萨克斯坦、吉尔吉斯斯坦、塔吉克斯坦、乌兹别克斯坦、土库曼斯坦的发展和参与合作的状况及未来前景。李忠民主编的《"丝绸之路"经济带发展研究》，主要以"丝绸之路经济带"的提出背景、能源一体化与综合交通通道建设、域内贸易和生产要素优化配置、城市发展等为主题，阐述与探究"丝绸之路经济带"建设问题。作为中国社会科学院亚太与全球战略研究院集体研究的成果，李向阳主编的《亚太地区发展报告（2015）——一带一路》从发挥国家智库作用的角度，围绕"一带一路"倡议特别是"21世纪海上丝绸之路"推行的经济基础、"21世纪海上丝绸之路"与互联互通、"21世纪海上丝绸之路"与东亚区域合作、"21世纪海上丝绸之路"与中国—东盟命运共同体、构建"一带一路"的安全环境问题概述等层面作了系统阐述。张洁主编的《中国周边安全形势评估（2015）："一带一路"与周边战略》，围绕"一带一路"与大国因素、"一带一路"与区域因素以及"一带一路"与热点问题三个部分展开分析，主要涉及定位、内涵和实施路径，"一带一路"倡议的推进现状，主要大国和各次区域对"一带一路"倡议的回应和对接，以及未来面临的主要挑战等。

需要指出的是，在目前的研究中几乎未见从党的十九大报告解读"一带一路"的内涵的。

4. 有关"一带一路"建设的实现途径，上述论著都有涉及，最具有宏观视野的代表性观点是分而治之、多头并进、全方位开放：(1) 中国和中亚南亚国家、俄罗斯、欧盟国家共同建设"一带一路"，形成亚欧区域经济一体化发展大格局；(2) 中国和东盟国家共同建设"一带一路"，打造中国—东盟命运共同体；(3) 中国和阿拉伯国家共同建设"一带一路"，不断深化中阿战略合作关系；(4) 中国国内各地区各部门共同建设"一带一路"，形成全方位开放新格局。

从习近平主席先后提出"一带一路"倡议的地点看，该倡议一方面涉及的是中国与共建国家的关系，实际上就是如何拓展中国对外发展空间的问题；另一方面，从各地政府纷纷出台的参与规划方案和政策看，实际上又是中国国家内部改革发展的问题。唯有一内一外相得益彰，相辅相成，"一带一路"建设才能取得最大成效。

但是，"一带一路"外部的情况最为复杂，由于涉及众多境外国家，地缘政治复杂，故面临诸多挑战。对外部的挑战，学者们进行了多方探讨。李建民认为，建设"丝绸之路经济带"的主要障碍和关键环节不在国内，而在国外，未来中国面对的最大挑战是如何处理好"丝绸之路经济带"建设中缺乏主导国与推进制度建设之间的平衡关系，特别是要处理好与地区大国俄罗斯、印度的关系。结论是"丝绸之路经济带"是大国角力的舞台，"没有这些国家的共同推动，'丝绸之路经济带'的建设将十分困难"。潘志平则从三方面对存在的挑战进行了思考：复杂的国际大环境，主要是美国因素和俄罗斯因素；动荡的国际小环境，中亚政局动荡不止，"三股势力"呈发展态势；相关国家、人民的复杂心态，既寻求共同发展，又对高速发展的中国存有相当大的戒心。

关于"21世纪海上丝绸之路"建设面临的挑战，有学者认为，美日"印太战略"竞争、印度的地缘政治以及中东非洲局部地区形势动荡不安与贫穷,是中国面临的复杂的地缘政治挑战;中国的航路安全和合作项目的可持续性受到严重威胁。袁新涛在研究中明确指出,"一带一路"建设的主要挑战有:(1)美国实施"新丝绸之路"战略;(2)俄罗斯实施"欧亚经济联盟"战略和寻求欧亚地区事务主导权;(3)日本实施"丝绸之路外交"战略;(4)国内有的省区市争打丝绸之路牌引发无序竞争和恶性竞争。张蕴岭则认为:第一个挑战就是疑虑,对中国战略性的疑虑,对中国的倡议意图有怀疑,担心中国主导、不合作;第二个挑战就是争端,要超越争端才能发展建设;第三个挑战是投资等风险;第四个挑战是我们自己急于求成;第五个挑战是开放性,倡议是中国提出的,但要变成大家的行动,欢迎所有的国家参与,包括国际现有的组织,这种兼顾内部与外部因素的认识更有理性。

从现实针对性角度出发,《中国周边安全形势评估(2015):"一带一路"与周边战略》认为,2015年是"一带一路"倡议推进的关键期。从目前来看,至少面临四个方面的挑战:一是一些国家对中国的倡议意图有怀疑;二是大国博弈,一些大国担心"一带一路"对自己在本地区的影响力构成威胁,不仅自己排斥"一带一路"倡议,而且设法加以遏制;三是中国如何妥善化解与邻国的领土领海争端;四是如何保障中国资金和企业的安全。学者们普遍都有共识,认为中国面临的挑战主要有:一是中国和邻国的领域主权之争;二是相关国家政局动荡的影响,从中亚到西亚再到非洲,尤其是西亚和非洲,还有非传统的恐怖主义滋扰,是困扰中国和这些国家开展合作的主因;三是世界大国的干扰和影响;四是中国资本与产能输出收益问题。

以美国为代表的西方国家国内虽然也不乏一些理性、客观的声音,但是总体上对中国的意图存在较大疑虑,认为"一带一路"倡议是中国拓展国际影响力的工具,将为中美、中欧之间带来广泛的竞争,并会威胁到美国在欧亚大陆的利益和领导地位。例如,美国著名智库布鲁金斯 Shivshankar Menon,在 *The Unprecedented Promises—and Threats—of the Belt and Road Initiative*(Washington DC:Brookings Institutions,2017)中一方面指出了"一带一路"带来的前所未有的机会,另一方面也猜测"一带一路"建设给共建国家带来所谓的"威胁"。西方国家官方则对"一带一路"倡议采取了选择性回应:一方面,从整体上对该倡议进行"冷处理",官员较少公开提及甚至有意淡化其积极意义;另一方面,在需要借助中国的特定领域,则表达了谨慎的欢迎与合作态度。

但是,不难发现,目前研究的内容不完整,尽管有研究认为应该以长效机制推进"一带一路"建设,也有人认为"一带一路"重在制度设计,但是目前的研究成果很少讨论"一带一路"建设的制度保障问题,几乎没有学者研究过"一带一路"倡议对国际合作机制的需求。尽管有学者提出我国应积极创新国际合作机制,以适应我国以"一带一路"为标志的新改革开放格局,但未能具体充分揭示我国应该在国际合作机制的哪些问题上创新、如何实现可能的创新、能够反映出我国国家利益的新的国际合作机制的内容是什么、新的创新在多大程度上可能成为各"一带一路"利益攸关方的共识并成为拘束和指引各行为体的行为准则等核心问题。

一、"一带一路"建设呼吁高水平的国际经贸规则

"一带一路"倡议是以发展为导向的,而不是一个跨区域的超大型的经济一体化的制度性设计。然而,"一带一路"嵌入一个由政治、经济、文化等各种关系维度所经纬交织而成的国际性网络之中,蕴含着多样、不确定、不可预测和相互关联的风险。"一带一路"建设要降低风险,离不开国际经贸规则的护航,甚至可以说,"一带一路"建设要进展顺利并获得持续性成功,相当程度上取决于旨在制定和完善高标准的国际经贸规则体系的制度建设能否取得成效。

首先,从"一带一路"建设参与者的角度,要纾解和避免"一带一路"建设本身蕴含的风险,离不开明确的、具有可预测性的国际经贸规则。[1] 大国博弈,地缘政治因素不断加剧地缘经济关系的紧张,"一带一路"建设面临的法律风险更为复杂并呈现出高度特质性,必须对这些风险开展精准细腻的研究并提出合理的应对方案,而这一切都有赖于一套适宜的国际经贸规则。

其次,从"一带一路"共建国家的角度看,接受相关的国际经贸规则是有关国家参与"一带一路"建设的标志,也是"一带一路"共建各国达成共识的体现。

最后,"一带一路"在国际上有时被视为一个大区域经济整合安排,[2] 有时被解读为全球治理的中国模式,虽然西方学界的观察有偏颇之处,但如果认为"一带一路"倡议是中国旨在与共建国家之间构建命运共同体的创新性探索,应不为过。[3] 从中国的角度看,"一带一路"倡议作为一个参与全球治理的探索方案,也需要一个有约束力的法律机制巩固相关利益,政治性政策需转化为国际经贸规则才能获得稳定性与合法性;在具有与其他成员力量的不对称优势下,中国可以引导相关国际经贸规则的形成。

党的二十大报告提出,"推动共建'一带一路'高质量发展"。事实上,在稍早的2021年11月19日第三次"一带一路"建设座谈会上,习近平总书记在其重要讲话中就提到推动共建"一带一路"高质量发展,并提出以高标准、可持续、惠民生为目标。这三个目标无一不与"一带一路"的国际经贸规则相关联。"一带一路"高质量发展的一个标志,就是服务并保障"一带一路"建设可持续发展的高标准国际经贸规则的形成和完善,不断惠及中国和共建国家的民生,使共建"一带一路"成为深受欢迎的国际公共产品和国际合作平台。

---

[1] 李玉璧、王兰:《"一带一路"建设中的法律风险识别及应对策略》,载《国家行政学院学报》2017年第2期。

[2] Giuseppe Martinico & Xueyan Wu, *The Belt and Road Initiative: A Legal Analysis: An Introduction*, in Giuseppe Martinico and Xueyan Wu eds., A Legal Analysis of the Belt and Road Initiative – Towards a New Silk Road? Palgrave McMillan, 2020, p.1 – 4.

[3] 孔庆江:《中国"一带一路"倡议与亚太地区的自贸区建设》,载《区域与全球发展》2017年第1期。

在构建"一带一路"规则体系的重要性已日益成为共识的情况下,以创新方式创制和完善"一带一路"的国际经贸规则体系,将成为下一时期推动共建"一带一路"高质量发展的重要任务之一。

二、"一带一路"国际经贸规则现状

一般而言,适用于"一带一路"建设的国际经贸规则,既包括多边规则,又包括区域与双边规则。前者主要包含在世界贸易组织(WTO)的多边贸易协定、世界知识产权组织(WIPO)的知识产权公约和少数多边投资条约和多边税收合作协定中,后者则主要包含在大量的双边投资协定、双边税收协定和自由贸易协定中。越来越多的自由贸易协定纳入了货物贸易、投资和服务贸易、知识产权、争端解决、环境条款、劳工标准、国有企业、政府采购等规则。本书所讨论的"一带一路"国际经贸规则,涵盖了上述贸易、投资、知识产权、争端解决规则等。

通过对"一带一路"现行国际经贸规则形式的审视不难发现,这是一种混合型规则体系,既有以备忘录或类似文书形式出现的虽适用于有关共建国家但不具有法律拘束力的文件,也有以条约形式出现且对共建国家具有法律拘束力的国际协定。

截至2023年1月6日,中国已经同151个国家和32个国际组织签署200余份共建"一带一路"合作文件。[1] 其中,大多数为国际法主体之间的双边"谅解备忘录",也包括合作协议、合作文件、合作备忘录。

(一)贸易领域

在贸易领域,既有"一带一路"共建国家参加的多边贸易协定,又有其相互之间的自由贸易协定。WTO管理下的多边贸易协定,由《关税与贸易总协定》(GATT)、《服务贸易总协定》(GATS)、《与贸易有关的知识产权协定》(TRIPS)、《关于争端解决规则与程序的谅解》(DSU)等组成,截至2024年5月1日,对所有WTO成员(包括161个国家和中国香港特别行政区、中国澳门特别行政区、中国台湾地区三个单独关税区成员,其中有150多个"一带一路"共建国家)均有拘束力。"一带一路"共建国家之间的自由贸易协定,主要包括《区域全面经济伙伴关系协定》(RCEP)、《全面与进步跨太平洋伙伴关系协定》(CPTPP)和若干个有关国家之间的自由贸易协定。RCEP是由中国、日本、韩国、东盟10个成员国、澳大利亚和新西兰等15个国家缔结的,涉及12个"一带一路"共建国家。CPTPP由日本、加拿大、墨西哥、秘鲁、智利、新加坡、马来西亚、文莱、越南、澳大利亚、新西兰等国家签署,涉及7个"一带一路"共建国家。"一带一路"共建国家之间的自贸协定,包括中国先后与21个国家或国家集团分别缔结的自贸协定,涉及18个"一带一

---

[1] 《已同中国签订共建"一带一路"合作文件的国家一览》,载中国一带一路网,https://www.yidaiyilu.gov.cn/xwzx/roll/77298.htm。

路"共建国家。除中国外的其他共建国家相互之间或共建国家与非共建国家之间也缔结有自贸协定，前者如俄罗斯、白俄罗斯和哈萨克斯坦缔结的欧洲经济一体化协定，后者如新加坡分别与美国、欧盟之间，韩国与美国之间，越南与欧盟之间分别缔结的自贸协定等。

(二)金融和投资领域

"一带一路"的金融合作规则体现在《"一带一路"融资指导原则》和"一带一路"银行间常态化合作机制中。2017年5月在首届"一带一路"国际合作高峰论坛期间，中国和其他26个国家共同核准了《"一带一路"融资指导原则》。[1] 会议期间，"一带一路"共建国家的30余家商业银行以及国际金融组织的董事长、行长还共同签署了《"一带一路"银行家圆桌会北京联合声明》，目的是建立"一带一路"银行间常态化合作机制。[2] 尽管《"一带一路"融资指导原则》不是正式的国际协议，《"一带一路"银行家圆桌会北京联合声明》也不是严格意义上的具有法律拘束力的协议，但它们为"一带一路"框架下融资机制化指明了方向，即推动建设长期、稳定、可持续、风险可控的融资体系。在两年后的第二届"一带一路"国际合作高峰论坛上，中国财政部部长宣布，多元、包容、可持续的"一带一路"融资体系初步建立。[3]

"一带一路"投资规则包含在由多边投资机构(MIGA)管理的《多边投资担保机构公约》(以下简称 MIGA 公约)、由国际投资争端解决中心(ICSID)管理的《关于解决国家和他国国民之间投资争端公约》(以下简称 ICSID 公约)以及共建国家相互之间、共建国家与非共建国家之间缔结的投资协定中，也体现在经济合作与发展组织(OECD)的《投资政策框架》、联合国贸易和发展会议(UNCTAD)制定的《可持续发展投资政策框架》和中国倡议的《二十国集团全球投资指导原则》中。MIGA 公约旨在鼓励成员之间，尤其是向发展中国家成员国融通生产性投资，并致力于促进东道国和外国投资者间的相互了解和信任，为发达国家向发展中国家的海外私人投资提供担保，以加强国际合作。[4] MIGA 公约现有成员 182 个，涉及 143 个"一带一路"共建国家。ICSID 公约旨在解决东道国与外国投资者之间发生的投资争端，截至 2024 年 6 月，有 166 个成员，涉及 121 个"一带一路"共建国家。[5] 投资协定的主要内容涵盖投资促进、投资保护和投资

---

[1] 《"一带一路"融资指导原则》，载中国一带一路网，https://www.yidaiyilu.gov.cn/wcm.files/upload/CMSydylgw/201705/201705161021052.pdf。

[2] 《工商银行推动"一带一路"银行间常态化合作机制》，载人民网，http://ydyl.people.com.cn/n1/2018/0209/c411837-29816169.html。

[3] 《财政部："一带一路"融资体系初步建立》，载中国经济网，http://finance.ce.cn/bank12/scroll/201904/26/t20190426_31946067.shtml。

[4] MIGA 官网，https://www.miga.org/about-us。

[5] ICSID 官网，https://icsid.worldbank.org/about。

管理。就中国缔结的投资协定而言,中国自改革开放至今共签订130余个双边投资条约,截至2024年6月29日,有效的有110个,[1]其中有一半以上的条约是与"一带一路"共建国家签订的。

2006年由OECD和非OECD成员方组成的特别行动工作组制定了《投资政策框架》,为任何有兴趣营造对所有投资者具有吸引力的环境和提高投资对社会益处的政府,提供了一个考虑重要政策问题的清单。2012年UNCTAD制定的《可持续发展投资政策框架》,以可持续发展为宗旨和目标,注意发展中国家和发达国家、投资者和公众的利益平衡,详细地设计了投资政策选择性方案(包括可持续发展投资政策的核心原则、国际投资政策指南和国际投资协定内容的政策选择),供各国根据本国国情选择采用。2016年二十国集团领导人杭州峰会通过的《二十国集团全球投资指导原则》,[2]作为全球首个多边投资规则框架,填补了国际投资领域的空白。该指导原则涵盖了国际投资机制的所有核心要素,为建立面向未来的全球投资机制框架奠定了重要的基础。需要指出的是,《二十国集团全球投资指导原则》反映了二十国集团成员的共识,尚不构成具有强制拘束力的全球投资规则。在这种背景下,把这些原则共识引入"一带一路"建设领域并率先形成区域性投资规则是一种可行的选择。

（三）税收领域

"一带一路"共建国家之间的税收规则,包含在若干税收合作多边协定和大量的双边预防双重征税和偷逃税协定中,也体现在"一带一路"税收征管合作机制中。中国参与的税收合作多边协定包括《多边税收征管互助公约》《金融账户涉税信息自动交换多边主管当局间协议》《实施税收协定相关措施以防止税基侵蚀和利润转移的多边公约》。截至2021年6月底,中国缔结的双边预防双重征税和偷逃税协定约107个,其中已经生效的有101个,涉及87个"一带一路"共建国家。[3]为了构筑"一带一路"国家税收合作长效机制,中国先与50多个"一带一路"共建国家、地区和国际组织于2018年5月14~16日共同签署了《阿斯塔纳"一带一路"税收合作倡议》,在"一带一路"各国税务部门之间推动依法治税、提升税收争端解决效率并提高纳税服务水平等。[4]一年后,又与33

---

[1]《中国—安哥拉双边投资协定简介》,载中国商务网,https://tfs.mofcom.gov.cn/gzdt/art/2024/art_857b16fbb5c1430ca9a3b3314ece2c71.html。

[2]《二十国集团全球投资指导原则》列出九项原则,即反对投资保护主义,倡导投资开放;非歧视;投资保护;透明度;可持续发展;政府对投资的监管权;投资促进及便利化;企业社会责任及公司治理;国际合作。参见《二十国集团全球投资指导原则》,载《人民日报》2016年9月7日,第21版。

[3]《我国签订的多边税收条约》,载国家税务总局网,http://www.chinatax.gov.cn/n810341/n810770/index.html。

[4]《以税收合作助推"一带一路"建设行稳致远》,载国家税务总局网2019年1月11日,http://www.chinatax.gov.cn/n810219/n810724/c4039208/content.html。

个国家和地区的税务部门在2019年4月的第一届"一带一路"税收征管合作论坛上共同签署了《"一带一路"税收征管合作谅解备忘录》,标志着"一带一路"税收征管合作机制的正式建立。[1]

(四)知识产权领域

"一带一路"共建国家之间的知识产权规则,散见于共建各国参与程度不一的WIPO管理下的条约、WTO《与贸易有关的知识产权协定》、自由贸易协定以及若干国家之间的合作文件中。WIPO管理着26项条约,其中包括《建立世界知识产权组织公约》,"一带一路"共建国大多是《建立世界知识产权组织公约》的缔约方,参加了部分知识产权条约。前面提及的中国与其他"一带一路"共建国家之间的自贸协定,大多包含知识产权保护的规定。另外,中国国家知识产权局已经与40余个"一带一路"共建国家建立了"一带一路"知识产权合作的常态化机制,实施了八个方面的务实合作项目,包括宏观政策沟通、知识产权审查、基础能力建设、信息数据交换等各个方面。[2] 中国与海湾阿拉伯国家合作委员会专利局、东盟、欧亚专利局等地区性组织分别建立了正式合作关系,与WIPO签署了《关于加强"一带一路"知识产权合作政府间协议》指导性文件。[3] 在2016年"一带一路"知识产权高级别会议上通过了《加强"一带一路"国家知识产权领域合作的共同倡议》,2018年"一带一路"共建国家知识产权机构负责人和代表共同发表了《关于进一步推进"一带一路"国家知识产权务实合作的联合声明》。[4]

(五)争端解决领域

争端解决机制是运行良好的全球或区域治理体系必不可少的组成部分。WTO争端解决机制是目前全球所有争端解决机制中影响最大的,处理各国因执行WTO多边贸易协定引起的争端。由于部分"一带一路"共建国家还不是WTO成员方,因此WTO的争端解决机制不适用于这些国家。目前WTO争端解决机制陷入停摆状态。不过,包括中国在内的多个WTO成员方决定在上诉机构停摆时期组成"多方临时上诉仲裁安排"

---

[1]《多国携手共建"一带一路"税收征管合作机制》,载国家税务总局网2019年4月18日,http://www.chinatax.gov.cn/chinatax/n810219/n810729/c4268169/content.html。

[2]《国际社会充分认可中国保护知识产权成效——"对中国持续优化营商环境充满信心"》,载中国政府网,https://www.gov.cn/xinwen/2021-05/01/content_5604289.htm;《新闻办就2018年中国知识产权发展状况举行发布会》,载中国政府网,http://www.gov.cn/xinwen/2019-04/28/content_5387125.htm#1。

[3]《国际社会充分认可中国保护知识产权成效——"对中国持续优化营商环境充满信心"》,载中国政府网,https://www.gov.cn/xinwen/2021-05/01/content_5604289.htm。

[4]《〈加强"一带一路"国家知识产权领域合作的共同倡议〉发布》,载中国政府网,http://www.gov.cn/xinwen/2016-07/27/content_5095220.htm;《知识产权保护强化 营商环境持续优化》,载中国政府网,http://www.gov.cn/xinwen/2019-05/16/content_5392004.htm。

（MPIA），以便处理各参加方提起的上诉争端案件。

在投资争端解决领域有 ICSID 公约。在国际商事争议解决方面，"一带一路"共建国家之间的国际商事争端解决规则主要有 1958 年《承认及执行外国仲裁裁决公约》（以下简称《纽约公约》）、2005 年海牙《选择法院协议公约》（以下简称《选择法院公约》）和 2018 年《联合国关于调解所产生的国际和解协议公约》（以下简称《新加坡调解公约》），以及"一带一路"共建国家相互之间和与非共建国家之间缔结的司法互助协定。《纽约公约》旨在促成商事仲裁裁决在他国得到承认和执行，截至 2024 年 7 月 15 日，有 172 个成员，涉及 125 个"一带一路"共建国家；《选择法院公约》规定，在发生国际民商事纠纷时，可以通过协议约定由指定的任意成员的法院享有排他性管辖权并审理作出判决，而其他成员有义务按照既定的规则承认并执行该判决，截至 2024 年 7 月 15 日，有 31 个缔约方，其中 20 个为"一带一路"共建国家；《新加坡调解公约》创建了一个统一的框架，以便经济高效地迅速执行国际商事调解协议，旨在使调解更加有效并作为国际仲裁和诉讼的替代手段，截至 2024 年 7 月 15 日，有 14 个缔约方，涉及 12 个"一带一路"共建国家。[1] 截至 2024 年 7 月 15 日，我国已与外国缔结涉及民商事司法协助的条约约 39 项，其中涉及约 33 个"一带一路"共建国家。[2]

三、"一带一路"国际经贸规则运行中的问题和障碍

"一带一路"国际经贸规则服务于"一带一路"建设，旨在调整"一带一路"建设各参与方和利害关系人之间的权利义务关系，最终确保"一带一路"建设的有序进行。仔细审查前述"一带一路"国际经贸规则不难发现，无论是"一带一路"现有的整个规则体系还是其发展趋势，均存在一些问题，尤其是部分规则还存在较大问题。例如，某些规则与"一带一路"建设的需要尚存在一些不适应之处，而有的甚至构成"一带一路"建设的障碍。

（一）现有国际经贸规则的碎片化

"一带一路"现有的国际经贸规则呈现碎片化的状态，即"一带一路"共建国家遵循不同形式（条约或非条约性文书）、不同层面（多边、区域或双边）的国际经贸规则，而且遵循的同类经贸规则在覆盖领域范围、约定的贸易自由化与便利化程度、投资自由化与便利化程度、投资保护高度、知识产权保护范围和保护高度、规则的刚性等方面，呈现出不一致的情况。

---

[1] *United Nations Convention on International Settlement Agreements Resulting from Mediation*，UNCITRAL（March，2019），https://uncitral.un.org/sites/uncitral.un.org/files/media-documents/EN/Texts/UNCITRAL/Arbitration/mediation_convention_v1900316_eng.pdf.

[2] 《中华人民共和国-条约数据库》，载中国外交部网，http://treaty.mfa.gov.cn/web/index.jsp。

就特定的国际经贸规则而言,"一带一路"共建国家中有的参与,有的置身其外,例如,164个成员参加的WTO这一普遍性的国际组织管理者对全体成员均有拘束力的多边贸易协定,但28个"一带一路"共建国家至今尚不是WTO成员,这意味着这些国家相互之间及它们各自与其他成员之间的贸易关系无法适用WTO协定。再如,《纽约公约》为世界上172个国家相互承认和执行仲裁裁决提供了便利,但26个"一带一路"共建国家尚不是《纽约公约》的成员,这就意味着在处理这些国家的投资项目争议的国际仲裁中,在获得这些国家法院对国际仲裁裁决的承认和执行方面,仍然有着重大的不确定性因素,从而使得仲裁结果难以落实。还有,ICSID公约是缔约方解决东道国与投资者之间争端的重要依据,但30个"一带一路"共建国家尚不是缔约方,限制了这些国家的投资者以及外国投资者赴这些国家投资时对该公约和ICSID的利用。

美国近年奉行的单边主义和保护主义,加剧了全球贸易投资规则体系的碎片化,促使"一带一路"共建国家将国际经贸规则制定的重点更多地聚焦于区域层面。

(二)国际经贸规则不敷"一带一路"建设需要

"一带一路"共建国家之间的国际经贸规则,在某些领域如税收,未能与时俱进。现行很多税收协定中国际税收互助、税收优惠等内容缺失或弱化,影响了东道国对投资者的吸引力,也影响了中国企业在"一带一路"共建国家投资中的海外竞争力。早期签订的税收协定为了引入国外投资,对发达国家单方面饶让抵免,对发展中国家互相饶让抵免,有些还忽视了饶让抵免条款的谈签,[1]因而缺少系统化的实际规定,导致相当一部分"走出去"的中国企业无法实际享受东道国提供的税收优惠待遇,有的甚至卷入国际税收争端而蒙受巨大损失,以至于我国税务机关不得不应急交涉、签订补充条款,以避免更大的利益损失。另外,加入《多边税收征管互助公约》税改后的企业税种名称自动适用还有待明确,涉外信托税收法律处于空白,也无形之中加大了企业跨国经营的涉税风险。又如,亚欧之间的铁路运输受制于两套铁路运输规则,即中国、俄罗斯与其他东欧国家之间的《国际铁路货物联运协定》和主要适用于原西欧国家的《国际铁路货物运输公约》,也没有实施代表物权的铁路运输提单,这不利于中欧班列的运行和两地之间的贸易。[2]

需要指出的是,在上述领域外的其他领域,虽然中国与韩国、新加坡、新西兰等"FTA枢纽国家"都签署了高标准的自由贸易协定,但中国与大多数"一带一路"共建国家之间

---

[1] 汤凤林、陈涵:《"一带一路"背景下我国双边税收协定的现状、问题与完善建议》,载《国际税收》2020年第5期。

[2] 《国际经济法学》编写组:《国际经济法学》(第2版),高等教育出版社2019年版,第102~103页;陈静、潘庆全:《铁路提单制度的理论争点与实践困境》,载澎湃新闻网2021年9月1日,https://m.thepaper.cn/baijiahao_14315651。

的现行有效的规则还是显得陈旧,总体上不敷"一带一路"建设需要。

(三) WTO 多边规则的改革难以启动

当前,WTO 陷入危机,迫切需要改革,但多数主要成员方的立场分歧巨大。总体而言,美国全球贸易战略仍是影响 WTO "去留"的关键变量。[1] 从美国实施贸易策略的步骤来看,拜登政府并未实质性地改变特朗普的"美国优先"政策,只是更倾向于通过拉拢盟友,一方面将创建新区域性的自由贸易协定规则作为制定新的国际经贸规则的场域,另一方面因不希望 WTO 机制成为进一步约束其国内经贸政策的有效工具,并希望 WTO 为其在经贸领域对华进行战略竞争打压提供新的法律武器而企图改变 WTO 规则和重构 WTO 规则。显然,美国将 WTO 作为其贸易政策工具箱中的重要工具之一,利用 WTO 多数成员方推进 WTO 改革和维护多边贸易体制的愿望,以 WTO 的"协商一致"原则作为要挟他国接受其重塑国际经贸规则意图的手段。

(四) 美式国际经贸规则强势登场

近年来,全球经贸治理格局处于变革期、调整期、重组期的"三期融合"。虽然以中国、印度等发展中国家为代表的新兴经济体有意提升国际经贸规则话语权,但是以美国、欧盟国家、日本等为代表的国家竭力稳固地位,美国或凭自己的实力或联合其盟国推动自己心仪的国际经贸规则,或推动遏制其竞争对手的规则,新型的美式歧视性经贸规则和国际经贸治理格局渐露雏形。

事实上,国家安全正在成为许多国家考虑外国投资案能否进行与落实的审核标准,也正在逐渐成为部分国家对国内特定产业进行保护和对产业链进行布局的政策性工具。例如,美国自 2018 年起不断更新立法以试图逐步扩大美国外国投资委员会(CFIUS)对外国投资案件的审查权限,同时试图通过"国家安全"审查标准限制外国资本进入其认为对美国国家安全具有特殊意义的领域,或是 CFIUS 认为其需要特别关注的投资案。美国《外国投资风险审查现代化法案》(Foreign Investment Risk Review Modernization Act)则是通过扩大 CFIUS 可以审查的"受管辖交易"(covered transactions)范围,扩大美国官方对"国家安全"这一要素的适用,甚至对涉及关键技术的投资设定了强制性的申报要求。2022 年 9 月 15 日,时任美国总统拜登签署一项行政命令,要求 CFIUS 加强对关键供应链、人工智能、量子计算和生物技术等领域涉及外国公司的交易的审查。[2] 这是自 CFIUS 成立以来首次在总统指示中看到明确要求在审查"受管辖交易"范围时将国家安全风险作为考虑因素,这一指示也明确地将 CFIUS 的目标与职能与

---

[1] 孔庆江:《美欧对世界贸易组织改革的设想与中国方案比较》,载《欧洲研究》2019 年第 3 期。
[2] 杨帆、于翔等:《CFIUS:概念、变化与影响》,载新浪财经网,http://finance.sina.com.cn/stock/stockzmt/2022-09-18/doc-imqqsmrn9562401.shtml。

美国的整体国家安全中的重点问题相挂钩。

在美国的引领下,欧盟国家、日本等纷纷行动起来,在国内法中引入更严格的国家安全审查规定。例如,拜登政府于2021年2月24日签署《美国供应链行政令》,启动了对美国供应链的全面审查,不顾市场规律,以供应链安全为由开启了供应链的"去中国化"。同样,欧盟等也纷纷跟进,欧盟成员国甚至在2021年6月11日通过了《企业供应链尽职调查法》。再如,在时任美国总统拜登于2022年8月9日签署旨在阻止可能使中国或任何其他"受关注的外国"(foreign country of concern,包括俄罗斯、伊朗、朝鲜等对美国构成所谓"国家安全威胁"的国家)半导体制造能力得到实质性扩张的交易的《芯片与科学法案》后,欧盟也即将完成自己的《芯片法案》,目的均在于保证包括芯片在内的关键产品的所谓供应链的安全。

在联合酝酿创制国际经贸规则方面,自2017年,对当前国际经贸规则的滞后性多次表示不满的美国,联合日本和欧盟以三方贸易部长会议机制酝酿共识、布局新型贸易规则。三方联合发表八份声明,在声明的具体内容中,美欧日已经就推动国际经贸规则改革的方向形成基本一致的框架意见。

1. 针对"特定国家"的歧视性规则业已成形

当前,一些超大型区域性自由贸易协定,如《跨大西洋贸易投资伙伴关系协定》(TTIP,尚未达成)、源自《跨太平洋伙伴关系协定》(TPP)的CPTPP、《美韩自贸协定》(KORUS)、《美墨加协定》(USMCA)和《日本—欧盟经济伙伴关系协定》(EPA),有一个共同特征,即"ABC规则"(anyone but China),凸显其针对所谓"中国议题"布局的新一轮国际经贸规则,而且规则设定趋于排他。

首先,关于"非市场导向的政策与做法问题"。"非市场经济地位问题"是中国与发达国家博弈的核心问题之一。[1] 非市场经济地位源于中国入世议定书中的一个临时性使用的假定,[2] 使WTO其他成员方在自中国入世年起的15年内在调查来自中国的产品是否构成倾销时可以引用第三国价格,从而导致中国的出口企业在对外反倾销应诉中处于极为不利的地位。但在15年过渡期届满之后,美国、欧盟和日本等罔顾中国市场化改革的巨大成果,以中国不符合国内法中的市场经济条件,使其在与中国的竞争中处于不利地位为由,将这种有条件的假定视为基于现实的判定,一直拒绝认可中国的市场经济地位,而且试图将其永久化,这体现在炮制"非市场导向的政策与做法"的概念。"非市场导向的政策与做法"是美欧日第八次贸易部长会议讨论的议题,它们已就如何

---

[1] 张茉楠:《国际经贸规则重构进行时》,载半月谈网,http://m.banyuetan.org/gj/detail/20200507/1000200033136201588819143572543010_1.html。

[2] 《中国加入世界贸易组织议定书》第15条规定:在其他WTO成员对中国企业发起反倾销调查时,如果中国企业不能证明其所处产业具备市场经济条件,则反倾销当局可以采用替代国价格进行倾销的认定和计算。

制定规则达成共识。"非市场导向的政策与做法"的限制性条款极可能被美国塞入美欧贸易协定、美日贸易协定,以及其他区域性自由贸易协定的谈判中。[1]

其次,关于产业补贴问题。美欧日在 2020 年 1 月 14 日发表的第七份联合声明中,认为 WTO 框架下《补贴与反补贴措施协议》(SCM 协议)不足以解决某些地区扭曲市场和贸易的补贴现象,因此必须在 WTO 框架下强化产业补贴领域的国际规则。[2] 三方明确提出要扩大禁止性补贴范围、对某些损害性较强的补贴进行举证责任倒置、将由补贴提供成员导致的产能过剩补充至严重侵害情形、增加产业补贴政策通报的激励机制、鼓励成员对补贴进行适当通报,并增加反向通报的惩罚、允许反补贴调查机关使用外部基准确定补贴数额和将国有企业纳入"公共机构"的范围。三方针对 WTO 补贴制度的改革方案虽未点名,但被解读为直指中国。据此,有人认为,补贴已经成为我国在多边贸易关系中面临的最为重大的问题之一,其影响不亚于发达国家长期关注的知识产权问题。[3]

2. 企图"量身定做"国有企业规则

2017~2021 年,美欧日三方会议发布的八份联合声明中主张抛弃 WTO 现行规则标准,引入能够进一步约束国有企业的规则,包括将国有企业视为公共机构,将其贷款等行为视为财政资助,从而采取单边反补贴措施。在区域层面上,国有企业规则已经成为 CPTPP、USMCA 以及多个新兴大型区域伙伴关系协定(如 EPA)中的重要章节。美国与澳大利亚、韩国、以色列、智利等 18 个国家签署的双边自贸协定强调或蕴含了国有企业章节或条款。这些规则有些直接将国有企业视为准政府实体(其地位如同当前 WTO 框架内的 SCM 协议中的"公共机构"),将国有企业的正常商业行为视为财政补贴,从而导致有关国家的国有企业在国际竞争中面临新的挑战,特别是将使活跃在"一带一路"共建国家的我国国有企业在国际竞争中面临新的挑战。[4]

3. 供应链重置与价值链竞争扭曲了国际经贸规则

在全球化背景下,美国制造业的流失与美国贸易不平衡的问题再次凸显。美国出于产业安全考虑,希望从产业链方面降低对中国的供给依赖。为此,美国伙同盟友正在寻求重组供应链和价值链。

第一,新冠疫情、俄乌冲突等"黑天鹅""灰犀牛"事件,加剧了产业链、供应链、价值链的变化。2019 年年末以来,在疫情突发、全球抗疫艰难的背景下,美欧等的产能一度出现断层,供应链安全为各国敲响了警钟,完整强健的供应链受到前所未有的关注,尤

---

[1] 张茉楠:《国际经贸规则重构进行时》,载半月谈网,http://m. banyuetan. org/gj/detail/20200507/1000200033136201588819143572543010_1. html。
[2] 张茉楠:《中国应加快适应新一轮国际经贸规则演变》,载《中国经济时报》2020 年 7 月 27 日,第 4 版。
[3] 张军旗:《我国自由贸易试验区中产业补贴政策的调整》,载《上海财经大学学报》2019 年第 1 期。
[4] 张茉楠:《中国应加快适应新一轮国际经贸规则演变》,载《中国经济时报》2020 年 7 月 27 日,第 4 版。

其 2022 年 2 月爆发俄乌冲突以来,能源和粮食短缺等问题日益严重。在多方因素共同作用下,美国和欧盟国家等通胀高企,国内基础设施和初级能源供给体系短板日益凸显,希望重塑自身供应链的诉求大大强化。

第二,随着供应链、价值链的稳固问题成为各方的核心关切,以美国为首的部分国家正在积极寻求改变对中国的依赖并试图将中国孤立在供应链之外。一方面,美国着力区域产业链、供应链、价值链改革,意图将中国从中剥离,重新树立其核心地位和主导力。例如,2022 年 5 月发起了"印太经济框架",日本、印度、泰国等 12 个国家加盟。该框架四大核心支柱之一就是"供应链弹性",如日后酝酿产生实体规则,必将对中国造成不利影响,在一定程度上影响我国区域经贸融合和周边经济安全。另一方面,美国加大拉拢盟友的力度继续对我国"贴标签",指责我国强制技术转移等问题,与我国"断链""脱钩"的意思明显。当前,美国等不仅在研究出台各类贸易限制措施,还拟进一步严格对外投资管制。

第三,数字经济的发展推动全球价值链发生深刻变革。数字贸易降低了全球价值链中通信、物流、匹配等成本,推动国际分工更加专业化、价值链不断延伸。数字服务要素在投入和产出中的比重不断提高,成为价值链的重要组成部分和影响因素。数字基础设施联通,跨境数据自由有序流动、集成开发利用,将促进产业加速变革并创造出巨大的增值空间。为抢抓新机遇,包括我国在内的主要经济体,近年来普遍将数字贸易发展作为国家发展规划、政策法规、对外经贸合作和国际规则制定的重点,力求构建良好的制度环境。未来,国际竞争将更趋激烈,推动数字贸易开放发展与合作的意义更为重大。

4. 边境后措施规则/消除规制壁垒已成趋势

随着关税的大幅度削减,贸易壁垒越来越体现为边境后的非关税措施,从 TTIP、TPP(美国 2017 年退出后,蜕变为其余 11 国之间的 CPTPP)到 KORUS、USMCA 和 EPA 的谈判内容也可看出,谈判议题向边境后规制转移。[1] 典型的边境后的规制措施包括不同的产品标准、对服务供应商提出的单独许可要求,以及对商品、服务和生产过程重复的认证和合格评定程序。边境后的贸易壁垒成为困扰国际贸易的首要问题,WTO 前总干事帕斯卡尔·拉米称之为"21 世纪真正的贸易问题"。[2] 这对中国贸易、投资、产业与经济增长方式来说是巨大的挑战。如果中国与"一带一路"共建国家不参与制定新规则,就可能被美欧日联合排斥在下一轮全球化之外,面临的规制壁垒将显著上升。

5. 国家安全例外成为凌驾于国际经贸规则的帝王规则

国家安全逐渐在国际贸易与投资领域高频出现,也在更多场合成为不同国家和区域在战略规划与规则设计过程中更为突出的考虑因素。虽然,国家安全例外过去在国

---

[1] 张茉楠:《全球经贸规则体系正加速步入"2.0 时代"》,载《宏观经济管理》2020 年第 4 期。
[2] Shawn Donnan, *EU and ASEAN to Pave Way for Trade Pact Talks*, Financial Times, 6 September 2004.

际贸易与投资活动中已作为一项贸易投资自由化的例外制度而存在,并在 WTO、双多边贸易协定、投资协定中设有专门条款,以突出国家安全这一问题的重要性,但其可执行性和在实务活动中被真正实践的频率并不高。在国际贸易活动领域,直到 2019 年,WTO 才出现了第一起以 GATT 第 21 条国家安全作为依据的案件,即俄罗斯—乌克兰禁运措施案。[1] 然而,当下国家安全例外成为了国际经贸规则演进中的新重点,美国甚至不承认 WTO 争端解决机构对国内基于国家安全采取的贸易措施进行审查的权力,国家安全实际上已经成为凌驾于国际经贸规则的帝王规则。国家安全的泛化,容易使中国成为他国以国家安全为由实施贸易投资限制措施的对象,不利于中国的对外贸易和投资环境,也不利于"一带一路"建设。

学界认为,目前国际经贸规则发展存在"四化"趋势:"零关税、零补贴和零壁垒"方案的全覆盖化,向边境后措施延伸的宽领域化,打造经贸规则标杆的高标准化和建设超大型自贸区的广区域化。[2] 在全球经贸规则发展方向上,一个是高标准经贸规则,前述的超大型区域性自由贸易协定,如 TTIP、CPTPP、KORUS、USMCA 和 EPA,基本上还是基于自由贸易原则的国际经贸规则。特朗普任总统期间提出的所谓的"三零"方案,更是贸易自由化方案的极致。[3] 另一个是美国倡导的所谓"价值观贸易"体系,抛弃了 WTO 非歧视原则,把地缘政治考虑放在前面,泛安全化,意识形态非中立,强调特定的民主和人权模式,搞分裂的分工体系,搞所谓"友岸外包",把贸易壁垒社会化。[4] 另外,美西方将国际经贸规则制定场域由多边转向区域,按照高标准以及共同价值观先行制定经贸规则,一方面影响未来全球经贸规则的走向,另一方面成为另一种可用来针对中国的非关税壁垒,形成对中国封锁的态势并对"一带一路"共建国家利益进行挤压。

(五)债务可持续性保障机制不足

债务可持续性与投融资机制密切相关,既涉及对债权的保障,也涉及对债务的保障。西方国家对"一带一路"所谓"债务陷阱"的质疑也集中在这一领域。[5] 只有探索建立健全债务保障机制,尤其是低收入国家的债务可持续性保障机制,才能确保"一带一路"高质量发展。目前,"一带一路"建设过程中债务可持续性保障机制的不足,主要体现在以下几个方面。

---

[1] Russia – Measures Concerning Traffic in Transit of Ukrainian Products WT/DS512/R.
[2] 沈伟、张国琪:《变局下的国际经贸规则重构——由中美贸易摩擦展开》,载《上海商学院学报》2022 年第 6 期。
[3] 王晓红等:《对"三零"国际经贸规则的认识》,载《国际贸易》2019 年第 6 期。
[4] 郑韬:《国际观察:假重塑 真维霸 美国"友岸外包"可以休矣》,载人民网,http://world.people.com.cn/n1/2022/0810/c1002-32499680.html。
[5] 余淼杰、陈卓宇:《在成就与挑战中推进"一带一路"倡议——基于"蓝点网络"计划和"债务陷阱论"的分析》,载《辽宁大学学报(哲学社会科学版)》2022 年第 6 期。

第一,对于被投资方的事前尽职调查不够。在一些贷款或者投资项目中,没有做到对被投资方的完备的尽职调查,对被投资方的贷款权限和还款能力没有进行合理的评估,导致有些贷款可能发放给了不适格的借款人。财政部于2019年颁布了《"一带一路"债务可持续性分析框架》作为指南。[1]

第二,出现债务问题时的救济措施不足。例如,在我国对外签署的合作协议中,缺乏出现债务危机时的处理机制,不能真正救助陷入困境的借款国。我国通常的做法是进行直接的债务减免,但这种做法常常是治标不治本,并不能解决贷款国本身的结构问题,也难以帮助它们发展经济。在国际上,已经有比较成熟的债务重组的方式,包括中止合同履行诉讼以及其他诉讼和非诉讼程序、债权人会议的召开以及多数决下的债权人决议的形成、对不同意债权人的强制约束等。国际货币基金组织和世界银行的《债务可持续框架》是该两机构向低收入国家提供融资的重要决策依据,实践中对包括多边融资机构在内的所有债权人的贷款决策都具有指导意义。[2] 对是否要引入这些制度,以及其如何实施的具体细节,应该作出更全面的考察评估、善加选择。

(六) 影响数字贸易的规则阙如

目前,数字贸易快速发展,逐渐成为现代贸易的主要方式。跨境电子商务平台的兴起和跨境电子传输的增长,同样带来了很多新的问题。

1. 跨境数据传输问题

目前,在国际上有几种关于跨境数据传输的做法:一是鼓励跨境数据传输,认为跨境数据传输能够促进跨境数字贸易,从而增加经济增长,各国不应该限制数据的传输。二是将个人隐私和数据保护作为一项根本指标,认定只有在满足国内法隐私保护的前提下,数据才能向境外传输。比较典型的就是欧盟的《通用数据保护条例》。三是跨境数据传输还应该考虑国家安全利益,只有在国家安全得到保障的情况下,才可以将数据传输到境外。各国数字经济发展情况的不统一以及各国国家利益出发点的不一致,导致各国在对待数据传输的问题上分歧较大,目前还没有一个关于数据跨境传输的国际公约,数据跨境传输主要依靠国内法的单边规制,导致数据的跨境传输面临很大的不确定性。

2. 电子传输征收关税问题

在WTO的框架下,为了鼓励数字贸易的发展,电子传输是免于征收关税的。RCEP也确认电子传输免于征收关税。但是,对于这一问题,国际上仍然有争议。尤其是在互联网公司在全球范围内快速发展、创收价值不断攀高的背景下,很多国家认为电子传输

---

[1] 《财政部发布〈"一带一路"债务可持续性分析框架〉》,载中国财政部网,http://www.mof.gov.cn/zhengwuxinxi/caizhengxinwen/201904/t20190425_3234663.htm。

[2] 顾宾、徐程锦:《"一带一路"债务可持续的软法路径》,载《上海对外经贸大学学报》2022年第1期。

产生的价值高所以也应该征收关税,不能因为是电子传输的方式而减少国家的财政收入。对此,各国仍需就这一问题进行后续的磋商。

3. 跨境电子商务问题

跨境电子商务问题具体体现在如下几个方面:一是跨境电子商务的准入问题。一般来说,跨境电子商务的准入规定来源于 WTO 成员的入世承诺以及各国签订双边或多边协定时所作出的承诺。一般认为,各国作出的承诺,尤其是涉及服务贸易的承诺,能否扩展适用到以电子方式进行的商业活动中,还需要明确。二是涉及数据本地化要求,即出于保护国家利益,包括保护个人数据和维护国家安全的需要,有关国家规定境外主体在国内从事商业活动涉及数据的,需要在该国境内设置数据的处理站,并且应当将数据存放在该国境内。然而,这也会增加电子商务公司的成本。所以,对数据本地化问题,需要明确。三是涉及源代码是否开放的问题。有的国家出于保护源代码持有公司的知识产权和商业秘密,保护公司的合法权益的需要,在其缔结的自由贸易协定中规定东道国不得强制要求投资者开放源代码。然而,有的国家出于查阅有关国家安全的信息的需要,规定境外投资者有开放源代码的义务。各国之间主张的不一致,对数字贸易的发展不利。

四、"一带一路"国际经贸规则的创新和完善

针对"一带一路"国际经贸规则中存在的问题,对标推进"一带一路"高质量发展的需要,有必要加强"一带一路"国际经贸规则的创新,使之逐渐臻于完善。

(一)"一带一路"国际经贸规则创新与完善应遵循的原则

创新与完善"一带一路"国际经贸规则,以构建包容复合型的国际经贸规则体系须遵循一定的原则。

1. 基于现有机制与规则开展创新。无论是出于必要性还是有效性考虑,现有的经贸规则完全可以作为当下"一带一路"国际经贸规则创新和完善的出发点。

2. 从软法性国际文件走向国际惯例再过渡到国际条约,以国内法治促进国际法治。虽然有学者指出,在"一带一路"国际经贸法律规则体系中,中国偏好的国际经济立法模式总体上具有"规则倾向性的特征",[1]但现阶段,中国可能很难协同其他"一带一路"共建国家共同设立一整套国际经贸规则。因此,必须立足于现行的倡议以及制定和推广"一带一路"软法性法律文件的国家实践,向共建国家展现中国的法治理念、法律制度等,这一方面有助于推动当地法治的发展,提高"一带一路"建设整体法治化水平;另

---

[1] 徐崇利教授在 2018 年上海对外经贸大学"'一带一路'实践中国际经贸规则创新"高峰论坛上的发言。转引自吴岚:《"'一带一路'实践中国际经贸规则创新"高峰论坛综述》,载《国际商务研究》2018 年第 5 期。

一方面有助于将国家的国际软法实践引向国际习惯,将国际习惯编纂成为国际条约。

3. 国际合作从双边法治迈向多边法治。现在很多"一带一路"共建国家通过双边途径进行合作,下一步中国可以从贸易便利化、投资便利化、数字经济规则或争端解决等方向探索推进多边机制。

4. 软法与硬法相结合。不同于传统的国际法机制,"一带一路"国际经贸规则有很多体现在形式松散的非正式文件中。传统国际经贸规则是各主权国家意志协调和妥协的产物,在提供国际公共产品时存在集体行动困境等局限性。[1] 因此,根据"一带一路"建设的实际需要设置规则时,除以国际经贸条约的硬法模式提供所需的规则之外,应将软法与硬法相结合,以灵活方式采取软法模式设置合适的规则。

5. 贸易与投资规则相融合。共建"一带一路"的合作重点之一,是"把投资和贸易有机结合起来,以投资带动贸易发展"[2]。鉴于国际投资与贸易的关联性,全球价值链的形成过程中已经产生了"贸易—投资—服务—技术诀窍的密切联系",彼此互动,相互影响。[3] 在这个过程中,市场准入限制、当地含量要求等"与贸易有关的投资措施",具有扭曲贸易、削弱一国出口竞争力的效果,而非关税壁垒等贸易保护政策会阻碍国际投资。全球价值链要求各国市场规则的一致性及标准的兼容性,因而需要更综合的规制处理商品和要素的跨境流动,确保贸易、投资和技术政策的协调性和一致性。

6. 从推进制度型开放出发,参照国际经贸规则发展趋势,适当开放"中国议题"的讨论。党的二十大报告将"稳步扩大规则、规制、管理、标准等制度型开放"和"推动共建'一带一路'高质量发展"作为推进高水平对外开放的重要组成部分。从推进制度型开放出发,可以考虑参考全球新一轮国际经贸规则变革重构的大趋势,逐步将符合改革精神的某些"中国议题"(如竞争中性、国有企业透明度问题等)列入"一带一路"国际经贸规则创新与完善的内容,构筑中国新一轮开放型经济新体制。

(二)"一带一路"国际经贸规则创新与完善的路径

路径是通向目标的。"一带一路"国际经贸规则是为推动共建"一带一路"高质量发展服务的。在这个目标的指引下,在确立如上指导原则之后,自然应探索"一带一路"国际经贸规则的创新完善之路径。

---

[1] 石静霞:《"一带一路"倡议与国际法——基于国际公共产品供给视角的分析》,载《中国社会科学》2021年第1期。
[2] 国家发展改革委、外交部、商务部发布:《推动共建丝绸之路经济带和21世纪海上丝绸之路的愿景与行动》,人民出版社2015年版。
[3] 梁曙霞:《国际直接投资与国际贸易的关联性——以中国为例的实证分析》,载《世界经济与政治论坛》2003年第6期;赵瑾:《适应全球价值链 调整政策着力点》,载《经济日报》2017年3月10日,第15版。

1. WTO 规则可以作为构建与完善"一带一路"国际经贸规则的基础

考虑到 WTO 的不可替代性,为避免某些国家利用"协商一致"的决策机制破坏特定规则的议程,应灵活采取联合声明倡议(Joint Statement Initiative,JSI)和复边协议(仅在部分参与国之间生效)的方式制定规则,推动 WTO 的改革。

首先,应尽早启动 WTO 争端解决机制的上诉机构成员的任命,恢复上诉机构的运行,为 WTO 的改革注入动力。同时,推进中国倡议的《投资便利化协定》的早日达成,从而提高"一带一路"共建国家的投资便利化程度。

其次,考虑将双边、多边及超大型区域自贸协定作为谈判新议题(如数字贸易、产业补贴等)的试点,从而为 WTO 框架内创制这些领域的规则提供可借鉴的模板。[1]

2. 继续升级或重新商签双边投资协定、自贸协定和税收协定

我国现有的双边投资协定多签订于 20 世纪 80～90 年代,当时我国是资本输入国,有关外资工作的目的是吸引外资,订立协定的目的主要是以国际协定的形式展示对外资的承诺,所缔结的协定的内容相对保守,限于当时市场可开放的条件,投资自由化程度较低,通常未包含市场准入等规则。这与中国目前的双向投资大国地位,以及在"一带一路"建设中更多作为资本输出国的实际情况不相适应。因此,应适时启动双边投资协定的升级或重签谈判,或通过自贸协定谈判提供新型的投资规则,以加强对"一带一路"建设中的海外投资权益的保护。[2]

现有双边税收协定不利于充分调动海外投资者参与"一带一路"建设的积极性。宜通过升级或商签税收协定,完善税收抵免和税收饶让条款,完善资本弱化和价格转移条款。[3]

3. 大力推进"一带一路"贸易便利化

以 WTO 的《贸易便利化协定》为示范,大力推动"一带一路"共建国家的贸易便利化,特别是围绕中欧班列的运行,加快铁路运输提单制度和统一国际铁路运输规则的建设。

4. 完善"一带一路"融资机制,落实债务可持续性保障机制

针对七国集团公报提及的基础设施伙伴关系计划,夯实"一带一路"融资机制,落实债务可持续性保障机制。首先,要落实债务可持续性指导原则,建立保障机制。其次,要建立"一带一路"共建国家之间多层次、多种类的金融服务体系。应本着"平等参与、利益共享、风险共担"的原则,积极推动建设长期、稳定、可持续、风险可控的融资体系。

---

[1] 孔庆江:《美欧对世界贸易组织改革的设想与中国方案比较》,载《欧洲研究》2019 年第 3 期。
[2] 孔庆江、王荣华:《"一带一路"投资安全保障机制体系研究》,载《上海政法学院学报(法治论丛)》2022 年第 5 期。
[3] 汤凤林、陈涵:《"一带一路"背景下我国双边税收协定的现状、问题与完善建议》,载《国际税收》2020 年第 5 期。

5. 坚持包容性可持续发展原则,引入新领域的国际经贸规则

坚持包容性可持续发展,推动能源向高效、清洁、多元化发展,促进包容性贸易投资,落实 2030 年可持续发展议程。

在"一带一路"国际经贸规则中引入公共健康安全议题,特别是促进疫苗联合研发和技术交流;鼓励向发展中国家转让相关技术,鼓励区域和多边开发银行为发展中国家采购和生产疫苗提供更多优惠融资。这些均应成为未来国际经贸规则的发展方向。

在数字贸易方面,中国应充分发挥在跨境电子商务领域的领先优势,构建既符合我国国情和自身利益,又能为国际社会接受的数字贸易规则。

还可引入软性的环境保护标准和可持续发展的条款,考虑将国际劳工组织的相关公约引入劳工标准条款。我们要反对"只有国有企业接受反竞争的补贴是需要制约的,私营企业天然地不受约束/其他国家有判断权"的主张。

6. 围绕"一带一路"建设,强化自贸区战略的实施

通过自由贸易协定,创新"一带一路"国际经贸规则体系。要全面落实亚太经合组织互联互通蓝图,推进区域经济一体化,推动贸易和投资自由化和便利化。可以考虑推广以 RCEP 为"21 世纪海上丝绸之路"的经贸规则的安排,推动加入 CPTPP 谈判,早日建成高水平的亚太自由贸易区。

7. 加强我国涉外经贸法治体系建设

从国际法治的成熟经验来看,往往国内法的水平决定了国际法治的层次,特别是引领国际规范建设的国家的法治水平非常重要。中国作为"一带一路"的倡导者,应先立足于自身经贸法治建设,特别是自贸试验区和海南自贸港的法治建设,以制度型开放的成绩,推进"一带一路"国际经贸法治建设。

8. 完善国际商事争议解决机制

在"一带一路"争议解决方面,国际民商事争议的解决是重中之重。要充分利用现有的争端解决机制,发挥其作用,使其满足"一带一路"建设中的争端解决需要。同时,还需积极开拓,大胆创新,拓展国际区域合作,进一步完善国际商事争议解决机制,构建多元化的国际商事争议解决机制,保障"一带一路"建设有序推进。

"一带一路"国际商事争议解决机制主要由诉讼、仲裁和调解三大机制构成。在司法机制方面,应发挥中国国际商事法庭在保障"一带一路"建设中的作用,可以考虑比照苏州国际商事法庭设立体系化的专门解决国际商事争议的法庭保障涉外争议解决,进而推动我国涉外民事诉讼制度的不断完善。同时,在与"一带一路"共建国家加强民商事司法协助的基础上,还应建立推定互惠关系,并通过我国参与的商事法院常设国际论坛发布的《执行有关金钱的商事判决的多边备忘录》,创新性地促进判决的有效流动。应尽快加入我国已签署的海牙《选择法院公约》《新加坡调解公约》,签署《承认与执行

外国民商事判决公约》。[1]

在仲裁机制方面，加快修改我国《仲裁法》，完善现代化和国际化的仲裁制度，借鉴一流国际商事仲裁实务经验，考虑引入临时仲裁、友好仲裁制度等先进的仲裁制度；在开放境外仲裁机构于北京自贸区和上海临港新片区开设业务机构的背景下，可以考虑加强我国仲裁机构与外国知名仲裁机构的合作，以此借鉴先进的国际商事仲裁实务经验和吸引优秀仲裁员创新仲裁规则设计，并打造我国专业化和国际化的仲裁队伍；充分利用"一站式国际商事纠纷平台"提高仲裁效率，提升我国仲裁机构在国际上的话语权与竞争力；充分利用《纽约公约》带来的仲裁裁决能在172个国家执行的优势，保证涉及"一带一路"的商事仲裁裁决在全球执行。

在调解机制方面，加快制定我国"商事调解法"，重视调解优势的发挥，构建国际商事调解机制，进一步促进我国商事调解机制的规范化、系统化；完善国际商事调解培训模式，培养建立高水平、专业化、国际化的国际商事调解队伍；借助《新加坡调解公约》的效用提升国际商事调解协议的执行力，提升国际商事调解的价值。[2]

五、结语

"一带一路"国际经贸规则体系的构建，要以推动构建人类命运共同体理念为指导，以实践为导向，以引导合作、促进交往、规范行动、解决分歧为方向，以构建包容复合型的国际经贸规则体系为目标。要推动现有不同规则相互包容，特别是在不同规则之间搭建沟通和衔接的平台，防止不同规则之间彼此冲撞，特别是采取循序渐进的方式，促进新老规则之间的协调和相互适应，推动建立自由贸易协定网络，为推动共建"一带一路"高质量发展创造条件，使共建"一带一路"成为深受欢迎的国际公共产品和国际合作平台。

———— 思考题 ————

1. 请谈谈你对"一带一路"共建国家国际合作机制的理解。
2. 现行的国际经贸规则如何发挥其作用并服务于"一带一路"建设？

---

[1] 孔庆江、王楚晴：《中国商事判决跨境执行司法合作体系新探》，载《江西社会科学》2023年第2期。
[2] 祁壮：《国际商事调解发展的新趋势与我国的应对》，载《江西社会科学》2023年第2期。

第二部分
国际经济法架构与方法论

专题三

国际经济法架构与发展

▢ 教学目标

本专题主要是让学生掌握国际经济法的架构,通过阅读国际经济法经典著作,了解国际经济法理论发展的脉络,并能运用方法论探究国际经济法发展中的现有问题。

▢ 研究背景

随着国际社会对经济全球化的关切逐步加深,国际经济关系的处理逐步成为世界各国之间的重要交往步骤,因此学者们针对国际经济法的相关研究应运而生。过去几十年中,曾出现多次经济全球化浪潮,随之而来的是"逆全球化"现象的产生,尤其是自2019年以来,中美贸易产生摩擦,欧洲局势发生变革,新冠疫情全球肆虐,这些因素毫无疑问影响了全球治理与国际经济立法。这一背景下,对国际经济法架构与方法论的剖析在整个学科的发展趋势中就处于重中之重的地位,对国际经济法方法论的研究是解决国际经济法框架、研究方法与定位中存在问题的必由之路。

▢ 研究与思考方向

本专题主要通过四个方面阐述国际经济法的架构与方法论,其一,从最基础的角度明确广义国际经济法的概念与范围;其二,描述几十年间国际经济法的发展趋势,丰富研究背景;其三,结合国际经济法的特点分析其对研究方法的影响并介绍中西方多种不同研究方法;其四,分析当今科研现状、指出现有问题并提出改进方向。这四个方面由浅入深,循序渐进地将国际经济法方法论的由来、发展至成熟过程清晰明了地展现在读者面前,这是一个引发问题、提出问题、解决问题的过程,将方法论这一晦涩难懂的研究范畴结合国际经济法的发展现状呈现出来。

▢ 文献综述

从研究现状来看,国际经济法研究中对经济法律关系的研究十分丰富,比如国际贸易法律关系、国际服务贸易法律关系、国际投资法律关系等,但是对方法论的研究却相对匮乏,比如在知网搜索"国际经济法方法论"相关词条,只出现 8 篇相关学术研究,文章最早发表在 2004 年,最近一篇文章发表于 2015 年,因此将从以下几个方面对本专题内容展开文献综述。

首先,作者明确就本专题所定义的国际经济法范围采用广义理解,这与姚梅镇在 1999 年主编的《国际经济法概论》,陈安在 2001 年主编的《国际经济法概论》,王传丽在 2005 年主编的《国际经济法》[1]中的观点相同,几位学者都认为应采取广义说,同时,本书的观点与 2005 年陈安的《国际经济法学刍言》[2]中的观点相同,认为国际经济法是调整国际经济关系的法律规范的总称与范围,这一定义的明确使本书所有的论述都具有一个坚定的理论基础。其次,为了明确经济全球化与逆全球化的发展态势,以美国的种种行为[3]为例,表明逆全球化的不可避免性与其消极影响,虽然仍有部分相反意见的存在,但难以否认的是全球治理已经进入关键转型期。国际贸易规则领域中,CPTPP 取代了 TPP,中止了部分投资与知识产权的相关规定,其中,以 1993 年澳大利亚出台的《国家竞争政策审查报告》[4]为例,"竞争中立"原则逐渐普及,使得竞争在不受外来因素干扰的情况下,对本国现有的国际经济规则进行调整,保证国有企业和私营企业公平竞争。美国基于此,针对中国企业制定了"竞争中立框架",具体内容及中国的应对措施可以在项安波的《国企应主动适应"竞争中立"政策取向》一文中找到,该篇文章提出了一整套政策建议,试图解决国际资本主义给公司相关领域带来的问题。此外,《OECD 国有企业治理指引:对 OECD 各国的调查》[5]和《关于成员国和国有企业财务关系透明指令》[6]等文件也分别从相关国际组织和欧盟的角度表明自身对有关国有企业和竞争政

---

[1] 姚梅镇主编:《国际经济法概论》,武汉大学出版社 1999 年版,第 23~27 页;陈安主编:《国际经济法概论》,北京大学出版社 2001 年版,第 1~2 页;王传丽主编:《国际经济法》,高等教育出版社 2005 年版,第 10~11 页。

[2] 陈安:《国际经济法学刍言》,北京大学出版社 2005 年版,第 3 页。

[3] 《美国宣布退出〈巴黎协定〉》,载新华网,http://www.xinhuanet.com/2017-06/02/c_1121072470.htm;《特朗普宣布美国退出伊核协议》,载新华网,http://www.xinhuanet.com/world/2018-05/09/c_1122803379.htm。

[4] 《国家竞争政策审查报告》是在澳大利亚行政管理研究院院长希尔墨教授(Frederick G. Hilmer)的带领下负责实施的,设立了国家竞争政策咨询委员会,全面审查澳大利亚的竞争政策。该报告也被称为《希尔墨报告》。

[5] OECD, *Corporate Governance of State - Owned Enterprises, A Survey of OECD Countries*, p. 23 (2005), http://www.keepeek.com/Digital-Asset-Management/oecd/governance/corporate-governance-of-state-owned-enterprises_9789264009431-en#page23.

[6] Commission Directive 2006/111/EC of 16 November 2006 on the Transparency of Financial Relations between Member States and Public Undertakings as well as on Financial Transparency within Certain Undertakings, http://eur-lex.europa.eu/legal-content/EN/TXT/?qid=1409818726171&uri=CELEX:32006L0111.

策的调查。

国际经济法的特点对其研究方法也有至关重要的影响,无论是中国入世、金融危机、中国"一带一路"倡议、数据经济与人工智能的出现抑或是逆全球化的出现,都体现出国际经济法"新兴性"的特点,其与"交叉性"特点相结合,在那力、王作全所著《法经济学与国际经济法学》与王彦志所著《国际经济法的经济分析初探》中均体现了法经济学与国际经济学相结合的研究方法,此方法的存在使国家能够获得更大收益并且可以从新的视角审视国际经济法这一领域。

对国际经济法常用研究方法的介绍主要分为两部分,一是西方国际经济法研究方法,Amanda Perry-Kessaris 在 2013 年所著的 Socio-Legal Approach to International Economic Law[1]中详细解释了注重规则和文本的教义学分析与强调法律实际发展的法理学视角,在法理学视角中有多个分支,比如加入道德或政策性考量的法律现实主义,提出批判法学等;Bruce A., Arrigo 在 The Peripheral Core of Law and Criminology: On Postmodern Social Theory and Conceptual Integration 一文中提出了法与经济学以及认为法律没有逻辑及秩序的后现代主义法学[2]等。此外,西方研究方法还包含 Treviño, A. Javier 在 Theory and Methods in Socio-Legal Research 中强调的法律之外的社会理论和行动的社会法律研究[3]等。二是中国国际经济法研究方法,朱兆敏在《论国际经济法学的研究方法》[4]一文中认为,中国国际经济法学可采纳建构主义方法,改良现行国际经济体制和国际经济秩序。现有的研究方法主要有三种,分别是运用历史资料的历史研究方法、实证研究方法以及比较法研究方法,其中较为常用的是研究现象本身的实证研究方法,这种研究方法亦体现在世界贸易组织(WTO)的相关研究中。

固然,对广义国际经济法的框架的相关研究仍然存在问题,陈安在 2002 年主编的《国际经济法学专论》(上编 总论)[5]中曾辨析提出国际经济法"边缘性"、"综合性"及"独立性"的关系,任何的特点都不应是独立存在或者简单相加的,更应该注意的是,虽然廖凡在《从"繁荣"到规范:中国国际经济法学研究的反思与展望》[6]中提到国际经济法有无数分支,开创了许多学科,但要避免出现"支强干弱"的情况。国际经济法的研究定位与方法仍然存在问题,上文所提到的"支强干弱"现象极易在科研中出现"千文一

---

[1] Amanda Perry-Kessaris, Socio-Legal Approach to International Economic Law, Routledge, 2013, p. 14, p. 186-190.
[2] Bruce A. & Arrigo, The Peripheral Core of Law and Criminology: On Postmodern Social Theory and Conceptual Integration, Justice Quarterly, Vol. 12: 447, p. 447-472 (1995).
[3] Treviño & A. Javier, Theory and Methods in Socio-Legal Research, Law & Society Review, Vol. 41: 493, p. 493-494 (2007).
[4] 朱兆敏:《论国际经济法学的研究方法》,"中国国际经济贸易法学研究会第一次会员代表暨中国与国际经济法律秩序的变革研讨会"会议论文,2012 年 11 月于上海。
[5] 陈安主编:《国际经济法学专论》(上编 总论),高等教育出版社 2002 年版,第 111 页。
[6] 廖凡:《从"繁荣"到规范:中国国际经济法学研究的反思与展望》,载《政法论坛》2018 年第 5 期。

面"的现象,刘志云在《方法论上的中国国际经济法研究:问题与前景》[1]一文中提出,当今学者应该明确自己的身份,从科研角度出发,重视事实判断而非价值判断,并且张文显在 2003 年主编的《马克思主义法理学:理论、方法和前沿》[2]廖凡的《从"繁荣"到规范:中国国际经济法学研究的反思与展望》一文以及尚明 2006 年的《论国际贸易规则制定与实施中的公平原则——以"非市场经济原则"之不公为例》[3]一文均意识到了法与经济基础的相互作用,但也不能只见经济而忽视法律,任何"跨"出去的步伐,最终都要记得收回来。

本专题最后提出了研究方法的改进方向,既要关注国际与国内两个层次的双层博弈,也要注意如刘志云在 2013 年所著《方法论上的中国国际经济法研究:问题与前景》中提出的国内要素与国内主体对国际经济法构成的不同影响。此外,孙国华 1997 年主编的《中华法学大辞典·法理学卷》[4]中提到的法条注释法虽仍有借鉴意义,但针对国际经济法的特性,更应采取跨学科的多种研究方法。

国际经济法是一个新兴、独立的法律部门。狭义的国际经济法这一概念和学科起源于第二次世界大战之后,产生的背景和条件是"二战"结束之后的布雷顿森林体系的确立和各国间经济联系的日益加强。近年来,中国在国际经济领域的角色越来越重要。一个重要的标志就是"一带一路"倡议[5]。"一带一路"分别指的是"丝绸之路经济带"和"21 世纪海上丝绸之路"。"一带一路"是中国首倡和推动的。2014 年中国、印度、新加坡等 21 个首批意向创始成员代表在北京正式签署了《筹建亚洲基础设施投资银行备忘录》,[6]共同决定成立亚投行。亚投行的成立对"一带一路"共建国家基础设施的建设和风险的分散具有重要的作用。在金融方面,在中国的努力下,国际货币基金组织于 2015 年 11 月 30 日宣布批准人民币加入特别提款权(SDR)货币篮子。[7] 入篮会降低我国外汇储备的规模,推动人民币资本市场、债券市场产品的国际化,改善中国金融市场环境,提高人民币国际地位。在投资方面,2019 年通过的《外商投资法》确立了我国新型外商投资法律制度的基本框架,投资领域深化改革最主要的表现是第一次接受了负面清单和准入前国民待遇的概念。该法确定了我国对外开放、促进外商投资的基本国策

---

[1] 刘志云:《方法论上的中国国际经济法研究:问题与前景》,载《华东政法大学学报》2013 年第 1 期。
[2] 张文显主编:《马克思主义法理学:理论、方法和前沿》,高等教育出版社 2003 年版,第 8~9 页。
[3] 尚明:《论国际贸易规则制定与实施中的公平原则——以"非市场经济原则"之不公为例》,载《国际经济法学刊》2006 年第 4 期。
[4] 孙国华主编:《中华法学大辞典·法理学卷》,中国检察出版社 1997 年版,第 136 页。
[5] 《习近平主席提出"一带一路"倡议 5 周年:构建人类命运共同体的伟大实践》,载中国政府网,http://www.gov.cn/xinwen/2018-10/05/content_5327979.htm。
[6] 《亚洲基础设施投资银行今天正式成立》,载央视网,http://m.news.cntv.cn/2015/12/25/ARTI1451033029169985.shtml。
[7] 《人民币加入 SDR 在 SDR 货币篮子中的权重为 10.92%》,载人民网,http://money.people.com.cn/n/2015/1201/c42877-27873670.html。

和大政方针,对外商投资的准入、促进、保护、管理等作出了统一规定,是我国外商投资领域新的基础性法律,是对我国外商投资法律制度的完善和创新。20世纪80年代以来,出现了第三轮全球化浪潮。[1]全球化浪潮似乎推倒了各国的疆界,使全球经济一体化。2008年以来的金融危机促使很多国家采取"去全球化"的措施,给全球经济自由化带来了严峻的威胁与挑战。[2] 到了2019年,全球经济增速放缓,出现了逆全球化的倾向,"美国优先"也引致美国退群,中美贸易摩擦升级,新冠疫情的出现使逆全球化进一步加剧。

一、广义和狭义国际经济法之争

学界对国际经济法(International Economic Law)的界定有不同的理解,但基本上可划分为两大类,即狭义说与广义说。[3] 狭义说的代表人物是英国的施瓦曾伯格(Schwarzenberger)、法国的卡罗(D. Carreau)、奥地利的霍亨威尔登(Ignaz Seidl Hohenveldern)、日本的金泽良雄等。[4] 狭义说认为,国际经济法是国际法的分支,[5] 狭义的国际经济关系仅指国家、国际组织间的经济关系,其主体一般限于国家和国际组织。随着国际经济交往活动的发展,在传统国际法体系内,逐渐形成了专门调整国际经济关系的新分支。广义说的代表人物是美国的杰塞普(P. Jessp)、杰克逊(J. H. Jackson)、洛文费尔德(A. F. Lowenfeld)、日本的樱井雅夫、小原喜雄等。[6] 广义的国际经济关系不仅包括狭义的国际经济关系,还包括不同国家的个人、法人、国家、国际组织之间的经济关系,也有人称之为跨国经济关系,国际经济法所调整的是广义的国际经济关系。我国研究国际公法领域的学者在国际经济法的界定上多采狭义说,[7]而主要研究国际经济法领域的学者则多采广义说。[8]在国际经济法专题研讨上,本书采多数学者的主张,即国际经济法是调整国际经济关系的法律规范的总称,[9]这里的国际经济关系是广义的,不仅包括狭义的国际经济关系,还包括不同国家的个人、法人、国家、国际组

---

[1] Jan Aart Scholte, *Globalization: A Critical Introduction*, 2ed., Palgrave Macmillan, 2005, p. 90 – 198.
[2] 何志鹏:《国际经济法治:全球变革与中国立场》,高等教育出版社2015年版,第3页。
[3] 陈安主编:《国际经济法》(第2版),法律出版社2007年版,第21~22页。
[4] 曾华群:《国际经济法导论》,法律出版社1997年版,第22~25、31页。
[5] Georg Schwarzenberger, *The Province and Standards of International Economic Law*, International Law Quarterly, Vol. 2: 404, p. 404 – 405 (1948).
[6] 曾华群:《国际经济法导论》,法律出版社1997年版,第35页。
[7] 史久镛:《论国际经济法的概念和范围》,载《中国国际法年刊》,法律出版社1983年版,第359~360页;汪暄:《略论国际经济法》,载《中国国际法年刊》,法律出版社1983年版,第393~396页。
[8] 姚梅镇主编:《国际经济法概论》,武汉大学出版社1999年版,第23~27页;陈安主编:《国际经济法概论》,北京大学出版社2001年版,第1~2页;王传丽主编:《国际经济法》,高等教育出版社2005年版,第10~11页;曹建明主编:《国际经济法概论》,法律出版社1994年版,第1~4页。
[9] 陈安:《国际经济法学刍言》,北京大学出版社2005年版,第3页;余劲松、吴志攀主编:《国际经济法》,北京大学出版社、高等教育出版社2000年版,第3页。

织之间的经济关系，也称其为跨国经济关系。

二、广义的国际经济法的调整范围

广义的国际经济法调整的对象既包括国际法上的经济关系，也包括国内法上的涉外经济关系，既有纵向的管理关系，又有横向的合同关系，既有公法的关系，又有私法的关系。国际经济法是多门类、跨学科的综合独立法律学科。具体从法律关系的性质和内容上考虑，其调整的范围如下：

1. 有关国际货物贸易的法律规范与制度，包括与国际货物买卖合同、国际货物运输、国际货物运输与保险、国际支付与结算、进出口法律管制有关的法律规范与制度。国际贸易是一种跨国的贸易，可以发生在国家、国际组织、自然人及法人之间，其所涉及的法律规范既包括国际法，也包括国内法，既包括公法，也包括私法，如有关国际贸易的双边和多边条约，国内的对外贸易法、进出口管制法、外汇管理法、合同法、民法、有关反倾销的法律规定、海关法等。WTO法律制度实际上也属于国际贸易法的一部分。

2. 有关国际服务贸易的法律制度和法律规范，包括与商业性服务、通信服务、建筑服务、销售服务、教育服务、环境服务、金融服务、健康与社会服务、文化及体育服务、交通运输服务等有关的法律规范与制度。

3. 有关国际投资的法律规范与制度，包括与资本输出、资本输入、投资保护等有关的法律规范与制度。国际投资法是调整国际私人直接投资关系的法律规范的总称。其法律规范在国内法方面涉及外国投资法、海外投资保险法等，在公约方面涉及多边投资保证公约、双边投资保护协定等。

4. 有关国际知识产权保护的法律规范与制度，包括与工业产权的国际保护、著作权的国际保护、国际许可证贸易有关的法律规范与制度。就知识产权的保护在国际层面通过了许多国际公约，如《保护工业产权巴黎公约》《保护文学和艺术作品伯尔尼公约》《世界版权公约》等。在贸易与知识产权交叉领域有《与贸易有关的知识产权协定》等。

5. 有关国际货币与金融的法律规范与制度，包括与国际货币、跨国银行、国际贷款、国际证券、国际融资担保、跨国银行的管制有关的法律规范与制度。概括起来主要有三个方面的内容：一是有关国际货币法律制度的内容，即各国对本国货币在是否可以自由兑换上的确认，本国的汇率制度，外汇管制等方面的内容；二是有关国际资金融通的内容，主要指国际贷款、国际证券投资、国际融资租赁等方面的内容；三是跨国银行的法律管制，即东道国和跨国银行的母国对跨国银行海外分支机构的设立及经营活动的法律管制。

6. 有关国际税收的法律规范与制度，包括与国际税收管辖权、国际双重征税和国际重叠征税、国际逃税与避税等有关的法律规范与制度。随着国际税收关系的产生与发展，国际税法已经形成了一个新的法律部门，成为国际经济法的一个分支。

7. 有关国际经济组织的各种法律规范与制度。战后国际经济关系的重要特点之一就是各类国际经济组织的出现。国际经济组织有其各自的政策和规范性文件,有的国际经济组织已形成了本身独特的法律体系,如世界贸易组织。国际经济组织在不同程度上影响着国际经济交往活动。

三、国际经济法的发展趋势

(一)经济全球化与逆全球化

经济全球化又叫世界经济国际化,第三次经济全球化浪潮出现于20世纪80年代中期。IMF在1997年5月发表的一份报告中指出,"经济全球化是指跨国商品与服务贸易及资本流动规模和形式的增加,以及技术的广泛迅速传播使世界各国经济的相互依赖性增强"[1]。经济全球化趋势也带来了各国经济体制的改革,即让国际经济法不断地辐射到国内立法中,特别是涉及国际贸易的立法,全球化使该领域的国际与国内立法逐渐接近。在经济全球化的影响下,一些国际组织的影响力在不断扩大,使国内的法制受多边或区域经济组织立法的影响,形成法制逐渐融合的态势。

但2019年以来,逆全球化持续升温,以中美贸易摩擦、日韩贸易冲突、英国脱欧为代表,呈现出与国际地缘政治和国家治理错综交织的态势。2020年的新冠疫情,更是加剧了逆全球化的态势。逆全球化来自全球化的负面影响,其负面影响主要表现在:其一,全球经济的不稳定会对各国产生直接的冲击。在经济全球化过程中,各国经济的相互依赖加强,在这种环境下,全球经济的波动和危机也会传染和冲击各国的经济。其二,各国经济主权的独立性在下降。随着经济一体化程度的提高,跨国企业的全球投资战略、货币投机等会对各国产生影响,各国经济主权的独立性面临严峻的考验。其三,全球范围的贫富差距进一步扩大。发达国家作为资本和先进技术的主要拥有者处于全球化的中心地位,财富也越来越向少数利益集团集中。逆全球化的导火索则是美国全球战略的转变,美国是当今世界中的最大经济体,也是规则的主要制定者。美国曾是全球化的积极引领者,以全球化作为其实现"美国优先"的重要手段。但随着2008年国际金融危机后中国经济的快速发展,中国日益增长的影响力被美国视为威胁,也使美国从全球化的引领者转向采取逆全球化的战略,频频挑起贸易摩擦,通过"单边制裁"对他国进行遏制。全球化的深入推进,有赖于被广泛认同的国际秩序和国际规则。2019年,美国特朗普政府借言美国利益受损,对一些国际组织表达不满甚至退出,[2]先后退出《巴黎

---

[1] 何帆:《经济全球化的三次浪潮》,载《世界知识》1998年第6期。
[2] 杜黎明:《2019,逆全球化为何持续升温?》,载人民论坛网2019年12月30日,https://baijiahao.baidu.com/s? id =1654335520019083392&wfr = spider&for = pc。

协定》[1]伊核协议[2]《中导条约》等[3]

2020年的新冠疫情导致全球供应链严重受阻,[4]更使逆全球化的势头日益上升,国际合作在政治、经济等领域面临前所未有的危机。国际合作本应是当代国际法的主导价值,却被国家之间的对立所排挤,国家间的互信和合作日益困难。当然也有持不同看法的,例如,世贸组织总干事阿泽维多认为,新冠疫情对全球供应链造成的影响并不必然导致逆全球化,减少疫情对产业链负面影响的正确方式是通过国际协调和合作,让国际贸易正常运转。[5]全球新冠疫情的发生凸显了国际公共卫生体系等的缺陷,也会引致相关国际规则的重构,这必然伴随着新一轮国际规则的博弈。中国需要直面自身的国际话语权,中国一直是经济全球化的积极参与者,一贯倡导开放、透明、非歧视性的多边贸易体制,推动构建人类命运共同体。在逆全球化潮流持续发酵的背景下,中国需高质量地供给全球化发展的公共产品,如亚洲基础设施投资银行、金砖国家新开发银行、上海合作组织等体现中国智慧的新型国际组织稳步运行,为应对逆全球化潮流的冲击注入了新动力。

(二)全球治理进入关键转型期

"二战"末期,在美国主导下建立了以联合国安全理事会为核心的全球集体安全体系、以国际货币基金组织和世界银行等为支撑的全球经济货币体系,以及以世界产权组织、世界卫生组织、世界劳工组织等为基础的全球民生、社会体系。随着国际秩序的演进,国际秩序进入历史重塑期。从全局上看,应对作为首要全球治理平台的G20目标进行新的调整;在政治安全上,有效推进以安理会改革为中心的联合国改革,并建立安全新领域诸如网络、外空、极地等领域的国际公约谈判机制;在经济与贸易上,加快世界贸易组织、国际货币基金组织等经贸机制的改革,支持并推动新的多边经贸机制的发展,将旨在推进全球互联互通的"一带一路"建设全球化。[6]全球治理面临的新问题和新挑战层出不穷。恐怖主义、难民、网络安全、气候变化,非传统问题更加突出。新兴领域的机制和规则远远赶不上全球治理的需求。通过完善国际机制和强化国际规则强化全球治理,日益成为多数国家的共识。总的看来,国际力量还是处于一种北强南弱的状

---

[1] 《美国宣布退出〈巴黎协定〉》,载新华网,http://www.xinhuanet.com/2017-06/02/c_1121072470.htm。
[2] 《特朗普宣布美国退出伊核协议》,载新华网,http://www.xinhuanet.com/world/2018-05/09/c_1122803379.htm。
[3] 《美国宣布正式退出〈中导条约〉》,https://baijiahao.baidu.com/s?id=1640802462039285073&wfr=spider&for=pc。
[4] 《新冠疫情下,全球供应链重构与中国制造业应对》,http://news.10jqka.com.cn/20200414/c619306234.shtml。
[5] 《世贸组织总干事:新冠疫情不必然导致逆全球化》,载新华网,http://www.xinhuanet.com/world/2020-04/09/c_1125832565.htm。
[6] 邹治波、李雪:《世界格局的变化与全球治理的发展》,载《拉丁美洲研究》2018年第6期。

态。东升西降的趋势在进一步发展,新兴国家发挥的作用更加重要。

概括起来,全球治理"三多"的特性逐步凸显:其一,多领域交叉进行,国际法的议题综合性比较强,如气候变化、航空等,这些问题往往与经贸发展、主权、人权相互交织,相关规则在制定和完善过程当中呈现出多领域交叉特征。其二,多平台机制竞争,国际规则博弈日益激烈,各国更加重视抢抓规则的制定权、主导权。以网络安全为例,既有联合国分管下的磋商平台,也有伦敦机制,以及这类老牌国家自己推行且得到国际上支持的多边机制。还有欧盟组织,东亚地区论坛小多边机制。多平台,齐头并进,也是一种竞争的态势。其三,多利益相关方的模式,传统上讲,国际法的主体是主权国家。现在全球治理更加崇尚的是多利益相关方的模式,除主权国家之外,还广泛地吸收私营部门和非政府组织、学术机构参加。这在网络领域、气候领域、环境保护领域比较常见。在传统上都是政府参加的领域,如反腐败领域,也采用多利益相关方的模式。这种模式实质上对主权国家,特别是发展中国家形成了牵制。

(三)国际经济立法发展呈现出软硬并重的态势

在软的一方面,各国更加重视软法的发展,在制定条约不成熟的情况下,先通过不具有法律约束力的文件,如决议、评估标准;或者加强对现有规则的编纂、解释和适用,以逐步引发共识,发展规则。比如,在发展领域,2013年可持续发展议程进入落实阶段。有关实施重点、评估标准等的软性规则正在慢慢展开。联大决议在不同程度上提及了相关的发展目标。在网络领域,塔林手册由北约组织相关的专家编写,其虽然没有任何的法律约束力,但是在国际法上、网络空间的适用上具有很大的影响力。在软的另一方面,立法更加具有灵活性和包容性,如气候变化,2015年年底通过了《巴黎协定》。《巴黎协定》不到一年就达到了生效的门槛。它的规定比以前的《京都议定书》更具有包容性和灵活性,是一种自下而上的减排模式,不是通过协定给每个国家规定一个硬指标,而是让各个国家自主贡献,由国家进行评审,发挥国家的主观能动性。这样一种宽松灵活的机制,更容易取得国际社会的共识。

硬的方面主要体现在国际公法领域各种机制的建立上,但海外反腐败反洗钱领域的机制也必然对国际经济法产生影响。这些机制主要有各种监督机制、核查机制,例如,依《联合国反腐败公约》建立的监督机制,该机制需要成员出具履约报告。在裁军领域、人权领域也建立了监督机制。目前在日内瓦正在讨论国际人道法的监督机制,因为日内瓦四公约通过时并没有设立监督机制。现在红十字国际委员会和瑞士等的推动之下,要建立国际人道法的执行机制。这个机制主要是非起诉性的、尊重主权的和自愿性的。在海洋领域,为了更有效地执行各类公约,也建立了定期审查审议机制。总之,各类机制的建立使一向被认为更具"软法"性的国际法越来越具有执行力。

（四）国际经贸规则的深度和广度在加深

1.在广度上规则涉及的范围在扩大。在涵盖范围方面从传统的贸易和投资向泛经贸领域转变,从边境环节规则向边境前后两端延伸,准入前强调国民待遇,准入后从强调国民待遇向国内规制方向转变。另外一个转变是从线下向线上转变,规则越来越多地涵盖线上和线下两个方面。约束力进一步加强,争端解决的生命力进一步加强。

国际贸易新规则的范围和标准将超越 WTO 现有的政策范围和标准。新规则将更加强调高标准、高水平,并将规则调整的范围从传统的边境措施向边境后措施延伸。传统的贸易谈判的重点是边境措施,如关税、非关税壁垒、市场准入等。TPP 及后来的 CPTPP、TTIP 等谈判将贸易新规则所规范的领域从边境延伸到边境后,试图在竞争中立、贸易便利化、知识产权、劳工标准、政府采购、环境产品等议题上形成新规则,力求实质性地提高全球市场的相互开放程度。

2.在深度上表现为规则趋同。面对现在国际上越来越多经贸安排和规则的出现,一个趋势就是规则的趋同,目的是建设统一的国际大市场。同时,产生国际经济贸易规则的趋同发展下的主权让渡问题。国内法和国际条约的关系这个原本清楚的问题也变得混淆了。

（五）多边贸易规则呈诸边化特点

在国际贸易规则领域,以美欧为代表的发达国家正在通过自贸协定、诸边协议等路径,全力主导新一代全球经贸规则的制定权,以引领未来国际经济新秩序的走向。在多边贸易谈判中呈现出发达国家主导的诸边化特征。通过自贸协定、诸边协议谈判推进其贸易议程,表明美国贸易策略的重大调整,即暂时放弃多边主义框架,而注重通过吸引志趣相投的国家组成的团体达成优先的贸易与投资规则。先绕开存在明显分歧的谈判对手,抢夺规则制定的先机。这反映了美国关于全球治理的新思路。

新规则中引人注目的是 TPP,[1] 在美国退出 TPP 后,TPP 变成了 CPTPP。CPTPP "中止"(suspend)了 TPP 中约 20 项规定。从数量上看,中止的条款总数大约为 10 页,这在 TPP 多达 500 页涉及众多规定的文本中微乎其微。从性质上看,这些条款的中止对 TPP 文本的影响也是极其有限的。中止条款涉及最多的是投资和知识产权。投资部分有 7 个条款中的部分内容被中止,但是只是宣布"投资协议"和"投资授权"不适用于"投资者—东道国争端解决机制"。知识产权部分有 11 个条款中的部分内容被中止,涉及国民待遇、可获专利事项、专利保护期调整、未披露信息的保护、生物制剂、版权保护期、技术保护措施、权利管理信息、卫星和有线信号的加密程序和互联网服务提供商的法律

---

[1]《〈跨太平洋伙伴关系协定〉(TPP)中译文》,载中国自由贸易区服务网,http://fta.mofcom.gov.cn/article/fzdongtai/201512/29714_1.html。

救济及安全港等。其他被中止内容涉及快运的海关估价、速递服务的垄断经营、金融服务涉及投资的最低待遇标准、电信服务的争议复审、政府采购中关于劳工权的要求及进一步谈判的期限、环境保护与贸易所适用的法律、药品与医疗设备管理中的透明度和程序公正。

服务贸易方面的新规则是《服务贸易协定》(Trade in Service Agreement, TISA),该协定由少数 WTO 成员组成的次级团体推动,目的在于推动形成服务贸易自由化的贸易协定。其背景为,由于 WTO 多哈回合谈判自 2001 年起至 2013 年止仍无法就服务业市场开放达成具体共识,该次级团体于 2011 年年底起成立,以展开国际服务贸易协定 TISA 谈判。

(六)规则交叉产生作用:以"竞争中立"为例

在国际经济法各领域呈现出规则交叉产生作用的趋势,包括贸易规则与投资规则的交叉、投资规则与竞争规则的交叉。"竞争中立"就是投资规则与竞争规则相结合的典型。

竞争中立(competitive neutrality)原则较早被纳入政策实践是在澳大利亚。1993 年,《国家竞争政策审查报告》(National Competition Policy)出台,为澳大利亚竞争政策的实施提供了建议,其中第十三章专门针对"竞争中立"进行了详尽的阐述[1]。澳大利亚的竞争中立政策实践在 OECD 国家中得到响应。OECD 是最早推动竞争中立研究的国际组织,自 2009 年起先后发布了有关国有企业和竞争政策的诸多报告,比较有影响的文件有《OECD 国有企业治理指引:对 OECD 各国的调查》(OECD Guidelines on Corporate Governance of State - Owned Enterprise: A Survey of OECD Countries, 2009),该报告分析了国有企业的背景和历史[2]。欧盟主要的约束性文件有《欧盟运行条约》[3](Treaty on the Functioning of the European Union)和《关于成员国和国有企业财务

---

[1] 《国家竞争政策审查报告》是在澳大利亚行政管理研究院院长希尔墨教授(Frederick G. Hilmer)的带领下负责实施的,设立了国家竞争政策咨询委员会,全面审查澳大利亚的竞争政策。该报告也被称为《希尔墨报告》。

[2] OECD, *Corporate Governance of State - Owned Enterprises*, *A Survey of OECD Countries*, p. 23 (2005), http://www. keepeek. com/Digital - Asset - Management/oecd/governance/corporate - governance - of - state - owned - enterprises_9789264009431 - en#page23.

[3] 2007 年 12 月 13 日签署、2009 年 12 月 1 日生效的《里斯本条约》(Lisbon Treaty)将取代 2005 年在荷兰和法国全民公决中遭否决的《欧盟宪法条约》。参见 http://www. eudemocrats. org/fileadmin/user_upload/Documents/D - Reader_friendly_latest%20version. pdf。

关系透明指令》[1]《欧盟宪法条约》将公共企业和私营企业共同作为竞争法的调整对象,希望公共企业不再凭借政府支持获得优于私营企业的竞争环境。

美国并未形成一套"竞争中立"的规则体系,却是最努力推行竞争中立政策的国家。2011年5月11日,美国前副国务卿罗伯特D.霍马茨(Robert D. Hormats)发表《竞争中立:确保全球竞争的合理基础》[2]一文,对美国政府希望推动各国接受的竞争中立政策进行了简要且系统的阐述。依霍马茨的解释,"竞争中立"是使竞争不受外来因素的干扰,其核心是对现有国际经济规则进行更新和调整,以"弥补现有的国际经济规则无法保证国有企业和私营企业公平竞争的缺陷"。美国努力在这方面对现有的国际经济秩序进行重大调整,在贸易和投资两个方面更新现行国际经济准则,特别是针对中国国有企业制订"竞争中立框架",包括一整套政策建议,从规则中立、债务中立、税收中立等方面出发,保证国有企业与私营企业的利润率具有可比性,确保国有企业和私营企业能够公平竞争,从而解决国家资本主义给公司治理、贸易、投资和竞争等带来的问题[3]。

WTO规则本身没有全面的国企条款,《关税与贸易总协定》第17条规定的是国营贸易企业规则而非国有企业规则。在中国入世工作组报告中,中国表示今后中国的国有企业在购买和销售产品时仅仅基于"商业考虑","商业考虑"这一概念来自《关税与贸易总协定》第17条。除此之外,在中国入世议定书中,对于补贴问题,在衡量对中国国有企业的补贴的专向性(specificity)时,存在特别的规则,从而使得针对中国国企的反补贴行为更加容易。TPP中包含了一些国企条款。美国退出TPP之后,CPTPP保留了国企条款,在该协议中,各方同意,不通过对本国国有企业提供非商业援助的方式给别国利益带来不利影响,不通过向在别国领土内生产、销售产品的国有企业提供非商业援助的方式损害另一缔约方国内产业。

"竞争中立"的推行体现了美欧与以中国为代表的新兴经济体的发展模式之争。中国必须警惕美欧通过"竞争中立"政策规制国有企业使我国企业利益受损以及在国际经贸谈判中被边缘化的危险。因此,有必要从国内与国际两个层面进行应对策略的探讨。在国内层面,借鉴他国国企改革模式,结合我国的经济发展模式和现状,在大力发展混合所有制经济的同时,积极进行国有企业改革。考虑是否在现有《反不正当竞争法》《反

---

[1]《关于成员国和国有企业财务关系透明指令》(Commission Directive 2006/111/EC of 16 November 2006 on the Transparency of Financial Relations between Member States and Public Undertakings as well as on Financial Transparency within Certain Undertakings), http://eur-lex.europa.eu/legal-content/EN/TXT/?qid=1409818726171&uri=CELEX:32006L0111。

[2] Robert D. Hormats, *Ensuring a Sound Basis for Global Competition: Competitive Neutrality*, U.S. Department of State (May 5, 2011), https://2009-2017.state.gov/e/rls/rmk/20092013/2011/163472.htm.

[3] 项安波:《国企应主动适应"竞争中立"政策取向》,载人民网,http://theory.people.com.cn/n1/2019/0109/c40531-30511747.html。

垄断法》等立法中纳入"竞争中立"原则,从制度层面规制国有企业。借助中国诸贸易试验区等平台,在投资或金融领域尝试"竞争中立"。在国际层面,应在双边、区域谈判中化被动为主动。在深入研究他国"竞争中立"规则的基础上,与中国情形相近的国家一起,提出有利于广大发展中经济体的竞争政策。

四、国际经济法方法论

(一)国际经济法的特点对研究方法的影响

1. 国际经济法具有"新兴性"的特点

"国际经济法"概念的提出可以追溯至20世纪20年代的苏联,而其真正成为一个相对系统独立的法律体系,则是以1944年"布雷顿森林协定"的缔结及其后两个"布雷顿森林机构"[国际货币基金组织(IMF)和国际复兴开发银行(世界银行)]的成立,以及1947年《关税与贸易总协定》的缔结为标志的。由此形成的"布雷顿森林体系"深刻影响和塑造了现代国际经济秩序,并成为作为一门学科的国际经济法学赖以建立和发展的基础。

在经过20世纪80年代的奠基阶段和90年代的初步发展阶段后,中国国际经济法学在新世纪进入了繁荣发展的新阶段。在此期间,有5个具有标志性意义的重大事件或者发展趋势,在不同领域、从不同侧面有力地推动了中国国际经济法学的发展:一是中国2001年加入WTO,依托WTO多边规则和争端实践,国际贸易法特别是WTO法研究取得长足进步;二是2008年全球金融危机爆发后,以对既有国际货币金融法律体系的批判和反思为契机,国际金融法研究得以蓬勃发展;三是中国从贸易大国向投资大国的转变,以及"一带一路"倡议和"走出去"战略的推进使国际投资法研究获得新的动力;四是数据经济与人工智能的发展,近年来数据经济及人工智能的发展导致在该领域有众多立法的出现,例如,欧盟于2018年生效的《通用数据保护条例》在数据经济领域产生巨大影响,也促进了相关研究的繁荣;五是逆全球化的出现,近年来美国的单边主义、美国与他国的贸易摩擦、美国的单边贸易制裁以及2020年的新冠疫情导致了进一步逆全球化的倾向,也引发了一系列国际经济法相关研究热点。

2. 国际经济法具有"交叉性"的特点

国际经济法"交叉性"的特点体现在其边缘性、综合性和独立性方面。国际经济法是一个第二次世界大战后新兴的独立的法律部门。它不再恪守传统的公法与私法、国际法与国内法的界线,而是按照国际经济关系发展的客观需要而形成的一个既包括"公法"规范又包括"私法"规范,既包括国际法规范又包括国内法规范的一个综合的法律体系。国际经济法以研究客观存在的跨国经济关系中的法律问题为对象,着重研究国际法规范与国内法规范两者之间的相互关系。

3. 国际经济法具有"跨国性"的特点

如前所述,广义说认为,国际经济法是调整国际(跨国)经济关系的国际法、国内法的边缘性综合性。以至于美国的杰塞普教授称其为跨国法,他认为跨国法指所有的规范跨越国境的行为和事件的法律,包括国际公法和国际私法,以及不能被这两个法律部门涵盖的法律。在跨国的情势下,法律关系的主体也比传统国际法更为广泛,包括个人、公司、国家、国际组织以及其他主体。[1]在跨国法的观念下,在主体上,任何法律关系的主体,不论其性质如何,只要其活动超越了一国的边界,就是跨国法上的法律关系的主体。在传统的国际法观念中,国家对其内部事务拥有绝对管辖权,而依跨国法的理论,管辖不是一种主权而应是一种程序,这种程序可使管辖权以一种友好的方式被分配到世界上的所有国家。因此,跨国法对传统的以国家为中心的国际关系和国际法构成了重大的挑战。[2]该说通过强调非国家行为者在跨国关系中的重要地位,认为非国家行为者是对国家间关系的补充。这种对私人行为者在跨国关系中的作用的确认,丰富了对国际法主体的认识。跨国法的特点不仅表现在主体方面,国际经济关系既包括"公"的关系,也包括"私"的关系,调整国际经济"私"的关系的法律实际上更多的是各国的国内立法,因此,以比较法的方法研究也是其研究上的突出特点。

上述国际经济法"新兴性"、"交叉性"和"跨国性"的特点导致其研究方法也具有下列特点:其一,全方位的综合研究方法。综合研究方法指从多角度、多层次研究国际经济法法律现象的研究方法,除法学的研究方法外,在相关研究方法方面包括哲学的、历史学的、社会学的、语义分析学的方法等。综合运用多学科的研究方法,可以对具有"交叉性"特点的国际经济法法律现象的各个方面、各个因素有更深刻的把握。其二,国际经济法的"跨国性"特点使其在比较的研究方法上更为突出。"比较"的研究方法已运用于法学的各个分支学科和法律部门,在国际经济法研究方面自然也不例外。比较的研究方法可以分为三个不同层次:叙述的比较法,涉及外国法的研究;评价的比较法,即比较不同国家法律制度的异同及发展趋势;沿革的比较法,即研究不同法律制度之间的现实和历史关系。其三,经济学的研究方法和法学的研究方法相结合。就国际经济法的经济分析已经形成三种探究方法:规范经济分析,集中于"效率"分析;绩效分析,属实证经济分析;激励分析,利用经济学分析模式——博弈分析和公共选择分析,对国际经济法从新的视角进行审视。[3]国际经济法的经济分析是建立在国家是理性的自我利益最大化的个体行为者的假设之上的。在国家间的经济关系中,各国为了降低交易成本,克

---

[1] Philip Jessup, *Transnational Law*, The Yale University Press, 1956, p.2–3.
[2] Zumbansen, *Transnational Law*, in Jan Smits ed., Encyclopedia of Comparative Law, Cheltenham, 2006, p.743.
[3] 那力、王作全:《法经济学与国际经济法学》,"2009年度(第七届)中国法经济学论坛"会议论文,2009年7月于长春。

服合作困境,追求更大收益,产生了国际经济法。因其欲解决问题的属性差异和变量的不同,故国际经济法表现出丰富多样的具体内容和制度形态。[1] 实证研究表明,经济学的研究对国际经济法律制度的生成、形态、内涵等具有很强的解释力。

(二)国际经济法常用研究方法

1. 西方国际经济法常用研究方法

国际经济法学发源于国际法学,国际法的研究经历了自然法学派的演绎方法、实在法学派的归纳方法、第三世界国际法学的批评方法,现代国际法的研究方法还有分析方法建构主义方法、女权主义方法等。国际经济法的研究方法没有国际法领域方法论那么广泛,但基本方法趋于一致。有学者认为,中国国际经济法学可采纳建构主义方法,改良现行国际经济体制和国际经济秩序,实现中国和平崛起的目标。[2]西方在国际经济法的研究方法上采用了教义学分析、法理学视角、社会法律研究、实证研究方法、比较法分析法等。

(1)教义学分析

教义学分析(black letter or doctrinal analysis)注重规则和文本。在教义学分析的框架下,法律自成体系,政治立场中立,独立于其他学科,研究对象仅限于法规和案例本身,包括对大前提、目的和范围的考察。[3] 教义学分析方法旨在客观地在法律体系内部(法律的解释和适用)寻求一致性和连贯性,而不是通过外部原因(社会价值、政治理论)。总的来说,教义学分析想要将法律全面系统化、合理化。具体来说,教义学分析可能涉及演绎推理(deductive reasoning)、三段论(syllogistic reasoning)以及类比推理(analogy)的运用,通过这些方法,教义学分析进一步阐述并澄清法律,从批判的角度为法律的改革提供建议。

(2)法理学视角

法理学视角(jurisprudential perspectives)这种研究方法不追问法律本身的性质,而是强调法律在社会中是如何发展和实际应用的。[4] 随着时代的发展,法理学视角已经发展出多个分支,包括法律现实主义、批判法学、女权主义、法与经济学、后现代主义法学等。

法律现实主义(legal realism)于20世纪30年代起源于美国,法律现实主义认为法律争端最终的结果并不纯粹是由法律的统一适用决定的,而是由其他非法律因素决定

---

[1] 王彦志:《国际经济法的经济分析初探》,载《国际经济法学刊》2009年第1期。
[2] 朱兆敏:《论国际经济法学的研究方法》,"中国国际经济贸易法学研究会第一次会员代表暨中国与国际经济法律秩序的变革研讨会"会议论文,2012年11月于上海。
[3] Amanda Perry – Kessaris, *Socio – Legal Approach to International Economic Law*, Routledge, 2013, p.14.
[4] Amanda Perry – Kessaris, *Socio – Legal Approach to International Economic Law*, Routledge, 2013, p.186 – 190.

的,比如道德或政策性考量。[1] 法律现实主义最为著名的经典表述出自美国最高法院的法官霍尔姆斯(Oliver Wendell Holmes),他认为"法律的生命从来不在于逻辑,而在于经验。[2] 无论人们承认与否或是否意识到,时间的紧迫、相关的道德和政治理论、公共政策方面的直觉,甚至是法官与其同事们保有的偏见等因素在法官决定人们应当遵守规则的裁判和考量过程中所占的比例比三段论多得多"。法律现实主义认为在司法判决的背后,法官对事实的回应远远高于对规则的回应。在作出判决时,法官应当意识到这个司法判决对整个社会的影响。

批判法学(critical legal studies)发源于20世纪70年代的美国,该学派认为法律是权力表达的一副面具,法律本身不是中立的,而是受服务于社会精英利益的意识形态的驱动,该学派还认为,法律具有不确定性,司法判决的结果并不是由某些学说或判例决定的,而是由其他因素决定的。[3] 批判法学强调两个概念,一为"修剪"(trashing),即披露法律所隐藏的政治本质,二为"实化"(reification),即要求法律超越其原来在特定社会背景中被创造制定的样子,达到独立的状态。

法与经济学(law and economics)强调自由市场所倡导的经济效率、财富和效用最大化的目标,认为法律仅仅是对其所处经济系统的反映。法与经济学是方法论中具有很大影响力的一种研究方法,它的源头可以追溯到法律现实主义者在解释和分析法律时重视对非法律因素的考量。[4] 该学派旨在解释法律系统中行为人的行为、揭露法官作出某些司法判决的原因以及立法者为何制定某些特定法规。该学派因其主张的观点建立在理性经济人假设的大前提之上,远离司法公正和权利探讨而饱受批评。

后现代主义法学(postmodernist theories of law)认为法律是没有逻辑、没有秩序并且不连贯的。[5] 基于此,该学派强调对社会的法律框架、法律概念以及法律用语本身进行解构,通过反对宏观的法学理论以揭露法律背后的无秩序和多样性。该学派挑战客观的概念,转向强调主观的法律体验,不断探索法律适用的相关问题。

以不同群体为研究对象的法学理论包括女权主义(feminist legal theory)[6]、种族批

---

[1] *Legal Realism*, Business Dictionary, available at http://www.businessdictionary.com/definition/legal-realism.html.

[2] Oliver Wendell Holmes, Jr., in Encyclopædia Britannica, https://www.britannica.com/biography/Oliver-Wendell-Holmes-Jr.

[3] Amanda Perry-Kessaris, *Socio-Legal Approach to International Economic Law*, Routledge, 2013, p.5.

[4] Alain Marciano, Giovanni Battista Ramello, *Encyclopedia of Law and Economics*, SpringerLink (2020), https://link.springer.com/referencework/10.1007/978-1-4614-7883-6.

[5] Bruce A., Arrigo, *The Peripheral Core of Law and Criminology: On Postmodern Social Theory and Conceptual Integration*, Justice Quarterly, Vol.12: 447, p.447-472 (1995).

[6] Genevieve R. Painter, *Feminist Legal Theory*, in James D. Wright, International Encyclopedia of the Social & Behavioral Sciences (Second Edition), Elsevier, 2015, p.918-925.

判主义(critical race theory)[1]等。随着时代的发展,法学理论开始关注社会的边缘化群体,形成以不同群体为研究对象的各类法学理论。女权主义将女性的法律体验放在法律分析的中心。种族批判主义关注非裔美国人的法律体验,还形成了以亚裔和拉丁裔为研究对象的亚裔和拉丁裔批判法学。

(3)社会法律研究

社会法律研究(socio-legal research)强调法律之外的社会理论和行动。[2] 社会法律研究认为法律和法律分析应当在一定的社会背景下进行,区别于教义学分析,社会法律研究的视角不局限于法学理论本身,而是将法律视为一种社会现象或社会体验的一种类型。社会法律研究揭示了法律的政治本质,探索法律是否实现了其目标,通过连接法律和政策性目标支持法律改革,并通过了解不同群体接触法律的实际体验呈现法律在实务中是如何操作的。从性质上来看,社会法律研究是跨学科的研究,如果采取这种研究方法,需要就相关学科拥有超过基础水平的理解能力,并能够驾驭其他学科那些全然不同于法学研究的研究方法。

(4)实证研究方法

实证研究方法(empirical research methods)是目前使用最为广泛的研究方法,以观察、经验、试验或调查为基础,不关注法学的理论层面,而是强调法律在现实世界中的实际应用。实证研究方法提出的典型性问题主要包括:法律是如何运行的?法律上的改变将带来怎样的影响?法律系统中各类人是如何行为和决策的?法律是怎样得到执行的?如何提供法律服务?人们如何受到法律的影响以及在法律方面的体验如何?实证研究方法与社会法律研究这两种研究方法非常类似,都可能涉及定性和定量分析,可以使用的具体方法包括采访、观察、调查问卷、案例研究、数据采集、经济分析以及查看法院记录等。这些方法需要大量对外接触和交流,并结合实务,因此实证研究方法对研究时长和资助提出了很高的要求。

(5)比较法分析法

比较法分析法(comparative legal analysis)包括两种思路,一是移植,二是统一。移植是指当面对同一个法律问题时,看其他法域是如何解决的,例如,考察美国仲裁法如何处理平行程序,美国的方案是否能够解决我国的平行程序问题。统一是指当面对社会问题时,看不同法系之间是否呈现出相同的发展趋势或模式,比如,各国商法的趋同性研究。比较法分析法要求作者对相关法律制定和运行所处的社会、政治和文化背景有充分的了解。

---

[1] *Critical Race Theory*, in Encyclopædia Britannica, https://www.britannica.com/topic/critical-race-theory.

[2] Treviño, A. Javier, *Theory and Methods in Socio-Legal Research*, Law & Society Review, Vol. 41:493, p.493–494(2007).

2. 中国国际经济法常用研究方法

参考上述西方学者研究国际经济法的方法,中国国际经济法常用研究方法包括历史研究法、实证研究法和比较研究法。

(1)历史研究法

历史研究法(historical research method)又称纵向研究法,是运用历史资料,并依历史发展的顺序对过去事件进行研究的方法。[1] 在国际经济法研究领域,它着重对国际经济法律制度的形成过程进行研究,摸清其产生、发展和变化的脉络。多元的史学研究方法能够为国际经济法解决复杂的国际经济问题提供有效的方法论基础。对国际经济法学史的研究能够揭示国际经济法产生和发展的规律。例如,在对国际贸易术语进行研究时就要从其历史渊源开始并研究其演进过程,比较每一版本与上一版本的不同与进步,目前为 Incoterms® 2020。WTO 的研究,国际贸易规则的研究,海商法的研究,国际投资、国际金融等的研究无不依赖历史研究法。

(2)实证研究法

实证研究法(empirical research method)是认识客观事实,研究现象本身"是什么"的研究方法,该研究方法试图超越或排斥价值判断,只揭示客观现象的内在构成因素及因素的普遍联系,实证研究法的特点有:其一,其目的在于认识客观事实,研究现象自身的运动规律及内在逻辑;其二,就研究的现象所得出的结论具有客观性,并根据经验和事实进行检验。[2] 实证研究法主要有 4 个步骤:一是确定所要研究的对象,分析研究对象的构成因素、相互关系以及影响因素,搜集并分类相关的事实资料。二是设定假设条件。在研究的过程中,试图把所有复杂因素都包括进去是不现实也不可能的。为此,必须对某一理论所使用的条件进行设定。三是提出理论假说。假说是对研究对象的经验性概括和总结,但还不能说明它是否能成为具有普遍意义的理论。四是验证。验证包括应用假说对现象的运动发展进行预测。[3] 实证研究法是一种现实主义的方法,以描述的手段讨论实然问题。采取规范分析、实例分析的方式,对某一领域的问题进行研讨。实证分析关注的问题一般都是"是什么"。这种方法在国际经济法中较为常用,特别体现在 WTO 的相关研究中,例如,研究"发展中成员差别与优惠待遇原则"是否是 WTO 各项协定中的一项比较重要的原则,就要客观审视 WTO 协定中的相关规定与案例。

(3)比较研究法

比较研究法(comparative study method)是对不同国家或地区法律秩序的比较研究。

---

[1] 历史研究法,载百度百科网,https://baike.baidu.com/item/历史研究法/732898? fr = aladdin。
[2] Amanda Perry - Kessaris, *Socio - Legal Approach to International Economic Law*, Routledge, 2013, p.29.
[3] 实证研究法,载百度百科网,https://baike.baidu.com/item/实证研究法/2360612? fr = aladdin。

该方法通过观察、分析,找出研究对象的相同点和不同点,它是认识事物的一种基本方法。[1] 该方法也是国际经济法学研究中非常重要的研究方法。在论述经济法学方法论时,有学者认为经济法学研究应当注重不同国家或地区商品经济关系及其法律秩序的异同,对此进行充分的比较分析,既要涉及相同社会制度国家经济秩序的共性,又要涉及不同社会制度国家经济秩序的差异性并给出科学阐释。研究国际经济法,一定要熟悉相关国家的政治经济历史背景,以及它们之间的异同。

五、国际经济法研究中存在的问题及解决之道

(一)国际经济法研究的框架及存在的问题

1. 广义的国际经济法的特征

谈到国际经济法研究的框架离不开对国际经济法"广义"和"狭义"的解读,从"广义"的角度,国际经济法是调整国际经济活动和国际经济关系的法律规范的总和。即调整国际经济交往中关于商品、技术、资本、服务在流通结算、信贷、税收等领域跨越国境流通的法律规范和法律制度的总称。国际经济法是一个独立的法律部门,要证明其为独立的法律部门,就必须与相邻的法律部门进行区别。国际经济法相较于国际公法、国际私法、国内经济法具有不同的内涵和外延。它们虽然在某些方面互相联系并相互交叉或重叠,但均是各自独立的法律部门。国际经济法不是经济的国际法,也不是国际私法或国内涉外经济法。国际经济法是新兴的、综合性的法律部门,其特征主要表现在:其一,在主体上,不仅包括国家、国际组织,还包括分属于不同国家的个人和法人;其二,在调整对象上,不仅包括国家与国际组织相互间的经济关系,还包括不同国家的个人、法人间以及国家与他国国民间的经济关系;其三,在渊源上,不仅包括经济方面的国际条约和国际惯例,还包括国际民间商务惯例和各国国内的涉外经济法规。

2. 国际经济法与相邻法律部门的关系

国际经济法的研究范围涉及其与相邻法律部门的关系,国际经济法与相邻法律部门之间既有联系又有区别。

国际经济法与国际公法的区别主要表现在:首先,在主体上,国际公法的主体限于国家与各类国际组织,而国际经济法的主体则包括国家、国际经济组织、民间商事组织、法人、个人。其次,在法律渊源上,国际经济法的渊源为经济领域的国际条约和国际惯例、联合国大会的规范性决议、国际私人商业惯例,国内的涉外经济立法也属于国际经济法的渊源;国际公法的渊源主要是国际条约、国际习惯,这里的国际习惯是指国家间的政治和外交活动中形成的习惯,而非商业惯例。再次,在调整对象上,国际公法调整国家间的政治、外交、军事及经济等关系,且传统上以调整非经济关系为主;国际经济法

---

[1] 比较法,载百度百科网,https://baike.baidu.com/item/比较法/5108391? fr=aladdin。

的调整对象主要是国家、国际组织、法人和个人之间的经济关系,排除了非经济领域的关系。最后,两者的争议解决途径不同,国际公法解决国际争端的方式包括强制的和非强制的,非强制方式包括谈判、斡旋、调停、谈判及仲裁和司法解决,强制方式包括反报、报复、封锁和干涉;而国际经济法解决争议的方式包括协商、调解、仲裁和诉讼。

国际经济法与国际私法在调整的主体、调整的对象、某些法律渊源上有一定的重合,但两者还有很多不同之处,其区别主要表现为:首先,在主体上,国际经济法的主体包括国家、国际组织、法人、自然人及其他经济组织等。虽然国际私法的主体也包括这几项,但在通常情况下,其主体侧重于自然人、法人和其他经济组织。其次,在调整对象上,国际经济法调整的对象是跨国经济关系,而国际私法则调整国际民商事关系。再次,在法律渊源上,两者的渊源都有国际条约、国际惯例、国内立法,而在具体的表现形式和侧重上,国际经济法的渊源主要是实体规范,而国际私法则侧重于法律适用规范。最后,在法律调整方法上,国际经济法是通过直接调整方法调整国际经济关系的,而国际私法是通过间接调整方法调整国际民商事关系的。

国际经济法与国内经济法在调整对象上、法律渊源上有重合,但两者还是有区别的,主要表现在:首先,在调整对象上,国际经济法主要调整跨国经济关系,而国内经济法主要调整国内经济关系,包括涉外经济关系。其次,在法律渊源上,国际经济法的法律渊源包括国际条约、国际惯例、国内立法以及联合国大会的规范性决议;而国内经济法的渊源则主要是国内经济立法和商业惯例。

3. 广义国际经济法的研究框架及在研究上存在的问题

广义的国际经济法是综合的法律体系,既包括公法也包括私法,在规范上既包括国际法规范又包括国内法规范,在调整对象上为跨国经济关系。广义的国际经济法与相邻法律部门既有联系又有区别,国际经济法的"边缘性"绝非囊括一切,其"综合性"绝非简单相加,其"独立性"绝非标新立异。[1] 在这个庞大的体系下形成了国际经济法总论和各分支的框架,总论部分涉及国际经济法的概念和范围、渊源、基本原则、主体等学科的基本问题。

国际经济法多年来基本形成了如下分支:一是国际贸易法,此部分又是一个庞大的体系,从大贸易角度出发,国际贸易法包括了货物贸易、技术贸易和服务贸易。传统的货物贸易又涉及国际货物买卖合同、国际货物运输与保险、国际贸易支付与结算。在纵向的关系方面涉及对外贸易管理法,在国际方面,WTO 法律制度也属于国际贸易法的一部分。二是国际投资法,该领域的研究涉及投资的市场准入、安全审查、投资保护等。三是国际金融法,包括国际货币制度、国际贷款融资制度、国际债券融资制度、国际股票融资制度、国际融资担保等。四是国际知识产权的保护,由于技术贸易隶属于国际贸易的一部分,因此,此部分内容与国际贸易法有交错的地方,但也有其独立的研究内容,如

---

[1] 陈安主编:《国际经济法学专论》(上编 总论),高等教育出版社 2002 年版,第 111 页。

有关商标权、专利权、著作权等的国际保护,平行进口问题,知识产权保护的海关措施等。五是国际税法,涉及税收管辖权、重复征税、国际逃税与避税,涉及国际税收全球治理的共同申报准则(CRS)已成为当今研究的热点。

在如此庞大的国际经济法研究框架下,习惯于从定义、概念、范围、体系开始研究的中国学者很难进行理论上的整合与协调,形成既在外延上为国际经济法各分支所共有,又在内涵上为国际经济法所独具的独特理论,这导致研究者们通常先将国际经济法分为若干子部门,进而又在相关子部门下划分若干"孙"部门,子部门乃至"孙"部门又往往有自己的"总论",从而形成藩镇割据、支强干弱的局面。广义的国际经济法概念在学科开创之初,有助于新兴的学科站稳脚跟,迅速成长,[1]但当学科发展到一定程度时,就出现了"支强干弱",基本理论研究不深、缺乏创新的难题。

(二)国际经济法研究定位与方法存在的问题

1. 有"热点"没"视角"的问题

由于国际经济法研究"支强干弱",各分支又具有操作性和实践性强的特点,因此容易给研究者留下时效性强的印象,加上在科研量化考核的指挥棒下,国内高校和研究机构存在重数量轻质量的倾向,导致科研人员紧盯他国或国际上的最新发展,容易出现"蹭热点"、缺乏科研定力的现象。科研"扎堆"突出,一些热点领域、热点问题被过度开发,而其他同样甚至可能更具研究价值的领域和问题则乏人问津。例如,在金融危机过后,有大量学者就后金融危机时代国际经济法领域的问题撰写了论文,但整体上缺乏特点和个性,千篇一律、千文一面。[2]千文一面也表现在八股论文形态上,首先是"域外制度介绍"或"条约分析",其次是"中国现状的对比分析",最后一部分是"对策、借鉴、构建研究"。在域外制度部分,鲜有对制度形成背后原因的多角度解读,而更多的是翻译他国创新的制度,出现资料简单堆砌、规则粗浅介绍、观点罗列的情况。在对比中国现状的部分,采取粗浅的自我否定的态度,缺少对中国关键性背景和细节的掌握,导致相关研究中的底气和自信不足。在对策与构建部分简单化,用报纸式的语言进行无扎实理论基础的立场宣示。对于这些问题的解决,需要培养"问题"和"视角"意识,研究的前提是找到值得研究、适合研究的"问题"。确定一个恰当且值得研究的主题,研究就成功了一半。找到一个主题并非易事,需要进行大量的前期准备工作,不能投机取巧,找到有价值的问题后,还需要确定有创新意义的研究"视角",因为,大家可能发现了同样的问题,但只要设定的"视角"不同,仍然具有创新意义。

2. 有"立场"没"个性"的问题

在中国国际经济法的研究过程中,存在两种倾向,一种是有"立场"没"个性",另一

---

[1] 廖凡:《从"繁荣"到规范:中国国际经济法学研究的反思与展望》,载《政法论坛》2018年第5期。
[2] 廖凡:《从"繁荣"到规范:中国国际经济法学研究的反思与展望》,载《政法论坛》2018年第5期。

种是有"国际"没"中国"。前一种现象的突出表现是采用二元对立价值分析范式,在此背景下,非好即坏、非友即敌、非对即错的对立思维模式成为简单、方便的价值判断方法,被广泛采用,并泛化到国际经济法的研究中。在此思维习惯的作用下,当运用二元对立价值判断法时经常会形成"表面化"、"简单化"、"片面化"与"情绪化"的思维方式。这也使得在当今中国,一些学者并不清楚自己"知识分子"的身份,有意或无意地将自己定位成政府机关政策研究室的一员,阐述政府对外政策的"合法性"成为学术研究的唯一目的,[1]导致出现有"立场"没"个性"的问题。立场先行的思维特点使学者在面对研究对象时,习惯性地以价值判断的标准取代事实判断。

后一种现象是在研究中进行简单化的制度比较、借鉴和移植。对其基本范式可以概括为"三部曲":先将主张移植的外国法律神圣化,以此说明国际公约及外国立法的先进性;再揭示其与我国法律的区别继而否定自我;最后提出应与国际接轨的制度构建。此种研究模式简便易行,只要有较新的国外文献就很容易写出一篇文章,但造成的不良结果是,大量研究成果有介绍而无研究、有研究而无视角,有"国际"而无"中国"。当然有"中国立场"并不是让研究者放弃自身的学术观点,扮演政策传声筒的角色。[2]研究人员需要构建自己的理论体系,对自己的视角有自主的意识,而不能是翻译他国或国际的成果并简单移植到国内,要研判引进相关制度的环境在中国是否存在,相关制度与我国现有规则体系的衔接度等。

3. 有"经济"没"法律"的问题

国际经济法的许多领域需要采用经济的方法进行深入的研究,例如在反倾销、反补贴领域等,整个国际经济法律制度的构建也离不开对经济的研究,法由经济基础决定,反过来,法又对经济基础具有服务的作用。[3]国际经济法各分支部门的操作性和实践性常常会使研究者迷失于技术细节,习惯于借助经济学和国际经济学的理论、方法和范式开展研究。以跨学科视角研究国际经济法是可取的,但问题在于很多研究仅是"跨"出去却没有"收"回来,只见其他学科的方法却不见本学科的视角,造成我国当前的国际经济法研究总体而言"经济味"有余而"法律味"不足。[4]对国际经济实务操作的过度关注,以及对经济理论的过度倚重,造成海关法变成通关实务、保险法变成保险实务、运输法变成运输实务、金融法变成支付结算实务等现象。经济的方法最终还是为解决法律问题服务的,例如,对中国入世"非市场经济"问题的解读,[5]最终是要解决对中国给予歧视待遇的法律问题。

---

[1] 刘志云:《方法论上的中国国际经济法研究:问题与前景》,载《华东政法大学学报》2013年第1期。
[2] 廖凡:《从"繁荣"到规范:中国国际经济法学研究的反思与展望》,载《政法论坛》2018年第5期。
[3] 张文显主编:《马克思主义法理学:理论、方法和前沿》,高等教育出版社2003年版,第8~9页。
[4] 廖凡:《从"繁荣"到规范:中国国际经济法学研究的反思与展望》,载《政法论坛》2018年第5期。
[5] 尚明:《论国际贸易规则制定与实施中的公平原则——以"非市场经济原则"之不公为例》,载《国际经济法学刊》2006年第4期。

(三) 国际经济法研究方法的改进方向

1. 提升"创新"能力,避免"重复建设"

为了避免国际经济法领域研究的"跟风"现象,需要研究"真问题",提高科研的"创新"能力。发现"真问题"的过程本身就需要有研究定力,不能追求"表面化""片面化""简单化"的"热点"。任何学问的起点都应当是问题,学术研究活动则是创新。在开始研究之前,需要筛选一个好的课题,这决定了整个工作方向,需要通过以下途径及时把握学科的大方向:一是开阔的视野。如果有参加国际性学术会议的机会,那就一定不要错过,因为那里有最新的学术观点,最热的研究报告,最前沿的科研工作者。仔细听取会议报告,有助于把握某个领域的最新进展和方向,与会者中有很多同行,他们可能正在进行着这个领域的各个相关研究,与他们进行充分交流,说不定可以触类旁通,激发出新的研究灵感。总之,相关研究者可以从中汲取很多的养分,为接下来的研究添砖加瓦。二是阅读文献。这项工作是无法被替代的,不能仅局限于阅读自己专业的期刊杂志,也要常常阅读相关专业的文章。应当避免科研上的"重复建设",应充分利用已有研究成果,在研究和写作之前大量阅读相关文献,了解相关领域的研究现状。三是了解实践。避免在一些缺乏实践价值的问题上浪费资源,这就要求研究者加强与实务部门的联系,通过调研等方式接触实践。

需要提高学科整体品位,不能为了完成科研任务,而在科研上产出"短平快"作品。要把握问题的导向性,确保价值与目标的一致,坚守真正意义上的"问题"研究。应减少研究问题上的"重复建设",鼓励多元化、不同视角、有辨识度的个性化研究,避免重复雷同的八股写作范式。所有学科都应当具有各自的价值目标,无论是问题导向还是观点追求,都要始终坚持立足价值目的,坚持避免偏离国际经济法研究的目的而制造"学术泡沫"。

2. 丰富研究路径,关注双层博弈

提升中国在国际上的话语权,离不开外交谈判中的双层博弈理论。该理论认为外交谈判可以分为国际和国内两个层次,决策者对这两个层次都要同等认真对待,否则协议就可能得不到外国的接受或国内的批准。在双层博弈理论下,国际层次是谈判者讨价还价后达成暂时协议的过程,在这一过程中,政府力求使自己的利益最大化。国内层次则是国内各个利益集团不断向政府施压谋求自身利益,最终政府通过平衡各利益集团利益以达到平衡的过程。其核心是"获胜集合",即两个层次的交集越大,对政府和国家的利益就越有利。我国一些国际经济法研究学者倾向于把国家看成一种内部结构一致的统一单位,研究内容聚焦于国际经济条约对国内的影响,将国际经济条约视为一种外加于国家的制度框架;很少分析国内的各种要素对国际经济法的影响。许多研究者视国际经济关系中的国家为实心球模式,而忽略对诸如政府、议会、民众、非政府组织等各种国内主体对国际经济法所产生的不同影响的详细分析。[1]于是,一些学者在表述国外对国际事务的态度或对华的意见时,习惯将官员个人、议员个人的立场与政府等混为一谈,以致作出误判。例如,人民币汇率问题一直是国际经济法领域关注的焦点。汇率的变动影响着我国的进出口贸易,甚至对我国宏观经济具有至关重要的影响。国际经济法的相关研究需要采取双层博弈理论,从国内和国际两个层面对人民币汇率涉及的国际经济法理论进行分析,而不能有所偏废。

3. 采取多种研究方法,避免过度依赖法条注释法

目前,在国际经济法研究方法论上最大的不足是过度使用以法条注释为中心的分析方法,缺乏对多种方法的灵活运用。法条注释法是一种长期以来行之有效的传统法学研究方法。法条注释法起初只是用一些比较熟悉的概念对那些难以理解的词句加以说明的简短解释,但很快就扩大为对法典正文中的某些段落和法律原则的解释。法条注释变得更加复杂,逐步发展成为一种对正文的充分解释。[2]国际经济法的研究并不排斥法条注释法,但如果研究方法单一化,缺乏和其他学科的交叉综合,特别是缺乏与国际经济法学紧密相关的国际政治经济学、国际关系学、政治学、社会学、哲学等的有机结合,其结果是不容乐观的。具体讲,这种跨学科的途径主要有:其一,从哲学、社会学、经济学、历史学等人文社会学科中汲取营养,为国际经济法的研究提供更深厚的研究维度和底蕴。权力结构分析、社会调查实证、成本—效益分析、博弈论等,均是人文社会科学各个一级学科中具有共通性、融贯性的研究方法。其二,从国际关系理论中寻找对国际经济法有益的方法,国际关系与国际经济法的结合是另一条跨学科的研究路径。诸如普惠制的研究就涉及国际关系中的南北关系,国际金融法体系的研究就涉及"二战"后形成的以美元为中心的国际金融体系。其三,从其他法律部门的研究中汲取营养,例如,WTO法律制度中的司法审查就涉及国际经济法与行政法的交叉等。

———— 思考题 ————

1. 广义与狭义的国际经济法有哪些不同的考虑角度?
2. 国际经济法的渊源有哪些主要特征?
3. 从全球化到逆全球化的表现有哪些?主要产生了哪些法律问题?
4. 你认为哪些是较佳的学习国际经济法的方法与途径?

---

[1] 刘志云:《方法论上的中国国际经济法研究:问题与前景》,载《华东政法大学学报》2013年第1期。
[2] 孙国华主编:《中华法学大辞典·法理学卷》,中国检察出版社1997年版,第136页。

第三部分
国际贸易法的新问题

专题四

国际贸易术语专题

▫ 教学目标

本专题主要是通过把握《国际贸易术语解释通则》(Incoterms)的历史沿革,理解每个术语责任的发展变化,进而掌握和运用国际贸易术语。

▫ 研究背景

国际贸易术语是在国际贸易中逐渐形成的,是用以表明在不同的交货条件下,买卖双方在交易中的费用、责任及风险划分的以英文缩写表示的专门用语。贸易术语是国际惯例的一种,由当事人选择适用,不同的行业或不同的港口往往对同一个术语有不同的解释,给实际业务带来了不便。为此,一些民间商业组织开始对这些术语的编纂工作,其中影响较大的国际贸易术语主要有国际法协会制定的 1932 年《华沙-牛津规则》、美国商会和美国进口商理事会等商业组织制定的《美国对外贸易定义修订本》和国际商会制定的 Incoterms。虽然这些解释不是国际公约,并不具有普遍的约束力,但作为国际惯例,其在国际贸易或商业中常用的一些条款被广泛认可和使用。[1] 从司法实践来看,一些法院认识到了贸易术语在促进国际贸易上的作用,并支持其作为国际贸易惯例的依据。[2] 国际上使用最为广泛的是国际商会于 1936 年编纂的 Incoterms,后 Incoterms 进行了多次修改,每次修改都会巩固一些商业习惯做法,特别是 2010 年的修改更是反映了这一趋势。[3] 本专题更关注 2020 年的最新修改。

---

[1] R. Cranston, *Theorizing Transnational Commercial Law*, Texas International Law Journal, Vol. 45:597, p. 610(2007).

[2] The UK Supreme Court in Taurus Petroleum Ltd v. State Oil Marketing Company of the Ministry of Oil, Republic of Iraq [2017] UKSC 64.

[3] J. Coetzee, *Incoterms® 2010:Codified Mercantile Custom or Standard Contract Terms?*, Stellenbosch Law Review, Vol. 23:564, p. 564(2012).

□ 研究与思考方向

本专题从两个维度剖析 Incoterms 的产生与发展,在产生方面涉及的最古老的国际贸易术语是 FOB,船货分离使 CIF 地位上升,"二战"后为节省外汇,FOB 术语的地位再次上升。在发展方面主要涉及 1990 年、2000 年、2020 年等几次对 Incoterms 的修改。

□ 文献综述

关于 Incoterms 的研究,主要分为三个角度,其一,对 Incoterms® 2020 的综合性概述;其二,对 Incoterms® 2020 修订焦点以及修订前后国际贸易术语的对比分析;其三,国际贸易术语的适用和实践问题。

(一) Incoterms® 2020 的综合性概述

在对 Incoterms® 2020 的综合性概述方面,以下几部专著值得关注:《国际贸易术语解释通则 2020》[1]是 Incoterms® 2020 的官方中文翻译版本,包含国际商会 11 个 Incoterms 贸易术语的使用规则。它考虑到商业实践的新发展,更新了规则以使其更易于理解和使用。所有销售合同应把 Incoterms® 2020 作为 Incoterms 的新版本。

英国经济学家戴维·M. 萨逊所著的《CIF 与 FOB 合同》[2]分上下两册。上册主要介绍 CIF 合同,详细介绍了 CIF 合同的性质,以及与该合同有关的装运、提单、保险、提供和支付、补救办法、法律的冲突等问题;下册主要介绍 FOB 合同,阐述了 FOB 合同的类型、FOB 合同的交货、FOB 作为价格条款、付款和接受货物、保险、补救办法、法律的冲突等问题。书中引用了大量的资本主义国家法院特别是英国法院的判例和法官的判词,对有关 CIF 与 FOB 合同的法律和惯例作了阐述。CIF 合同和 FOB 合同是国际贸易中最常见、最常用的两种合同。该书对这两种合同的系统介绍虽然随着国际贸易的发展已不能完全适应当前的国际贸易,但该书所述的有关这两种合同的性质、特点及买卖双方的权利、义务等对我们签订买卖合同和公平合理地处理在履行这类合同过程中发生的争议,仍有很大的参考价值,也有助于我们了解国际贸易合同的发展情况。

张丽英主编的《国际贸易法律实务》[3]的第 3 版针对以下内容进行了进一步的修订,Incoterms 在第二版修订后进行了两次修订,Incoterms® 2010 在 Incoterms® 2000 的基础上进行了较大幅度的修订,Incoterms® 2020 相比 Incoterms® 2010 并没有进行大幅度的修改,主要是对一些术语的细节问题进行了改进。其中主体内容仍旧延续了 Incoterms® 2010 的规定。新版本的 Incoterms 生效,并非意味着旧版本的 Incoterms 自动

---

[1] 中国国际商会、国际商会中国国家委员会组织翻译:《国际贸易术语解释通则 2020》,对外经济贸易大学出版社 2019 年版。

[2] [英]戴维·M. 萨逊:《CIF 与 FOB 合同》(上下册),北京对外贸易学院国际贸易问题研究所译,对外贸易出版社 1980 年版。

[3] 张丽英主编:《国际贸易法律实务》(第 3 版),中国政法大学出版社 2020 年版。

作废。因为 Incoterms 只是惯例,对国际贸易当事人不产生必然的强制性约束力。当事人在订立贸易合同时可以选择适用任一版本的 Incoterms。

(二) Incoterms® 2020 修订焦点及修订前后国际贸易术语的对比分析

2020 年阎之大在《贸易术语新版通则焦点问题探讨》[1]一文中,针对通则与合同的关系、Incoterms® rules 可以适用于国内贸易、Incoterms® 一词的正确用法与商标注册、"string sales"中买卖双方的风险转移,以及货物的特定化对风险转移及费用划分的影响等问题进行了讨论。李双青和史丽娟在《Incoterms® 2020 解析》[2]一文中,将 Incoterms® 2020 中的主要变化归纳为三类:"调"、"改"和"增"。在《探析新版国际贸易术语解释通则(Incoterms® 2020)》[3]一文中,赵静敏通过梳理国际商会(ICC)对 Incoterms 的历次更新修改,以及对最新颁布和生效的 Incoterms® 2020 的实质性变化的探讨,指出外贸企业在签订贸易合同时正确选择和使用恰当的贸易术语所应关注的事项,以避免贸易纠纷、有效控制风险。徐进亮等在《〈2020 年版国际贸易术语解释通则〉例析》[4]一文中,通过具体的案例阐述了 Incoterms® 2020 的主要修订之处。

(三) 国际贸易术语的适用和实践问题

2021 年,高祥在《Incoterms® 2020 的适用范围与译法选择》[5]一文中,全面梳理了 Incoterms 的产生及其含义,探讨了 Incoterms 的发展及其标题的变化与翻译问题。在《基于〈国际贸易术语解释通则 2020〉的贸易术语实践》[6]一文中,覃娜等梳理了贸易术语与相关合同的关系,包括国际货物买卖合同、运输合同、保险合同和支付合同;分析了 Incoterms® 2020 对贸易实践的积极影响和使用中应注意的问题;并对 Incoterms® 2020 贸易术语的使用提出建议。在出口贸易方面,在《出口贸易中 FOB 与 CIF 术语的选择及风险问题研究》[7]一文中,于沛洁对 FOB、CIF 进行了概述,总结分析了这两种术语在出口贸易中的选择和风险规避。殷丽玲在《VUCA 时代下国际贸易术语 DAT 的应用研究——以自欧盟采购大型成套设备的贸易实践为例》[8]一文中,以欧盟采购大型成套设备的贸易实践为例,探讨了 DAT 贸易术语的确定和灵活运用、与合同适用法律的关联、与产品检验交付的协同、与保险和保函的细化约定等问题。通过研究,以期能够对

---

[1] 阎之大:《贸易术语新版通则焦点问题探讨》,载《中国外汇》2020 年第 12 期。
[2] 李双青、史丽娟:《Incoterms® 2020 解析》,载《中国外汇》2020 年第 12 期。
[3] 赵静敏:《探析新版国际贸易术语解释通则(Incoterms® 2020)》,载《对外经贸》2020 年第 5 期。
[4] 徐进亮、皮红琳:《〈2020 年版国际贸易术语解释通则〉例析》,载《中国海关》2022 年第 5 期。
[5] 高祥:《Incoterms® 2020 的适用范围与译法选择》,载《法学杂志》2021 年第 6 期。
[6] 覃娜、尤一帆、杨帆:《基于〈国际贸易术语解释通则 2020〉的贸易术语实践》,载《对外经贸》2022 年第 11 期。
[7] 于沛洁:《出口贸易中 FOB 与 CIF 术语的选择及风险问题研究》,载《现代商贸工业》2022 年第 3 期。
[8] 殷丽玲:《VUCA 时代下国际贸易术语 DAT 的应用研究——以自欧盟采购大型成套设备的贸易实践为例》,载《对外经贸实务》2022 年第 4 期。

贸易术语在 VUCA 时代下的应用有更为全面和深入的了解,快速适应新形势下作为买方开展国际贸易的要求,促进贸易术语的系统性应用并为相关企业的活动提供借鉴。航运方面,在《〈国际贸易术语解释通则〉2020 新规对航运业务的影响及对策》[1]一文中,孙勇志等为明确 Incoterms® 2020 新规对航运业务的影响,比较了新规则与以往惯例的异同,分析了新规则对国际贸易及与其密切相关的航运、物流业的影响,提出航运业的应对之策和建议。

一、Incoterms 的产生与发展

(一)最古老的国际贸易术语是 FOB

在国际货物买卖活动的长期实践中,为了提高交易过程的效率,买卖双方通常采用一些贸易术语来概括双方的费用、责任及风险划分等问题,如 FOB、CIF 等。最古老的国际贸易术语是 FOB,最早提到 FOB 贸易术语的案例可以追溯到 1812 年。[2] 当时航海还是一种冒险的活动,商人必须亲自到国外采购,自始至终亲自在船上进行监督,买方在买下货物后会在装货港的船上接受货物,并对货物作最后的检查,如果货物符合其先前看到的样品,买方就在当时当地偿付货款,因此就形成了在装运港船上交货的 FOB 贸易术语。[3]

(二)船货分离使 CIF 地位上升

随着商业模式的扩大,新的融通资金方法的产生,特别是定期班轮的出现,使船运和买卖逐渐分离。商人不必再亲自到国外买货了,而是要求卖方将货物交给专门负责运输的船东,于是,产生了 CIF 贸易术语,第一个有关 CIF 的案例产生于 1862 年。[4] CIF 术语,免除了买方安排船舶运输和办理保险的责任。随着 CIF 术语地位的上升,CIF 术语逐渐取代了 FOB 术语成为海上贸易中使用最广的贸易术语。

(三)"二战"后为节省外汇 FOB 术语的地位再次上升

随着第一次世界大战造成船位短缺,依 CIF 术语成交的交易额开始大大减少,因为卖方在船位供应不足和运价多变的条件下,不愿意承担订舱的责任。于是,卖方不必安排运输和保险的 FOB 术语的地位又开始上升。"二战"后,许多新兴国家的海上运输业

---

[1] 孙勇志、曲慧、王瑞亮:《〈国际贸易术语解释通则〉2020 新规对航运业务的影响及对策》,载《水运管理》2020 年第 8 期。

[2] Wackerbarth v. Masson (1812) 3 Camp. 270.

[3] [英]戴维·M. 萨逊:《CIF 与 FOB 合同》(下册),北京对外贸易学院国际贸易问题研究所译,对外贸易出版社 1980 年版,第 1 页。

[4] Tregelles v. Sewell (1862) 7 H. & N. 574.

和保险业发展起来,一些国家为了节省外汇,往往将外汇配额用于以 FOB 成交的进口货上,以迫使进口商在国内市场用本国货币租船订舱并向本国保险公司投保。例如,当时的巴西决定,就所有进口商品必须向进口国家设立的公司投保。因此,巴西停止在 CIF 基础上的进口,当时这个措施可使其本国保险市场每年的保险费增加约 2000 万美元。[1] 可见,CIF 和 FOB 是最古老和最有影响力的两种贸易术语,在 CIF 术语的基础上产生了 CFR 贸易术语。在国际贸易中最常用的价格术语是 FOB、CIF 和 CFR,这三种术语主要用于需要海运的国际贸易合同,随着多式联运的不断发展,适合于各种运输方式的 FCA、CPT 和 CIP 的作用也在日益扩大。

为了避免不同国家对同一贸易术语作出不同的解释,国际商会于 1936 年制定了 Incoterms,为了适应国际贸易发展的需要,Incoterms 分别于 1953 年、1967 年、1976 年、1980 年、1990 年、2000 年、2010 年、2020 年进行了修改和补充。Incoterms 提供了标准化的交货和交货风险转移规则,即交付发生和风险转移的时间点取决于为特定交易选择的贸易术语类型。[2]

(四)1990 年以前 Incoterms 的修订与补充

Incoterms 的第一次修订是在 1953 年,1953 年修订本对 9 种术语作了解释,即 Ex Works、FOR – FOT、FAS、FOB、C&F、CIF、Freight or Carriage Paid to…Ex Ship、Ex Ship、Ex Quay。1967 年补充本补充了两个术语,即 Delivered at Frontier 及 Delivered…Duty Paid。1976 年补充本补充了一个术语,即 FOB Airport。1980 年补充本将前四次的修订与补充合并在一起形成了国际商会第 350 号出版物,并在原有 12 个贸易术语的基础上又增加了两个术语,即 Free Carrier 和 Freight or Carriage and Insurance Paid to…。1990 年修订 Incoterms 的主要原因有二:一是为了使贸易术语适应电子数据交换系统日益频繁应用的需要;二是为了使贸易术语适应不断更新的运输技术,特别是集装箱运输、滚装船运输和多式联运的需要。

二、1990 年对 Incoterms 的修改

1990 年对 Incoterms 的修改主要有下列几个方面。

(一)在术语上的变化

1. 合并了一些贸易术语,如将 Incoterms® 1980 中的 FOR/FOT 和 FOB 机场交货合并为 FCA(货交承运人……指定地点)。

---

[1] 《联合国贸易与发展会议的报告》TD/B/C.3/107,1973 年 4 月 30 日。
[2] Christian Twigg – Flesner, *Foundations of International Commercial Law*, Routledge Press, 2022, p.15.

2. 增加了新的贸易术语,如 DDU(未完税交货……指定目的地)就是考虑到当时欧共体的情况新增的,当时的欧共体成为单一市场,取消了共同体内的海关关境。

3. 采用了一些新的术语缩写,如以 CFR 代替 C&F,此外还有 EXW、FCA、CPT、CIP、DAF 和 DEQ 等。

(二)在术语排列上的变化

Incoterms® 1990 依卖方义务的不同类型重新对术语进行了分组排列。Incoterms® 1980 对 14 种术语的排列是从卖方承担费用、风险和责任最小的工厂交货开始,到卖方责任最大的目的地完税后交货。Incoterms® 1990 将 13 种术语依其特点分为了四组,即 E 组,E 组只有 EXW 一个术语,其特点是卖方在自己的地点将货物交付买方;F 组包括 FCA、FAS 和 FOB,其特点是卖方将货物交至买方指定的承运人;C 组包括 CFR、CIF、CPT 和 CIP,其特点是卖方必须订立运输合同,但就货物灭失和损坏的风险及发运后发生事件所产生的费用,卖方不承担责任;D 组包括 DAF、DES、DEQ、DDU 和 DDP,其特点是卖方必须承担货物交至目的地国家所需的费用和风险。

(三)在项目上的排列

Incoterms® 1990 将买卖双方的义务均用 10 个项目分项列出,使其相互对应。虽然 Incoterms® 1980 也将买卖双方的义务分项列出,但它们并不是相互对应的。

(四)电子单证的法律地位

应对电子单证的法律地位予以适当考虑,为了适应电子数据交换日益频繁适用的趋势,Incoterms® 1990 载入了相关的内容,认为当卖方必须提供一份可转让的运输单证时,使用电子数据交换单证,确保买方具有如同其收到卖方提单一样的法律地位是至关重要的。依 Incoterms,除 EXW 以外,各术语中的 A8 条款规定,如当事人同意以电子方式通信,则可以具有同等作用的电子单证取代纸面运输单据。

三、2000 年对 Incoterms 的修改

(一)Incoterms® 2000 对 Incoterms® 1990 的主要修改和补充

根据国际商会在 Incoterms® 2000 "引言"中的解释,与 Incoterms® 1990 相比,Incoterms® 2000 的变化很小,原因是 Incoterms 已得到了世界的承认,所以国际商会决定巩固 Incoterms 在世界范围内得到的承认,并避免为了变化而变化。新 Incoterms 主要是使一些术语更加合理,并对一些以前未明确的项目予以明确。Incoterms® 2000 在下列几个方面对 Incoterms® 1990 进行了修改和补充。

1. 在进出口手续方面更加合理

FAS 贸易术语在 Incoterms® 1990 中是由买方办理出口许可证和出口清关手续。此点与卖方办理出口手续,买方办理进口手续的一般原则不符,因此,在 Incoterms® 2000 中,改为由卖方办理出口许可证和出口清关手续。

DEQ 贸易术语在 Incoterms® 1990 中是由卖方办理进口清关手续,同样与上述原则不符,因此,在 Incoterms® 2000 中改为由买方办理进口清关手续。

经过上述修改,除卖方责任最小的 EXW 和卖方责任最大的 DDP 未按上述原则外,其他各术语均是由卖方办理出口手续,由买方办理进口手续。

2. 明确了在 FCA 贸易术语下的交货与装货义务

Incoterms® 1990 对 FCA 贸易术语下卖方交货地点的选择没有规定。依 Incoterms® 2000 的规定,在 FCA 贸易术语下,当卖方在其所在地交货时,应由卖方负责装货,当货物装上买方指定的承运人或代表买方的其他人提供的运输工具时,卖方完成交货。在其他地点交货的,当货物在卖方的运输工具上,尚未卸货而被交给买方指定的承运人或其他人或由卖方选定的承运人处置时,卖方完成交货,即卖方可以在自己的运输工具上完成向对方的交货。

3. 改变了贸易术语内容的排列

Incoterms® 1990 在 13 个术语下将买卖双方的义务采用 10 个项目分别列明,Incoterms® 2000 同样也采用了 10 个项目,但不是分别列明的,而是在同一个项目下,同时列明买方与卖方的义务。例如,在 CIF 贸易术语下,关于运输合同这一项目,A3(规定卖方义务)规定,卖方必须自付费用,依通常条件订立运输合同,经由航线,以通常用来运输该类货物的船舶运至指定的目的港。B3(规定买方义务)规定,买方对运输合同无义务。这种新的排列方法有利于在同一项目下,查找和对比双方的义务。

4. 适用的任意性

惯例的适用都是任意性的,即只有在当事人选择适用的情况下才对当事人产生法律约束力。Incoterms® 2000 也不例外,由于 Incoterms 不断修订,当事人意图在合同中订入 Incoterms 时,清楚地说明所引用 Incoterms 的版本是很重要的,以免当事人对引用的版本产生分歧。Incoterms® 2000 在序言中强调,希望使用 Incoterms® 2000 的商人在合同中明确约定该合同受 Incoterms® 2000 的约束。

Incoterms 适用的任意性还意味着,当事人在使用 Incoterms 时可以对其进行修改和补充,因此出现了许多术语的变体。对此,Incoterms 强调,Incoterms 对任何内容的添加不提供任何指导规定。如当事人希望超出 Incoterms 的规定分配双方的义务,Incoterms 提醒当事人应使用特殊的合同条款加以明确。

(二)Incoterms® 2000 的内容和结构

Incoterms® 2000 保留了 Incoterms® 1990 的结构,Incoterms® 2000 共规定了 13 种贸

易术语,这13种贸易术语的排列顺序是从卖方承担费用、风险和责任最小的工厂交货,即EXW开始,到卖方承担费用、风险和责任最大的目的地完税后交货,即DDP,这13个术语依其特点被分为下列四组:

1. E组(内陆交货合同)

EXW,全称Ex Works,工厂交货(指定地点)

2. F组(主要运费未付)(装运合同)

FCA,全称Free Carrier,货交承运人(指定地点)

FAS,全称Free Alongside Ship,船边交货(指定装运港)

FOB,全称Free on Board,船上交货(指定装运港)

3. C组(主要运费已付)(装运合同)

CFR,全称Cost and Freight,成本加运费(指定目的港)

CIF,全称Cost, Insurance and Freight,成本加保险费加运费(指定目的港)

CPT,全称Carriage Paid To,运费付至(指定目的地)

CIP,全称Carriage and Insurance Paid to,运费和保险费付至(指定目的地)

4. D组(到货合同)

DAF,全称Delivered at Frontier,边境交货(指定地点)

DES,全称Delivered Ex Ship,目的港船上交货(指定目的港)

DEQ,全称Delivered Ex Quay,目的港码头交货(指定目的港)

DDU,全称Delivered Duty Unpaid,未完税交货(指定目的地)

DDP,全称Delivered Duty paid,完税后交货(指定目的地)

四、2010年对Incoterms的修改

在Incoterms于2000年被修改后,国际贸易环境发生了日新月异的变化,例如,随着各国之间贸易的日益频繁,为方便经济交流,无关税区不断扩大;技术水平的不断发展更新促使商业交易中电子信息使用的增加,且安全性不断提高;集装箱运输、滚轮运输等运输方式的迅速发展使运输两端延长;国际贸易术语在国内贸易中得到越来越多的应用;与货物贸易相关的新公约、协定的制定和修改,如《鹿特丹规则》《伦敦保险协会货物险条款》等。国际贸易环境和实践的变化急切呼唤Incoterms将新情况、新变化纳入调整,以紧跟国际贸易的发展,且Incoterms® 2000在实践应用中存在一些模糊不清的问题,[1]因此,国际商会于2007年发起对Incoterms® 2000进行修订的动议,并组建了动议

---

[1] Jan Ramberg, *International Trade Incoterms® 2010*, Symposium Issue of International Academy of Commercial and Consumer Law, 15th Biennial Meeting Toronto, July 21 - 24, 2010, in Penn State International Law Review, Winter 2011.

小组。修改的最终版本于 2010 年 9 月 27 日正式公布,并于 2011 年 1 月 1 日正式生效。[1] Incoterms® 2010 与以往版本不是替代与被替代的关系,2011 年 1 月 1 日后,以往版本的 Incoterms 并不失效,合同当事人仍然可以选用以往版本中的术语。由于不同版本术语下的具体权利义务不同,要确保使用正确的表述方法将 Incoterms 及其修订年份纳入买卖合同中。[2] 另外,国际商会已将"国际贸易术语解释通则"注册为商标,所以在选用时要注意加上®符号。

Incoterms® 2010 在 Incoterms® 2000 的基础上进行了较大幅度的修订,考虑了无关税区的不断扩大,商业交易中电子信息使用的增加,货物运输中对安全问题的进一步关注以及运输方式的变化。[3] 在结构上,调整了术语的分组方式,将术语由以前的四组改为的两大类。在内容上,增加了 DAT 和 DAP 术语,将适用范围扩大到国内贸易,取消了"船舷"的表述,增加了关于链式销售、安保、保险合同的规定,并对国际贸易术语中买卖双方的权利义务进行了具体的调整。同时,在用语上,Incoterms® 2010 的叙述语言更加简明准确、条理更加清晰,并且在每个术语之前加了"使用说明",切实方便了商人的实务操作。本书拟就新术语的主要变化及其背景进行分析。

(一)将四组术语简化为两组,使商人的选择更加容易

Incoterms® 2010 对术语的分组方式与 Incoterms® 2000 相比变化较大,其将 11 个术语依运输方式分为两大类,即适用于任何运输方式的术语和适用于海运和内河水运的术语。第一类术语可以适用于任何种类的运输方式或者多式联运运输方式,船舶运输作为运输方式的一部分时也可以适用第一类术语,包括 EXW(工厂交货)、FCA(货交承运人)、CPT(运费付至)、CIP(运费和保险费付至)、DAT(指定终端交货)、DAP(指定目的地交货)、DDP(完税后交货)。第二类术语只适用于海运和内河水运,其交货地点只能是水运的港口,而不能是其他地点,包括 FAS(船边交货)、FOB(船上交货)、CFR(成本加运费)、CIF(成本、保险费加运费)。这种分类方式使术语更容易被辨别。

在 Incoterms® 2000 中,13 个术语按照卖方义务大小分为 E 组(EXW)、F 组(FCA、FAS、FOB)、C 组(CPT、CFR、CIF、CIP)、D 组(DAF、DES、DEQ、DDU、DDP)。这种分类有一定规律,特别是从熟悉法律的视角来看是十分清晰的,但是对于订立合同的普通商人来说,辨别不同术语之间的差别就有一定的困难,于是经常出现一些不恰当的选择,造成不必要的损失。例如,在干草膏一案中,如果我国出口商选择了正确的贸易术语,

---

[1] 中国国际商会、国际商会中国国家委员会组织翻译:《国际贸易术语解释通则® 2010》,中国民主法制出版社 2011 年版,第 4 页。

[2] Roberto Bergami, *Incoterms 2010: Comments on the New Revision of Delivery Terms*, The Vindobona Journal of International Commercial Law and Arbitration, Vol. 15:1, p. 157–169 (2011).

[3] 中国国际商会、国际商会中国国家委员会组织翻译:《国际贸易术语解释通则® 2010》,中国民主法制出版社 2011 年版,第 5 页。

将有截然不同的结果。在该案中,中国某公司于 2003 年 8 月向日本出口 50 吨干草膏,每吨 40 箱,共 2000 箱,每吨售价 1600 美元,FOB 天津,即期信用证。装运期为 2003 年 9 月 1 日之前,货物必须用集装箱运输。该出口公司在天津设有办事处,因此在 8 月上旬便将货物运到天津,由天津办事处负责订箱装船。不料仓库午夜失火,因抢救不及时,2000 箱干草膏全部被焚毁,办事处立即通知公司总部并要求立即补发 50 吨,否则无法按期装船。[1] 该案例中,因货物尚未越过船舷,所以由中国出口商承担风险,其必须重新组织货源发货,否则就要承担不发货的责任。实际上该笔交易选择 FCA 更合适,该合同强调必须使用集装箱运输,当货物需要交给承运人装载集装箱或装载在卡车或货车上之后才能装上船时,FOB 术语并不是适当的选择。[2] 如果在订立合同时选用 FCA 术语,则中国出口商将货物交给集装箱中转站时即完成交货,早早即可将风险转移给买方,那么这场火灾的损失就不必由我国出口商承担了。

这种选用上的欠妥不仅存在于 FOB 和 FCA 之间,而且在 CFR 与 CPT、CIF 与 CIP 的选择之中也同样常见。分辨这三组对应术语之间的细微差别对商人来说有一定的困难,所以新的分组方式以术语所适用的运输方式为标准进行划分,这种划分更加一目了然,可以让商人首先考虑"适用于任何运输方式"的术语。[3]

(二)简化 D 组术语,使商人更易把握

Incoterms® 2010 以 DAT 和 DAP 取代了 DEQ、DAF、DES、DDU 术语,且所包括的内容有所扩大。DAT 术语内容与 Incoterms® 2000 中的 DEQ(目的港码头交货)基本相同,不同的是运输方式的适用范围有所扩大,DEQ 术语仅适用于"当货物经由海运、内河运输或多式联运且在目的港码头卸货"的情况,而 DAT 术语适用于任何运输方式或者多式联运运输方式,且卸货地点可以是码头、仓库、集装箱堆积场或公路、铁路、空运货站等任何终端。[4]

DAP(目的地交货)适用于任何运输方式,也可适用于多种运输方式。"目的地交货"是指当卖方在指定目的地将还在运抵运输工具上可供卸载的货物交由买方处置时,即为交货。卖方承担将货物运送到指定地点的一切风险。在适用时,DAP 要求卖方办

---

[1] 姚星、余相佐:《从两则经典案例看装运港船舷术语和货交承运人术语》,载《黑龙江对外经贸》2005 年第 8 期。
[2] Gbenga Oduntan, *C. I. F. Gatwick' and Other Such Nonsense Upon Stilts: Incoterms and the Law, Jargon and Practice of International Business Transactions*, International Company and Commercial Law Review, Vol. 21:6, p. 214 – 223 (2010).
[3] Jan Ramberg, *International Trade Incoterms® 2010*, Symposium Issue of International Academy of Commercial and Consumer Law, 15th Biennial Meeting Toronto, July 21 – 24, 2010, in Penn State International Law Review, Winter 2011.
[4] Guidance Note, DAT, Incoterms® 2010.

理出口清关手续,但是卖方无义务办理进口清关手续、支付任何进口税或办理任何进口海关手续。[1] DAP 术语替代了 Incoterms® 2000 中的 DAF(边境交货)、DES(目的港船上交货)、DDU(未完税交货)这三个术语,这三个术语的共同点是卖方交货都不需要将货物从运输工具上卸下,且卖方没有义务办理进口相关的手续,不同点是交货地点不同,DAF 的交货地点是位于边境上的某地,DES 是目的港的船上,DDU 是进口国买方指定的目的地。DAP 术语吸收了这三个术语的共同点,并对交货地点进行了概括,即在约定地点(如有)或指定目的地交买方处置,不再区分具体通过何种运输方式运到,也不再考虑交货地点是否位于边境上或船上。

DAT 术语和 DAP 术语的买卖双方权利义务基本相同,区别在于 DAT 术语中,卖方需要将货物从抵达的运载工具上卸下,而 DAP 中卖方只需要将处于抵达的运载工具上的货物做好卸货准备即可,不需要将货物卸下,相关卸货的费用和风险也不需要由卖方承担。这样修改主要源于三个原因:第一,原版本中的 DAF 和 DDU 两个术语在本质上并没有差别,皆为"目的地交货型"术语,由卖方承担将货物交至指定目的地的所有费用(除了与进口清关相关的费用,如有)和风险,[2] 其区别仅仅在于交货地点是不是位于边境,因为这样一个并不十分重要的因素而设立两个术语,人为地增加了术语的复杂程度,不利于理解和选用,因此有必要进行合并。第二,D 组术语是目的地交货型的术语,买方在目的地坐等货物上门,而卖方通过何种运输方式将货物运至并不是买方所关心的,也不是双方货物买卖合同中约定的重点,通过运输方式区分出 DES 和 DEQ 并没有必要。因此,新增加两个术语完全可以涵盖原来 4 个术语的使用范围。第三,《美国统一商法典》(Uniform Commercial Code in the United States)中的《1941 美国涉外贸易术语定义》(1941 American Foreign Trade Terms Definitions)使用了和 Incoterms 同样的术语,但含义并不相同。[3] 这给国际贸易交往带来了不便,例如,《美国统一商法典》中的 FOB 术语不仅适用于水运,还适用于各种运输,不仅可以后接装港,还可以后接到港。修改后的《美国统一商法典》不再包含《1941 美国涉外贸易术语定义》,这可能引导美国的商人比以往更加经常地使用 Incoterms。引入 DAP 术语也可以使《美国统一商法典》中的 FOB(在特定地点交付)不再使用,从而进一步促进美国商人选择适用 Incoterms。[4]

---

[1] Guidance Note, DAP, Incoterms® 2010.
[2] 中国国际商会、国际商会中国国家委员会组织翻译:《国际贸易术语解释通则® 2010》,中国民主法制出版社 2011 年版,第 7 页。
[3] Roberto Bergami, *Incoterms 2010: Comments on the New Revision of Delivery Terms*, The Vindobona Journal of International Commercial Law and Arbitration, Vol.15:1, p.157 – 169 (2011).
[4] Jan Ramberg, *International Trade Incoterms® 2010*, Symposium Issue of International Academy of Commercial and Consumer Law, 15th Biennial Meeting Toronto, July 21 – 24, 2010, in Penn State International Law Review, Winter 2011.

(三)术语可以同时适用于国际贸易和国内贸易

随着各个国家对国际市场贸易的参与越来越深入,国内贸易商和生产商所面临的贸易环境不断变化,"对外"与"国内"之间的界限不断模糊。加之国际贸易术语的成熟和标准化,许多商人在国内贸易中愈加倾向于使用 EXW、CFR、FOB 等术语,特别是出口商与生产型企业之间签订的买卖合同大都采用国际贸易术语。另外,将"国内"一词纳入可以扩大国际贸易术语的适用范围,在一些国家如美国,国内买卖双方之间的距离可能比有些相邻国家买卖双方之间的距离还要长。[1] 所以,美国更愿意以国际贸易术语取代传统使用的《美国统一商法典》中的运输和交货术语。[2] 这些现象都对 Incoterms 提出了特殊的要求,如何使国际贸易术语适用于国内贸易这一崭新的领域,减少适用的障碍,是这次修订中重点考虑的问题。

在统一适用上,首先,Incoterms® 2010 的副标题中正式确定,其可适用于国内和国际贸易。其次,考虑到如果适用于国内贸易,原术语中有关进出口手续的强制义务将没有必要,于是在有关进出口手续以及关税的义务前均增加了"在适用时"(where applicable)的条件从句,意在强调只有在适用时才产生与进出口手续相关的义务。经过这样的修改,国内商人在使用国际贸易术语时更加便利。

(四)对以"船舷"为界转移风险原则的放弃

Incoterms® 2000 是以船舷作为风险转移分界线的,但是,这种以一条假想的垂直线为风险转移分界线的方法在现实操作中存在许多问题:首先,随着集装箱运输的普遍使用,卖方的货物与其他人的货物装在同一个集装箱内,如果集装箱经过船舷上方时发生操作失误造成损失,无法判断集装箱内的卖方货物是否已经越过了船舷。其次,船舷及其上方一条假想的垂直线过于抽象,当接近这一分界线的地方发生货损时,很难判断和证明货物是否已经越过船舷,进而给风险承担的判断带来很大困难。正如 Pyrene v. Scindia Navigation 中著名的格言:"只有最富有激情的律师戴上最令人满意的眼镜,才能勉强看到货物在起重车末端晃晃悠悠地跨过一条从船舷上假想出的垂直线。"[3] 再次,若货物在装船过程中越过船舷后发生损坏,特别是装卸工人操作不当所致的工损,无论合理与否,船方一般不签"清洁提单",经批注后的提单即为"不清洁提单",将遭银行拒

---

[1] Jan Ramberg, *International Trade Incoterms® 2010*, Symposium Issue of International Academy of Commercial and Consumer Law, 15th Biennial Meeting Toronto, July 21-24, 2010, in Penn State International Law Review, Winter 2011.

[2] 中国国际商会、国际商会中国国家委员会组织翻译:《国际贸易术语解释通则® 2010》,中国民主法制出版社2011年版,第9页。

[3] Pyrene v. Scindia Navigation [1954] 2 Q. B. 402, 419.

收。虽然风险转移并不影响货款的请求权[1]。最后,如果货物在越过船舷之后、装运完毕之前发生货损,此时风险已经转移给买方,应由买方向保险人索赔,但是因为买方位于货运目的港,离装运港往往较远,无法及时参与索赔的调查取证,造成货损索赔的不便。

早在1955年加拿大最高法院所承认的FOB合同英文定义中就有"从货物置于船上时起,货物交付给买方,风险一并转移"的表述[2]。国际商会在Incoterms® 2010中将FOB、CFR、CIF术语的交货改为"将货物装上船或取得已交付至船上的货物",例如,FOB(船上交货)的A4规定:卖方必须在指定的装运港内的装货点(如有),以将货物置于买方指定的船舶之上的方式,或以取得已经在船上交付的货物的方式交货[3]。即货物装上船后卖方才算完成了交货义务,风险也从货物装上船时转移给买方,双方费用的划分也以货物装上船时为分界。

删除了"船舷"这一风险转移分界点,以"货物是否置于船上"取而代之,有以下几点进步。第一,这样的规定更符合当今的商业现实,且能避免已经过时的风险在一条假想垂直直线上摇摆不定的情形出现[4]。第二,"将货物置于船上"比"货物越过船舷"更能体现卖方交货的完整行为,不会人为地将整个装运的连续过程割裂开来。第三,将卖方承担风险的期间延长至货物装上船,增加了卖方的风险,有利于卖方谨慎认真地完成整个装货过程,而不是越过船舷之后便高枕无忧了。第四,如果在装卸过程中发生货损,风险由卖方承担,买方没有付款义务,避免了出现前述的卖方持不清洁提单无法收取货款的情况,而且卖方离装运港近,方便与保险人共同调查取证进行索赔。

但是,这样的修改带来两个问题:首先,卖方的风险期间延长,风险加大,所以卖方在选择这几个术语时必须考虑装卸时可能存在的风险,并最好对这一期间投保。其次,Incoterms® 2010中仅规定了"货物置于船上"为交货,但是实际操作中货物的装运是由数个小的连续的过程组成的,货物装上船后还有平仓、理仓等过程,术语中并没有说明究竟哪个具体步骤完成后为交货完毕。是货物置于甲板上即为装货完毕,还是货物在船舱中整理好后为装货完毕,这涉及风险转移的具体分界和费用在双方之间的划分,需要双方在合同中进行具体明确约定,如果不进行约定,可能会引起较为复杂的法律纠

---

[1] 杨荣波:《"船舷原则"之修正》,载《对外经贸实务》2002年第11期。
[2] Manon Pomerleau & Esther Lapointe, *The Canadian Contract "FOB Port of Embarkation" Comparative Study: Doctrine, Case - Law, Arbitration Sentences*, International Business Law Journal, No. 8, p. 763 - 795 (1987).
[3] Article A4, FOB, Incoterms® 2010.
[4] 中国国际商会、国际商会中国国家委员会组织翻译:《国际贸易术语解释通则® 2010》,中国民主法制出版社2011年版,第8页。

纷。目前,通说是"货物置于船上"是指将全部货物都装载到船上,不包括平仓、理仓等。[1]

(五)"链式销售"下卖方义务的简化

随着国际贸易复杂程度的不断加大,简单的一卖一买的货物交易渐渐少了,在最初的卖方和最终的买方之间往往会加入一个或数个中间贸易商多次转卖以赚取差价,形成多层销售,即链式销售,特别是在 Incoterms® 2010 同时适用于国内贸易和国际贸易后,这种情况的出现会更加普遍。中间商行使权利和履行义务的方式会与最初的卖方和最终的买方略有不同。例如,发货人是最初的卖方,它需要将货物装上运输工具以完成交货,但是中间商履行交货义务时实际上不再存在货物装运这一行为,取而代之的是"取得"这一批货物并将相关的货物凭证交给买方以完成交货。Incoterms® 2010 将链式销售纳入考虑范围,进行了如下补充和修改:

在 CPT、CIP、CFR、CIF 术语的 A3 运输合同与保险合同 a)运输合同中规定:卖方必须签订或取得运输合同,将货物自交货地内的约定交货点(如有)运送至指定目的地或该目的地的交付点(如有约定)。[2] FAS 的 A4 交货中规定:卖方必须按以下方式交货,即在买方指定的装运港内的装船点(如有),将货物置于买方指定的船舶旁边,或以取得已经在船边交付的货物的方式交货。[3] FOB 的 A4 交货中规定:卖方必须在指定的装运港内的装船点(如有),以将货物置于买方指定的船舶之上的方式,或以取得已经在船上交付的货物的方式交货。[4] CFR、CIF 的 A4 交货中规定:卖方必须将货物装上船,或者以取得已装船货物的方式交货。[5]

"取得"(procure)以某种方式装运的货物,是指卖方得到以该种方式交货的货物的相关凭证以及凭证代表的权利,即出售权。这一概念参考了普通法国家的货物买卖法,英国《1893 年货物买卖法》(1973 年修订)第 5 条第(1)款规定:"一项买卖契约的标的物,可以是卖方所有或占有的现货,也可以是在买卖契约缔结之后,卖方将予制造或取得的货物,在本法案中,后者称为'期货'。"同时,第 12 条第(1)款 a 项规定:"卖方的一项默示要件,即在现货买卖的情况下,他有权出售该批货物;在买卖预约的情况下,当货物财产权应予移转时,他将有权出售该批货物。"由此可见,卖方"取得"货物的法律意义是要求卖方有出售该货物的权利,而非简单的控制(control)或占有(possess),例如,在

---

[1] Gbenga Oduntan, *C. I. F. Gatwick' and Other Such Nonsense Upon Stilts: Incoterms and the Law, Jargon and Practice of International Business Transactions*, International Company and Commercial Law Review, Vol. 21:6, p. 214 – 223 (2010).

[2] Articles A3 a), CPT, CFR and CIF, Incoterms® 2010.

[3] Article A4, FAS, Incoterms® 2010.

[4] Article A4, FOB, Incoterms® 2010.

[5] Articles A4, CFR and CIF, Incoterms® 2010.

中间商卖方未付款的情况下,即使该货物已经由其安排的承运人控制或由其占有,最初的卖方仍然有要求返还货物的权利,中间商卖方没有出售权,这种情况下签订的转售合同不能延续销售链条。

需要注意的是,并不是所有的象征性交货卖方都可以用"取得"这一方式完成交货义务,CPT、CIP、CIF、CFP 的 A8 交货凭证要求:此项运输凭证必须载明合同中的货物,且其签发日期应在约定的运输期限内。如已约定或依惯例,此项凭证也必须能使买方在指定目的地向承运人索取货物,并能使买方在货物运输途中通过向下家买方转让或通知承运人的方式出售货物。当此类运输凭证以可转让形式转让且有数份正本时,则必须将整套正本凭证提交给买方。[1] 也就是中间商卖方交付的运输凭证必须是能赋予买方物权效力的凭证,以保证买方作为转卖合同的下家能够确实获得货物的所有权。因此,铁路运单、航空运单等不具有物权效力的凭证不能作为"取得"货物的凭证进行链式销售。

这种修改带来的问题是风险何时转移给买方。根据 Incoterms® 2010 的规定,货物风险自交货时转移给买方,但是当卖方作为中间商通过"取得"的方式完成交货时,风险是在该货物装上船(以 FOB 为例)的时候转移给买方,还是在该中间商与买方之间订立合同时转移给买方? 根据 1980 年《联合国国际货物销售合同公约》第 68 条的规定,对于在运输途中销售的货物,自订立合同时起,风险就转移给买方承担。然而,实践中买方对运输中货物的情况往往不得而知,如果造成货损的为海水侵蚀、腐烂、偷窃等,很难得知风险由中间商卖方还是买方承担。特别是在集装箱运输中,在集装箱内发生的货损更难判定发生时间。买方因不能确定货损发生的时间而只能承担损失。在这种情况下,不管货损在何时发生,也不管发生货损时谁拥有货物,风险损失都将由在整个航程终点的最后的买方承担。[2] 这无疑对买方是不公平的。

(六)安检通关及其通关所需信息义务的增加

当今世界存在许多不安因素,货物贸易很可能成为恐怖分子利用的对象,危险、有毒、传染物品的混入、夹带,可能会给进口国带来灭顶之灾。在"9·11"事件之后,美国制定了集装箱安全计划和 24 小时计划,与其他国家政府合作,在货物装船前在港口对出口货物进行 X 射线扫描、放射性扫描等强制性安全检验。此举引出的安检的费用分摊问题在以前的 Incoterms 中没有规定,国际商会的本次修订充分考虑了现今各国对货物安全的重视,从多方面将与安全检查有关的内容加入买卖双方的义务中。关于安检通关的义务,Incoterms® 2010 增加了下列内容:第一,在 A2、B2 标题中加入了"安检通关"作为买卖双方办理进出口相关手续的一个方面,即有义务办理进出口手续的一方也有

---

[1] Articles A8, CPT, CFR and CIF, Incoterms® 2010.
[2] 吴寒:《国际货物买卖中在途货物的风险转移》,载《时代经贸》(下旬刊)2008 年第 8 期。

义务对货物进行进出口所要求的安检。第二,在 A9、B9 中对装运前必需的检验费用和出口国有关机构进行的检验所需要的费用进行了明确划分,以确保安检能够切实进行。第三,在 A10、B10 对双方规定了向对方提供任何安全信息的义务,强制双方配合对方完成货物安全检验的相关环节。

Incoterms® 2010 作为一个关于国际贸易的私法性的国际通则,将"安检"这一公法性的内容纳入其权利义务体系,且将其作为不可违背的义务予以规定,足见国际商会和世界各国对货物安全的重视,以及创造一个良好、安全的货物交易环境的决心。对由此带来的提供相关文件或信息的费用按照所需文件或信息的类型和目的分配给买卖双方。[1] 在 A9、B9 中明确规定,如在 CPT 术语中,A9 规定卖方"支付任何出口国当局强制的出口装船前检验费用",B9 规定买方"必须支付任何强制的装运前检验的费用,但出口国有关当局强制进行的除外",[2] 更有利于双方明确花费费用分摊,避免争议的产生。

五、2020 年对 Incoterms 的修改

2019 年国际商会公布了 Incoterms® 2020,Incoterms® 2020 自 2020 年 1 月 1 日起生效。

(一)Incoterms® 2020 涉及的事项范围

Incoterms® 2020 在引言部分明确了 Incoterms® 2020 规定的内容和没有规定的内容。

1. Incoterms® 2020 涉及的事项

Incoterms® 2020 涉及 11 个贸易术语,反映了企业之间货物买卖合同的实务。术语主要描述了下列内容:(1)义务:即买卖双方之间各需履行哪些义务,由哪方组织货物的运输或保险,哪方获取装运单据和进出口许可证;(2)风险:明确风险在何地从卖方转移给买方;(3)费用:规定买卖双方各自承担哪些费用,如运输、包装或装卸费用,以及货物查验或与安全有关的费用。

2. Incoterms® 2020 不处理的事项

Incoterms® 2020 不是销售合同,因此不能替代销售合同。Incoterms® 2020 不处理下列事项:销售合同究竟是否存在;出售的货物的规模;价款支付的时间、地点、方式或币种;可供寻求的销售合同的违约救济;迟延或其他违反合同义务所导致的绝大多数后果;制裁的影响;征收关税;进出口禁令;不可抗力或艰难情形;知识产权;违约情况下纠

---

[1] Roberto Bergami, *Incoterms 2010*: *Comments on the New Revision of Delivery Terms*, The Vindobona Journal of International Commercial Law and Arbitration, Vol. 15:1, p. 157-169 (2011).

[2] Articles A9 and B9, CPT, Incoterms® 2010.

纷解决的方式、地点或法律。Incoterms® 2020 也不涉及所售货物的财产/权利/所有权的转移问题。Incoterms® 2020 本身并不是销售合同,只有在被并入合同后才会成为合同的一部分。

3. Incoterms® 2020 并入合同

Incoterms® 2020 与以往版本不是替代与被替代的关系,即以往版本的 Incoterms 并不失效,合同当事人仍可以选用以往版本中的术语。但是由于不同版本术语下的具体权利义务不同,当事人在选择使用时应注意注明具体的修订年份。

(二)Incoterms® 2020 的主要修改内容

为了适应全球经济发展趋势、新的运输模式创新和贸易环境变化,国际商会于 2019 年 9 月公布了 Incoterms® 2020。新修订的 Incoterms® 2020 自 2020 年 1 月 1 日起生效。当然新版本生效并不意味着旧版本失效,具体的使用有赖于当事人的选择。Incoterms® 2020 的变化主要包括下列内容。

1. 装船批注提单和 FCA 术语条款的修改

FCA 术语中存在的一个主要问题是该术语下的货物交付在货物装船前就已经随货交承运人而完成,这就导致卖方无法在完成货物交付时获得已装船提单。但在一般情况下,已装船提单是银行在信用证项下的常见单据要求,为此,Incoterms® 2020 的 FCA 术语提供了一个额外的选择,即虽然买方负责运输,但买方和卖方可以同意由买方指定的承运人在装货开始后向卖方签发已装船提单,然后再由卖方向买方进行交单。最后,应该强调的是,即使采用了这种可选机制,卖方对买方也不承担运输合同条款的义务。

2. CIF 和 CIP 术语下对投保险别的规定

在 Incoterms® 2010 中,在 CIF 和 CIP 术语下如果双方没有特别约定,卖方只有义务投保最低级别的海上货物运输保险即平安险。但在 Incoterms® 2020 中则有所不同,CIF 术语下的保险级别仍为类似平安险的最低,依 Incoterms® 2020 CIF 术语,卖方有义务自付费用取得货物保险,该保险需至少符合《协会货物保险条款》(Institute Cargo Clauses,LMA/IUA 劳合社市场协会/伦敦国际承保人协会)条款(C)或类似的最低险别的条款,条款(C)即类似于中国人保水险的"平安险"。Incoterms® 2020 CIP 术语对卖方有义务取得保险的要求有所提高,相当于我国的"一切险",依 Incoterms® 2020 CIP 术语,卖方取得的保险应符合《协会货物保险条款》条款(A)的保险险别,条款(A)即类似于中国人保水险的"一切险"。双方当事人仍然可以自由商定较低的保险险别。

3. 在 FCA、DAP、DPU、DDP 术语下,卖方或买方可使用自己的运输工具安排运输

Incoterms® 2020 规定,当采用 FCA、DAP、DPU 和 DDP 术语进行贸易时,买卖双方可以根据运输义务使用自己的自有运输工具,而不再像 2010 版术语那样推定由第三方承运人进行运输。

4. 将 DAT 改为 DPU

Incoterms® 2020 将之前的 DAT(Delivered at Terminal)术语更名为 DPU(Delivered at Place Unloaded),并且相应的含义也发生了变化。在 Incoterms® 2020 中,DPU 术语的货物交付地点仍旧是目的地,但这个目的地不再限于"运输的终端",目的地可以是任何地方,但是如果该地点不在"运输的终端",卖方应确保其准备交付货物的地点是能够卸货的地点。同时,DPU 还明确规定了卖方不负责卸货。其余内容均和之前 2010 版中的 DAT 术语完全一致。

5. 在运输义务和费用中加入与安全有关的要求

由于 Incoterms® 2020 是安全问题受到普遍关注之后术语修订的第一个版本,在此后的航运实务中,又出现了很多与安全相关的需要关注的点,所以在 Incoterms® 2020 中,与安全相关的义务的明确分配现已添加到每个规则的 A4 和 A7 项下。这些要求所产生的费用也被更明确地标明,放在每条规则的 A9/B9 项下。

(三)Incoterms® 2020 术语的主要内容[1]

Incoterms® 2020 保留了 Incoterms® 2010 的分类方式。

第一类:适用于任何运输方式或多种运输方式的术语。第一类包括 7 个术语,无论选用何种运输方式,也无论是否使用一种或多种运输方式,均可适用。当船舶用于部分运输时,也可使用此类术语,包括 EXW、FCA、CPT、CIP、DPU、DAP、DDP 术语。

1. EXW(工厂交货)

EXW 全称是 Ex Works,意为"工厂交货(指定交货地点)",指卖方通过以下方式向买方完成交货:在指定地点(如工厂或仓库)将货物交由买方处置,并且该指定地点可以是卖方所在地,也可以不是卖方所在地。为完成交货,卖方不需要将货物装上任何前来接收货物的运输工具,需要清关时,卖方也无须办理出口清关手续。此术语为卖方义务最小的贸易术语。在此术语下,货物的风险自交货时转移。此术语更适合于国内贸易,应特别注意的是因出口的清关手续是由买方办理的,如买方预计办理出口清关会有困难,建议买方最好选择 FCA 术语,在该术语下,办理出口清关的义务和费用是由卖方承担的。本术语适用于各种运输方式。

依该术语,卖方的义务主要是:(1)履行交货义务,即在指定交货地或位于该地的约定点将未装载到运输工具上的货物交买方处置;(2)承担交货前的风险和费用。买方的义务主要是:(1)承担在指定交货地受领货物的全部费用和风险;(2)办理出口及进口清关手续。

---

[1] 涉及条文部分的内容引自:中国国际商会、国际商会中国国家委员会组织翻译:《国际贸易术语解释通则 2020》,对外经济贸易大学出版社 2019 年版。

2. FCA(货交承运人)

FCA 全称是 Free Carrier，意为"货交承运人（指定交货地点）"，指卖方通过以下两种方式之一向买方完成交货：首先，如指定地点是卖方所在地，则货物完成交付是当货物装上了买方的运输工具之时。其次，如指定地点是另一地点，则货物完成交付是当货物已装上了卖方的运输工具，货物已抵达该指定的另一地点，已可以从卖方的运输工具被卸载，并且交由买方指定的承运人或其他人处置时。建议双方清楚地指明交货点，如未指明交货点，则卖方有权选择"最适合卖方目的"的地点为交货点，风险和费用从该地点开始转移至买方。该术语适用于各种运输方式，包括多式联运。

（1）交货：交货地点的选择对在该地点装货和卸货的义务会产生影响。如在卖方所在地交货，则卖方应负责装货，如在其他地点交货，则卖方可以在自己的运输工具上完成交货，而不负责将货物从自己的运输工具上卸下。

（2）风险转移：货物的风险在交货时转移。

（3）双方义务：①卖方义务：卖方必须提供符合销售合同的货物和单据；办理出口手续；在指定的地点和约定的时间将货物交付给买方指定的承运人或其他人；承担交货以前的风险和费用。②买方义务：支付货款；办理进口手续；订立运输合同并承担运费；承担交货以后的风险和费用。关于保险，由于货物的风险在卖方所在地交货时发生转移，运输途中的风险均在买方，因此，虽然买方对卖方没有订立保险合同的义务，但买方为自己的利益需要办理保险。另外，为满足卖方用 FCA 术语时对已装船批注提单的可能需求，Incoterms® 2020 首次提供了可选机制，即双方可在合同中约定，买方必须指示承运人出具已装船批注提单给卖方。即使采用该可选机制，卖方对买方也不承担运输合同条款下的义务。

3. CIP(运费和保险费付至)和 CPT(运费付至)

这两个术语的特点是卖方须订立运输合同和承担运费，因此被称为"主要运费已付"，尽管卖方承担了到目的地的运费，但其交货义务仍然是在卖方一边的装运地完成的，因此使用这两个术语的合同属于"装运合同"。两者的运输方式均为多式联运。两者的风险在货交承运人时转移。两者的区别就是对卖方来说，CIP 比 CPT 多了需承担保险费。

（1）CIP，全称 Carriage and Insurance Paid to，意为"运费和保险费付至（指定目的地）"，指卖方通过以下方式向买方完成交货及风险转移：将货物交付给承运人，该承运人已与卖方签约，或者取得已经如此交付的货物。卖方为此可依所使用的运输工具之合适方式和地方让承运人实际占有货物。此术语的特点是交货在装运地，而运输和保险都是由卖方负责的。应当注意的是 Incoterms® 2020 在卖方投保的险别上有所提高，卖方需投保符合《伦敦保险协会货物保险条款》(A)条款或其他类似条款的险别，这相当于"一切险"。Incoterms® 2010 规定的 CIP 术语只需投保最低险别。当然，在 Incoterms® 2020 下，双方仍然可以自行约定更低的险别。

在双方的义务上,①卖方的义务是:提供符合销售合同的货物和单据;办理出口清关手续;办理运输的手续和承担运费,在 CIP 术语中,还须办理投保手续和承担保险费;承担交货前货物灭失或损坏的一切风险。②买方的义务是:依销售合同约定支付货物价款;办理进口手续;承担交货后货物灭失或损坏的一切风险。在 CPT 术语下,虽然投保不是买方的合同中的义务,但买方为了自己的利益应当办理投保并支付保险费。但应对方要求,卖方应向买方提供取得保险所需的信息。

(2) CPT,全称 Carriage Paid to,意为"运费付至(指定目的地)",指卖方通过以下方式向买方完成交货及风险转移:将货物交付给承运人,该承运人已与卖方签约,或者取得已经如此交付的货物。卖方为此可依所使用的运输工具之合适方式和地方让承运人实际占有货物。如上所述,CPT 与 CIP 的区别就是对卖方来说,CPT 的卖方不需要办理保险。

4. DPU(目的地卸货后交货)

DPU,全称 Delivered at Place Unloaded,意为"目的地卸货后交货(指定目的地)",指卖方通过以下方式向买方完成交货及风险转移:当货物已从抵达的运输工具上卸载,已交由买方处置,在指定目的地,或者在该指定目的地内的约定交货点,如已约定该交货点。

DPU 是从 Incoterms® 2010 中的 DAT 改写的,DAT 是在"运输终端"交付,而 DPU 强调目的地可以是任何地方,而不仅是"运输终端"。但如该地点不在运输终端,则卖方应确保其打算交付货物的地点是能够卸货的地点。该术语的具体内容如下。

(1)交货:卖方必须在约定日期或期限内,在指定目的地内的约定地点(如有),以将货物从抵达的运输工具上卸下并交由买方处置,或以取得已经如此交付的货物的方式交货。

(2)风险:卖方承担交货完成前货物灭失或损坏的一切风险。

(3)手续:①卖方承担风险和费用,取得所有出口许可和其他官方授权办理出口和交货前从他国过境运输所需的一切海关手续;②买方必须承担风险和费用,取得所有进口许可或其他官方授权,办理货物进口的一切海关手续。

(4)一般义务:①卖方提供符合买卖合同约定的货物和商业发票,以及合同可能要求的其他与合同相符的单证,买方应收取货物和交货凭证;②买方必须按买卖合同约定支付价款。

(5)运输:卖方自付费用签订运输合同,将货物运至指定目的地或指定目的地内的约定交货点(如有)。如没约定该具体地点,则卖方可选择最符合其目的的指定目的地内的交货点。

(6)保险:双方之间均无订立保险合同的义务,由于 DPU 是在买方所在地交货,卖方需要将货物运输过去,运输途中的风险都由卖方承担,因此,虽然卖方对买方没有办理保险的义务,但其为了成功交货,应当办理保险。买方应对方要求,应向卖方提供取得保险所需的信息。

5. DAP(目的地交货)

DAP,全称 Delivered at Place,意为"目的地交货(指定目的地)",指卖方通过以下方式向买方完成交货及风险转移:当货物已交由买方处置,处于抵达的运输工具上已做好卸载准备,在指定目的地,或者在该指定目的地内的约定交货点,如已约定该交货点。

卖方在该术语下需负责到目的地的运输,并承担在目的地交货前的费用和风险,负责出口清关手续,该术语适用于各种运输方式。在该术语下,卖方不需要将货物从抵达的运输工具上卸载。关于保险,由于中途的风险是由卖方承担的,因此,卖方需要办理保险,买方应卖方的要求向其提供取得保险所需的信息。

DAP 与 DPU 的区别就是:DAP 下货物运输目的地在运输工具上就可完成交货,不必把货卸下来,而 DPU 下需要把货卸下来。除此之外,其他方面这两个术语基本相同。

6. DDP(完税交货)

DDP,全称 Delivered Duty Paid,意为"完税后交货(指定目的地)",指卖方通过以下方式向买方完成交货:当货物已交由买方处置,已办理进口清关,货物处于抵达的运输工具上,已做好卸载准备,在指定目的地或该指定目的地内的约定交货点,如已约定该交货点。

该术语是卖方义务最大的术语,其特点是卖方须承担把货物交至目的地国所需的全部费用和风险。卖方是在目的地履行交货义务的,该种合同属于"到货合同"。卖方负责办理出口和进口清关手续,由于风险在目的地转移,中途的风险是由卖方承担的,因此卖方为了自己的利益应当办理投保并支付保险费。买方应对方要求,应向卖方提供取得保险所需的信息。

第二类:适用于海运和内河水运的术语。该类术语主要包括 Incoterms® 2000 中的两个 F 组术语和两个 C 组术语,其特点是都适用于水运,使用这 4 个术语的合同都属于"装运合同",即应在卖方所在地完成交货。与 Incoterms® 2000 相比,Incoterms® 2010 中的 FOB、CIF 和 CFR 术语最大的变化就是不再以船舷为界转移风险,而是在卖方将"货物置于船上"时风险转移。Incoterms® 2020 仍保持了这样的规定。关于何为"货物置于船上",通说是指将全部货物都装载到船上,不包括平仓、理仓等。

1. FAS(船边交货)

FAS,全称 Free Alongside Ship,意为"船边交货(指定装运港)",指卖方通过以下方式向买方完成交货:将货物交到船边(如置于码头或驳船上);该船舶由买方指定;在指定的装运港;取得已经如此交付的货物。使用该术语的合同属于"装运合同",主要运费应是由买方承担的,对于卖方来说则是"主要运费未付"。

在双方的义务上,卖方的义务是:(1)履行交货义务,卖方必须在约定的日期或期限内,在买方指定的装运港内的装货点(如有),以将货物置于买方指定的船舶旁边,或以购得已经如此交付的货物的方式交货;(2)办理出口清关手续;(3)向买方提交与货物有关的单证或相等的电子单证。买方的义务是:(1)依销售合同约定支付货物价款;(2)办理货物的运输并为自己的利益投保;(3)办理货物的进口手续。

在风险转移上,FAS 下货物灭失或损坏的风险在货物交到船边时发生转移,同时,买方承担自那时起的一切费用。

2. FOB(船上交货)

FOB,全称 Free on Board,意为"船上交货(指定装运港)",指卖方通过以下方式向买方完成交货:将货物装上船;该船舶由买方指定;在指定装运港;取得已经如此交付的货物。使用该术语的合同属于"装运合同",主要运费应是由买方承担的,对于卖方来说则是"主要运费未付"。

(1)交货:卖方必须在约定的日期或期限内,在买方指定的装运港的装货点(如有),以将货物置于买方指定的船上,或以取得已经如此交付的货物的方式交货。

(2)双方的义务:①卖方的义务:提供符合合同约定的货物及单证;办理出口手续;在装运港将货物装上买方指定的船舶并通知买方;承担货物在装运港船上交货前的风险和费用。②买方的义务:支付货款并接受卖方提供的单证;办理进口手续;租船或订舱并将船名和装货地点及时间给予卖方充分通知;承担货物在装运港交货后的风险和费用。

(3)风险转移:货物灭失或损坏的风险在货物交到船上时发生转移,同时,买方承担自那时起的一切费用。

(4)适用的运输:在适用的运输方式上,本术语仅适用于海运或内河水运运输在船上完成交货的情形,而不适合于货物在交到船上之前已移交承运人的情形,如双方有意在集装箱终端将货物交给承运人,则考虑使用 FCA,而非 FOB。

3. CIF(成本、保险费加运费)

CIF,全称 Cost,Insurance and Freight,意为"成本、保险费加运费(指定目的港)",指卖方通过以下方式向买方完成交货:将货物装上船或者取得已经如此交付的货物。此贸易术语适用于海运及内河运输。如果使用多种运输方式,常见于货物在集装箱终端交承运人的情形,应使用 CPT,而不是 CIF。

CIF 术语后标明的是卸货港的名称,如 CIF 大连,表明该批货物的卸货港是大连。虽然在该术语下,卖方已付了主要的运费,安排了到目的港的运输,但交货仍然是在装运港完成的,因此,使用该术语的合同仍然属于"装运合同"。在此术语下,卖方需办理运输中的保险,但仅需投最低险别。

(1)交货:卖方必须在装运港,在约定日期或期限内,将货物装上船,或者以取得已经如此交付的货物的方式依该港口的习惯方式交货。

(2)风险转移:货物灭失或损坏的风险在货物交到船上时发生转移。

(3)双方的义务:①卖方的义务:提供符合合同约定的货物和单证;办理出口许可证及其他货物出口手续;订立运输合同,支付将货物运至指定的目的港所需的运费;办理货物的保险(最低险种即可)并缴纳保险费;承担在装运港船上交货前的风险和费用。②买方的义务:支付货款并接受卖方提供的单证;取得进口许可证并办理进口手续;承担在装运港船上交货后的风险和除运费和保险费以外的费用;向卖方提供其投保所需的信息。

4. CFR(成本加运费)

CFR,全称 Cost and Freight,意为"成本加运费(指定目的港)",指卖方通过以下方式向买方完成交货:将货物装上船或者取得已如此交付的货物。在此术语下,卖方须支付将货物运至指定目的港所需的运费。但货物的风险是在装运港船上交货时转移的。该术语适合于海运或内河运输。如果使用多种运输方式,常见于货物在集装箱终端交承运人的情形,应使用 CPT,而不是 CFR。

CFR 术语与 CIF 术语相比,在价格构成中少了保险费,因此,除保险是由买方办理外,其他的双方义务与 CIF 术语基本相同。应该注意的是,CFR 术语下装船的是卖方而投保的却是买方,卖方在装船后应给买方以充分的通知,否则,买方漏保引起的货物损失应由卖方承担。

———— 思考题 ————

1. 从贸易术语的形成脉络看商人习惯对惯例形成的影响。
2. 新一版的贸易术语通则生效后,旧版的术语是否失效?
3. Incoterms® 2020 的主要修改有哪些?

专题五

制裁对国际经贸的影响

◻ 教学目标

本专题通过解构单边制裁措施,明晰制裁对国际经贸的影响,掌握单边制裁的应对措施。

◻ 研究背景

自特朗普上台后,美国转变了"二战"以来的新自由制度主义立场,奉行"美国至上"的执政理念,导致逆全球化浪潮涌动。在这一背景下,美国频繁使用单边制裁。美国的单边制裁对国际贸易产生了很大的负面影响,其WTO可诉性等的研究缘起于对国际热点事件的关注。美国作为世界主要资本主义国家对国际经贸影响深远。2019年4月,时任美国国务卿彭佩奥意图启用《赫尔姆斯–伯顿法》第三节的制裁条款,引发欧盟对20年前WTO案件的关注。[1] 早在2019年3月,委内瑞拉就美国制裁措施向WTO提交了设立专家组的请求。[2] 在这一背景下,就美国单边制裁相关法律问题进行研究,对深化该领域的理论和实践分析,寻找适当的应对措施具有重要的理论价值和实践意义。本专题着重研究美国的单边制裁,以及国内反制裁和国际应对途径。

◻ 研究与思考方向

本专题从三个维度剖析美国单边制裁,三个维度包括:其一,美国单边制裁解构;其二,单边制裁的国内应对:反制裁措施;其三,单边制裁的国际应对:诉诸WTO等途径。这三者在逻辑上层层递进,渐次上升。先对美国单边制裁的基本内容进行解构,做到知

---

[1] "For these reasons, I'm announcing that the Trump administration will no longer suspend Title Ⅲ. Effective May 2nd, the right thing to bring – the right to bring an action under Title Ⅲ of the Libertad Act will be implemented in full." Michael R. Pompeo, Secretary of State, Remarks to the Press, available at https://www.state.gov/remarks–to–the–press–11/, Last visited on Mar. 30, 2020.

[2] WT/DS574/2, United States – Measures Relating to Trade in Goods and Services.

其然,知其所以然;再研究国内应对方面的反制裁措施;最后从国际应对角度,对制裁在WTO的可诉性、欧盟等区域途径的可诉性等进行研究。

文献综述

从研究现状来看,美国经济制裁基础理论、WTO可诉性研究蔚为可观,而该经济制裁的WTO合规性著述相对匮乏。告诸往而知来者,了解美国经济制裁的基础理论及WTO可诉性、WTO合规性的研究现状是必不可少的环节。以下将围绕这三个部分展开文献综述。

(一)美国经济制裁基础理论文献综述

美国经济制裁制度研究与时代发展密切相关,在20世纪处于国际关系、国际政治学科视域,对其法律性质的探讨较少。通过中国知网检索主题词"美国经济制裁",文章最早发表时间为1982年,以2000年为界,20世纪中国知网可查文章共29篇。受制于时代背景和信息渠道,该部分文章大多侧重于翻译外文、介绍制度。该阶段最典型的文章是1997年周方银发表的《国际关系中的经济制裁》[1]。该文被引用21次,表明美国经济制裁在20世纪确属国际关系范畴。

2000年后,我国对美国经济制裁的研究陡增,国际法法理探讨增加。2009年,柳剑平、刘威出版的《美国对外经济制裁问题研究——当代国际经济关系政治化的个案分析》[2]一书侧重研究美国对外经济制裁的政策目标、实际功效、现实影响。阮建平的专著《战后美国对外经济制裁》[3]选取苏联、古巴、南非、伊拉克、朝鲜5个典型案例,围绕政治因素、实施手段分析经济制裁。2010年,张曙光所著的《经济制裁研究》[4]一书从外交理论入手,将1949~1972年的对华制裁划分为6个阶段,提出对外交关系的理论反思。通过比较这三本专著可以得知,《美国对外经济制裁问题研究——当代国际经济关系政治化的个案分析》偏重效用分析,可以用以辅助对经济制裁效果的研究。《战后美国对外经济制裁》的案例展示较为全面,如在对古巴制裁的描述上,对时代背景、各国动态都有着全面研究,可以作为背景资料使用。《经济制裁研究》难以对接国际经济法领域,可以作为知识补充。这一时期,具有代表性的论文是邵亚楼于2008年发表的《国际经济制裁:历史演进与理论探析》一文。该文详细回顾了历史上各个时期经济制裁的发展进程,找出成因和制约因素,并对其展开的博弈进行详细分析,最后提出策略。

2010年后有三本专著值得学者注意。2011年出版的由美国彼得森国际经济研究所

---

[1] 周方银:《国际关系中的经济制裁》,载《现代国际关系》1997年第10期。
[2] 柳剑平、刘威:《美国对外经济制裁问题研究——当代国际经济关系政治化的个案分析》,人民出版社2009年版。
[3] 阮建平:《战后美国对外经济制裁》,武汉大学出版社2009年版。
[4] 张曙光:《经济制裁研究》,上海人民出版社2010年版。

(The Peterson Institute for International Economics)学者加利·克莱德·霍夫鲍尔、杰弗里·J. 斯科特、金伯莉·安·艾略特等著述的《反思经济制裁》(第3版)[1]是一本权威专著。该书从效用分析、政治变量、经济变量入手阐述问题。其中杰弗里·J. 斯科特有美国财政部任职经历,其专著值得关注。2014年黄风的专著《金融制裁法律制度研究》[2]侧重于将金融制裁作为打击恐怖活动的经济武器,对美国的金融制裁制度介绍多采用刑法和刑事诉讼法视域。2015年杜涛的《国际经济制裁法律问题研究》[3]一书从国际公法、国际经济法、国际私法诸学科角度分析经济制裁。该书涉及国际法合法性、域外管辖权、WTO法律义务等重大命题,具有很高的学术价值。但受制于篇幅体例,欧共体诉美国"《赫尔姆斯-伯顿法》案"未能被展开分析;又因付梓较早,无法涵盖委内瑞拉诉美国"相关措施案"。这一阶段具有参考意义的论文是2010年杜涛发表的《美国单边域外经济制裁的国际法效力问题探讨》[4]一文,该文分析了美国经济制裁法的域外管辖标准,对单边域外经济制裁的国际法效力展开研究。

2019～2021年,国内针对美国单边制裁的相关问题方面的法律研究在研究对象、研究角度等方面都出现了进一步的细化与创新。在研究对象上,涌现出大量金融制裁、次级制裁、国际贸易风险承包等方面的专题研究。

2021年韦琦琦在《美国金融制裁及对华的可能路径研究》[5]一文中,从金融制裁的定义开始,从美元优势、美国金融市场优势以及美国对国际金融组织的控制权三个角度分析了美国金融制裁的基础,以美国对俄罗斯金融制裁为例,从金融的角度详细阐述了美国金融制裁的措施和传导机制,基于此,预测美国对中国金融制裁的6条可能路径并提出应对措施。

在《美国金融制裁的影响及应对》一文中,殷明明对美国制裁手段进行了简明扼要的总结:冻结、没收被制裁对象在美的财产、签发融资禁令以及利用SWIFT等系统组织被制裁对象进行美元转账、支付和结算等交易。其中,殷明明所画的金融制裁传导机制图清晰展示了美国金融制裁的生效方式。在应对措施上,该文提出重视舆论以及建立弹性的信息披露制度等较为新颖的路径。

陶士贵在《主权国际货币的新职能:国际制裁手段》一文中,详细分析了美元之所以能够成为美国金融制裁的主要工具,一方面在于美国在世界金融制度中的霸主地位所带来的对三大金融系统(SWIFT、CHIPS、Fedwire)的控制;另一方面在于超国家主权的

---

[1] [美]加利·克莱德·霍夫鲍尔、杰弗里·J. 斯科特、金伯莉·安·艾略特等:《反思经济制裁》(第3版),杜涛译,上海人民出版社2011年版。
[2] 黄风:《金融制裁法律问题研究》,中国法制出版社2014年版。
[3] 杜涛:《国际经济制裁法律问题研究》,法律出版社2015年版。
[4] 杜涛:《美国单边域外经济制裁的国际法效力问题探讨》,载《湖南社会科学》2010年第2期。
[5] 韦琦琦:《美国金融制裁及对华的可能路径研究》,商务部国际贸易经济合作研究院2021年硕士学位论文。

单一全球性货币的事实。此外,他还特别强调我国巨额的美元外汇储备带来的负面影响。本书另一个重要创新之处在于其详细分析了美国动用美元进行金融制裁所带来的反噬效果。本书结尾提出了人民币国际化、去美元化、加强国际制裁相关理论研究等应对措施。

2019 年杨永红在《次级制裁及其反制——由美国次级制裁的立法与实践展开》[1]一文中,不仅从立法管辖与实践管辖两个角度系统梳理了美国次级制裁的法律体系(一般法与特殊法)以及核心执法机构(美国财政部外国资产监控办公室),还详细介绍了欧盟如何通过立法与实践对美国次级制裁进行反制,对中国如何应对当下美国制裁带来的危机提供了启示。该论文结构清晰,逻辑通顺,值得借鉴。

关于次级制裁的应对,徐伟功在《论次级经济制裁之阻断立法》[2]一文中详细探讨了阻断法的内涵、阻断的对象、阻断的依据、次级经济制裁阻断法的司法适用以及立法典型等问题,通过与欧盟《阻断条例》的比较,对中国目前已有的阻断法立法进行优缺点评述,并提出报告制度、例外豁免、救济制度等建议。李寿平在《次级制裁的国际法审视及中国的应对》[3]一文中提出,要在联合国框架以及 WTO 框架下建立与完善次级制裁的授权和合法审查机制。

王淑敏、李倩雨在《中国阻断美国次级制裁的最新立法及其完善》[4]一文中从美国次级制裁对中国已产生的严重危害角度出发,提出针对美国次级制裁迅速进一步完善阻断立法的必要性,并且将商务部出台的《阻断外国法律与措施不当域外适用办法》(以下简称《阻断办法》)与欧盟《阻断条例》进行比较,指出《阻断办法》存在的不足,基于此提出中国完善阻断美国次级制裁立法的对策。

何丽新、郑乃容在《国际贸易制裁风险的承保问题探索》[5]一文中,将国际贸易制裁导致的合同履行的风险分为买卖合同履行风险和运输合同履行风险,并将其与政治风险进行区分,通过阐释国际贸易制裁风险的经济性论证其成为一般保险承保风险的基础。最后,基于前述对国际贸易制裁风险的分类讨论,提出国际贸易制裁保险可能的承保范围。

(二)WTO 可诉性研究文献综述

WTO 可诉性研究不自今日始,研究总体分为两个方向,第一个方向是深挖 WTO 制裁相关问题的可诉性,试图建立 WTO 可诉性的抽象模型,整理出一般的规律。第二个方向是借助 WTO 的争议解决机制,探讨与 WTO 争议解决机制进行交叉研究会产生何

---

[1] 杨永红:《次级制裁及其反制——由美国次级制裁的立法与实践展开》,载《法商研究》2019 年第 3 期。
[2] 徐伟功:《论次级经济制裁之阻断立法》,载《法商研究》2021 年第 2 期。
[3] 李寿平:《次级制裁的国际法审视及中国的应对》,载《政法论丛》2020 年第 5 期。
[4] 王淑敏、李倩雨:《中国阻断美国次级制裁的最新立法及其完善》,载《国际商务研究》2021 年第 4 期。
[5] 何丽新、郑乃容:《国际贸易制裁风险的承保问题探索》,载《中国海商法研究》2020 年第 3 期。

种效果。就这两个方向,前者是后者的理论基础,后者是前者的实践发展。

在第一个深挖可诉性理论的方向上,值得关注的论文有 2002 年张湘兰、朱强的《WTO 体制下国内立法的可诉性问题研究》,[1]该文作者认为 GATT1947 专家组所确立的规则缺乏理论基础和法律依据,应当让裁量性立法可诉。2006 年刘勇在《WTO 体制内国内法的可诉性问题》[2]一文中认为在美国"301 条款"案后,不再严格遵循强制性/裁量性立法区分的习惯性做法,WTO 体制内国内法可诉性问题目前尚没有一个统一、明确的答案。2008 年张军旗在《WTO 争端解决中的可诉性问题释微——基于成案的视角》[3]一文中侧重于专家组的裁决具有事实上的先例作用,认为 WTO 成员的立法行为本身、尚未生效的法规措施、没有法律约束力的行政指导在 WTO 体制中都具有可诉性。但根据中国知网的检索结果,近些年来国内在此处没有最新研究。

第二个方向是在上述基础上进行交叉研究,将其他制度放置于 WTO 之下,这一方向值得关注的论文有以下若干篇。2012 年李仲周发表《治外法权践踏世贸组织根本规则》[4]一文,该文主张为维护中国的合法权益,中国政府可以主动或应昆仑银行要求向 WTO 申诉,首先要求同美国进行磋商,如无果便启动争端解决程序。李仲周曾任原外经贸部国际经贸关系司司长,其建议的指导意义极强。2013 年黄志瑾的《论国家安全审查措施在 WTO 中的可诉性》[5]一文创设了较好的可诉性交叉研究范式,先对国内制度本身进行梳理,然后逐一探讨其在 WTO 诉讼中会产生何种效果,值得借鉴。2015 年谭观福的《论经济制裁在 WTO 中的可诉性——"美国有关克里米亚危机银行制裁措施"WTO 争端解决预分析》[6]第一章关于 WTO 对美国有关"银行制裁措施""争端的管辖权"的论述参考了黄志瑾关于违反之诉和非违反之诉的分析,在论文结构上也有所借鉴。2015 年王淑敏在《国际投资中的次级制裁问题研究——以乌克兰危机引发的对俄制裁为切入点》[7]一文中分析了次级制裁的各种应对方式,认为反次级制裁立法已迫在眉睫。利用双边投资协定中的自裁决条款和利益否定条款,并积极向 WTO 申诉是反次级制裁的合理救济路径。其中,向 WTO 申诉的策略参考了李仲周的观点。

---

[1] 张湘兰、朱强:《WTO 体制下国内立法的可诉性问题研究》,载《中国对外贸易》2002 年第 6 期。
[2] 刘勇:《WTO 体制内国内法的可诉性问题》,载《西南政法大学学报》2006 年第 3 期。
[3] 张军旗:《WTO 争端解决中的可诉性问题释微——基于成案的视角》,载《现代法学》2008 年第 6 期。
[4] 李仲周:《治外法权践踏世贸组织根本规则》,载《WTO 经济导刊》2012 年第 9 期。
[5] 黄志瑾:《论国家安全审查措施在 WTO 中的可诉性》,载《河北法学》2013 年第 12 期。
[6] 谭观福:《论经济制裁在 WTO 中的可诉性——"美国有关克里米亚危机银行制裁措施"WTO 争端解决预分析》,载倪孚彬、冯年主编:《国际贸易法论丛》第 6 卷,中国政法大学出版社 2015 年版。
[7] 王淑敏:《国际投资中的次级制裁问题研究——以乌克兰危机引发的对俄制裁为切入点》,载《法商研究》2015 年第 1 期。

一、国际经贸领域制裁频发的背景

（一）从全球化到单边主义抬头

2008年发源于美国而席卷全球的金融危机给了经济全球化一个沉重的打击。以2016年英国脱欧公决和美国大选为标志，逆全球化潮流逐渐开始显现，并影响全球。[1]特别是时任美国总统特朗普推行的"美国优先""美国第一"，开启了经济全球化和逆全球化的博弈，国际经济迎来了转折时期。美国的单边主义表现是多方面的，主要包括政治、经济和军事三个方面。

在政治上，美国政府视联合国形同虚设，习惯将自己的解决方法凌驾于国际规则之上，先后退出了一系列国际组织或条约，特别是2017年以后，美国加快了退出国际协定的步伐。2017年，退出了联合国教科文组织、TPP、《巴黎协定》、联合国《全球移民协议》，2018年退出了《关于伊朗核计划的全面协议》、联合国人权理事会、《维也纳外交关系公约关于强制解决争端之任择议定书》，2019年退出了《中导条约》，[2]2020年退出了《开放天空条约》，同年在新冠疫情大流行的情况下退出了世界卫生组织。[3] 美国的单边主义正越来越多地对国际政治、经济秩序、国际安全和各国人民福祉产生重大影响。美国政治人物、决策者、企业家和智库大多认为，[4]美国是1991年苏联解体后世界上唯一的超级大国，1945年"二战"结束后经济实力最强的发达资本主义国家，拥有最先进的科学技术。美元是世界上使用最多的储备货币。美国在世界各地都有军事存在。美国拥有足够资源依其国内法制裁诸多国家和企业，对国际贸易的正常进行产生了很大的影响。

美国在经济上的单边主义主要表现在：(1)贸易保护主义：美国政府采取了一系列贸易保护措施，包括对进口商品征收高关税，退出多边贸易协定，以及通过谈判来改变贸易条件，这在一定程度上影响了全球贸易体系的稳定性和可预测性。(2)财政刺激政策：美国在2020~2021年实施了超宽松的财政政策，其财政支出占GDP的比重显著增加，其通过大规模的财政刺激计划来保护本国居民和企业部门，促进制造业部门复苏。(3)货币政策的单边调整：美联储根据国内经济状况调整货币政策，包括在必要时进行降息或加息，这些决策对全球金融市场有着显著影响，尤其是在经济"软着陆"或"硬着陆"情况下的预防式或纾困式降息。(4)滥用出口管制和单边制裁：美国泛化国家安全

---

[1] Philip Lynch & Richard Whitaker, *Unity and Divisions on Departmental Select Committees: A Brexit Effect?*, The British Journal of Politics and International Relations, Vol. 23:3, p. 471–487 (2020).

[2] 李梓硕：《美国退出〈中导条约〉的原因及影响分析》，载参考网，https://www.fx361.com/page/2019/0708/5300407.shtml。

[3] 《美国正式退出世卫组织》（视频），载中国新闻网，https://www.chinanews.com.cn/gj/2020/07-08/9232178.shtml。

[4] George C. Herring, *From Colony to Superpower*, Oxford University Press, 2008.

概念,滥用出口管制和单边制裁,对其他国家实施经济高压,影响全球供应链和国际合作。(5)财政支出的引导性:美国通过财政支出引导核心行业的发展,如芯片、基建、新能源行业等,这显示了财政政策在资金流向上的强引导作用。(6)金融霸权的滥用:美国利用自身金融霸权地位,频繁采取单边霸凌行径对多国实施制裁施压,引发人道危机和国际社会的普遍反对。

这些行为不仅对其他国家造成了影响,也给全球经济治理体系带来了挑战。以制裁为例,2022年,美国知名智库彼得森国际经济研究所发布报告,涉及美国的制裁手段对俄罗斯的影响,报告中提到美对俄的制裁包括4类手段:[1]其一为经济制裁。禁止俄罗斯通过北溪2号管道出口天然气。其二为金融制裁。根据美参议院提出的《捍卫乌克兰主权法》,该立法将:(1)禁止与俄罗斯主要银行进行涉及主权债务的金融交易;(2)禁止美国资本参与俄罗斯的采掘业(石油、天然气、煤炭、矿产);(3)禁止俄罗斯金融机构使用美国的SWIFT系统。其三为制裁俄罗斯高级政治和军事官员。将高级政治和军事官员添加到美国财政部的特别指定国民名单中,这些人员将受到资产扣押和签证限制。其四为严格的高技术出口管制。美国对先进半导体和其他高科技产品实施出口和再出口管制,此类管制类似于美国针对中国公司实施的管制。不仅是针对俄罗斯,针对中国等其他国家,美国也频频采用这4类制裁措施。

美国在军事上的单边主义主要表现在:(1)未经联合国授权的军事行动:美国历史上多次在没有得到联合国授权的情况下发动军事行动,例如,2003年以伊拉克拥有大规模杀伤性武器为由,单方面发动伊拉克战争。(2)先发制人的战略:美国在"9·11"恐怖袭击后,以反恐为名,强力推行其单边主义政策,正式提出"先发制人"战略。(3)航行自由行动:美国推行所谓的"航行自由"行动,挑战其他国家的海洋权益声索,这一行动完全是单边主义的军事行为,没有通过外交谈判或多边机制解决争端。(4)军事干预和政权更迭:美国历史上多次进行军事干预和政权更迭,如在1989年因巴拿马运河管辖等问题武装干涉巴拿马。(5)远程打击和代理人战争:美国从直接出兵转向远程打击和代理人战争,以降低维持全球霸权的成本。这些行为反映出美国在军事上倾向于单边行动,而不是通过多边合作和国际法来解决问题。

(二)美国频繁对他国实施制裁

对他国企业的贸易制裁主要表现在出口管制上,2018年6月,白宫贸易和制造业政

---

[1] Jeffrey J. Schott(PIIE), *Will Tough US Sanctions Deter Russian Aggression in Ukraine*?, Peterson Institute for International Economics(Feb.1,2022), https://www.piie.com/blogs/realtime-economic-issues-watch/will-tough-us-sanctions-deter-russian-aggression-ukraine.

策办公室发布了题为"中国的经济侵略如何威胁美国和世界的技术与知识产权"的报告。[1] 2018年11月1日,美国司法部公布"中国行动计划"(China Initiatives),加强对中国的执法行动,旨在应对所谓来自中国的国家安全威胁,加快将中国企业和机构列入贸易制裁及出口管制的限制名单。[2] 2019年5月,美国商务部发布了名为《商务部宣布将华为技术有限公司加入实体名单》[3]的文件,称工业与安全局(Bureau of Industry and Security,BIS)修订了《出口管理条例》(Export Administration Regulations,EAR)。在此次修订中,华为技术有限公司及其位于26个国家的68家集团关联公司被列入实体清单。2020年4月,BIS全面升级针对中国的技术出口管制。到2021年6月,美国商务部主管的出口管制清单涉及的中国实体有409个。军事最终用户清单(MEU)中包括58个。2022年,33家中国企业被添加到所谓的"未核实清单"中,这是一份全球范围内的清单,美国官员无法进行常规检查,因而这些企业要接受更加严格的出口管制。[4]

在美国的出口管制体系中,BIS负责两用物项,管制的执法工具是通过三个清单限制科技输出,如果违反相关规定,则实施严格制裁。BIS对管制物项实施的制裁主要针对E组国家,根据EAR的规定,[5] BIS授权美国财政部外国资产控制办公室(The Office of Foreign Assets Control of the US Department of the Treasury,OFAC)负责禁运货物的许可业务,具体涉及古巴、伊拉克、朝鲜、俄罗斯、伊朗和叙利亚等。根据EAR第746.7条(e)项[6]的规定,在涉及伊朗的相关交易中,如果未向OFAC申请许可证,将被视为同时违反EAR和《伊朗交易和制裁条例》(Iranian Transactions and Sanctions Regulations,ITSR)的相关管制规定,将会同时受到BIS和OFAC的处罚。也就是说,在进行涉伊贸易时,可以不用申请BIS相关许可,但OFAC的许可必须申请,否则就属于

---

[1] White House Office of Trade and Manufacturing Policy, *How China's Economic Aggression Threatens the Technologies and Intellectual Property of the United States and the World*, available at https://trumpwhitehouse.archives.gov/wp-content/uploads/2018/06/FINAL-China-Technology-Report-6.18.18-PDF.pdf, Last visited on Jan.18, 2022.

[2] Office of Public Affairs U.S. Department of Justice, *Attorney General Jeff Sessions Announces New Initiative to Combat Chinese Economic Espionage*, available at https://www.justice.gov/opa/speech/attorney-general-jeff-sessions-announces-new-initiative-combat-chinese-economic-espionage, Last visited on Jan.18, 2022.

[3] U.S. Department of Commerce, *Department of Commerce Announces the Addition of Huawei Technologies Co. Ltd. to the Entity List*, available at https://www.commerce.gov/news/press-releases/2019/05/department-commerce-announces-addition-huawei-technologies-co-ltd, Last visited on May 19, 2021.

[4] Department of Commerce, Bureau of Industry and Security, *Revisions to the Unverified List*, available at https://public-inspection.federalregister.gov/2022-02536.pdf, Last visited on Jan.9, 2022.

[5] Bureau of Industry and Security, *Export Administration Regulations Downloadable Files*, available at https://www.bis.doc.gov/index.php/regulations/export-administration-regulations-ear, Last visited on May 19, 2021.

[6] Export Administration Regulations, §746.7 Iran.

违规。

(三) 美国"长臂管辖"的扩张

2000 年后,美国"长臂管辖"的领域进一步扩张,商业腐败、洗钱、涉恐、涉毒等均列入其中。其采用的原则也从"最低限度联系原则"上升为"效果原则"及"公平公正原则",这为美国法院确立管辖权提供了更宽松的依据,依"最低限度联系原则"需要与美国发生联系,如发了邮件、有银行转账等,而依"效果原则",只要美国法院认为在美国境内产生了效果,美国法院就有管辖权。"长臂管辖"在法律层面的三大"利器"是《海外反腐败法》[1]、萨班斯法案[2]、EAR[3]分别对应商业腐败、内控合规、进出口管理等方面的监管行为。2013 年,法国电力交通巨头阿尔斯通的一名高管在纽约刚下飞机就被美国联邦调查局带走了,该高管被指控进行了商业行贿、洗钱,一旦指控成立,刑期可以判到125 年。美国通过这轮操作使阿尔斯通的高管人人自危,于是顺利地完成了对通用电气的收购。2008 年后的 10 年间,美国通过类似手段收取罚金超百亿美元,其中受罚最多的 10 例之中欧企占了 6 例。可见美国利用"长臂管辖"、制裁、反腐败等手段削弱他国经济实体的意图。美国一方面不断升级完善其法律规则,另一方面利用美元在全球的地位,加强对 SWIFT、互联网的控制力,动用经济制裁手段削弱别国的竞争力,为美国攫取经济利益服务。

二、联合国的多边制裁

(一) 联合国多边制裁的依据是《联合国宪章》

多边制裁指两个或两个以上的国家(或国际组织)基于某一违反国际准则的行为或某种需要,共同对目标方发起并实施的制裁。根据《联合国宪章》第七章[4]的规定,安理会可以采取行动维持或恢复国际和平及安全,其中国际制裁就是重要的手段。《联合国宪章》第 25 条[5]要求会员国履行安理会决议。同时,根据第 103 条[6]的规定,一国不能以双边条约(如双边投资协定)抗衡联合国安理会制裁决议的效力。在明确安理会

---

[1] The Foreign Corrupt Practices Act of 1977, 15 U. S. C. § §78dd - 1, et seq., available at https://www.justice.gov/criminal - fraud/foreign - corrupt - practices - act, Last visited on Jan. 16, 2022.

[2] Sarbanes - Oxley Act of 2002, 107th Congress Public Law 204, available at https://www.govinfo.gov/content/pkg/PLAW - 107publ204/html/PLAW - 107publ204.htm, Last visited on Jan. 16, 2022.

[3] Export Administration Regulations (15 CFR § §730 - 774), available at http://www.access.gpo.gov/bis/ear/pdf/indexccl.pdf, Last visited on Jan. 16, 2022.

[4] 《联合国宪章》第七章 对于和平之威胁和平之破坏及侵略行为之应付办法。

[5] 《联合国宪章》第 25 条规定:"联合国会员国同意依宪章之规定接受并履行安全理事会之决议。"

[6] 《联合国宪章》第 103 条规定:"联合国会员国在本宪章下之义务与其依任何其他国际协定所负之义务有冲突时,其在本宪章下之义务应居优先。"

决议效力的前提下,第41条[1]列举了制裁办法。根据该条,制裁办法包括一系列可供选择的不涉及使用武力的强制措施。安理会制裁包括全面经济和贸易制裁,以及一些更为具体的定向措施,如武器禁运、旅行禁令以及金融或商品方面的限制等。

(二)安理会主持下的制裁

自1966年以来,安理会在南罗得西亚、南非、前南斯拉夫、海地、伊拉克、安哥拉、塞拉利昂、索马里、厄立特里亚、利比里亚、刚果民主共和国、科特迪瓦、苏丹(2次)、黎巴嫩、朝鲜人民民主共和国、伊朗、利比亚(2次)、几内亚比绍、中非共和国、也门和南苏丹等地,以及针对基地组织和塔利班(2次)建立了26个制裁制度。

目前,正在进行的制裁制度有13个,集中在支持政治解决冲突、核不扩散和反恐方面。联合国安理会设有专门制裁委员会(The Sanctions Committee of United Nations Security)。[2] 每个制度由一个制裁委员会管理,委员会主席由一个安理会非常任理事国担任。现有9个监察小组、团队和专家组为制裁委员会的工作提供支持。

(三)从所谓的"愚蠢制裁"到"瞄准制裁"

联合国安理会经历了从过去所谓的"愚蠢制裁"(不加区别的国家整体制裁)到现在的"聪明制裁"(瞄准制裁)的转变。例如,联合国制裁伊拉克长达13年之久,其副作用是给伊拉克带来了不亚于战争的人道主义灾难,无辜民众饱受疾苦;又如,对伊朗的制裁也并未达到预期的效果。联合国安理会即时公布制裁名单(United Nations Security Council Sanctions List Search),该名单会按用户查阅名单日期生成一份综合名单。相关方要及时关注其名单的变化,包括除名信息的更新。[3] 例如,2016年5月25日,联合国安理会通过决议,终止于2003年和2004年先后开始实施的对利比里亚的旅行禁令和资产冻结措施。[4] 又如,2015年7月14日,伊核问题全面协议(JCPOA)达成,国际原子能机构将对伊朗的协议执行情况进行必要的监督和验收,如果通过验收,联合国将逐步解除对伊朗关于核问题的经济制裁。[5]

---

[1]《联合国宪章》第41条规定:"安全理事会得决定所应采武力以外之办法,以实施其决议,并得促请联合国会员国执行此项办法。此项办法得包括经济关系、铁路、海运、航空、邮、电、无线电及其他交通工具之局部或全部停止,以及外交关系之断绝。"

[2] 制裁委员会概述,https://www.un.org/securitycouncil/zh/sanctions/information。

[3] United Nations Security Council, *United Nations Security Council Sanctions List Search*, available at https://scsanctions.un.org/search/, Last visited on Jan. 16, 2022.

[4]《第2288(2016)号决议》,载联合国安理会官网,https://www.undocs.org/zh/S/RES/2288(2016)。

[5] U. S. Department of State, *Diplomacy in Action*, *Joint Comprehensive Plan of Action.*, available at https://2009-2017.state.gov/e/eb/tfs/spi/iran/jcpoa/index.htm, Last visited on Jan. 16, 2022.

(四) 对伊拉克制裁案例

1990年8月2日,伊拉克出动军队,一夜之间就占领了邻国科威特。伊拉克入侵科威特是因为伊拉克缺少石油输出港口,这大大限制了伊拉克的石油出口。同时,还因为科威特盛产石油,伊拉克一旦占领了科威特,则其控制的石油产量在石油输出国组织中的份额将会大大增加。1990年8月6日,联合国安理会通过决议[1](古巴和也门弃权),宣布联合国对伊拉克实施除药品供应和人道主义食品运输以外的全面的贸易和金融制裁。由于没有买主,伊拉克关闭了一条通往土耳其的石油管道,减少石油出口近40%。联合国成立了一个常务委员会专门负责监督对伊拉克的经济制裁。

1990年9月25日,在只有古巴反对的情况下,联合国安理会通过决议对伊拉克实施空中禁运,切断所有来自伊拉克和科威特的航班。决议还允许各国扣押伊拉克的那些违反禁运措施的船只,规定将对任何违反禁运政策的国家实施强制性贸易禁运。联合国对伊拉克的经济制裁造成了严重的人道主义灾难,这主要是因为政府会通过压缩普通百姓的生活需求,节省资金开支,这就严重影响了普通民众的生活质量,乃至直接影响到生命安全。

三、单边制裁涉及的问题

(一) 单边制裁的定义和美国单边制裁的特点

单边制裁,是指在没有获得联合国授权的情况下,某一国家为保护本国的利益或出于其他目的,根据本国国内法的规定对其他国家、组织、个人实施的制裁。美国是世界上使用单边制裁方式最多的国家。

美国的单边制裁有以下三个特点:一是制裁范围广。美国财政部拟定的制裁名单中包括16个国家和地区,且美国财政部不定期公布受制裁的实体和个人名单,[2]目前有超过6000个实体和个人被列入制裁名单。二是制裁力度大。美国禁止美资银行向受到全面制裁的国家直接或间接提供金融服务,任何美资银行违反了有关规定,不仅会受到罚款5万~1000万美元的民事处罚,甚至会受到入狱10~30年的刑事处罚。三是制裁影响大。美国制裁法律是一个体系庞大、涉及行业众多、惩罚力度极强、影响跨越全球的经济和贸易的制裁网络。由于美元是国际结算最重要的货币,一旦被列入美国制裁名单,受制裁者就陷入了一个无形无影却又无处不在的制裁大网,在美国势力可以控

---

[1]《第660(1990)号决议》,载联合国安理会官网,https://documents-dds-ny.un.org/doc/RESOLUTION/GEN/NR0/574/74/img/NR057474.pdf?OpenElement。

[2] U. S. Department of the Treasury, *Specially Designated Nationals And Blocked Persons List（SDN）Human Readable Lists*, available at https://www.treasury.gov/resource-center/sanctions/SDN-List/Pages/default.aspx, Last visited on Jan. 16, 2022.

制和影响的范围内,其所有金融行为都面临被拒绝,其全部财产都面临被限制转移的巨大经济风险。[1]

(二)贸易制裁和金融制裁

美国的单边制裁在内容上包括贸易制裁和金融制裁。贸易制裁,指发起制裁的国家针对目标方实行禁止或管制目标国商品进口、禁止或管制商品出口等措施,力图全面地或有选择地割断与目标方之间的贸易联系,给其造成贸易利益损失,对目标方的经济发展产生重大影响,实现迫使目标方改变政策的目的。金融制裁,则是指制裁发起方对目标方的金融资产进行冻结、部分冻结,控制目标方金融资产的流动等。其他还有诸如阻碍加入国际经济组织、冻结海外资产、中断经济合作、切断经济或技术援助等。金融制裁的目的是阻止或者阻碍被制裁国的资金流通,尤其是阻止其获取境外资金贷款、投资或援助。[2]

(三)初级制裁和次级制裁

在针对的对象上,美国的单边制裁包括初级制裁和次级制裁。可以同时使用初级制裁和次级制裁以实现更为有效的经济制裁,它们最重要的区别在于针对的主体不同。初级制裁,是指制裁发起方在一定的时间与范围之内直接切断与制裁目标方之间的某种经济贸易或其他联系,从而给目标方造成直接损失。初级制裁的前提是相关主体属于"美国人",或者相关交易在"人""财""物"等方面与美国存在联系。初级制裁禁止美国国内经济组织和个人与制裁对象(如朝鲜)之间的经贸来往。一般情形下,美国的制裁政策仅适用于美国人,即受美国法律管辖的个人或实体。对于非美国人而言,在开展业务时,若其与美国存在联结点,如使用美元结算、产品使用了美国组件、交易有美籍员工参与等,也会受到美国初级制裁法律法规的管辖。

次级制裁是初级制裁的进一步扩展,其处罚范围由目标国扩展至与该目标国有相关经济贸易关系的第三国,意在通过对第三国的公司或个人实施制裁,迫使其与目标方在一定的时间与范围之内断绝或减少经贸往来,迫使其参与经济制裁发起方主导的制裁,进而达到制裁的目的。[3] 次级制裁的特点是:其一,相关主体非"美国人";其二,相

---

[1] U.S. Department of the Treasury, *Iran‐related Designations; Issuance of Iran‐related Frequently Asked Question*, available at https://www.treasury.gov/resource‐center/sanctions/OFAC‐Enforcement/Pages/20190925.aspx, Last visited on Jan.16, 2022.

[2] 石斌:《有效制裁与"正义制裁"——论国际经济制裁的政治动因与伦理维度》,载《世界经济与政治》2010年第8期。

[3] Ellie Geranmayeh & Manuel Lafont Rapnouil, *Meeting the Challenge of Secondary Sanctions*, European Council on Foreign Relations (Jun.25, 2019), https://www.ecfr.eu/publications/summary/meeting_the_challenge_of_secondary_sanctions.

关交易没有利用或者通过"美国人""促成、批准或者保证";其三,相关交易没有使用美国的金融系统;其四,在相关交易不涉及美国原产货物和美国含量超过特定比例的货物的情况下,美国仍然禁止或限制相关主体与受制裁对象进行该交易,如果第三国企业或个人实施了该交易将面临美国的制裁。次级制裁禁止第三国个人和企业与被制裁对象的经济来往。[1] 例如,2012 年,中国珠海振戎公司向伊朗出口汽油,美国政府依据美国对伊朗的制裁政策,对珠海振戎公司进行制裁。

(四)美国单边制裁的依据

美国单边制裁的早期法律依据主要是《国际紧急经济权力法》。该法授权美国总统发布行政命令,管制或禁止与受制裁国家涉及美国产品的贸易或美国公民与受制裁国家的贸易。

由于单边经济制裁涉及其法规的域外效力,因此会与其他国家的管辖权发生冲突。美国单边制裁的执行机构是 OFAC,OFAC 的使命在于管理和执行所有基于美国国家安全和对外政策的经济和贸易制裁,OFAC 被授权许可对可疑财产予以扣押或冻结。[2] OFAC 对其管理范围内的经济和贸易制裁不定期地进行重新评估和更新,根据评估的结果并结合美国的国家安全和外交政策,发表一系列的制裁名单。例如,2017 年 7 月 28 日,美国更新了对伊朗企业的制裁名单。

(五)美国单边制裁的机构

BIS 是美国商务部下属的十二个局之一,[3] 其职责是通过有效的出口管控措施和条约维护美国国家利益,实施外交政策,捍卫经济利益,并保证美国处于战略科技领导地位。[4] BIS 的主要职责是对民用产品及军民两用产品进行出口管制,通过进出口管制的手段,BIS 可以对全球产业链当中的美国物项进行管制。物项涵盖了产品、软件、技术,因此 BIS 通过进出口管制实施的经济制裁对产业链打击巨大。2020 年 5 月 15 日,美国商务部公布了对 EAR 中的一般性禁止"(三)(外国产直接产品规则)"及实体清单的修订版本。根据最新的修订,第一,华为和海思使用美国商务管制清单(Commerce Control List,CCL)内的软件和技术所设计生产的产品,都将被纳入管制。第二,对于位处美国以外,但被列为美国商务管制清单中的生产设备,要为华为和海思生产代工前,

---

[1] 颜剑英、熊伟:《20 世纪 90 年代以来美国经济制裁的发展趋势》,载《国际关系学院学报》2005 年第 2 期。
[2] U. S. Department of the Treasury, *Mission*, available at https://www.treasury.gov/about/organizational-structure/offices/Pages/Office-of-Foreign-Assets-Control.aspx, Last visited on May 20, 2021.
[3] U. S. Department of Commerce, Bureaus and Offices, available at https://www.commerce.gov/bureaus-and-offices, Last visited on Mar. 30, 2021.
[4] Bureau of Industry and Security, *Mission Statement*, available at https://www.bis.doc.gov/index.php/about-bis, Last visited on Mar. 30, 2021.

都需要获得美国政府的许可证,这包括出口、再出口,以及转运给华为和海思。

OFAC是美国财政部的下属机构。为了避免来自美国政府的政治压力和法律风险,所有美国的金融机构在进行交易时,都被要求必须首先对自己的交易对手进行OFAC名单的审查,只有当交易对手不在OFAC的名单之内时,才可以与之交易;反之,则必须中止交易。OFAC制裁有三大类:第一类为对国家的制裁。[1] 上述这份名单的国家及相关主体包括:巴尔干相关,白俄罗斯,布隆迪,中非共和国,古巴,刚果民主共和国相关,伊朗,伊拉克相关,黎巴嫩相关,利比亚,马格尼茨基(与俄罗斯相关),朝鲜,索马里,苏丹和达尔富尔,南苏丹相关,叙利亚,乌克兰/俄罗斯相关,委内瑞拉相关,也门相关和津巴布韦。例如,2017年8月25日,美国对委内瑞拉进行新一轮的制裁,制裁禁止美国金融机构参与委内瑞拉政府和国有委内瑞拉石油公司发行新债券和股权的相关交易,以及禁止购买已发行的部分债券等。美国实施此轮制裁的目的是通过限制委内瑞拉进入美国债券和股权市场,向委内瑞拉政府施压。第二类为对特定国家个人的制裁(Specially Designated Nationals Sanctions, SDN)。[2] 这包括特殊指定个人(如恐怖分子、毒贩)或实体。SDN名单上有超过3500个银行、实体和船舶的名字,它们不能与美国人或用美元做生意。如果美国金融机构为禁运的实体转账,则钱将被冻结到一个独立账户,直到制裁解除。第三类为基于项目的制裁。如血钻石、大规模杀伤性武器等。[3]

(六)被制裁的后果及面临的风险

美国个人或企业被美国政府制裁的后果:轻者被罚款,重者可能面临刑事处罚。如果外国企业被纳入SDN名单将会完全失去美国市场和美元业务,世界上主要国际大银行都被美国制裁过。如2014年,法国巴黎银行通过刻意隐藏、删除敏感信息、逃避金融机构筛查的方式帮助美国制裁对象进行美元交易,触犯了美国制裁政策,被美国政府处以89.7亿美元的创纪录罚款。[4]

中国企业如果被美国制裁,或面临直接风险和间接风险。

---

[1] U.S. Department of the Treasury, *Sanctions Programs and Country Information*, available at https://www.treasury.gov/resource-center/sanctions/Programs/Pages/Programs.aspx, Last visited on May 20, 2021.

[2] U.S. Department of the Treasury, *Specially Designated Nationals and Blocked Persons List (SDN) Human Readable Lists*, available at https://www.treasury.gov/resource-center/sanctions/SDN-List/Pages/default.aspx, Last visited on Mar.30, 2021.

[3] U.S. Department of the Treasury, *Consolidated Sanctions List Data Files*, available at https://www.treasury.gov/resource-center/sanctions/SDN-List/Pages/consolidated.aspx, Last visited on Jan.6, 2022.

[4] Department of Justice, Office of Public Affairs, *BNP Paribas Sentenced for Conspiring to Violate the International Emergency Economic Powers Act and the Trading with the Enemy Act*, available at https://www.justice.gov/opa/pr/bnp-paribas-sentenced-conspiring-violate-international-emergency-economic-powers-act-and, Last visited on Jan.5, 2022.

1. 直接风险

直接风险主要表现在下列六个方面：

（1）交易无法完成，是否可以通过不可抗力进行救济也存在不稳定因素。根据我国《民法典》第 180 条第 2 款，不可抗力指不能预见、不能克服、不能避免的客观情况。在合同中，通常将不可抗力事件约定为三类：第一，由自然原因造成，如洪水、地震、暴风雨等；第二，由社会原因造成，如暴乱、战争等，现新增恐怖主义；第三，其他原因，可以包括政府行为。就不可预见性而言，在联合国对某国的制裁措施通过之后，虽然决议对中国的自然人或法人不具有约束力，但是中国的自然人或法人应当预见到中国政府将采取措施落实联合国决议。因此，在中国政府采取措施之前当事人订立的合同，就不符合"不能预见"的条件，也就是说不能以此为由免责。在中国政府落实决议后，显然更不符合"不能预见"的标准了。[1] 就不可克服性、不可避免性来说，行政机关作为公权力主体颁布的经济制裁法令对于私主体而言是必须遵守的，显然是不能克服、不能避免的。尽管有上述法理支撑，但由于经济制裁措施的多样性、经济制裁对象的不特定性，某一法人或自然人能否预见经济制裁仍旧需要进行个案判断。

（2）款项被冻结，中国企业汇给美国制裁对象的美元款项极有可能被美国金融机构冻结。美国的单边制裁还会影响国际贸易中的信用证结算。如果议付行是美国银行，信用证单据中涉及美国制裁名单上的实体，美国银行就会主动扣留相关单据，听取美国 OFAC 的意见，从而导致信用证结算被影响。中国的银行机构为了避免受美国次级制裁的影响，往往会在开立信用证时提出一些附加规定（制裁免责），如交通银行开出信用证的附加条款规定："鉴于联合国、欧盟、美国及其他国家或机构发布实施的制裁条例，我行对于单据的任何延误或未退还、未付款或其他适用于我行的法律、制裁条例或法院命令规定的作为或不作为予以免责。"国际商会不支持采取制裁豁免的做法。2014 年 6 月，国际商会出版了第 470/1238 号文件《有关适用 ICC 规则的贸易相关产品使用制裁条款的指导意见》，[2] 要求银行避免在开出的信用证中加入超出法律或监管要求的制裁免责条款。尽管如此，近几年来，开证行受国际经济制裁的影响，将交易双方、承运人、发货港、运输工具或者原产地作为拒绝支付信用证项下相符交单的理由，"制裁例外"原则逐渐形成。原本按照 UCP600，银行只负责处理单据，但面对制裁法律，如果不了解货物的相关知识、不审查货物是否在被制裁商品之列，银行极易遭受制裁，使自身处于一种被动局面。此外，在国际海运合同中也出现了"制裁豁免"条款，如英国波罗的

---

[1] 龚柏华：《"一带一路"背景下国际经贸制裁风险与法律应对》，载《海关与经贸研究》2017 年第 6 期。

[2] International Chamber of Commerce, *Guidance Paper on the use of Sanctions Clauses in Trade Finance - related Instruments Subject to ICC Rules*, available at https：//iccwbo.org/publication/guidance - paper - on - the - use - of - sanctions - clauses - 2014/, Last visited on Jan. 7, 2022.

海国际航运公会(BIMCO)制定了"制裁条款"。[1]

(3)被美国政府处以罚款,如2017年3月7日,中兴与美国政府就出口管制调查案件达成和解:中兴支付总计11.9亿美元的罚款。

(4)遭受行政、民事或刑事处罚,外籍员工被限制进出境,参与业务的美籍员工被美国政府或其他机构处以民事甚至刑事处罚。例如,中远海运(大连)有限公司、大连中远海运油运船员船舶管理有限公司在美国对伊朗重启制裁后,仍从伊朗运输石油,OFAC作出了禁止给该公司主要领导颁发签证的"处罚"。

(5)被纳入制裁名单,若被纳入SDN,将会完全失去美国市场和美元业务,同时还会对其"拥有或控制"的企业产生连锁反应,这表现为经济制裁效力穿透股权结构在集团公司内不断传导,最终导致集团公司中多家企业因"拥有或控制"关系被列入SDN。仍以前案为例,在上述案件中,由于被OFAC列入了SDN,除公司领导被拒签外,公司本身还面临着多项制裁:①禁止在美国进行任何外汇交易;②美国金融机构不得与其开展信贷或付款业务;③所有在美国的财产和财产性利益被封锁;④禁止向美国出口任何货物。这表明OFAC不仅对美国管辖的人(包括美国银行、银行控股的公司和非银行子公司、美国人的外国子公司)有执法权,对"美国人"以外的外国公司也有管辖权,只要这些公司利用美国金融机构处理涉及制裁影响到的区域的美元交易。[2]

(6)受到业务限制,金融制裁尤其是其中的投资禁止,成为中国进出口企业进行海外投资的主要障碍因素。2012年7月31日,美国财政部宣布对中国昆仑银行和一家伊拉克银行进行制裁。美国财政部认为,中国昆仑银行为伊朗银行提供金融服务。为此,美国禁止中国昆仑银行直接进入美国金融系统,在美国的金融机构不得在这两家银行开设异地代理银行或可支付账户,任何拥有这两家银行账户的金融机构必须在10天内关闭这些账户。中国昆仑银行的业务受到严重限制。

2.间接风险

企业被美国政府制裁的间接风险主要表现为以下几个方面:

(1)法律纠纷,一旦款项被冻结,就存在是否需要再次支付款项的问题,一旦被纳入制裁名单,可能导致已签署的合同无法履行,这些都容易产生法律纠纷。(2)声誉风险,企业被美国政府重罚或被纳入制裁名单,将极大地影响企业的声誉。(3)业务发展受影响,一方面可能直接受到业务限制,另一方面,被纳入制裁名单后,与美国企业以及部分跨国企业间的业务往来可能被限制甚至被切断。(4)融资和机构布局受限,美国经济制裁政策禁止美国人直接或间接为制裁对象提供资金或经济资源。

另外,美国监管机构就中国企业在美国设立分支机构进行审批时,也会评估中国企业与美国制裁对象的业务往来情况。

---

[1] Sanctions Clause for Time Charter Parties 2020; Sanctions Clause for Voyage Charter Parties 2020.
[2] 杨永红:《次级制裁及其反制——由美国次级制裁的立法与实践展开》,载《法商研究》2019年第3期。

四、国际制裁争端和诉讼

(一)欧洲法院涉及安理会制裁效力的诉讼

联合国制裁的合法性并非具有绝对的普适性,具体到制裁在各国的实施便会产生一系列矛盾。联合国的制裁决议不能在欧盟各国内直接适用,需要转化适用。这方面的代表性案例为欧洲法院受理的"卡迪(Kadi)案"。[1] 2002年,欧盟理事会根据安理会为打击恐怖主义而针对本拉登和基地组织成员及有联系的团体和个人的1390号决议,出台了881/2002号文件,列举了制裁名单。卡迪及其公司因在欧盟制裁名单中,资金遭到冻结,遂向欧盟初审法院提起诉讼,后被驳回。初审法院认为其有权审议安理会决议的合法性,评估了安理会决议的适当性并肯定了欧盟的立法。后当事人上诉欧洲法院要求驳回初审法院的判决,二审以原告财产权和公平审判权受到侵害为由支持原告胜诉。

(二)美国法院涉及美国单边制裁效力的诉讼

美国公民 Richard A. Chichakli 在美国法院告时任美国总统特朗普、财政部长和 OFAC 办公室主任,认为有关对利比亚的制裁措施侵犯了其权益,要求赔偿。[2] 美国联邦地区法院以程序为由驳回诉讼,当事人上诉。上诉法院发回重审。联邦地区法院最终判决,尽管美国公民有权挑战美国的相关法令,但美国法令制裁冻结相关公民的财产不违反"事后追溯条款"(ex post facto clause)。美国佛罗里达州曾经颁布法令禁止美国企业及其海外分公司与古巴交易。在另一案中,美国一家公司的巴西子公司 Odebrecht 建筑公司因其美国母公司涉及与古巴交易,被禁止在佛罗里达州参与合同招标而在美国法院诉讼,最终美国第十一巡回法院支持了原告请求,认为这种禁止规定违反了美国联邦宪法。[3] 美国最高法院还就马萨诸塞州一项法令,即禁止州机构向与缅甸交易的企业和个人采购货物或服务,作出判决认为其违宪。

(三)WTO 涉及国际制裁的争端解决

美国于1996年颁布《赫尔姆斯-伯顿法》[4]和《达马托法》,[5]二者直接规定禁止不遵守其要求的外国公司及其子公司在美国进行商务活动。欧盟颁布了第2271号指令

---

[1] Yassin Abdullah Kadi and Al Barakaat International Foundation v. Council of the European Union and Commission of the European Communities.

[2] Chichakli v. United States, 18-978 (Fed. Cl. 2019).

[3] Odebrecht Construction, Inc. v. Secretary, Florida Department of Transportation, 12-13958 (11th Cir. 2013).

[4] Cuban Liberty and Democratic Solidarity (Libertad) Act of 1996.

[5] Iran and Libya Sanctions Act.

作为回击,以抵制任何宣称域外效力的外国法的适用或基于这些法律所实施的措施,并迅速向 WTO 提起争端解决请求。[1] 欧盟指控美国的域外制裁措施排除了欧盟成员国根据《关税与贸易总协定》和《服务贸易总协定》享有的与古巴进行自由贸易的权利。[2] 最后美欧进行谈判,达成谅解。[3] 美国给予欧盟豁免,欧盟则同意与美一道向相关国家施压,以使其遵守国际法。2010 年奥巴马政府在签署《全面伊朗制裁法》时,欧盟没有奋起反抗,反而颁布一个类似的条例,变相承认了美国这一域外制裁法令的效力。2012 年,欧盟、加拿大、挪威、新加坡和瑞士曾质疑美国佛罗里达州通过的法令违反了美国在 WTO《政府采购协定》中的义务,美国则表示佛罗里达州的法令未得到真正实施。

2014 年 3 月 16 日,克里米亚公投,脱离乌克兰加入俄罗斯,欧盟与俄罗斯对此持有不同观点,从而拉开了制裁与反制裁大战的序幕。乌克兰就俄罗斯采取的制裁措施向 WTO 发起了两起争端解决案。[4] 与此针锋相对,俄罗斯也发起了针对乌克兰的 WTO 争端诉讼。[5] 早期,俄罗斯也声称要对美国的制裁行为提起 WTO 争端解决。

五、联合国多边制裁与中国

(一)中国采取将联合国决议转化为国内法的方式

对联合国安理会采取的多边制裁,中国政府通常表示坚决贯彻,但根据中国国际法实践,联合国安理会决议不能在中国国内直接适用,需要转化为国内法。依据《对外贸易法》第 15 条第 11 项的规定,"根据我国缔结或者参加的国际条约、协定的规定,其他需要限制或者禁止进口或者出口的",可以采取限制或禁止措施。中国目前采用外交部下发通知的形式启动有关执行程序。这种外交部通知的对象是国务院各部委、各直属机构,各省、自治区、直辖市人民政府外事办公室。通知一般要求各部门"结合各自情况,采取具体措施,严格执行安理会有关决议规定。在执行过程中如遇重大政策性问题,请及时会商外交部"。从国内法律程序上讲,应当先由全国人大或授权将国际法转化为国内法。

(二)商务部、海关总署等针对企业的公告

在执行联合国针对朝鲜的制裁方面,主要有:商务部、海关总署《关于执行联合国安理会 2375 号决议的公告》(商务部、海关总署公告 2017 年第 52 号,2017 年 9 月 23 日执

---

[1] WT/DS38/1, United States – the Cuban Liberty and Democratic Solidarity Act.
[2] 沈伟、阮国英:《赫-伯法和达马托法的由来及其非法性》,载《国际观察》1997 年第 1 期。
[3] European Union – United States: Memorandum of Understanding Concerning the U. S. Helms – Burton act and the U. S. Iran and Libya Sanctions Act.
[4] DS499: Russia — Measures Affecting the Importation of Railway Equipment and Parts Thereof; DS532: Russia—Measures Concerning the Importation and Transit of Certain Ukrainian Products.
[5] DS512: Russia — Measures Concerning Traffic in Transit.

行),对涉及朝鲜进出口贸易的部分产品采取管理措施。[1] 2017年8月14日,商务部、海关总署发布《关于执行联合国安理会第2371号决议的公告》(商务部、海关总署公告2017年第40号,2017年8月15日起执行),对涉及朝鲜进出口贸易的部分产品采取管理措施。[2] 商务部、原工商总局发布《关于执行联合国安理会第2375号决议关闭涉朝企业的公告》(商务部、工商总局公告2017年第55号)。[3] 公告规定,朝鲜实体或个人在中国境内设立的中外合资经营企业、中外合作经营企业、外资企业应自联合国安理会第2375号决议通过之日起120天内关闭。中国企业在境外与朝鲜实体或个人设立的合资合作企业亦应按照上述安理会决议要求予以关闭。

(三)原银监会针对银行的通知

原中国银监会办公厅先后通过转发外交部关于执行联合国安理会制裁的通知的方式,要求银行系统执行相关联合国制裁。原中国银监会还从规范银行业服务企业走出去、加强风险防控的角度发布指导意见,如银监发〔2017〕1号[4]要求:"银行业金融机构应严格执行联合国安理会有关决议……及时录入、更新制裁名单,对借款人、汇款人、借款及收款单位的主要股东、高级管理人员受制裁的情况进行动态审查。"交通运输部国际合作司也先后发出多项通知,要求执行联合国相关制裁决议。如《关于执行联合国安理会第2280号决议的通知》,重申关于旅行的禁令。

(四)法律或仲裁机构相关诉讼

中国法院或仲裁机构无权裁判联合国安理会制裁决议的合法性。由于中国是通过国内法转化来实施联合国安理会制裁决议的,相关当事方可就国内法转化的适当性提出异议,从而涉及对相关联合国安理会制裁决议的理解适用是否适当的问题。例如,中国商务部、原工商总局为执行联合国安理会第2375号决议而发布了关闭涉朝企业的公告(2017年第55号),相关当事方可能就该公告决定是否侵犯了当事方的正当投资权益而提出诉讼。

中国与朝鲜于2005年签订了促进和保护投资协定,[5]中国上述按联合国安理会决议要求而解散朝鲜投资企业的行为,在该协定中并没有直接规定。该协定第5条规定了

---

[1] 商务部、海关总署《关于执行联合国安理会2375号决议的公告》,2017年9月22日发布。
[2] 商务部、海关总署《关于执行联合国安理会第2371号决议的公告》,2017年8月14日发布。
[3] 商务部、原工商总局《关于执行联合国安理会第2375号决议关闭涉朝企业的公告》,2017年9月28日发布。
[4] 原中国银监会《关于规范银行业服务企业走出去加强风险防控的指导意见》(银监发〔2017〕1号),2017年1月9日发布。
[5] 《朝鲜民主主义人民共和国政府和中华人民共和国政府关于促进和保护投资协定》,载中华人民共和国商务部网,http://tfs.mofcom.gov.cn/aarticle/h/at/200504/20050400033856.html。

损害与损失赔偿,即"缔约一方的投资者在缔约另一方领土内的投资,如果由于战争、全国紧急状态、武装冲突、暴乱或其他类似事件而遭受损失,缔约另一方给予其恢复原状、赔偿、补偿或采取其他措施的待遇,不应低于它给予本国或任何第三国投资者的待遇"。该条规定中的"其他类似事件"可以作为援引的理由。

六、中国应对美国制裁的方案

(一)中国进出口管制措施及其局限性

近年来,由于中美经贸摩擦,不少中国企业在国际交往和跨国经营活动中都受到了不同程度的影响和限制,这促使政府越来越重视出口管制领域的相关立法工作。在此背景下,我国《出口管制法》于 2020 年 12 月 1 日施行,该法系统梳理了之前的出口管制制度。[1] 这是我国出口管制领域的第一部具有统领性质的法律,其颁布与实施将正式确立中国出口管制相关法律体系与制度基础,为当前国际新形势下的出口管制工作提供更加有力的法治保障。同时,该法也在总结出口管制经验的基础上借鉴国际通行做法,增设了许可便利措施、管控名单等制度,完善和扩大了出口管制的管控范围,在管制物项对象范围方面增加了"技术资料",同时规定了"对等原则"。

虽然有了立法上的保障,但结合古巴对美国的进出口管制以及俄罗斯禁止进口美国农产品的经验,现阶段,中国对美国的进出口管制措施难以发挥预期的效果。美国对中国的出口管制主要集中于限制高科技产品和技术的输出。

高新科技是提高生产力的必要手段,对于美国来说,遏制我国发展,让我国在尽可能长的时间里只能是世界工厂的最有效的方式,就是让中国无法提高生产力,不会渔而只能不断从美国那里买鱼。现阶段该政策无疑是极其有效的,中国科技企业对出口管制的应对能力不足。研究发现,在同等条件下,美国对高技术出口管制宽松国家的科技创新的影响程度是对中国的 3.93 倍。相反,商务部《中国对外贸易形势报告》的数据显示,2021 年我国出口的产品还是以机电产品、劳动密集型产品为主。[2] 这些产品的生产可替代性强,难以对美国造成影响。但美国的科技霸权"冰冻三尺非一日之寒",我国要攻克这个屏障也非一日之功。我国一方面需要尽快另起炉灶发展自己的高新技术,另一方面对美国进出口管制导致利益受损的部分企业,需给予部分关注。在美国技术出口管制中,我国的科技企业创新能力较弱,尚未掌握关键技术,企业核心技术依赖于进口。从短期发展的角度来看,我国新发展的技术可能无法立刻站在世界前列,且发展技术的经济成本大于经济利润,但这是唯一的破局途径。

---

[1] 《出口管制法》,2020 年 10 月 17 日第十三届全国人民代表大会常务委员会第二十二次会议通过。
[2] 《中国对外贸易形势报告(2021 年秋季)》,载中华人民共和国商务部网,http://zhs.mofcom.gov.cn/article/cbw/202111/20211103221875.shtml。

(二)中国的不可靠实体清单制度及其存在的问题

美国商务部自2018年起,将中国数十个实体列入"实体清单"进行出口管制。作为应对,2020年9月,商务部正式公布了《不可靠实体清单规定》,[1]对不可靠实体清单制度的目的、列入标准和移出条件及程序,以及对被列入的外国实体可以采取的措施等作出了专门规定。该规定取得了一定的成效,而英方基于谎言和虚假信息,以所谓"新疆人权问题"为借口对中国有关个人和实体实施单边制裁,公然违反国际法和国际关系基本准则,粗暴干涉中国内政,严重损害中英关系。2021年3月26日,中国外交部发言人宣布,中方决定对恶意传播谎言和虚假信息的英方9名人员和4个实体实施制裁。自该日起,禁止有关的人员直系家属入境,包括香港特别行政区、澳门特别行政区,冻结其在华财产,禁止中国公民及机构同其交易。中方保留采取进一步措施的权利。被制裁对象之一的埃塞克斯园大律师事务所中除一名工作了18年的精英律师离职外,其新加坡分支机构完全解散,所内6名律师离职并成立新的机构。事务所的全球业务也可能受到负面影响。

但是,从条文的角度来看,《不可靠实体清单规定》仍存在一定局限:(1)不可靠实体清单制度的适用范围广泛,政治打击面大,但规定细节相对模糊,透明度的缺失可能会加大措施适用的不确定性。(2)不可靠实体清单的作用对象是外国实体,是要让外国实体在遵守美国法与遵守中国法之间作出选择,或者至少是在"配合"美国政府对中国实体的管制或制裁时自行权衡利弊,在相关做法上更加中立、慎重和克制。所以,会引发的问题是:相关实体的最终选择可能不取决于一方的决心和意志,而是取决于双方实力、手段和"筹码"的对比,或者说双方对相关实体的重要程度和"伤害"能力。对于很多实体而言,"配合"美国政府的管制或制裁措施本就有损其商业利益,属于非其所愿的不得不为,若因制度操作不够精细化、差别化而将这类实体也纳入打击范围,则不免造成殃及无辜的负面效果。故此,不可靠实体清单的实际操作,同样需要慎之又慎。

(三)中国的《阻断办法》及其局限性和建议

1. 中国《阻断办法》及其局限性

2021年1月9日,中国商务部公布了《阻断办法》,并于公布之日起施行。[2]《阻断办法》的出台,表明了中国政府反对外国法律与措施不当域外适用的严正立场,提供了保障企业合法权益的救济渠道,也体现了中国维护国际经贸秩序的责任担当。《阻断办法》有利于保护中国企业更好地参与国际经济贸易,减少中国企业在海外开展经贸活动

---

[1] 《不可靠实体清单规定》,中华人民共和国商务部令2020年第4号,2020年9月19日发布。
[2] 《阻断外国法律与措施不当域外适用办法》,中华人民共和国商务部令2021年第1号,2021年1月9日发布。

的不利因素。这为中国企业走出国门提供了一定的法律保障。但《阻断办法》也具有一定的局限性,主要表现在下列几个方面:(1)并未明确具体的阻断对象。评估确认会存在一定的主观性和不可预测性。(2)未涉及信息提供义务,不利于有关部门掌握较为全面的信息提供保护。(3)主管部门不承担自动保密义务。如果报告人要求保密,主管部门才会为其保密。这在一定程度上影响了报告人提供信息的积极性。(4)未明确违反《阻断办法》的判断标准。欧盟《阻断条例》设立了严格的判断标准,即"主动的作为"或"故意疏忽的不作为"才会被认定为对条例的违反。我国《阻断办法》缺乏相关的认定标准。(5)导致被动式申请豁免。例如,某些外国法律或者措施仅是导致部分中国企业的合法权益受到侵害,或者还有部分企业获得了外国政府的相关许可,如果将该外国法律或者措施列入禁令,则会导致之后的中国公民、企业或其他组织必须依法申请豁免,否则会构成对禁令的违反而承担法律责任。(6)尚有一些内容并未明确,包括未明确政府给予必要支持的内涵,未明确豁免制度的相关规则,未明确可赔偿损失的范围等。

2. 针对中国阻断立法缺陷的补救措施

(1)在阻断对象的规范路径上,中国在阻断法立法的过程中,应当根据自身的国情,选择适用于本国的立法模式。目前来看,相比于英国对不特定法律的阻断,欧盟的对明确列举的法律进行阻断的立法模式更加适合中国的立法传统和实践,也能够使相关主体有一定的预期。但中国的《阻断办法》目前采取的是英国路径。该路径的优点在于较为灵活,但也存在缺乏可预测性和有关部门自由裁量权较大的问题。可以考虑以欧盟路径,即以列举被阻断对象的路径为主,纳入英国模式下的一些规定,尽可能明确有关部门判断的标准。

(2)在阻断事项涵盖范围上,除对外国立法的域外管辖进行阻断外,我国还可以对执法和司法的域外管辖进行阻断。对执法的域外管辖可以专门制定禁止性条款,禁止我国相关主体遵守美国行政机关或其他国家机关发布的执法命令或措施。对司法的域外管辖,可以将重点放在域外证据开示程序命令以及美国法院判决的阻断上。

(3)结合本国政治和外交的需要,适当扩大阻断对象的范围。目前,中国同绝大多数受美国制裁的国家都存在良好的政治和经济关系,从国际政治和商业实践的角度看,中国阻断法可以考虑将美国对伊朗、俄罗斯、委内瑞拉、古巴等国实施的、具有适用于第三国的域外效力的制裁规则,以及美国针对中国香港特别行政区的所谓"香港人权与民主法案"等直接制裁纳入阻断范围。

(4)中国应当效仿欧盟的做法,为阻断法设置严格的适用程序。一方面,注意避免对中国相关主体造成"被动申请豁免"的负担。对于豁免标准,可以参考欧盟《阻断条例》的规定,要求遵守禁令所遭受的损害必须达到"严重的程度",并制定相关的认定标准;另一方面,需要制定判断主体违反阻断法的标准,避免有关主体陷入两难的境界。可以参考欧盟《阻断条例》的做法,即有关主体"主动的作为"或"故意疏忽的不作为"才会被认定为对阻断法的违反。

(5)在救济制度上,应明确、扩大索赔的对象,即所有因美国次级经济制裁获得收益的个人与实体均可成为索赔对象。至于能否对美国政府提起诉讼,我国阻断法可不作出正面的回答,而是作出笼统的规定,以保留对美国政府提起诉讼的可能性,增加我国与美国谈判的筹码。

(四)中国《反外国制裁法》及其局限性和建议

2021年6月10日,《反外国制裁法》由第十三届全国人民代表大会常务委员会第二十九次会议通过并施行。《反外国制裁法》的通过是中国对以美国OFAC为首的金融制裁规则的一次反击,凸显了中国坚决维护本国公司、组织和国家主权、安全、发展利益的坚定决心。针对美西方制裁,我们此前已积累了一些反制裁实践。比如,中国商务部曾在2021年1月出台了《阻断办法》;在2020年9月,还出台了《不可靠实体清单规定》。外交部也对在涉疆、涉港等问题上严重损害我方主权和利益的机构或人员宣布过制裁。但是这些都属于行政层面上的反制裁举措。这些措施在法律上位阶较低,缺乏一部综合性的国家法律为反制裁措施提供全方位的法律支撑和立法上的授权。《反外国制裁法》的颁布完善了我国的涉外法律体系,它的法律位阶更高,约束力更全面。有了这部法律,中国的公司、实体和个人今后将拥有充分的法律依据维护自己的权利。

1.我国《反外国制裁法》的局限性

(1)规范较为原则,缺乏可操作性。《反外国制裁法》只是原则性地规定反制措施的主管部门。《反外国制裁法》所规定的反制措施在实务中如何落地还有赖于执行细则的补充。

(2)没有界定反制对象的范围。阻断法的适用常常会随国际关系的变化而变化。各国在颁布阻断法的同时,往往会对阻断法的实施施加诸多限制条件,以对其形成有效控制,这些"控制节点"包括:①通过颁布立法"清单"的方式,限制阻断法的适用范围;②授权行政部门在阻断法的实施中掌握"控制节点"。例如,《阻断办法》第7条将该权力授予了中国商务部,其根据实际情况和一定的标准判断是否予以"阻断"。③对阻断法下的私人诉讼行为进行了严格的限制。如果这种国际政治工具可以随时随意由私人发起,不但会使其失去国际政治的工具价值,而且可能会出现滥诉,给本国利益造成更大的损害。④各国的阻断法还设立了一系列的配套制度,以限制阻断法被随意使用。例如,《阻断办法》中的"豁免"申请制度。

《反外国制裁法》第12条在阻断"外国直接制裁中国的情景"时,缺乏以上任何"控制节点"的规定。可能导致的法律后果有:第一,所有遵守外国对中国的制裁的中外企业,均已构成《反外国制裁法》第12条之下的违法,并随时有可能被起诉,这一群体目前数量庞大;第二,逼迫大量企业在中美之间"选边站",在中国业务量不大的企业,会逐步退出中国市场;第三,美国对中国的制裁越严厉、范围越广,全面撤出中国市场的外国企业就会越多,美国的反华政策就越有效;第四,由于美国存在对中国的"次级制裁"和"非典型初级制裁",第12条会导致遵守美国对中国"次级制裁"的第三国企业也面临在中国的违法风险,一定程度上放大了美国对华"次级制裁"和"非典型初级制裁"的效果;第五,中国企业会按照《反外国制裁法》第12条在中国法院被起诉,且无法申请"豁免"。

2. 对我国《反外国制裁法》的完善建议

(1)应尽快制定相关的实施细则。鉴于当前《反外国制裁法》第13条对通过"行政法规、部门规章"制定的相关反制措施进行了概括授权,中国商务部到时候可以就《反外国制裁法》第12条关于阻断"直接制裁中国的外国法律"的内容,颁布实施细则(该实施细则是不同于《阻断办法》的"报复性制裁立法"),设置相关"控制节点",并完善《反外国制裁法》第12条的其他制度性缺失。

(2)进行执法控制。可以通过最高人民法院下发通知的方式,要求各级法院在受理根据《反外国制裁法》第12条提起的诉讼前,逐级报请最高人民法院批准。这种方案操作最为方便,能够在第一时间形成司法机构的"控制节点",其优点是:一方面,能够降低中外企业对自己可能会立即遭到法律制裁的恐惧,降低当前第12条规定对我国经济的不利影响;另一方面,最高人民法院届时可以根据外交和政治需要,在个案中决定哪些案件可以被受理,这也是对那些极度反华实体的法律震慑,实现阻断法所要达成的"政治平衡"之效果。

(五)提升数字人民币以及人民币跨境支付系统的国际接受度

中国长期反制裁应对方式之一,是提升数字人民币以及人民币跨境支付系统(CIPS)的国际接受度。针对经济金融制裁,我国需尽量减少对美元以及SWIFT国际支付系统的依赖,通过完善发展CIPS,以及扩大数字人民币的域外接受度,提升人民币的国际信用,使人民币跨境贸易使用常态化,预防美国初级金融制裁对我国的冲击。目前,解决该问题的路径主要可分为以下两步。

第一,在国内支付环境中,快速全面地扩展数字人民币的使用和接入,尽快提升数字人民币的方便程度,借助支付宝和微信等支付平台已建立好的支付渠道和支付点,将支付宝和微信中的电子货币与数字人民币进行逐步替换。该问题既是重点也是难点,电子货币的使用具有一定的用户黏度,采用数字人民币更替电子货币,一方面需要采用现金奖励等方式增加吸引力,另一方面需要加强数字人民币系统与支付宝微信等系统的无缝衔接,减少使用阻力才能快速实现。

第二,数字货币的跨境使用可能面临小额交易到大额交易的逐步推广,可以采用"小额包围大额,发展中国家包围发达国家"的策略,逐步提高数字人民币的国际信用。针对初始的小额交易,可以通过电子商务平台的形式推广数字人民币的使用。同时,可以率先针对部分本国货币不稳定、依赖以美元为首的外国货币的发展中国家或低收入国家,大力推广人民币使用,完善便捷化数字人民币海外的小额网络兑换窗口,吸引境外小额交易积极使用数字人民币。发达国家已经存在较为完备且黏度较高的信用卡体系,对这些国家宣传数字人民币的效果有待进一步讨论。

对于增加人民币在外贸等大额跨境交易中的使用的问题,则需要在提升人民币在国际支付中的接受度及信用性等国际认同的基础上,争取国际社会对我国新支付结算系统 CIPS 的认同。在大额交易中推广人民币的使用,不仅需要维持汇率稳定,增加系统的便捷性,还需要附加额外较强的吸引力和驱动力,并给予相关方一段尝试时间,才有可能使各国逐渐接受并建立起对我国支付系统的信任。同时,我国也要积极与相关国家的中央银行沟通,达成货币双边互换协议,增加相关互换金额。

作为第一个依托于电子形式的重要主权货币,数字人民币给了人民币在他国日常交易中使用的机会,增加了人民币在他国流通的可能性,同时给我国带来个人信息规范领域的国际挑战。虽然在短期内,数字人民币在域外可能率先吸引汇率相对不稳定的发展中国家,以及小额交易的青睐,但这也有助于增强我国与新兴国家的经济往来,突破美国以及其他发达国家对我国的潜在封锁。

(六)在贸易中适当采取"以物易物"方式

中国长期反制裁应对方式之二,是"以物易物"。可实施这种做法以规避美国制裁,绕开美元联系的有昆仑银行。昆仑银行和伊朗采取的是最原始的交易模式,即"以物易物"。昆仑银行主要从伊朗购买石油,但由于美国制裁,无法支付美元。所以,买卖双方就想出这种办法。打个比方:中石油从伊朗采购了 100 万美元的石油,中石油不必实际支付 100 万美元,而是通过昆仑银行给伊朗打个 100 万美元的"欠条"。当伊朗商家从中国供应商采购产品的时候,伊朗商家可以用本国的货币向本国银行申请美元。比如,伊朗客户 A 从中国采购了 3 万美元的货物,他就可以向银行支付相当于 3 万美元的里亚尔,委托银行向中国商家支付。这时候,伊朗银行就会通知昆仑银行,有 3 万美元的账结清了,现在只欠 97 万美元了。昆仑银行收到指示后就会通知中国的商家:3 万美元到账之后就可以结汇。于是,中国商家就可去昆仑银行进行结汇。所以,在整个交易过程中,虽然伊朗买家和中国供应商都是以美元作为交易货币的,但实际上,美元根本没有进行流通,只是中伊两国的两笔账相互抵销了。

(七)双边货币互换协议

中国长期反制裁应对方式之三,是双边货币互换协议。货币互换,通常是指市场中持有不同币种的两个交易主体按事先约定,在期初交换等值货币,在期末再换回各自本金并相互支付相应利息的市场交易行为。以此约定为基础签订的协议称为双边货币互换协议,旨在保持双方贸易的正常发展,避免周边金融不稳定带来的不利影响。过去几年里,我国已与全球范围内的 39 个国家(包括土耳其、新西兰、韩国等)的央行签署了货币互换协议,规模已经达到 3.47 万亿元人民币,人民币已经成为世界上最大的货币互换圈。这种货币互换有利于应对制裁:一方面,稳定货币汇率;另一方面,与越来越多的国家进行货币互换,实际上代表着中国的人民币正在一步步实现国际化,未来中国进行国际贸易可能就不再需要使用美元了,由此可以扩大人民币结算范围。这也就意味着中国和其他国家可以不受美国以美元为手段的经济制裁了。这对中国是非常有利的。

总之,随着经济全球化的迅速发展,传统跨国公司成长为全球型公司,企业竞争从过去单个企业间的竞争上升到全球价值链的竞争,企业竞争方式发生了重大变化。合规竞争成为全球化企业新的竞争规则。针对制裁,中国应当从国际层面、国家层面、企业层面分别作出应对。在国际层面,中国应当充分利用现有的国际机制应对经济制裁。这不仅包括利用联合国平台谴责他国采取的单边制裁措施,也包括通过双边政治谈判协商解决制裁问题。此外,通过WTO争端解决机制也是一种常见的解决途径。但利用联合国平台进行谴责仅能在道义上占据优势地位,难以为实际问题纾困;WTO的争端解决机制随着WTO本身陷入困境而难以发挥有效的作用。在前述两种措施失灵的情况下,双边政治谈判能够将双方核心关切呈现到谈判桌上,是当前最优质的解决手段。

在国内层面,或可尝试建立不可靠实体清单并借鉴欧盟的阻断立法。中国商务部称中国将建立不可靠实体清单,将不遵守市场规则、背离契约精神、出于非商业目的对中国企业实施封锁或断供、严重损害中国企业正当权益的外国企业组织或个人列入不可靠实体清单。[1] 欧盟阻断立法通常涵盖了阻断条款、报告义务、不承认条款和补偿条款。其中,阻断条款要求任何欧盟境内的人均不得遵守外国的经济制裁法规;报告义务则规定受到影响的欧盟自然人、法人向欧盟委员会进行汇报;不承认条款规定欧盟法院不得执行外国的经济制裁判决;补偿条款则授权欧盟自然人、法人就经济制裁损失在欧盟进行反诉,通过查封美国公司资产的方式获得救济。[2]

―――― **思考题** ――――

1. 单边制裁具有哪些特点?
2. 应对单边制裁有哪些途径?并进行评价。
3. 如何规避单边制裁的风险?

―――――――

[1] 中华人民共和国商务部:《中国将建立不可靠实体清单制度》,载中华人民共和国商务部网,http://www.mofcom.gov.cn/article/i/jyjl/e/201905/20190502868927.shtml。
[2] 杜涛:《国际经济制裁法律问题研究》,法律出版社2015年版,第164页。

第四部分

数据治理的前沿问题

专题六

数据合规及相关热点问题

▢ 教学目标

本专题通过疏理跨境数据流动的基本理论及热点问题,比较研究各国和全球框架下的数据治理的法律规范,进而应对数据跨境流动、数据安全等带来的规制难点。

▢ 研究背景

从 2015 年《国家安全法》施行到 2017 年《网络安全法》生效,再到 2021 年《数据安全法》《个人信息保护法》公布,我国逐渐形成一个全面规范网络安全保护、数据安全保护、个人信息保护的法律体系。在理论研究方面,数据跨境流动也一直是热点问题。

▢ 研究与思考方向

国内外有关跨境数据及其治理的研究十分广泛,其中主要的研究方向有三类。

(一)跨境数据流动治理的范畴研究

关于跨境数据流动治理问题,国内外普遍认为主要涉及数字经济、数据主权和数据安全三个方面。中国学者张茉楠认为,全球数据量呈现指数级增长,使得数据的全球化属性、资产属性以及流动属性日益增强,数据流动对全球经济增长的贡献早已超越以商品、服务、资本、贸易、投资为代表的传统形态,而且随着国际社会日益数字化,跨境数据流动越来越独立地发挥作用,数据经济已然成为推动新一轮全球化的新的增长引擎。数字经济时代,离不开数据的跨境流动,国际社会逐渐认识到数据不仅能带来巨大的经济效益,同时也对个人隐私和国家安全构成巨大冲击,因此,各国加强了对数据的保护,重视数据带来的安全隐患。美国学者吉恩·马克认为,"数据本地储存"成为各国保护数据安全的首选,但他认为这一举措会加剧各国围绕"数据主权"的争夺,进而可能演变成国际博弈。

(二)各国家和地区数据治理政策的对比研究

由于欧盟和美国已经各自形成了一套跨境数据流动的治理模式和规则体系,这两种模式构成了跨境数据流动全球治理国际格局的主流,因此,国内外的学者大多数聚焦于欧盟和美国跨境数据治理政策的比较。国内学界主要侧重于分析欧盟和美国的政策体系形成的背景条件、价值取向和模式效果的差异。例如,中国学者吴沈括在《数据治理的全球态势以及中国的应对策略》中认为,欧盟的制度设计强调对个人数据的充分保护,要求行为体在进行个人数据处理时风控合规,而美国则依照市场自由优先的原则制定规则。欧美学者更侧重于对已经形成的这两个跨境数据流动规制体系中的具体规则和法律问题进行深入探讨。例如,诺拉·尼认为欧盟和美国的跨境数据流动规则经过了从不确定、不成熟到日益细化、适用性更强的发展过程。纪梵尼·布塔莱利则主要对欧盟《通用数据保护条例》中规定的数据主体的权利和独立监管机构的权责进行单独讨论,认为这一法律治理视角的创新在全球数据保护法规方面具有引领作用。另外,有少数学者对日本的《个人信息保护法》、澳大利亚的《隐私法》、俄罗斯的《联邦数据保护法》和新兴经济体的数据治理政策进行了对比研究。

(三) 全球框架下的国际规制研究

国内外学界普遍认为,跨境数据流动已经成为全球数字治理的焦点,是一个涉及广泛主体的综合性议题,也是未来大国战略博弈的核心之一。要使跨境数据流动在未来能促进全球化进一步发展,释放出数据流动带来的活力,而不是加剧国际局势的危机,加强国际协调与合作,制定一套全球统一的国际规则至关重要。中国学者贾开、陈少威从制度演进的视角对跨境数据流动全球治理体系的演变进行了梳理,认为统一的全球跨境数据的治理规制主要依靠国家行为体,认为各个国家在制定国内法规时应与现行主导的规则接轨,从而提出"双目标"治理,但是其主要依托的依然是欧美的跨境数据流动治理规则。澳大利亚学者 Dan Jerker 认为建立一个基于"共同理念"的数据共同体更为可行,认为"共同理念"有助于跨境数据治理的全球机制的形成,他这一观点主要是基于欧日在跨境数据方面达成的"对等充分协议"以及欧美签署的《隐私盾协议》。

文献综述

(一) 中文文献综述

数字贸易发展依赖数据的自由跨境流动,其中个人数据流动所带来的个人隐私风险是最重要的挑战之一。基于此,部分国家开始采取限制数据流动的措施,以保护其本国公民的个人隐私安全,但如果此类措施设置不当,也可能对数字贸易构成新壁垒。

总体而言,我国学者多集中于对国内外规制模式的比较研究。我国目前的研究成果中,鲜有从贸易角度出发,专门探讨数据跨境流动规则的专著,目前对个人数据跨境流动规则进行探讨的专著,也只是将跨境数据流动纳入个人数据保护的章节进行讨论。例如,武汉大学孔令杰教授的《个人资料隐私的法律保护》,首先探讨了个人信息隐私保护问题的法理基础,紧接着介绍和分析了欧美的个人数据保护模式,并从跨境和全球的角度深入探讨了个人数据保护法中的重点问题。研究数字贸易下个人数据跨境流动的期刊论文则具有较强的时效性,着眼于当下热门的问题,具有较高的参考价值。

1. 数据跨境流动与数字贸易壁垒

国内有很多分析这两个问题的文章,这些文章都无一例外地指出了数据自由跨境流动和个人隐私保护之间的冲突,也论证了一国从保护其本国公民个人隐私的角度出发,采取的限制个人数据跨境流动措施具有一定的正当性。但同时也指出,如果限制措施不当,将可能违反国际义务,构成数字贸易壁垒,进而引发国际争端。因此,如何在保证一国实现其合法政策目标的前提下,避免限制个人数据流动的措施造成新的贸易壁垒是数字贸易发展亟待解决的问题。例如,彭德雷教授将数字贸易的风险分为两类,数字贸易本身对国家安全、消费者隐私等带来的危害为原生风险,而国家为了实现合法政策目标采取的规制措施,可能会违反其国际法义务,这就是次生风险。[1] 赵骏、向丽也指出了相同的问题,并且进一步指出个人信息跨境流动规制需要植根于国际和国内的双重法治环境。因此,有必要从国内和国际两个角度出发,研究如何在个人数据跨境流动中实现隐私保护和数据流动的平衡。[2]

2. GATS下限制个人数据流动的措施

目前从GATS角度研究限制数据流动措施或数据本地化措施合法性的人数远多于以区域贸易协定作为研究对象的学者,因此可检索到的文章数量也较多。在笔者检索到的文章中,陈咏梅、张姣[3]和彭岳[4]的文章对GATS下限制个人数据流动措施的合法性分析得最为全面和详尽,两篇文章都研究了GATS对涉及个人数据流动的措施的适用性、市场准入、国民待遇及一般例外条款。陈咏梅、张姣和彭岳通过对GATS相关规则的研究,最终得出了相似的结论,WTO未能对限制个人数据跨境流动措施进行直接规制,导致法律适用上的不确定性,这种不确定性体现在即使通过技术中立原则,将限制个人数据跨境流动的措施纳入GATS的管辖范围,该类措施是否符合一般例外的规定也存在不确定性,何况,目前GATS对个人数据跨境流动规则的适用不属于原则,而是要在个案中进行解决。

3. CPTTP中的数据跨境流动规则

CPTPP被誉为较高标准的区域贸易协定,受到学者们的关注,且CPTPP的最终文本已对外公布,故检索到的涉及CPTPP数据跨境流动规则的文章远多于涉及其他区域贸易协定的文章,但很多文章只是简单介绍了CPTPP第十四章电子商务的具体规定,并未

---

[1] 彭德雷:《数字贸易的"风险二重性"与规制合作》,载《比较法研究》2019年第1期。
[2] 赵骏、向丽:《跨境电子商务建设视角下个人信息跨境流动的隐私权保护研究》,载《浙江大学学报(人文社会科学版)》2019年第2期。
[3] 陈咏梅、张姣:《跨境数据流动国际规制新发展:困境与前路》,载《上海对外经贸大学学报》2017年第6期。
[4] 彭岳:《数据本地化措施的贸易规制问题研究》,载《环球法律评论》2018年第2期。

对其展开分析。如李海英[1]对当前多、双边自由贸易谈判中跨境数据流动议题的情况进行了梳理,而李墨丝[2]不仅较为详细地分析了CPTPP的条款及其重要影响,而且指出了,从CPTPP中关于适用范围的规定可以看出,CPTPP数字贸易规则的水平明显低于预期。

4. TISA和TTIP中的数据跨境流动规则

由于TISA和TTIP的谈判仍在进行,国内对其讨论的文章数量不多。其中,李墨丝的研究是基于维基解密泄露的文件展开的,他对TISA和TTIP的相关内容和谈判进展进行了梳理。此外,李墨丝也从欧盟和美国数字贸易治理理念的差异出发,深入地分析了TISA和TTIP中双方在数据跨境流动规则和个人隐私保护方面的博弈,从而得出了结论,TISA和TTIP很难取得大幅度的突破。

5. 欧盟和美国的数字贸易治理理念的差异

周念利、陈寰琦[3]指出,欧盟在"隐私保护"方面具有坚定的立场,隐私保护在欧盟立法中被视为优先事项,隐私保护也是欧盟谈判的底线,任何会降低欧盟隐私保护水平的规定都难以达成。欧盟的隐私保护具有相当高的水准,也因此导致欧盟参与的涉及隐私保护的个人数据跨境流动议题搁浅。戴龙[4]梳理了欧盟个人隐私保护立法及其实践探索。刘云[5]则梳理了欧盟个人信息保护法的发展历程,指出其与美国的不同,欧盟相信严格的个人数据保护制度不会阻碍信息技术的发展;相反地,良好的个人信息保护将进一步激发商业活力。正是在这样的指导思想下,欧盟确立了不同于美国的规制路径,形成了个人信息保护统一立法和以预防为主的规制模式。张生[6]梳理了美国在世界贸易组织(WTO)框架下的相关议题,以欧盟关于数据流动的安排,以及在自由贸易协定中的实践,归纳出美国重数据自由流动轻政府监管的原则。许多奇[7]比较了欧盟和美国立法规制的内容,深入探讨了各自立法模式背后的利益诉求,对当下数据跨境流动的国际格局作出了一个清晰的阐释。

6. 我国的跨境数据流动规制

我国学者一般会先对国内外的数据跨境流动规则进行比较研究,在归纳总结我国

---

[1] 李海英:《大数据发展及其立法挑战》,载《信息安全与通信保密》2015年第6期。
[2] 李墨丝:《超大型自由贸易协定中数字贸易规则及谈判的新趋势》,载《上海师范大学学报(哲学社会科学版)》2017年第1期。
[3] 周念利、陈寰琦:《数字贸易规则"欧式模版"的典型特征及发展趋向》,载《国际经贸探索》2018年第3期。
[4] 戴龙:《论数字贸易背景下的个人隐私权保护》,载《当代法学》2020年第1期。
[5] 刘云:《欧洲个人信息保护法的发展历程及其改革创新》,载《暨南学报(哲学社会科学版)》2017年第2期。
[6] 张生:《美国跨境数据流动的国际法规制路径与中国的因应》,载《经贸法律评论》2019年第4期。
[7] 许多奇:《个人数据跨境流动规制的国际格局及中国应对》,载《法学论坛》2018年第3期。

存在的不足后,为我国完善数据流动规则提供建议。张金平[1]为我国应对数据跨境流动的国际规制提供了三点建议。首先,各国规制数据流动的关键都在于平衡消费者利益、国家安全利益以及产业发展利益。我国采取了安全评估和有限跨境转移的规制模式,体现了我国平衡三者利益的立法指导思想。我国的《网络安全法》中目前更多的还是政府监管,未来需要强化企业对个人数据的保护。其次,我国对《网络安全法》的具体术语的解读应当谨慎,从而更好地平衡国内和国际市场。最后,从现阶段发展来看,我国对数据跨境流动进行限制具有一定的合理性和正当性,但是要加强国内立法与国际规则的协调。胡炜[2]在对全球范围内最常见的4种规制模式进行分析后,得出结论,即应当确立数据主权保护优先、个人信息保护与经济发展并重的原则,在此原则的指导下,对跨境数据进行分类监管;此外,还要依托跨境贸易的中国方案和"一带一路"共建国家,从区域贸易协定开始参与国际规则的制定。黄道丽、何治乐[3]通过研究欧美两大数据跨境流动规制模式,剖析其背后的国家利益,从而建议我国完善数据跨境流动的管辖权、提高法律的可操作性,加强国际协调。

(二)外文文献综述

发达国家基于技术发展的优势,在数据跨境流动规则的研究方面一直处于领先地位,相比我国学者而言,外国学者对贸易与数据流动的研究和关注更多,大多采用比较研究的方法。

1. GATS下限制个人数据流动措施的合法性分析

Sen Nivedita[4]重点分析了WTO框架下各种限制个人数据跨境流动规则的合法性,并提出修改当前的多边贸易规则,采取数据分类,根据不同的分类施加不同的数据跨境流动规则的方式,破除WTO的僵局。Mishra Neha[5]专门研究了一国为保护个人隐私安全和国家安全,而采取的限制数据流动措施是否能够满足GATS的一般例外条款的规定。Mishra Neha指出,通过这些检验方法,可以识别那些伪装成隐私保护措施的贸易壁垒。然而,由于缺乏法律约束力,GATS的一般例外条款的作用是有限的。最终,确保数据自由、安全地流动需要多维度的政策回应,包括加强贸易规则与互联网治理之间的联系。

---

[1] 张金平:《跨境数据转移的国际规制及中国法律的应对——兼评我国〈网络安全法〉上的跨境数据转移限制规则》,载《政治与法律》2016年第12期。

[2] 胡炜:《跨境数据流动立法的价值取向与我国选择》,载《社会科学》2018年第4期。

[3] 黄道丽、何治乐:《欧美数据跨境流动监管立法的"大数据现象"及中国策略》,载《情报杂志》2017年第4期。

[4] Sen Nivedita, *Understanding the Role of the WTO in International Data Flows: Taking the Liberalization or the Regulatory Autonomy Path?*, Journal of International Economic Law, 2018.

[5] Mishra Neha, *Privacy, Cybersecurity and GATS Article XIV: A New Frontier for Trade and Internet Regulation?*, World Trade Review, 2019.

2. 区域贸易协定下的数据跨境流动规则

国外学者对区域贸易协定下数据跨境流动规则的研究往往是将多个协定进行比较研究。例如,Mitchell Andrew D. 和 Jarrod Hepburn[1]分析了 GATS 和 TPP 框架下的数据跨境流动规则。Hodson Susannah[2]也对 GATS 和 CPTPP 框架下的数据跨境流动规则进行了分析,还进一步指出 CPTPP 相对于 GATS 而言,取得了很大的突破。此外,TPP 的文本已对外公布,对 TPP 具体条款的探究也是国外学者关注的问题。如 Peng Shin-yi 和 Liu Han-wei[3]对 TPP 下的数据本地化存储进行了分析。TTIP 的文本尚未公布,学者对 TTIP 的研究主要是从欧美两大经济体数据跨境流动治理理念的差异出发,预测 TTIP 的发展。例如,Weber Rolf H. 在比较了欧盟和美国的数据保护规则后指出,欧盟设置了高水平的个人数据保护标准,而美国更多是依赖于行业自律监管;此外,作者还分析了数据跨境流动可能引发的风险和挑战。

数字技术的发展大大提高了互联网的应用,但同时,其应用也存在很多安全问题,如计算机病毒、木马病毒、漏洞攻击等,可能导致数据被泄露或被篡改,在数据全生命周期还涉及个人隐私的保护、数据安全、数据的跨境流动等合规问题。随着人工智能技术的高速发展,问题也越来越多地涉及人工智能是否有主体资格以及相关责任的承担等方面。从 2015 年《国家安全法》颁布施行到 2017 年《网络安全法》生效,再到 2021 年 9 月 1 日实施的《数据安全法》,我国逐渐形成一个全面规范网络安全保护、数据安全保护、个人信息安全保护的基础法律体系。同时,网络安全、数据安全、个人信息安全审查办法、规范、标准不断发布,保护体系持续完善细化。2021 年 12 月 12 日国务院印发《"十四五"数字经济发展规划》,明确将"安全有序"作为基本原则之一,指出应"牢牢守住安全底线",在"优化升级数字基础设施"方面,要求建设"安全可控的智能化综合性数字信息基础设施",在"充分发挥数据要素作用"方面,要求"强化数据安全风险评估""推动基础公共数据安全有序开放"。[4] 本专题涉及的是网络安全的法律规制。

一、"第五空间"与总体国家安全观

(一)网络主权是国家主权的自然延伸

网络空间不是法外之地,网络主权是国家主权在网络空间的自然延伸,我国首次提

---

[1] Mitchell Andrew D. & Jarrod Hepburn, *Don't Fence Me In: Reforming Trade and Investment Law to Better Facilitate Cross-Border Data Transfer*, Yale JL & Tech, 2017.

[2] Hodson Susannah, *Applying WTO and FTA Disciplines to Data Localization Measures*, World Trade Review, Vol. 18:4, p. 579-607(2019).

[3] Peng Shin-yi & Liu Han-wei, *The Legality of Data Residency Requirements: How Can the Trans-Pacific Partnership Help?*, Journal of World Trade, 2017.

[4] 国务院《关于印发"十四五"数字经济发展规划的通知》,载中华人民共和国中央人民政府网,www.gov.cn/zhengce/content/2022-01/12/content_5667817.htm。

出"网络主权"的概念是在2010年国务院新闻办公室发表的《中国互联网状况》白皮书中,《中国互联网状况》白皮书指出,"互联网是国家重要基础设施,中华人民共和国境内的互联网属于中国主权管辖范围,中国的互联网主权应受到尊重和维护"[1]。网络主权和数据主权都是国家主权在互联网空间的延伸,是国家主权适应新时代发展对主权理论的丰富。两者既有区别也有联系,两者的侧重点不同,网络主权更加强调主权的范围,数据主权是国家经济主权的体现,更强调对数据这一特殊资源的控制与利用。[2]数据的流动影响着数据主权的行使,而数据主权对数据流动的管理和控制影响着网络主权的行使。[3]近年来网络与数据安全事件频繁出现,为了有效行使国家主权,保障国家安全,各国纷纷通过立法应对没有物理边界的网络与数据空间安全问题,也提出了网络与数据管辖权的问题。网络与数据管辖权是以大数据时代的新兴问题,传统的管辖权理论必然有其不适用之处,传统的管辖权理论是以领土的属地管辖为主的,而同一网络空间的网络与数据可以关联到任意的物理空间,[4]传统的管辖权理论难以解决网络与数据的管辖权问题。

(二)互联网络空间被称为"第五空间"

传统的国家主权定义于有形空间上,如领土、领海、领空三个空间。依靠科技的太空控制权被理解为国家主权的"第四空间"(或称领宇),计算机代码控制的互联网网络空间被称为"第五空间"(或称领网)。[5] 没有有形的边界界定"第五空间",其主要靠知识产权、文化和价值观念、技术壁垒等界定。"第五空间"是全球公域的一部分,也是各国必争的新领域,承载的是物理世界的信息和数据,是现代主权观念超越传统主权观念在法理层面的外化。在该领域,非传统安全威胁日益凸显,对国家安全造成冲击。在此背景下,坚持网络与数据主权成为维护国家安全的必然路径。数据管辖权来源于国家主权,数据主权同样体现在对内与对外两个维度:对内体现为一国对其数据生成、存储、传输传播和交易活动拥有最高权力;对外体现为国家有权自主决定采取何种方式,经由何种程序参与国际数据活动,在国家的数据利益受到侵犯时有权采取自保措施。[6] 对数据跨境流动的管理不仅是网络空间中国家主权的行使方式,也是数据主权的重要内容。

---

[1] 《中国互联网状况》白皮书,载中华人民共和国国务院新闻办公室网2010年6月8日,http://www.scio.gov.cn/ztk/dtzt/28/3/Document/661296/661296.htm。
[2] 史宇航:《主权的网络边界——以规则数据跨境传输的视角》,载《情报杂志》2018年第9期。
[3] 大数据战略重点实验室:《数据法2.0 数权的制度建构》,社会科学文献出版社2020年版,第201页。
[4] 杨汝玲:《大数据时代的数据管辖权探究》,载《浙江万里学院学报》2021年第4期。
[5] 山丽网安:《第五空间争夺战开始网络数据安全全球瞩目》,载百度文库网2022年5月7日,https://wenku.baidu.com/view/d4b5a3b15022aaea998f0f77.html。
[6] 刘连泰:《信息技术与主权概念》,载《中外法学》2015年第2期。

《网络安全法》第 1 条"立法目的"开宗明义,明确规定要维护我国网络空间主权。网络空间主权是一国国家主权在网络空间中的自然延伸和表现,对内指国家有权独立自主地发展、监督、管理本国互联网事务,对外则指防止本国互联网受到外部入侵、攻击。[1]《联合国宪章》确立的主权平等原则是当代国际关系的基本准则,覆盖了国与国交往的各个领域,其原则和精神也应该适用于网络空间。各国自主选择网络发展道路、网络管理模式、互联网公共政策和平等参与国际网络空间治理的权利应当得到尊重。

(三)通过安全审查搭建数字疆域

随着信息时代特别是网络时代的到来,信息空间被称为"第五空间"。"第五空间"并无现实物理的边界,国家通过对数据的控制搭建数字疆域,数据安全审查就是有效的数据控制途径。以美国为例,美国即通过国内立法和国际协定形成数据的汇集,在国内法方面,美国通过 2018 年《云法案》(Cloud Act)[2]强化对实体和个人的数据跨境调取能力,同时,禁止受美国法管辖的实体和个人向境外政府提供关于通信内容的数据,规定只有与美国政府签署了协定的"适格国家",才能够直接向美国的公司调取数据。《外国公司问责法案》及其配套规定则规定了对存储于境外的审计底稿的调取权力。其《确保信息和通信技术及服务(ICTS)供应链安全》的规定将"外国敌手"所设计、开发、制造或提供的互联网软件应用程序和设备排除在美国的供应链之外,进一步避免了美国数据的"不当流出"。在国际方面,美国通过其推行的亚太经济合作组织(APEC)项下的跨境隐私规则体系(Cross Border Privacy Rules,CBPRs),将日本、加拿大、新加坡等盟友纳入该体系,并借助美国产业界超强的实力,最终实现数据向美国企业和美国本土的汇集。[3]通过依其立法的"调取"将数据汇集美国,通过"限制"措施避免数据外流,从而有效地打造其"第五空间"。2020 年 8 月,美国宣布"清洁网络"计划(Clean Network Program),认为抖音、微信等中国手机应用程序收集了美国公民的个人数据,称要从运营商、应用程序、应用商店、云存储、电缆 5 个方面将中国企业从美国数字网络中清除。[4]可见,随着网络技术的发展,网络和数字在国际关系中的重要性越发突出。美国正在通过各种安全措施搭建其数字领域。

---

[1] 赵鑫鑫:《网络空间主权原则的确立与实现》,载《人民法治》2017 年第 9 期。
[2] 美国《云法案》(Cloud Act)的全称是《澄清境外合法使用数据法案》(the Clarifying Lawful Overseas Use of Data Act),2018 年 3 月 23 日美国国会通过。
[3] 洪延青:《与时俱进筑牢国家安全的审查防线》,载映像新闻网 2022 年 1 月 6 日,news. hnr. cn/rmrtt/article/1/1478899640564199426。
[4] 赛博安全:《美国宣布"清洁网络"计划,清除"不受信任的"中国应用程序》,载百家号网 2020 年 8 月 10 日,https://baijiahao. baidu. com/s? id = 1674578793474558014&wfr = spider&for = pc。

(四)通过网络攻击威胁"第五空间"的国家安全

近年来全球范围内针对关键信息基础设施的网络攻击行为不断发生,涉及金融、能源、工业控制、交通、医疗卫生等领域,影响范围广泛。云计算、5G、大数据中心、工业互联网等新一代数字基础设施的规模化建设和应用,更凸显对关键信息基础设施和重要信息系统保护的重要性。2018年全球供应链网络攻击暴增78%,2019年仍在持续扩大增长。2021年,勒索软件攻击数量急剧攀升。依威瑞森《2021年数据泄露调查报告》,勒索软件攻击频率占全部网络安全事件的10%。网络安全公司Coveware调查发现,勒索攻击动机也开始从单纯追求经济利润到针对重要关键基础设施以及供应链,以期造成重大社会影响,如对美国科洛尼尔管道的攻击导致美国东海岸近45%供油量的输油干线被迫关闭,美国JBS食品公司遭攻击引发全球肉类短缺恐慌。[1] 这类攻击利用信息产品的安全漏洞或脆弱环节,通过入侵和感染重要系统,造成设备破坏、敏感数据丢失等后果,以实现对关键信息基础设施的破坏性打击。

(五)他国通过安全审查保护关键基础设施

为了确保信息产品和服务的安全性,美国、德国、英国、俄罗斯、澳大利亚等国纷纷建立了网络安全审查制度,[2] 并用于投资和采购领域。2021年11月美国通过《安全设备法案》,该法案禁止美国联邦通信委员会审查或颁发新的设备许可证给该委员会"对国家安全构成威胁的通信设备和服务清单"上的公司。

美国涉及安全审查的规则散见于各类涉及投资、安全、采购等的立法中,如《外国投资和国家安全法》《外国人合并、收购和接管规定》《WTO政府采购协议》《电信法》《1997年外商参与指令》《奥姆尼伯斯贸易和竞争法》《国防生产法》等,这些法律构成了美国信息安全审查的一整套法律法规。在机构上,CFIUS负责国家安全审查工作,组织调查活动,并决定是否提请总统审议或采取一定措施;总统享有较大自由裁量权和最终决定权,当其判断交易可能危及美国国家安全时,可以中断、禁止这些交易。CFIUS的成员由财政部、司法部、国土安全部、商务部、国防部、能源部、美国贸易代表办公室等九部门共同组成,必要时还包括管理和预算办公室、经济顾问委员会、国家安全委员会、国民经济委员会、国土安全委员会。对通过CFIUS审查的交易,外国企业必须与美国的安全部门签署安全协议。协议包含公民隐私、数据和文件存储可靠性以及保证美国执法部门对网络实施有效监控等条款。被审查企业签署网络安全协议,协议的内容通常包括:通信基础设施必须位于美国境内;通信数据、交易数据、用户信息等仅存储在美国境

---

[1] 桂畅旎:《2021年全球网络空间安全态势回眸》,载《中国信息安全》2021年第12期。
[2] 胡影:《网络安全审查视角下的供应链安全风险分析》,载中华人民共和国国家互联网信息办公室网,www.cac.gov.cn/2020-05/03/c_1590051734465847.htm。

内;若外国政府要求访问通信数据,必须获得美国司法部、国防部、国土安全部的批准;配合美国政府对员工实施背景调查等。[1]

英国网络安全认证制度由政府通信总部(GCHQ)实施,英国有世界上最严格的国家级安全评估中心,其网络安全审查制度具有一定的技术本位特征。只有通过政府通信总部安全认证的产品和服务,才可为英国政府机构信息系统所使用,否则将被视为违法。国外设备商须自建安全认证中心,并提交源代码。[2] 2013年12月17日,英国政府发布对中国华为公司在英运营的网络安全评估中心的审查报告,称其运营安全有效,是"政府与企业合作的典范"。不过报告也同时建议,政府仍需对该中心加强监管。[3]

印度的网络安全审查制度由内政部负责,其重点是加强对通信产品及"关键核心设备"运营商的管控,印度电信部对电信设备采购进行严格的安全审查,要求国外企业向第三方检查机构提交设备和网络源代码,并要求运营商制定明确的安全政策和网络安全管理措施,对整个网络安全负责。2011年印度出台《国家网络安全策略(草案)》,强调发展本土信息技术产品,减少进口高科技产品对国家安全可能带来的威胁。2013年印度通信和信息技术部公布的《国家网络安全政策》试图建立一个网络安全总体框架,为政府、企业和网络用户有效维护网络安全提供指导。[4] 2014年印度国家安全委员会称,中国企业生产的SIM卡使印度国内电信与银行网络更容易遭受黑客攻击,印度国内将面临来自国内外的"安全威胁"。印度国家安全委员会认为应确保全印度所使用的SIM卡均为印度国产SIM卡,并重点确保内政部的信息安全。[5]

(六)我国法律有关"第五空间"管辖权的规定

从外部来看,美国作为互联网的发源地,利用其技术和域名管理优势,实行网络霸权威胁他国的网络安全。例如,美国情报机构每年出资数千万美元用来对中国网民进行思想渗透、策反,研究出2000多种病毒武器,制定了国家网络安全发展战略,严重威胁着我国的现实安全和网络安全。从国内因素看,我国的网络违法犯罪呈上升趋势,个人隐私泄露、网络诈骗、网络谣言、网络色情和网络暴力等现象层出不穷。[6] 如上所述,对

---

[1] 吴世忠:《他山之石:国外在信息技术领域的安全审查制度》,载中华人民共和国国家互联网信息办公室网,www.cac.gov.cn/2013-12/24/c_1114978513.htm。

[2] 申江婴:《"第五空间"里的大国较量》,载中华人民共和国国家互联网信息办公室网,www.cac.gov.cn/2014-06/05/c_1114978709.htm。

[3] 胡影:《网络安全审查视角下的供应链安全风险分析》,载中华人民共和国国家互联网信息办公室网,www.cac.gov.cn/2020-05/03/c_1590051734465847.htm。

[4] 《印度网络危机重重 加强网络安全不遗余力》,载中华人民共和国国家互联网信息办公室网,www.cac.gov.cn/2014-07/04/c_1114994790.htm。

[5] 《印媒称中国制造SIM卡存安全隐患将推行审查制度》,载中华人民共和国国家互联网信息办公室网,www.cac.gov.cn/2014-09/18/c_1114994881.htm。

[6] 周甄武、王倩茹:《论习近平的网络安全观》,载《淮南师范学院学报》2016年第6期。

数据跨境流动的管理不仅是网络空间中国家主权的行使方式,也是数据主权的重要内容。目前各国倾向在行使数据主权时将主权原则转化为国内法,在入境方面主要是限制违法数据的进入,在出境方面会对敏感数据、重要数据的流出进行管控。数据的多样性导致数据具有多重属性:涉及公民个体的单个数据,主要关涉隐私等私权;海量的涉及经济、地理、社会等的数据,就不再是私权保护所能涵盖的,可能会涉及国家的经济安全,具有国家主权的属性,为了国家安全,国家也必然会行使数据管辖权,对其跨境流动进行管控。

1.《网络安全法》对管辖权的规定

(1)原则上境内适用。依《网络安全法》第 2 条,在中华人民共和国境内建设、运营、维护和使用网络,以及网络安全的监督管理,适用该法。从这条可以看出,我国的《网络安全法》针对的范围是我国境内的一切网络建设、运营、维护和使用活动。网络的建设涉及诸多内容,包括网站域名注册、网站空间的购买或租赁、网站建设和搭建(包括页面设计、前端开发、后台功能程序搭建)、网站推广等。网络运营的覆盖面很广,包括网络营销、SEM(Search Engine Marketing,中文意思为搜索引擎营销)推广、SEO(Search Engine Optimization,中文意思为搜索引擎优化)优化、新媒体营销、全网电商等。网络维护包括病毒防治、数据备份、数据整理、故障排除、硬件清洗、维修计算机硬件、恢复计算机系统、计算机网络的维护和调试、计算机技术咨询、系统集成、局域网的搭建和免费指导等。网络的使用更为广泛,在互联网时代,工作、学习、社会活动方方面面都离不开网络的使用。

(2)部分境外适用的例外。为了有效应对来自境外的网络威胁及风险,保障网络主权,立法中明确了网络安全管理机构可以采取措施封堵来源于境外的有害信息,加强《网络安全法》的域外效力。《网络安全法》第 50 条规定,国家网信部门和有关部门依法履行网络信息安全监督管理职责,发现法律、行政法规禁止发布或者传输的信息的,应当要求网络运营者停止传输,采取消除等处置措施,保存有关记录;对来源于中国境外的上述信息,应当通知有关机构采取技术措施和其他必要措施阻断传播。第 75 条规定,境外的机构、组织、个人从事攻击、侵入、干扰、破坏等危害中国的关键信息基础设施的活动,造成严重后果的,依法追究法律责任;国务院公安部门和有关部门可以决定对该机构、组织、个人采取冻结财产或者其他必要的制裁措施。

2.《数据安全法》对管辖权的规定

《数据安全法》第 2 条规定,在中华人民共和国境内开展数据处理活动及其安全监管,适用该法。在中华人民共和国境外开展数据处理活动,损害中华人民共和国国家安全、公共利益或者公民、组织合法权益的,依法追究法律责任。依该条,《数据安全法》在适用上采用了属地原则与保护原则相结合的立法形式。

(1)属地原则:在境内开展数据处理活动。第 2 条第 1 款规定,在中国境内开展数据处理活动及其安全监管,适用该法。数据处理活动是多方面的,从数据的生命周期角度来看,数据的处理包括数据的收集、整理、存储、加工、分类、维护、排序、检索和传输等一系活动。

(2)保护原则:在境外开展数据处理活动。第2条第2款规定,在中华人民共和国境外开展数据处理活动,损害中华人民共和国国家安全、公共利益或者公民、组织合法权益的,依法追究法律责任。该款涉及的是在境外的数据处理活动,为了维护国家安全、网络安全、数据安全和保护个人信息权益,该法在适用范围上引入了域外效力制度,中国境外的数据处理活动涉及中国利益的,也适用该法,表明该法具有一定的域外效力,体现了保护原则。

(七)总体国家安全观在我国立法中的体现

习近平总书记在党的十九大报告中强调统筹发展和安全,坚持总体国家安全观,并在中央国家安全委员会第一次会议上指出:"当前我国国家安全内涵和外延比历史上任何时候都要丰富,时空领域比历史上任何时候都要宽广,内外因素比历史上任何时候都要复杂……"[1]这里的"时空领域"即从传统安全领域拓展到非传统安全领域,包括现实领域,也涉及虚拟的网络空间。网络空间在给人们带来现实利益和发展潜能的同时,也给人们的安全带来新的威胁和挑战。网络空间以不同于物理空间的特征冲击着传统的国家主权观。传统主权在其范围内具有最高的独立管辖权,不受任何来自外部的干预和侵犯,而网络空间具有开放性、平等性,既要共享又要共治。《国家安全法》第3条将国家安全分成了7种具体的类型,即人民安全、政治安全、经济安全、军事安全、文化安全、社会安全和国际安全,通过列举的方式最终落到了维护各个领域的国家安全。国家安全的体系包括但不限于这7种具体的类型。发展数字经济,需要兼顾促进发展与安全保障,以促进国际安全为依托,同时要维护各个领域的国家安全,从而构建国家安全体系。

1. 总体国家安全观在《网络安全法》中的体现

在总体国家安全观下,网络安全观的实现涉及硬安全和软安全两大范畴[2]。硬安全指有关信息存储、交换的互联网基础设施的安全。硬安全确保国家的互联网能够存在、运行,是维持一个国家互联网存在的基础性安全。软安全指网络空间中衍生的网络文化、网络舆论、网络意识形态等的安全。软安全确定着网络交往的规则,维护着国家的主流文化与意识形态。只有两类安全都得到保障,才能保障网络空间的整体安全。网络主权是国家主权在网络空间的自然延伸,国家的网络空间是国家主体的一部分,维护网络安全也是维护国家的安全。《网络安全法》第1条规定的立法目的明确:为了保

---

[1] 《坚持总体国家安全观 走中国特色国家安全道路》,载《人民日报》2014年4月16日,第1版。

[2] 吴姗、王让新:《习近平总书记关于网络安全重要论述的科学内涵探析》,载《毛泽东思想研究》2021年第2期。

障网络安全,维护网络空间主权和国家安全、社会公共利益,保护公民、法人和其他组织的合法权益,促进经济社会信息化健康发展,制定该法。当然该法也注意到了网络安全与信息发展并重,《网络安全法》第3条明确规定,国家坚持网络安全与信息化发展并重,遵循积极利用、科学发展、依法管理、确保安全的方针,推进网络基础设施建设和互联互通,鼓励网络技术创新和应用,支持培养网络安全人才,建立健全网络安全保障体系,提高网络安全保护能力。该条强调网络安全要与信息化发展并重,既要推进网络基础设施建设,鼓励网络技术创新和应用,又要建立健全网络安全保障体系,提高网络安全保护能力。

网络空间安全治理仅仅依靠政府是无法实现的,需要政府、企业、社会组织、技术社群和公民等网络利益相关者的共同参与。《网络安全法》坚持共同治理原则,要求采取措施鼓励全社会共同参与,政府部门、网络建设者、网络运营者、网络服务提供者、网络行业相关组织、高等院校、职业学校、社会公众等都应根据各自的角色参与网络安全治理工作。《网络安全法》的基本原则是网络空间主权原则、网络安全与信息化发展并重原则和共同治理原则,违反了《网络安全法》的会通过拘留或者处以罚金处理当事人,或者根据违法情节起诉当事人,严重的还会采取刑事手段。公民要合法使用网络,协同政府积极参与网络安全工作。

2. 总体国家安全观在《数据安全法》中的体现

《数据安全法》第4条点明了总体国家安全观,依该条规定,维护数据安全,应当坚持总体国家安全观,建立健全数据安全治理体系,提高数据安全保障能力。该条坚持总体国家安全观,明确我国数据安全治理采取最高决策、协同治理的顶层设计从而应对数据这一非传统领域的国家安全风险。

《数据安全法》第5条表明数据安全事关国家安全,从国家战略的高度,明确了由中央国家安全领导机构负责国家数据安全工作的决策和议事协调,研究制定、指导实施国家数据安全战略和有关重大方针政策,统筹协调国家数据安全的重大事项和重要工作,建立国家数据安全工作协调机制,实现最高决策。同时,数据安全与网络安全具有相关性,该法延续了《网络安全法》的职责授权,明确由国家网信部门负责统筹协调网络数据安全和相关监管工作,同时公安机关、国家安全机关在各自职责范围内承担数据安全监管职责。

3. 网络与数据安全法律体系的构建

《国家安全法》对网络、数据安全和个人信息给予了高度的关注,"网络"一词在该法中出现了11次,例如,该法第25条规定了信息安全保障体系,《国家安全法》为我国《网络安全法》的制定奠定了法律基础。《国家安全法》《网络安全法》《数据安全法》《个人信息保护法》共同组成了我国网络信息安全法律体系。这几部法律相互有机联系的是一个以总体国家安全观为指引、以《国家安全法》为龙头的有机的法律体系。

《网络安全法》《数据安全法》《个人信息保护法》为我国信息安全的三大支柱法律,

在立法定位上,网络安全基于《国家安全法》及《网络安全法》建立,并在网络安全等级保障制度、关键信息基础设施保护制度以及数据本地化和跨境流动制度等中有所体现。《数据安全法》是数据安全领域的基础法律。在个人信息保护上,基本以《网络安全法》《民法典》《个人信息保护法》为主。《网络安全法》、《数据安全法》和《个人信息保护法》并列成为网络空间治理和数据保护的"三驾马车":《网络安全法》负责网络空间安全的整体治理,《数据安全法》负责数据处理活动的安全与开发利用,《个人信息保护法》负责个人信息的保护。

《网络安全法》是我国网络安全领域的基础性法律,较全面和系统地确立了国家有关主管部门、网络运营者、网络使用者在网络安全保护方面的义务和责任;也确立了保障网络设备设施安全、网络运行安全、网络数据安全及网络信息安全的基本制度。《数据安全法》是我国第一部有关数据安全的专门法律。《网络安全法》和《数据安全法》都涉及"安全",前者侧重"网络"安全,后者侧重"数据"安全。网络安全和数据安全有重叠之处,同时也有差异。对于网络安全来说,其不仅涉及数据的内容,还涉及网络设施的问题。与《个人信息保护法》相比,《数据安全法》主要关注数据宏观层面的安全,而《个人信息保护法》更关注个人信息层面的安全。至此,形成了以《国家安全法》为龙头的,以《网络安全法》、《数据安全法》和《个人信息保护法》为支柱的,《国家安全法》《网络安全法》《密码法》《出口管制法》《个人信息保护法》等衔接协调的网络信息安全体系。同时,对国家秘密、档案等具有相关特殊性质的数据,通过特定单行法律法规进行保护。其他特定行业数据则通过各部门规章进行管理和保护。

《网络安全法》《数据安全法》等基本法的定位及"宜粗不宜细"的立法风格,使得该法诸多规定比较原则化,其落地实施有赖于配套行政法规、部门规章、国家标准等予以细化。例如,虽然《数据安全法》提出数据分类分级保护、重要数据目录管理、重要数据出境安全管理等要求,但各项制度的具体内容、如何实施等均缺少规定,应当尽快制定配套行政法规、部门规章等明确前述制度的具体内容和统一要求,并通过国家标准、行业标准等为企业提供细化指引。在网络安全审查方面,2021年11月16日,国家互联网信息办公室2021年第20次室务会议审议通过了《网络安全审查办法》,该办法自2022年2月15日起施行。在数据出境安全评估方面,国家互联网信息办公室于2022年7月7日公布了《数据出境安全评估办法》,自2022年9月1日起施行。在个人数据出境方面,2019年6月13日,国家互联网信息办公室会同有关部门发布了《个人信息出境安全评估办法(征求意见稿)》。

除此之外,还有国家标准。例如,为落实《网络安全法》对个人信息和重要数据出境等的要求,加快相应标准化工作,全国信息安全标准化技术委员会于2017年组织起草了国家标准《信息安全技术数据出境安全评估指南》。该评估指南属于国家标准,规定了数据出境安全评估流程、评估要点、评估方法等内容,网络运营者按照本指南对其向境外提供的个人信息和重要数据进行安全评估,发现存在的安全问题和风险,及时采取措施,防止个人信息未经用户同意向境外提供,损害个人信息主体的合法利益,防止国家重要数据未经安全评估和相应主管部门批准存储在境外,给国家安全造成不利影响。

上述行政法规、部门规章、国家标准等都是对网络安全、数据安全、个人数据信息的保护方法的内容进行的细化,具有可操作性。

二、其他国家(地区)的网络安全立法现状

近年来,各国(地区)网络安全领域的立法呈现出爆发之势。由于网络安全越来越同国家(地区)安全等密切相关,有关网络安全立法的外延也在不断扩大,关键基础设施、信息共享、网络人才储备、网络监控等均被纳入其中,最具有代表性的就是美国2015年的《网络安全法案》(Cybersecurity Act)。本部分主要阐释欧美亚具有代表性的网络安全立法,包括美国、欧盟、新加坡的网络安全法。

(一)美国《网络安全法案》

如前所述,由于网络安全与国家安全密切相关,近年来各国网络安全领域的立法呈现出爆发之势,最有代表性的就是美国2015年的《网络安全法案》。美国2015年12月通过的《2016年综合拨款法案》中包括了《网络安全法案》,内容由"网络安全信息共享法""国家网络安全促进法""联邦网络安全人力资源评估法"等组成,包括关键基础设施、信息共享、网络人才储备、网络监控等,是一部组合性的法律。该法所称的"网络安全"包括"信息系统安全"和"数据安全",该法首次明确了网络安全信息共享的范围,包括"网络威胁指标"(cyber threat indicator)和"防御性措施"(defensive measure)两大类。[1]关注安全信息共享的参与主体、共享方式、实施和审查监督程序、组织机构、责任豁免及隐私保护规定等,其主要内容概括如下。[2]

1. 对美国国土安全部大力授权

美国《网络安全法案》对美国国土安全部大力授权,使其成为美国网络安全权力架构的核心。首先,该法案授权国土安全部为美国网络安全信息共享的枢纽,私营部门与联邦政府机构以及联邦政府各机构之间的信息共享与传递均需通过该枢纽。其次,确认国土安全部为网络安全事故应急处置和关键基础设施安全保障的牵头部门,并负责新增的网络安全人才教育培养部门。最后,授权在国土安全部下新设国家网络安全和通信一体化中心。

---

[1] Cybersecurity Act, Office of the Director of National Intelligence, https://www.dni.gov/index.php/ic-legal-reference-book/cybersecurity-act-of-2015.
[2] 曹congratulations军:《解读美国〈网络安全法案〉》,载博客中国网,https://net.blogchina.com/blog/article/740052005。

2. 具有一定的域外管辖权

在管辖上,该法具有一定的域外管辖权。依该法规定,在美国法官"确信"触犯了美国法律的情况下,如对美国或美国公民实施了网络犯罪或知识产权犯罪的,可向任何国家的网络犯罪分子发布逮捕令,或向国际刑警组织发布国际通缉令(通常称"红色通缉令"),实施抓捕行动。该法的管辖范围不限于美国境内,可对全球的网络安全进行管控,并对网络犯罪分子实施引渡,对没有引渡条约或出于其他原因不能引渡的国家则通过协商解决。

3. 赋予美国网络服务提供商强大的网络监控权

在监控权上,该法赋予美国网络服务提供商强大的网络监控权,并规定其可采取必要的防御行动。依该法,只要获得书面同意,网络服务提供商既可以监控自家网络信息系统,也可以监控其他任何网络提供商的信息系统。在信息的形式上,对"存储在信息系统上的"、"正处于处理过程中的"和"途经该信息系统的"三种形态的数据实施监控。启动监控之后,网络服务提供商可采取该法规定的各项防御性措施。该法还授权网络服务提供商与其他主体签订书面协议,在该协议中,网络服务提供商授权其他主体代表自己对网络实施监控和采取防御行动。

4. 新设信息共享制度

在信息共享上,该法新设信息共享制度,信息共享包括两条主线,其一是私营机构向联邦政府进行信息共享,其二是联邦政府各部门之间的信息共享。共享的内容包括安全漏洞、网络威胁迹象、防御性措施等。在与国际伙伴合作并与其他相关机构协商方面:(1)就网络威胁指标、防御性措施以及与网络安全风险和事件相关的信息进行合作。(2)增强全球网络安全的安全性和弹性。与联邦和非联邦实体共享网络威胁指标、防御性措施以及与网络安全风险和事件相关的其他信息;酌情参加国务院组织的全国性演习;与国防部应急通信办公室协调,评估公共安全通信网络事件的后果、脆弱性和威胁信息,以帮助持续改进此类通信的安全性和弹性。

5. 网络安全教育倡议

在网络安全人员的培养上,法案提出《国家网络安全教育倡议》(National Initiative for Cybersecurity Education),新增网络安全人才教育培养部门,由国土安全部、国家标准技术研究院和联邦情报机构牵头,对网络安全和信息技术类人才进行专门培养,设定人员上岗要求,并对网络安全、相关工种进行全国统一职业编码。该法案要求启动全国网络安全紧缺人才的申报和确认工作。具体要求各联邦机构负责人分别向相应的国会管辖委员会提交报告,说明:(1)拥有信息技术、网络安全或其他网络相关工作职能的人员中,目前持有《国家网络安全教育倡议》所确定的相应行业认可证书的百分比;(2)没有证书的其他文职和非文职网络人员参加认证考试的准备程度;(3)通过对现有人员进行适当培训和认证,缓解第(1)条或第(2)条中确定的任何差距的策略。

此外,法案还规定了针对移动设备安全、网络医疗、网络金融等领域的安全等前瞻性问题。从总体上看,《网络安全法案》是美国立法机构动用国家强制力对网络空间规则进行重塑的一部法。除此之外,美国还通过一系列立法对涉及其基础设施的采购进行安全审查,以排斥对他们设备的采购。例如,2021年11月,美国通过了《安全设备法案》,[1]该法案禁止美国联邦通信委员会给"对国家安全构成威胁的通信设备和服务清单"上的公司颁发设备许可证。在此前的2019年11月22日,美国联邦通信委员会曾投票将中国的华为和中兴通讯认定为所谓"国家安全风险企业",禁止美国乡村电信运营商客户动用85亿美元的政府资金购买这两家公司的设备或服务,要求这些运营商移除和替换现有网络中使用的华为和中兴的设备。

(二)欧盟《网络安全法案》

欧盟《网络安全法案》(EU Cybersecurity Act)于2019年6月27日正式生效。该法案是欧盟网络安全治理的里程碑,为欧洲提供了产品、流程和服务的网络安全认证框架,并加强了欧盟网络安全机构的授权。该法分为三个部分:前言、正文和附则。前言涉及该法的背景、宗旨、主要内容、适用范围和现实意义等;正文包括对欧盟网络和信息安全署(ENISA)的职能的重新定位,为信息和通信技术(ICT)等产品新设欧洲网络安全认证框架等;附则包括获得认证资格的评估机构应当满足的条件或要求等。该法的总体要旨与2016年《网络与信息系统安全指令》、2018年《通用数据保护条例》及其他相关规范相互支撑,包括下列重点内容。[2]

1. 网络安全职能机构

欧盟《网络安全法案》指定ENISA为永久性的欧盟网络安全职能机构,并对其职能进行了调整和扩展,明确ENISA的任务包括:采用欧洲网络安全认证系统的框架,以确保欧盟ICT产品、ICT服务或ICT流程的网络安全水平,并避免欧盟内部市场在网络安全认证计划方面产生分歧。在欧盟与各成员国之间的任务界线上,该法同时对任务实施的范围进行了限定,即不得妨碍成员国在国家安全、公共安全、国防及国家刑事领域的管辖权,且不与其他自愿或强制性认证的欧盟法律规定相冲突。为了实现整个欧盟的网络安全水平的一致性,ENISA要在上述基础上执行该法赋予的各项职权,支持成员国、欧盟机构、机构办事处改善网络安全。

2. 网络安全认证制度

欧盟《网络安全法案》确立了欧盟网络安全认证制度框架。此前,欧盟尚无统一的ICT产品和服务的网络安全认证制度,而是由各成员国自行组织认证。有些成员国有相

---

[1] 路透社:《美国拟通过〈安全设备法案〉以加强限制华为、中兴》,载搜狐网2021年10月29日,https://www.sohu.com/a/497992565_166680。

[2] 吴沈括:《欧盟:网络安全治理的"新规划"》,载中华人民共和国最高人民检察院网,https://www.spp.gov.cn/spp/llyj/201908/t20190824_429711.shtml。

关认证制度,有些成员国没有,且认证所依据的技术标准也不完全统一,企业同一件产品或服务在不同国家需要被重复认证。欧盟《网络安全法案》建立了一个欧盟级别的网络安全认证框架,由国家网络安全认证机构颁发网络安全证书,实现欧盟成员国内部的证书相互承认,做到"一次认证,全欧通行"。这是欧盟网络安全领域的一项重要制度革新。[1] 通用的网络安全认证框架使成员国缩小安全差距,更容易开发具有互操作性的产品,还可增强欧盟范围内的消费者对相关认证产品的信任度,并鼓励智能设备的消费和使用。该法列出了网络安全认证框架所需要的基本要素:其一,应由国家级的评估机构进行,以确保它们具备评估产品的技术能力;其二,认证框架需明确评估标准和准则,以监控产品是否符合要求,再授予和更新网络安全认证。网络安全认证框架还要求能够报告和处理以前未检测出的漏洞。

3. 合格评定机构的条件

法案的"附则"部分规定了合格评定机构应满足的条件,共涉及20条要求,包括要求合格评定机构是根据国家法律设立的、具有法人资格、独立于其评估的组织或ICT产品、ICT服务或ICT流程之外的第三方机构。如果合格评定机构是由公共实体或机构拥有或经营的,则应确保其在国家网络安全上的独立性和无任何利益冲突。合格评定机构及其高层管理人员和负责执行合格评定任务的人需经下列人员的授权,即被评估的信通技术产品、信通技术服务或信通技术流程的购买者、所有人、用户或维护者,或其中的任何一方,且不得是设计人员、制造商、供应商、安装人员,不得直接参与设计或制造。合格评定机构的合格评定活动不应受可能影响其判断或评估活动的外界压力、财务激励等干扰。此外,法案还对负责合格评定的人员作出了规定:他们应具有扎实的技术并经过专业培训,充分了解和理解适用的测试要求和标准等。

4. 联合处理跨境事件

该法案在前言部分规定了对跨境事件的联合处理,ENISA应有助于欧盟范围内对危机和跨境事件作出适应网络安全风险规模的全面反应。网络信息攻击往往跨越国界。欧洲药品管理局透露,在2019年,曾有不明身份的攻击者窃取了辉瑞/BioNTech的COVID-19疫苗数据并泄露至网络。2021年3月,欧洲银行管理局在针对微软Exchange服务器的全球性黑客的攻击下被迫关闭了所有电子邮件系统。[2] 大规模安全事件可能影响整个欧盟的网络基本服务,而网络安全执法当局主要是国家层面的。这就需要在欧盟层面采取有效和协调一致的对策,以促进欧洲各国在该领域的团结和互助。为此,欧盟提议建立一个联合网络单位,以提高成员国应对不断增加的网络攻击的能力。联

---

[1] 张莉:《欧盟最新版〈网络安全法案〉对我国的启示》,载《中国计算机报》2019年第38期。
[2] 《欧盟提出金融业网络安全事件响应协调框架》,载安全内参网2022年1月29日,https://www.secrss.com/articles/38846。

合网络单位分4个阶段进行建设,最终完成日期为2023年6月。[1]

此外,该法案还对专业化服务、公民网络安全意识等问题进行了规定,要求ENISA定期向欧洲议会通报其活动,并提供相关支持。在增强公民网络安全意识方面,应发展网络安全和信息文化,营造良好的网络安全氛围。总之,欧盟《网络安全法案》所提出的立法宗旨、治理理念和具体的制度构建方案、法律措施等具有里程碑式的重大意义,对他国网络治理法律体系的构建具有一定的价值。

(三)新加坡《网络安全法》

新加坡是世界上数字连接最多的国家之一,严重的网络攻击会对其关键信息基础设施(CIIs)产生重大影响。新加坡政府于2015年4月建立了网络安全局(CSA),并公布了一项国家网络安全战略,转向加强管控新加坡网络安全的态势。新加坡通信部(MCI)和网络安全局曾发布联合声明称:"有必要通过新的立法,使有关当局采取积极的措施,以保护当地的关键信息基础设施并迅速对威胁和事件作出反应。"[2]2018年2月5日,新加坡议会通过了《网络安全法2018》(Cybersecurity Act 2018),该法旨在建立关键信息基础设施所有者的监管框架、网络安全事件的响应和预防机制、网络安全信息共享机制、网络安全服务许可机制,为新加坡提供一部综合、统一的网络安全法。这是落实新加坡网络安全战略(cybersecurity strategy)的重要举措。此前,新加坡通信部和网络安全局曾于2017年7月10日发布《网络安全法案2017(草案)》,征求公众意见。[3]《网络安全法2018》是在吸收公众意见的基础上确定的。其主要内容如下。

1. 关键信息基础设施的监管框架

该法针对关键信息基础设施构建了一个监管框架。在保障系统的责任方面,规定了关键信息基础设施提供者的职责,包括提供关于关键信息基础设施技术架构的信息,对关键信息基础设施实施定期的风险评估,遵守执业守则,在事件发生后的规定时间内,报告网络安全事件等。在2017年征求意见时,公众对关键信息基础设施范围过于宽泛有担忧,官方对此回应,关键信息基础设施是计算机系统供应链上的,为其运行提供支持的计算机系统不会被认定为关键信息基础设施,即数据中心和云服务不会被认定为关键信息基础设施。在关键信息基础设施所有者(CIIO)的认定上,草案曾将其规定为"对关键信息基础设施具有实际控制力及对其持续运行负责"的主体。公众在征求意见时认为该认定过于宽泛,终版对CIIO的认定更为狭隘。2018年终版规定,CIIO是指

---

[1]《欧盟将组建联合网络机构以应对日益严峻的网络攻击》,载腾讯网2021年6月26日,https://xw.qq.com/cmsid/20210626A04O0N00。

[2]《解读 | 新加坡公布其最新"国家网络安全法"草案》,载搜狐网2017年7月14日,https://www.sohu.com/a/157036589_631915。

[3] 公安三所网络安全法律研究中心:《新加坡〈网络安全法2018〉法案正式通过(附解读)》,载安全内参网2018年3月3日,https://www.secrss.com/articles/1169。

关键信息基础设施的法定所有者(legal owner)。

2. 关键信息基础设施所有者的通报义务

依该法案,为国家安全、国防、外交关系、经济、公共卫生、公共安全或公共秩序提供基本服务的计算机系统所有者必须通报系统相关网络安全事件,并履行其他法定义务。CIIO 必须遵守行为准则,符合行业标准,进行网络安全审计和风险评估工作,并参与网络安全演习。关键网络安全信息基础设施领域包括能源、交通、医疗保健、银行与金融、航空等。如果 CIIO 未履行相关义务,可能面临最高 10 万新元的罚款,或两年监禁。

3. 网络安全审查和风险评估的频率

该法要求网络安全审查每两年至少进行一次,风险评估每年至少进行一次。在网络安全审查和风险评估频率上,草案的规定是一般为每 3 年至少进行一次,2018 年终版对网络安全审查和风险评估机制有所调整。风险评估是通过对计算机或计算机系统的搜索,查找网络中的漏洞和危害,评估计算机或计算机的网络安全防御系统,调查和应对网络安全问题,对影响用户计算机的事件进行彻底扫描和检查,识别并移除与网络安全事件相关的元素,并识别网络安全事件的根本原因。

4. 网络威胁监测机制

CIIO 应就"行业行为准则(code of practice)中列明的威胁"建立监测机制。与草案相比,其监测范围有所限缩。依草案的规定,CIIO 应监测"任何网络安全威胁",终版法案在一定程度上减轻了 CIIO 的义务。这体现了立法者在网络安全保护需求和行业发展需求之间谋求平衡的意图。

5. 网络安全服务许可机制

网络安全服务提供商能够获取客户的敏感信息,因此,该法规定,提供网络安全测试服务或管理网络安全营运的企业必须申请执照。为了减轻网络安全服务人员的负担,该法终稿在一定程度上吸纳了公众意见,明确个人从事网络安全服务的,不再需要许可证,以便在行业发展和网络安全之间保持良好的平衡。

6. 赋予政府诸多监管权力

该法案赋予了政府诸多新的权力,如网络安全委员的信息获取权、网络安全委员对关键信息基础设施的指定权等,在征求意见时,有人提出,当局的调查会侵犯个人隐私,是否有相应措施确保调查权不被滥用。在信息的披露方面,法案吸收了公众的意见,规定在网络安全委员要求获取信息以确定设施是否属于关键信息基础设施时,企业或个人有权根据法律、合同以及职业行为准则等的要求,不予披露。在草案中,合同约定以及职业行为准则并不属于免于履行信息披露义务的依据。[1]

总之,最后通过的法案吸收了公众的诸多意见,以便在网络安全与行业发展之间进

---

[1] 公安三所网络安全法律研究中心:《新加坡〈网络安全法 2018〉法案正式通过(附解读)》,载安全内参网 2018 年 3 月 3 日,https://www.secrss.com/articles/1169。

行平衡,保障政府能够合理行使这些权力而不侵犯公民和企业的合法利益。

三、我国《网络安全法》与《数据安全法》的对比

纵观各国关于网络安全的立法,有些国家就网络与数据安全合并立法,有些则就网络安全与数据安全分别立法。虽然我国对网络安全和数据安全采取了分别立法的方式,但不可否认,网络安全保护与数据安全保护的措施不可能完全被区分开。例如,防范黑客入侵的网络安全技术手段很难说不是为了保护数据安全。因此,不能脱离网络安全保护而谈数据安全,网络安全是基础。《网络安全法》与《数据安全法》各有侧重。

(一)《网络安全法》的目标定位主要是网络安全

1.《网络安全法》中网络安全的定义

网络安全(cyber security),指保护网络系统或网络空间中的硬件、软件及其系统中的数据免受未经授权的访问或攻击的措施,[1]使其不会由于偶然的或者恶意的原因而遭受破坏、更改、泄露,使系统连续、可靠、正常地运行,使网络服务不中断。[2]这里网络安全问题主要有4种:中断、截获、修改和伪造。中断以可用性作为攻击目标,毁坏系统资源,使网络不可用。截获以保密性作为攻击目标,使非授权用户通过某种手段对系统资源进行访问。修改以完整性作为攻击目标,非授权用户不仅可以访问还可以对数据进行修改。伪造以完整性作为攻击目标,使非授权用户将伪造的数据插入正常传输的数据中。[3] 依 ISO/IEC 27032:2012《信息技术—安全技术—网络安全指南》,"网络空间"是通过与之连接的设备和网络,在互联网上的人、软件和服务的交互作用下所产生的复杂环境,它不以任何物理形式存在。[4] 网络安全"保护网络空间中信息的机密性、完整性和可用性"。

2.网络安全的目标属性

依国际电联有关网络安全的描述,网络安全致力于实现和维护用户资产的安全属性,以抵御网络环境中的安全风险。用户资产包括连接的计算设备、人员、基础设施、应用程序、服务、电信系统以及网络环境中传输和/或存储的全部信息。网络安全目标包括以下内容:可用性、完整性、真实性、不可否认性以及保密性。[5]

可用性指被授权实体或用户访问并按要求使用网络资源和信息的特性。可用性要防止系统出现拒绝服务的现象,保证信息在需要时能为授权者所用。如 Internet 蠕虫就

---

[1] *Definition of cybersecurity*, merriam-webster, https://www.merriam-webster.com/dictionary/cybersecurity.
[2] 万雅静主编:《计算机文化基础(Windows 7 + Office 2010)》,机械工业出版社2016年版,第234页。
[3] 甘利杰、孔令信、马亚军主编:《大学计算机基础教程》,重庆大学出版社2017年版,第152页。
[4] *ISO/IEC 27032:2012 Information technology — Security techniques — Guidelines for cybersecurity*, https://www.iso27001security.com/html/27032.html.
[5] 《再谈 Cybersecurity 的定义》,载 IT610 网,https://www.it610.com/article/3065137.htm。

是典型的"拒绝服务"攻击，Internet 蠕虫是世界上第一个缓冲区溢出攻击，曾造成全球多台网络服务器瘫痪。Internet 蠕虫利用缓冲区溢出执行非授权指令，甚至取得系统特权，进而进行各种非法操作。[1] 蠕虫通过在网络上大量复制并且传播的方式，占用大量 CPU 处理时间，导致系统越来越慢，直到网络发生崩溃，用户的正常数据请求不能得到处理，出现了拒绝服务的现象。这种破坏网络和有关系统的正常运行等都属于对可用性的攻击。当然，数据不可用也可能是软件缺陷造成的。

完整性指数据未经授权不能改变的特性，即信息在存储或传输过程中保持不被修改、破坏和丢失的特性。由于 Internet 是开放的，黑客侵入网络窃取机密数据并盗用特权，或破坏重要数据等都会破坏网络安全所要求的完整性。完整性要求用户、进程或者硬件组件具有能力，能够验证所发送或传送的东西的准确性，并且进程或硬件组件不会以任何方式被改变。影响数据完整性的主要因素是蓄意破坏，也包括设备的故障和自然灾害等因素。

真实性要求在网络上发送的信息源是真实的，不是假冒的，这就是用户对通信各方提出的身份认证的要求。真实性要求数据的来源具有正确性和可信性，这就需要首先验证数据是否是真实可信的，然后再验证数据是否被破坏。在计算机上存储、传输和处理的电子信息，不能像传统的邮件通信那样进行信封保护和签字盖章。信息的来源和去向是否真实，内容是否被改动，以及是否泄露等，在应用层支持的服务协议中是依协定维系的。

不可否认性又称不可抵赖性，指在网络信息系统的信息交互过程中，确信参与者的真实同一性。即所有参与者都不可能否认或抵赖曾经完成的操作和承诺。抵赖一词指的是不承认与消息有关的举动，即声称消息来自第三方。消息的接收方可以通过数字签名防止所有后续的抵赖行为，因为接收方可以出示签名以示信息的来源。利用信息源证据可以防止发信方不真实地否认已发送信息，利用递交接收证据可以防止收信方事后否认已经接收的信息。数据签名技术是保护不可否认性的重要手段之一，数字签名就是附加在数据单元上的一些数据，或是对数据单元所作的密码变换。这种数据或变换被数据单元的接收者用以确认数据单元的来源和数据单元的完整性并保护数据，防止有人（如接收者）进行伪造。它是对电子形式的消息进行签名的一种方法。[2]

保密性指用户在网络上传输的信息不被非授权实体获取与使用，即在网络上传输的个人信息如银行账号和上网登录口令等不被他人发现，信息不泄露给非授权用户、实体，或供其利用的特性。信息包括：国家机密、企业和社会团体的商业机密和工作机密、个人信息等。网络服务应当包括保密性服务，保密信息既包括在网络中传输的信息，也

---

[1]《黑客入门——Internet 蠕虫（缓冲区溢出攻击）》，载 CSDN 网博客 2020 年 10 月 22 日，https://blog.csdn.net/weixin_45949728/article/details/108897681。

[2] 数字签名，载百度百科，https://baike.baidu.com/item/数字签名/212550?fr=aladdin。

包括存储在计算机系统中的信息。保密性的实现包括对传输信息进行加密处理,存储信息的机密性主要通过访问控制实现,不同用户对不同数据拥有不同的权限。数据加密技术是保证信息安全的最重要的手段,其目的是防止合法接收者之外的人获取信息系统中的机密信息,信息加密是采用数学方法对原始信息进行再组织,使加密后在网络上公开传输的内容成为对于非法接收者来说无意义的文字,而合法的接收者掌握了正确的密钥,可以通过解密过程还原原始数据。

3. 网络安全的类型

网络安全包括网络设备安全、网络信息安全、网络软件安全。从广义来说,凡是涉及网络信息的保密性、完整性、可用性、真实性和可控制的相关技术和理论的,都是网络安全的研究领域。网络安全是一门涉及计算机科学、网络技术、通信技术、密码技术、信息安全技术、应用数学、数论和信息论等的综合性学科。[1] 网络安全由于不同的环境和应用而产生了不同的类型,主要有以下几种:[2]

(1) 系统安全

系统安全(system safety)旨在保证网络信息处理和传输运行系统的安全。应采取有效的控制措施使系统在规定的性能、时间和成本范围内达到最佳的安全程度,避免因为系统的崩溃和损坏而对运行系统存储、处理和传输的信息造成破坏。基于 Internet 开放性的特点,黑客可能会侵入网络系统,或窃取机密数据、盗用特权,或破坏重要数据,或使系统功能得不到充分发挥直至瘫痪。运行系统安全应防止黑客的侵入。保护系统安全要从整体电子商务系统或网络支付系统的角度进行安全防护,它与网络系统硬件平台、操作系统、各种应用软件等相互关联。保护涉及网络支付结算的系统安全包含下述一些措施:[3] 其一,在安装的软件,如浏览器软件、电子钱包软件、支付网关软件等中,检查和确认未知的安全漏洞。其二,技术与管理相结合,使系统具有最小穿透风险性。如须通过诸多认证才允许连通,对所有接入数据必须进行审计,对系统用户进行严格安全管理。其三,建立详细的安全审计日志,以便检测并跟踪入侵攻击等。

(2) 网络信息安全

依国际标准化组织(ISO)的定义,信息安全为数据处理系统建立和采用的技术、管理上的安全保护,为的是保护计算机硬件、软件、数据不因偶然和恶意而遭到破坏、更改和泄露。[4] 网络信息的安全,包括用户口令鉴别,用户存取权限控制,数据存取权限、方式控制,安全审计、计算机病毒防治等。为了保证网络信息的安全,需要部署入侵检测

---

[1] 《网络安全主要类型》,载百文网 2023 年 6 月 5 日,https://www.oh100.com/peixun/wangluojishu/321466.html。
[2] 张万民、王振友主编:《计算机导论》,北京理工大学出版社 2016 年版,第 77 页。
[3] 丁春燕:《网络社会法律规制论》,中国政法大学出版社 2016 年版,第 30 页。
[4] 《ISO 标准定义:网络空间安全和其他形式安全的关系》,载 360doc 个人图书馆网 2015 年 9 月 13 日,www.360doc.com/content/15/0913/08/471722_498794381.shtml。

系统。入侵检测能力是衡量一个防御体系是否完整有效的重要指标,强大完整的入侵检测体系可以弥补防火墙相对静态防御的不足。可对来自外部网和校园网内部的各种行为进行实时检测,及时发现各种可能的攻击企图,并采取相应的措施。保证网络信息的安全还应当部署网络防病毒方案,要在整个局域网内杜绝病毒的感染、传播和发作,要在整个网络内可能感染和传播病毒的地方采取相应的防病毒手段。为了有效、快捷地实施和管理整个网络的防病毒体系,应实现远程安装、智能升级、远程报警、分布查杀、集中管理等功能。

(3)信息传播安全

网络上信息传播的安全,即信息传播后果的安全,包括信息过滤等。它侧重于防止和控制非法、有害的信息进行传播所产生的后果,避免公用网络上自由传输的信息失控。网络上传播的信息的聚散结构使人们传播和获取信息的能力有了前所未有的提高,加速了人际交流和信息流通。网络传播的特点也对传播的成果具有影响。首先,传播的互动性使传播的受众不但可以选择性接受信息,还可以主动参与到传播过程中,甚至以传播者的身份参与信息的筛选、发布、补充、更改等活动。因此,网络传播的后果也是受众互动的结果。其次,网络传播的兼容性使传播可以被分为人内传播、人际传播、群体或组织传播、大众传播等类型。多种传播类型会影响对信息的主观感受和体验,也会影响传播效果。最后,传播信息控制的分散性,[1]即传播主体可以自主安排浏览、上传和下载等,使得对传播信息的控制更加困难。

(4)信息内容安全

网络上信息内容的安全侧重于保护信息的保密性、真实性和完整性。避免攻击者利用系统的安全漏洞进行窃听、冒充、诈骗等有损于合法用户的行为。其本质是保护用户的利益和隐私。一个系统漏洞对安全造成的威胁远不限于它的直接可能性,如攻击者获得了对系统的一般用户的访问权限,就极有可能再通过利用本地漏洞把自己升级为管理员权限,此时,攻击者无须一个账号登录到本地就可直接获得远程系统的管理员权限。攻击者在已有本地账号能够登录到系统的情况下,通过攻击本地某些有缺陷的程序等手段,得到系统的管理员权限。[2] 攻击者利用服务器的漏洞,取得系统的普通用户存取权限后,能够以一般用户的身份执行程序、存取文件。互联网在给我们带来便捷高效的同时,其在信息内容安全上的漏洞也给一些不法分子提供了可乘之机。应采用漏洞扫描系统定期对工作站、服务器、交换机等进行安全检查,并根据检查结果向系统管理员提供详细可靠的安全性分析报告,为提高网络安全整体水平提供重要依据。

---

[1]《基于网络信息传播安全研究》,载原创力文档网,https://max.book118.com/html/2018/0830/8067072015001122.shtm。

[2]《网络系统的安全漏洞有哪些》,载百度知道网,2016年4月7日,https://zhidao.baidu.com/question/233764711.html。

（二）《数据安全法》定位数据安全

1.《数据安全法》全维度规范数据安全

《网络安全法》主要是针对网络层面的安全规范，未能从数据信息全维度进行规范，虽然也涉及数据安全问题，但仍存在基本法缺位、"数据主权"地位尚未确立、难以有效监管数据经营等问题。有关数据安全的配套政策文件的法律层级低，要求较为分散，难以系统性解决数据安全保障问题。《数据安全法》则确立了数据主权、明确了《数据安全法》的管辖，对数据经营进行牌照化管理，建立数据采集、加工和利用业务的准入制度，完善数据安全监管体系和数据安全监测预警、应急处置机制等，对数据安全进行了全维度规范。

2.《数据安全法》对"数据"的概念进行了延伸

《网络安全法》并未对"数据"进行定义，而是采用"网络数据"即"通过网络收集、存储、传输、处理和产生的各种电子数据"，以及"个人信息"即"以电子或其他方式记录的能够单独或者与其他信息结合识别自然人个人身份的各种信息"这两个概念。《数据安全法》则直接将"数据"定义为"任何以电子或者其他方式对信息的记录"，其保护范围较《网络安全法》有所扩展，该改变将电子化记录与以其他方式记录的信息统一纳入数据范畴，《数据安全法》所保护的客体不仅局限于网络数据范围，还包括线下物理场所存在的数据，《数据安全法》普遍适用于所有数据，适应了数字经济时代整体信息保护和整体信息安全的新要求。

3.《数据安全法》规定的"数据安全评估制度"的评估范围更广

虽然《网络安全法》、《个人信息和重要数据出境安全评估办法（征求意见稿）》及《数据安全管理办法（征求意见稿）》均规定了数据出境的安全评估制度，但上述制度仅限于数据或重要数据出境过程中的评估。《数据安全法》规定的数据安全评估范围更广，针对重要数据处理者的全部数据活动。《数据安全法》第 30 条规定："重要数据的处理者应当按照规定对其数据处理活动定期开展风险评估，并向有关主管部门报送风险评估报告。风险评估报告应当包括处理的重要数据的种类、数量，开展数据处理活动的情况，面临的数据安全风险及其应对措施等。"

（三）《网络安全法》与《数据安全法》的监管对象不同

1.《网络安全法》的监管对象

《网络安全法》的主要监管对象为网络运营者。依《网络安全法》第 76 条第 3 项的规定，网络运营者是指网络的所有者、管理者和网络服务提供者。实践中责任主体主要集中在以下三类：具有信息发布功能的网站及平台，如百度、今日头条、新浪微博、微信公众平台的运营者；网络科技公司；学校、学院及其他事业单位。

第 9 条规定，网络运营者开展经营和服务活动，必须遵守法律、行政法规，尊重社会公德,遵守商业道德,诚实信用,履行网络安全保护义务,接受政府和社会的监督,承担社会责任。依该条规定,网络运营者应履行网络安全保护义务,接受政府和社会的监督。按照网络安全等级保护制度的要求,保障网络免受干扰、破坏,防止数据泄露;应签订协议或确认提供服务,应要求用户实名制,不实名则拒绝提供相关服务;应建立健全用户信息保护制度,严禁泄露,应建立网络信息安全投诉、举报制度,并及时处理;应为公安机关、国家安全机关依法维护国家安全和侦查犯罪的活动提供支持和协助;应配合网信等部门的监督检查;应制定应急预案,及时处置风险,发生危害后,采取补救措施;应向主管部门报告。

第10条规定,建设、运营网络或者通过网络提供服务,应当依照法律、行政法规的规定和国家标准的强制性要求,采取技术措施和其他必要措施,保障网络安全、稳定运行,有效应对网络安全事件,防范网络违法犯罪活动,维护网络数据的完整性、保密性和可用性。依该条规定,网络提供服务者提供的网络产品、服务要符合国家标准的强制性要求,决不能设置恶意程序,发现缺陷、漏洞立即补救,及时告知用户并向主管部门报告,要为产品、服务持续提供安全维护。若网络产品、服务具有收集用户信息的功能,应向用户明示并取得同意。应遵守《网络安全法》和有关法律法规关于个人信息保护的规定。

第11条规定,网络相关行业组织按照章程,加强行业自律,制定网络安全行为规范,指导会员加强网络安全保护,提高网络安全保护水平,促进行业健康发展。网络行业协会是依法成立的非营利性社会团体法人,协会发挥桥梁、纽带作用,协助管理机关加强和规范信息网络工作的管理,推进开展行业自律,实现为会员服务、为行业发展服务,保障信息的社会化和产业化的顺利发展,促进互联网行业健康有序发展的目标。网络行业协会一般由各类网络服务提供商、相关企事业单位等发起组成,例如,北京网络行业协会由北京地区的互联网服务提供商(ISP)、互联网内容提供商(ICP)、互联网数据中心(IDC),提供信息网络安全技术服务以及进行产品研究开发、生产制造的企事业单位,信息网络重点保护单位和使用单位,上网服务场所等网络行业单位自愿发起组成。[1] 网络行业组织在网络安全方面发挥行业协会的优势,加强行业自律,制定网络安全行为规范,从行业组织角度提高网络安全保护水平。

第12条规定,国家保护公民、法人和其他组织依法使用网络的权利,促进网络接入普及,提升网络服务水平,为社会提供安全、便利的网络服务,保障网络信息依法有序自由流动。任何个人和组织使用网络应当遵守宪法法律,遵守公共秩序,尊重社会公德,不得危害网络安全,不得利用网络从事危害国家安全、荣誉和利益,煽动颠覆国家政权、推翻社会主义制度,煽动分裂国家、破坏国家统一,宣扬恐怖主义、极端主义,宣扬民族

---

[1] 北京网络行业协会,载百度百科网,https://baike.baidu.com/item/北京网络行业协会/3209367? fr = aladdin。

仇恨、民族歧视,传播暴力、淫秽色情信息,编造、传播虚假信息扰乱经济秩序和社会秩序,以及侵害他人名誉、隐私、知识产权和其他合法权益等活动。

2.《数据安全法》的监管对象

《数据安全法》的主要监管对象是重要数据的处理者。《数据安全法》第四章第27条第2款规定:"重要数据的处理者应当明确数据安全负责人和管理机构,落实数据安全保护责任。"可见,《数据安全法》的适用对象更广泛,其规范对象不仅包括企业的大数据、云计算、人工智能、数据处理软件开发机构等,还包括涉及数据活动的机构、社会团体、政府部门,甚至个人。

2022年实施的《网络安全审查办法》将网络安全的监管对象从只有网络运营者扩充为网络运营者和数据处理者。《网络安全审查办法》第2条第1款规定,"……网络平台运营者开展数据处理活动,影响或者可能影响国家安全的,应当按照本办法进行网络安全审查"。依《数据安全法》,"数据处理活动"包括数据的收集、存储、使用、加工、传输、提供、公开等。"数据"则是指任何以电子或者其他方式对信息的记录。因此,"网络平台运营者开展数据处理活动"的范围非常广泛,该规定大幅扩大了2020年《网络安全审查办法》的适用范围。

(四)《网络安全法》与《数据安全法》的监管机构不同

1.《网络安全法》的监管机构:"1+X"的监管体制

《网络安全法》第8条规定了负责网络安全保护和监管的国家机关的职责。规定国家网信部门负责统筹协调网络安全工作和相关监督管理工作。国务院电信主管部门、公安部门和其他有关机关依照本法和有关法律、行政法规的规定,在各自职责范围内负责网络安全保护和监督管理工作。县级以上地方人民政府有关部门的网络安全保护和监督管理职责,按照国家有关规定确定。该条在监管责任上,明确了"1+X"的监管体制,"1"就是国家网信部门,负责统筹协调网络安全工作和相关监督管理工作,"X"为国务院电信主管部门、公安部门和其他有关机关,这种监管体制符合当前互联网与现实社会全面融合的特点和我国的监管需要。

2.《数据安全法》的监管机构与结构特点

(1)中央国家安全领导机构负责数据安全

依《数据安全法》第5条,中央国家安全领导机构负责国家数据安全工作的决策和议事协调,研究制定、指导实施国家数据安全战略和有关重大方针政策,统筹协调国家数据安全的重大事项和重要工作,建立国家数据安全工作协调机制。这里的"中央国家安全领导机构"与第6条中的"国家网信部门"都具有"统筹协调"的职责,但两者的层次不同,中央国家安全领导机构统筹协调"国家"数据安全的"重大事项和重要工作",第6条中的国家网信部门统筹协调的是"网络"数据安全和相关监管工作,可以看出前者负责的事项更加宏观。

(2)国家各个层级对数据安全的职责定位

《数据安全法》第 6 条明确了国家各个层级对数据安全的职责定位,建立起了数据安全协同治理体系,为推动各地区、各部门开展数据安全工作奠定了基础。同时,《数据安全法》明确指出各行业主管部门、公安机关、国家安全机关、国家网信部门在各自职责范围内,承担数据安全监管职责,统筹协调网络数据安全和相关监管工作。依第 6 条规定,各地区、各部门对本地区、本部门工作中收集和产生的数据及数据安全负责。工业、电信、交通、金融、自然资源、卫生健康、教育、科技等主管部门承担本行业、本领域数据安全监管职责。公安机关、国家安全机关等依照本法和有关法律、行政法规的规定,在各自职责范围内承担数据安全监管职责。国家网信部门依照本法和有关法律、行政法规的规定,负责统筹协调网络数据安全和相关监管工作。

(3)监管结构特点:"属地"加"行业"监管双路径并行

从上述规定可以看出,在数据安全的监管上,形成了属地加行业的双路径并行结构。在属地层面,第 6 条规定,各地区对本地区工作中收集和产生的数据及数据安全负责。在行业层面,工业、电信、交通、金融、自然资源、卫生健康、教育、科技等主管部门承担本行业、本领域数据安全监管职责,应依《数据安全法》并结合本行业的业务特点、特定场景、数据处理过程中的中心和特性等,细化出行业专属的监管条例,建立本行业的数据安全防护及监管的有效策略。如 2020 年 9 月 23 日,原中国银保监会印发了《中国银保监会监管数据安全管理办法(试行)》,明确监管数据安全管理实行归口管理,细化监管数据采集、存储和加工处理的具体要求;工信部于 2021 年 5 月印发《工业互联网数据安全保护要求》,规定了工业互联网数据安全保护的范围及数据类型,工业互联网数据重要性分级与安全保护等级划分方法。

此外,在执法机构上,《网络安全法》的主要执法机构为国家网信办、工信部、公安部。《数据安全法》第 6 条规定了主管部门和行业监管,工业、电信、交通、金融、自然资源、卫生健康、教育、科技等主管部门承担数据安全监管职责;公安机关、国家安全机关承担数据安全监管职责;国家网信部门负责统筹协调网络数据安全和相关监管工作。《数据安全法》有更明确的监管要求,在数据安全监管方面,中央国家安全领导机构针对全国的数据安全情况进行整体指导和战略规划,进行各地区、各部门、各行业、线上与线下的全方位、交叉监管。在执法依据上,两法也有不同,《网络安全法》主要依据第 21 条的网络安全等级保护制度,第 59 条的网络安全保护义务,约谈制度,个人信息保护等。《数据安全法》第 44 条规定,有关主管部门在履行数据安全监管职责中,发现数据处理活动存在较大安全风险的,可以按照规定的权限和程序对有关组织、个人进行约谈。在对组织和个人的处罚上,《数据安全法》继承了《网络安全法》的双罚机制,个人是指直接负责的主管人员和其他直接责任人员。

四、网络安全等级保护制度

（一）《网络安全法》首次确立了网络安全等级保护制度

《网络安全法》首次确立了网络安全等级保护制度，要求网络运营者按照网络安全等级保护制度的要求履行一系列安全保护义务。《网络安全法》第 21 条规定："国家实行网络安全等级保护制度。网络运营者应当按照网络安全等级保护制度的要求，履行下列安全保护义务，保障网络免受干扰、破坏或者未经授权的访问，防止网络数据泄露或者被窃取、篡改：（一）制定内部安全管理制度和操作规程，确定网络安全负责人，落实网络安全保护责任；（二）采取防范计算机病毒和网络攻击、网络侵入等危害网络安全行为的技术措施；（三）采取监测、记录网络运行状态、网络安全事件的技术措施，并按照规定留存相关的网络日志不少于六个月；（四）采取数据分类、重要数据备份和加密等措施；（五）法律、行政法规规定的其他义务。"

（二）网络安全等级保护涉及的相关法规

信息安全等级保护制度是国家对基础信息网络和重要信息系统实施重点保护的关键措施，以网络所承载的业务应用的"社会重要性"确定安全保护等级，对不同等级的系统采用不同的"基线"予以保护并对其实施不同的监管。《网络安全法》首次确立了网络安全等级保护制度，2018 年 6 月 27 日，公安部发布了其会同中央网信办、国家保密局、国家密码管理局联合制定的《网络安全等级保护条例（征求意见稿）》（以下简称《等保条例》）。至此，作为《网络安全法》重要配套制度的网络安全等级保护制度初现轮廓。

2017 年以来，我国以网络安全等级保护为核心，出台了一系列法律法规及国家标准：2016 年《网络安全法》、2018 年《等保条例》、2018 年《信息安全技术　网络安全等级保护测评过程指南》、2019 年《信息安全技术　网络安全等级保护基本要求》、2019 年《信息安全技术　网络安全等级保护测评要求》以及 2019 年《信息安全技术　网络安全等级保护安全设计技术要求》。

（三）《等保条例》将网络安全等级分为 5 级

依《等保条例》第 15 条，根据网络的重要程度，以及其遭受破坏后损害的利益及损害的程度的不同，网络分为 5 个安全保护等级。不同等级的网络应具备基本的安全保护能力。损害的利益分为：公民、法人和其他组织的合法权益，社会秩序，公共利益，国家安全。对公民、法人和其他组织的合法权益造成损害的级别最低，对国家安全造成损害的级别最高。该条依损害的程度，将安全等级分为：损害（危害）、严重损害（危害）、特别严重损害（危害）。损害程度越深，级别越高。

5 个安全保护等级的具体内容如下。第一级：一旦受到破坏会对相关公民、法人和其他组织的合法权益造成损害,但不危害国家安全、社会秩序和公共利益的一般网络;第二级:一旦受到破坏会对相关公民、法人和其他组织的合法权益造成严重损害,或者对社会秩序和公共利益造成危害,但不危害国家安全的一般网络;第三级:一旦受到破坏会对相关公民、法人和其他组织的合法权益造成特别严重损害,或者会对社会秩序和社会公共利益造成严重危害,或者对国家安全造成危害的重要网络;第四级:一旦受到破坏会对社会秩序和公共利益造成特别严重危害,或者对国家安全造成严重危害的特别重要网络;第五级:一旦受到破坏会对国家安全造成特别严重危害的极其重要网络。

(四)网络运营者在网络安全等级保护下应采取的程序性措施

《等保条例》规定了一系列企业作为网络运营者应采取的程序性措施。

第16条规定网络定级:网络运营者应当在规划设计阶段确定网络的安全保护等级。当网络功能、服务范围、服务对象和处理的数据等发生重大变化时,网络运营者应当依法变更网络的安全保护等级。

第17条规定定级评审:对拟定为第二级以上的网络,其运营者应当组织专家评审;有行业主管部门的,应当在评审后报请主管部门核准。跨省或者全国统一联网运行的网络由行业主管部门统一拟定安全保护等级,统一组织定级评审。行业主管部门可以依据国家标准规范,结合本行业网络特点制定行业网络安全等级保护定级指导意见。

第18条规定定级备案:第二级以上网络运营者应当在网络的安全保护等级确定后10个工作日内,到县级以上公安机关备案。因网络撤销或变更调整安全保护等级的,应当在10个工作日内向原受理备案公安机关办理备案撤销或变更手续。

第19条规定备案审核:公安机关应当对网络运营者提交的备案材料进行审核。对定级准确、备案材料符合要求的,应在10个工作日内出具网络安全等级保护备案证明。

第22条规定上线检测:新建的第二级网络上线运行前应当按照网络安全等级保护有关标准规范,对网络的安全性进行测试。新建的第三级以上网络上线运行前应当委托网络安全等级测评机构按照网络安全等级保护有关标准规范进行等级测评,通过等级测评后方可投入运行。

第23条规定等级测评:第三级以上网络的运营者应当每年开展一次网络安全等级测评,发现并整改安全风险隐患,并每年将开展网络安全等级测评的工作情况及测评结果向备案的公安机关报告。

第24条规定安全整改:网络运营者应当对等级测评中发现的安全风险隐患,制定整改方案,落实整改措施,消除风险隐患。

第25条规定自查工作:网络运营者应当每年对本单位落实网络安全等级保护制度情况和网络安全状况至少开展一次自查,发现安全风险隐患及时整改,并向备案的公安机关报告。

五、关键信息基础设施保护制度

关键信息基础设施关涉国家安全和人民的生产生活,是国家的重要资产。《网络安全法》在安全保障方面对关键信息基础设施运营者提出了特殊要求。《关键信息基础设施安全保护条例》在网络安全等级保护制度的基础上对关系到国家安全、国计民生、公共利益的关键信息基础设施实行重点保护。也就是说,在单位的系统被确定为关键信息基础设施后,应在网络安全等级保护制度的基础上,进行重点保护。以电力系统为例,委内瑞拉的电力系统曾遭遇过多次网络攻击。2020 年 5 月 5 日晚,委内瑞拉国家电网干线遭到攻击,全国大面积停电。2019 年 3 月 7 日,委内瑞拉全国发生大规模停电,直到 8 日傍晚,供电才部分恢复。但 9 日中午电力系统又受到新一轮网络攻击,电力系统再次崩溃。2017 年 8 月初,委内瑞拉遭受大规模网络攻击,导致数十家政府网站关闭,还导致 700 万手机用户无法使用电信服务。[1] 电力系统的多次崩溃,表明了委内瑞拉电力系统的脆弱性,也提醒人们注意保护此类国家信息基础设施。网络强国的示范效应也有可能使恐怖分子最终掌握先进的网络攻击技术,这些都会对国家的关键信息基础设施安全构成威胁,也使对关键信息基础设施的安全保护进行规制成为必要。

(一)关键信息基础设施保护的法律框架

1. 以《网络安全法》为关键信息基础设施保护的法律基础

《网络安全法》第 31~39 条涉及"关键信息基础设施的运行安全"。《网络安全法》在安全保障方面对关键信息基础设施运营者的特殊要求如下:在人员方面,规定设置专门的管理机构和负责人,对负责人和关键岗位的人员进行安全背景审查,定期对从业人员进行教育培训和技能考核;在系统方面,规定对重要系统和数据库进行容灾备份,制定应急预案并定期组织演练;在评估方面,规定每年至少进行一次安全性测评评估,并报送相关主管部门;在供应链方面,规定采购可能影响国家安全的网络产品和服务应当通过国家安全审查,采购双方应签订安全保密协议;在数据留存传输方面,规定将运营中收集和产生的公民个人信息和重要业务数据存储在我国境内,因业务需要,确需向境外提供的,应进行安全评估。

2.《关键信息基础设施安全保护条例》详细阐明相关规定

以《网络安全法》为依据,2021 年 7 月 30 日,国务院发布了《关键信息基础设施安全保护条例》,揭开了中国关键信息基础设施安全保护立法进程的新篇章。《关键信息基础设施安全保护条例》详细阐明了关键信息基础设施的范围、运营者应履行的职责以及对产品和服务的要求,对政府机关、国家行业主管或监管部门,能源、电信、交通等行业,

---

[1]《重要信息系统(关键信息基础设施)保护(CIIPT)的必要性!》,载 CSDN 网博客,https://blog.csdn.net/jojo705/article/details/106189137。

公安机关以及个人进行要求,明确了关键信息基础设施的范围,规定了运营者的安全保护权利和义务及其负责人的职责,要求建立关键信息基础设施网络安全监测预警体系和信息通报制度,违反该条例将会受到行政处罚、被判处罚金甚至要承担刑事责任。

(二)关键信息基础设施的定义

《网络安全法》中首次明确了关键信息基础设施的原则性范围,该法第31条规定:"国家对公共通信和信息服务、能源、交通、水利、金融、公共服务、电子政务等重要行业和领域,以及其他一旦遭到破坏、丧失功能或者数据泄露,可能严重危害国家安全、国计民生、公共利益的关键信息基础设施,在网络安全等级保护制度的基础上,实行重点保护……"这是我国首次在法律层面提出关键信息基础设施的概念,明确关键信息基础设施涉及的主要行业和领域,为我国明确关键信息基础设施的定义范畴提供了法律依据,[1]是开展关键信息基础设施安全保护的基础。

2021年《关键信息基础设施安全保护条例》第2条进一步明确了关键信息基础设施的定义,该条规定"本条例所称关键信息基础设施,是指公共通信和信息服务、能源、交通、水利、金融、公共服务、电子政务、国防科技工业等重要行业和领域的,以及其他一旦遭到破坏、丧失功能或者数据泄露,可能严重危害国家安全、国计民生、公共利益的重要网络设施、信息系统等"。

(三)关键信息基础设施安全的监督管理

《关键信息基础设施安全保护条例》第3条规定,在国家网信部门统筹协调下,国务院公安部门负责指导监督关键信息基础设施安全保护工作。国务院电信主管部门和其他有关部门依照该条例和有关法律、行政法规的规定,在各自职责范围内负责关键信息基础设施安全保护和监督管理工作。省级人民政府有关部门依据各自职责对关键信息基础设施实施安全保护和监督管理。

(四)制定关键信息基础设施认定规则应考虑的因素

《关键信息基础设施安全保护条例》第9条规定:"保护工作部门结合本行业、本领域实际,制定关键信息基础设施认定规则,并报国务院公安部门备案。制定认定规则应当主要考虑下列因素:(一)网络设施、信息系统等对于本行业、本领域关键核心业务的重要程度;(二)网络设施、信息系统等一旦遭到破坏、丧失功能或者数据泄露可能带来的危害程度;(三)对其他行业和领域的关联性影响。"

---

[1] 《〈网络安全法〉促进国家关键信息基础设施安全保护新发展》,载中国互联网发展基金会网,www.cidf.net/2016-11/14/c_1119908496.htm。

（五）对关键信息基础设施的安全保护义务

《网络安全法》第 34 条对关键信息基础设施运营者的安全保护义务进行了规定。该条规定："除本法第二十一条的规定外，关键信息基础设施的运营者还应当履行下列安全保护义务：（一）设置专门安全管理机构和安全管理负责人，并对该负责人和关键岗位的人员进行安全背景审查；（二）定期对从业人员进行网络安全教育、技术培训和技能考核；（三）对重要系统和数据库进行容灾备份；（四）制定网络安全事件应急预案，并定期进行演练；（五）法律、行政法规规定的其他义务。"

此外，《网络安全法》第 35 条还涉及一个重要的制度，即网络安全审查。该条规定，关键信息基础设施的运营者采购网络产品和服务，可能影响国家安全的，应当通过国家网信部门会同国务院有关部门组织的国家安全审查。由于《数据安全法》中也有安全审查制度，两者的具体实施均依据《网络安全审查办法》，该审查办法在《数据安全法》通过之后进行了修改。

六、数据的分类分级保护制度

《数据安全法》第 21 条规定了数据分类分级保护制度。为了规范数据处理活动，保护个人、组织在网络空间的合法权益，维护国家安全和公共利益，国家网信办会同相关部门起草了《网络数据安全管理条例（征求意见稿）》，并于 2021 年 11 月 14 日向社会公开征求意见。[1] 该意见明确，国家建立数据分类分级保护制度。依数据对国家安全、公共利益或者个人、组织合法权益的影响和重要程度，将数据分为一般数据、重要数据、核心数据，不同级别的数据采取不同的保护措施。

（一）涉及数据分类分级的规定

《数据安全法》第 21 条确立了数据分类分级保护制度。2021 年《网络数据安全管理条例（征求意见稿）》将数据分类分级保护制度予以细化。《信息安全技术 重要数据识别指南》（征求意见稿）以国家标准的形式对重要数据的识别进行指引。工业、证券、银行等各部门的重要数据则需要行业具有针对性的指引，如工业和信息化部 2020 年印发的《工业数据分类分级指南（试行）》，[2] 中国证券监督管理委员会 2018 年发布的《证券

---

[1] 《国家拟建立数据分类分级保护制度》，载百家号网 2021 年 11 月 16 日，https://baijiahao.baidu.com/s?id=1716535386744006023&wfr=spider&for=pc。
[2] 《工业和信息化部办公厅印发〈工业数据分类分级指南（试行）〉》，载百家号网 2020 年 3 月 4 日，https://baijiahao.baidu.com/s?id=1660226752125973944&wfr=spider&for=pc。

期货业数据分类分级指引》,[1]中国人民银行2020年发布的《个人金融信息保护技术规范》[2]等各指引性文件及行业标准,对特定行业的数据分类分级的具体标准进行了细化,从行业层面进一步细化了数据分类分级。

(二)数据的定义

《数据安全法》第3条规定:"本法所称数据,是指任何以电子或者其他方式对信息的记录。数据处理,包括数据的收集、存储、使用、加工、传输、提供、公开等。数据安全,是指通过采取必要措施,确保数据处于有效保护和合法利用的状态,以及具备保障持续安全状态的能力。"与《网络安全法》中有关网络数据的概念相比,《数据安全法》专门对数据进行了定义,如前所述,两部法律中涉及"数据"的定义有一定的差异。《网络安全法》第76条第4项规定,"网络数据,是指通过网络收集、存储、传输、处理和产生的各种电子数据"。这与《数据安全法》第3条第1款"本法所称数据,是指任何以电子或其他方式对信息的记录"的表述有所不同。两个条文对"数据"定义的维度不同,前者强调通过"网络"获得的电子数据,后者的表述是"任何以电子……的记录",强调"数据",且这个数据的面比《网络安全法》中的数据的面更宽,对"数据"这一概念进行了最大化解释。

《数据安全法》所称的"数据处理",包括数据的收集、存储、使用、加工、传输、提供、公开等。《数据安全法》第53条进一步规定,开展涉及国家秘密的数据处理活动,适用《中华人民共和国保守国家秘密法》等法律、行政法规的规定;在统计、档案工作中开展数据处理活动,开展涉及个人信息的数据处理活动,还应当遵守相关法律、行政法规的规定。因此《数据安全法》并不涉及对国家秘密的数据处理活动。但《数据安全法》既适用于统计、档案工作中的数据处理活动,也适用于涉及个人信息的数据处理活动,只是这些数据处理活动还应遵守相关法律法规的要求。

(三)重要数据

在数据安全制度上,《数据安全法》采取目录方式建立重要数据保护制度,由各地区、各部门按照数据分类分级保护制度,确定本地区、本部门以及相关行业、领域的重要数据具体目录,对列入目录的数据进行重点保护。对重要数据的保护至少包括两个方面的内容:其一,建立"重要数据保护目录";其二,对重要数据实施重点保护。

---

[1] [第28号公告]《证券期货业数据分类分级指引》《证券期货业机构内部企业服务总线实施规范》《期货市场客户开户数据接口》《证券发行人行为信息内容格式》,载中国证券监督管理委员会网2018年9月27日,http://www.csrc.gov.cn/csrc/c101862/c1022471/content.shtml。
[2] 《发布丨央行正式发布〈个人金融信息保护技术规范〉(附全文)》,载腾讯网,https://page.om.qq.com/page/Oesmuk6WrIpzyoK1CBerHUgw0。

2022年1月13日,全国信息安全标准化技术委员会发布了国家标准《信息安全技术　重要数据识别指南》(征求意见稿)。《信息安全技术　重要数据识别指南》(征求意见稿)与2021年11月发布的《网络数据安全管理条例(征求意见稿)》中有关重要数据的定义保持一致,即重要数据指"一旦遭到篡改、破坏、泄露或者非法获取、非法利用,可能危害国家安全、公共利益的数据",并且明确排除了国家秘密和单独的个人信息,体现了有关重要数据的立法趋势。此外,《信息安全技术　重要数据识别指南》(征求意见稿)还明确说明"基于海量个人信息形成的统计数据、衍生数据",例如,基于海量用户个人信息形成的市场趋势判断、市场喜好判断等,有可能属于重要数据。上述界定首先将重要数据限定在电子数据的范畴内,并明确大量个人信息也可能构成重要数据,同时继承了《数据安全法》将国家秘密相关数据排除在数据安全保护法律法规适用范围之外的原则,相较于此前的界定更为清晰。[1]

《信息安全技术　重要数据识别指南》(征求意见稿)有关识别重要数据的基本原则包括:(1)聚焦安全影响。从国家安全、经济运行、社会稳定、公共健康和安全等角度识别重要数据,只对组织自身而言重要或敏感的数据不属于重要数据,如企业的内部管理相关数据。(2)突出保护重点。通过对数据分级,明确安全保护重点,使一般数据充分流动,重要数据在满足安全保护要求的前提下有序流动,释放数据价值。(3)衔接既有规定。充分考虑地方已有管理要求和行业特色,与地方、部门已经制定实施的有关数据管理政策和标准规范紧密衔接。(4)综合考虑风险。根据数据用途、面临威胁等不同因素,综合考虑数据遭到篡改、破坏、泄露或者非法获取、非法利用等风险,从保密性、完整性、可用性、真实性、准确性等多个角度识别数据的重要性。(5)定量定性结合。以定量与定性相结合的方式识别重要数据,并根据具体数据类型、特性不同采取定量或定性方法。(6)动态识别复评。随着数据用途、共享方式、重要性等发生变化,动态识别重要数据,并定期复查重要数据识别结果。上述识别基本原则确认了重要数据识别的角度为宏观层面,强调对数据应根据分级实施安全保护管理,且应与地方、部门制定实施的重要数据目录及安全管控政策有机地衔接。

《信息安全技术　重要数据识别指南》(征求意见稿)还提供了具体的识别因素示例,主要包括:(1)反映国家战略储备、应急动员能力,如战略物资产能、储备量属于重要数据;(2)支撑关键基础设施运行或重点领域工业生产,如直接支撑关键基础设施所在行业、领域核心业务运行或重点领域工业生产的数据属于重要数据;(3)反映关键信息基础设施网络安全保护情况,可被利用实施对关键信息基础设施的网络攻击,如反映关键信息基础设施网络安全方案、系统配置信息、核心软硬件设计信息、系统拓扑、应急预

---

[1]　《〈重要数据识别指南(征求意见稿)〉及"重要数据"立法趋势的相关影响》,载美创网2022年1月20日,http://www.mchz.com.cn/cn/about－us/industry－news/info_366.aspx? itemid＝5284&zeip＝es515pfuwaihdff3mzwbdg。

案等情况的数据属于重要数据;(4)关系出口管制物项,如描述出口管制物项的设计原理、工艺流程、制作方法等的信息以及源代码、集成电路布图、技术方案、重要参数、实验数据、检测报告属于重要数据;(5)可能被其他国家或组织利用发起对我国的军事打击,如满足一定精度要求的地理信息属于重要数据;(6)反映重点目标、重要场所物理安全保护情况或未公开地理目标的位置,可能被恐怖分子、犯罪分子利用实施破坏,如反映重点安保单位、重要生产企业、国家重要资产(如铁路、输油管道)的施工图、内部结构、安防等情况的数据,以及未公开的专用公路、未公开的机场等的信息属于重要数据;(7)可能被利用实施对关键设备、系统组件供应链的破坏,以发起高级持续性威胁等网络攻击,如重要客户清单、未公开的关键信息基础运营者采购产品和服务情况、未公开的重大漏洞属于重要数据;(8)反映群体健康生理状况、族群特征、遗传信息等的基础数据,如人口普查资料、人类遗传资源信息、基因测序原始数据属于重要数据;(9)国家自然资源、环境基础数据,如未公开的水情信息、水文观测数据、气象观测数据、环保监测数据属于重要数据;(10)关系科技实力、影响国际竞争力,如描述与国防、国家安全相关的知识产权的数据属于重要数据;(11)关系敏感物项生产交易以及重要装备配备、使用,可能被外国政府对我实施制裁,如重点企业金融交易数据、重要装备生产制造信息,以及国家重大工程施工过程中的重要装备配备、使用等生产活动信息属于重要数据;(12)在向政府机关、军工企业及其他敏感重要机构提供服务过程中产生的不宜公开的信息,如军工企业较长一段时间内的用车信息;(13)未公开的政务数据、工作秘密、情报数据和执法司法数据,如未公开的统计数据。

在重要数据的保护上,《数据安全法》规定,对重要数据的保护要强于一般数据。其一,应明确重要数据安全的负责人和管理机构。依《数据安全法》第27条第2款,重要数据的处理者应当明确数据安全负责人和管理机构,落实数据安全保护责任。其二,应对重要数据进行风险评估。依该法第30条,重要数据的处理者应当按照规定对其数据处理活动定期开展风险评估,并向有关主管部门报送风险评估报告。风险评估报告应包括处理的重要数据的种类、数量,开展数据处理活动的情况,面临的数据安全风险及其应对措施等。其三,重要数据的跨境流动需要进行安全评估。在该问题上,《数据安全法》第31条在《网络安全法》第37条的基础之上进行了补充和完善,规定其他数据处理者在中国境内运营中收集和产生的"重要数据"的出境安全管理办法,由国家网信部门会同国务院有关部门制定。

(四)核心数据

对"核心数据"要实行更加严格的管理制度。《数据安全法》第21条第2款要求对"关系国家安全、国民经济命脉、重要民生、重大公共利益等"的国家核心数据实行更加严格的管理制度。《数据安全法》的上位法是《国家安全法》,对"国家安全"的解读应来自《国家安全法》。依《国家安全法》第2条,国家安全是指国家政权、主权、统一和领土完整、人民福祉、经济社会可持续发展和国家其他重大利益相对处于没有危险和不受内外威胁的状态,以及保障持续安全状态的能力。"国民经济命脉"指对社会经济发展具有重大影响的部门、企业和资源,关系国民经济命脉的行业包括涉及国家安全的行业、支柱产业和高新技术产业中的重要骨干企业、提供重要公共产品的行业、重大基础设施和重要矿产资源行业等。总之,"核心数据"具有宏观性,判断是不是国家核心数据,要看是否给全局带来较大的风险。《数据安全法》明确建立数据分类分级保护制度,对关系国家安全、国民经济命脉、重要民生、重大公共利益等的"核心数据"实行更为严格的管理制度;对外国司法、执法机构调取我国数据的情况进行了规定;建立了数据安全审查制度,对影响或者可能影响国家安全的数据活动进行国家安全审查。依《数据安全法》第 45 条的规定,违反国家"核心数据"管理制度,危害国家主权、安全和发展利益的,有关部门最高可处 1000 万元的罚款,并根据情况责令暂停相关业务、停业整顿、吊销相关业务许可证或者吊销营业执照;构成犯罪的,依法追究刑事责任。由于《数据安全法》位于数据分类分级制度的顶端,"核心数据"相比重要数据来说具有更高的敏感性和关键性,在重要数据保护措施之上对其实行更加严格的管理制度。

七、数据安全检测与风险评估

(一)法律对数据安全检测评估与认证的要求

《数据安全法》第 18 条提出了数据安全检测评估与认证的要求,规定"国家促进数据安全检测评估、认证等服务的发展,支持数据安全检测评估、认证等专业机构依法开展服务活动。国家支持有关部门、行业组织、企业、教育和科研机构、有关专业机构等在数据安全风险评估、防范、处置等方面开展协作"。

(二)数据安全检测评估与认证的标准

当前,我国在数据管理领域,已经正式出台的国家标准有《数据管理能力成熟度评估模型》(GB/T 36073—2018),在数据安全检测评估、认证领域的标准有《信息安全技术 数据安全能力成熟度模型》(GB/T 37988—2019)和团体标准《数据安全治理能力评估方法》(T/ISC—0011—2021),这三个标准可以成为各行业、企业开展数据治理、数据安全风险评估的参考标准。[1]《数据管理能力成熟度评估模型》是我国数据管理领域中的第一个国家标准,该标准将企业数据管理能力成熟度水平分为初始级、受管理级、稳健级、量化管理级、优化级 5 个等级。认证领域的标准有《信息安全技术 数据安全能力成熟度模型》,该标准以数据生命周期安全为核心,规定了数据采集安全、数据传

---

[1]《〈数据安全法〉解读—数据安全检测评估与认证》,载启明星辰网,https://www.venusgroup.com.cn/new_type/sdjd/20210628/22831.html。

输安全、数据存储安全、数据处理安全、数据交换安全、数据销毁安全、通用安全的成熟度等级要求。《数据安全治理能力评估方法》为团体标准,由中国互联网协会牵头制定,描述了各类数据治理活动应遵循的数据安全治理能力要求和评估方法,包括评估等级划分方法、数据安全战略、数据采集安全、数据传输安全、数据存储安全、数据使用安全、数据共享安全、数据销毁安全、基础安全等能力的具体评估等级确定原则。

(三)数据安全风险评估

《数据安全法》第 30 条规定,重要数据的处理者应依规定对其数据处理活动定期开展风险评估,并向有关主管部门报送风险评估报告。风险评估报告应当包括处理的重要数据的种类、数量,开展数据处理活动的情况,面临的数据安全风险及其应对措施等。该条规定尚存在较大的解释空间,"重要数据"有赖各地区、各行业、各部门出台相关"重要数据保护目录","定期开展风险评估"则需要明确时间周期。"开展数据处理活动的情况"需要掌握数据全流程的流转轨迹,并判断面临的潜在风险。"应对措施"需要有相应的技术手段缓解风险的发生和事故的后果。如重要数据的处理者未依规定进行数据安全风险的评估,则依第 45 条,由有关主管部门责令改正,给予警告,可以并处 5 万元以上 50 万元以下罚款,对直接负责的主管人员和其他直接责任人员可以处 1 万元以上 10 万元以下罚款;拒不改正或者造成大量数据泄露等严重后果的,处 50 万元以上 200 万元以下罚款,并可以责令暂停相关业务、停业整顿、吊销相关业务许可证或者吊销营业执照,对直接负责的主管人员和其他直接责任人员处 5 万元以上 20 万元以下罚款。

(四)数据安全应急处置机制

《数据安全法》第 23 条规定,国家建立数据安全应急处置机制。发生数据安全事件,有关主管部门应当依法启动应急预案,采取相应的应急处置措施,防止危害扩大,消除安全隐患,并及时向社会发布与公众有关的警示信息。"数据安全事件"如某票务公司支付信息泄露,大量用户的银行卡信息遭泄露,包含持卡人姓名、身份证信息、银行卡号、CVV2、密码等,并因此导致用户遭遇诈骗电话。其原因就是技术人员不谨慎,在对某个服务器进行系统问题排查时,未及时删除留下的临时日志,同时用户的支付日志可被轻易下载。又如,有人通过非法手段破解银行业务系统的数据库,盗取海量信息,泄露了包括银行客户信息、客户资产信息、信用卡号和安全码等在内的隐私信息。非法分子将盗取的信息转让给黑色产业人员,由他们通过电话、网络等方式进行销售倒卖。[1]数据安全事件包括有害程序事件、网络攻击事件、信息破坏事件、信息内容安全事件等。有害程序事件又分为计算机病毒事件、蠕虫事件、特洛伊木马事件、僵尸网络事件、混合程序攻击事件、网页内嵌恶意代码事件及其他有害程序事件。发生此类事件后,有关主

---

[1]《什么是数据安全?》,载腾讯网,https://new.qq.com/omn/20210616/20210616A042XE00.html。

管部门应当依法启动应急预案,采取相应的应急处置措施,防止危害扩大,消除安全隐患,并及时向社会发布与公众有关的警示信息。

八、安全审查制度

如前所述,《网络安全法》第35条是关于安全审查制度的规定。由于《数据安全法》中也有安全审查制度,两者的具体实施均依据《网络安全审查办法》,该审查办法在《数据安全法》通过之后进行了修改,因此,本节的安全审查制度既包括数据安全审查,也包括网络安全审查。

(一)安全审查制度的构建

1.《网络安全法》关于网络安全审查的规定

《网络安全法》第35条对网络安全审查进行了规定,即"关键信息基础设施的运营者采购网络产品和服务,可能影响国家安全的,应当通过国家网信部门会同国务院有关部门组织的国家安全审查"。《网络安全法》第65条规定,关键信息基础设施的运营者违反有关网络安全审查的规定,使用未经安全审查或者安全审查未通过的网络产品或者服务的,由有关主管部门责令停止使用,处采购金额1倍以上10倍以下的罚款;对直接负责的主管人员和其他直接责任人员处1万元以上10万元以下的罚款。

2.《数据安全法》使数据成为独立的安全保护对象

《网络安全法》立足于技术层面的安全保障,是对网络运营者施加基本的安全保障义务,对关键信息基础设施运营者施加增强式的安全保障义务。其目标是"防范对网络的攻击、侵入、干扰、破坏和非法使用以及意外事故,使网络处于稳定可靠运行的状态,以及保障网络数据的完整性、保密性、可用性的能力"。其中"数据"的安全从属于网络的安全。依《数据安全法》第24条第1款,国家建立数据安全审查制度,对影响或可能影响国家安全的数据处理活动进行国家安全审查。

3.《网络安全审查办法》及其修改

2021年11月16日国家互联网信息办公室2021年第20次室务会议审议通过了《网络安全审查办法》,该办法自2022年2月15日起施行。此前,《网络安全审查办法》经历了2021年《网络安全审查办法(修订草案征求意见稿)》以及2019年《网络安全审查办法(征求意见稿)》。对比各版的修改,可以看出网络安全和数据安全发展情势的变化。在2021年《数据安全法》通过后,2021年《网络安全审查办法(修订草案征求意见稿)》新增了有关数据安全审查的内容,安全审查的对象不再只有"关键信息基础设施运营者",而是增加了"数据处理者",并新增《数据安全法》为安全审查的上位法。由于"数据处理者"的范围过于宽泛,2022年生效的《网络安全审查办法》又将2021年《网络安全审查办法(修订草案征求意见稿)》中的"数据处理者"改为"网络平台运营者",并进一步明确主要针对超过100万用户个人信息的对象范围。在上位法上,新增《关键信息基础设施安全保护条例》为上位法。在立法目的上,新增"保障网络安全和数据安全"的描述,强调安全审查包括网络安全和数据安全的主线。

《网络安全审查办法》第1条规定:"为了确保关键信息基础设施供应链安全,保障网络安全和数据安全,维护国家安全,根据《中华人民共和国国家安全法》、《中华人民共和国网络安全法》、《中华人民共和国数据安全法》、《关键信息基础设施安全保护条例》,制定本办法。"《网络安全审查办法》将《数据安全法》项下的数据安全审查纳入立法框架,形成了以《国家安全法》为龙头,以《网络安全法》《数据安全法》《关键信息基础设施安全保护条例》为安全审查上位法,以《网络安全审查办法》为实现网络与数据安全审查可操作性的手段的法律体系。

(二)安全审查的对象

《网络安全审查办法》第2条规定,关键信息基础设施运营者采购网络产品和服务,网络平台运营者开展数据处理活动,影响或者可能影响国家安全的,应当按照该办法进行网络安全审查。可见,网络安全的审查对象主要包括以下几个。

1. 关键信息基础设施运营者

《网络安全法》第35条规定:"关键信息基础设施的运营者采购网络产品和服务,可能影响国家安全的,应当通过国家网信部门会同国务院有关部门组织的国家安全审查。"依2021年生效的《关键信息基础设施安全保护条例》第2条的规定,关键信息基础设施是指公共通信和信息服务、能源、交通、水利、金融、公共服务、电子政务、国防科技工业等重要行业和领域的,以及其他一旦遭到破坏、丧失功能或者数据泄露,可能严重危害国家安全、国计民生、公共利益的重要网络设施、信息系统等。我国也通过立法规定对关键信息基础设施运营者的采购活动进行审查,对部分重要产品等发起审查,这对保障关键信息基础设施供应链安全、维护国家安全发挥了重要作用。

2. 网络平台运营者

《数据安全法》第24条规定,对影响或者可能影响国家安全的数据处理活动进行国家安全审查。2021年《网络安全审查办法(修订草案征求意见稿)》将"开展数据处理活动,影响或可能影响国家安全的数据处理者"列为审查主体对象范围。鉴于"数据处理者"的范围过于宽泛,2022年生效的《网络安全审查办法》又将"数据处理者"改为"网络平台运营者",依《网络安全审查办法》第2条,网络平台运营者开展数据处理活动,影响或者可能影响国家安全的,应当依该办法进行网络安全审查。这涉及两种情形:其一,网络平台运营者开展数据处理活动,影响或者可能影响国家安全等情形;其二,对网络平台运营者的定量描述,即《网络安全审查办法》第7条所规定的"掌握超过100万用户个人信息的网络平台运营者赴国外上市,必须向网络安全审查办公室申报网络安全审查"。《网络安全审查办法》的修改发生在滴滴等多家企业赴美上市审查期间,与上市相关的条款亦是为了加强跨境监管合作,完善数据安全、跨境数据流动、涉密信息管理等相关法律法规。

(三)安全审查的监管主体

1.网络安全审查办公室

依《网络安全审查办法》第4条,网络安全审查办公室要在中央网络安全和信息化委员会领导下,会同发改委、工信部、公安部、国家安全部、财政部、商务部、中国人民银行、市场监督管理总局、广播电视总局、证监会、保密局、密码管理局建立国家网络安全审查工作机制。网络安全审查办公室设在国家互联网信息办公室,负责制定网络安全审查相关制度规范,组织网络安全审查。

2.部委联席审查工作机制

2021年《网络安全审查办法(修订草案征求意见稿)》在2019年《网络安全审查办法(征求意见稿)》的基础上增加了"中国证券监督管理委员会"(以下简称证监会)为监管机构,2019年《网络安全审查办法(征求意见稿)》项下的12部委联席审查工作机制因此变更为13部委联席审查工作机制(《网络安全审查办法》第4条第1款规定)。将证监会纳入联席审查工作机制等方式可以更好地解决中概股国外上市涉及的数据合规监管问题。

(四)安全审查的内容及评估的风险因素

网络安全审查主要审查哪些内容?《网络安全审查办法》第6条规定,对于申报网络安全审查的采购活动,关键信息基础设施运营者应当通过采购文件、协议等要求产品和服务提供者配合网络安全审查,包括承诺不利用提供产品和服务的便利条件非法获取用户数据、非法控制和操纵用户设备,无正当理由不中断产品供应或者必要的技术支持服务等。该条主要针对的是关键信息基础设施运营者的采购活动。第7条则主要针对的是网络平台运营者赴境外上市的活动,规定掌握超过100万用户个人信息的网络平台运营者赴国外上市,必须向网络安全审查办公室申报网络安全审查。安全审查评估的风险因素主要包括以下几个。

1.网络安全审查的重点评估因素

依《网络安全审查办法》第10条的规定,网络安全审查重点评估相关对象或者情形的以下国家安全风险因素:(1)产品和服务使用后带来的关键信息基础设施被非法控制、遭受干扰或者破坏的风险;(2)产品和服务供应中断对关键信息基础设施业务连续性的危害;(3)产品和服务的安全性、开放性、透明性、来源的多样性,供应渠道的可靠性以及因为政治、外交、贸易等因素导致供应中断的风险;(4)产品和服务提供者遵守中国法律、行政法规、部门规章情况;(5)核心数据、重要数据或者大量个人信息被窃取、泄露、毁损以及非法利用、非法出境的风险;(6)上市存在关键信息基础设施、核心数据、重要数据或者大量个人信息被外国政府影响、控制、恶意利用的风险,以及网络信息安全风险;(7)其他可能危害关键信息基础设施安全、网络安全和数据安全的因素。

2.数据安全审查增加的内容

在涉及数据的安全审查方面,在关键信息基础设施运营者采购的网络产品和服务的使用中,可能会采集和处理重要数据、核心数据和个人信息,因此,网络产品和服务可能面临敏感数据泄露、敏感数据滥用等风险,从而影响国家安全。《网络安全审查办法》第10条在2019年《网络安全审查办法(征求意见稿)》针对采购活动的基础上,增加了"数据处理活动"。其中第5项规定,核心数据、重要数据或大量个人信息被窃取、泄露、毁损以及非法利用或出境的风险。"核心数据"依《数据安全法》第21条第2款为关系国家安全、国民经济命脉、重要民生、重大公共利益等的数据,对其要实行更加严格的管理制度。依《数据安全法》第21条,在国家层面,由国家数据安全工作协调机制统筹协调有关部门制定重要数据目录,在各地区、各部门层面,由各地区、各部门确定本地区、本部门以及相关行业、领域的重要数据具体目录。2021年《网络安全审查办法(修订草案征求意见稿)》第10条第6项规定,国外上市后关键信息基础设施,核心数据、重要数据或大量个人信息被国外政府影响、控制、恶意利用的风险;第7项规定,其他可能危害关键信息基础设施安全和国家数据安全的因素。2022年生效的《网络安全审查办法》第10条中补充了审查过程中需要评估的国家安全风险因素,即"(六)上市存在关键信息基础设施、核心数据、重要数据或者大量个人信息被外国政府影响、控制、恶意利用的风险,以及网络信息安全风险;(七)其他可能危害关键信息基础设施安全、网络安全和数据安全的因素"。第6项将原来的"国外上市"改为"上市",更具有法律调整的规范性,第7项兜底事项增加"网络安全"的描述,在网络安全和数据安全方面更具有概括性。

(五)安全审查的启动

《网络安全审查办法》在安全审查的启动上采用了双层审查启动机制,一种是当事人申报即关键信息基础设施运营者或网络平台运营者的申报审查,另一种是依职权实施的审查。

1.关键信息基础设施运营者的申报审查

(1)申报审查。《网络安全审查办法》第5条第1款规定,关键信息基础设施运营者采购网络产品和服务的,应当预判该产品和服务投入使用后可能带来的国家安全风险。影响或者可能影响国家安全的,应当向网络安全审查办公室申报网络安全审查。该条第2款规定,关键信息基础设施安全保护工作部门可以制定本行业、本领域预判指南。从该条规定可以看出:首先,申报安全审查的主体应为关键信息基础设施所需网络产品和服务的采购方。其次,关键信息基础设施运营者在采购时应预判该产品和服务投入使用后可能带来的国家安全风险。最后,关键信息基础设施安全保护工作部门可通过制定本行业、本领域的指南,指引关键信息基础设施运营者对国家安全风险的预判。

(2)配合审查。采购方应主动通过法律工作管理自身的供应链风险,应在力所能及的范围内,主动管理和降低供应链安全风险。《网络安全审查办法》第6条规定,对于申报网络安全审查的采购活动,关键信息基础设施运营者应当通过采购文件、协议等要求产品和服务提供者配合网络安全审查,包括承诺不利用提供产品和服务的便利条件非法获取用户数据、非法控制和操纵用户设备,无正当理由不中断产品供应或者必要的技术支持服务等。

2.网络平台运营者的申报审查

(1)网络平台运营者开展数据处理活动。《网络安全审查办法》第2条规定,关键信息基础设施运营者采购网络产品和服务,网络平台运营者开展数据处理活动,影响或者可能影响国家安全的,应当按照本办法进行网络安全审查。

"数据处理活动"依《数据安全法》包括数据的收集、存储、使用、加工、传输、提供、公开等活动。《网络安全审查办法》重点聚焦的是网络平台运营者在开展上述数据处理活动中,影响或者可能影响国家安全的情形。

(2)网络平台运营者赴国外上市的强制申报。《网络安全审查办法》第7条规定,掌握超过100万用户个人信息的网络平台运营者赴国外上市,必须向网络安全审查办公室申报网络安全审查。从该条可以看出,首先,掌握个人信息的数量,将直接影响网络平台运营者的行为性质。"掌握超过100万用户个人信息的网络平台运营者赴国外上市"的时候,必须要申报网络安全审查。可见,个人信息的定量情况将直接决定网络平台运营者的海外上市行为是否影响国家安全,是判定数据运营者在海外上市能否触发网络安全审查的先决条件。其次,个人信息在一定条件下,将直接转化为重要数据。

从申报的时间上看,网络平台运营者应在向国外证券监管机构提出上市申请之前,申报网络安全审查。从审查结果上看,启动审查后,经研判不影响国家安全的,可继续赴国外上市;启动审查后,经研判影响国家安全的,则不允许赴国外上市。[1]

3.网络安全审查办公室依职权实施的审查

《网络安全审查办法》第16条规定,网络安全审查工作机制成员单位认为影响或者可能影响国家安全的网络产品和服务以及数据处理活动,由网络安全审查办公室按程序报中央网络安全和信息化委员会批准后进行审查。网信办对"滴滴出行"实施的网络安全审查即是依职权实施的安全审查。[2] 滴滴于2021年6月30日在美国上市,但没有发布会或敲钟仪式,原因是滴滴在美国上市没有获得中国监管部门的事先同意,滴滴上市绕开了监管部门。2020年12月,美国通过了《外国公司问责法案》,依该法案,外国发行人连续3年不能满足美国公众公司会计监督委员会对会计师事务所的检查要求的,

---

[1]《〈网络安全审查办法〉答记者问》,载中国网信网,http://www.cac.gov.cn/2022-01/04/c_1642894602460572.htm?eqid=cf49ae010002310900000000664896 56a。

[2]《网络安全审查办公室关于对"滴滴出行"启动网络安全审查的公告》,载中国网信网,http://www.cac.gov.cn/2021-07/02/c_1626811521011934.htm。

其证券禁止在美交易。[1] 这就要求中国公司在美国上市要向美国提供审计底稿和关键数据。未经同意向境外提供这些数据则违反了中国《证券法》的相关规定。

(六)安全审查提交的材料及审查时限

1. 提交材料与知识产权保护

依《网络安全审查办法》第 8 条的规定,当事人申报网络安全审查,应当提交以下材料:(1)申报书;(2)关于影响或者可能影响国家安全的分析报告;(3)采购文件、协议、拟签订的合同或者拟提交的首次公开募股(IPO)等上市申请文件;(4)网络安全审查工作需要的其他材料。2022 年生效的《网络安全审查办法》新增"拟提交的首次公开募股(IPO)等"作为申报提交材料,网络安全审查办公室可以据此对企业境外上市所涉及的数据安全、网络安全问题进行判断。

此外,《网络安全审查办法》还规定,参与网络安全审查的相关机构和人员应严格保护知识产权,对在审查工作中知悉的商业秘密、个人信息,当事人、产品和服务提供者提交的未公开材料,以及其他未公开信息承担保密义务;未经信息提供方同意,不得向无关方披露或者用于审查以外的目的。

2. 审查时限

《网络安全审查办法》中的审查程序包括初步审查和特别审查程序。初步审查由网络安全审查办公室完成。网络安全审查工作机制成员单位、相关部门意见一致的,网络安全审查办公室以书面形式将审查结论通知当事人;意见不一致的,依特别审查程序处理。

(1)初步审查的审限。《网络安全审查办法》第 11 条规定,网络安全审查办公室认为需要开展网络安全审查的,应当自向当事人发出书面通知之日起 30 个工作日内完成初步审查,包括形成审查结论建议和将审查结论建议发送网络安全审查工作机制成员单位、相关部门征求意见;情况复杂的,可以延长 15 个工作日。

(2)特别审查的审限。《网络安全审查办法》第 14 条规定,特别审查程序一般应当在 90 个工作日内完成,情况复杂的可以延长。第 15 条规定,网络安全审查办公室要求提供补充材料的,当事人、产品和服务提供者应当予以配合。提交补充材料的时间不计入审查时间。2022 年生效的《网络安全审查办法》将特别审查程序从原先的 45 个工作日改为 90 个工作日,延长了对网络安全特殊复杂情形的审查期限。

九、数据出境安全评估制度

数字经济的发展使数据跨境流动成为数字贸易不可或缺的部分。但数据的跨境流

---

[1] 《美国国会通过〈外国公司问责法案〉》,载新华网,http://www.xinhuanet.com//world/2020-12/03/c_1126816291.htm。

动也触发了各国对个人隐私、国家安全和经济前途的风险担忧,数据不受限制地流出,可能损害本国企业开发利用数据资源的机会,可能使数据在传输、储存和应用等环节面临被截获、篡改等风险,数据应用开发也存在被滥用的风险。更严重的是,一些关键数据跨境流动还可能威胁国家安全。[1] 2013 年"斯诺登事件"推动各国将数据跨境流动纳入政治议题,数据跨境流动与国家安全、网络安全、隐私保护等政策紧密挂钩,加剧了各国政府在网络空间的战略博弈与数据资源争夺。[2] 可见,数据跨境流动在促进产业发展的同时,也面临着个人隐私保护和国家主权维护的压力。如何实现信息流动、隐私保护和国家安全的平衡是一个值得探讨的问题。[3]《网络安全法》和《数据安全法》及一系列规则和国家标准确立了重要数据出境的基本框架,即重要数据原则上应当在境内存储,确需向境外提供时应当进行安全评估。

（一）中国的数据出境的法律框架

1. 关于数据出境的法律

在数据跨境传输领域,我国的法规体系日渐完善,监管部门的监管力度也在日益加强。在数据出境的法律框架方面,我国形成了以《网络安全法》《数据安全法》《个人信息保护法》为上位法,以一系列行政法规和部门规章以及国家标准为支撑的法律框架。

《网络安全法》第 37 条首次以国家法律的形式明确了中国数据跨境流动的基本政策,明确了我国数据出境安全评估要求,以保障我国国家安全和个人信息主体权益。依据第 37 条,关键信息基础设施的运营者在中国境内运营中收集和产生的个人信息和重要数据应当在境内存储。因业务需要,确需向境外提供的,应当按照国家网信部门会同国务院有关部门制定的办法进行安全评估;法律、行政法规另有规定的,依照其规定。《网络安全法》仅规定关键信息基础设施的运营者对境内收集产生的个人信息和数据在境内储存并在数据出境时进行安全评估。

《数据安全法》在《网络安全法》的基础上,进一步完善了数据出境管理要求,强化了境内数据出境的风险控制。第 31 条对重要数据出境监管作出规定:一方面明确关键信息基础设施的运营者在境内运营中收集和产生的重要数据,仍适用《网络安全法》第 37 条有关数据出境安全管理的要求;另一方面对其他数据处理者在境内运营中收集和产生的重要数据增设出境安全管理要求,并授权国家网信部门会同国务院有关部门制定相应的出境安全管理办法。《数据安全法》第 11 条一方面鼓励数据的交流,另一方面又

---

[1]《张兆安代表:数据跨境流动可能存在风险,建议完善法律法规》,载澎湃新闻 2021 年 3 月 6 日,https://www.thepaper.cn/newsDetail_forward_11585599。
[2] 上海社会科学院互联网研究中心:《全球数据跨境流动政策与中国战略研究报告》,载安全内参网 2019 年 8 月 28 日,https://www.secrss.com/articles/13274。
[3] 邹军:《基于欧盟〈通用数据保护条例〉的个人数据跨境流动规制机制研究》,载《新闻大学》2019 年第 12 期。

强调数据跨境流动的安全。规定国家积极开展数据安全治理、数据开发利用等领域的国际交流与合作,参与数据安全相关国际规则和标准的制定,促进数据跨境安全、自由流动。此外,《数据安全法》第 25 条增设数据出口管制要求,明确对"与维护国家安全和利益、履行国际义务相关的属于管制物项的数据"实施出口管制,完善了我国数据出境监管制度框架。《数据安全法》第 26 条涉及的是反制裁措施,依据第 26 条,任何国家或者地区在与数据和数据开发利用技术等有关的投资、贸易等方面对中国采取歧视性的禁止、限制或者其他类似措施的,中国可以根据实际情况对该国家或者地区对等采取措施。

《个人信息保护法》第 38 条规定了个人信息处理者因业务等需要,确需向中国境外提供个人信息时应当具备的条件。这些条件包括:(1)依照该法第 40 条的规定通过国家网信部门组织的安全评估;(2)按照国家网信部门的规定经专业机构进行个人信息保护认证;(3)按照国家网信部门制定的标准合同与境外接收方订立合同,约定双方的权利和义务;(4)法律、行政法规或者国家网信部门规定的其他条件。第 39 条规定,向跨外提供个人信息必须取得个人的单独同意,并告知个人境外接收方的名称或者姓名、联系方式、处理目的、处理方式、个人信息的种类以及个人向境外接收方行使该法规定权利的方式和程序等事项。中国缔结或者参加的国际条约、协定具有一定的灵活性,其中对提供个人信息的条件等有规定的,可按照其规定执行。《个人信息保护法》还规定了几种个人信息跨境提供的特殊规则:在与境外司法执法活动有关的境内个人信息是否跨境提供的问题上,由中国的主管机关根据中国法律和中国缔结或参加的国际条约、协定或平等互惠原则作出是否批准的决定。将侵害中国公民个人信息权益,危害国家安全和公共利益的境外主体列入限制或禁止个人信息提供清单并公告,向其提供个人信息的,采取限制或禁止性措施。对于针对中国采取歧视性的禁止、限制或者其他类似措施的国家或地区,《个人信息保护法》提供了反制的合法性基础,可根据实际情况对等采取措施。

2. 部分规章及配套指南

2022 年 7 月 7 日,国家互联网信息办公室公布《数据出境安全评估办法》[1],该评估办法前后经历了 4 个版本,系统提出了我国数据出境安全评估的具体要求。

为了落实《个人信息保护法》第 38 条有关向中国境外提供个人信息应签订个人信息出境标准合同的规定,2022 年 6 月 30 日,国家互联网信息办公室公布了《个人信息出境标准合同规定(征求意见稿)》[2](以下简称《标准合同规定》),其附件为"个人信息

---

[1]《数据出境安全评估办法》,载中国政府网,https://www.gov.cn/zhengce/zhengceku/2022-07/08/content_5699851.htm。

[2] 国家互联网信息办公室《关于〈个人信息出境标准合同规定(征求意见稿)〉公开征求意见的通知》,载中国网信网,http://www.cac.gov.cn/2022-06/30/c_1658205969531631.htm。

出境标准合同",该规定使《个人信息保护法》规定的通过标准合同出境的方式更具有可操作性,也突出了协议机制对于保护个人信息跨境流动的重要作用。

为了指导和帮助数据处理者规范、有序申报数据出境安全评估,2022年9月1日,国家互联网信息办公室发布了《数据出境安全评估申报指南(第一版)》,[1]该指南对数据出境安全评估的申报方式、申报流程、申报材料等具体要求作出说明。数据处理者因业务需要确需向境外提供数据,符合数据出境安全评估适用情形的,应当根据《数据出境安全评估办法》的规定,按照申报指南的要求申报数据出境安全评估。

3. 国家标准

为了落实《个人信息保护法》中关于建立个人信息保护认证制度的相关要求,指导个人信息处理规范开展个人信息跨境处理活动,全国信息安全标准化技术委员会秘书处编制了《网络安全标准实践指南——个人信息跨境处理活动安全认证规范》,[2]并于2022年6月24日发布,该认证规范提出了个人信息跨境处理活动的基本原则,规定了个人信息跨境处理活动的基本要求和个人信息主体权益保障要求等。

《网络安全法》首次提出了"重要数据"的概念,然而并未明确"重要数据"的定义和范围,2021年实施的《数据安全法》及2021年国家网信办发布的《网络数据安全管理条例(征求意见稿)》中也含有对重要数据的监管要求,但对"重要数据"的定义、范围和识别方法也没有定论,给相关监管带来了一定的困难。在此背景下,2022年1月13日,全国信息安全标准化技术委员会发布了国家标准《信息安全技术 重要数据识别指南》(征求意见稿),该指南给出了识别重要数据的基本原则、考虑因素以及重要数据描述模式。

(二)数据出境的途径

依相关规定数据出境的途径可分为三种,即安全评估、标准合同和认证。三个途径适用的情形不同。

1. 安全评估

《数据出境安全评估办法》第4条规定了"安全评估"的适用情形,规定数据处理者向境外提供数据,有下列情形之一的,应当通过所在地省级网信部门向国家网信部门申报数据出境安全评估:(1)数据处理者向境外提供重要数据;(2)关键信息基础设施运营者和处理100万人以上个人信息的数据处理者向境外提供个人信息;(3)自上年1月1日起累计向境外提供10万人个人信息或者1万人敏感个人信息的数据处理者向境外提

---

[1] 《国家互联网信息办公室发布〈数据出境安全评估申报指南(第一版)〉》,载中国网信网,http://www.cac.gov.cn/2022-08/31/c_1663568169996202.htm。

[2] 《关于发布〈网络安全标准实践指南——个人信息跨境处理活动安全认证规范〉的通知》,载全国信息安全标准化技术委员会网,https://www.tc260.org.cn/front/postDetail.html?id=20220624175016。

供个人信息;(4)国家网信部门规定的其他需要申报数据出境安全评估的情形。

2. 标准合同

依《标准合同规定》第 2 条,个人信息处理者依据《个人信息保护法》第 38 条第 1 款第 3 项,与境外接收方订立合同向中国境外提供个人信息的,应依该规定签订个人信息出境标准合同。个人信息处理者与境外接收方签订与个人信息出境活动相关的其他合同,不得与标准合同相冲突。《标准合同规定》主要涉及下列内容。

(1)适用情形。依《标准合同规定》第 4 条,个人信息处理者同时符合下列情形的,可以通过签订标准合同的方式向境外提供个人信息:①非关键信息基础设施运营者;②处理个人信息不满 100 万人的;③自上年 1 月 1 日起累计向境外提供未达到 10 万人个人信息的;④自上年 1 月 1 日起累计向境外提供未达到 1 万人敏感个人信息的。

(2)监管对象。《标准合同规定》的监管对象主要是境内个人信息处理者。

(3)自评估内容。采取标准合同方式也需要开展自评估,与非标准合同的自评估内容相比,评估事项突出针对个人信息,不涉及国家、社会的因素。依《标准合同规定》第 5 条,个人信息处理者向境外提供个人信息前,应当事前开展个人信息保护影响评估,重点评估以下内容:①个人信息处理者和境外接收方处理个人信息的目的、范围、方式等的合法性、正当性、必要性;②出境个人信息的数量、范围、类型、敏感程度,个人信息出境可能对个人信息权益带来的风险,此项在非标准合同自评估中多了国家安全、公共利益、组织合法权益带来的风险;③境外接收方承诺承担的责任义务,以及履行责任义务的管理和技术措施、能力等能否保障出境个人信息的安全;④个人信息出境后泄露、损毁、篡改、滥用等的风险,个人维护个人信息权益的渠道是否通畅等;⑤境外接收方所在国家或者地区的个人信息保护政策法规对标准合同履行的影响,此点在非标准合同自评估中没有涉及;⑥其他可能影响个人信息出境安全的事项。

(4)标准合同的内容。依《标准合同规定》第 6 条,标准合同包括以下主要内容:①个人信息处理者和境外接收方的基本信息,包括但不限于名称、地址、联系人姓名、联系方式等;②个人信息出境的目的、范围、类型、敏感程度、数量、方式、保存期限、存储地点等;③个人信息处理者和境外接收方保护个人信息的责任与义务,以及为防范个人信息出境可能带来安全风险所采取的技术和管理措施等;④境外接收方所在国家或者地区的个人信息保护政策法规对遵守本合同条款的影响;⑤个人信息主体的权利,以及保障个人信息主体权利的途径和方式;⑥救济、合同解除、违约责任、争议解决等。《标准合同规定》中附有"个人信息出境标准合同"。

3. 认证

为落实《个人信息保护法》关于建立个人信息保护认证制度的相关要求,指导个人信息处理者规范开展个人信息跨境处理活动,全国信息安全标准化技术委员会秘书处于 2022 年 6 月 24 日发布了《网络安全标准实践指南——个人信息跨境处理活动安全认证规范》,该认证规范主要涉及下列内容:

(1)适用情形。《网络安全标准实践指南——个人信息跨境处理活动安全认证规范》适用于以下情形:①跨国公司或者同一经济、事业实体下属子公司或关联公司之间的个人信息跨境处理活动;②《个人信息保护法》第3条第2款适用的个人信息处理活动。[1]数据未被转移存储至本国以外的地方,但被境外的机构、组织、个人访问查看的,即只有境外收集的情况,依该指南属于需要认证的情况。

(2)认证主体。跨国公司或者同一经济、事业实体下属子公司或关联公司之间的个人信息跨境处理活动可以由境内一方申请认证,并承担法律责任。《个人信息保护法》第3条第2款规定的境外个人信息处理者,可以由其在境内设置的专门机构或指定代表申请认证,并承担法律责任。

(3)基本原则。该认证规范规定了合法、正当、必要和诚信原则,公开、透明原则,信息质量原则,同等保护原则,责任明确原则和自愿认证原则。个人信息跨境处理活动认证属于国家推荐的自愿性认证,鼓励符合条件的个人信息处理者和境外接收方在跨境处理个人信息时自愿申请个人信息跨境处理活动认证,充分发挥认证在加强个人信息保护、提高个人信息跨境处理效率方面的作用。

(4)基本要求。该认证规范涉及下列要求:①有法律约束力的协议。该认证规范规定了文件应当至少明确的内容:个人信息处理者和境外接收方,跨境处理个人信息的目的以及个人信息的类别、范围,个人信息主体权益保护措施,境外接收方承诺并遵守统一的个人信息跨境处理规则,境外接收方承诺接受认证机构监督等内容。②组织管理。其一,个人信息保护负责人:要求个人信息处理者和境外接收方均应指定个人信息保护负责人,并明确个人信息保护工作的主要目标、基本要求、工作任务、保护措施等;其二,个人信息保护机构:要求开展个人信息跨境处理活动的个人信息处理者和境外接收方均应设立个人信息保护机构,要依法制定并实施个人信息跨境处理活动计划,组织开展个人信息保护影响评估等。③个人信息跨境处理规则。规定开展个人信息跨境处理活动的处理者和境外接收方遵守统一的个人信息跨境处理规则,至少包括跨境处理个人信息的基本情况,跨境处理个人信息的目的、方式和范围,个人信息境外存储的起止时间及到期后的处理方式,跨境处理个人信息需要中转的国家或者地区,保障个人信息主体权益所需资源和采取的措施,个人信息安全事件的赔偿、处置规则。④个人信息保护影响评估。要事前评估向境外提供个人信息活动是否合法、正当、必要,所采取的保护措施是否与风险程度相适应并有效等,评估至少包括向境外提供个人信息是否符合法律、行政法规。对个人信息主体权益产生的影响,特别是境外国家和地区的法律环境、

---

[1]《个人信息保护法》第3条规定:"在中国境内处理自然人个人信息的活动,适用本法。在中华人民共和国境外处理中华人民共和国境内自然人个人信息的活动,有下列情形之一的,也适用本法:(一)以向境内自然人提供产品或者服务为目的;(二)分析、评估境内自然人的行为;(三)法律、行政法规规定的其他情形。"

网络安全环境等对个人信息主体权益的影响。其他维护个人信息权益所必需的事项。

(5)个人信息主体权益保障。包括个人信息主体权利以及个人信息处理者和境外接收方的责任义务两个方面。首先,在个人信息主体权利方面:个人信息处理者和境外接收方签订法律文件涉及的受益人即个人信息主体,有权要求提供涉及其权益部分的副本;个人信息主体对其个人信息的处理享有知情权、决定权,有权撤回同意,有权限制或者拒绝对其个人信息进行处理;个人信息主体有权向境外接收方查阅、复制、更正、补充、删除其个人信息;个人信息主体有权要求对其个人信息跨境处理规则进行解释说明;个人信息主体有权拒绝仅通过自动化决策的方式作出决定;个人信息主体有权对违法个人信息处理活动进行投诉、举报;个人信息主体有权提起司法诉讼及其他法律、行政法规规定的权利等。其次,在个人信息处理者和境外接收方的责任义务方面:要求告知开展个人信息跨境处理活动的个人信息处理者和境外接收方的基本情况,以及向境外提供个人信息的目的、类型和保存时间,并取得个人信息主体的单独同意;按照已签署的具有法律效力的文件跨境处理个人信息,不得超出约定跨境处理个人信息;提供查阅其个人信息的途径,个人信息主体要求查阅、复制、更正、补充或者删除其个人信息时,应当及时予以响应;出现难以保证跨境个人信息安全的情况时,应当及时中止跨境处理个人信息;发生或者可能发生个人信息泄露、篡改、丢失的,应当立即采取补救措施,并通知履行个人信息保护职责的部门和个人;应个人信息主体的请求,提供法律文本中涉及个人信息主体权益部分的副本;境内法律责任承担方承诺为个人信息主体行使权利提供便利条件,当发生跨境处理活动损害个人信息主体权益时,承担法律赔偿责任;承诺接受中国认证机构对个人信息跨境处理活动的监督;承诺遵守中国个人信息保护有关法律、行政法规,接受中国司法管辖。

(三)安全评估的监管对象

1. 关键信息基础设施的运营者

《网络安全法》第37条明确"关键信息基础设施的运营者"在中国境内收集和产生的重要数据和个人数据向境外提供的应当进行安全评估。《数据出境安全评估办法》第4条第2项进一步明确了申报评估的机构,规定"关键信息基础设施运营者和处理100万人以上个人信息的数据处理者向境外提供个人信息"的,应当通过所在地省级网信部门向国家网信部门申报数据出境安全评估。

关于何为关键信息基础设施,依2021年《关键信息基础设施安全保护条例》第2条,关键信息基础设施是指公共通信和信息服务、能源、交通、水利、金融、公共服务、电子政务、国防科技工业等重要行业和领域的,以及其他一旦遭到破坏、丧失功能或者数据泄露,可能严重危害国家安全、国计民生、公共利益的重要网络设施、信息系统等。关于认定的问题,依该条例第9条,由保护工作部门结合本行业、本领域实际,制定关键信息基础设施认定规则,并报国务院公安部门备案,并明确了制定认定规则应当主要考虑的因素包括网络设施、信息系统等对于本行业、本领域关键核心业务的重要程度,网络设施、信息系统等一旦遭到破坏、丧失功能或者数据泄露可能带来的危害程度,对其他行业和领域的关联性影响。如前所述,从安全与发展考虑,关键信息基础设施的名单不能是完全公开的,《关键信息基础设施安全保护条例》只明确了认定关键信息基础设施的主要因素,并将具体范围的认定交由行业主管部门,以应对不断出现的非传统安全风险。

2.数据处理者

《数据出境安全评估办法》第4条涉及几种数据处理者应进行出境安全评估的情况,即有下列情形之一的,数据处理者应通过所在地省级网信部门向国家网信部门申报数据出境安全评估:第一,数据处理者向境外提供重要数据;第二,处理100万人以上个人信息的数据处理者向境外提供个人信息;第三,自上年1月1日起累计向境外提供10万人个人信息或者1万人敏感个人信息的数据处理者向境外提供个人信息。

(四)应评估的数据

《数据出境安全评估办法》第2条规定,数据处理者向境外提供在中国境内运营中收集和产生的重要数据和个人信息的安全评估,适用本办法。法律、行政法规另有规定的,依照其规定。该条规定出境需要评估的数据有以下两类。

1.重要数据

依《数据出境安全评估办法》第19条,重要数据,是指一旦遭到篡改、破坏、泄露或者非法获取、非法利用等,可能危害国家安全、经济运行、社会稳定、公共健康和安全等的数据。《数据安全法》第21条第3款将确定重要数据目录的任务交给各地区和各部门,规定各地区、各部门应当按照数据分类分级保护制度,确定本地区、本部门以及相关行业、领域的重要数据具体目录,对列入目录的数据进行重点保护。

2021年8月,由国家互联网信息办公室、发改委、工信部、公安部、交通运输部发布的《汽车数据安全管理若干规定(试行)》[1]对汽车领域的重要数据作出了回应,规定汽车领域的重要数据包括:(1)军事管理区、国防科工单位以及县级以上党政机关等重要敏感区域的地理信息、人员流量、车辆流量等数据;(2)车辆流动、物流等反映经济运行情况的数据;(3)汽车充电网的运行数据;(4)包含人脸信息、车牌信息等的车外观视频、图像数据;(5)涉及个人信息主体超过10万人的个人信息;(6)国家相关部门确定的其他可能危害国家安全、公共利益或者个人、组织合法权益的数据。虽然目前为止其他领域暂未列明重要数据目录,但涉及能源、金融等重要行业的企业不可忽视其重要数据识别的必要性。

---

[1] 《汽车数据安全管理若干规定(试行)》,载中国政府网,https://www.gov.cn/zhengce/zhengceku/2021-09/12/content_5640023.htm。

此外,国家标准已为重要数据的识别提供了一定的指引,依 2022 年 1 月 13 日全国信息安全标准化技术委员会发布的国家标准《信息安全技术　重要数据识别指南》(征求意见稿),重要数据指"以电子方式存在的,一旦遭到篡改、破坏、泄露或者非法获取、非法利用,可能危害国家安全、公共利益的数据",该定义明确排除了国家秘密和单独的个人信息。此外,该指南还明确说明"基于海量个人信息形成的统计数据、衍生数据"有可能属于重要数据。《信息安全技术　重要数据识别指南》(征求意见稿)还提供了具体的识别因素示例,有关内容在数据安全法部分已有涉及,在此不再重复。

2. 个人数据

"个人信息"依《网络安全法》第 76 条第 5 项的规定,是指以电子或者其他方式记录的能够单独或者与其他信息结合识别自然人个人身份的各种信息,包括但不限于自然人的姓名、出生日期、身份证件号码、个人生物识别信息、住址、电话号码等。如前所述,该定义采用了概括 + 列举的方式定义"个人信息"。《个人信息保护法》和《民法典》则均采用了比较概括性的定义方式,依《个人信息保护法》第 4 条的规定,个人信息是以电子或者其他方式记录的与已识别或者可识别的自然人有关的各种信息,不包括匿名化处理后的信息。这里突出了"个人信息"的可识别性。

结合《数据出境安全评估办法》第 4 条的规定,需要出境安全评估的"个人信息"有以下几类:第一类是关键信息基础设施运营者向境外提供的个人信息;第二类是处理个人信息达到 100 万人以上的数据处理者向境外提供的个人信息;第三类涉及个人信息的数据量,即从前一年起累计向境外提供 10 万人个人信息或者 1 万人敏感个人信息的数据处理者向境外提供的个人信息。《数据出境安全评估办法》确认了关于人数的计算方式,即以人数为计算方式,而并非以个人信息条数计算。同时,10 万人个人信息或者 1 万人敏感个人信息无须多年累计,可在一个周期内清零,这减轻了部分中小企业的合规负担。

《数据出境安全评估办法》第 4 条中个人信息的第三类情况涉及了"敏感个人信息",敏感个人信息的认定可参照 2020 年全国信息安全标准化技术委员会发布的国家标准《信息安全技术　个人信息安全规范》(GB/T 35273—2020)附录 B 的内容,个人敏感信息举例见表 6 - 1。

表 6 - 1　个人敏感信息举例

项目	具体信息
个人财产信息	银行账户、鉴别信息(口令)、存款信息(包括资金数量、支付收款记录等)、房产信息、信贷记录、征信信息、交易和消费记录、流水记录等,以及虚拟货币、虚拟交易、游戏类兑换码等虚拟财产信息

续表

项目	具体信息
个人健康生理信息	个人因生病医治等产生的相关记录,如病症、住院志、医嘱单、检验报告、手术及麻醉记录、护理记录、用药记录、药物食物过敏信息、生育信息、以往病史、诊治情况、家族病史、现病史、传染病史等
个人生物识别信息	个人基因、指纹、声纹、掌纹、耳廓、虹膜、面部识别特征等
个人身份信息	身份证、军官证、护照、驾驶证、工作证、社保卡、居住证等
其他信息	性取向、婚史、宗教信仰、未公开的违法犯罪记录、通信记录和内容、通讯录、好友列表、群组列表、行踪轨迹、网页浏览记录、住宿信息、精准定位信息等

敏感个人信息的认定应依不同场景进行具体分析。如个人的姓名,在涉及疫情流调的场景中,有可能被认定为敏感个人信息。实践中,通过改变信息颗粒度可以降低合规风险,例如,如果国外母公司需要国内子公司或分公司员工的体检结果,则可以用正常/异常代替详细的体检结果。应尽可能减少出境敏感个人信息的数量,确认其必要性,以降低企业的合规成本。

(五)数据出境

对于数据出境的判断涉及在什么情况下需要评估的问题,依《数据出境安全评估办法》第2条,数据处理者向境外提供在中国境内运营中收集和产生的重要数据和个人信息的安全评估,适用该办法。依全国信息安全标准化技术委员会秘书处于2022年6月24日发布的《网络安全标准实践指南——个人信息跨境处理活动安全认证规范》,该文件适用于以下情形:(1)跨国公司或者同一经济、事业实体下属子公司或关联公司之间的个人信息跨境处理活动;(2)《个人信息保护法》第3条第2款适用的个人信息处理活动。[1]数据未被转移存储至本国以外的地方,但被境外的机构、组织、个人访问查看的,即只有境外收集的情况,也属于数据出境。

1. 数据出境的情形

根据以上规定,数据出境的情形包括:第一,境内网络运营者将数据通过网络直接传输给境外主体;第二,境外主体通过网络主动访问并读取境内的数据;第三,境内网络运营者将数据通过网络传输以外的方式(如物理携带)提供给境外主体。

---

[1] 《个人信息保护法》第3条规定:"在中华人民共和国境内处理自然人个人信息的活动,适用本法。在中华人民共和国境外处理中华人民共和国境内自然人个人信息的活动,有下列情形之一的,也适用本法:(一)以向境内自然人提供产品或者服务为目的;(二)分析、评估境内自然人的行为;(三)法律、行政法规规定的其他情形。"

实践中存在一些属于数据出境的情形,如境外镜像、远程访问。去标识化(如 MD5 加密)和 ID 转化(如 openID、jdID、VIN、各种封闭 ID)后的个人信息出境仍属于数据出境;员工(含外籍员工)信息出境也属于数据出境;用户根据国内公司指引(如跳转、通知)或基于国内公司的信赖(如购买国内产品)向境外网站或系统直接提供(如投递简历等)仍属于数据出境。当然用户直接(国内公司没有任何参与)向境外提供(如注册、打电话、发邮件等)的,不属于需要评估的数据出境,依《个人信息保护法》第 72 条,自然人因个人或者家庭事务处理个人信息的,不适用该法。

2. 不适用的情形

(1)在"境外"收集和产生的数据不适用。《数据出境安全评估办法》并未要求对所有的数据出境行为进行管理。从立法本意来看,主要是为了防止境内收集和产生的个人信息和重要数据在信息主体不知情或不具有合法性和正当性的情况下被境外机构或个人获得,从而威胁国家安全和公民利益或造成执法困难。基于该立法本意,非在境内运营中收集和产生的个人信息和重要数据经由本国出境,未经任何变动或加工处理的,以及虽在境内经过存储、加工处理,但仍不涉及境内运营中收集和产生的个人信息和重要数据的,均不属于数据出境的情形。

(2)网络攻击导致向境外传输数据的不适用。提供系主体的主动性行为,法律的要求充分考虑了网络攻击及主动行为造成数据出境的特殊情形,准确地将法律所管辖的数据出境的行为界定为数据控制者的主动行为。由此可知:在网络运营者不知情的情况下,被恶意攻击者窃取数据并传至境外的情况,不属于网络运营者向境外提供数据。

(3)个人用户主动传到境外的不适用。从立法本意看,要求对网络运营者向境外提供个人信息和重要数据应经过评估,是为了保障个人信息和重要数据安全,维护网络空间主权和国家安全、社会公共利益,保护公民、法人和其他组织的合法利益。因此个人用户主动通过网络运营者提供的产品或服务将其信息传输到境外,也不属于网络运营者向境外提供数据。

(六)数据出境安全评估的时间

《数据出境安全评估办法》第 3 条规定了出境评估的原则和时间,即"数据出境安全评估坚持事前评估和持续监督相结合、风险自评估与安全评估相结合,防范数据出境安全风险,保障数据依法有序自由流动"。该条体现的出境安全评估的原则为:事前评估和持续监督相结合;风险自评估与安全评估相结合;保障数据依法有序自由流动。

关于评估的时间,依该条规定,数据处理者应当在数据出境活动发生前申报并通过数据出境安全评估。实践中,数据处理者宜在与境外接收方签订数据出境相关合同或者其他具有法律效力的文件前,申报数据出境安全评估。如果在签订法律文件后申报评估,建议在法律文件中注明此文件须在通过数据出境安全评估后生效,以避免因未通过评估可能造成的损失。

(七)评估的内容

《数据出境安全评估办法》分别规定了申报评估和自评估的评估内容。

1. 申报评估的评估内容

《数据出境安全评估办法》第8条涉及申报评估的内容,规定数据出境安全评估重点评估数据出境活动可能对国家安全、公共利益、个人或者组织合法权益带来的风险,主要包括以下事项。

(1)数据出境的目的、范围、方式等的合法性、正当性、必要性。关于某一数据出境行为是否具有正当性的评判标准以及最终解释权是目前争论的焦点,即正当性是以数据出境行为发起者的解释为准,还是以主管监管部门的判断为准的问题。从立法本意上分析这个问题,关注数据出境行为的正当性是为了防止数据出境行为的发起方超出其业务所需,出于牟取不正当利益考虑而进行的数据出境行为。在执法层面,对数据出境行为正当性的解释说明应以出境行为的发起方为主,而主管、监管部门可通过访谈、调研、技术测试等方式对其解释说明的真实性及科学性进行验证,作出数据行为是否必需的判断。必要性与最小化原则的具体要求包括:向境外传输的个人信息应与出境目的相关的业务功能有直接关联(直接关联是指如果没有该信息的参与,则相应功能无法实现);向境外自动传输的个人信息频率应是与数据出境目的相关的业务功能所必需的频率;向境外传输的个人信息数量应是与数据出境目的相关的业务功能所必需的最低数量。在当前的技术体系下,很多业务功能的实现是建立在性能和效率的基础上的。如视频通话服务,在网络状况很差时,可接受的传输时延是小于1秒,只有达到这一最低标准,才可以认为基本实现了视频通话功能。如果时延是5秒,虽也能实现数据的传输,但并不能认为实现了视频通话功能。因此最小化原则中关于"业务功能所必需的频率、数量"的提法,应将所必需的性能因素一并进行考虑。

(2)境外接收方所在国家或者地区的数据安全保护政策法规和网络安全环境对出境数据安全的影响。境外接收方的数据保护水平是否达到中华人民共和国法律、行政法规的规定和强制性国家标准的要求。

(3)出境数据的规模、范围、种类、敏感程度,出境中和出境后遭到篡改、破坏、泄露、丢失、转移或者被非法获取、非法利用等的风险。依该条规定,通过对数据本身的分析,确认数据的规模、范围、种类、敏感程序,出境中和出境后遭到篡改、破坏、泄露、丢失、转移或者被非法获取、非法利用等的风险。

(4)数据安全和个人信息权益是否能够得到充分有效保障。依《个人信息出境标准合同规定(征求意见稿)》的相关内容,可以要求境外接收方设立专门的联系人,以确保接受国内监管机关问询以及个人信息主体的要求,同时国内数据处理者也要承担相应的兜底责任。

(5)数据处理者与境外接收方拟订立的法律文件中是否充分约定了数据安全保护

责任义务。数据处理者与境外接收方拟订立的法律文件可参考《个人信息出境标准合同规定(征求意见稿)》的相关内容,并依企业自身情况进行修改和完善。对境外数据接收方的尽调主要有两个方面:①接收方所在地的政策环境和网络安全环境;②境外数据接收方本身的管理措施和技术保护措施等是否达到中国的相关规定。

(6)遵守中国法律、行政法规、部门规章情况。

(7)国家网信部门认为需要评估的其他事项。

2. 自评估的评估内容

《数据出境安全评估办法》第5条规定,数据处理者在申报数据出境安全评估前,应当开展数据出境风险自评估,重点评估以下事项。

(1)数据出境和境外接收方处理数据的目的、范围、方式等的合法性、正当性、必要性。上述三性是数据出境所需首要考虑的因素,但往往被忽视。企业应首先考虑是否在不影响正常业务的情况下进行数据的本地存储。如确有出境必要,应充分进行合法性、正当性和必要性的论证。

(2)出境数据的规模、范围、种类、敏感程度,数据出境可能对国家安全、公共利益、个人或者组织合法权益带来的风险。

(3)境外接收方承诺承担的责任义务,以及履行责任义务的管理和技术措施、能力等能否保障出境数据的安全。

(4)数据出境中和出境后遭到篡改、破坏、泄露、丢失、转移或者被非法获取、非法利用等的风险,个人信息权益维护的渠道是否通畅等。

(5)与境外接收方拟订立的数据出境相关合同或者其他具有法律效力的文件等是否充分约定了数据安全保护责任义务。

(6)其他可能影响数据出境安全的事项。

(八)与接收方的合同

无论依《个人信息保护法》第38条中的哪种途径(安全评估、标准合同、认证)出境,都需要与接收方签订合同,[1]只是依第38条第1款第3项规定的路径出境的,需要签"按照国家网信部门制定的标准合同";而如依第38条第1款第1项规定的路径(安全评估)出境,则签订的合同可不使用"标准合同",但内容需涵盖《数据出境安全评估办法》第9条的内容。

---

[1]《个人信息保护法》第38条第1款规定:"个人信息处理者因业务等需要,确需向中华人民共和国境外提供个人信息的,应当具备下列条件之一:(一)依照本法第四十条的规定通过国家网信部门组织的安全评估;(二)按照国家网信部门的规定经专业机构进行个人信息保护认证;(三)按照国家网信部门制定的标准合同与境外接收方订立合同,约定双方的权利和义务;(四)法律、行政法规或者国家网信部门规定的其他条件。"

《数据出境安全评估办法》第 9 条规定:"数据处理者应当在与境外接收方订立的法律文件中明确约定数据安全保护责任义务,至少包括以下内容:(一)数据出境的目的、方式和数据范围,境外接收方处理数据的用途、方式等;(二)数据在境外保存地点、期限,以及达到保存期限、完成约定目的或者法律文件终止后出境数据的处理措施;(三)对于境外接收方将出境数据再转移给其他组织、个人的约束性要求;(四)境外接收方在实际控制权或者经营范围发生实质性变化,或者所在国家、地区数据安全保护政策法规和网络安全环境发生变化以及发生其他不可抗力情形导致难以保障数据安全时,应当采取的安全措施;(五)违反法律文件约定的数据安全保护义务的补救措施、违约责任和争议解决方式;(六)出境数据遭到篡改、破坏、泄露、丢失、转移或者被非法获取、非法利用等风险时,妥善开展应急处置的要求和保障个人维护其个人信息权益的途径和方式。"

(九)评估程序与主管机构

《数据出境安全评估办法》还对评估程序及主管机构进行了规定。

在应当提交的材料上,第 6 条规定:"申报数据出境安全评估,应当提交以下材料:(一)申报书;(二)数据出境风险自评估报告;(三)数据处理者与境外接收方拟订立的法律文件;(四)安全评估工作需要的其他材料。"

在受理上,第 7 条规定:"省级网信部门应当自收到申报材料之日起 5 个工作日内完成完备性查验。申报材料齐全的,将申报材料报送国家网信部门;申报材料不齐全的,应当退回数据处理者并一次性告知需要补充的材料。国家网信部门应当自收到申报材料之日起 7 个工作日内,确定是否受理并书面通知数据处理者。"

在主管机构上,第 10 条规定:"国家网信部门受理申报后,根据申报情况组织国务院有关部门、省级网信部门、专门机构等进行安全评估。"

在受理时限上,第 12 条规定:"国家网信部门应当自向数据处理者发出书面受理通知书之日起 45 个工作日内完成数据出境安全评估;情况复杂或者需要补充、更正材料的,可以适当延长并告知数据处理者预计延长的时间。评估结果应当书面通知数据处理者。"

在保密义务上,第 15 条规定:"参与安全评估工作的相关机构和人员对在履行职责中知悉的国家秘密、个人隐私、个人信息、商业秘密、保密商务信息等数据应当依法予以保密,不得泄露或者非法向他人提供、非法使用。"

在投诉举报上,第 16 条规定:"任何组织和个人发现数据处理者违反本办法向境外提供数据的,可以向省级以上网信部门举报。"

(十)有效期和重新评估

依《数据出境安全评估办法》第 14 条的规定,通过数据出境安全评估的结果有效期为2年,自评估结果出具之日起计算。在有效期内出现以下情形之一的,数据处理者应当重新申报评估:(1)向境外提供数据的目的、方式、范围、种类和境外接收方处理数据的用途、方式发生变化影响出境数据安全的,或者延长个人信息和重要数据境外保存期限的;(2)境外接收方所在国家或者地区数据安全保护政策法规和网络安全环境发生变化以及发生其他不可抗力情形、数据处理者或者境外接收方实际控制权发生变化、数据处理者与境外接收方法律文件变更等影响出境数据安全的;(3)出现影响出境数据安全的其他情形。有效期届满,需要继续开展数据出境活动的,数据处理者应当在有效期届满60个工作日前重新申报评估。

(十一)不再符合要求的处理与违法处罚

《数据出境安全评估办法》第17条规定,国家网信部门发现已经通过评估的数据出境活动在实际处理过程中不再符合数据出境安全管理要求的,应当书面通知数据处理者终止数据出境活动。数据处理者需要继续开展数据出境活动的,应当按照要求整改,整改完成后重新申报评估。

关于违法处罚,第18条规定:"违反本办法规定的,依据《中华人民共和国网络安全法》、《中华人民共和国数据安全法》、《中华人民共和国个人信息保护法》等法律法规处理;构成犯罪的,依法追究刑事责任。"

总之,网络和数据已然成为国家发展的重要战略资源,网络与数据安全的重要性不言而喻,数据主权争夺战日益激烈。美欧等均搭建了各自的安全审查制度。继《网络安全法》之后,《数据安全法》《个人信息保护法》《网络安全审查办法》及一系列配套指南、国家标准的实施标志着我国网络安全基本制度的建设又迈进了一步,维护国家网络与数据的安全有了新的抓手。

十、隐私与数据个人信息保护相关法律制度

随着云计算、大数据、移动互联网、5G等新一代信息技术的迅猛发展,数据应用与个人信息保护的矛盾凸显,一方面,数据的应用需要数据的喂养,另一方面,在数据的处理过程中,如果不注意对数据的个人信息保护,会带来个人信息的安全风险。大数据对人们的个人信息造成威胁可能发生在各个方面,主要为个人信息被获取、个人信息的传播和个人隐私信息被盗卖等几个方面。从个人信息被获取的角度来讲,人们在使用互联网络的同时,就暴露了个人的信息。如在使用微信、微博、淘宝等软件的过程中就会暴露个人的兴趣爱好、地理位置、联系方式等信息。[1] 数据信息的处理者会对其获取的涉及隐私的信息进行处理、加以利用并传播,又由于数据具有海量、可叠加的特点,一旦造成对隐私权的侵权将一发不可收拾。为此,数据的隐私法律保护越来越紧迫地被提上

---

[1] 王冰:《大数据时代下的隐私保护》,载《现代营销(信息版)》2019年第8期。

了议事日程。数据领域的隐私权保护涉及多项法律,包括《民法典》的相关章节,《个人信息保护法》《网络安全法》《数据安全法》以及相关的法律,本部分主要介绍《个人信息保护法》、相关司法解释与国家标准的规定,相关的案例以及欧盟、美国、新加坡、日本等国的相关立法。

(一)数字化时代个人信息的新特点及导致的不同法律责任

在数字化时代,个人信息表现出了一些与以往相比不同的特点,如数字个人信息更容易获得,而且获取过程具有隐蔽性,这些特点又导致个人对其自身信息的控制力弱化,从而也会产生侵权损害这一严重后果。

1. 数字个人信息更容易获得

数字化时代,个人信息安全问题越来越多地受到关注。个人信息在数字化的网络环境下更容易被收集。2018年3月7日,北京市消费者协会发布的《手机APP个人信息安全调查报告》显示,[1]有89.62%的人认为手机APP存在过度采集个人信息的问题,79.23%的人认为手机APP上的个人信息不安全,41.16%的人在安装或使用手机APP之前从来不看授权须知。报告显示,被手机APP采集最多的个人信息依次是联系方式、姓名和头像,被调查者最担心被采集的个人信息是身份证号和银行账号,最担心出现的问题是个人信息被贩卖或交换给第三方以及被利用从事诈骗和窃取活动。监测数据显示,手机APP软件过度采集个人信息已经成为网络诈骗的主要源头之一。目前有关法律法规缺乏体系化,保护范围模糊,重原则轻细则,自律规范多而监管规制少。2018年和2019年,证监会多次出手,在审核企业上市的过程中,对在收集个人信息过程中存在问题的企业不予通过。例如,2019年10月墨迹科技IPO即因收集个人数据有问题而未被通过。不仅墨迹科技,另外40余款APP都被专项治理工作组点名要求其就收集使用个人信息中存在的问题进行整改。[2]

2. 权利主体对个人信息的控制力弱化

由于数字个人信息存在于各种网络环境下,而网络又具有开放性、交互性、信息资源共享性等特点,在一定程度上削弱了权利主体对个人信息的控制能力,使对个人信息数据的收集和处理更加普遍,网站、APP、国家机关等各类信息处理主体都可能收集到个人数据信息,也使数字环境下对个人信息的侵犯呈现泄露渠道多、窃取违法行为成本低、追查难度大的特点。在数字环境下,数字信息不存在有形的占有,个人信息一旦被收集,只需控制信息的人一点即可"发送"传播,易于交易的完成。各种Wi-Fi分享应

---

[1] 北京市消费者协会:《北京市消协发布手机APP个人信息安全调查报告》,载北京市消费者协会网,http://www.bj315.org/xxyw/xfxw/201803/t20180307_18329.shtml。
[2] 证监会:《第十八届发审委2019年第142次会议审核结果公告》,载中国证券监督管理委员会网2019年10月11日,http://www.csrc.gov.cn/csrc/c105899/c1009848/content.shtml。

用、各类APP,在用户不知情的情况下就抓取了相关信息。为了规范Wi-Fi分享,保护公民的权益,2018年5月,公安部网络安全保卫局、工业和信息化部网络安全管理局集中约谈境内119家Wi-Fi分享类网络应用服务企业,提出在官网公开隐私保护和数据安全条款、建立分享信息查询和投诉渠道、建立健全用户信息保护和鉴别管理措施、对未经本人或单位授权或同意的个人用户Wi-Fi网络及非公开Wi-Fi网络停止分享服务、无法确认属于公共服务Wi-Fi网络的暂停分享服务器5项指导性措施,要求相关企业采取措施。[1]工信部2021年第1批通报了157款侵害用户权益的APP。[2] 此外,在工信部组织的十批次检测中,腾讯应用宝、小米应用商店、豌豆荚、OPPO软件商店、华为应用市场发现问题分别占比22.3%、12.0%、10.3%、9.9%、8.8%,平台管理主体责任落实不到位。

3. 侵权行为实施具有隐蔽性

同传统个人信息侵权相比,网络个人信息侵权更多的是依靠科技手段实施,对于技术知识匮乏的普通信息主体来说,他们很难发现自己的个人信息被侵害,使得侵权行为的实施具有一定的隐蔽性。在数字环境下,侵权行为人通常具备一定程度的专业知识和操作技能,否则难以达到收集他人数据信息或侵入他人系统的目的。数字化环境的特点与高科技的支撑,使侵权行为可以瞬间完成,侵权证据多存于系统、代码等无形信息中,具有易篡改性,难以被固定。例如,博睿宏远在收集个人信息时即采取了安装SDK及探针的方式。[3] SDK是手机软件中提供某种功能或服务的插件。2019年11月,上海市消费者权益保护委员会委托第三方公司对一些手机的SDK插件进行专门测试,技术人员检测了50多款手机软件,其SDK插件都存在在用户不知情的情况下,偷偷窃取用户隐私的嫌疑。检测人员称:它会读取这部设备的IMEI、IMSI、运营商信息、电话号码、短信记录、通讯录、应用安装列表和传感器信息。这些APP中的SDK读取用户的隐私信息只是第一步,读取完成后,它还会悄悄地将数据传送到指定的服务器存储起来。有的SDK甚至通过软件窃取用户的隐私。例如,会未经用户同意,收集用户的联系人、短信、位置、设备信息等,甚至短信内容被全部传走,这是很严重的问题。[4] 因为SDK能够收集用户的短信以及应用安装信息,一旦用户用于网络交易的验证码被获取,极有

---

[1] 公安部:《公安部网络安全保卫局约谈WiFi分享类网络应用服务企业》,载中国网信网,http://www.cac.gov.cn/2018-05/21/c_1122861522.htm? from=groupmessage。

[2] 工业和信息化部信息通信管理局:《关于侵害用户权益行为的APP通报(2021年第1批,总第10批)》,载工业和信息化部网2021年1月22日,https://www.miit.gov.cn/xwdt/gxdt/sjdt/art/2021/art_c08e351bc6724a44834fc66b85a2ed28.html。

[3] 证监会:《第十七届发审委2018年第57次会议审核结果公告》,载中国证券监督管理委员会网2018年4月4日,http://www.csrc.gov.cn/csrc/c105899/c1010319/content.shtml。

[4] 《315曝光50多款App"窃听":这条黑色产业链,有人靠你的隐私年赚千万》,载网易网2020年8月9日,https://www.163.com/dy/article/FHTTLE750511FQO9.html。

可能造成严重的经济损失。

4.侵权后果损害的严重性

在数字化环境下,基于网络空间的全球性和信息传输的迅捷性,一旦个人信息的收集、处理等不受法律约束、网络安全不到位,个人信息就会呈现"半透明"状态,一旦在网上披露,瞬间就会广泛传播,给信息主体带来严重的损害后果。首先,个人的人身财产会受到威胁,被泄露的个人信息要么被出卖从而使行为人非法获利,要么被犯罪分子用来从事电信诈骗、非法讨债甚至绑架勒索等犯罪活动。其次,信息主体的思想容易被裹挟。如著名的 Facebook 用户个人信息泄露案件,剑桥分析从 8700 万 Facebook 的简介中收集信息,在社交媒体上创建不同类型的心理档案,以确定在哪里传播支持特朗普的消息,向用户精准投放广告,在用户接收的信息中加入影响总统竞选的成分,从而潜移默化地影响广大选民的思想,以影响人们支持特朗普的总统竞选。剑桥分析通过俄罗斯研究员 Aleksandr Kogan 创建了名为"this is your digital life"的人格测验收集数据。该测验利用 Facebook 的 API 漏洞,使 Kogan 能够收集用户以及其 Facebook 好友的数据。数据包括人们的生日、人际关系、宗教、地点、工作历史、订阅和签到等信息。该公司还可以访问用户"点赞",并分析用户对哪些时尚品牌感兴趣。剑桥分析利用这些用户数据,达到裹挟用户思想的目的。[1] 最后,个人信息的泄露还可能威胁国家和公司安全。如土耳其近 5000 万公民个人信息泄露事件,某黑客攻击了土耳其存放国民身份信息的信息库,并将导出的信息泄露到公网上,包括姓名、身份证号、父母名字、住址等,这一连串敏感信息被黑客打包放在芬兰某 IP 地址下。为了证明这些被盗取数据的真实性,黑客特地公布了土耳其现任总统埃尔多安的个人信息。[2] 这对土耳其国家安全造成了严重威胁。

(二)欧盟《通用数据保护条例》

欧盟非常重视隐私权的保护,2016 年 4 月 27 日欧洲议会通过了《通用数据保护条例》(General Data Protection Regulation,GDPR),[3] 该法在欧盟数据治理规范发展历程中具有里程碑意义,该法于 2018 年 5 月 25 日生效,取代了 1995 年的《数据保护指

---

[1] 《剑桥分析前员工再爆料:利用 Facebook 用户时尚偏好判断政治倾向》,载百家网 2018 年 11 月 30 日,https://baijiahao.baidu.com/s? id = 1618539789350441805&wfr = spider&for = pc。
[2] 《大数据 24 小时:土耳其 5000 万人隐私遭泄》,载搜狐网 2016 年 4 月 7 日,https://www.sohu.com/a/68005632_400678。
[3] The Regulation (EU) 2016/679 (General Data Protection Regulation),the OJ L 119,04.05.2016;cor. OJ L 127,23.5.2018,available at https://gdpr – info.eu/.

令》,[1]至此,该法不再是指令,可以直接适用于欧盟各成员国。条例总共包括91个条文,其主要内容如下。

1. GDPR 的基本原则

GDPR 的基本原则散见于各项规定之中,可以概括为:(1)合法公平透明原则,即数据处理应实现合法性、合理性与透明性的统一;(2)目的限定原则,即数据的收集应当以初始设立的具体、清晰、正当的目的为限;(3)最小化原则,即数据处理应当是必要、相关且适当的;(4)准确性原则,即应确保数据的准确,并在必要时及时更新;(5)限期储存原则,即对数据的储存实践应以实现其目的所必需的时间为限;(6)完整保密原则,即应采用一定手段确保数据的安全。

2. 该法具有一定的域外适用效力

GDPR 从两个层面确定该法的管辖权:其一,在"实体"标准上,依第3条第1款,该法适用于设立在欧盟内的控制者或处理者对个人数据的处理,无论其处理行为是否发生在欧盟内;其二,在"目标指向"标准上,依第3条第2款,该法适用于对欧盟内的数据主体的个人数据处理,即使控制者和处理者没有设立在欧盟内。此款规定表明 GDPR 具有一定的域外适用效力。

3. 个人数据定义扩大解释

依 GDPR 第4条第1款的规定,个人数据是指关于某被识别身份的或可识别身份的自然人(数据主体)的任何信息;可识别身份的自然人是指某可直接或间接地被识别身份的自然人,特别是通过诸如姓名、身份证号码、位置数据、网络标识或有关该自然人的身体、生理、基因、精神、经济、文化或社会身份的一个或多个因素予以识别。该法将个人数据的定义进行了宽泛的解释,以个人可识别信息为核心概念,凡是可以识别个人身份的相关信息,均可被归入 GDPR 的保护范围,这些信息不再只是单纯的姓名、电话或是地址,同时也包括浏览器的 Cookie、IP 位置,或是足以识别个人身份的生物特征和医疗资料。

4. 数据主体的权利

与1995年的《数据保护指令》相比,GDPR 中的数据主体的权利有所扩大,主要包括以下内容。

(1)知情权,依 GDPR 第14条的规定,数据控制者在收集与数据主体相关的个人数据时,应当告知数据主体,包括数据控制者的身份与详细联系方式、数据处理将涉及的个人数据的使用目的,以及处理个人数据的法律依据等。

---

[1] Directive 95/46/EC of the European Parliament and of the Council of 24 October 1995 on the Protection of Individuals with regard to the Processing of Personal Data and on the Free Movement of such Data, Official Journal L 281, 23/11/1995 P. 0031 – 0050, at https://eur – lex. europa. eu/legal – content/EN/TXT/? uri = celex%3A31995L0046, available at http://data.europa.eu/eli/dir/1995/46/oj.

（2）访问权，依 GDPR 第 15 条的规定，数据主体有权从控制者处获得有关其个人数据是否被处理的确认信息，以及有权在该种情况下访问个人数据和以下信息：处理的目的；所涉个人数据的类别；已经或将要向其披露个人数据的数据接收者或数据接收者类别，特别是第三国或国际组织的数据接收者。

（3）纠正权，指数据主体有权要求控制者无不当延误地纠正与其相关的不准确个人数据。考虑到处理的目的，数据主体应当有权使不完整的个人数据完整，包括通过提供补充声明的方式进行完善。

（4）删除权（right to erasure）和被遗忘权（right to be forgotten），删除权指数据主体有权要求控制者无不当延误地删除与其有关的个人数据，并且根据法规规定的 6 种理由中的任何一种理由，要求数据控制者无不当延误地删除个人数据。这 6 种理由包括：个人数据对最初收集该等个人数据的目的而言不再是必需的；数据处理系基于同意的且该等同意被撤回（数据处理无其他法律依据）；数据主体反对处理且数据处理无令人信服的正当理由；个人数据系非法收集的；为了遵守法定义务，必须删除个人数据；个人数据处理涉及向儿童提供信息社会服务（特别是在其未充分意识到处理风险的情况下，以儿童的身份作出的同意，尤应删除其在互联网上的个人数据）。

被遗忘权的精神体现在 GDPR 第 17 条第 2 款，即如果控制者已将个人数据公开，并且根据第 1 款有义务删除这些个人数据，则控制者在考虑现有技术及实施成本后，应当采取合理步骤，包括技术措施，通知正在处理个人数据的控制者，数据主体有权要求这些控制者删除该个人数据的任何链接、副本或复制件。

关于删除权与被遗忘权的区别，简单来说，传统的删除权是一对一的，即用户个人（数据主体）对企业（数据控制者）提出的要求，在数据主体认为数据控制者违法或违约收集、使用其个人信息的情况下，数据主体有权要求数据控制者删除其个人数据。被遗忘权是一对多的，不仅包括传统的删除权的权利要求，还要求数据控制者就其已经扩散出去的个人数据，采取必要的措施予以消除。

（5）限制处理权，指数据主体在特定情形发生时，有权对数据控制者或者数据处理者的数据处理行为进行限制，即使数据控制者或者数据处理者正在进行的处理行为已经事先经过了数据主体的同意。

（6）数据可携带权，GDPR 第 20 条第 1 款对数据可携带权作出了定义。数据主体有权获取其提供给数据控制者的相关个人数据，其所获取的个人数据形态应当是结构化的、通用的和机器可读的，且数据主体有权将此类数据无障碍地从该控制者处传输至其他控制者处。

（7）拒绝权（right to object）与拒绝受自动化决策约束的权利（right to not be subject to automated decision-making），后者实际上是一种非常特殊的情况下的拒绝权，因此这两种权利被同置于 GDPR 第三章第四节，数据主体在控制者出于直接营销、科研等目的进行数据处理时有权反拒绝，包括依相关条款反对用户画像，此时，数据控制者须立即停止针对这部分个人数据的处理行为,除非数据控制者证明,相比数据主体的利益、权利和自由,其具有压倒性的正当理由需要进行处理。

5. 数据控制者和数据处理者

(1)数据控制者(data controller),指为了实现商业目的而使用数据的自然人或法人,如 APP 开发者或发行商。GDPR 主要对数据控制者在数据的收集和使用上进行了严格的规定,将解决但不限于下列问题:其一,用户协议。之前科技公司提供的难以阅读和理解的用户协议将不被允许存在。按照 GDPR 的规定,所有用户协议必须采取普通用户能够理解、接受的方式。如果用户在使用后不再愿意同意该协议,可以随时撤回许可。其二,滥用数据的问题。数据公司不得收集除提供服务必需之外的数据,收集之后不得滥用用户数据,同时还必须履行保护用户数据的义务。

(2)数据处理机构(data processor),指代表控制机构处理数据的自然人或法人,一般为第三方服务公司,如谷歌、HockeyAPP 等。这些企业应当保证用户可以便利地查询和转移其信息。控制者要通过技术保护措施和信息处理记录加强信息保护,在信息泄露时需要履行报告和通知义务。如果再次发生 Uber 隐瞒 2016 年黑客盗取其 5000 万名乘客的姓名、电子邮件和电话号码,以及约 60 万名美国司机的姓名和驾照号码的事件,将会面临依据 GDPR 的巨额罚款。

6. 惩罚力度大

依 GDPR,数据处理者或控制者违反规定的责任包括民事责任和行政责任。民事责任部分以损失为前提,数据主体可以依据损害赔偿请求权寻求救济。GDPR 的处罚比以前的指令严厉得多。行政罚款基本上有两种:第一类可处以 1000 万欧元的罚款,或处以上一财政年度全球年营业额的 2% 的罚款;第二类行政罚款涉及对处理基本原则的侵犯,例如,处理的合法性、同意条件、数据主体的权利等,最高可达 2000 万欧元,或上一财政年度全球年度营业额的 4%,或较高者。

7. 允许有条件的跨境数据流动

根据 GDPR 第 44 条的一般原则,个人数据向境外第三国或国际组织传输的必须符合该条例的规定。这包括确保数据传输不会削弱该条例所规定的对自然人的保护水平。具体来说,数据控制者或处理者在进行数据传输时,必须确保满足该章规定的条件,包括对数据从第三国或国际组织进一步传输到另一个第三国或另一个国际组织的情况。GDPR 第 45 条至第 50 条详细规定了允许数据出境的情形,主要包括以下几种情况:(1)具有较高保护水平的国家:个人数据只能转移到被欧盟委员会认定为能够提供较高保护的第三国。GDPR 提供了评估保护水平是否充分的相关因素。(2)适当保障措施:数据控制者或处理者必须采取适当的保障措施,如通过与接收方签订合同,确保数据主体的权利得到可执行的保护和有效的救济。(3)有约束力的公司规则(BCR):GDPR 对公司规则是否具有足够的约束力给出了具体的评价标准,并提出欧盟委员会可以明确数据控制者、数据处理者和监管机构之间为了约束性公司规则而进行信息交换的形式和程序。(4)特殊情形下的克减:即使不满足前述较高保护水平或适当保障措施的条件,在某些特定情况下,如出于数据主体的明确同意,为了合同履行、保护关键利益或公共利益等,也可能允许数据跨境。(5)未经欧盟法授权的转移或披露:在某些情况下,如根据法院判决、仲裁裁决或第三国行政机构的决定,可能允许进行数据转移或披露。(6)国际协议:GDPR 不影响欧盟与第三国之间就个人数据传输达成的国际协议,只要这些协议不影响该条例的规定,并且为数据主体提供了适当的保护水平。这些规定确保个人数据在跨境传输中得到保护,同时允许在满足一定条件下进行数据流动,以支持国际贸易和合作。

总之,GDPR 在治理规范发展历程中具有里程碑意义,对包括中国在内的很多国家的数据与隐私权的立法都产生了影响。TikTok 即因违反儿童保护的相关法律而在意大利被封杀。[1] 在 2020 年 2 月 15 日之前,暂停那些个人资料中没有年龄信息的用户账户的使用。根据其条款和条件,访问 TikTok 的最低年龄为 13 岁。2019 年 12 月,意大利负责保护个人数据的机构(GPDP)就曾斥责 TikTok 不重视对未成年人的保护,轻易规避年龄限制,以及向用户提供的信息缺乏透明度。在一名 10 岁小女孩参加挑战身亡后,该机构下令,立即封杀那些不确定其年龄是否为 13 岁以下的用户的账号。对于企业来说,由于该法有一定的域外适用效力,企业需注意数据在隐私保护方面的合规问题,否则会面临处罚。

(三)美国《加州消费者隐私法》

美国并没有联邦的隐私保护立法,而是由各州制定各州的隐私法。美国《加州消费者隐私法》(California Consumer Privacy Act 2018, CCPA)[2]的最终版在 2019 年 9 月获得通过,于 2020 年 1 月 1 日起正式生效。CCPA 是继 GDPR 之后最重要的数据保护法律,被称为美国最严厉、最全面的个人隐私保护法案。其主要内容如下。

1. 适用对象:采用属人原则

CCPA 约束的是处理加州居民个人数据的营利性实体,且要求:年度总收入超过 2500 万美元,或出于商业目的购买、出售、分享超过 50,000 个消费者、家庭或设备的个人信息,或通过销售消费者个人数据取得的年收入超过总收入的 50%。与 GDPR 的规定类似,CCPA 也会对州外企业的违法行为产生法律效力,即公司在加州没有办公室或雇员,但在加州有经营行为的,也可能受 CCPA 约束。

---

[1] 《TikTok 在意禁止 13 岁以下用户使用,迄今已删除超 50 万个账户》,载百度网 2021 年 5 月 13 日,https://baijiahao.baidu.com/s? id =1699628485241632773&wfr = spider&for = pc。

[2] California Consumer Privacy Act of 2018[1798.100 – 1798.199.100],California Law ,2018, Ch. 55, Sec. 3. Available at https://leginfo.legislature.ca.gov/faces/codes_displayText.xhtml? division =3.&part =4.&lawCode = CIV&title =1.81.5.

2. 个人信息的定义

个人信息指直接或间接地识别、关系到、描述、能够相关联或可合理地联络到特定消费者或家庭的信息,包括但不限于以下内容:真实姓名、别名、邮政地址、社会安全号码、驾驶证号码、护照号码、商业信息、生物信息、电子网络活动信息、地理位置数据、音频、电子、视觉、热量、嗅觉或类似信息、职业或就业相关信息等。

3. 主要数据权利与义务类型

CCPA 在个人权利方面,包括数据访问权、被遗忘权、更正权、反对权等。CCPA 规定的主要数据权利与义务类型与 GDPR 规定的具有较大的差异。在个人权利方面,除对数据访问权、被遗忘权都有所规定之外,CCPA 并没有直接对更正权、数据主体的反对及撤销同意权加以规定,不过其赋予数据主体选择不销售个人信息和享有平等服务与价格的权利,更体现了其侧重规范数据的商业化利用的特征。在数据处理者义务方面,两部法律均要求企业采取一定的安全措施及遵守服务提供商协议,但是 CCPA 未对数据泄露通知作出明确要求。此外,CCPA 并未涉及数据处理、跨境传输、公司治理等问题。

4. 监管机制

CCPA 的主要监管机构为加州司法部长。在罚金方面,在个人救济机制方面,两部法律均赋予数据主体诉讼权利,但 CCPA 为了防止个人集体诉讼的频繁出现,给司法机关及企业造成负担,还给予了企业 30 天内解决违规行为的缓冲期,如果企业在 30 天内纠正了违规行为且承诺不会再发生此类行为,则不会产生相关的民事损害赔偿诉讼。结合 CCPA 侧重私人集体诉讼的特点来看,因数据安全事故波及人数普遍较多,企业的实际损失金额依旧不容小觑。

(四)中国《民法典》有关个人信息保护的规定

关于个人信息的定义,我国《民法典》第 1034 条进行了规定。依该条的规定,个人信息是以电子或者其他方式记录的能够单独或者与其他信息结合识别特定自然人的各种信息,包括自然人的姓名、出生日期、身份证件号码、生物识别信息、住址、电话号码、电子邮箱、健康信息、行踪信息等。个人信息中的私密信息,适用有关隐私权的规定;没有规定的,适用有关个人信息保护的规定。

从《民法典》有关个人信息的定义来看,首先,该定义比《网络安全法》的定义宽泛,前者是"个人信息",后者是"身份信息",有些个人信息与身份无关。《民法典》特别强调"识别特定自然人的各种信息",《网络安全法》则突出"识别自然人个人身份的各种信息"。《民法典》保护的内容和范围比《网络安全法》更宽泛。其次,《民法典》列举的内容比《网络安全法》多,增加了"电子邮箱、健康信息、行踪信息"。

关于个人信息处理的原则和条件,《民法典》第 1035 条规定:"处理个人信息的,应当遵循合法、正当、必要原则,不得过度处理,并符合下列条件:(一)征得该自然人或者其监护人同意,但是法律、行政法规另有规定的除外;(二)公开处理信息的规则;(三)明示处理信息的目的、方式和范围;(四)不违反法律、行政法规的规定和双方的约定。个人信息的处理包括个人信息的收集、存储、使用、加工、传输、提供、公开等。"

关于处理个人信息免责事由,《民法典》第 1036 条规定:"处理个人信息,有下列情形之一的,行为人不承担民事责任:(一)在该自然人或者其监护人同意的范围内合理实施的行为;(二)合理处理该自然人自行公开的或者其他已经合法公开的信息,但是该自然人明确拒绝或者处理该信息侵害其重大利益的除外;(三)为维护公共利益或者该自然人合法权益,合理实施的其他行为。"该条规定似乎与第 1035 条有重复,但两者是有区别的。首先,两者的前提不同,第 1036 条是个人信息处理者违法行为的免责,而第 1035 条所列举的处理信息的各项条件则属于准入条件;其次,第 1036 条在第 1035 条第 1 款第 1 项需取得自然人同意的基础上增设了两项要求:一是要在同意的范围内收集;二是这种收集行为必须是合理的。

(五)中国《个人信息保护法》

全国人大常委会于 2021 年 8 月 20 日通过的《个人信息保护法》自 2021 年 11 月 1 日起施行。其中明确:通过自动化决策方式向个人进行信息推送、商业营销,应提供不针对其个人特征的选项或便捷的拒绝方式;处理生物识别、医疗健康、金融账户、行踪轨迹等敏感个人信息,应取得个人的单独同意;对违法处理个人信息的应用程序,责令暂停或者终止提供服务。具体内容如下。

1. 适用范围与原则

在适用范围上,第 3 条规定,在中国境内处理自然人个人信息的活动,适用该法。在中国境外处理境内自然人个人信息的活动,有下列情形之一的,也适用该法:(1)以向境内自然人提供产品或者服务为目的;(2)分析、评估境内自然人的行为;(3)法律、行政法规规定的其他情形。

第 3 条明确了《个人信息保护法》的适用范围。与各国和地区控制个人信息的主流实践相类似,《个人信息保护法》采取了地域范围+公民和/或居民的适用范围,赋予了必要的域外适用效力,能够更好地维护我国境内自然人的个人信息权益。

依第 53 条,该法第 3 条第 2 款规定的中国境外的个人信息处理者,应当在中国境内设立专门机构或者指定代表,负责处理个人信息保护相关事务,并将有关机构的名称或者代表的姓名、联系方式等报送履行个人信息保护职责的部门。

在个人信息的界定上,第 4 条规定,个人信息是以电子或者其他方式记录的与已识别或者可识别的自然人有关的各种信息,不包括匿名化处理后的信息。个人信息的处理包括个人信息的收集、存储、使用、加工、传输、提供、公开、删除等。该条在《网络安全法》基础上,对个人信息作出了更为严谨的定义及列举。匿名化处理后的信息被明确规定不属于个人信息,此界定的明确,将进一步推进个人信息匿名化处理技术在数据安全保护方面的研发、应用及革新。

在处理个人信息的原则上,《个人信息保护法》从法律层面较为全面地规定了处理个人信息的基本原则,主要涉及:(1)合法、正当、必要和诚信原则。依第5条,处理个人信息应当遵循合法、正当、必要和诚信原则,不得通过误导、欺诈、胁迫等方式处理个人信息。(2)最小范围收集原则。依第6条,处理个人信息应当具有明确、合理的目的,并应当与处理目的直接相关,采取对个人权益影响最小的方式。收集个人信息,应当限于实现处理目的的最小范围,不得过度收集个人信息。(3)公开、透明原则。依第7条,处理个人信息应当遵循公开、透明原则,公开个人信息处理规则,明示处理的目的、方式和范围。(4)保证个人信息的质量原则。依第8条,处理个人信息应当保证个人信息的质量,避免因个人信息不准确、不完整对个人权益造成不利影响。(5)保障信息安全原则。依第9条,个人信息处理者应当对其个人信息处理活动负责,并采取必要措施保障所处理的个人信息的安全。(6)禁止非法取得及提供原则。依第10条,任何组织、个人不得非法收集、使用、加工、传输他人个人信息,不得非法买卖、提供或者公开他人个人信息;不得从事危害国家安全、公共利益的个人信息处理活动。相关条文为个人信息处理范围的最小化控制提供了上位法指引。

2. 处理个人信息的前提条件及要求

个人信息处理者仅在取得个人同意或法定例外情形下可处理个人信息。个人信息处理者在处理个人信息前应履行充分告知义务,具体内容如下。

关于"告知"的要求,个人信息处理者在处理个人信息前应履行充分告知义务。依第17条,个人信息处理者在处理个人信息前,应当以显著方式、清晰易懂的语言真实、准确、完整地向个人告知下列事项:(1)个人信息处理者的名称或者姓名和联系方式;(2)个人信息的处理目的、处理方式,处理的个人信息种类、保存期限;(3)个人行使该法规定权利的方式和程序;(4)法律、行政法规规定应当告知的其他事项。前款规定事项发生变更的,应当将变更部分告知个人。个人信息处理者通过制定个人信息处理规则的方式告知第一款规定事项的,处理规则应当公开,并且便于查阅和保存。

第17条明确了处理个人信息前的告知要求。包含以下几个要点:(1)告知时间:处理个人信息之前。(2)告知语言要求:以显著方式、清晰易懂的语言告知,即不得使用有歧义、容易引起误解的语言或者大量使用晦涩难懂的专业术语进行告知。(3)告知内容要求:第2款规定了变更情况下的告知要求,这里没有对告知作出详细的限制,从易于理解的角度来看,可以通过网站公告、APP内通知、APP弹窗、短信等方式对变更的部分进行告知。第3款规定了通过制定个人信息处理规则的方式告知的特殊要求,要求规则应该公开、便于查阅和保存,也就是需要方便个人查询到规则全文和保存规则全文。隐私政策或用户协议应当可以被下载并被保存。

第18条规定了不需要告知的例外情形,该条规定:个人信息处理者处理个人信息,有法律、行政法规规定应当保密或者不需要告知的情形的,可以不向个人告知前条第一款规定的事项。紧急情况下为保护自然人的生命健康和财产安全无法及时向个人告知的,个人信息处理者应当在紧急情况消除后及时告知。

关于"同意"的规则,同意是处理个人信息的合法性基础内容,《个人信息保护法》涉及的同意包括一般同意、单独同意、书面同意、撤销同意等。

(1)处理个人信息的一般同意。一般同意需要依据《个人信息保护法》第7条向个人明示个人信息处理规则,在确保个人充分知情的基础上,由个人自主作出明确的意思表示。从实践角度来看,在需要用户同意才能处理用户个人信息的情形下,需要通过《个人信息保护政策》等个人信息授权文本,向用户充分说明处理个人信息的规则,并由用户以手动点击确认、手动勾选同意等自主同意的方式表示同意。

(2)单独同意或书面同意。《个人信息保护法》在其第23条、第29条、第39条规定了需要单独同意的三种情形,分别是"向第三方提供其处理的个人信息"、"基于个人同意处理敏感个人信息"以及"向中国境外提供个人信息"。依第23条,个人信息处理者向其他个人信息处理者提供其处理的个人信息的,应当向个人告知接收方的名称或者姓名、联系方式、处理目的、处理方式和个人信息的种类,并取得个人的单独同意。依第29条,处理敏感个人信息应当取得个人的单独同意;法律、行政法规规定处理敏感个人信息应当取得书面同意的,从其规定。依第39条,个人信息处理者向中华人民共和国境外提供个人信息的,应当向个人告知境外接收方的名称或者姓名、联系方式、处理目的、处理方式、个人信息的种类以及个人向境外接收方行使该法规定权利的方式和程序等事项,并取得个人的单独同意。

(3)重新取得同意。依第23条,接收方应当在上述处理目的、处理方式和个人信息的种类等范围内处理个人信息。接收方变更原先的处理目的、处理方式的,应当依照该法规定重新取得个人同意。鉴于原始同意时区分一般同意的情况和特殊同意的情况,重新取得同意时,需要与原始同意相对应,需要获得特殊同意的仍需获得特殊同意。

(4)监护人同意。依第31条,个人信息处理者处理不满14周岁未成年人个人信息的,应当取得未成年人的父母或者其他监护人的同意。个人信息处理者处理不满14周岁未成年人个人信息的,应当制定专门的个人信息处理规则。

(5)同意的撤销。依第15条,基于个人同意处理个人信息的,个人有权撤回其同意。个人信息处理者应当提供便捷的撤回同意的方式。个人撤回同意,不影响撤回前基于个人同意已进行的个人信息处理活动的效力。

(6)不应当有捆绑的同意。依第16条,个人信息处理者不得以个人不同意处理其个人信息或者撤回同意为由,拒绝提供产品或者服务;处理个人信息属于提供产品或者服务所必需的除外。

3. 处理个人信息的合法性基础

第13条规定,符合下列情形之一的,个人信息处理者方可处理个人信息:(1)取得个人的同意;(2)为订立、履行个人作为一方当事人的合同所必需,或者按照依法制定的劳动规章制度和依法签订的集体合同实施人力资源管理所必需;(3)为履行法定职责或者法定义务所必需;(4)为应对突发公共卫生事件,或者紧急情况下为保护自然人的生命健康和财产安全所必需;(5)为公共利益实施新闻报道、舆论监督等行为,在合理的范围内处理个人信息;(6)依照该法规定在合理范围内处理个人自行公开或者其他已经合法公开的个人信息;(7)法律、行政法规规定的其他情形。

第13条明确了处理个人信息的合法性基础。该条在《网络安全法》的基础上,扩充了处理个人信息的合法性基础。从处理个人信息合法性基础的演变来看,《网络安全法》第41条第1款明确了收集使用个人信息的合法性基础为"被收集者同意"。《民法典》第1035条第1款第1项沿用了"同意"的合法性基础,但也留下了"法律、行政法规另有规定的除外"的例外规定。

4. 自动化决策对数据处理的规定

近年来,"大数据杀熟"报道屡见不鲜。[1] "大数据杀熟"是商家通过大数据建立用户画像,为同样的产品制定差异化的价格从而使商家利益最大化的行为。"大数据杀熟"指控往往很容易被搪塞,因为消费者和企业之间的信息不对称,加上法律并没有要求企业公开相关算法。这种"数据霸权"和"算法统治"亟须法律的规制。

依第24条,个人信息处理者利用个人信息进行自动化决策,应当保证决策的透明度和结果公平、公正,不得对个人在交易价格等交易条件上实行不合理的差别待遇。通过自动化决策方式向个人进行信息推送、商业营销,应当同时提供不针对其个人特征的选项,或者向个人提供便捷的拒绝方式。通过自动化决策方式作出对个人权益有重大影响的决定,个人有权要求个人信息处理者予以说明,并有权拒绝个人信息处理者仅通过自动化决策的方式作出决定。

5. 个人在个人信息处理活动中的权利

《个人信息保护法》确立了个人对个人信息的多方面权利,包括知情权、决定权、查询权、更正权、删除权等,并要求个人信息处理者建立个人行使权利的申请受理和处理机制。

依第44条,个人对其个人信息的处理享有知情权、决定权,有权限制或者拒绝他人对其个人信息进行处理;法律、行政法规另有规定的除外。该条涉及个人信息处理的知情权、决定权和拒绝权。2021年"特斯拉刹车失灵"即涉及数据的知情权问题。第44条还涉及拒绝权,数据主体可以限制或拒绝他人对其个人信息进行处理。近年来,数据处理主体常常未经同意收集个人信息,进行自动化决策,使数据主体失去了对自己数据的掌控权,在平台型企业逐渐变成庞然大物的过程中,这越来越成为困扰普通人的问题。第44条规定的拒绝权旨在让数据主体找回对自己数据的掌控权。除第44条外,第16

---

[1] 《央视痛批大数据杀熟!言辞犀利:就是宰客、恃强凌弱、商业欺诈》,载百度网2021年8月19日,https://baijiahao.baidu.com/s?id=1708533337502893026&wfr=spider&for=pc。

条有关撤回同意的规定,第 24 条有关拒绝自动化决策的规定都体现了数据主体的拒绝权。

依第 45 条,个人有权向个人信息处理者查阅、复制其个人信息;有该法第 18 条第 1 款、第 35 条规定情形的除外。个人请求查阅、复制其个人信息的,个人信息处理者应当及时提供。个人请求将个人信息转移至其指定的个人信息处理者,符合国家网信部门规定条件的,个人信息处理者应当提供转移的途径。第 18 条涉及的是法律、行政法规规定应当保密或者不需要告知的情形。第 45 条最后涉及"数据可携带权",个人请求将个人信息转移至其指定的个人信息处理者,符合国家网信部门规定条件的,个人信息处理者应当提供转移的途径。"数据可携带权"可以推动用户在他们感兴趣的各种服务中进行个人数据的传输和重复使用。"数据可携带权"意味着数据主体有权获取经数据处理者处理过的其个人数据,并且有权存储这些数据以供个人进一步使用。

依第 46 条,个人发现其个人信息不准确或者不完整的,有权请求个人信息处理者更正、补充。个人请求更正、补充其个人信息的,个人信息处理者应当对其个人信息予以核实,并及时更正、补充。数据主体有权要求数据处理者及时地纠正与其相关的不准确或不完整的个人信息。考虑到处理的目的,数据主体应当有权使不完整的个人数据完整,包括通过提供补充声明的方式进行完善。

第 47 条规定:"有下列情形之一的,个人信息处理者应当主动删除个人信息;个人信息处理者未删除的,个人有权请求删除:(一)处理目的已实现、无法实现或者为实现处理目的不再必要;(二)个人信息处理者停止提供产品或者服务,或者保存期限已届满;(三)个人撤回同意;(四)个人信息处理者违反法律、行政法规或者违反约定处理个人信息;(五)法律、行政法规规定的其他情形。法律、行政法规规定的保存期限未届满,或者删除个人信息从技术上难以实现的,个人信息处理者应当停止除存储和采取必要的安全保护措施之外的处理。"

6. 敏感个人信息的保护

《个人信息保护法》加强对敏感个人信息的保护,对敏感个人信息进行了定义。该法关于敏感个人信息处理的规定更加严格,包括明确"特定目的和充分必要性"的处理前提条件、告知处理敏感个人信息的必要性及对个人的影响、要求取得个人的单独同意等。

依第 28 条,敏感个人信息是一旦泄露或者非法使用,容易导致自然人的人格尊严受到侵害或者人身、财产安全受到危害的个人信息,包括生物识别、宗教信仰、特定身份、医疗健康、金融账户、行踪轨迹等信息,以及不满 14 周岁未成年人的个人信息。只有在具有特定的目的和充分的必要性,并采取严格保护措施的情形下,个人信息处理者方可处理敏感个人信息。

依第 29 条,处理敏感个人信息应当取得个人的单独同意;法律、行政法规规定处理敏感个人信息应当取得书面同意的,从其规定。第 31 条规定,处理不满 14 周岁未成年人个人信息的,应当取得未成年人的父母或者其他监护人的同意。处理不满14周岁未成年人个人信息的,应当制定专门的个人信息处理规则。第32条规定,法律、行政法规对处理敏感个人信息规定应当取得相关行政许可或者作出其他限制的,从其规定。

依第30条,个人信息处理者处理敏感个人信息的,除该法第17条第1款规定的事项外,还应当向个人告知处理敏感个人信息的必要性以及对个人权益的影响;依照该法规定可以不向个人告知的除外。该条明确了处理敏感个人信息时的特殊告知要求。处理敏感个人信息,除需要根据第17条向用户告知相应的事项外,还需要告知必要性以及对个人的影响,告知的要求更加严格。关于"对个人权益的影响",举例来说,投保人身保险时,保险公司收集了投保人的病历等医疗健康信息,对个人的影响在于如果存在特殊疾病史等,可能影响是否承保以及保费的测算。

依第26条,在公共场所安装图像采集、个人身份识别设备,应当为维护公共安全所必需,遵守国家有关规定,并设置显著的提示标识。所收集的个人图像、身份识别信息只能用于维护公共安全的目的,不得用于其他目的;取得个人单独同意的除外。

7. 互联网平台等信息处理者的义务和责任

《个人信息保护法》对提供重要互联网平台服务、用户数量巨大、业务类型复杂的个人信息处理者的义务进行了规定。

依第51条,个人信息处理者应当根据个人信息的处理目的、处理方式、个人信息的种类以及对个人权益的影响、可能存在的安全风险等,采取下列措施确保个人信息处理活动符合法律、行政法规的规定,并防止未经授权的访问以及个人信息泄露、篡改、丢失:(1)制定内部管理制度和操作规程;(2)对个人信息实行分类管理;(3)采取相应的加密、去标识化等安全技术措施;(4)合理确定个人信息处理的操作权限,并定期对从业人员进行安全教育和培训;(5)制定并组织实施个人信息安全事件应急预案;(6)法律、行政法规规定的其他措施。第51条明确了个人信息处理者的安全保护义务。

关于共同处理个人信息的连带责任,依第20条,两个以上的个人信息处理者共同决定个人信息的处理目的和处理方式的,应当约定各自的权利和义务。但是,该约定不影响个人向其中任何一个个人信息处理者要求行使该法规定的权利。个人信息处理者共同处理个人信息,侵害个人信息权益造成损害的,应当依法承担连带责任。该条明确了个人信息处理者共同处理个人信息的连带责任。

关于委托责任,依第21条,个人信息处理者委托处理个人信息的,应当与受托人约定委托处理的目的、期限、处理方式、个人信息的种类、保护措施以及双方的权利和义务等,并对受托人的个人信息处理活动进行监督。受托人应当按照约定处理个人信息,不得超出约定的处理目的、处理方式等处理个人信息;委托合同不生效、无效、被撤销或者终止的,受托人应当将个人信息返还个人信息处理者或者予以删除,不得保留。未经个人信息处理者同意,受托人不得转委托他人处理个人信息。

8. 侵犯个人信息的惩罚

《个人信息保护法》加大了对侵犯个人信息的行为的惩罚力度,对个人信息处理者规定了较严格的行政处罚、民事赔偿责任、刑事责任等;并且就国家机关不履行个人信息保护义务的行为,也明确了惩罚措施,进一步加强了侵犯个人信息的立法保护。第66条规定:"违反本法规定处理个人信息,或者处理个人信息未履行本法规定的个人信息保护义务的,由履行个人信息保护职责的部门责令改正,给予警告,没收违法所得,对违法处理个人信息的应用程序,责令暂停或者终止提供服务;拒不改正的,并处一百万元以下罚款;对直接负责的主管人员和其他直接责任人员处一万元以上十万元以下罚款。有前款规定的违法行为,情节严重的,由省级以上履行个人信息保护职责的部门责令改正,没收违法所得,并处五千万元以下或者上一年度营业额百分之五以下罚款,并可以责令暂停相关业务或者停业整顿、通报有关主管部门吊销相关业务许可或者吊销营业执照;对直接负责的主管人员和其他直接责任人员处十万元以上一百万元以下罚款……"

除上述之外,《个人信息保护法》在个人信息处理合规管理及保护负责人机制、统一工作协调与统筹机制等方面均有突破性规定,有利于个人信息保护机制的完善,该法对个人信息处理业务起到了关键性指引作用,对隐私计算等人工智能技术商业利用的合规性操作具有重大意义。

当然,在数字领域涉及隐私保护的立法、司法解释还有很多,例如,针对人脸识别的广泛使用带来的问题,2021年7月,最高人民法院发布了《关于审理使用人脸识别技术处理个人信息相关民事案件适用法律若干问题的规定》,对使用人脸识别侵权的认定、违反同意规则的情况、免责事项等一系列问题进行了规定。随着云计算、大数据、移动互联网、5G等新一代信息技术的迅猛发展,数据应用与个人信息保护的矛盾凸显,通过民法、个人信息保护法对数字领域的隐私权进行保护刻不容缓。从国际角度来看,数字的跨境流动也需要同一水平的个人信息保护。

———— 思考题 ————

1. 应当如何搭建跨境数据流动的全球治理体系?
2. 在中国法律框架下,数据的跨境流动有几种途径?
3. 我国网络与数据安全法律框架是怎样搭建的?

第五部分
知识产权国际保护的前沿问题

专题七
知识产权的国际保护

▢ 教学目标

本专题的教学目标是引导学生全面了解国际知识产权制度的新发展,特别是帮助学生在充分理解 TRIPS 的规则的基础上,考察以自贸协定为代表的知识产权规则如何超越 TRIPS,从而引领未来的国际知识产权规则的形成。与此同时,本专题也帮助学生理解与现行的知识产权保护规则相对应的例外条款的真实含义,在此基础上了解现行知识产权国际规则的灵活性。

▢ 研究背景

知识产权国际保护制度是国际经济法发展最迅速的领域之一。随着人类智力活动的不断拓展,对其的赋权和激励不断催生新的知识产权保护制度,并导致现有知识产权制度从保护范围和保护高度两个维度进行拓展。这是本专题的研究背景。

▢ 研究与思考方向

从形成新的知识产权国际保护制度和更新现有的知识产权国际保护制度的平台观察,哪类平台最易促进新的知识产权国际保护制度的产生,并具有扩散效应。

▢ 文献综述

关于知识产权国际保护的现有研究主要集中在以下三个方面:知识产权国际保护的总体概述、知识产权国际保护制度的变革与发展概述以及以自由贸易协定为代表的机制下的知识产权保护。

(一)关于知识产权国际保护的文献综述

以下几部著作对知识产权国际保护作了总体性的介绍:

吴汉东、郭寿康的《知识产权制度国际化问题研究》[1]一书从知识产权国际保护制度的环境变迁出发,结合知识产权国际立法的动力、参与主体、内在机制与具体过程,概述了从世界知识产权组织到 TRIPS 时代知识产权国际保护制度的实施、演进与博弈,并对当今知识产权国际保护制度多个具有争议的问题进行了研究,寻求知识产权国际保护的出路。吴汉东的另一部著作《知识产权国际保护制度研究》[2]旨在总结知识产权国际保护制度产生、发展与变化的一般规律,分别阐释了发展中国家与发达国家两大阵营对知识产权的国内立法转化与实施的实践,从而抽象出不同国家在知识产权国际保护中的应对策略。

在《十字路口的国际知识产权法》[3]一书中,薛虹以宏观视角重新审视了国际知识产权法律制度,该书内容以专题形式呈现,从国际新形势、互联网革命、国际政治经济变迁、获取知识运动、知识产权国际保护的最大化与最大化之谬等角度,梳理了后 TRIPS 时代国际知识产权法发展演变的脉络与趋势。张乃根所著的《国际贸易的知识产权法》[4]则从地域的视角出发,全面评述了世界知识产权组织和世界贸易组织管辖的全球性国际知识产权公约、条约或协议,欧盟和北美自贸区的知识产权保护制度,美国和中国对外贸易的知识产权保护制度以及国际贸易中知识产权的争端解决机制等。曹阳的《国际知识产权制度:冲突、融合与反思》[5]一书同样以美国、欧盟以及伊斯兰国家为例分析了国际制度与国别制度之间的互动与影响。

仅就 TRIPS 的发展而言,李顺德的《WTO 的 TRIPS 协议解析》[6]一书系统地介绍了 TRIPS 产生的历史背景、特点及主要内容,并结合案例分析了 TRIPS 的实际运用,同时指出我国知识产权保护所面临的挑战。美国学者苏珊·K.塞尔所著的《私权、公法——知识产权的全球化》[7]一书主要考察了 TRIPS 产生的政治因素,回顾了 TRIPS 实施以来的情况以及在面对公共健康等危机时其在政治上受到的强烈抵制,从而对 TRIPS 背后的政治活动和其生效后的种种论争进行了深度探讨。

以上著作对知识产权国际保护制度的整体或部分从不同的角度进行了分析与论述,对系统性地掌握知识产权国际保护发展概况颇有裨益。

(二)关于知识产权国际保护制度的变革与发展的文献综述

在语词的定义与使用上,杜颖在《知识产权国际保护制度的新发展及中国路径选

---

[1] 吴汉东、郭寿康主编:《知识产权制度国际化问题研究》,北京大学出版社 2010 年版,第 122~230 页。
[2] 吴汉东主编:《知识产权国际保护制度研究》,知识产权出版社 2007 年版,第 1、12 页。
[3] 薛虹:《十字路口的国际知识产权法》,法律出版社 2012 年版,第 7、29、59、75 页。
[4] 张乃根:《国际贸易的知识产权法》(第 2 版),复旦大学出版社 2007 年版,第 184、235、260、279 页。
[5] 曹阳:《国际知识产权制度:冲突、融合与反思》,法律出版社 2011 年版,第 69~162 页。
[6] 李顺德:《WTO 的 TRIPS 协议解析》,知识产权出版社 2006 年版,第 21、29、179~217 页。
[7] [美]苏珊·K.塞尔:《私权、公法——知识产权的全球化》,董刚、周超译,中国人民大学出版社 2008 年版,第 28 页。

择》[1]一文中通过对知识产权国际保护制度历史分期学说的梳理,区分了对"后TRIPS时代"这一语词内涵的不同界定。

多哈回合谈判后,国际知识产权制度有了全新的发展,古祖雪的《后TRIPS时代的国际知识产权制度变革与国际关系的演变——以WTO多哈回合谈判为中心》[2]一文就此间国际知识产权制度的走向提炼了三个关注点:公共健康危机得到一定缓解、传统资源保护谈判仍处于僵局以及世界贸易组织与其他国际组织的合作与协调。从全球知识产权格局结构、主体与机制三个维度演进的角度检视制度,董涛的《全球知识产权治理结构演进与变迁——后TRIPs时代国际知识产权格局的发展》[3]一文归纳了后TRIPS时代国际知识产权格局发展态势的特点:传统发达国家与新兴市场国家双向演化明显,发达国家知识产权打击重点转移,一体化进程取得重大进展,规则保护力度加强,区域合作发展,知识产权并购经营模式不断创新以及知识产权套利现象开始活跃等。

然而,不少学者始终认为TRIPS具有不少局限性。贺小勇的《从〈多哈宣言〉到〈总理事会决议〉看国际知识产权保护》[4]一文认为,TRIPS为协调公共健康安全与药品专利保护间的冲突作出的规定存在法律缺陷,而多哈回合谈判对TRIPS的修订与发展并未从根本上改变知识产权国际保护体制的不平等。就"不平等",黄玉烨在《知识产权利益衡量论——兼论后TRIPs时代知识产权国际保护的新发展》[5]一文中作了更多的阐释,指出TRIPS框架下的知识产权国际保护存在发达国家与发展中国家间利益失衡问题;并预测今后的知识产权国际保护将重现利益平衡的精神,公共健康、《生物多样性公约》、地理标志的保护与非违约之诉等议题将会持续引发关注。在新冠疫情引发逆全球化的背景下,易继明的《后疫情时代"再全球化"进程中的知识产权博弈》[6]一文重新审视了知识产权在国际经贸秩序建构及全球治理体系中的作用,再次探讨了前述研究所关注的公共议题,试图探寻知识产权的制度理性。

在《知识产权国际保护制度的变革与发展》[7]一文中,吴汉东指出,当代知识产权制度的基本特征是国际保护标准在缔约方之间的一体化、国际保护规则从实体到程序的一体化、国际保护体系与国际贸易体制的一体化。TRIPS的不足主要表现在知识产权与包括精神权利、表现自由、隐私权、健康权、发展权等在内的其他基本人权的冲突。张

---

[1] 杜颖:《知识产权国际保护制度的新发展及中国路径选择》,载《法学家》2016年第3期。
[2] 古祖雪:《后TRIPS时代的国际知识产权制度变革与国际关系的演变——以WTO多哈回合谈判为中心》,载《中国社会科学》2007年第2期。
[3] 董涛:《全球知识产权治理结构演进与变迁——后TRIPs时代国际知识产权格局的发展》,载《中国软科学》2017年第12期。
[4] 贺小勇:《从〈多哈宣言〉到〈总理事会决议〉看国际知识产权保护》,载《法学》2004年第6期。
[5] 黄玉烨:《知识产权利益衡量论——兼论后TRIPs时代知识产权国际保护的新发展》,载《法商研究》2004年第5期。
[6] 易继明:《后疫情时代"再全球化"进程中的知识产权博弈》,载《环球法律评论》2020年第5期。
[7] 吴汉东:《知识产权国际保护制度的变革与发展》,载《法学研究》2005年第3期。

明的《知识产权全球治理与中国实践：困境、机遇与实现路径》[1]一文则认为，以发达国家为主导的现行知识产权全球治理体系正面临着霸权主义、利益失衡、人权危机等治理困境；而困境的消解需要中国以人类命运共同体理念为指引，推动知识产权全球治理体系的建设，从而实现知识产权全球治理体系的包容性发展。

刘颖的《后 TRIPS 时代国际知识产权法律制度的"碎片化"》[2]一文紧扣国际知识产权法律制度的"碎片化"特征，指出"碎片化"的具体表现并剖析了其内外原因；最后阐明"碎片化"的消除将是一个长期、持续的过程，应以和谐解释原则和一般国际法、TRIPS、TRIPS-Plus 中的"冲突规范"维护在 TRIPS 和《多哈健康宣言》中初步达成的知识产权的私权与公共利益的平衡，在一体化与"碎片化"的博弈中向前发展。

（三）以自由贸易协定为代表的机制下的知识产权保护的文献综述

从 WIPO 和 WTO 两大框架体系向自由贸易协定的平台转换，标志着知识产权国际保护进入后 TRIPS 时代。后 TRIPS 时代与自由贸易协定相伴，以美国为首的西方国家主张高标准的知识产权保护，对知识产权立法、执法提出了更高要求。张猛的《知识产权国际保护的体制转换及其推进策略——多边体制、双边体制、复边体制？》[3]一文结合以下三种范式过程的利益博弈，梳理了知识产权国际保护发展与演进过程中的立法与执法新趋势：TRIPS 代表知识产权国际保护与多边贸易体制的联合，FTA 代表知识产权国际保护多边体制的双边主义转向，《反假冒贸易协定》的制定代表由多边体制向复边体制发展的动向。梅术文在《FTA 知识产权国际保护体制探析》[4]一文中专门对 FTA 知识产权国际保护体制进行了详细的研究，认为 FTA 是发达国家"体制转向"（regime shifting）和"场所转移"（forum shifting）策略的体现。

廖丽在《后 TRIPS 时期国际知识产权执法新动向》[5]一文中指出，美欧不仅通过自由贸易协定、投资协定和知识产权协定在双边层面适用 TRIPS-Plus 知识产权执法标准，还在 WTO 和 WIPO 外的世界海关组织（WCO）、万国邮政联盟（UPU）、世界卫生组织（WHO）等多边场所推行更高的知识产权执法标准，我国面临极大的挑战。

不少学者对我国的相应对策进行了研究。詹映的《国际贸易体制区域化背景下知识产权国际立法新动向》[6]一文建议在发达国家借助区域贸易的立法趋势博弈中，我国应更开放地看待"TRIPS 递增"趋势并坚持多边和区域并举。刘彬在《论中国自由贸

---

[1] 张明：《知识产权全球治理与中国实践：困境、机遇与实现路径》，载《江西社会科学》2020 年第 3 期。
[2] 刘颖：《后 TRIPS 时代国际知识产权法律制度的"碎片化"》，载《学术研究》2019 年第 7 期。
[3] 张猛：《知识产权国际保护的体制转换及其推进策略——多边体制、双边体制、复边体制？》，载《知识产权》2012 年第 10 期。
[4] 梅术文：《FTA 知识产权国际保护体制探析》，载《现代经济探讨》2015 年第 4 期。
[5] 廖丽：《后 TRIPS 时期国际知识产权执法新动向》，载《暨南学报（哲学社会科学版）》2014 年第 9 期。
[6] 詹映：《国际贸易体制区域化背景下知识产权国际立法新动向》，载《国际经贸探索》2016 年第 4 期。

易协定的"超 TRIPS"义务新实践》[1]一文中指出,我国新近缔结的自由贸易协定的知识产权章节呈现出对超 TRIPS 义务逐步接受的趋势,并分析了我国对超 TRIPS 义务的态度嬗变的原因。

褚童的《巨型自由贸易协定框架下国际知识产权规则分析及中国应对方案》[2]一文详述了 TPP/CPTPP、USMCA、日欧 EPA 与 RCEP 等巨型自由贸易协定中的知识产权规则特点,并认为其可能形成在适当扩大知识产权保护范围、丰富保护内容的基础上兼顾平衡与包容的规则范式。张惠彬、王怀宾在《高标准自由贸易协定知识产权新规则与中国因应》[3]一文中指出,以 RCEP、CPTPP 为代表的高标准自贸协定衍生出了知识产权高标准保护的新规则,主要表现为客体范围的扩大、权利内容的增加、权利限制的减少和执法措施的强化;并以此提出了一个关键的论点:知识产权出口国的规则输出将高标准知识产权规则扩散到全球,规则制定权作为未来全球知识产权治理争夺的焦点,对我国在全球知识产权治理中提高规则话语权至关重要。

具体而言,关于 RCEP 知识产权规则的研究有:马一德、黄运康的《RCEP 知识产权规则的多维度解读及中国应对》[4]一文对 RCEP 知识产权规则的内容结构和特点进行了梳理,RCEP 知识产权条款从保护范围、权利的限制和例外、权利的实施等不同的维度对知识产权保护进行规定,具有全面、开放和均衡的特点。在《与时俱进的 RCEP 知识产权条款及其比较》[5]一文中,张乃根同样就 RCEP 知识产权条款的内容及与时俱进的特点进行了概述,并将 RCEP 知识产权条款与现行 CPTPP 和 USMCA 知识产权条款进行了规则水平与示范作用上的比较,最终对 RCEP 知识产权条款下中国的国内履约及中国加入 CPTPP 建言献策。马忠法、谢迪扬在《RCEP 知识产权条款的定位、特点及中国应对》[6]一文中指出,RCEP 知识产权条款总体呈现出创新导向、发展导向、程序保障和利益平衡的制度特点,指向一条与 TPP 全然不同的国际知识产权法治发展进路;RCEP 部分规定不仅具有"超 TRIPS"的特征,而且也超出了 TPP 的知识产权制度框架,标志着新兴发展中国家群体开始在国际舞台上就知识产权问题表达诉求。马忠法、王悦玥的《论 RCEP 知识产权条款与中国企业的应对》[7]一文对比 TRIPS、TPP 和 CPTPP 梳理了 RCEP 知识产权条款的内容与特点,认为其在一定程度上体现了发达国家 TRIPS – Plus

---

[1] 刘彬:《论中国自由贸易协定的"超 TRIPS"义务新实践》,载《厦门大学学报(哲学社会科学版)》2016 年第 5 期。
[2] 褚童:《巨型自由贸易协定框架下国际知识产权规则分析及中国应对方案》,载《国际经贸探索》2019 年第 9 期。
[3] 张惠彬、王怀宾:《高标准自由贸易协定知识产权新规则与中国因应》,载《国际关系研究》2022 年第 2 期。
[4] 马一德、黄运康:《RCEP 知识产权规则的多维度解读及中国应对》,载《广西社会科学》2022 年第 4 期。
[5] 张乃根:《与时俱进的 RCEP 知识产权条款及其比较》,载《武大国际法评论》2021 年第 2 期。
[6] 马忠法、谢迪扬:《RCEP 知识产权条款的定位、特点及中国应对》,载《学海》2021 年第 4 期。
[7] 马忠法、王悦玥:《论 RCEP 知识产权条款与中国企业的应对》,载《知识产权》2021 年第 12 期。

的要求,也反映了对发展中国家转移技术的宽容,最终归纳出 RCEP 打击恶意商标、数字环境下执法等相关要求将给中国企业带来的挑战。

CPTPP 项下知识产权规则的研究也发展迅速。易继明、初萌的《后 TRIPS 时代知识产权国际保护的新发展及我国的应对》[1]一文展现了 CPTPP 的发展历程,并结合 CPTPP 知识产权章节的主要内容以及其暂时中止实施的 TPP 条款的具体内容,对 FTA 知识产权保护南北矛盾的背景下我国知识产权发展的战略给出了详细的建议。在《知识产权国际强保护的最新发展——〈跨太平洋伙伴关系协定〉知识产权主要内容及几点思考》[2]一文中,陈福利指出,CPTPP 将众多知识产权国际公约与有关国家知识产权保护的"最佳实践"相结合,预示了当今知识产权国际强保护的进一步发展。刘彬、余相山的《中国自由贸易协定知识产权执行条款研究——兼评中国加入 CPTPP 的相关挑战》[3]一文则认为中国自由贸易协定中的知识产权执行条款存在体系化程度不足、重要规则缺乏基本稳定性等缺陷,并给出了可以参照 RCEP 与中韩自由贸易协定构建知识产权执行范式加以弥补的建议,此外还指出了中国加入 CPTPP 不得不面对的障碍。

在经济全球化的背景下,知识产权的国际保护成为各国政府集体提供国际公共产品的重要方式。WIPO 管理下的国际公约为知识产权国际保护提供了基本的法律框架,而 TRIPS 则统一确立起以前述主要国际公约义务为最低标准的国际保护义务,辅之以严格、高效和公平的国内执行程序和强有力的国家间知识产权争议解决机制,极大地提高了知识产权国际保护的标准。然而,近年来,由于 WTO 多边贸易谈判的停滞,区域主义开始盛行,并催生出大量的区域贸易协定,其中,美国、欧盟和中国等主要经济体加快了推进自由贸易协定的进程,所形成的自贸协定中的知识产权规则将深刻改变未来知识产权国际保护的场景。

一、WIPO 管理的知识产权国际公约

在当今的知识经济中,知识产权是经济、社会和文化发展的工具,也是促进财富创造的途径。知识产权问题已成为国际贸易关系的中心问题。

知识产权的地域性,是指知识产权只在授予其权利的国家或确认其权利的国家产生,并且只能在该国范围内发生法律效力并受法律保护,而其他国家对其没有必须给予法律保护的义务。由于各国知识产权保护水平有高有低,权利人的权利在各国受到的

---

[1] 易继明、初萌:《后 TRIPS 时代知识产权国际保护的新发展及我国的应对》,载《知识产权》2020 年第 2 期。
[2] 陈福利:《知识产权国际强保护的最新发展——〈跨太平洋伙伴关系协定〉知识产权主要内容及几点思考》,载《知识产权》2011 年第 6 期。
[3] 刘彬、余相山:《中国自由贸易协定知识产权执行条款研究——兼评中国加入 CPTPP 的相关挑战》,载《国际法学刊》2022 年第 1 期。

保护的范围和程度也不一样,权利往往不能得到切实有效的保护。随着科学技术的不断进步和国际经济交往的日益扩大,知识产品的国际市场在逐步形成,这就更需要建立相应的知识产权国际保护制度。世界各国通过缔结国际条约,使当事国承担条约规定的义务,相互承认并保护缔约国国民或法人依照其本国法律所获得的知识产权,或为其他缔约国国民和法人在本国境内获得知识产权之官方授予或注册提供符合条约规定的便利,并保护其依其本国法律所取得的知识产权。

WIPO 是全球性的知识产权国际组织,截至 2022 年 12 月底,共有 193 个成员,管理 26 个国际知识产权公约或条约,这些公约或条约除《建立世界知识产权组织公约》外,可分为知识产权保护性质的条约、为知识产权保护提供服务的全球保护体系的条约和有关知识产权分类的条约。我国自 20 世纪末实行改革开放政策以来,先后参加了《建立世界知识产权组织公约》《保护工业产权巴黎公约》(以下简称《巴黎公约》)、《保护文学和艺术作品伯尔尼公约》(以下简称《伯尔尼公约》)、《专利合作条约》、《与贸易有关的知识产权协定》等诸多知识产权国际公约。[1]

在 WIPO 管理的主要知识产权国际公约中,《巴黎公约》、《专利合作条约》、《伯尔尼公约》、《保护表演者、录音制品制作者和广播组织罗马公约》(以下简称《罗马公约》)、《关于集成电路知识产权的华盛顿条约》(以下简称《华盛顿条约》)相对重要,并构成 WIPO 管理的国际知识产权制度的核心。

二、与贸易有关的知识产权协定

各国保护和执行知识产权的范围大不相同,当知识产权之于贸易越来越重要时,这些差异就成为国际经济关系紧张的原因之一。在《关税与贸易总协定》乌拉圭回合多边贸易谈判中,自 1987 年开始,就将知识产权的国际保护正式列入了新一轮谈判的议题,因为这被认为是维护国际贸易秩序和增加可预见性的有效途径,而与贸易有关的知识产权保护争议也可以更系统化的方式得以解决。在乌拉圭回合多边贸易谈判中,TRIPS 是作为一揽子协定的文件之一而被达成和签订的。该协定于 1995 年 1 月 1 日生效。我国于 2001 年 12 月 11 日加入世界贸易组织,作为一揽子的多边贸易协定的组成部分,

---

[1] 中国加入的主要知识产权国际公约有:1980 年 6 月 4 日起加入的《建立世界知识产权组织公约》;1985 年 3 月 19 日起加入的《巴黎公约》;1989 年 10 月 4 日起加入的《商标国际注册马德里协定》;1992 年 10 月 5 日起加入的《伯尔尼公约》;1992 年 10 月 30 日起加入的《世界版权公约》;1993 年 4 月 30 日起加入的《保护录音制品制作者防止未经许可复制其录音制品公约》;1994 年 1 月 1 日起加入的《专利合作条约》;1994 年 8 月 9 日起加入的《商标注册用商品和服务国际分类尼斯协定》;1995 年 7 月 1 日起加入的《国际承认用于专利程序的微生物保存布达佩斯条约》;1996 年 9 月 19 日起加入的《建立工业品外观设计国际分类洛迦诺协定》;1997 年 6 月 19 日起加入的《国际专利分类斯特拉斯堡协定》(IPC);1999 年 4 月 23 日起加入的《保护植物新品种国际公约》(UPOV);2001 年 12 月 11 日起加入的《与贸易有关的知识产权协定》;2007 年 6 月 9 日起加入的《世界知识产权组织版权条约》(WCT)和《世界知识产权组织表演和录音制品条约》(WPPT);2014 年 4 月 24 日起加入的《视听表演北京条约》。

TRIPS 自该日起对中国发生效力。

(一) TRIPS 与其他知识产权国际公约的基本关系

由于知识产权领域已经存在诸多国际公约,故如何处理 WTO 体系下的 TRIPS 与其他知识产权国际公约的关系成为世界贸易组织面临的重要问题之一。TRIPS 第二部分除逐一列举各类知识产权外,还专注于规定成员方应如何保护它们,目的是确保全体成员方具备充分的保护标准,出发点就是在 WTO 成立前已有的、世界知识产权组织管理下的主要的国际知识产权公约所设定的义务。TRIPS 明确要求各成员方遵守《巴黎公约》(1967) 第 1~12 条以及第 19 条的规定,《伯尔尼公约》(1971) 第 1~21 条及其附件的规定,按《华盛顿条约》中第 2~7 条(第 6 条中第 3 款除外)、第 12 条和第 16 条第 3 款的规定,对集成电路的外观设计提供保护。TRIPS 在国民待遇义务和最惠国待遇义务等方面也多处提及《罗马公约》。换言之,《巴黎公约》《伯尔尼公约》《罗马公约》《华盛顿条约》的主要规定被纳入 TRIPS。TRIPS 第 2 条第 2 款进一步规定,成员们所承担的最低义务不得减损(derogate)其已经承担的《巴黎公约》《伯尔尼公约》《罗马公约》《华盛顿条约》规定的义务。

就 TRIPS 与现行的知识产权公约的关系,基本上可以作如下总结性描述:TRIPS 将现行的国际知识产权公约项下的义务,视为 TRIPS 成员的最低义务,构成保护知识产权的共同基准规则。TRIPS 生效后,形成了世界知识产权组织与世界贸易组织共存的知识产权制度国际协调机制。在此共存的机制中,TRIPS 因与贸易机制挂钩而以强硬的争端解决方式在知识产权制度的国际协调中占主导地位。

值得注意的是,近年来,美国等发达国家以市场准入及跨国投资为对价,诱使其他国家与之签订自由贸易区协定并以此重新确定知识产权的保护标准。这些知识产权的保护标准超过了 TRIPS 所规定的保护标准,形成了"TRIPS – Plus"。[1] 随着自由贸易协定的盛行,越来越多的发展中国家与发达国家签订了含有"TRIPS – Plus"内容的自由贸易协定。"TRIPS – Plus"因而得到强势扩张。

(二) TRIPS 的主要内容

TRIPS 成功缩小了世界范围内知识产权保护方式之间的差距,将其置于共同的国际规则的约束之下。它将 GATT 和 WTO 中关于有形货物贸易的原则和规定延伸到了对知识产权的保护领域。TRIPS 几乎涉及知识产权的各个领域,它从 7 个方面分别规定了成员保护各类知识产权的最低要求,包括:著作权及其邻接权、商标权、地理标志、工业

---

[1] 典型的如《美国与约旦建立自由贸易区协定》、《美国与摩洛哥自由贸易区协定》和《美国与韩国自由贸易区协定》等,扩大了知识产权保护的客体,延长了知识产权保护期限,缩短了发展中国家的过渡期,强化保护措施并限制强制许可适用以及平行进口等。

品外观设计、专利权、集成电路的布图设计、未经披露的信息(商业秘密)等,并涉及对限制竞争行为的控制问题;规定了成员保护各类知识产权的最低要求,规定和强化了知识产权执法程序;强化了协定的争端解决机制,而且通过争端解决程序把履行协议保护知识产权与贸易制裁紧密结合在一起。总之,TRIPS 是国际上迄今为止所有有关知识产权的国际公约和国际条约中,参加方最多、内容最全面、保护水平最高、保护程序最严密的一项国际协定,它对知识产权的国际保护更加切实和有效。

1. TRIPS 的基本原则

(1)国民待遇原则。这是在《巴黎公约》中首先提出,在 TRIPS 中(第 3 条)再次强调,各个知识产权国际公约共同遵守的基本原则。国民待遇原则要求在知识产权的保护上,一成员向另一成员提供的待遇不得低于它对本国国民提供的待遇。

(2)最惠国待遇原则。这是在 TRIPS 中首次把国际贸易中对有形商品的贸易原则延伸到知识产权保护领域,对知识产权的国际保护产生了深远的影响,这条原则来源于 GATT 第 1 条最惠国待遇原则,列于 TRIPS 第 4 条。要求一成员给予另一成员国民的利益、优惠、特权及豁免,应无条件地被给予其他成员的国民。

(3)透明度原则。这是为了防止或减少争端而要求成员们履行的重要义务。包括各成员以本国语言公布并有效实施所有涉及知识产权的可获得性、范围、取得、实施与防止滥用的法律法规、司法终审裁决以及具有普遍适用性的行政决定,而且,各成员有义务向 TRIPS 理事会通报这类法律法规。

(4)平衡保护原则。TRIPS 还规定,知识产权保护的目标是促进技术的革新、技术的转让与技术的传播,以有利于社会及经济福利的方式促进生产者与技术知识使用者的互利,并促进权利与义务的平衡;成员可在其国内法律和条例的制定或修订中,采取必要措施以保护公众的健康与发展,以增加对其社会经济与技术发展至关重要的领域中的公益;[1]成员可采取适当措施防止权利持有人滥用知识产权,防止国际技术转让中的不合理的限制贸易的行为。

2. 成员方在 TRIPS 中的主要义务概述

(1)高水平的知识产权保护义务扩大了知识产权保护的范围。根据 TRIPS 第二部分的规定,国际贸易领域内知识产权保护的对象主要是国际知识产权贸易所涉及的标的,以及有形货物国际贸易中涉及的知识产权,包括著作权及其相关权利、商标、地理标记、工业品外观设计、专利、集成电路布图设计和未公开的信息(商业秘密),其中集成电

---

[1] 2001 年 11 月在多哈召开的世界贸易组织第四届部长级会议上发表了《部长宣言》和《关于知识产权与公共健康的宣言》,根据上述宣言,就实施专利药品强制许可制度、解决发展中国家成员方公共健康危机进行谈判。2003 年 8 月 30 日,总理事会一致通过了关于实施专利药品强制许可制度的最后文件,即《关于 TRIPS 协议和公共健康的多哈宣言第六段的执行决议》,使在药品领域生产能力不足或没有生产能力的较贫穷国家能更容易进口到较便宜的、在强制许可制度下生产的、未注册类药品。

路布图设计和商业秘密在国际性条约中是首次涉及。在保护期方面,延长了知识产权的最短保护期,规定专利的保护期不少于20年,包括计算机软件在内的著作权的保护期为50年,集成电路布图设计的保护期不得少于10年。同时在协定的第72条和保留条款中规定,未经其他成员同意,不能对该协定中的任何条款予以保留,这实际上是禁止保留条款,反映出 TRIPS 保护的高标准。该协定还从注重知识产权人的权利出发,降低了知识产权获得保护的条件,严格了对知识产权进行限制的条件等,这些都反映出 TRIPS 知识产权保护水平的提高。

(2)严格、高效和公平的执行程序与传统国际知识产权条约基本不涉及知识产权保护的国内执行问题不同,TRIPS 第一次规定了数量众多的执行条款,全面、深入地处理知识产权保护的国内执行问题,对 WTO 成员施加了一系列执行义务。TRIPS 第三部分(知识产权保护的执行)分别从一般义务、民事与行政程序和救济、临时措施、与边境措施有关的要求以及刑事程序五个方面共21条(第41～61条)规定了成员在知识产权保护的国内执法方面应承担的义务。

本部分仅就一般义务进行概述。根据 TRIPS 第41条第1款,这种程序义务的总目标是成员们应保证"根据其法律",提供 TRIPS 具体规定的实施程序,以便可以针对任何侵犯该协定范围内知识产权的行为,采取"有效行动"。与前述"有效实施义务"相比,这同样要求成员的政府首先在立法上纳入各项规定的实施程序,然后,重点要求依据符合 TRIPS 的司法与行政程序,对侵权行为采取迅速有效的措施。

成员应保证本部分所规定的执法程序依照其国内法可以行之有效,以便能够采用有效措施制止任何侵犯该协定所包含的知识产权的行为,包括及时地防止侵权的救济,以及遏制进一步侵权的救济。但这些程序的应用方式应避免形成合法贸易的障碍,同时应能够防止有关程序的滥用。

TRIPS 第41条第2～4款对这种程序义务设置了一系列严格要求,包括"公平与公正"、"效率与及时"、"充分说明"与"司法审查"。知识产权的执法程序应公平合理。它们不得过于复杂、花费过高、包含不合理的时效或无保障地拖延。就各案的是非作出的判决,最好采用书面形式,并应说明判决的理由。有关判决应及时送达诉讼当事各方。对各案是非的判决应仅仅根据证据,应向当事各方就该证据提供陈述机会。对于行政当局的终局决定,以及在符合国内法对有关案件重要性的司法管辖规定的前提下针对案件是非的初审司法判决中的法律问题,诉讼当事人应有机会提交司法当局复审。但是对知识产权侵权刑事案件中的无罪判定,成员无义务提供复审机会。

根据 TRIPS 第41条第5款,这种知识产权执行程序及其要求并不意味各成员国(域)内应在一般法律执行制度之外建立专门的实施知识产权的程序法;相反,实施知识产权的程序法可融入一般的执行程序。

与 TRIPS 的其他义务一样,对 TRIPS 执行条款的解释和适用,应当遵循三个原则:第一,强制实施原则。TRIPS 第1条第1款第1句规定,成员应实施该协定的规定。据此，TRIPS 规定的执行条款也是成员应实施的，这是各成员必须实施的义务。第二，最低保护原则。TRIPS 第 1 条第 1 款第 2 句只要求成员对各类知识产权提供最低限度的保护，并不强制要求成员提供更高水平的保护。第三，自由选择实施。TRIPS 第 1 条第 1 款第 3 句规定，成员有权在其各自的法律制度和实践中确定实施该协定规定的适当方法。这无疑赋予了成员实施 TRIPS 一定的灵活性。前两个原则不易引起争议，而一成员究竟拥有多大的灵活性则易产生争议。换言之，TRIPS 规定的知识产权执行程序，存在很大的解释空间，这一点已为 WTO 争端解决机构有关 TRIPS 义务的争端的解决实践所证明，如 2007 年的中美知识产权执行案件的争端解决实践。[1] 争端解决机构的裁决有助于明确 TRIPS 某些重要执行条款的解释和适用，而且对该协定其他执行条款的解释和适用也具有重要参考价值。

3. TRIPS 项下义务的性质

根据《马拉喀什建立世界贸易组织协定》第 2 条第 2 款，包括 TRIPS 在内的世界贸易组织一揽子协议"对所有成员具有约束力"。根据 TRIPS 第 1 条第 1 款第 1 句，成员们应对 TRIPS 中的各项规定"赋予效力"(shall give effect)。这是 TRIPS 文本针对 WTO 成员政府规定的第一项，也是最主要的国际法义务，即各成员政府必须无保留地在其域内，通过立法、行政与司法实施，使 TRIPS 各规定成为有效的法律制度。TRIPS 第 1 条第 1 款规定，成员方可以，但没有义务通过法律实施比该协定要求更广泛的保护，只要这种保护与该协定的规定不抵触。这被认为是"最低义务"(minimum obligations)，即该条款第 1 句话规定的所有成员"有效实施"的义务限于 TRIPS 文本规定的范围。TRIPS 第 1 条第 1 款规定"成员方应自行(shall be free)决定在其法律制度与实践中实施本协议规定之适当(appropriate)方法"。这包括立法、行政与司法的方法。

4. TRIPS 项下有关义务的争端解决

TRIPS 确认 GATT 原则运用于解决知识产权争端的原则，将其直接引入解决知识产权争端，可以利用贸易手段，甚至交叉报复手段确保知识产权保护得以实现。根据 TRIPS 第 64 条，WTO 成员之间任何有关 TRIPS 的争端，都可以通过统一的 WTO 争端解决机制，采用必经的磋商程序以及进一步的准司法程序(包括专家组审理与上诉机构复审)，予以解决。

从 WTO 成立以来的知识产权争议案件来看，大多数争端均仅适用"磋商解决"与"违约之诉"两类解决程序。影响较大的案例有：欧盟申诉的美国版权法第 110 节(5)款案(DS160)、欧盟申诉的加拿大药品专利保护案(DS114)和美国申诉的中国保护和执行知识产权措施案(DS362)等。

---

[1] 中美知识产权保护与执行案是第一个直接涉及 TRIPS 执行条款的案件，事关中国《著作权法》第 4 条，涉及中国海关对侵犯知识产权的没收商品的处置以及中国对知识产权侵权的刑事措施门槛问题。

5. 中国与 TRIPS 相关的具体义务

中国入世后,除履行 TRIPS 文本规定的一般义务外,还必须履行《中国加入世界贸易组织议定书》中载明的特别义务。该议定书第 1 条第 2 款规定:该议定书,包括《中国加入工作组报告书》第 342 段所述的承诺是《马拉喀什建立世界贸易组织协定》的组成部分,因而是中国入世后必须履行的义务。这些承诺履行的义务如下。

(1)立法方面的国际法义务,即根据 TRIPS 全面地建立或健全中国知识产权法律制度。上述报告书第 252 段规定:除修改生效的《专利法》外,中国入世之时应修订或实施 8 项知识产权法律法规,即《著作权法》及其实施条例、《计算机软件保护条例》、《商标法》及其实施细则、《植物新品种保护条例》、《反不正当竞争法》和《集成电路布图设计保护条例》;废止 4 项部门规章,即农业、畜牧业和渔业专利管理暂行规定、关于书刊和杂志著作权保护的三项暂行规定。

(2)非歧视性待遇义务。报告书第 255、256 段规定:中国将修改相关法律法规及其他措施,以保证根据 TRIPS 在所有跨境的知识产权方面给予外国权利人国民与最惠国待遇。这包括调整由地方版权局实施的涉及外国权利人的版权行动时的许可要求。

(3)实体义务。①著作权领域。报告书第 259 段规定:中国著作权制度,包括《著作权法实施条例》与《实施国际著作权条约的规定》将作修改以确保全部符合中国根据 TRIPS 的义务。②商标领域。报告书第 263 段规定:中国将修改《商标法》以全部符合 TRIPS,包括增加三维符号、色彩组合、字母、数字的商标注册;补充集体商标与认证商标(包括地理标志);采纳官方标志保护;保护驰名商标;增加优先权;提供商标权认定的司法审查;严惩所有严重侵权;改进商标侵权损害赔偿制度。③地理标志(包括产地名称)领域。报告书第 265 段规定:中国将根据 TRIPS 第 22、23、24 条的义务进行立法。④工业设计领域。报告书第 266 段规定:WTO 成员要求中国将国内纺织品设计纳入法律保护。⑤专利领域。报告书第 275 段规定:中国将在 2000 年修改的《专利法》的基础上,进一步通过《专利法实施细则》保证有关强制许可的制度完全符合 TRIPS 第 31 条的规定。⑥集成电路布图设计领域。报告书第 280 段规定:中国从 2001 年 10 月 1 日实施《集成电路布图设计保护条例》,以履行 TRIPS 第二部分第 6 节规定义务。⑦商业秘密与测试数据的未披露信息领域。报告书第 284 段规定:中国将根据 TRIPS 第 39 条第 3 款的规定,有效保护为获得新化学成分的药品或农业化学物质的销售许可而提交的未披露测试信息,以防不正当的商业利用。

(4)程序义务。①总体上的实施义务。报告书第 288 段规定:中国将加大知识产权法的实施力度。②民事司法程序与补救义务。报告书第 291、292 段规定:根据中国民事程序司法规则,TRIPS 第 42、43 条将得到有效实施,并修改有关实施细则以保证符合 TRIPS 第 45、46 条。③临时措施义务。报告书第 296 段规定:中国《专利法》第 61 条将根据 TRIPS 第 50 条第 1~4 款规定的方式实施。④行政程序和补救措施。报告书第 299 段规定:中国将加大执法力度,包括适用更有效的行政制裁措施,严重侵权案件将移送司法机关根据刑法规定惩罚。⑤刑事程序。报告书第304段规定:中国行政管理机关将建议司法机关降低提起有关侵犯知识产权刑事诉讼的数额标准,以有力打击盗版与假冒商标行为。⑥特别边境措施。报告书第302段规定:中国将为知识产权持有人提供符合TRIPS第51~60条规定的边境保护措施。

(5)透明度义务。《中国加入世界贸易组织议定书》第2条(C)款第2项规定:中国应创办或指定一家官方刊物,公布对与贸易有关的知识产权有影响的法律法规及措施,方便个人或企业的检索。

三、自贸协定中的知识产权规则

在WTO陷入危机后,各国逐渐转移包括知识产权规则在内的贸易规则谈判场所,在双边与诸边体制下通过自贸协定继续推进其贸易议程,这些自贸协定中多半囊括了"TRIPS-Plus"标准的知识产权规则。本专题研究以现今影响范围较大的两个自贸协定,即中国参与制定的RCEP和中国已经申请加入的CPTPP的文本为对象,指出知识产权国际规则正朝着强保护趋势升级发展,并从知识产权保护客体广度、期限宽度、执法深度等多重方面演绎归纳自贸协定知识产权规则的新特征。

(一)RCEP知识产权规则

2020年11月15日,中国、日本、韩国、澳大利亚、新西兰及东盟十国正式签署RCEP。2022年1月1日,RCEP对文莱、柬埔寨、老挝、新加坡、泰国、越南、中国、日本、新西兰和澳大利亚10个国家正式生效,韩国于2月1日加入RCEP。

RCEP由序言、20个章节、4个市场准入承诺表附件组成。其中,知识产权章包括83个条款和过渡期安排、技术援助2个附件,是RCEP内容最多、篇幅最长的章节,也是我国迄今已签署自贸协定纳入内容最全面的章节。该章节涵盖了著作权、商标、地理标志、专利、外观设计、遗传资源、传统知识和民间文艺、反不正当竞争、知识产权执法、合作、透明度、技术援助等领域,旨在通过有效和充分地创造、运用、保护和实施知识产权权利深化经济一体化和合作,以减少对贸易和投资的扭曲和阻碍。

RCEP知识产权规则具有如下特点:(1)RCEP知识产权规则在TRIPS的基础上,全面提升了区域内知识产权整体保护水平,各类知识产权的保护水平总体呈现出"TRIPS-Plus"的特征。据研究,RCEP知识产权规则中的商标保护水平大大高于TRIPS,基本接近CPTPP;著作权保护水平和知识产权执法水平处于CPTPP和TRIPS协定之间;专利保护水平与TRIPS基本持平。(2)RCEP设计的知识产权制度特点既体现了创新导向,又重视了发展导向,反映了区域内发达国家与发展中国家知识产权诉求的调和与妥协。RCEP在充分尊重区域内不同成员发展水平的同时,为本区域知识产权的保护和促进提供了平衡、包容的方案,有助于促进区域内创新合作和可持续发展。(3)除内容全面性和兼顾各国的制度差异并提升区域知识产权保护水平外,RCEP还凸显了"中国经验"。

"RCEP 知识产权章中的'恶意商标'规制条款、商标电子申请制度等,在一定程度上体现了中国的制度经验正逐渐成为国际知识产权规则,也凸显我国参与区域知识产权治理水平的持续提升。"

作为迄今为止中国与其他国家或地区之间最重要的自贸协定,RCEP 知识产权规则充分兼顾 15 个缔约方之间不同的经济发展水平和能力以及各自法律制度的差异,在 TRIPS 的基础上,与时俱进地更新相关知识产权规则。总体上,这些知识产权规则更具利益平衡性和兼顾性,因而对 WTO 多边框架下 TRIPS 的进一步修改更具示范作用。

(二)CPTPP 知识产权规则

2021 年 9 月 16 日,中国正式提出申请加入 CPTPP。CPTPP 的前身为 TPP,在搁置近 5% 的 TPP 条款后,于 2018 年 12 月 30 日正式达成。成员包括澳大利亚、文莱、加拿大、智利、日本、马来西亚、墨西哥、新西兰、秘鲁、新加坡、越南共 11 国。

"知识产权"作为 CPTPP 的重要章节,体现了当今全球知识产权国际保护的最新趋势,知识产权的谈判也被认为是最艰难、最具争议的议题,涵盖商标、国别、地理标志、专利、版权、商业秘密等多种类型。

不难看出,CPTPP 的知识产权规则具有如下特点:(1)在覆盖面上,CPTPP 知识产权章节的涵盖范围和类别较为广泛,其将知识产权国际保护所面临的法律问题大多都纳入规制范畴,较为全面;具体地设定保护规则,同时配套规定缔约方所应达到的适用标准,使得知识产权专章更加具体、相互衔接。

(2)在保护标准上,CPTPP 知识产权章节的部分内容超出了当前国际通行的保护标准,大幅提升了知识产权国际保护水平。例如,在商标和地理标志保护标准方面,CPTPP 明确商标保护的范围,厘清其与地理标准、国名、域名之间的保护边界,具体表现在:①扩大商标保护范围,允许声音和气味申请商标注册;②加强对驰名商标的保护力度,降低驰名商标的认定标准,保护范畴从同类保护扩大到跨类保护,并且对驰名商标的认定不以注册为要件;③强化地理标志保护,允许在多种立法模式下进行地理标志保护,明确地理标志的认证程序;④加强对域名和国名的保护,确立国名争议的法律救济程序和手段。在农业化学产品和药品的保护力度上,CPTPP 力图统一专利制度的实体和程序性规则,弥补农业化学产品和药品保护力度的不足,具体表现:①细化专利申请、审查程序,扩大宽限期至 12 个月,将专利撤销事由扩大至违反公共利益或"反竞争"等滥用专利权的行为;②加强对农业化学产品的保护,对新产品未披露的实验和其他数据给予 10 年保护期;③明确专利链接制度,若第三方依赖已上市药品的安全性和有效性数据提请相关机构审批时,专利权人享有知情权,并有充足时间和机会寻求救济措施;④升级外观设计保护标准,允许对产品的局部设计进行保护。在著作权方面,相对于 TRIPS,CPTPP 呈现出较大程度的扩张,具体表现在:①扩大传统复制权的保护范围。CPTPP 明确规定复制权延及以任何方式或形式进行的、包括以电子方式进行的复制行为,将临时或短暂的复制行为纳入复制权控制范畴。②扩张权利人主体。除作者、表演者和录音制品制作者外,还将与这些主体有任何利益关系的继承人也纳入著作财产权的主体范围。③扩大向公众传播权的保护范围。明确规定向公众传播权包括向公众提供权,以及"交互式传播"的行为,并将该权利的客体扩大至所有类型的作品。④严格的执法程序和法律责任。在知识产权执法方面,CPTPP 制定了详细的规定,特别是在执法中涉及的民事损害赔偿、边境措施适用、降低刑事入罪门槛等关键问题上进行了澄清,具体表现在:①明确知识产权民事侵权救济标准和救济措施,内容涉及具体的救济方式、赔偿数额的计算、诉讼费用的承担、侵权工具与货物的处理、法定赔偿等。②临时措施和边境措施更为严格,给予缔约方极其宽松的知识产权执法裁量自由,并且将边境措施适用在进出口和过境各个环节,加大了海关的知识产权执法力度。③明确刑事措施,将著作权和商标权领域应纳入刑事处罚范畴的违法行为进行了扩展,将侵犯商业秘密行为纳入刑事范围,提高了商业秘密的保护层级。

综上所述,RCEP 生效后,其知识产权规则在当时中国所签署的所有协定中提供了最高水平的知识产权国际保护,而 CPTPP 知识产权规则的保护水平更是高于 RCEP,具有较大的前瞻性,在我国申请加入 CPTPP 的背景下,这些规则对我国来说具有一定的挑战性。从统筹国内法治与涉外法治角度看,应考虑对照 CPTPP 的知识产权规则,提升中国知识产权保护的水平和能力。

四、知识产权国际保护的例外

应该指出,知识产权保护如同其他权利一样,是相对的,不是绝对的,应该有合理的、适当的限制。无论是 TRIPS 还是自贸协定均规定,受保护的知识产权作为排他性的权利,受制于一些限制和例外,这些限制和例外的目的是在知识产权权利人和知识产权的使用人的合法利益之间保持平衡。下面以 TRIPS 为例阐释知识产权国际保护的例外。

(一)知识产权国际保护的三种例外情形

1. 对权利合理限制的情形。TRIPS 第 8 条第 2 款提出了 WTO 成员方可采取适当措施防止权利持有人滥用知识产权的权利限制原则。更为重要的是,在 TRIPS 第 13 条、第 16 条第 1 款、第 17 条、第 24 条第 8 款、第 26 条第 2 款、第 30 条中分别提出对版权、商标权、工业品外观设计权和发明专利权给予一定的权利限制的前提条件。

2. 基于公共秩序、社会公德、公众健康的例外。保护公共秩序、社会公德、公众健康原则是立法、执法的一条基本原则,有人也称之为负面权利限制原则。在 TRIPS 第 8 条第 1 款、第 27 条第 2 款等条款中又进一步作了明确和强调。

3. 国家安全例外。一般认为,成员方实施的基于国家基本安全利益考虑的行动不受 TRIPS 的限制。

本部分只探讨第一种情形的例外,即 TRIPS 规定的例外。TRIPS 规定的例外条款,可分为概括性例外条款和列举性例外条款。前者如适用于著作权的第 13 条,适用于商标的第 17 条,适用于工业设计的第 26 条第 2 款,适用于专利的第 30 条;后者如适用于地理标志的第 24 条第 4~9 款,适用于集成电路布图设计的第 35 条。列举性例外条款的内容通常较为明确,在知识产权国际保护实践中较易被掌握;相比之下,概括性例外条款难以掌握,易引起争议。本部分着重介绍概括性例外限制。

(二)概括性例外限制的三步原则

出于公共利益考虑,很多国家的版权法往往包含限制著作权人对作品的专有权利的规定,被称为 limitations and exceptions;TRIPS 第 13 条则为其成员的这些限制设定了所谓的"三步原则"(three-step-test),以限定国家在设定这些限制方面的权力,目的是在著作权人的利益和公共利益之间取得平衡。各成员对专有权作出的任何限制或例外规定应限于某些特殊的情况,且不会与对作品的正常利用相冲突,也不会不合理地损害权利持有人的合法利益。

具体而言,"三步原则"可分解为:(1)仅为有限的例外,或是限于特定特殊情况;(2)并未不合理地与该知识产权的正常利用相冲突;(3)在考虑第三人的合法利益后,并未不合理地损害知识产权权利人的合法利益。

然而,这个"三步原则"不够清晰,操作性不强。有赖于 WTO 专家组对 TRIPS 第 13 条的解释。在《美国版权法》第 110 条第 5 项规定中,[1] 专家组的裁决报告将第二要件中的"与该知识产权的正常利用相冲突",解释为权利人就该知识产权正常而言可获得经济利益的利用方式,因系争权利限制所产生的市场竞争,而受到相当程度的减损;将第三要件中的"不合理地损害知识产权权利人的合法利益",解释为系争权利限制已经或可能造成权利人合法或可正当化收入的不合理减损。第二要件虽然具体化为主要禁止可商业化实施或收取许可费的知识产权利用方式受到限制,然而在本案实际判断上,第二要件与第三要件同样以权利人的经济利益是否蒙受相当程度的减损作为判断标准。

WTO 专家组的解释,有助于廓清"三步原则"的内涵。WTO 争端解决机构的裁决作为准判例法,将对国际版权法律制度产生影响,即对概括性例外条款的解释趋于严格。对于第一要件"有限的例外"或"特定特殊情形",裁决报告一致拒绝宽泛的解释,对于系争权利仅有少量减损的狭窄例外,要求系争限制必须是"清楚定义的",而且"范围与幅度均属狭窄"。对于第二个要件的核心概念"正常利用",裁决报告认为此概念必须就系争知识产权的各项专属权利逐一加以认定,并进一步解释为排除各种足以实质减少权利人专属排他性权利所带来的经济利益的市场竞争,对知识产权的各种商业利用,

---

[1] Panel Report, US – Section 110 (5) Copyright Act, WT/DS160/R.

几乎都可被认为是正常利用的一环。依照这一判断标准,任何 WTO 成员的权利例外限制,只要缩减系争知识产权任何一项专属排他性权利,因而相当程度损及权利人在此方面原本可能享有的经济利益,就很有可能被认为与其正常利用相冲突。

相比之下,适用于著作权保护例外的第 13 条较为严苛,第二要件不考虑与该著作权正常利用相冲突,是否具有不合理性,而第三要件略去了将第三人合法利益纳入考虑的内容。适用于商标保护例外的第 17 条较为温和,仅有有限例外和考虑商标权人与第三人合法利益两个要件,以描述性合理使用作为有限例外的范例。

(三) TRIPS 的公共健康例外

进入 21 世纪,发展中成员、最不发达成员的公共健康问题,特别是艾滋病、肺结核、疟疾等流行病对整个人类健康造成了严重的威胁,受到了国际社会越来越深切的关注。尽管 TRIPS 第 31 条允许成员通过强制许可解决本国公共健康危机,但由于该项下的强制许可药品只能主要供应本国市场,且实施成本、实施条件高,又极易招致专利权人及所属国家的抵制,因此,实践中强制许可并不能得以顺利实施。此外,没有制药能力也没有能力实施强制许可生产仿制药的发展中成员、最不发达成员也无法从其他实施强制许可的成员进口急需药品。因此,TRIPS 中专利强制许可规则成了发展中成员特别是最不发达成员解决公共健康危机的严重障碍,TRIPS 与公共健康的冲突成为南北矛盾的焦点之一。为了解决日益严重的公共健康危机,发展中成员,特别是最不发达成员与发达成员进行了多年的艰苦曲折谈判。2005 年 12 月 6 日,WTO 总理事会在《TRIPS 与公共健康多哈宣言》(2001 年 11 月)与《关于 TRIPS 协议和公共健康多哈宣言第六段的执行决议》(2003 年 8 月)的基础上,通过了《修改〈与贸易有关的知识产权协定〉议定书》。该议定书的具体内容由两部分组成:第一部分是 TRIPS 第 31 条后增加一条作为第 31 条之二;第二部分是该增加条款的附件,列入第 73 条。根据修订后的 TRIPS,在符合有关条件的前提下,WTO 成员可以授予其国内企业生产并出口特定专利药品的强制许可,不再局限于供应国内市场。

2020 年年初,新冠疫情大流行危机再次凸显了 TRIPS 与公共健康的冲突。2020 年 10 月,印度、南非联合提案,要求在有关新冠的预防、遏制或治疗方面,在一定年限内豁免成员在 TRIPS 项下的广泛保护义务。经过近两年艰苦的博弈,2022 年 6 月的 WTO 第 12 届部长级会议(MC12)通过了《关于〈与贸易有关的知识产权协定〉的部长决定》和《关于世界贸易组织新冠肺炎疫情应对和未来疫情应对准备的部长宣言》。该决定将使发展中国家的企业更容易在有限的情况下制造和出口已获得专利的新冠疫苗,如果得到本国政府的批准,则无须征得专利持有人的同意。该决定还为成员方是否同意将决定扩大至新冠诊断和治疗领域设置了最后期限。

中方积极参与 WTO 框架下关于新冠疫苗知识产权豁免议题磋商,强调对发展中成员疫苗可及性和可负担性问题的支持和关注。在 MC12 谈判关键阶段,作为新冠疫苗生产和供应大国,中国主动宣布不寻求享受豁免决定所提供的灵活性,为前述决定的达成作出了重要贡献,彰显了大国担当。

———— **思考题** ————

1. 请谈谈先行知识产权协定(公约)的布局及 WIPO 管辖的公约与 TRIPS 之间的关系。
2. 结合中美知识产权案例,基于 TRIPS 相关的例外制度设计,谈谈如何理解 TRIPS 中的灵活性。

第六部分
国际投资法的晚近发展

专题八

国际投资法的晚近发展

▢ 教学目标

国际投资法以前所未有的速度在发生变化,从政治经济学的角度,这是以美国为代表的发达国家寻求投资自由化的持续努力的结果,也是随着地缘政治变化和与中国等国展开战略竞争背景下寻求国家安全(包括供应链安全)的结果,在规则层面集中体现在国家对外国投资的规制权力和传统的投资者权利之间的冲突上以及传统的投资者—国家争端解决机制的改革上。本专题主要为了让同学们了解国际投资法的新发展。

▢ 研究背景

国际投资法是国家间为促进和保护国际投资而确立国家相互间权利和义务的法律规则的总和。从"二战"后直到20世纪80年代,在国际投资领域,发达国家主要作为资本输出国,而发展中国家则主要是资本输入国,由于利益各异,资本输出国和资本输入国就国际投资制度和规则存在很大分歧,发达国家总是强调投资者及其投资的保护,忽视发展中东道国的权益,发展中国家则在利用外资的同时强调维护其主权和利益。因此长期以来在国际上很难就投资保护的实体性规则达成共识。然而,20世纪90年代以后,特别是2008年全球金融危机爆发后,世界经济格局发生深刻变化,发展中国家的经济实力上升,引领世界经济增长的核心不再仅限于传统的发达国家,新兴经济体已开始崛起于世界经济舞台,其对外投资迅速增加。世界投资格局和投资流动模式的变化迫使世界主要国家重新审视其在直接投资活动中的利益,进而改变其在国际投资法制定中的立场,更新、补充和完善国际投资法的内容。随着经济全球化的发展以及新兴国家和发展中国家经济实力的提升,国际投资局势也发生了变化,发达国家与许多新兴国家和发展中国家既是资本输入国也是资本输出国,其关于国际投资规则的立场和态度也在发生变化。因此,国际投资秩序也处于变革之中。

◻ **研究与思考方向**

1. 如何理解投资者—国家之间的投资争端解决机制改革引起整个国际投资法大厦的变动。

2. 从国内法与国际法之间的互动观察中国外商投资制度的嬗变。

◻ **文献综述**

关于国际投资法晚近发展的现有研究主要集中在以下三个方面：关于国际投资法发展的综合性概述，国际投资规则载体、内容与价值的发展以及国际投资法发展背景下的中国因应。

（一）关于国际投资法发展的综合性概述

在众多国际投资法著作中，作者大多会对国际投资法的晚近发展进行概述。以姚梅镇、陈安、余劲松、沈四宝、韩立余、王贵国、史晓丽、祁欢、梁开银和谢晓彬等为代表的学者们都在各自的《国际投资法》[1]著作中专设章节介绍了有关国际投资法晚近发展的内容，反映了不同时期国际投资法发展的动向，各有其侧重与价值。

此外，以下几部著作对国际投资法的晚近发展进行了比较翔实与全面的梳理：

陈安的《国际投资法的新发展与中国双边投资条约的新实践》[2]一书秉持国际问题意识与中国问题意识，以发展的眼光围绕国际投资条约的新发展、国际投资仲裁的新发展以及中国双边投资条约的新实践这三个视角，对体现这些重大抉择的主要前沿问题进行了细致的研究。

卢进勇、余劲松、齐春生的《国际投资条约与协定新论》[3]一书从国际投资法的最新发展动向出发，以美国和加拿大的双边投资协定（BITs）为范本探讨了双边投资协定的发展状况及其投资保护和投资促进两大功能等问题，比较分析了较有代表性的区域投资协定，并对世界贸易组织相关协议的规范进行研究，提出多边投资协定的必要性与前景。结合以上内容，本书还对我国国际投资协定的发展提出了保护我国海外投资、积极参与自由贸易区投资条款的研究和谈判等建议。

Karl Sauvant 与 Federico Ortino 合著的 *Improving the International Investment Law and*

---

[1] 姚梅镇：《国际投资法》（第3版），武汉大学出版社2011年版，第280~328页；陈安主编：《国际投资法》，厦门特区鹭江出版社1988年版，第16~17页；余劲松：《国际投资法》（第6版），法律出版社2022年版，第272~283页；沈四宝：《国际投资法》，中国对外经济贸易大学出版社1990年版；韩立余主编：《国际投资法》，中国人民大学出版社2018年版，第168~190页；王贵国：《国际投资法：中国视角》，吴灏文译，法律出版社2022年版，第438~478页；史晓丽、祁欢：《国际投资法》，中国政法大学出版社2009年版，第325~420页；梁开银、谢晓彬：《国际投资法》，法律出版社2022年版，第728~1042页。

[2] 陈安主编：《国际投资法的新发展与中国双边投资条约的新实践》，复旦大学出版社2007年版，第1页。

[3] 卢进勇、余劲松、齐春生主编：《国际投资条约与协定新论》，人民出版社2007年版，第99~267页。

Policy Regime: Options for the Future[1]反思了国际投资法律和政策机制的现状,从条约目的、调整范围、实体规定、投资仲裁、法律渊源和制度性架构方面探讨了国际投资法领域的一些关键问题;不仅着眼于双边投资协定,从而从更全面的视角审视国际投资法渊源,关注相关的习惯国际法、仲裁庭裁决以及软法,还从新兴市场、非传统投资者、政府对外国直接投资的观念等视角检视了国际投资法的发展与变化趋势。张生的《国际投资法制发展的反思与抉择——评卡尔·萨望和斐德瑞卡·奥尔蒂诺的〈完善国际投资法律和政策体制:未来路径选择〉》[2]一文是对本书内容的概述、补充与发展。

银红武所著的《中国双边投资条约的演进:以国际投资法趋同化为背景》[3]一书详细介绍了国际投资法的历史发展、碎片化特征以及创建投资保护普遍性制度的国际投资法趋同化趋势,对中国双边投资条约的源起、文本结构与总体模式演进以及未来谈判等内容进行了详细的概述。桑百川、靳朝晖《国际直接投资规则变迁与对策》[4]全书针对国际投资协定的新特点、新发展和新变化进行了概述,并对建立多边投资协定的前景作出了分析。

(二)国际投资规则载体、内容与价值的发展

当前关于国际投资载体发展现状的研究较为充分。就双边投资协定而言,王光、卢进勇的《中国双边投资协定:历史演进与发展趋势》[5]一文概述了中国双边投资协定实践的历史演进过程并对其阶段特征进行了总结,揭示了以双边投资协定与区域自由贸易协定两种形式为载体的国际投资规则将会逐步融合、标准也逐步提高的发展趋势。

晚近以来国际直接投资的迅速发展,催生了除双边投资协定外国际投资规则载体尤其是区域投资贸易协定的演进。Simon Lester、Bryan Mercuric 和 Lorand Bartel 合著的 *Bilateral and Regional Trade Agreements*[6]一书以典型的美式双边投资协定和区域投资协定为范式,对比研究了各协定间的焦点议题并从法律的视角提出建议。温先涛在《〈中国投资保护协定范本〉(草案)论稿》[7]一文中,从《北美自由贸易协定》(NAFTA)

---

[1] Karl Sauvant & Federico Ortino, *Improving the International Investment Law and Policy Regime: Options for the Future*, Publication of the Ministry for Foreign Affairs of Finland, 2014.

[2] 张生:《国际投资法制发展的反思与抉择——评卡尔·萨望和斐德瑞卡·奥尔蒂诺的〈完善国际投资法律和政策体制:未来路径选择〉》,载《国际法研究》2015年第1期。

[3] 银红武:《中国双边投资条约的演进:以国际投资法趋同化为背景》,中国政法大学出版社2017年版,第5~98、291页。

[4] 桑百川、靳朝晖:《国际直接投资规则变迁与对策》,对外经济贸易大学出版社2015年版,第65~96页。

[5] 王光、卢进勇:《中国双边投资协定:历史演进与发展趋势》,载《国际经济合作》2019年第2期。

[6] Simon Lester, Bryan Mercurio & Lorand Bartel, *Bilateral and Regional Trade Agreements: Case Studies* (*Volume 2*), Cambridge University Press, 2016.

[7] 温先涛:《〈中国投资保护协定范本〉(草案)论稿(一)》,载《国际经济法学刊》2011年第4期;温先涛:《〈中国投资保护协定范本〉(草案)论稿(二)》,载《国际经济法学刊》2012年第1期;温先涛:《〈中国投资保护协定范本〉(草案)论稿(三)》,载《国际经济法学刊》2012年第2期。鉴于全文篇幅很长,共分三期刊登。

投资条款的基本框架入手，分析了 NAFTA 运行中的主要争议及其改革，概括了 NAFTA 可供未来的双边投资协定及区域贸易协定吸取的经验教训。陈咏梅的《美国 FTA 范式探略》[1]一文则分析了美国的自由贸易协定范式战略，提出美国"超 WTO 范式"的出现及中国的应对。李玉梅、桑百川的《国际投资规则比较、趋势与中国对策》[2]一文分别比较了双边投资协定、区域贸易协定与多边投资协定的发展及局限，并指明国际投资条款的发展趋势并依此分析我国国际投资协议谈判的困境与对策。

国际投资规则内容方面的相关研究可见于许多文章。刘笋在《跨国投资国际法制的晚近发展》[3]一文中揭示了国际投资法发展的现状与本质：晚近美式双边投资条约和一些多边投资立法极力弱化东道国外资管辖权；同时西方法学界试图将一些自由化性质的投资条约法上升到习惯国际法规则高度，以永久性确立有利于发达资本输出国的国际法律秩序。在这一背景下，该文认为尊重东道国外资管辖权、保障发展中国家参与权及规范跨国公司行为仍是时代需求。这篇文章发表于 21 世纪初，即便部分内容已无法与当前的国际投资现实相合，但仍是对国际投资规则内容发展时代性面向的总结，是对梳理国际投资法内涵发展脉络较有参考价值的文本。

如何在投资者和东道国权益保护之间寻求合理的平衡，是国际投资领域关注的热点问题之一，余劲松在《国际投资条约仲裁中投资者与东道国权益保护平衡问题研究》[4]一文中对设置及适用必要的例外条款，改进投资条约中公平公正待遇、最惠国待遇、保护伞等核心条款的规定，完善投资条约仲裁的程序规则等举措提出了深刻见解。在《后危机时代国际投资法的转型——兼谈中国的状况》[5]一文中，韩秀丽则通过对国际投资条约内容的新发展以及国际投资条约仲裁实践的再调整阐释了国际投资法转型的表现与原因；并认为中国在考虑制定新的高水平 BIT 范本时，应当审慎平衡投资者和国家利益。

然而，肖军的《国际投资条约的复杂化与多元化——晚近国际投资条约发展趋势之辨及我国应对策略》[6]一文反驳了上述学者归纳的国际投资条约发展试图在投资保护与东道国公共利益间实现平衡或者再平衡的"复杂化"趋势；而通过对我国投资条约的考察，得出多元化才是对国际投资条约现状的准确界定，并为我国确立有关国际投资条约问题的立场提供了独特的思路。

---

[1] 陈咏梅：《美国 FTA 范式探略》，载《现代法学》2012 年第 5 期。
[2] 李玉梅、桑百川：《国际投资规则比较、趋势与中国对策》，载《经济社会体制比较》2014 年第 1 期。
[3] 刘笋：《跨国投资国际法制的晚近发展》，载《法学研究》2001 年第 5 期。
[4] 余劲松：《国际投资条约仲裁中投资者与东道国权益保护平衡问题研究》，载《中国法学》2011 年第 2 期。
[5] 韩秀丽：《后危机时代国际投资法的转型——兼谈中国的状况》，载《厦门大学学报（哲学社会科学版）》2012 年第 6 期。
[6] 肖军：《国际投资条约的复杂化与多元化——晚近国际投资条约发展趋势之辨及我国应对策略》，载《法学评论》2014 年第 5 期。

在争端解决方面,在《晚近国际投资争端解决实践之评判:"全球治理"理论的引入》[1]一文中,徐崇利认为国际投资争端的性质已由以往的"政治性争端"转变为现行的"管理性争端",传统"商事仲裁"理论和"国内公法"理论存在不同程度的缺失,需要引入视野更为宽广的"全球治理"理论予以弥补。

就国际投资规则中蕴藏的价值发展与变迁,现有研究也比较深入。张庆麟、余海鸥在《论社会责任投资与国际投资法的新发展》[2]一文中认为,随着全球化和全球性公共问题的出现,国际投资法出现了从注重投资保护向强调利益平衡与发展维度转变的新发展,新兴的社会责任投资考虑社会、环境、公司治理和道德等因素,其投资策略本身强调利益平衡、注重发展维度,符合晚近国际投资法新发展的要求。在《国际投资法的社会化趋势探析》[3]一文中,王鹏紧扣国际投资法社会化这一关键趋势,指出国际投资活动在具有广泛社会嵌入性的同时,又可能对东道国治理具有溢出效应或挤出效应;国际投资法体系面临从手段到目的、从消极到积极的第二次系统性调整;其社会化趋势从规范落实为具体规则、从理念转化为具体制度,仍有赖于处在国际投资法体系中心的大国的示范。漆彤、吴放在《论国际投资条约价值多元化之发展趋势》[4]一文中指出,在资本流动方向趋于多元化以及全球治理理念兴起的背景下,国际投资法开始逐渐关注对东道国国家利益、环境和可持续发展与劳工社会利益等非投资价值的保护。

在《国际法的人本化趋势与国际投资法的革新》[5]一文中,刘笋以国际投资法领域最为国际社会诟病的环保与人权问题为重点,分析了国际环境法倡导的环境保护及可持续发展理念和原则,人权法关注的生命健康权、劳工权等权利和维护等,并指出目前既已出现的相关改革实践和中国对策。具体而言,如在环境保护问题上,韩秀丽所著的《中国海外投资的环境保护问题研究:国际投资法视角》[6]一书便结合了晚近国际投资协定文本和仲裁实践的发展趋势,联系典型实例,专门讨论了中国海外投资环境的保护问题。

(三)国际投资法发展背景下的中国因应

余劲松的《论国际投资法的晚近发展》[7]一文撰于20世纪90年代末,指出了国际投资法发展的总体趋势是减少对外国投资的限制,同时加强对外资的保护;该文文末还提出应制定一部统一的外资法典代替以三资企业法为主体的外资法群。在《中国发展

---

[1] 徐崇利:《晚近国际投资争端解决实践之评判:"全球治理"理论的引入》,载《法学家》2010年第3期。
[2] 张庆麟、余海鸥:《论社会责任投资与国际投资法的新发展》,载《武大国际法评论》2015年第1期。
[3] 王鹏:《国际投资法的社会化趋势探析》,载《西安交通大学学报(社会科学版)》2016年第4期。
[4] 漆彤、吴放:《论国际投资条约价值多元化之发展趋势》,载《福建江夏学院学报》2014年第2期。
[5] 刘笋:《国际法的人本化趋势与国际投资法的革新》,载《法学研究》2011年第4期。
[6] 韩秀丽:《中国海外投资的环境保护问题研究:国际投资法视角》,法律出版社2013年版,第54、128、180页。
[7] 余劲松:《论国际投资法的晚近发展》,载《法学评论》1997年第6期。

过程中的外资准入阶段国民待遇问题》[1]一文中,余劲松认为区域合作是国际经济合作中最引人注目的发展之一,美式区域贸易协定推行的投资准入阶段的国民待遇将会成为未来的谈判重点,这一点也得到了实践的应验。随着国际投资法近20年的发展,2019年通过的《外商投资法》是对上述文章展望的回应,孔庆江等的《〈中华人民共和国外商投资法〉解读》[2]一书也对以上文章的部分观点作了呼应与印证,该书指出,《外商投资法》内容的确定是在由投资自由化转向平衡投资者权利与本国政府监管空间立场的国际投资法晚近发展背景之下,厘清了《外商投资法》与国际投资协定的关系。

詹晓宁、欧阳永福在《国际投资体制改革及中国的对策》[3]一文中分析了当前国际投资面临的挑战,认为国际投资体制改革的新趋势应当是:实现投资者和东道国权利义务的平衡,解决发展问题尤其是促进解决发展中国家的可持续发展问题,理顺投资体制及其运行的机制;并在现有改革路径中提出了中国通过多边机制推进改革,同时进行高标准的双边投资协定谈判等相应对策。金成华在《国际投资立法发展现状与展望》[4]一书中着重围绕多边投资协定,梳理了国际投资法的历史发展、症结所在,并就自由贸易协定中的投资安排作了具体分析,一并探讨了国际投资立法与我国外商投资立法的关系。

关于对多边机制的展望以及中国的参与,张庆麟的《国际投资法问题专论》[5]一书有着比较详细的论述。该书不仅从一般角度上阐释了当代国际多边投资立法的发展趋势,还从WTO多边贸易制度、区域投资规则等角度探讨了多边投资的发展趋势,对中国参与多边投资条约谈判具有一定的指导意义;同时,结合了经济全球化和投资自由化的背景,对我国投资法律制度的应对和调整进行了详细的论证。张庆麟在《论晚近南北国家在国际投资法重大议题上的不同进路》[6]一文中则是结合国际投资条约实践,对比分析了发展中国家与发达国家在国际投资法中对规制权需求的不同侧重、对投资准入自由化的不同选择、对公平公正待遇的不同要求、对间接征收的不同认定以及对改革投资者与国家间争议解决机制的不同主张,同样得出了在国际投资法晚近发展之下,解决这些重大议题的最有效的途径是在多边层面协调争议、达成共识的结论。

一、从国际投资规则载体看国际投资法的晚近发展趋势

正像国际法的规则主要由习惯国际法和条约规则组成一样,国际投资法规则也主要由习惯和条约规则组成,只是相对于一般国际法,国际投资法的习惯规则因其已被纳

---

[1] 余劲松:《中国发展过程中的外资准入阶段国民待遇问题》,载《法学家》2004年第6期。
[2] 孔庆江等:《〈中华人民共和国外商投资法〉解读》,法律出版社2019年版,第1~22页。
[3] 詹晓宁、欧阳永福:《国际投资体制改革及中国的对策》,载《国际经济合作》2014年第7期。
[4] 金成华:《国际投资立法发展现状与展望》,中国法制出版社2009年版,第17、118、172、299页。
[5] 张庆麟主编:《国际投资法问题专论》,武汉大学出版社2007年版,第19~178页。
[6] 张庆麟:《论晚近南北国家在国际投资法重大议题上的不同进路》,载《现代法学》2020年第3期。

入国际投资协定而不引人注目。本书也以国际条约为例审视国际投资法规则。

以国际条约形式出现的国际投资法始于20世纪50年代德国与巴基斯坦订立的双边投资协定。经过60多年的发展演变,国际投资法逐渐形成了当前的缺乏综合性全球多边投资协定,而以双边投资协定、包含投资章节的自由贸易协定为主体,并夹杂少量综合性的区域投资协定的规则体系。截至2020年年底,全球共缔结了3360项国际投资协定,其中双边投资协定已经达到2943项,具有投资章节的自贸协定有417项。[1]

双边投资协定是资本输出国与资本输入国之间签订的以保护和促进国际投资与维护健康的投资环境为目的的专门性投资协定,其核心内容一直是国际投资规则的主流,典型双边投资协定的条款主要涉及外国投资的范围和定义,准入和开业,开业后国民待遇、最惠国待遇、公平和平等待遇,征收后的补偿,资金的自由转移及资本和利润的汇回以及国家和国家之间、国家与投资者之间的争端解决。从历史来看,双边投资协定的主流模式有两种:美式双边投资协定(美式BIT)和欧式双边投资协定(欧式BIT)。在20世纪80年代以前,双边投资协定以欧式BIT为主流模式,以强调投资保护为中心目标。20世纪80年代尤其是90年代以后,追求投资自由化成为国际投资立法的新目标,其主流模式为美式BIT。与欧式BIT相比,美式BIT的门槛更高,提倡投资准入自由化,对外资的保护要求更高。

具有投资章节的自贸协定包括包含投资章节的双边自贸协定和少数大型区域投资贸易协定。国际直接投资的迅速发展,迫切需要一个全面的具有普遍性的法律约束力的国际投资法,作为普遍性的国际投资法的一种过渡形式,近年来大型区域投资贸易协定的发展空前活跃。近年来,具有代表性的大型区域投资贸易协定有从NAFTA演变而来的USMCA,从TPP演变而来的CPTPP,东盟十国及其自贸伙伴国订立的RCEP,英国脱欧后与欧盟签署的《欧盟—英国贸易与合作协定》等。无论是前者还是后者,在内容上与前述的双边投资协定的差异不大,主要涉及投资政策自由化、待遇标准、与外国投资者经营相关的问题(如不正当支付、限制性商业惯例、信息公开、转移定价、环境保护、就业和劳资关系等)等。

综合性的区域投资协定是多个国家旨在协调相互之间的投资活动而签订的区域性条约,中国与欧盟订立的《中欧全面投资协定》(CAI)属于此类协定。从内容上,区域投资协定与双边投资协定相同。

这里需要指出的是,尽管从数量上看,在诸多国际投资协定的布局与其数量上,双边投资协定仍占主导地位,具有投资章节的双边自贸协定次之,但从经济意义上看,区域投资贸易协定和综合性的区域投资协定正在成为国际投资规则体系的关注重点。事实上,包含投资章节的大型区域贸易协定,或区域投资贸易协定已成为当前国际投资规则的主导创制形式。大型区域投资贸易协定是在广泛的国家群体间签署的经济协定,

---

[1] UNCTAD,《2021年世界投资报告》。

投资虽然只是其中所涉及的数个主题之一,但其作为整体具有强大的影响力;而且为国际投资规则走向多边化奠定了现实基础,昭示着未来的国际投资法的发展方向。

近年来不断涌现的大型区域投资贸易协定,将对未来的国际投资法产生重大影响。理由如下。

首先,其源于在投资领域举足轻重的美国,"二战"后的美国不仅一直是最大的资本输出国,而且在国际投资规则的演进中一直起着引领作用,以1992年的NAFTA为代表,美国是大型区域投资贸易协定的始作俑者。无论是2008年美国开始主导推进的TPP,还是2013年与欧盟启动的TTIP,或是在NAFTA基础上修订完成的USMCA,均代表了高标准的大型区域投资贸易协定的最高标准。

其次,在美式大型区域投资贸易协定的辐射和挤压的影响下,其他的主要投资大国如欧盟和中国也纷纷谈判缔结区域投资贸易协定。例如,欧盟已缔结了欧盟—新加坡自贸协定、欧盟—韩国自贸协定、欧盟—越南自贸协定、欧盟与脱欧后的英国缔结了欧洲—英国贸易协定,这些均属于大型区域投资贸易协定。再如,中国于2004年与东盟缔结了自贸框架协定,于2012年与日本、韩国缔结三边投资协定,于2020年与日本、韩国、东盟、澳大利亚、新西兰签署了RCEP,还于2021年申请加入从TPP修订而来的CPTPP。另外,中国与欧盟在2020年年底签署了CHI,中国与日本、韩国的自贸协定谈判有望完成。从这些国家(地区)的行为不难看出,国际投资规则形成的侧重点正从双边向区域转移,新签订的双边投资协定的数量继续减少,区域投资贸易协定正在逐步取代双边投资协定,越来越多的国家强调在区域层面制定投资规则。

最后,根据UNCTAD《世界投资报告》对新近部分大型区域性协定——《非洲大陆自贸区的可持续投资议定书》、《欧盟—英国贸易与合作协定》、CAI、RCEP、USMCA和CPTPP的研究,所有协定都存在共同的演进方向,如倾向于引入改革导向的条款,旨在确保投资保护和国家监管权之间的平衡。更有甚者,新近签署的大型区域投资贸易协定和区域投资协定纳入了UNCTAD《可持续发展投资政策框架》和UNCTAD《国际投资制度改革方案》中提出的诸多国际投资协定改革内容。这一切凸显了大型区域投资贸易协定和区域投资协定将作为未来国际投资法的载体。

二、从国际投资规则内容看国际投资法的晚近发展趋势

近几十年来,国际投资法出现了如下发展新趋势。

(一)投资议题强化投资自由化

与早期国际投资协定侧重于投资促进和保护相比,晚近区域投资贸易协定发展的一个主要特点在于促进投资自由化和便利化,即强调投资市场准入的扩大和与之相适应的国内监管框架。进入21世纪以来,投资自由化议题成为许多国家在建立区域经济一体化组织的过程中所期望的基本议题,越来越多的国家开始在投资谈判中采用美国投资协定范式的负面清单的准入前国民待遇条款,即原则上在所有领域的外资享有不低于东道国内资的投资自由,特殊领域可以明确列出例外。

目前,在亚太地区诸多国家所签署的区域投资贸易协定中,投资条款都包含"准入前国民待遇"和"负面清单"。其中既有美国、加拿大、澳大利亚、新西兰、日本、新加坡、韩国等发达国家,也有泰国、马来西亚、印尼、菲律宾、文莱、越南、墨西哥、智利、秘鲁等发展中国家。一直很谨慎的印度也同意在与新加坡、韩国和日本谈判的自由贸易区协定中纳入"准入前国民待遇",并考虑采取"负面清单"。巴西也接受了这一原则。

美国 BIT(2012)范本确立了"准入前国民待遇+负面清单"的模式,在 2013 年 7 月第五次中美战略与经济对话中,中国同意在双边投资协议谈判中采用"准入前国民待遇和负面清单"原则,中美投资协定谈判中最大的障碍得以消除。

(二)投资规则上扩大东道国政府的监管权力和政策空间

发展中国家和发达国家在世界投资格局中地位的变化,使国际投资规则的内容由过去强调跨国公司权利和东道国政府的责任向平衡东道国和跨国公司的权利和责任的方向转变。尤其是面对新兴经济体对外投资的迅速崛起,美欧等发达国家在国际投资规则制定中的立场开始从如何片面促进对外投资自由化转向平衡投资者权利与本国政府监管空间,更多关注新兴经济体投资对本国经济发展的影响问题,努力将新兴经济体对外投资活动纳入国际投资规则的约束范围内,针对新兴国家跨国公司的对外投资特点,设计补充新的投资规则。在规则内容上完善扩大政府的监管权力和政策空间,增加政府在外资准入、经营要求等方面的内容,扩大政府对投资的监管权力和政策空间,以约束和引导新兴经济体跨国公司投资符合国际投资规则的要求,更好地为本国经济服务;在规则设计上,重点关注新兴经济体对其战略行业并购引发的国家安全考虑。

在扩大东道国监管空间的措施方面,主要引入一些例外条款,如引入"根本安全利益例外"条款、一般性例外措施、金融审慎措施例外等社会维度议题在国际投资规则中凸显,或将一些对本国较为敏感的领域从协定适用范围中排除,如国债、金融、税收、证券投资等,这些例外条款的出现用以扩大东道国政府的政策监管范围,扩大东道国的监管权力。例如,"根本安全利益例外"条款正在成为国际投资协定的一个新的发展趋势,其自我判断性质和不可仲裁性为国家保护其根本利益而采取必要行动留出充分空间,避免国家因担心违背国际投资协定有关条款而产生"监管恐惧"不敢采取行动的情况,例外条款是在经济全球化和金融危机背景下,各国为应对各种突发重大事件,保护本国国民利益的重要"安全阀"。

(三)环境问题和劳工标准问题成为国际投资规则的新内容

随着经济全球化的深入发展,国际直接投资活动与贸易活动、金融活动的联系更加紧密,相互影响,这必然要求国际投资规则体系具有多层面性,其内容不仅包括投资问题,而且越来越多地涉及服务贸易、知识产权、竞争政策、产业政策、就业政策、环境保护以及劳工权益等。其中,环境问题和劳工标准问题日益受到关注,随着全球双边投资规则的重新磋商和制定,越来越多的规则中开始体现这些议题,并出现一些新的发展,如印度—韩国自由贸易协定(2009)明确列出一般例外的环境措施,加拿大—秘鲁自由贸易协定(2008)进一步明确增强多边环境协定和国际投资规则的一致性,比利时—卢森堡—哥伦比亚自由贸易区(2009)将与环境有关的争端排除在国际投资争端解决中心之外。而且随着发展中国家经济实力的提高,越来越多的发展中国家在缔结国际投资协定时开始接受环境与劳工标准规则。

三、投资者—国家争端解决机制改革

投资者—国家争端解决机制(ISDS)改革是当下和未来一段时间国际投资法发展的重要方面,决定着未来国际投资法发展的方向。

一般认为,国际投资协定对于促进国际资金流动,促进世界经济发展发挥着重要作用,而其中用以定分止争的争端解决机制,尤其是 ISDS 一直是投资协定的核心所在。ISDS 仲裁自 20 世纪 80 年代开始发挥作用至今,一直备受争议,在历经第一代以商业仲裁为范式的 ISDS 规则的发展之后,现阶段第二代 ISDS 规则仍有许多问题尚未解决。

(一)正当性危机

正当性危机通常是指国际社会针对 ISDS 仲裁机制的正当性质疑甚至提出批评,简言之,即针对该种解决模式的有效性进行拷问,包括其效力的来源是否合法以及结果是否公正。主要表现在以下几点:

首先,仲裁裁决存在差异性。这里的差异性大致包括以下以几种情况,即不同的仲裁庭针对同一投资协定中的同一条款作出不同裁决;甚至相同的仲裁庭针对基本相同的事实都有可能给出不同的裁决。这几种差异存在的重要原因即仲裁庭针对投资协定条款作出的解释存在不同,甚至是与缔结协定时缔约方的意思存在出入。从文本的影响来看,这导致投资协定本应存在的预期的稳定性和可控性不复存在,投资者将会对仲裁模式失去信任。从仲裁裁决的影响来看,这使得援引先例在仲裁中变得模糊。援引先例得以成功指引新出现的案件,其原因即在于通过不断援引一致的裁决而形成公认的理论依据,裁决的差异性会降低这种先例援引造法的可能性。

其次,国家主权和经济利益受到了威胁。在 ISDS 程序中,仲裁裁决往往与国家政策、纳税人的财产利益等相关,对投资协定条款的解释权也体现了一国为了主权掌控条约文本含义的能力,而过度依赖仲裁庭对协定的解释,会导致裁决中的文本意思脱离缔约方缔结条约时所保有的含义范围,这无异于剥夺了国家在这一层面上的权力;同时,

脱离原有含义所产生的解释结果可能会对国家不利,这往往伴随着高额赔偿,会对国家的经济利益造成严重损害,尤其对发展中国家的经济利益构成了巨大的威胁。

最后,有趣的是,在讨论 ISDS 仲裁的正当性危机时,学者们往往会讨论仲裁庭是否偏袒于保护投资者一方利益,认为处于弱势地位的投资者在仲裁过程中会受到仲裁庭的"特别对待"。但是,投资者作为投资仲裁中的弱势一方,似乎天然应当受到保护的简单线性逻辑,应随着国家在投资中双重身份的明确、跨国公司等发达国家投资者实力的强大(某些投资者在投资中所获得的利润甚至会超过第三世界国家一年的 GDP 等情况的出现)而被纠正,将争端双方身份的特殊性作为特别对待的标尺的情况将会慢慢消弭。

(二) 可持续发展问题

近年来,国际投资的可持续发展改革逐渐被提上日程,UNCTAD 制定的《可持续发展投资政策框架》表明,应致力于处理东道国与投资者之间的利益关系,为可持续发展的政策留下空间并与可持续发展目标保持一致,其核心在于追求东道国与投资者之间的利益关系的"平衡"。同时,在 2016 年二十国集团峰会上达成的《二十国集团全球投资指导原则》也强调应推进并实现国际投资协定的可持续发展改革。

着眼于 ISDS 的可持续发展改革,其"失衡"主要表现在维护外国投资者利益与保证东道国在涉及国家实施管制措施的权力之间的不对等。由于 ISDS 仲裁发轫于一般的国际商业仲裁模式,而该种模式偏向保护跨国资本流动中的经济权利,即投资者利益。因此在仲裁实践中,缔约方与仲裁庭之间针对涉及国家需要规制公共利益的投资条款的解释存在差异而导致东道国败诉的情况频频发生,反映了缔约方与仲裁庭之间针对具体条款的解释权的争夺,进而导致解释权分配的"失衡"现象。综上,ISDS 仲裁机制所追求的"平衡"的核心是寻找缔约方与仲裁庭针对投资条款的解释权之间的一种均势。

(三) 全球范围内针对问题作出的回应

针对上述问题,近年来围绕 ISDS 发生了一些显著的变化。一种越来越谨慎的做法是,在近年签署的国际投资协定中,一些大型区域性国际投资贸易协定完全排除了 ISDS [RCEP、CAI 和《欧盟—英国贸易与合作协定》],而另一些则在保留 ISDS 的同时引入了改革导向的条款,以给出例外规定或作出特定安排的形式(如 USMCA 和 CPTPP),维护监管空间和促进可持续投资。就 ISDS 改革而言,大约可分为如下情形。

1. 设立解释机构

国际投资协定缔约方共同派代表组成对条约文本进行解释的联合机构,发布能够约束仲裁实践的解释文件,从而促进争端解决。最显著者即为 NAFTA 根据第 1132 条第 1 款于 2001 年 7 月设立的自由贸易委员会(FTC),FTC 由美墨加三国的经济代表组成。FTC从国际法渊源的范围等三个方面进行了阐述，有力地遏制了任意扩大解释和投资者启动该原则进行滥诉的倾向。基于NAFTA组成的仲裁庭在之后的裁决中认真考量FTC作出的解释，起到了很好的示范约束作用。欧盟与加拿大签订的《综合经济贸易协定》（CETA）第10章第27条也规定，与投资相关的重大问题交给贸易委员会进行解释，且贸易委员会同时有权决定解释生效的时间。RCEP中也有类似规定。

2. 探索上诉机制

建立仲裁上诉机制这一改良模式主要用以解决投资仲裁改革中裁决不一致的问题，甚至被认为是最好的办法。大力推进这一模式的是欧盟，欧盟早在2010年7月发布的《走向全面的欧洲国际投资政策》文件中就将上诉机制纳入考量。最终在美欧意向签订的TTIP中进行了构想。

3. 建立常设国际投资法庭

这一改良模式意图摒弃仲裁的模式转而建立常设的投资法庭，用以解决仲裁员不公正不独立导致的任意解释投资条款的问题，主张者认为只有具有较为固定的任期和收入的裁判人员才能保证这一目标，欧盟在TTIP中首次提出，在CETA、欧越自贸协定和欧新自贸协定中已进行了较为细致的制度设计。

总之，作为国际投资法的"稳定器"，现阶段ISDS已经开始自我革新的发展脉络。

四、中国参与的区域投资贸易协定中的国际投资规则透视

（一）《区域全面经济伙伴关系协定》

RCEP谈判历经8年，经过各方的共同努力，于2020年11月15日签署，并于2022年1月1日起正式生效。RCEP的生效实施，标志着全球人口最多、经贸规模最大、最具发展潜力的自由贸易区扬帆起航，将为区域乃至全球贸易投资增长、经济复苏和繁荣发展作出重要贡献。

RCEP投资规则分为文本规则和负面清单两部分。文本规则主要是协定第十章（投资）以及第十章的两个附件（习惯国际法和征收）。此外，应注意到RCEP其他章节中也有适用于投资的内容，例如，第一章中的初始条款和一般定义条款、第十七章中的一般条款和例外条款、第十九章中的争端解决条款等。

除文本规则外，RCEP附件三（服务和投资保留及不符措施承诺表）列出了各成员方关于投资领域的负面清单。

RCEP投资规则涵盖投资保护、投资自由化、投资促进和投资便利化4个方面的内容。

1. 投资自由化

（1）投资准入

RCEP投资章规定，在投资的设立、取得、扩大、管理、经营、运营、出售或其他处置方面,每一缔约方给予另一缔约方投资者和所涵盖投资的待遇应当不低于在类似情形下其给予本国投资者及其投资的待遇(第十章第3条),实际上对外国投资准入采取的是准入前国民待遇。但对服务贸易"商业存在"方式[1]的投资,则被排除在外。

(2)禁止业绩要求条款

RCEP投资章设置了禁止业绩要求条款(第十章第6条),规定了成员不得采取此类要求的具体情形。其中,禁止业绩要求有8种情形,包括出口实绩、当地含量、购买国货、外汇平衡、限制国内销售、强制技术转让、特定地区销售和规定特许费金额或比例;不能作为给予外国投资者优惠的条件的要求有4种,包括当地含量、购买国货、外汇平衡、限制国内销售。

RCEP禁止业绩要求条款有以下特点:第一,承诺水平较高。特别是强制技术转让、特定地区销售、规定特许费金额和比例等情形超出WTO《与贸易有关的投资措施协定》(TRIMs)的范围。第二,除该条款明确列出的具体情形外,不限制东道国采取其他措施的权利。第三,考虑到成员方经济发展水平和国内监管差异,成员方可在投资负面清单中对特定情形作出保留。第四,地方招商引资和投资促进中可能涉及不能给予优惠的4种情形,应予以关注。

2. 投资促进和投资便利化

RCEP成员方高度重视进一步促进和便利互相之间的投资。投资促进和投资便利化方面的国际规则对吸引外商投资、营造良好营商环境及扩大国际合作都具有积极意义。RCEP投资章第16条和第17条在投资促进和投资便利化方面有较为具体的规定。此外,依据RCEP建立的服务与投资委员会的工作内容包括便利合作和确定进一步促进投资的措施。

投资促进的主要方式包括:在缔约方之间组织联合投资促进活动;促进商业配对活动;组织和支持举办与投资机会以及投资法律法规和政策相关的各种介绍会和研讨会;就与投资促进有关的其他共同关心的问题进行信息交流等。

投资便利化的主要内容包括:简化其投资申请及批准程序;设立或维持联络点、一站式投资中心、联络中心或其他实体,向投资者提供帮助和咨询服务,包括提供经营执照和许可方面的便利;接受并适当考虑外商提出的与政府行为有关的投诉,以及在可能的范围内帮助解决外商和外资企业的困难。

---

[1] 所谓服务贸易"商业存在"方式,是指一成员方的服务提供者通过在另一成员方境内的商业实体提供服务,即允许一成员方的服务提供商在另一成员方境内投资设立机构并提供服务。"商业存在"事实涉及直接投资和市场准入,即外国投资者直接投资进入东道国的服务业市场,与外国投资者直接投资进入东道国的制造业在形式上并无不同,只是进入的行业不同而已。由于各国的服务业发展水平不同,并且出于对国家经济安全的考虑,很多国家对服务业的外国投资准入均保留了一定的限制措施。

(二)《中欧全面投资协定》

2020年12月30日,中欧双方共同宣布完成了CAI谈判。与传统投资协定不同,CAI除涵盖投资自由化内容外,还包括大量的服务贸易自由化以及关于公平竞争、国有企业和补贴透明度等监管框架和规则的设计,并通过连接贸易与劳工、环境、气候变化和企业社会责任等问题实现对可持续投资的追求与整体性规制,但主要体现为投资自由化、监管框架和可持续发展三大支柱。CAI若能生效,将取代中国与欧盟成员国之间现行有效的26个双边投资协定,为中欧双向投资提供一个统一的法律框架,为中欧双向投资带来"更大的市场准入、更高水平的营商环境、更有力的制度保障、更光明的合作前景"。

1. 投资自由化

CAI第二部分集中于投资自由化,包括7个条款,涉及以负面清单(或不符措施)方式承诺的市场准入、履行要求、对外资的非歧视待遇以及为从事商业活动的自然人临时停留等内容。CAI投资自由化义务适用于缔约方采取或维持的影响另一缔约方投资者在其境内的企业设立或涵盖企业运营的措施或待遇。履行要求则适用于采取或维持措施或待遇的缔约方境内所有企业的设立或运营。与适用范围相适应,CAI在投资自由化部分所包括的重要纪律,如市场准入承诺、履行要求、非歧视待遇及高管和董事会人员的任命等,均针对投资者、企业设立或涵盖企业的运营而规定。为避免协定利益被非缔约方企业通过条约挑选之类的安排不当利用,与投资协定一般通过利益否定(denial of interest)条款达到此类目的的做法不同,CAI通过界定"缔约方企业",并要求控制标准和对东道国的积极贡献避免协定的利益外溢于非缔约方企业。

以往投资协定的投资自由化义务通常不涉及投资准入阶段。CAI因将缔约方投资自由化义务扩及于投资准入阶段而更为全面。投资者通过其投资进行企业的新设、并购或运营,CAI通过对缔约方施加针对企业的各项义务实现投资自由化的目的。同时,CAI采取准入前国民待遇加负面清单的承诺模式,而企业设立涉及投资准入,企业运营则涉及东道国对投资的其他监管或行政行为。因此对投资者而言,CAI基于企业对缔约方施加的自由化义务使投资者在其利益受到侵害时不仅可以以自己名义提出诉求,而且也可以以企业名义主张利益。

CAI投资自由化纪律的重点是服务业的投资,所适用的行业包含了许多关键的服务业投资,并确立了服务市场进一步开放的纪律规制。与GATS承诺表相比,我国在这些领域大幅放宽了准入限制,包括云计算等新型服务业。

CAI投资自由化纪律的特点还体现于其所适用的行业承诺方式,即不符措施列表形式,或称"负面清单"。[1]该协定也是对服务业投资采取负面清单方式的仅有的几个区域投资贸易协定之一。

(1)非歧视待遇

CAI 在投资自由化部分规定的非歧视待遇由国民待遇和最惠国待遇构成,二者的比较对象均为相似情形(like situations)下缔约方给予另一缔约方的投资者的待遇。相似情形的判断和认定需要基于事实进行逐案分析。CAI 非歧视待遇包括给予企业在设立阶段的待遇。此外,CAI 在一些程序性问题上也纳入了非歧视要求,如第三部分在监管透明度方面的国民待遇。这些要求对我国法律的对接提出了进一步完善的方向。

在最惠国待遇条款方面,CAI 的基本条文规定与传统上该条款的含义和要素并无实质性差异。但由于国际投资法的高度碎片化,任何投资协定纳入最惠国待遇条款均会产生复杂的问题,这在诸多投资仲裁案件中有不少例证。其中一个争议较大的问题在于缔约方与第三国所签协定中的权利是否可以直接被输入该协定中,或者说借助该协定的最惠国待遇条款是否可以直接约束另一缔约方的义务。CAI 最惠国待遇条款通过排除等方式对此进行了回应。

(2)履行要求

履行要求,指东道国针对投资者及其企业所施加的某些措施或要求,因其扭曲了国际贸易和投资,从而破坏了公平贸易和竞争秩序。与国际经贸规则逐渐纳入投资自由化内容相适应,与市场开放密切联系的履行要求逐渐成为国际经贸规则的调整对象。越来越多的区域投资贸易协定纳入履行要求条款,旨在禁止或限制缔约方采取此类措施。

CAI 规定了详细的履行要求条款,包括 10 项强制性履行要求和 6 项优惠性履行要求。这些要求涉及国内成分,当地采购,进口数量/价值与出口数量/价值的挂钩,限制在一缔约方境内销售企业生产或提供的货物或服务,将企业的销售与出口产品的数量、价值或外汇收入挂钩,使用一方当事人或企业拥有或被授权许可的技术等内容。CAI 履行要求条款同时规定了若干例外情形,如出口数量/比例要求和国内成分要求不适用于进口缔约方为符合优惠关税或配额条件而必需的货物成分要求等。CAI 履行要求条款明确提及须尊重缔约方所承担的 WTO 义务。

CAI 履行要求条款中涉及的强制技术转让的问题值得注意。CAI 在履行要求条款中亦明确纳入了禁止强制性技术许可或转让要求。CAI 对强制性技术转让要求的规制

---

[1] 在 CAI 文本中,中欧双方附件各包括四方面内容,在形式上虽不完全一致,但无实质性区别。其中,附件一和附件二分别为现存不符措施和未来不符措施,所涉义务包括国民待遇、最惠国待遇、履行要求和高管人员及董事会四方面。附件三是关于市场准入的特定承诺及限制,即与投资自由化义务不一致的措施。该附件包含了产业分类信息,主要涉及服务业和投资业。附件四则是有关公司内部人员的调动和商务访客的入境及临时居留方面的保留或限制措施。

涉及两个方面:首先,不得强制向当地自然人或法人转让技术,不得以技术转让作为获得利益、经营或进入市场的条件,不得强迫或干涉技术转让或技术许可合同的签订等。其次,CAI 要求技术转让或许可应基于市场条件,并符合双方自愿性和相互同意原则。同时,CAI 履行要求条款有两项例外,包括缔约方法院、仲裁庭或竞争主管机关所实施的防止扭曲竞争措施和 WTO《与贸易有关的知识产权协定》所允许的例外。

2. 外资监管框架

(1)透明度

CAI 第三部分为缔约双方的监管设置了框架性的纪律要求,目的是确保投资自由化的实际效果。这些要求主要包括国内规制、透明度和金融服务规制等内容,但不难看出,其中透明度要求贯穿始终,可以说 CAI 规定的监管框架要求是以透明度为中心的。

在国际投资法上,透明度有三个面向:第一,规范制定中的透明度,即在投资协定谈判过程中,公众可以获得相关信息且利益攸关方有合适渠道参与;第二,实体义务中的透明度,即外国投资者有权就东道国违反透明度的行为提起争端解决程序;第三,争端解决中的透明度,即公众可获悉投资争端解决过程中的相关信息和文件。CAI 体现了全面的透明度要求。

CAI 还将补贴和投资壁垒等敏感问题与透明度要求联系起来,并通过专门的附件清单列明受透明度义务约束的服务业纪律。就规范制定中的透明度而言,CAI 允许利益相关方参与相关措施或方案的制定和实施,如投资者可以参与半导体、信息通信技术(ICT)等行业的标准制定等。在争端解决的透明度方面,CAI 纳入法庭之友(amicus curiae)等创新性的制度设计。

(2)金融服务监管

CAI 在"监管框架"中专门规定了"金融服务",涉及范围及定义、审慎例外、高效和透明监管、信息转移和处理、新金融服务、特定例外、自律组织及清算和支付系统等条款,凸显缔约方对金融市场开放的特别关注。

(3)以实现市场公平竞争为目标

近年来,区域投资贸易协定,如 RCEP、CPTPP、USMCA 均以专门条款甚至专章规定竞争规则。CAI 将构建缔约方的公平竞争环境作为重要目标。CAI 有诸多条款服务于公平竞争目标的实现,如涵盖实体规则、补贴透明度、技术转让、标准制定、金融监管等与企业设立和运营密切相关的内容。在补贴透明度方面,CAI 将补贴纪律从货物拓展到服务领域,构建了两个阶段的磋商机制,有利于收集必要信息并评估补贴影响。在竞争执法的公正性方面,CAI 强调监管机构的独立性,要求缔约方确保其监管机构在同等情况下针对涵盖实体和其他企业的执法活动具有一致性和非歧视性,并建立针对竞争执法的司法、准司法等审查机制以纠正执法错误。在执法透明度方面,CAI 要求在适用竞争规则时,缔约方的主管机构将决定所依据的事实和适用的法律书面通知当事人,当事人有提出书面异议和诉讼的权利。主管机构在作出正式决定后才能实施禁止、处罚或任何其他措施,且应公布非机密性的决定文本。但 CAI 在通过将公平竞争理念融入具体规则而确保公平竞争目标实现的同时,应保持中欧双方各自对其竞争法的执行。

3. 国有企业规制

对国有企业投资纪律进行规制,是近年来区域投资贸易协定的一种典型做法。CAI 文本未采用国有企业的用语,而是通过第二部分投资自由化中的涵盖实体(covered entities)条款和第三部分监管框架中的补贴透明度要求等对国有企业进行规制。这样的安排虽然在一定程度上降低了该问题的敏感性,但其规制尺度不小,覆盖了国有企业、政府控制企业及指定垄断企业等。

(1)商业考虑与非歧视原则

在具体规定上,CAI 要求缔约方确保其涵盖实体在从事商业活动时基于商业考虑,非歧视地进行货物和服务的买卖。商业考虑原则最早由美国提出,其适用范围经历了从国营贸易到反补贴再到国有企业反补贴等阶段的演变,但在内涵上与澳大利亚提出的竞争中立政策基本一致。在推动新一代国有企业规则制定中,美国一方面继续在文本表述中采用"基于商业考虑"的话语系统,体现了其对规则制定的主导权;另一方面也援引竞争中立概念针对国有企业的不公平竞争优势进行规制。欧盟重在规制政府对企业进行补贴而产生的不公平竞争。CAI 涵盖实体规则将商业考虑和非歧视作为并列原则,与 CPTPP、CETA 和 EPA 等采取了实质上相同的做法,体现了美欧澳日等发达经济体在国有企业规制逻辑上的内在一致性。

(2)基于行为而非所有权的规制

涵盖实体的用语相对中性化,不以强调国有或国家企业概念等方式界定受规制主体的范围,在一定程度上体现了所有权非歧视导向。CAI 对涵盖实体的规制基于企业行为,强调对特定类型企业的特定行为进行规制。对于涵盖实体行为在多大程度上可被归因为政府所为的问题,CAI 未采纳所谓的强推定或不受抗辩的推定,即国有企业行为皆可归因于政府的做法。

CAI 涵盖实体规则体现了构建国有企业规制纪律的尝试,反映了国企规制的新思路和规制逻辑的新变化,有可能为未来多边规则中规制国有企业提供借鉴。

(3)与涵盖实体相关的透明度要求

CAI 涵盖实体规则中的另一核心纪律即透明度,包括条款本身内嵌的透明度要求和监管框架中的补贴透明度规则。根据其内嵌的透明度要求,如果欧盟认为我国涵盖实体的商业行为对其利益产生不利影响,则其有权要求披露相关信息。该款要求的信息披露范围广泛,包括缔约方持有涵盖实体的股份、投票权比例、企业的所有权及投票权结构等。如果缔约方持有的股份或投票权与普通股份不同,则须披露其特别股份或投票权状况、企业的组织结构、对企业行使控制的董事会或类似机构的人员组成、交叉持股或其他法律安排、企业的年度收入、总资产、根据缔约方法律享有的任何豁免、特权或类似安排、在企业中行使缔约方政府所有权职能的主管机构及相关信息等。这意味着如果欧盟提出要求,则我国须披露政府部门(如国资委等)在涵盖企业中的累计持股量,相关机构在企业高管任用、解职、薪酬等方面的信息等。该要求涉及我国政府近年来针对国企治理采取的一些重要措施。

国有企业规制与补贴问题密切相关。CAI 未直接涉及涵盖实体应遵循的补贴规则,但在第三部分监管框架下规定的补贴透明度条款纳入了 WTO《补贴与反补贴措施协议》中的一些规定,如补贴定义、专项性要求等,并将缔约方义务扩及服务补贴。与之前欧盟和美国签订的经贸协定中的非商业援助条款虽有相似,但 CAI 的补贴透明度规定比较宽泛、约束要求似有所弱化,只要求缔约方公布补贴的目的、法律基础、形式、预算数额、被补贴对象,而未明确提及补贴的主体、对象、行为与结果之间的因果关系等。

4. 投资与可持续发展

可持续发展是晚近区域投资贸易协定中的必备内容,体现了新的价值追求。CAI 对可持续发展的重要关注除序言外,强调可持续发展是缔约方承诺追求的目标,其第四部分内容在兼顾投资自由化和缔约方规制权的同时,体现了对多样化社会政策目标的重视。

(1) 投资与环境保护和气候变化

CAI 规定了具体规则以便落实可持续发展理念,包括企业在投资中的环境责任和公众参与及磋商、执行审查、监测和评估流程与机制方面的要求和东道国政府的环境规制权等。在规则创新方面,CAI 重点关注气候变化和多边合作,要求缔约方有效落实《联合国气候变化框架公约》和《巴黎协定》。此外,CAI 鼓励气候友好型投资,并以倡议形式引导气候变化的投资规则化。

(2) 投资与劳工权利保护

在区域投资贸易协定中纳入劳工标准是近 20 年来的发展趋势。在保护水平上,CAI 强调缔约方应尽可能努力实施其法律和政策规定并鼓励采用最高的劳动保护标准,并持续增强此类保护标准在法律上的有效实施。缔约方不应以吸引或鼓励外资为目的而降低劳工保护标准或未能有效实施其劳工法。CAI 承认缔约方对劳工问题的国内监管权,但缔约方不能将劳工保护标准伪装成投资限制措施,在投资和投资者之间造成不当歧视。CAI 鼓励缔约方就与投资和劳工权利相关的问题进行对话与合作,作为对现存的双边或多边机制的补充。与多数区域投资贸易协定中的劳工条款相比,CAI 还进一步致力于促进"体面劳动议程"(Decent Work Agenda)。根据缔约方有关加强投资对可持续发展目标的贡献的承诺,双方同意根据国际劳工组织 2008 年《关于争取公平全球化的社会正义宣言》、2019 年《关于劳动世界的未来百年宣言》,在投资政策层面促进以人为本、充足的最低工资保障以及劳动社会保障、安全和健康等"体面劳动议程"所设定的目标。

CAI 劳工条款的一大特点在于其本身并未创设新的劳工权利,而是依托国际劳工组织制定的劳工公约为缔约方设定三项义务:承诺有效实施其已被批准的劳工公约、致力于批准国际劳工组织的《强迫劳动公约》(第 29 号) 和《废除强迫劳动公约》(第 105 号)、考虑批准被国际劳工组织列为"迄今的"的劳工公约。从这些设定的义务看,CAI 与国际劳工组织公约的实施和监督机制建立了紧密联系,不仅体现在依托其公约体系为中欧双方设定的劳工权利保护方面的义务中,而且体现在与国际劳工组织工作机制的联系中,如确定"现代化的"劳工公约的标准审议机制等。

(3) 分歧处理机制

CAI 专门为双方在可持续发展问题上的分歧设置独立于 CAI 第五部分规定的国家间争端解决机制的分歧处理机制,使得看似空泛的 CAI 关于可持续发展层面的价值追求落实为明确的法律规则,具有可操作性。

(三) 世界贸易组织的投资便利化谈判

投资便利化被理解为创造一个更加透明、高效和有利于投资的商业环境,使国内和外国投资者更容易开启投资、开展日常业务和扩大现有投资。《投资便利化协定》是各方为推动 2016 年二十国集团杭州峰会关于《二十国集团全球投资指导原则》的成果转化,于 2017 年在 WTO 联合发起的、以达成复边协定为目标的谈判议题,旨在全球范围内提升投资政策透明度、简化和加快投资审批程序、促进国际合作。2021 年 12 月 10 日,中国和欧盟、俄罗斯、日本、智利、巴西、尼日利亚等共 112 个 WTO 成员共同联署《投资便利化联合声明》。各方在声明中强调将继续坚持发展导向,并以现有谈判文本为基础推进谈判,目标是在 2022 年年底前结束文本谈判,推动最终达成投资便利化多边协定。

在参与谈判的成员中基本形成共识的《投资便利化协定》主要包括以下几个方面的内容:提高监管透明度和可预测性,如发布与投资相关的措施和设立咨询点;简化和加快行政程序,如消除审批流程中的重复步骤和简化申请;加强国际合作并满足发展中成员的需求,如为发展中国家和最不发达国家提供技术援助;和其他与投资便利化相关的问题,如实施鼓励负责任商业行为的规定。

五、国际投资法变化对中国缔结投资协定和国内外商投资立法实践的影响

(一) 国际投资协定体现的国际投资法变化对中国缔结投资协定的影响

以国际投资协定为载体的国际投资法的发展对中国投资协定的发展具有重要的挤压和溢出效应。21 世纪初期,中国已与全球大多数的重要投资伙伴缔结了双边投资协定,金融危机以后,世界经济格局发生重大变化,为了创制对其有利的包括国际投资法在内的国际经济法律秩序,美国开始谈判区域投资贸易协定,美国主导着以 TPP 和 TTIP 为代表的新一轮区域投资贸易协定的谈判,特别是美国借助新一轮区域投资贸易协定谈判倡导高标准的规则,来主导新的国际投资规则体系的构建,中国的投资协定如保持不变,就会面临新一轮国际投资规则制定边缘化的危险。这就是中国 10 余年先后与美国、欧盟在高标准基础上开启投资协定谈判的背景之一。与此同时,中国同期与贸易伙伴谈判的自贸协定大多包含投资专章。这些区域投资贸易协定也逐步引入高标准的投资准入和投资保护条款。

(二)国际投资协定体现的国际投资法变化对国内外商投资立法实践的影响

不为人所熟知的是国际投资法变化对国内外商投资立法实践的影响。2007 年,在中美战略经济对话上决定,启动中美投资协定谈判。2013 年,中国作出了高水平开放的战略决策。在 2013 年 7 月第五次中美战略与经济对话中,中国同意在两国间的双边投资协定谈判中采用"准入前国民待遇和负面清单"原则,尽管谈判后来被中止,但这一原则后来体现在中国国内立法实践中。2013 年 9 月 29 日,中国设立上海自贸试验区,对开放外资进行压力测试。从 2013 年 10 月 1 日起,相关外资管理法律的规定在自贸区范围内暂停实施 3 年,上海自贸区外资准入负面清单同时公布实施。2013 年 11 月 12 日,中国共产党第十八届中央委员会第三次全体会议通过了《中共中央关于全面深化改革若干重大问题的决定》,提出实行统一的市场准入制度,在制定负面清单的基础上,各类市场主体可依法平等进入清单之外的领域,探索对外商投资实行"准入前国民待遇 + 负面清单"的管理模式。自此,我国进入试行"准入前国民待遇 + 负面清单"管理模式的阶段。此后,全国人大常委会又授权国务院在广东自贸试验区、天津自贸试验区、福建自贸试验区试行同样的模式,可谓如火如荼。

在此背景下,当时社会各界预测 3 年届满之后,中国将完成与美国的双边投资协定谈判,并制定一部取代现行外商投资企业三法的新的统一外资法典。故此,2015 年 1 月商务部公布的《外国投资法(草案征求意见稿)》可谓是符合前述期待的产物。2016 年 9 月,相关外资管理法律的规定在自贸区范围内暂停实施即将满 3 年,全国人大常委会颁布了《关于修改〈中华人民共和国外资企业法〉等四部法律的决定》。该决定将三资企业法以及《台湾同胞投资保护法》中不涉及特别管理措施(负面清单)的相关行政审批修改为适用备案管理。但遗憾的是,在自贸试验区 3 年试验期届满之际,中美双边投资协定经历了艰辛的谈判,但最终没能如期达成,谈判过程中中方承诺的采用"准入前国民待遇 + 负面清单"原则最终落实在新的外商投资立法中,最终成为 2019 年 3 月 15 日全国人大通过的《外商投资法》的核心内容。

特别值得一提的是《外商投资法》与国际投资协定的关系。《外商投资法》第 4 条一部分关于准入前的国民待遇和负面清单管理模式,另一部分关于在《外商投资法》与国际投资协定不一致时,哪个优先适用的问题。对于"国家对外商投资实行准入前国民待遇加负面清单管理制度"的规定,社会各界普遍持支持态度,几乎没有争议。然而,《外商投资法》与我国缔结或者参加的国际条约、协定的关系,在立法过程中存在争议。《外商投资法(草案)》规定,"中华人民共和国缔结或者参加的国际条约、协定对外国投资者待遇另有规定的,从其规定"。有观点表示,该规定会给予外国投资者"在中国法院依条约挑战中国法"的机会,建议修改或删除这个表述。

综上,上述表述符合中国目前的立法与实践。同时考虑到迄今为止我国缔结或参加的国际条约、协定没有一个规定了"准入前国民待遇+负面清单"的管理制度,也就是说《外商投资法》规定的给予外商的待遇更优惠,因此,实际上不太可能发生需要按照条约或协定给予较低待遇的可能性。然而,由于上述草案没有明确《外商投资法》与中国先前缔结条约的关系,单就"中华人民共和国缔结或者参加的国际条约、协定对外国投资者待遇另有规定的,从其规定"的表述而言,条约、协定规定的待遇无论是否比该草案规定的待遇更优劣,都具有优先适用权,这可能会造成适用时的误解。

《外商投资法》最后的文本对上述表述略作修改,修改为"国家对外商投资实行准入前国民待遇加负面清单管理制度……中华人民共和国缔结或者参加的国际条约、协定对外国投资者准入待遇有更优惠规定的,可以按照相关规定执行",实际上是当《外商投资法》与国际投资协定冲突时,按照"从优适用更优惠待遇原则"确定应该适用的规则。

──── **思考题** ────

1. 国家凸显外国投资规制权的原因是什么?
2. ISDS 改革的趋势如何?对此中国应持何种立场?
3. 请谈谈供应链重整对国际投资规则变化的可能影响?

第七部分
金融科技的前沿发展

专题九

金融科技的监管挑战及应对

▢ 教学目标

本专题需要洞察金融科技的运用及发展,了解金融科技可能产生的金融风险及给消费者带来的隐忧,比较各国和国际层面针对金融科技监管的法律规范,探究金融科技驱动的变革,破解金融监管的难题。

▢ 研究背景

金融科技是指金融服务中的技术赋能创新。这种技术巨变正在改变金融的运行和广泛的经济活动,影响社会生活的方方面面——从支付到货币政策再到金融监管。[1] 监管部门有责任成为金融科技的监管者,确保金融科技的发展不会对金融市场稳定性和金融消费者权益产生负面影响。

金融服务是世界上监管最严格的行业之一,随着技术集成变得更加复杂和普遍,监管问题也在增加。本专题正是在此背景下探讨金融科技监管的法律应对。

一是金融风险的管理:金融科技的创新和应用带来了一系列新的风险,包括数据隐私、网络安全、技术风险等。监管机构需要研究和了解这些风险,制定相应的监管政策和规范,以保障金融体系的稳定和金融消费者的利益。

二是信息披露和透明度:金融科技提供了许多新的金融产品和服务,消费者需要了解其特性、费用以及相关风险。监管机构需要研究如何确保金融科技企业进行透明、准确和及时的信息披露,以保护消费者权益和市场的公平竞争。

三是金融监管框架的调适:传统金融监管框架在面对金融科技革新时可能存在不足和滞后。监管机构需要深入研究金融科技的创新模式、业务流程以及相应的监管挑战,对现有监管框架进行评估和修订,以适应金融科技的快速发展。

四是创新监管方法:监管机构需要积极研究和探索创新的监管方法和工具,以应对

---

[1] *Innovation and Fintech*, BIS, https://www.bis.org/topic/fintech.htm.

金融科技的快速发展和复杂性。例如,监管沙盒的引入可以为金融科技企业提供一种监管手段,促进创新和监管的平衡。

五是跨界跨境监管和合作:金融科技的发展使得金融业和科技业之间的边界模糊化,监管机构需要研究如何跨界监管和实现跨部门、跨国合作,以应对跨境支付、区块链等新兴技术带来的监管难题。

总的来说,随着金融科技的快速发展,金融行业面临着发展机遇,但同时也面临着金融监管方面的重大挑战。为了适应这种变化,需要在现有的金融监管框架下,完善、补充和改变监管方式、机制和工具,以促进金融创新与金融监管的协调,平衡鼓励创新和防范风险的关系,提升治理能力和监管水平。

研究与思考方向

金融科技的全球治理正在逐步形成,各国和国际组织纷纷采取了相关政策和法律框架。然而,目前金融科技全球治理的法律规范还呈现碎片化的趋势,缺乏统一和协调的国际法。因此,为了规范和治理金融科技,加强国际法层面的研究显得极为必要,特别是当面对金融科技带来的风险和监管困境时。可以研究和思考的方向包括:(1)通过对国别治理实践的考察,比较各国金融科技规制的法律框架,进而探讨国际协调和合作机制,以及国际法层面全球沙盒的法律制度机制完善路径。(2)建立并完善包括数字基础设施、数据保护及治理、金融风险防范、金融消费者保护等法律框架的金融科技法律体系。(3)金融科技监管的法律问题,特别是大型金融科技公司带来的法律问题,对金融科技公司主要业务类型监管演进的考察和实践方案的研究,讨论现有监管体系的不足,并在此基础上对其进行优化。(4)金融业是一个数据密集型行业,金融行业的数据治理尤为重要,研究各国或地区金融数据治理的规则、规范,探讨金融科技公司的合规机制。(5)金融科技里的人工智能。针对金融科技中应用的人工智能算法和大数据分析,制定相关规定,遵守公平、透明和道德原则,防止歧视性和滥用行为。(6)金融科技的治理路径。进一步研究现在已有的创新中心、监管沙盒、创新加速器、全球沙盒等多种路径,探讨建立全球沙盒国际法律制度的有效路径。(7)跨境监管和合作。数字创新不分国界,因而加强国际合作和信息共享,建立跨境监管机制,以应对跨境支付、虚拟货币等跨境金融科技活动的监管挑战至关重要。应通过建立全球金融科技法律协调及监管协调机制,构建金融科技全球治理体系。

文献综述

金融科技监管的法律应对是一个热门话题,已经有很多学者进行了相关研究。已有的研究围绕着这些关键词展开,如"金融科技""金融科技监管/法律""监管沙盒/沙箱""监管科技""金融数据治理""数字货币""Fintech regulation""Financial innovation governance""Regulatory Sandbox""Regtech"等,现将主要的研究成果分述如下。

金融科技的发展可能对传统金融机构和金融系统产生冲击,引发系统性风险。部分研究者直接将金融科技的具体风险作为主要研究对象进行规制讨论。Liu Xiaohong(2022)认为金融科技风险可以分为技术风险、道德风险、合规风险、法律风险。[1] 李莉莎、尹颖欢(2022)按照巴塞尔委员会的划分,分析了存贷款与融资、支付与清结算、投资管理、市场基础设施服务4个方面的风险。[2] 袁康(2021)认为金融科技蕴含着道德风险、技术风险、法律风险、系统性风险,需要采取积极介入的路径,结合风险生成与传导的内在规律,积极介入金融科技研发和应用的各个环节,将风险作为对象从内部机制上予以调节,从而有效地消除和缓释风险。[3] 部分研究者在论述金融科技监管的基础时对其风险加以讨论,张永亮(2020)认为金融科技存在数据安全风险、网络安全风险、技术风险和监管风险。面对金融科技对金融业的革命性冲击,金融监管的原则需要作出调整。[4] 李仁真、申晨(2017)认为金融科技即技术引发的金融创新,主要是指能够对金融行业产生颠覆性影响的科技创新活动。金融科技的迅猛发展能够显著提升金融效率,同时也会带来新的金融风险,因而给现代金融监管带来了新的挑战。

金融科技的创新应用为金融市场带来了巨大机遇,但同时也存在未知的技术风险。科技治理日益成为金融治理的重要组成部分和关键支撑。为了有效应用金融科技并提供法律保障,有必要将技术规则法律化并完善技术风险规制。袁康(2021)认为除需要充分了解技术风险的实质,并按照"技术中立"和"业务实质"原则协调创新激励和风险防控的目标外,还应当加强对技术风险的评估评级和日常监管,发挥自律规则和技术标准的自律约束。[5] 杨东(2018)认为科技维度的监管致力于依靠大数据、云计算、人工智能、区块链等技术构建科技驱动型监管体系。[6] 王怀勇(2021)认为现有的金融科技算法规制框架存在主体、对象和工具层面的诸多问题,导致金融科技算法风险规制的低效和失灵,因而需要进行规制路径的优化和调适。[7] 徐冬根、杨潇(2023)认为监管科技引发了三重变奏,实质上是金融监管数字治理变革在不同维度的体现:在思想维度上,监管科技推动了监管理念与范式转换;在法律维度上,监管科技促进了监管法律法规和规则的完善,提高了金融监管者的法律治理水平;在科技维度上,监管科技丰富了金融监

---

[1] Liu Xiaohong, *Financial Technology Risk Governance and Legal Countermeasures*, 3 China Legal Science 42 (2022).
[2] 李莉莎、尹颖欢:《金融科技的法律风险与制度回应——以监管沙盒为视角》,载《金融科技时代》2022年第1期。
[3] 袁康:《金融科技风险的介入型治理:一个本土化的视角》,载《法学论坛》2021年第4期。
[4] 张永亮:《金融科技监管的原则立场、模式选择与法制革新》,载《法学评论》2020年第5期。
[5] 袁康:《金融科技的技术风险及其法律治理》,载《法学评论》2021年第1期。
[6] 杨东:《监管科技:金融科技的监管挑战与维度建构》,载《中国社会科学》2018年第5期。
[7] 王怀勇:《金融科技的算法风险及其法律规制》,载《政法论丛》2021年第1期。

管手段,提升了金融监管的科技治理效能。未来,重视并强化监管科技在金融监管中的应用,将成为现代金融监管数字治理的新法则。[1]周温涛(2019)认为应当探索将技术治理与法律规制相结合的金融科技监管新范式,使法律和技术优势相互补充,从而实现对金融科技的有效监管。[2]

金融科技拓展了金融活动的深度和广度,数据作为其中不可或缺的要素,既成为金融科技的核心驱动,也为金融科技带来了高度复杂的数据风险。合理运用金融科技赋能金融数据治理可以有效提高风险管理能力和业务决策水平。张永亮(2019)认为智能时代的金融服务与数据科学、数据管理、数据处理是紧密结合在一起的。金融科技中的其他技术如云计算、区块链均离不开对数据的使用。[3]董小君、宋玉茹(2022)立足于金融数据治理的内涵与必要性,梳理并总结了有关金融数据治理的国外经验,分析了我国所面临的金融数据治理困境并提出相关对策建议。[4]邢会强(2021)认为在大数据时代,个人金融信息保护法需要转型升级。法律需要明确信息和数据的权属,对个人金融信息实行特别保护,完善事中和事后保护机制,完善保密规则的例外情况。[5]郭雳(2022)针对个人金融数据的治理进行了分析,他认为个人金融数据治理中出现的数据泄露与管理失范的现象,可能引发直接经济损失及国家安全风险。现有治理体系存在治理框架体系性与协调性缺乏、治理标准不周延、治理路径滞碍颇多、治理对象与结构之间张力显著等问题。他认为宜采用"精巧规制"理论,主张治理主体与治理工具的多元组合,并在治理体系的诸多方面与个人金融数据治理相适配。[6]郑丁灏(2022)认为金融监管层可在优化协同组织网络的基础上,补足串联各治理主体的枢纽型规范,并为之匹配相互均衡的权责体系,促使公私治理主体合力打造共建共治共享的金融数据治理新格局。[7]黄国平(2023)提出了重构和完善金融数据治理的基本逻辑、原则与措施。他认为数据空间视角下,数据治理体系包括三个层次的相对独立又有机联系的完整内容和结构,即技术应用层的数据空间物理形态与结构治理、网络结构层数据流动的权力结构调整与安全开放平衡以及空间组织层数据要素的优化配置与利益冲突协调。技术应用层的治理内容和目标主要是微观组织(企业)的内部数据治理,网络结构层的治理内容和目标主要涉及行业与市场中的数据共治,空间组织层的治理内容和目标关乎政

---

[1] 徐冬根、杨潇:《三重变奏:法律语境下监管科技与金融监管数字治理变革创新》,载《南通大学学报(社会科学版)》2023年第3期。
[2] 周温涛:《"人工智能+金融监管":试论金融科技监管的转型与重塑》,载《上海法学研究集刊》2019年第9卷。
[3] 张永亮:《金融监管科技之法制化路径》,载《法商研究》2019年第3期。
[4] 董小君、宋玉茹:《加快推进我国金融数据治理现代化建设研究》,载《行政与法》2022年第8期。
[5] 邢会强:《大数据时代个人金融信息的保护与利用》,载《东方法学》2021年第1期。
[6] 郭雳:《数字化时代个人金融数据治理的"精巧"进路》,载《上海交通大学学报(哲学社会科学版)》2022年第5期。
[7] 郑丁灏:《论中国金融数据的协同治理》,载《经济学家》2022年第12期。

府及社会层面上的数据公共治理与监管协调。[1]

金融创新带来的风险也促进了监管范式调整的思考。Christopher 等（2018）明确金融科技是一把"双刃剑"，其发展和使用动态、不稳定性在本质上是一个法律问题。[2] Omarova（2020）将金融科技视为一种扰乱目前金融监管范式的系统性力量，通过识别监管模式的特征和调查其运作方式，分析对以技术驱动为主的金融转变带来的影响，批判性地审视当下的监管对策，从而提出具有针对性的完善宏观监管结构的潜在方案。[3] Mark D. Fenwick 等（2017）认为监管机构似乎已经认识到：在一个以数据为基础的监管环境中，显然需要采取建立在灵活和包容进程基础上的措施，包括初创公司和成熟公司、监管机构、专家和社会公众。这一监管方法已经在金融市场中得到采用，可以预料的是，这一趋势将扩展到其他领域。[4]具体到中国语境下，这一领域内也涌现出相当数量的成果。杨松、张永亮（2017）认为针对金融科技的监管，应当转变观念：监管应从"命令—控制型"转向"调适性"。其中可操作的法律制度乃是科技应用于监管的保障。如此才能实现法律之良治效果。因此，金融科技监管的核心要义在于监管科技的法制化。总体上来看，监管科技既是监管工具，也是诱发监管领域范式转换的关键变量，这是未来金融监管发展的趋势。[5]周仲飞、李敬伟（2018）同样认为正是由于传统监管着眼于"命令和控制"，而金融科技带来的金融体系内生、外生风险以及泛金融化等问题是传统监管难以应对的。因此，金融科技的范式转变并不是彻底抛弃旧范式，而是在原有范式的基础上作出调整，以适应金融科技发展的新变化。[6]沈伟（2018）认为，在实践路径上将金融科技纳入宏观审慎监管框架并不适宜，原因在于系统性风险现实危害的缺失。因此，充分把握现有的、业已形成的监管模式，一方面促进金融科技合规，另一方面释放其在去中心化过程中伴生的促进共享经济的功能，才是监管模式转型的理性路径。[7]在监管模式的选择上，廖凡（2019）认为监管沙盒构成金融科技监管的一个子命题。[8]杨涛（2022）认为监管沙盒是一项重要的改革尝试，当前我国的监管沙盒受到多种因素

---

[1] 黄国平：《创新和重塑数据治理体系——以金融数据治理为例》，载《经济管理》2023 年第 1 期。
[2] Wolf‐Georg Ringe & Christopher Ruof, *A Regulatory Sandbox for Robo Advice*, European Banking Institute Working Paper Series, 2018.
[3] Saule T. Omarova, *Technology v Technocracy：Fintech as a Regulatory Challenge*, 6 Journal of Financial Regulation 75（2020）.
[4] Mark D. Fenwick, Wulf A. Kaal & Erik P. M. Vermeulen, *Regulation Tomorrow：What Happens when Technology Is Faster than the Law*, 6 American University Business Law Review 561（2017）.
[5] 杨松、张永亮：《金融科技监管的路径转换与中国选择》，载《法学》2017 年第 8 期。
[6] 周仲飞、李敬伟：《金融科技背景下金融监管范式的转变》，载《法学研究》2018 年第 5 期。
[7] 沈伟：《金融科技的去中心化和中心化的金融监管——金融创新的规制逻辑及分析维度》，载《现代法学》2018 年第 3 期。
[8] 廖凡：《金融科技背景下监管沙盒的理论与实践评析》，载《厦门大学学报（哲学社会科学版）》2019 年第 2 期。

的制约，仍然存在许多需探讨和完善之处。因此，需要进一步提升监管沙盒的地位，强化监管沙盒组织者的资源和能力，逐步实现沙盒参与主体的多样化，不断提升运营专业性，并积极探索"算法约束"，加强监管协调，有效平衡创新和安全。[1]杨东（2020）认为技术集群的爆发和运用为高效率低成本的全方位全过程监管提供了可能。特别是以区块链技术为依托的"以链治链"即"法链"（RegChain），构建了内嵌型的、技术辅助型的解决政府与市场双重失灵并考虑技术自身特性的有机监管路径。[2]沈伟（2022）认为市场稳定、金融创新和监管规则简明之间存在三元悖论：一个国家在市场稳定、金融创新和监管规则简明三者之间只能追求实现其中两项政策目标。[3]许多奇（2023）认为监管科技的法治化是监管科技与金融科技共同创新发展，监管科技中技术和法律协调融合。[4]

互联网数字科技巨头迅速成长并以支付为演进，提供普惠型数字化综合金融服务，形成了一批综合金融科技平台。这些平台在提高市场效率的同时滋生了金融风险隐患等一系列的问题，给金融监管带来了新的挑战。国际清算银行的 Agustin Carstens 等人（2021）认为大型金融科技公司快速增长，为金融服务业带来了各种政策挑战。有些挑战是在中央银行和金融监管机构传统监管范畴内（如降低金融风险、监测运营的韧性和保护消费者权益）相近问题的演化，但也有些新挑战超出了央行的传统职权范围，影响央行的核心履职——确保稳健的货币以及支付系统的完好和顺利运行。[5]国内学者吴晓灵、丁安华（2022）认为随着数据规模和维度的持续提升，金融科技正逐渐成为推动行业重塑的重要发起者。对于头部大型金融科技公司来说，依靠数据垄断形成的市场地位，已经对金融行业的发展产生了深刻的影响。需要功能监管和行为监管并重，构建符合我国特点的金融业行为监管与消费者保护体系。[6]

金融科技的增长，指的是利用技术提供金融服务，正在继续搅动全球金融服务市场。快速发展的技术环境对金融监管机构提出了挑战，这些机构面临在全球金融危机（GFC）后需要实现更广泛的监管目标和政策优先事项的需求。监管沙盒旨在鼓励创新，允许企业在"安全"的环境中测试其金融科技产品，这是一种远离传统监管方法的转变，并代表了试图采用积极、动态和响应性监管原则的尝试。本书将探讨迄今为止已实施的沙盒制度之间的关键差异，并探讨沙盒对企业、消费者和国内监管机构的影响。

总的来说，在金融科技这一快速发展的领域，如何平衡创新与监管、创新与规范、创

---

[1] 杨涛：《理性认识金融科技监管沙盒的改革探索》，载《人民论坛·学术前沿》2022 年第 17 期。
[2] 杨东：《以区块链技术解决金融领域"灯下黑"问题》，载《国家治理》2020 年第 24 期。
[3] 沈伟：《金融创新三元悖论和金融科技监管困局：以风险为原点的规制展开》，载《中国法律评论》2022 年第 2 期。
[4] 许多奇：《论新发展理念下监管科技法治化的融合路径》，载《东方法学》2023 年第 2 期。
[5] Agustin Carstens et al., *Regulating big techs in finance*, https://www.bis.org/publ/bisbull45.htm.
[6] 吴晓灵、丁安华：《金融科技公司国际监管的经验借鉴》，载《财富时代》2022 年第 1 期。

新与风险之间的关系,还有待进行进一步的明晰。

一、金融科技概述

(一)金融科技的含义

金融科技(FinTech)一词是英文 Financial Technology 的缩写。对金融科技至今尚未有统一的定义。2016 年 3 月,金融稳定理事会(Financial Stability Board,FSB)发布了《金融科技的描述与分析框架报告》,第一次在国际组织层面对金融科技作出了初步定义,报告称金融科技是指通过技术手段推动金融创新,形成对金融市场、机构及金融服务产生重大影响的业务模式、技术应用以及流程和产品。[1]

这一定义逐渐被广泛接受,2018 年 IMF 和世界银行(WB)发起《巴厘岛金融科技议程》(The Bali Fintech Agenda,BFA)[2],就金融科技采用一种较为宽泛的阐释,用来描述有可能促进金融服务提供方式转变并促进新商业模式、应用、程序和产品出现的技术进步,从而推动金融服务转型,并呼吁成员拓展国际合作,创造有利的全球金融科技监管环境。该议程以成员的经验为基础,将决策者和国际社会就金融科技需要考虑的关键问题总结为以下 12 个要点:(1)拥抱金融科技的潜力;(2)利用新技术扩大金融服务提供;(3)强化竞争,加强对开放、自由和可竞争市场的承诺;(4)通过金融科技加强金融普惠、发展金融市场;(5)对持续发展变化的金融体系保持密切监测,深化理解;(6)调整监管框架和监督实践,以实现金融体系的有序发展与稳定;(7)保障金融体系的健全;(8)实现法律框架现代化,为金融科技活动提供有利的法律环境;(9)确保国内货币金融体系的稳定;(10)建设稳健的金融和数据基础设施,以维持金融科技的优势;(11)鼓励国际合作和信息共享;(12)加强对国际货币金融体系的集体监督。

2019 年,国际清算银行(Bank for International Settlements,BIS)下设的金融稳定协会(FSI)对 31 个国家和地区的金融科技政策进行了比较。在此基础上,FSI 提出了一个名为"金融科技树"的概念框架:树梢是金融科技行为,树干是相关的核心技术,树根则是作为支撑的政策环境。金融科技行为或以技术支持的方式提供金融服务,可以采取多种形式,涵盖金融业的不同部门。赋能技术是指在提供金融服务方面使创新成为可能的技术,因此构成金融科技行为的支柱。政策推动是指支持金融科技行为发展和扶持技术的公共政策措施和举措。

"金融科技树"使我们可以将与金融科技相关的监管方法和政策响应分为三类:(1)针对金融科技行为的监管;(2)针对提供金融服务时使用新技术的监管;(3)促进金融创新或更广泛地促进数字金融服务的监管。

---

[1] FSB,*Fintech: Describing the Landscape and a Framework for Analysis*,p. 3.
[2] *The Bali Fintech Agenda*,https://documents.worldbank.org/en/publication/documents-reports/documentdetail/390701539097118625/the-bali-fintech-agenda-chapeau-paper.

国际证监会组织（International Organization of Securities Commissions, IOSCO）主要关注资本市场受 FinTech 影响、冲击，网络信息安全、众筹融资业务风险等问题，针对 FinTech 资本市场的应用影响进行全面评估（如区块链技术、AI、云计算等）。其在研究报告中将金融科技或"FinTech"描述为各种创新业务模式和新兴技术，这些技术有可能改变金融服务业：创新的金融科技商业模式通常使用互联网，以自动化的方式提供一种或多种特定的金融产品或服务。通过这样做，他们将传统上由服务提供商提供的不同金融服务分开，这些服务提供商包括现有的银行、经纪人或投资经理。比如，股权众筹平台中间配股；点对点借贷平台居间或卖贷；机器人顾问提供自动化投资建议；社交交易平台提供经纪和投资服务。或是认知计算、机器学习、人工智能和分布式账本技术（DLT）等新兴技术可用于补充金融科技新进入者和传统现有者，并有可能从本质上改变金融服务业。[1]

美国国家经济委员会（NEC）将金融科技定义为"金融方面的广泛的技术创新"，这些创新会对众多金融活动产生影响，包括支付、投资管理、募集资金、存款与贷款、保险、监管合规以及在金融服务领域的其他活动。这些创新包括很多方面，例如，为消费者和商家提供移动支付解决方案、在线 P2P 借贷、储蓄与投资工具算法、虚拟货币、数字化用户的生物特征识别及身份验证、自动化中后台企业功能，如算法、大数据、人工智能和链接分析的应用等。[2]

在英国金融科技国家报告中，金融科技被认为是金融创新的代名词，金融创新是一种新的方式，为消费者和企业提供所需的科技工具，以提高他们使用新的产品和服务的便利性。它既涉及科技也涉及金融，是金融产业的未来。金融科技驱动整个英国金融产业，并推动重要且广泛的创新。从保险产业的最新创新、加密资产领域推出更多可用的产品、开放银行平台的日益普及，到整个金融业都在使用人工智能（AI）科技等，都可以看到金融科技产业在推动英国经济的创新变革方面扮演了重要角色。金融科技带来的影响持续驱动地方和全球层面的改革、创新和包容。[3]

金融科技是指新技术带来的金融创新，强调金融和科技的结合，它包括两个基本要素，一是将创新技术应用于金融服务，如深度学习、人工智能、区块链等；二是创新业务模式，如智能投顾、监管科技等，通过创新科技提供金融服务或产品。金融科技是一个不断发展的概念，随着技术的开发，新产品或新的服务会不断涌现。金融科技的内涵与边界也在不断拓展。

---

[1] *IOSCO Research Report on Financial Technologies（Fintech）*, p. 4, https://www.iosco.org/library/pubdocs/pdf/IOSCOPD554.pdf.

[2] *A Framework for Fintech*, https://obamawhitehouse.archives.gov/blog/2017/01/13/framework-fintech.

[3] *UK FinTech State of the Nation*, p. 11, https://assets.publishing.service.gov.uk/government/uploads/system/uploads/attachment_data/file/801277/UK-fintech-state-of-the-nation.pdf.

(二)金融科技的驱动因素及其应用

随着金融科技对金融产品和服务的改变,科技正在深刻地改变和引领金融业向数字化和智能化方向发展。金融科技是金融和科技的结合,科技为金融业提供能力,科技的发展影响了金融业务和金融模式的创新。尽管金融科技通常受到人工智能、区块链(Blockchain)、云计算(Cloud Computing)和大数据(Big Data)4大技术的驱动,但实际上,金融科技涵盖了广泛的技术推动的创新,如深度学习和隐私计算等创新技术将继续影响金融科技的发展趋势,重塑业务模式并改变金融业的竞争格局。科技正在塑造未来的金融行业。

1. 人工智能

对人工智能,国际上无公认的定义。最早提出这一概念的约翰·麦卡锡认为,"人工智能就是要让机器的行为看起来像人所表现出的智能行为一样"。中国《人工智能辞典》将人工智能定义为"使计算机系统模拟人类的智能活动,完成人用智能才能完成的任务"。在金融领域,人工智能正逐渐深入到智能投顾、量化交易、股票研究、风险评估和信用评分、授信融资等领域。

(1)智能投顾,其服务模式是基于投资者偏好,利用人工智能和算法技术为投资者提供个性化投资建议和管理投资组合的服务。如Betterment、Wealthfront、Robinhood等都提供智能投顾服务。它们通过使用先进的算法和模型根据投资者的风险承受能力和目标制订个性化的投资计划,并提供自动投资和再平衡的功能。

(2)量化交易,其主要指人工智能和深度学习在对冲基金领域的应用。如Renaissance Technologies是美国著名的对冲基金公司,其推出了一款名为"Renaissance Institutional Diversified Alpha(RIDA)"的量化基金,该基金采用一种新型的机器学习算法,能够在不同市场环境下实现收益。

(3)授信融资,其利用大数据和人工智能技术,能够更好地识别借款人的信贷需求和还款能力。通过对大量数据的分析,可以更精准地评估借款人的信用状况。

2. 区块链

区块链是一个集成了多方面研究成果的综合性技术系统,有共识机制(智能合约)、密码学原理、分布式数据存储三项必不可少的核心技术。简言之,区块链是一个去中心化的账本系统,具有可靠性、安全性、追溯性、开放性、经济性5个特性,能够弥补传统金融机构的不足,提高运作效率,降低运营成本,灵活更新市场规则,防止信息篡改和伪造,同时也大大提高了稳定性。

区块链在金融领域的运用场景如下:

(1)数字货币。区块链应用最成功的加密货币是比特币。比特币是一种将区块链作为支付技术的电子加密货币,去中心化、电子加密、区块链基础构成了比特币的主要特征。在这种构架下,比特币颠覆了传统货币的央行背书模式,通过共享账本实现了货币的流转流通,帮助人类第一次在没有任何中介机构参与的情况下,完成双方互信的转账行为,对世界货币体系产生了颠覆性的影响。

2015年厄瓜多尔推出了央行数字货币,其不但能减少发行成本并增加便利性,还能让偏远地区无法拥有银行资源的民众通过数字化平台获得金融服务。中国、瑞典、澳大利亚及俄罗斯也在研讨发展数字货币的计划。

(2)跨境支付与结算。区块链的去中心化特征可以实现点到点快速且成本低廉的跨境支付,安全透明,不但可以全天候支付、实时到账、提现简便及没有隐形成本,也有助于降低跨境电商资金风险及满足跨境电商对支付清算服务的及时性、便捷性需求,大大提高了资金的利用率。

2016年9月,微众银行联合华瑞银行开发的基于联盟型区块链技术的银行间联合贷款清算平台投入试运行,用于优化两家银行"微粒贷"联合贷款的结算、清算。[1]作为国内银行业的首个区块链实际应用场景,这个清算平台使得两个真实的银行机构可以通过区块链进行数据交换验证,完成实时清算。

(3)票据与供应链金融。票据与供应链金融业务因人为介入过多,产生许多违规事件及操作风险,急需实现票据价值传递和供应链金融业务的去中介化,兼顾安全性和流动性。

2017年1月3日,浙商银行基于区块链技术的移动数字汇票产品正式上线并完成首笔交易。[2]基于区块链技术的移动数字汇票平台,具有在移动客户端签发、签收、转让、买卖、兑付移动数字汇票的功能,并在区块链平台实现公开、安全的记账。移动汇票通过区块链技术,将以数字资产的方式进行存储、交易,在区块链系统内流通,不易丢失、无法篡改,具有更强的安全性和不可抵赖性。

(4)客户征信与反欺诈。信息时代银行的客户征信及法律合规的成本不断增加。记载于区块链中的客户信息与交易记录有助于银行识别异常交易并有效防止欺诈。

2017年2月15日,兴业银行区块链防伪平台对外公开,其系利用区块链分布式高可用性、公开透明、无法作弊、不可篡改、信息安全等技术特性,基于 Hyperledger Fabric 开源架构,自主设计研发而成,服务于兴业银行所有具有存证、防伪需求的各类业务系统,业务系统的关键数据可通过调用平台应用程序编程接口(Application Programming Interface,API)实现存证和防伪功能,从而快速提升业务系统的防伪安全级别。

3. 云计算

云计算是一种通过网络(通常是互联网)提供计算资源和服务的模式。它允许用户通过云服务提供商的服务器,按需获取计算资源(如计算力、存储空间、数据库等)和服

---

[1] 微众银行领衔中国金融区块链开源应用,http://www.tfsino.com/cn/2017/qiyexinwen_0927/6346.html。
[2] 浙商银行"区块链"技术应用首笔真实交易完成,http://czbank.com/cn/pub_info/Outside_reports/201701/t20170109_11553.shtml。

务(如软件应用、开发平台等),而无须拥有和维护实际的物理硬件设施。

在金融服务领域,云计算有广泛的运用,这些应用包括但不限于:(1)数据存储和备份:金融机构处理大量的客户数据和交易数据。云存储提供了弹性的存储方案,可以帮助金融机构轻松管理和备份数据,确保数据的可靠性和安全性。(2)弹性计算:金融行业经常面临不稳定的交易量和需求,如季节性高峰和市场波动。云计算可以提供弹性的计算能力,根据需求动态调整服务器资源,确保系统高效运行,同时避免资源浪费。(3)金融分析和建模:云计算提供了高性能的计算资源,可以用于复杂的金融分析和建模任务,如风险评估、投资组合优化和预测分析等。(4)人工智能和机器学习:云计算为金融机构提供了强大的人工智能和机器学习服务,用于自动化决策、欺诈检测、客户服务等领域。(5)金融应用开发:云计算平台提供了丰富的开发工具和服务,帮助金融机构更快速地开发和部署应用程序,推出新产品和服务。

伴随金融云服务的不断开发,中国人民银行、国家发展改革委、中央网信办等监管部门陆续出台金融行业云计算发展的指导意见,规范行业的发展(见表9-1)。

表9-1 金融云相关政策及规范梳理

时间	政策文件/应用规范	主要内容
2021/12	《金融科技发展规划(2022—2025年)》	布局先进高效的算力体系,加快云计算技术规范应用,稳妥推进信息系统向多节点并行运行、数据分布存储、动态负载均衡的分布式架构转型。逐步培育有价值、可落地的金融应用场景
2022/01	原中国银保监会办公厅《关于银行业保险业数字化转型的指导意见》	要求推进传统架构向分布式架构转型,加快推动企业级业务平台建设;加大数据中心基础设施弹性供给;建立能够快速响应需求的敏捷研发运维体系
2021/12	《"十四五"数字经济发展规划》	推行普惠性"上云用数赋智"服务,推动企业上云、上平台,降低技术和资金壁垒,加快企业数字化转型
2020/04	《关于推进"上云用数赋智"行动培育新经济发展实施方案》	深化数字化转型服务,推动云服务基础上的轻重资产分离合作。鼓励平台企业开展研发设计、经营管理、生产加工、物流售后等核心业务环节数字化转型
2021/06	《金融云备案管理办法(试行)征求意见稿》	任何机构和个人未经备案不得从事或变相从事金融业云服务业务,金融机构不得使用未经备案的金融云产品
2020/10	《云计算技术金融应用规范 技术架构》	对云计算的服务类别、部署模式、参与方、架构特性和架构体系等内容提出规范要求

续表

时间	政策文件/应用规范	主要内容
2020/10	《云计算技术金融应用规范 安全技术要求》	对基础硬件安全、资源抽象与控制安全、应用安全、数据安全、安全管理功能、安全技术管理要求,服务能力要求等内容提出规范要求
2020/10	《云计算技术金融应用规范 容灾》	对云计算平台容灾能力分级、灾难恢复预案与演练、组织管理、监控管理、监督管理等内容提出规范要求

资料来源:艾瑞咨询:《中国金融云行业研究报告》,https://pdf.dfcfw.com/pdf/H3_AP202209211578557703_1.pdf?1663767909000.pdf。

4.大数据

大数据是指规模巨大、类型多样且增长迅速的数据集合。这些数据集往往超出传统数据库处理能力的范围,因此需要采用特殊的技术和工具进行处理、存储和分析。

在金融领域,大数据有广泛的运用,以下是大数据在金融领域的一些典型应用:(1)风险评估和管理:通过收集和分析大量的交易数据、市场数据、经济数据以及其他相关数据,金融机构可以更准确地评估客户和交易的风险,从而更好地管理风险暴露。(2)反欺诈:大数据技术可以实时监测和分析客户交易和行为模式,帮助发现异常行为和潜在的欺诈行为,从而增强金融机构的安全性。(3)个性化营销:通过分析客户的交易历史、行为和偏好,金融机构可以向客户提供个性化的产品和服务,从而提高客户满意度和忠诚度。(4)投资决策:大数据分析可以帮助投资者发现市场趋势和机会,优化投资组合,提高投资回报率。

总体来说,大数据在金融领域的应用不仅能提高效率和降低成本,还能为金融机构带来更准确的商业洞察和决策支持。但是,由于大数据的处理和存储需求较高,金融机构在使用大数据时也需要考虑数据隐私、合规性和安全性等问题。

二、金融科技的发展演变

金融科技不是最新技术的产物,几千年来,金融和技术一直在发展。在过去的几十年中,金融创新包括20世纪60年代的信用卡、20世纪70年代和80年代的借记卡、现金分配终端,如自动柜员机和电话银行,以及90年代的债券和资本市场放松管制之后产生的新金融产品。世纪之交,互联网银行带来了无网点银行,提供远程办理银行业务的服务,而不需要客户与银行之间进行面对面的互动。随着手机等移动设备的出现,这种技术又有了新的参与者,如移动电话、基于互联网的运营商以及硬件和软件提供商。

Douglas W. Arner(2015)将金融科技的发展历程划分为三个阶段。

金融科技1.0时代(1866~1967年)是金融模拟工业化发展的时代,金融机构借助网络技术和信息技术初步建立了金融服务的基础设施,并引发了第一次金融全球化。

例如,美国建设了第一条跨大西洋电缆(1866年)和Fedwire(1918年),通过电报和摩尔斯电码等技术实现了远距离的电子资金转账,使得远距离的金融交易成为可能。

金融科技2.0时代(1967~2008年)是金融数字化发展的时代,其重要特点是金融交易处理程序的数字化发展。例如,巴克莱银行于1967年安装了第一台ATM机,标志着金融从模拟转向数字化。20世纪70年代,纳斯达克成立了世界上第一个数字证券交易所,此后全球银行间金融电信协会(SWIFT)的建立便利了金融机构间的通信协议,促进了跨境支付的顺利实施。

金融科技3.0时代(2008年至今)是金融与其他行业融合发展的时代,不断涌现出各种金融新型业态,在整合和优化的基础上持续创新。因此,金融科技的概念和内涵是动态的,与金融和技术创新以及金融和技术融合的方式和程度有关。在金融科技3.0时代,金融和技术实现了完全的融合,技术推动金融创新和改革,金融促进技术创新和发展。金融科技通过螺旋上升式的结构,从底层影响金融发展,改变了金融业态模式。[1]

在我国,金融科技的发展也可以分为三个阶段(见图9-1):

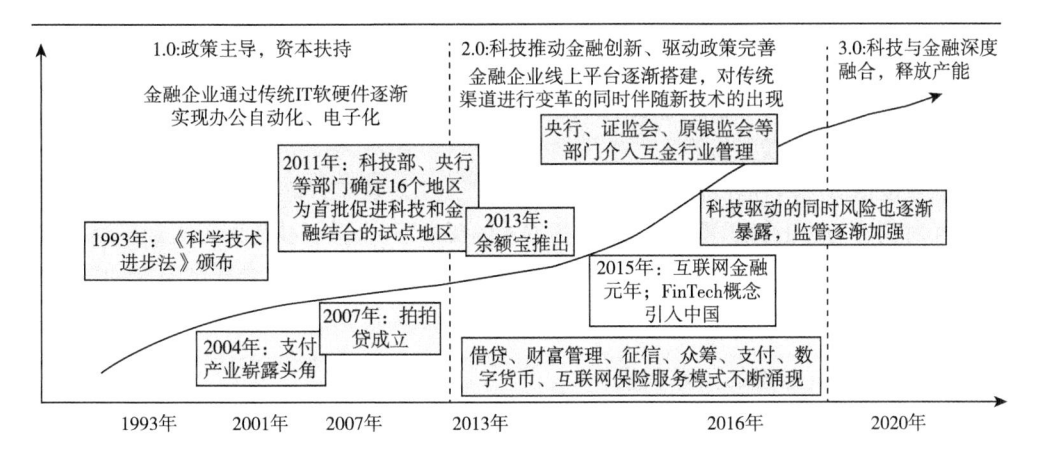

图9-1 金融科技的发展历程

资料来源:《平安证券研究报告》,http://www.d-long.com/eWebEditor/uploadfile/20180122195102972 77471.pdf。

金融科技1.0阶段(金融信息化阶段):在20世纪80年代,全球经济一体化和金融自由化催生了大量复杂的金融服务需求。为了应对这一挑战,金融机构设立了IT部门,推动了银行卡、ATM、证券交易无纸化等技术的快速普及。这些技术的引入初步融合了金融服务与电子信息技术,从而提高了业务效率、降低了运营成本。在中国,国务院于1993年提出加快金融电子化建设的决定,推动了中国金融信息化的发展。在国务院的

---

[1] Douglas W. Arner, Janos Barberis & Ross P. Buckley, *The Evolution of Fintech: A New Post-Crisis Paradigm*, 47 Georgetown Journal of International Law 1271 (2015).

统一部署下,中国人民银行和银行业金融机构共同探索行业电子化建设之路,通过现代通信技术和计算机技术等手段提升了服务的效率,提高了业务的自动化水平。

金融科技 2.0 阶段(互联网金融阶段):随着互联网的发展和移动设备的普及,金融科技逐渐步入以互联网金融为代表的 2.0 阶段。在这个阶段,金融机构开始建立在线业务平台,利用互联网和移动设备的渠道汇集用户和信息,实现各种金融业务中的资产端、交易端、支付端和资金端的任意组合与互联互通。从金融科技 1.0 阶段到金融科技 2.0 阶段的过程实质上更多的是对金融渠道的变革,实现了信息共享和业务融合。其中,最具代表性的业态形式包括网络借贷、互联网保险和互联网基金销售等。金融服务从线下转移到线上,极大地丰富了触及范围和应用场景。

金融科技 3.0 阶段(智能金融阶段):以人工智能、区块链、云计算和大数据为代表的新兴技术正在引领全球进入金融科技 3.0 阶段,金融科技正在迈入高速成长期。在这个阶段,金融科技通过与各种新兴技术的结合,重塑了传统金融业务中的信息采集、风险管理和资产投资决策等方面,不断提升金融的智能化水平。与金融科技 1.0 阶段注重后台 IT 技术应用以及金融科技 2.0 阶段关注前端服务渠道的互联网化不同,金融科技 3.0 阶段更加侧重于业务前、中、后台全流程科技应用的变革,使金融科技能够实现全方位的赋能,大幅提升传统金融的效率。金融科技 3.0 阶段的代表性业态形式包括数字货币、智能投顾和大数据征信等。

新冠疫情对国内外经济造成巨大冲击,也扩大了对数字金融服务和金融科技的需求。面对疫情的冲击,在"零接触式"服务方式的要求下,金融科技得到了更加广泛的重视和应用,金融行业数字化转型呈现加速化趋势,金融与科技的融合程度不断加深,金融科技生态正在发生新的深刻变化。

三、金融科技监管的国际探索

近年来,金融稳定理事会、国际货币基金组织、国际清算银行、国际证监会组织等国际监管组织都成立了专门的工作组。这些工作组,从不同角度研究金融科技的发展演进、风险变化、对金融体系的影响和监管应对等问题,以探索如何相应完善监管规则,改进监管方式。

(一)国际清算银行

国际清算银行成立于 1930 年,其使命是通过国际合作促进全球货币和金融稳定。技术正在改变全球金融市场,国际清算银行成立了创新中心,在技术领域开发公共产品,以支持中央银行并改善金融体系的运作。[1]

---

[1] *About the BIS Innovation Hub*,https://www.bis.org/about/bisih/about.htm? m = 3097.

1. 央行数字货币的发行调查

根据国际清算银行支付和市场基础设施委员会(Committee on Paments and Market Infrastructures,CPMI)的定义,央行数字货币(Central Bank Digital Currencies,CBDC)是"不同于传统准备金或结算账户余额的央行货币的数字形式",[1]它是一种数字支付工具,以国家记账单位计价,是央行的直接负债。

CBDC 的崛起是一个全球现象。从 2017 年开始,国际清算银行每年都会对全球各国家和地区的央行发放关于 CBDC 的问卷调查,调研各个央行对发放数字货币的态度以及进展。2023 年 7 月 10 日,国际清算银行刊发了题为《取得进展:国际清算银行 2022 年对央行数字货币和加密资产的调查》(Making headway: Results of the 2022 BIS survey on central bank digital currencies and crypto)的调查报告,详细介绍了国际清算银行第六次 CBDC 调查的成果。2022 年,共有 86 家央行对调查作出了答复。作出回应的中央银行的司法管辖区占世界人口的 82% 和全球经济产出的 94%。28 个受访国家或地区属于发达经济体(AEs),58 个属于新兴市场和发展中经济体(EMDEs)。数据显示,2022 年期间,致力于各类型 CBDC 工作的中央银行的比例进一步提升至 93%。此举表明,CBDC 发行中存在的不确定性正在减少。根据调查,零售型 CBDC 的发展较批发型更为先进,1/4 的中央银行正在试行零售型 CBDC。超过 80% 的中央银行认为,同时拥有零售型 CBDC 和快速支付系统具有潜在价值,主因是零售型 CBDC 拥有特定特性,并可能提供额外功能。预测显示,到 2030 年,将有 15 个零售型和 9 个批发型 CBDC 公开发行。超过 90% 的中央银行在设计概念验证、试点或推广 CBDC 时均与其他利益相关方合作。此外,新兴市场和发展中经济体与发达经济体在参与程度及所涉及的 CBDC 类型上存在差异。约 60% 的受访中央银行报告称,它们已加强 CBDC 工作以应对加密资产的出现。[2]

上述调查报告认为,关于 CBDC 的法律依据还存在不确定性。CBDC 的发行需要一个法律框架,以便为央行提供这样做的权力。与之前相比,拥有此类法律权力的央行所占比例从 26% 略微增加到 27%。此外,约 8% 的司法管辖区目前正在修改法律或澄清法律授权。例如,欧盟委员会计划在 2023 年第二季度提出一项建立数字欧元的法规。尽管如此,1/4 的央行缺乏所需的法律基础,约 40% 的央行的法律基础不确定。[3]

2. 金融科技公司的监管

2021 年 2 月,国际清算银行发布了《金融科技监管:实现公平的竞争环境报告》。该

---

[1] CPMI & MC, *Central bank digital currencies*, p. 4, https://www.bis.org/cpmi/publ/d174.htm.
[2] BIS Papers No. 136, Making headway – Results of the 2022 BIS Survey on Central Bank Digital Currencies and Crypto, p. 4.
[3] BIS Papers No. 136, Making headway – Results of the 2022 BIS Survey on Central Bank Digital Currencies and Crypto, p. 11.

报告指出监管应该如何演变,以鼓励传统银行与新兴金融科技和大型科技公司之间进行公平竞争,目前在这一问题上仍存在争论。监管框架应在金融监管政策目标、竞争和业务连续性要求等方面纳入大型科技公司,并对它们所从事的不同业务活动产生的风险进行监管。这一框架不仅有助于实现金融监管的主要目标,还有助于减少不正当竞争。[1]

拥有广泛客户的大型科技公司的平台提供的金融产品越来越多,其在金融领域的作用日益凸显。这类科技企业的4个特点尤为突出:(1)大型科技公司正在开发具有显著网络效应的业务;(2)显著的网络效应可能使其影响市场运作;(3)大型科技公司拥有广泛且可支配的用户基础;(4)它们将大量资源用于开发或收购先进技术。大型科技公司通过其"数据—网络—活动"(DNA)的循环迅速扩大了对金融系统的影响力,从而为金融系统带来了便利。然而,这种影响力也带来了市场集中度过高、竞争力下降等风险。[2]

为了应对大型科技公司带来的风险,不同司法管辖区采取了调整监管框架的措施,主要集中在竞争政策、数据保护与数据共享、业务操守、金融稳定等领域。

在竞争政策领域,监管措施最为广泛和全面。除加强传统的事后执法手段外,还建立了针对大型科技公司的事前监管制度,以维护市场竞争的健康性。

数据保护与数据共享领域也出台了多项政策措施,重点关注个人数据的使用和保护。中国和欧盟还着重关注用户数据的可携带性,力求确保数据隐私权益。

在业务操守和金融稳定领域的政策举措并不完全一致。欧盟的《数字服务法案》和中国的金融控股公司制度分别代表了这两个领域的重要进展。

与系统重要性银行或金融基础设施一样,全球化的大型科技企业同样具有重要的系统性影响,对这类科技企业参与金融活动的监管,需要适用与前者相同的概念。

考虑到大型科技公司在金融行业的参与以及上述潜在问题,监管当局正在评估是否需要调整与大型科技公司金融业务相关的监管方式。这一评估的关键方面包括以下几点:(1)对大型科技公司商业模式的深入了解;(2)评估风险概况及传导机制。通过上述评估,当局可以重点关注现有监管框架下与大型科技公司相关的风险是否得到充分控制,以及在公平竞争环境中是否存在监管套利机会或不必要的差异。在此基础上,监管当局可以决定是否加强现行监管框架。在制定相关政策时,以下几种选择值得考虑:(1)重新调整基于实体和基于活动的规则组合。(2)引入定制化的政策方法,专门针对大型科技公司监测和降低由其所有业务导致的系统性风险;建立客观标准以界定大型科技公司。(3)加强地方与国际监管的合作。

---

[1] FSI Occasional Paper No. 17, *Fintech Regulation: How to Achieve a Level Playing Field*, https://www.bis.org/fsi/fsipapers17.htm.

[2] *Regulating Big Techs in Finance*, https://www.bis.org/publ/bisbull45.htm.

(二)金融稳定理事会

FSB 是一个国际性的组织,成立于 2009 年,总部设在瑞士的苏黎世。它的主要职责是监督全球金融体系和提出建议,并通过协调各国和国际标准实现这一目标。FSB 由全球主要经济体的中央银行、金融监管当局和国际金融组织组成,其成员包括二十国集团(G20)成员和一些其他系统重要性较高的国家和地区。

FSB 一直在分析金融科技对金融稳定的潜在影响,以确定值得当局关注的监管和监管问题。2016 年 3 月,FSB 发布了《金融科技的全景描述与分析框架报告》,以维护金融稳定为核心,各局首次正式探讨了金融科技蕴藏的系统性风险以及监管应对问题,报告提出,监管决策应建立在"两个分析、一个评估"的基础上。关于"两个分析",一是对创新机构特点和创新内容进行充分分析,二是积极分析创新驱动刺激因子;"一个评估"则是指前瞻评估金融科技对金融稳定的影响。[1]目前,FSB 正致力于拟定金融科技的全球监管框架。已经确定了 10 个领域,以下 3 个被视为国际合作的优先事项:(1)需要管理第三方服务提供商的运营风险;(2)降低网络风险;(3)监控随着金融科技活动的增加而可能出现的宏观金融风险。[2]近来工作的重点围绕以下几个方面展开。

1. 加密资产的监管

制定全球监管框架以解决加密资产市场和活动中的脆弱性,一直是 FSB 的关键优先事项。2023 年 7 月 17 日,FSB 针对加密监管发表了《加密资产活动全球监管框架》(FSB Global Regulatory Framework for Crypto-Asset Activities),该框架基于"相同活动,相同风险,相同监管"的原则,为确保加密资产活动和所谓的稳定币受到与其构成的风险相称的一致和全面的监管,同时支持技术变革可能带来的负责任创新,提供了坚实的基础。其中针对加密资产活动和市场的监管有 9 项广泛的建议。

(1)监管权力和工具。建议监管当局拥有并充分利用适当的权力、工具以及充足的资源,以规范、监督加密资产的活动和市场,并能够合理有效地执行相关法律法规。

(2)总体监管框架。监管当局应当建立与金融稳定风险相对称的总体监管框架,以全面有效地监管加密资产的活动和市场,包括加密资产发行者和服务提供商,以应对可能存在的风险,并遵守"相同活动、相同风险、相同监管"的原则,同时确保符合各自的监管职责。

(3)跨境合作、协调和信息共享。监管当局应当在国内和国际层面相互合作、协调,

---

[1] FSB, *Fintech: Describing the Landscape and a Framework for Analysis*, Financial Stability Board (March 2016), https://www.fsb.org/work-of-the-fsb/financial-innovation-and-structural-change/fintech/.

[2] FSB, *Financial Stability Implications from FinTech*, Financial Stability Board (Jun. 27, 2017), https://www.fsb.org/2017/06/financial-stability-implications-from-fintech/.

促进高效和有效的沟通、信息共享和磋商,以确保在履行各自职责时相互支持,并鼓励监管和监督结果的一致性。

(4)治理。监管当局应酌情要求加密资产发行者和服务提供商制定并披露全面的治理框架,明确规定其正在开展的所有职能和活动的责任和问责制。该治理框架应与其风险、规模、复杂性和系统重要性以及参与的活动或市场可能带来的金融稳定风险相适应,以确保对其执行的职能和活动进行明确和直接的责任划分和问责。

(5)风险管理。监管当局应当酌情要求加密资产服务提供商(CASP)建立有效的风险管理框架,全面解决与其活动相关的所有重大风险。该框架应与风险、规模、复杂性和系统重要性以及参与的活动或市场可能带来的金融稳定风险相匹配,以确保覆盖与传统金融领域相当的监管结果所需的范围,并解决加密资产发行者参与的活动或市场可能带来的金融稳定风险。

(6)数据收集、记录和报告。监管当局应当酌情要求加密资产发行者和服务提供商建立健全的框架,包括系统和流程,用于收集、存储、保护以及及时准确地报告数据,以满足与其风险、规模、复杂性和系统重要性相适应的要求。监管当局应当在必要和适当的情况下访问数据,以履行其监管职责。

(7)披露。监管当局应当要求加密资产发行者和服务提供商向用户和利益相关者披露其治理框架、运营、风险状况和财务状况,以及提供的产品和活动的全面、清晰和透明的信息执行。

(8)解决因相互关联和相互依赖而产生的金融稳定风险。监管当局应识别和监控加密资产生态系统内以及加密资产生态系统与更广泛的金融体系之间的相互关联,并采取措施解决由这些相互联系和相互依赖所产生的金融稳定风险。

(9)对多功能加密资产服务提供商进行全面监管。主管部门应当确保在允许的情况下,对兼具多种功能的加密资产服务提供商及其附属机构进行适当的监管,全面应对与个别职能相关的风险以及因职能组合而产生的风险。[1]

2. 对全球稳定币的监管安排

在前述《加密资产活动全球监管框架》中除对加密资产活动和市场的监管、监督提出高层次的建议外,还修订了关于全球稳定币(GSC)安排的监管、监督高级建议。

目前并没有普遍认可的关于稳定币的法律或监管定义。稳定币通常是指相对于指定资产或资产池或一篮子资产保持稳定价值的加密资产。这些资产的价值通常会决定或影响稳定币的市场价值。稳定币还可以采用算法或其他方式稳定或影响其市场价

---

[1] FSB, *High‐level Recommendations for the Regulation, Supervision and Oversight of Crypto‐Asset Activities and Markets*, Financial Stability Board (Jul. 17, 2023), https://www.fsb.org/2023/07/high‐level‐recommendations‐for‐the‐regulation‐supervision‐and‐oversight‐of‐crypto‐asset‐activities‐and‐markets‐final‐report/.

值,例如,根据需求的变化自动调节其供应。目前主要有两种稳定机制:资产关联机制和算法机制,以及两者的混合机制。

稳定币项目通常提供三个核心功能,包括:(1)发行、赎回和稳定稳定币的价值;(2)稳定币转移;(3)为用户提供存储和交易的交互功能。

全球属性是指具有跨多个辖区的潜在影响力和采用率,与许多互联网金融服务一样,稳定币项目所依据的技术基础设施不受其地理范围的限制。[1]

需要强调的是,FSB 的报告中使用"稳定币"一词并不意味着确认或暗示其价值是稳定的。之所以使用这个词,是因为市场参与者和监管机构通常使用该词。FSB 在2020 年的报告《"全球稳定币"安排的监管和监督》中描述了三个特征以区分 GSC 与其他加密资产和稳定币。这些特征包括:(1)存在稳定机制;(2)可用于支付和/或价值储存;(3)潜在的跨多个司法管辖区的覆盖范围和采用情况。前两个特征(存在稳定机制及可用于支付和/或价值储存)以及这些特征带来的独特风险使稳定币与其他加密资产有所区别。第三个特征,即潜在的跨多个司法管辖区的覆盖范围和采用情况,使 GSC 与其他稳定币区别开来。[2]

通过征询公众意见及吸取公众咨询期间收到的反馈,FSB 就监管、监督响应(包括多边应对措施)提出了 10 项高级别建议。

(1)当局做好监管全球稳定币安排的准备。建议监管当局拥有并充分利用必要的权力、工具和资源,全面监管、监督 GSC 项目及其多功能活动,并有效执行相关法律法规。监管当局的权力应扩大至其管辖范围内,对从事 GSC 活动的实体进行监管和监督。主管部门应该评估、确定和明确哪些主管部门对 GSC 项目的哪项活动负责。必要时,通过法规或政策的调整解决监管缺陷。在某些司法管辖区,可能需要进行立法修改以弥补这些缺陷。监管当局还应确保对 GSC 活动(包括活动方式的重大变更)和财务系统进行适当的监控。

(2)全面监管 GSC 的活动和职能。当局应当将监管要求应用于 GSC 项目,并与其风险相匹配。应采取技术中立的监管方法,全面监督 GSC 的多功能活动并减少监管套利。监管当局应着重关注 GSC 项目所履行的职能和承担的风险,以及在适用的 GSC 项目上采用与之相同的监管框架并承担相同风险的实体("相同业务、相同风险、相同规

---

[1] FSB, *Addressing the Regulatory, Supervisory and Oversight Challenges Raised by Global Stablecoin Arrangements*, Financial Stability Board (Apr. 14, 2020), https://www.fsb.org/wp-content/uploads/P140420-1.pdf#:~:text=To%20assist%20the%20authorities%20in%20developing%20a%20robust,effective%20cross-border%20cooperation%20and%20information%20sharing%20%28Section%205%29.

[2] FSB, *High-level Recommendations for the Regulation, Supervision and Oversight of Crypto-Asset Activities and Markets*, Financial Stability Board (Jul. 17, 2023), https://www.fsb.org/2023/07/high-level-recommendations-for-the-regulation-supervision-and-oversight-of-crypto-asset-activities-and-markets-final-report/.

则")。这包括有关电子货币发行人、汇款公司、支付和金融市场基础设施、集体投资计划以及存款和证券交易活动的相关法规、标准和规则。同时,还要包括市场完整性、消费者和投资者保护计划以及适当的保障措施,比如,交易前和交易后的透明度义务、利益冲突规则、披露要求、交易 GSC 平台的健全系统和控制措施,并在发生未经授权的交易和欺诈行为时分配责任,并制定管理转移订单不可撤销性的规则("结算终局性")。

(3) 跨境合作、协调和信息共享。监管当局应确保对跨境和跨部门的 GSC 项目进行全面的监管和监督。当局应在国内和国际上相互合作与协调,以促进有效的沟通与协商,相互支持并履行各自的职责,并促进对跨境和跨部门的 GSC 项目进行全面监管和监督。双边和/或多边谅解备忘录可以为合作提供基础,以促进合作和信息共享、危机管理和解决,并辅之以单一重点机制,如关于反洗钱/反恐怖融资或网络安全方面的机制。

(4) 治理结构和权力下放运营。主管部门应确保 GSC 项目建立了全面的治理框架,并明确分配 GSC 项目内的职能和活动的责任。治理结构和问责制应该有坚实的法律基础,并且对用户和其他利益相关者进行披露。这种披露应包括在不同司法管辖区中分配治理和问责的机制,并明确任何一个司法管辖区中问责制和法律责任的限制。这包括为 GSC 项目的参与者设定规则和标准,设立运营稳定机制,特别是适当的投资储备资产的规则,设定提供保管/受托服务的规则,以及设立用于储备资产并向用户提供服务的规则。

(5) 风险管理。监管当局应确保 GSC 项目具有有效的风险管理框架,特别是在储备金管理、运营弹性、网络安全保障、反洗钱/反恐怖融资(AML/CFT)措施以及"其他适当"要求方面。监管当局应确保为 GSC 项目制定适当的政策,明确 GSC 项目内的所有职能和活动如何受到与 GSC 项目的特定风险相匹配的风险管理措施的约束。这包括将适用的审慎框架(如市场风险框架)应用于承担部分或全部相关资产价值波动风险的 GSC 运营商,对参与 GSC 项目管理和控制的个人进行尽职调查,对 GSC 项目进行连续的风险评估、应急准备和连续性计划,并评估其技术模型和稳定币转移规则所提供的结算终局性保障。

此外,除保护消费者的考虑外,监管当局还应解决潜在的金融稳定性问题,考虑要求 GSC 项目采取严格的规则管理储备资产,以确保有足够的资本和流动性缓冲吸收信贷、流动性和市场风险,并解决与稳定机制有关的法律、运营和网络风险。

(6) 数据存储和数据访问。监管当局应当确保 GSC 项目建立了健全的系统以保护、收集、存储和管理数据。GSC 项目应实施和运营数据管理系统,以可发现的格式记录和维护在其操作过程中收集和产生的相关数据和信息,并遵守所有适用的数据隐私要求。监管当局应要求 GSC 安排具有强大的框架,包括用于收集、存储、保护和及时准确报告数据的系统和流程。监管当局应当根据需要适当地访问数据,以履行其监管、监督和监督委托的职责。

(7) GSC 的恢复和解决计划。监管当局应当要求 GSC 安排制订适当的计划,以支持根据适用的法律(或破产)框架进行恢复、解决或有序停止,包括 GSC 安排内任何关键职能和活动的连续性,并防止向金融系统传播。

监管当局应当考虑如何通过 GSC 网络实体之间有效的合同义务实现这些计划,并解决所有运营实体所在司法管辖区当局可能参与的问题。

恢复和解决计划应考虑跨境情况,并确保计划与关键司法管辖区的当局进行协调。在潜在系统重要性增加的情况下,监管当局应要求 GSC 安排加强恢复和解决计划的实施。

(8) 披露。监管当局应当要求 GSC 发行人以及 GSC 安排中的其他参与者(如适用)向所有用户和利益相关者提供全面、透明的信息,以了解 GSC 安排的运作情况,包括治理框架、任何利益冲突及其管理、赎回权、稳定机制、运营、风险管理框架和财务状况。GSC 安排的特征应对所有用户和利益相关者透明,包括:GSC 安排的治理结构;在 GSC 安排内分配给运营商或服务提供商的角色和职责;稳定机制的运作;储备资产的组成和投资授权;储备资产的托管安排和适用的隔离;可用的争议解决机制或寻求补救或提出投诉的程序,以及与用户风险信息标准相媲美的标准。

(9) 赎回权、稳定和审慎要求。有关 GSC 安排,监管当局应当使所有用户可以提出强有力的法律主张,以追究发行方和/或基础储备资产的责任,并确保及时赎回。对于以单一法定货币为参照的 GSC,应当按照面值将其兑换成法定货币。为了始终保持稳定价值并减轻风险,当局应当要求 GSC 安排具备有效的稳定机制、清晰的兑换权利,并满足审慎要求。

(10) 运营前监管要求。监管当局应当要求 GSC 安排开始在某个特定司法管辖区进行任何操作之前,满足所有适用的监管、监督和监察要求,并根据需要和适当情况适应新的监管要求。

除非 GSC 安排能够满足司法管辖区的所有监管、监督和监察要求(包括已存在的许可证或注册等),否则当局不应允许 GSC 安排在其司法管辖区内运营。这包括特定于加密资产的要求,以及适用于加密资产的经济和金融本质的一般要求(包括消费者和投资者保护监管),符合"同一活动、同一风险、同一监管"的原则。

在适用的监管要求下,GSC 安排应当具备根据需要或适当情况调整其运营特征、流程和机制以保持符合的能力,符合国际标准的演化或变化。

在特定司法管辖区内推出安排和向用户提供服务之前,涉及 GSC 安排的管理和控制的实体和个人应当了解适用的监管要求。在可能适用多个司法管辖区的监管法规的情况下,了解哪些司法管辖区的规则适用于不同功能和活动的各个方面,并积极与当局进行沟通。

3. 第三方外包

金融机构依靠第三方服务提供商提供一系列服务,其中一些服务可以支持其关键运营。近年来,作为金融服务行业数字化的一部分,这些第三方的依赖性不断增强,可以为金融机构带来多种好处,包括灵活性、创新和提高运营的弹性。然而,如果管理不当,关键服务或服务提供商的中断可能会给金融机构带来风险,在某些情况下还会给金融稳定带来风险。

(1)工具包的旨意

为了应对与外包和第三方服务关系相关的风险,FSB为金融当局和金融机构以及服务提供商开发了一个工具包,用于其第三方风险管理和监督。该工具包旨在:第一,减少跨司法管辖区和金融服务业不同领域的金融机构第三方风险管理的监管和规制方法的碎片化;第二,强化金融机构管理第三方风险的能力以及金融当局监测和加强金融体系复原力的能力;第三,促进利益攸关方(金融当局、金融机构和第三方服务提供商)之间的协调。[1]

鉴于不断变化的行业实践以及目前针对运营弹性的监管和规制方法,该工具包对第三方风险管理进行了全面审视,这比过去对外包的关注更为广泛。

工具包明确了第三方服务关系和相关概念的含义。

(2)第三方服务关系

第三方服务关系是指服务提供商向金融机构提供一个或多个服务或其部分的正式安排。就该工具包而言,服务包括但不限于活动、功能、流程和任务。第三方服务关系包括金融机构与集团内服务提供商之间的服务安排,不包括金融机构与其员工、客户或交易对手之间的金融服务交易[如从消费者那里接受存款或贷款;向保单持有人提供保险;或向其他金融机构提供金融市场基础设施(FMI)服务,如清算或结算],但包括支持这些功能的服务(如与这些交易相关的合规或后台办公活动)。

(3)相关概念的含义

服务提供商:向一个或多个金融机构直接或间接提供服务的实体或个人。有几种类型的服务提供商。第三方服务提供商:在第三方服务关系下向一个或多个金融机构提供服务的服务提供商。N方服务提供商:是第三方服务提供商供应链的一部分,并支持向一个或多个金融机构提供服务的服务提供商。[2]集团内服务提供商:是金融机构集团的一部分,并主要向同一集团内的实体提供服务的服务提供商。集团内服务提供商可能包括金融机构的分支机构、母公司、子公司、服务公司或其他在共同所有权或控制下的实体。

---

[1] FSB, *Enhancing Third-Party Risk Management and Oversight*:*A Toolkit for Financial Institutions and Financial Authorities*, Financial Stability Board(Jun. 22,2023), https://www.fsb.org/2023/06/enhancing-third-party-risk-management-and-oversight-a-toolkit-for-financial-institutions-and-financial-authorities-consultative-document/.

[2] N方服务提供商可称为分包商、分包服务提供商或间接服务提供商。

外包：是指金融机构使用服务提供商以经常性或持续性的方式执行原本由金融机构自身承担或合理承担的服务或其部分的一类第三方服务关系。

供应链：是指直接或间接为向金融机构提供服务而利用的基础设施、实物、服务和其他输入的实体网络。对于工具包而言，供应链的范围仅限于第三方服务关系下的服务。

关键服务：一项故障或中断可能严重影响金融机构的可行性、关键业务或履行重要法律和监管义务的服务。

关键服务提供商：向金融机构提供关键服务的服务提供商。

系统性第三方依赖：金融机构对一个或多个由服务提供商提供的服务的依赖，其中断或故障被相关金融主管机构确定为具有对金融稳定性的潜在影响力。

4. 管理第三方风险的方法

同时，为金融监管当局提供了管理第三方风险，识别、监测和管理系统性第三方依赖性和潜在系统性风险的方法：(1)金融当局应通过合同方式确保其就第三方服务关系能够履行监管职责。这包括拥有与服务相关的适当访问权、审计权和信息权的金融机构(包括其指定代理人)。应在监管框架要求的范围内，向金融当局(包括其指定代理人)提供此类权利。这可以在金融机构与其服务提供商之间的合同中得到保证，或者在某些司法管辖区内，通过对金融部门关键服务提供商的直接要求或期望来保证。[1] (2)金融当局还可以通过以下方式获得有关服务提供商及其向金融机构提供的服务的弹性的保证：①与金融机构的定期监管接触，包括临时信息请求、对金融机构的单独和横向审查，以及对金融机构从服务提供商处获得的保证和信息的审查，包括(如果适用)独立审计或协作保证活动(如汇总审计)的结果。②与服务提供商的非正式(通常是自愿)对话。(3)金融机构的事件报告是金融当局的重要工具，因为它可以为金融当局提供重要的数据和可行的见解，以实现其目标，包括有效监督金融机构以及监控和管理潜在的金融稳定风险。

工具包旨在补充和建立国际标准制定机构和金融监管机构的现有标准和指南，而不是取代它们。上述报告也不打算重复现有的国际标准和指南，而是通过促进跨司法管辖区和金融服务部门的监管和监管互操作性增强其有效性。

5. 跨境支付路线图

跨境支付是国际贸易和经济活动的核心。然而，长期以来，跨境支付面临着4个特别的挑战：成本高、速度低、准入有限和透明度不足。更快、更便宜、更透明和更具包容性的跨境支付将为支持经济增长、国际贸易、全球发展和金融包容性带来广泛好处。自

---

[1] FSB, *Enhancing Third-Party Risk Management and Oversight：A Toolkit for Financial Institutions and Financial Authorities Consultative Document*, Financial Stability Board（Jun. 22,2023）, https：//www.fsb.org/wp-content/uploads/P230223.pdf.

2015年以来,FSB一直在领导评估和解决代理银行和汇款支付下降的工作。这项工作现已被纳入G20跨境支付路线图。[1]应G20的要求,FSB与CPMI以及其他相关国际组织和标准制定机构协调,制定了加强跨境支付的路线图,[2]通过设置量化目标,以应对跨境支付面临的成本、速度、透明度和准入挑战。

2022年10月10日,FSB发布了一份报告,列出了实现G20目标的优先行动,以加强跨境支付。它综合了加强跨境支付路线图(Enhancing Cross-border Payments: Stage 3 roadmap)的经验教训,包括利益相关者的反馈,并将下一阶段的工作重点放在三个相互关联的优先主题上。

支付系统的互操作性和扩展。这侧重于延长实时全额支付系统的营业时间和访问策略,并提高支付系统的互操作性。支付系统的互联安排允许银行和其他支付服务提供商相互交易,而无须它们参与同一支付系统或使用中介机构。行动包括召开中央银行交流做法的论坛;促进跨境互联的快速支付系统;最终确定跨境支付服务水平协议的要求。

最终确定法律、监管和监督框架。这侧重于为跨境支付营造有效的法律、监管和监督环境,同时保持其安全性、保障性和完整性。行动旨在提高银行和非银行监管和监督的一致性;加强向最终用户的信息提供;更新反洗钱/打击资助恐怖主义规则的应用。

跨境数据交换和报文标准。这侧重于促进跨境数据交换,并增加跨境支付标准化消息传递格式的使用。行动包括加强数据框架与跨境支付之间的互动;最终确定ISO 20022协调要求并促进其实际实施;改善跨境支付使用的API协调;探索在跨境支付中加强法人机构识别编码(LEI)的使用。

成功实施这些变革将需要更广泛的合作。为了促进这一点,FSB与CPMI将召集两个行业工作组。[3]IMF和WB还将向G20以外的司法管辖区提供技术援助,以帮助推进优先主题。[4]

---

[1] FSB, Cross Border Payments, https://www.fsb.org/work-of-the-fsb/financial-innovation-and-structural-change/cross-border-payments/.

[2] FSB, G20 Cross Border Payments Roadmap, https://www.fsb.org/work-of-the-fsb/financial-innovation-and-structural-change/cross-border-payments/.

[3] FSB, *Details actions for the Next Phase of the G20 Roadmap for Enhancing Cross-border Payments*, Financial Stability Board (Feb. 23, 2023), https://www.fsb.org/2023/02/fsb-details-actions-for-the-next-phase-of-the-g20-roadmap-for-enhancing-cross-border-payments/#:~:text=Actions%20include%20enhancing%20the%20interaction%20between%20data%20frameworks, the%20legal%20entity%20identifier%20%28LEI%29%20in%20cross-border%20payments.

[4] FSB, *G20 Roadmap for Enhancing Cross-border Payments: Priority Actions for Achieving the G20 Targets*, Financial Stability Board (Feb. 23, 2023), https://www.fsb.org/2023/02/g20-roadmap-for-enhancing-cross-border-payments-priority-actions-for-achieving-the-g20-targets/.

（三）国际货币基金组织

IMF 是一个专注于全球经济和金融稳定的国际组织，由 190 个成员管理并对其负责。IMF 关注金融科技如何改善金融包容性以及数字货币带来的影响，并提供政策建议和指导，促进金融科技的可持续发展和对全球经济的积极影响。

IMF 和 WB 于 2018 年联合发布的《巴厘岛金融科技议程》，[1] 分析了金融科技在各洲发展不平衡的情况，指出金融科技可能带来法律监管、货币金融体系及国际监管合作等方面的挑战。IMF 根据调查结果于 2019 年 6 月出版了研究报告《金融科技：迄今为止的经验》(Fintech：The Experience So Far)，[2] 罗列出全球金融科技发展的现状，并对各国政府、国际组织间的合作提出了相关建议。此后，IMF 于 2019 年 7 月发布了《数字货币的崛起》(The Rise of Digital Money)专题报告，对电子货币、投资货币等新兴数字货币形式进行了详细的讨论。[3]

IMF 于 2020 年发布的报告提出，金融科技从三个方面对现有的制度安排提出了挑战：明确的授权、有效的协调和灵活性。要想金融科技既蓬勃发展又不造成金融动荡，监管当局就必须迎接挑战。为此，监管当局设立的机构和内部结构应有明确的任务授权。金融科技往往跨越监管边界，因此无论是在国内还是国际范围内，有效协调都至关重要。展望未来，鉴于金融科技发展的速度和普遍性，监管当局需要做好迅速改变其制度安排的准备。[4]

1. 金融科技对央行治理的影响

金融科技产业发展为央行提供了独特的机遇。推动金融系统转型的快速技术变化能够帮助央行强化执行货币执行、支付系统等核心功能。央行一直处于金融科技和创新的最前沿。过去，纸币的发明、通过借贷账簿完成支付处理、从电报到互联网协议的银行间支付系统过渡都可以算作这样的转型创新。但同时，金融科技的创新也使各国央行面临前所未有的挑战，如分布式分类账技术、以人工智能和机器学习为基础的新型数据分析、云计算、更广泛的移动接入、互联网速度和带宽等技术问题。

此外，金融科技对央行治理的法律基础也产生重大影响。IMF 通过发布《Fintech 对

---

[1] IMF, *The Bali Fintech Agenda：A Blueprint for Successfully Harnessing Fintech's Opportunities*, International Money Fund（Oct. 11, 2018），https：//www.imf.org/en/News/Articles/2018/10/11/pr18388 - the - bali - fintech - agenda.

[2] IMF, *Fintech：The Experience so Far*, International Money Fund（June 2019），file：///Users/42x/Downloads/PPEA2019024%20(1).pdf.

[3] Tobias Adrian, Tommaso Mancini - Griffoli, *The Rise of Digital Money*, International Money Fund（July 2019），file：///Users/42x/Downloads/FTNEA2019001.pdf.

[4] Charles R. Taylor et al., *Institutional Arrangements for Fintech Regulation and Supervision*, International Money Fund（Jan. 10, 2020），file：///Users/42x/Downloads/FTNEA2019001.pdf.

央行治理的影响：关键法律问题》(The Impact of Fintech on Central Bank Governance Key Legal Issues)对上述问题进行了讨论，以下是央行在设计其治理框架时应当考虑的关键法律问题：[1] (1)目标：央行在制定金融科技政策时，应仔细考虑这些政策的目标，并使其与央行当前的法定目标相一致。(2)职能和权力：央行应全面审查在数字化世界中执行其法定职能的方式，并审查央行法律中的法定权力，以确定央行是否能够采取一切必要行动执行这些法定职能。(3)数据使用：建立健全的治理结构和内部规章制度，确保数据的处理、管理和使用符合适用的法律和规定。(4)跨境合作：在需要时，审查进入跨境央行合作安排的法律依据，并以最适当的法律工具形式记录这些安排。(5)监督委员会：审查央行法律中关于监督委员会成员的资格标准，以确保委员会成员具备足够专业的技术技能，并审查央行法律中的授权，即授权监督委员会成立专门的小组委员会或调整现有委员会(如风险委员会)的职权和组成。(6)金融科技高级主管：当央行内设立新的以金融科技为重点的高级主管职位时，应咨询法律部门，以确保关键的治理保障措施(明确的指挥链、健全的问责制和无利益冲突)不会受到破坏。(7)自主权：在设计央行针对金融科技发展的应对行动时，必须注意保持央行适当水平的职能自主权，考虑到每个相关职能的特定需求。(8)透明度：评估央行的一般和金融透明度的法律框架，确定央行应该报告哪些与金融科技相关的问题，以及采取哪种方式进行报告。(9)责任制：审查央行的责任制度的法律框架，以确保央行对其金融科技的应对行动负责，并特别关注对数据和人工智能的治理。(10)道德准则：在金融科技公司相关高级主管和员工的特殊性背景下，审查央行的行为准则/道德准则的有效性。

这些法律步骤旨在帮助央行为金融科技时代做好治理准备，并确保央行在制定政策和执行职能时符合适用的法律和规定。

2. 央行数字货币调查

全球央行界正在积极探索 CBDC，这可能对国内和国际经济金融稳定产生根本性影响。IMF 也在开展实证和分析工作，研究 CBDC 发行带来的问题和挑战。

2020年6月26日，IMF 发布了一篇关于零售 CBDC 的研究综述，通过总结现有研究、各国中央银行实验以及利益相关者之间的讨论，对中央银行直接发行的零售型 CBDC 的发行目标、设计考虑、相关政策、合规和风险管理等问题进行了详细考察。从是否发行以及在什么情况下发行，到选择正确的运营模式和设计特征，最后是对网络安全风险以及监管和法律框架方面因素的整体讨论，该文旨在为决策者提供一个结构化的框架以组织 CBDC 的发行决策。

---

[1] Marianne Bechara et al., *The Impact of Fintech on Central Bank Governance Key Legal Issue*, International Money Fund (Aug. 24,2021), https://www.imf.org/en/Publications/fintech-notes/Issues/2021/08/24/The-Impact-of-Fintech-on-Central-Bank-Governance-463625.

6家央行的工作人员提出跨境使用CBDC的主要障碍如下:(1)技术互操作性:在开发的初始阶段缺乏对技术和消息传递标准的协调可能意味着改造CBDC以供跨境使用将成本高昂且复杂。G20路线图上的合作可能会有所帮助,而不同DLT系统之间的分散形式的兼容性也可能很有希望。(2)法律和监管协调:目前,所有司法管辖区都以本国法律制度为基础开展了法律调查。但是,在处理数据和隐私、税收和支付法以及资本流动管理措施方面可能需要进行一些协调。[1]

3. 对商法带来的影响

技术创新与商业法正在密切互动。数字技术,特别是DLT及其相关创新如何与商法的主要领域相适应是我们所面临的问题。一些源自技术突破的新商业实践可能对某些法律框架造成冲击,或者需要进行法律改革,或者需要通过调整使其适应现有的法律框架。金融科技影响商法的关键领域,如分布式账本技术、智能合约、代币、人工智能等。就这些可能需要调整商法,如登记册制度、合同法、证券法、公司法、担保交易、破产法等。总之,商法需要与技术发展保持同步,为新商业模式提供可预测和灵活的法律支持,使各国在获得金融科技红利的同时控制风险。

(1)注册

登记是商法的基本要素之一,也是个人被承认为商人的方式。公司也需要注册后才能经营。不同类型的登记为公司法、担保交易和证券市场提供了法律确定性。在传统商法中,登记具有公共性质,由国家控制,因为它们代表一种"公共利益",为市场订约提供了重要的可靠信息,并具有监督所有市场参与者遵守行为规则的法律功能。一些注册管理机构可能是私有的,如证券注册管理机构,但是由于注册在市场运作中扮演的重要角色,它们受到市场管理机构或证券监管机构的控制。

DLT可以作为登记工具使用,实现资产权利的创设、转让、消灭。但DLT存在监管和监督机制缺失等局限性,不如传统登记册可靠。法律需要明确DLT的定义、地位和功能,认可DLT记录的法律效力,规定DLT转让的法律效果等,为其使用提供确定性。

(2)合同法

所有商业活动都通过合同进行。商法最初侧重于货物销售,但随后逐渐演变为涵盖各种经济活动的不同类型的合同,包括银行、运输、证券交易、保险和知识产权等。互联网的出现改变了合同法,人工智能和智能合同的引入带来了新的变革。但是,用于自动化合同关系的算法在合同的形成、解释、执行和履行方面具有一定的不确定性。这可能会对金融市场的稳定产生严重影响,因为交易缺乏确定性和可预测性。此外,在处理

---

[1] Gabriel Soderberg et al., *Behind the Scenes of Central Bank Digital Currency Emerging Trends, Insights, and Policy Lessons*, International Money Fund(Feb. 9,2022),https://www.imf.org/en/Publications/fintech-notes/Issues/2022/02/07/Behind-the-Scenes-of-Central-Bank-Digital-Currency-512174.

不可预见或不确定情况或重大不利情况方面,编码可能存在不足,因为它们难以处理特定情况。

自动订约通常涉及人工智能的使用,并在合同的形成、认证、解释、履行和执行方面可能遇到问题。这些问题涉及以下方面:第一,合同的订立:自动合同的一些特点在法律中已得到较好的体现,因为法律已根据技术发展进行了调整。但是,如何将自动操作与合同当事人的意图连接起来仍然是一个挑战,可能需要依靠法律规则将自动行为与特定的人或实体联系起来。第二,认证:合同的有效签名需要有效的认证机制。尽管可以通过第三方安全服务提供商进行认证,但仍需要依赖数字技术,因此,法律应该在各方之间合理分配欺诈风险。第三,合同的解释:智能合同通常涉及代码部分和自然语言部分,这可能导致解释问题。代码往往比自然语言更清晰,但也可能存在歧义和竞争解释的问题,最终需要由法院解决争议。第四,履行:智能合同的履行涉及机器的操作,这可能会导致有关机器拥有或控制权的问题,尤其是在涉及人工智能的情况下。第五,强制执行:自动合同应该与普通合同一样受到法律的规制,但一些技术进步可能增加了自助补救措施的使用。这有可能增加不当自助行为或不当自动履行的风险,进而导致诉讼,并最终需要司法强制执行。

由此可见,智能合同引发了一些特殊的法律问题,涉及合同的订立、合同的解释、履行、争议解决等。合同法需要进行相应调整,以适应新的技术创新,为自动订约提供法律确定性,并将智能合同纳入一般法律框架中。这涉及智能合同的法律定义、DLT认证机制的特殊规则以及解决与DLT相关的智能合同争议的规则。这就需要将智能合约整合到合同法框架内,以解决智能合约责任归属、履约和争议解决等问题。

(3)证券和可转让工具

代币(tokens)作为数字经济的一部分,正在改变支付和金融领域的法律框架。过去,支付方式已从简单的双边交易发展为复杂的、高度中介化的环境,包括汇票、支票、电子资金转账以及信用卡和借记卡等。通过代币化,支付服务的去中介化趋势日益明显,因为代币可以通过软件实现各种支付功能。

同时,证券和可转让票据的法律也在不断适应数字化的发展。传统上,这些都是以纸质文件形式存在的,代表着所有权。然而,随着这些文件的数字化,法律逐渐引入了"可转让记录"这一概念,即电子记录,赋予持有人行使权利的权利。为了适应这一新现实,将"占有"概念转化为"控制"概念,将电子记录归属于特定的个人。然而,电子记录的控制概念尚未得到明确定义。

证券型代币需要遵守证券法,证券型代币本身并没有从证券法中豁免。如果一种代币声称授予证券的权利,那么发行人将需要遵循证券法的所有要求,包括注册和信息披露要求。2018年的首次代币(ICO)发行引发了疯狂的投机,并模糊了代币类别之间的界限。此外,相关案例如 SEC v. Telegram[1]或 SEC v. KIK[2]表明,代币作为有用工具或支付手段的概念是灵活的,这并不意味着代币不能被归类为证券。然而,在涉及代币的其他案例中,比如 Turnkey Jet Inc. 案,证券交易委员会解释称,"该代币在销售时即可发挥其预期功能,即购买航空包机服务,因此不被归类为证券",所以这种代币不被归类为证券。[3] DLT 通过网络发行的代币具有灵活性,可以包含任何类型的权利,这可能导致不确定性和不可预测性。

一般而言,如果一个代币试图复制证券功能,如发行股份或债券,那么就需要遵守证券法的规定。实际操作中,这意味着以代币形式发行证券可能会被禁止,因为大多数法律体系并不准备接受这种证券形式。因此,允许使用代币作为证券的国家需要在法律中增加相应的规定,并特别关注是否允许使用代币跨境发行。举例来说,如果一个代币被视为证券,那么发行代币就可能被视为公开发行证券。此外,各国还需要解决代币化证券的转让和质押问题,以及健全相关私法制度,明确适用于代币交易的法律。然而,即使将代币归类为证券,要实施证券监管也存在挑战,因为交易是虚拟的,可能超出法院的地域管辖范围。另一个问题是监管机构的监督。证券和市场监管机构可能会访问账本以核实交易信息,但分布式账本实际上处于监管机构的管辖范围之外,并且其作为分布式系统,不会遵从监管机构的命令(如实际上无法停止交易)。

在代币领域,明确区分证券型代币(security tokens)、功能型代币(utility tokens)和支付型代币(utility tokens)至关重要。这样的分类对于法律的适用和监管具有重要意义。功能型代币引发了特定的法律问题,因为它们可能具有类似于所有权的功能,需要解决与现实世界的交互问题。这包括核实资产存在和质量的实体,最重要的是,确保持有人能够获得发行者承诺的资产或服务的机制。在这方面,法律中需要一些基本规定,如使法院能够承认 DLT 记录的有效性,并运用其主张对发行者承诺的执行。列支敦士登已经创建了一个系统,允许任何资产或权利在一个依赖于"物理验证人"(physical validators)的系统中被代币化,以确保代币与物质现实相一致。[4]

综上所述,代币化的发展正在对支付和金融法律产生深远影响。要确保法律框架适应这一快速变化的领域,需要明确区分不同类型的代币,确立代币的法律性质,并制定相应的法律规定以保护用户权益并促进市场的健康发展。

---

[1] Securities and Exchange Commission v. Telegram Group Inc. et al.,19 – cv – 09439 – PKC (S. D. N. Y. 2019).
[2] Securities and Exchange Commission v. Kik Interactive Inc.,19 – cv – 05244 – AKH (S. D. N. Y. 2019).
[3] No – action Letter by the SEC Division of Corporation Finance (Apr. 3,2019).
[4] Jose M Garrido et al., *Keeping Pace with Change*:*Fintech and the Evolution of Commercial Law*,International Monetary Fund(Jan. 27,2022),https://www.imf.org/en/Publications/fintech – notes/Issues/2022/01/27/Keeping – Pace – with – Change – Fintech – and – the – Evolution – of – Commercial – Law – 511100.

(4)公司法

公司法提供了一套复杂的法律工具,以保护公司股东和债权人的权利,并为商业活动提供了灵活性和可靠性。然而,技术创新对公司法提出了挑战,特别是在代币化方面。

正如前述,代币可以采取"证券型代币"的形式,执行类似于公司股票和债券的功能。一些法律体系已经允许公司证券的令牌化,如法国、瑞士和美国怀俄明州。此外,美国的一些州允许使用DLT进行公司股份登记,如特拉华州、堪萨斯州、马里兰州、内华达州、北达科他州和佛蒙特州。[1]然而,如果DLT的应用超出了证券的令牌化,可能需要公司法进行其他变革。

2017年DAO的经历展示了处理DLT和代币在公司法中的复杂性。创建DAO的目的是允许开发人员向组织成员展示项目,并有可能获得这些项目的融资。代币持有者可以对计划进行投票,并有权从成功的项目中获得报酬。然而,DAO的代码被黑客攻击,造成重大损失。美国证券交易委员会认定,该项目涉及未注册的证券发行,因此违反了证券法。[2]实际上,作为一个向公众融资的实体,DAO面临极高的风险。DAO还被用于构建小型企业组织。例如,怀俄明州2021年通过了一项法律,允许私营公司组建类似于DAO的实体形式,并通过智能合同进行"算法管理"。尽管DAO引入了创新的数字环境来创建数字公司、筹集资本并最终管理公司,但将DAO整合到当前的公司法框架中仍需要仔细考虑所涉及的风险,特别是对于较大的公司。

(5)担保交易

技术发展可能对担保交易产生影响。随着证券和其他资产的代币化趋势,需要明确在代币上设定担保权益的规则。这些新规则可以借鉴非物质化制度的模板,如列支敦士登和怀俄明州的做法。

现代担保交易制度的有效运作基于登记。动产担保交易的登记与传统的所有权登记有很大的不同。实际上,这些登记处是"基于通知"的,它们并不确立动产的所有权,并且对登记处范围之外的资产转让的影响有限。这种"基于通知"的登记处运作简单,并且已经整合了互联网功能,因此在采用DLT方面可能受益有限。然而,担保交易制度的真正变革可能来自物联网技术和射频识别(RFID)(可参考Mooney 2018和Bradley 2019)。

现代担保交易制度的一个薄弱环节,特别是在发展中国家,是缺乏信任。由于债权

---

[1] 在佛蒙特州,所谓的基于区块链的有限责任公司可以全部或部分使用区块链技术进行管理,如使用智能合约执行投票程序。

[2] SEC, *Report of Investigation Pursuant to Section 21(a) of the Securities Exchange Act of 1934: The DAO*, Securities and Exchange Commision (Jul. 25, 2017), https://www.sec.gov/litigation/investreport/34-81207.pdf.

人无法确定在强制执行时这些资产是否可用,库存品、原材料和其他动产上的担保权益没有得到充分利用。利用低成本的资产标记技术,如 RFID,将增强债权人的权益,并扩大获得信贷的机会。但这项技术需要纳入法律框架以确保其有效性。

(6) 破产

破产问题贯穿商法的各个领域,在新技术和商业实践的发展中发挥着突出的作用。[1] 破产是指当一个人无法按期履行义务时出现的各种情况。从这个广义的观点来看,基于技术发展而建立的新型组织,如 DAO,同样可能面临破产,并因此适用破产程序。如果新型组织本身包含适用于破产的规则,则会简化参与者之间的清算和损失分配。但是,如果法院的破产诉讼中涉及代币,那么适用的规则将与非数字组织相同。对法院来说,主要的挑战将是确定诉讼中代币的性质。例如,如果代币被视为货币,回收的金额可能等于转让的金额,但如果代币被视为商品,则有一系列选择,如返还代币或回收转让时财产的价值。[2]

代币持有人的法律地位是破产问题的主要关注点。不同代币可能具有不同的权利,代币持有人的地位取决于这些权利。例如,证券型代币可能被视为股份,在破产时受同等对待,而赋予持有人现金流权益的证券型代币可能被视为债券,允许持有人在破产程序中提出索赔。然而,功能型代币和加密货币持有人的地位较为模糊。一些法院在处理中介机构或托管人(钱包提供者)破产的案件时,对代币持有人的权益进行了分析。核心问题是,用户是否有权恢复其代币(具有物权或对物权),还是仅具有债权(有权接收其存入代币的价值)。这在银行、证券中介机构和客户之间的关系中是一个传统问题。在破产情况下,区分物权和个人权利至关重要。如果代币持有人与中介机构之间的关系仅仅是个人关系,那么在中介机构破产时,持有人只能提出无担保债权的索赔。在这方面,法院采取了不同的方法。[3] 确立加密资产的法律性质,作为根据法律要求能够拥有和转让的资产的基本法律规则,对于保护用户在破产情况下和市场发展中的权益至关重要。

在破产情况下,还需要分析功能型代币。功能型代币可以授予持有人对资产的任

---

[1] Not all legal systems include or classify insolvency as an area of commercial law.

[2] In re Hashfast Techs, No. 14-30725 (Bankr. N. D. Cal. 2016).

[3] In the Japanese case of the Mt. Gox bankruptcy, the court held that the holders of Bitcoins deposited in Mt. Gox, a Bitcoin exchange, could only claim a personal right and were not entitled to receive Bitcoins, which are not a physical asset (see https://www.law.ox.ac.uk/sites/files/oxlaw/mtgox_judgment_final.pdf), while in the New Zealand case of Roscoe v. Cryptopia, Ltd. (in liquidation) [2020]NZHC 728, the court held that cryptocurrencies are property and therefore that the exchange was a trustee for the token held in its platform. In a recent Canadian case (see Re Quadriga Fintech Solutions Corp et al. (Mar. 1, 2021), Toronto CV-19-627184-00CL (31-2560674), CV-19-627185-00CL (31-2560984), and CV-19-627186-00CL (31-2560986) (Ont Sup Ct [Comm List]), the court considered that cryptocurrencies are property, but claims denominated in cryptocurrency needed to be converted to Canadian dollars.

何形式的权利或接收服务的权利。如果代币包括接收服务的权利,那么在发行者破产时,它可能会受到与任何其他合同关系相同的影响(如使用计算机网络的权利)。实际上,如果由于发行者的破产而无法履行合同,持有人将享有要求损害赔偿的权利。对于提供资产所有权的代币,可能会存在多种情况。因为代币与实物资产之间没有直接联系,这可能会妨碍用户主张有关该资产的物权,除非有特定的法律规定。否则,即使代币确定了特定资产,代币的使用者也只具有对发行者的个人权利。在可以主张实物权的情况下,如果资产被混合使用且无法与个别代币匹配,那么代币持有人将需要平等分享。

担保交易的创新也可能影响破产制度。利用物联网技术进行抵押物位置追踪和溯源的可能性可以增加担保融资的吸引力。然而,这也将增加在破产情况下解决债权人之间的冲突的需求,例如,对原材料提出债权的担保债权人与提供额外材料或服务以转化这些材料的另一债权人之间的冲突。还有必要解决传统担保权益与以代币设定担保的代币持有人之间的冲突。

技术、商业实践和法律之间的关系是复杂的。历史上,商法演变一直在支持重大的技术和经济革命,为新的商业活动提供了有利的框架,并解决了相关冲突。

金融科技革命与商法的核心领域相互作用。快速且规模庞大的技术变革引发了新的商业模式、活动和市场参与者的涌现和增长,同时也促使传统市场参与者适应新技术。商业法的范围因法律体系而异,但与这些重大变革相关的一些关键领域(登记处、合同、担保和所有权凭证、担保交易、公司法和破产),尤其是 DLT 提出了与商法相关的多个问题,涉及数字登记处、智能合同和新型数字财产(代币)等新概念,甚至新的组织形式(如 DAO)。需要认识到,金融科技广泛影响法律领域,因此需要进行仔细分析。

商法必须与技术发展同步。在大多数法律体系中,当新技术在国内和国际上的商业实践和新实体中被运用时,往往处于法律真空中。这导致法律上的不确定性,并为消费者和投资者带来不可接受的风险,也可能对金融稳定构成威胁。为了开展新的商业活动,可预测、明确且技术中立的法律规则至关重要,让各国无论当前经济发展水平如何,都能从金融和商业变革中受益,同时降低风险。

制定适应新技术应用的法律议程是值得考虑的。考虑到许多新技术的跨国界应用,以商法为重点的议程应利用正在进行的国家改革、国际组织的工作、与私营部门的协作以及国际合作。健全的法律框架有助于经济增长和金融稳定,因此,基金组织在协助各国与所有利益攸关方共同制定这一议程方面发挥着重要作用。对上述议程需要进行充分的分析和深思熟虑,应遵循以下重要原则:第一,法律确定性。面对全面的技术变革,确保法律确定性是首要目标,以便在适当保护所有参与者的情况下促进商业模式的发展。第二,技术中立。法律制度不应偏袒某种特定技术,也不应阻止新技术的发展。在保持对采用新技术开放的同时,监测技术发展并评估其潜在法律问题是当局的责任。第三,有针对性的法律干预。彻底改革法律体系是不必要且不可取的。对法律的修正应当有选择性,针对与新技术冲突的问题进行调整。第四,跨境监管。有效的监管应考虑新技术的跨境运作,以及跨辖区合作的必要性。[1]

(四)国际证监会组织

IOSCO 是汇集全球证券监管机构的国际机构,成立于 1983 年。IOSCO 在全球拥有 130 多个成员,监管全球 95% 以上的证券市场,被公认为证券行业的全球标准制定者。IOSCO 致力于制定、实施和促进遵守国际公认的证券监管标准。

在金融科技领域,IOSCO 一直关注着新兴技术对证券市场的影响,并积极探索监管应对措施。2017 年 2 月,IOSCO 发布的《金融科技研究报告》总结了金融科技发展的主要趋势和关键议题。讨论了监管机构需要考量的几个方面:(1)监管范围,金融科技的全球性质可能带来监管不一致的挑战。一些监管机构已经开展更多的国内跨部门和国际合作。(2)监管复杂性增加,金融科技的快速发展可能增加监管和执法的复杂性。监管机构可能面临在履行投资者保护、维护市场公平和金融稳定义务的同时应对金融科技发展的挑战。(3)数字化客户接纳,不同监管机构对非面对面开户有不同做法。需要重视跨境监管差异和规避风险。(4)网络安全风险,金融科技增加了网络攻击和数据泄露的风险。新兴市场可能面临更大的风险。(5)投资者教育,自主化交易和投资增加了金融素养不足的风险。教育措施需根据不同对象制定。总之,监管机构需与金融创新保持同步,更好地了解金融科技创新和风险。[2]

1. 稳定币

2020 年 3 月 23 日,IOSCO 发布了《全球稳定币计划》报告(Global Stablecoin Initiatives Public Report),指出了其对证券市场监管机构可能产生的影响。

全球稳定币的用户规模庞大,涵盖了各国和各种生态参与者,并且作为一种支付工具或金融市场的基础设施,可以在全球范围内使用和交易。因此,这可能对特定国家和全球金融市场的稳定性产生重大影响。在这种情况下,单个国家或监管机构的单方面监管难以有效防范全球风险,因此各国的证券监管机构有必要与国内其他监管机构以及境外同行和其他监管机构合作。

稳定币是一个广义的术语,没有明确定义,通常涵盖多种资产类型。在报告中,IOSCO 指出,稳定币是一种加密资产而非加密货币,因为大部分资产并不具备货币所需的核心经济特征,如价值尺度、贮藏手段和交换媒介能力。稳定币的目标是创建一个全

---

[1] Jose M. Garrido et al., *Keeping Pace with Change: Fintech and the Evolution of Commercial Law*, International Monetary Fund(Jan. 27,2022), https://www.imf.org/en/Publications/fintech-notes/Issues/2022/01/27/Keeping-Pace-with-Change-Fintech-and-the-Evolution-of-Commercial-Law-511100. p. 11-21.

[2] IOSCO, *Research Report on Financial Technologies*(*Fintech*), International Organization of Securities Commissions(February 2017), https://www.iosco.org/library/pubdocs/pdf/IOSCOPD554.pdf.

球化且高效可访问的价值存储和交换工具。

稳定币可以采用多种形式,例如,与法定货币锚定的稳定币:加密资产可与一种或多种法定货币相关,这些法定货币不一定受存款保护;与其他现实世界资产锚定的稳定币:与证券、商品、房地产、金融工具或其他资产等现实世界资产相关的加密资产;其他加密资产稳定币:与一种和多种加密资产相关的加密资产;算法控制稳定币:加密资产可以使用模拟货币政策的算法,如稳定币可以采用一种算法,通过调整代币供应量来满足需求,实现特定的加密资产货币目标。

由于其结构不同,稳定币具有不同的金融工具和服务特征。因此,尽管某些稳定币从名称上看是稳定币,但实际上并不稳定,也不能被视为真正意义上的货币。

IOSCO 关于全球范围内稳定币监管的一些总体原则和建议:稳定币应遵守现有的监管标准,包括反洗钱和打击恐怖主义融资等要求。稳定币运营方应建立健全的公司治理架构。稳定币的储备资产组合应该高度透明,需要进行独立审计。储备资产的组成和使用应符合既定的政策。稳定币运营方应建立健全的风险管理框架,应对运营、市场、流动性等各类风险。需要建立可靠的兑付机制。稳定币运营方应进行清晰、准确、不误导的信息披露,让用户了解稳定币的工作机制和潜在风险。稳定币运营方应与所有相关监管机构进行积极沟通和协作。需要进行监管协调和信息共享,以促进全球统一监管标准的制定。监管机构应根据稳定币的特点和风险建立监管工具和提高监管能力,或采取限制措施,确保稳定币的合规运营。

稳定币安排的设计和组织方法有多种。根据七国集团稳定币工作组和 FSB 的报告,稳定币安排通常提供三个核心功能:(1)发行、赎回和稳定货币价值;(2)货币转让;(3)与货币用户进行互动以储存和交换硬币。在某些情况下,这三个功能由同一实体执行,而在其他情况下,它们被分离开来,也就是说,每个功能由不同的实体或个人管理。

考虑到金融市场基础设施的功能以及稳定币安排所执行的功能,CPMI 和 IOSCO 已确定转让功能属于金融市场基础设施的功能之一。因此,执行转让功能的稳定币安排应被视为金融市场基础设施,应遵守金融市场基础设施原则(DFMI)。2022 年 7 月,IOSCO、国际清算银行和 CPMI 联合发布了《金融市场基础设施原则在稳定币安排中的应用》(Application of the Principles for Financial Market Infrastructures to stablecoin arrangements),作为稳定币安排的监管指南。该文件强调,如果稳定币执行转移支付功能并且监管机构认为它对金融系统很重要,它应该遵守金融市场基础设施原则,这些原则是金融市场基础设施的国际标准,各国将自行决定是否要将它们落实到位。[1]

关于在稳定币安排中应用金融市场基础设施原则的具体内容,报告提出了以下建议:(1)明确的法律基础。稳定币的权利和义务应以完善的法律合同为基础,明确参与

---

[1] CPMI & IOSCO, *Application of the Principles for Financial Market Infrastructures to Stablecoin Arrangements*, BIS(October 2021), https://www.bis.org/cpmi/publ/d198.pdf.

方的责任,符合所在司法管辖区的法规。(2)全面风险管理框架。风险管理—稳定币运营方应制定风险监测、报告、控制措施,识别和减轻运营风险、市场风险、流动性风险等,要求进行压力测试。(3)健全的公司治理安排。稳定币运营方应建立决策、监督和执行职责明确的公司治理结构,有效防范利益冲突。(4)充足的初始资本和持续资本。稳定币运营方应具备足够的自有资本作为风险缓冲,体现可信担保,并持续监测资本充足性。(5)有效的流动性风险管理。稳定币运营方应制定流动性监测指标和应急计划,保证兑付需求。(6)及时的披露信息。稳定币运营方应提供关键信息,包括储备资产构成、风险缓释措施等。(7)明确和一致的兑付程序。稳定币安排应建立可信、透明的兑付程序。指定专门的兑付机构,确保兑付的可行性。(8)完善的冲突解决机制。设立中立的争议解决机制,处理稳定币参与方之间的合同纠纷。

IOSCO 已经提出的合作原则,如建立信息共享机制、与国内外监管机构交换公开和非公开信息、为外国监管机构提供协助等,在全球稳定币监管中同样适用。主权国家可以通过签署谅解备忘录等形式进行合作,以跨境协调监管全球稳定币。此外,IOSCO 还指出,全球稳定币不仅涉及证券监管问题,还涉及个人数据保护、网络安全、反洗钱和反恐怖融资等问题和风险防范,这也需要各部门和跨境监管机构之间的合作。[1]

2. 加密资产

2023 年 5 月 23 日,IOSCO 发布了《加密货币和数字资产市场的政策建议咨询报告》(Policy Recommendations for Crypto and Digital Asset Markets Consultation Report)。

报告提出了 18 项政策建议,旨在帮助 IOSCO 成员在其司法管辖区内以一致的方式应用相关的 IOSCO 目标、原则、标准、建议和良好做法来监管加密资产活动,特别是为了应对加密资产市场中的投资者保护和市场诚信问题。

这些建议涵盖 6 个关键领域:(1)垂直一体化活动和职能所产生的利益冲突;(2)市场操纵、内幕交易和欺诈;(3)跨境风险和监管合作;(4)托管和客户资产保护;(5)运营和技术风险;(6)零售准入、适当性和分销。

18 项政策建议包括:(1)跨监管机构的总体建议——采用共同的监管结果标准,这个总体建议呼吁所有 IOSCO 成员以一致、结果为导向的方式采用这些建议。监管框架应该寻求与传统金融市场中所要求的监管结果在投资者保护和市场诚信方面保持一致或相当,以促进公平竞争并减少监管套利风险。(2)组织治理建议,要求 CASP 建立有效的治理和组织安排,以便处理垂直一体化带来的利益冲突问题,包括通过法律分离和独立注册等措施。(3)角色、能力和交易冲突的披露建议,要求 CASP 准确披露其在任何时候所扮演的每个角色和能力。这些披露应涵盖 CASP 正在提供的确切活动和职能,以及其与客户的关系。(4)客户订单处理建议,要求 CASP 公平和公正地处理所有客户

---

[1] CPMI & IOSCO, *Application of the Principles for Financial Market Infrastructures to Stablecoin Arrangements*, BIS(October 2021), https://www.bis.org/cpmi/publ/d198.pdf.

订单,建立系统、政策和程序以公平迅速地执行客户订单。(5)交易披露要求建议,要求 CASP 提供适当水平的成交前和成交后信息,以促进价格发现和竞争。(6)数字资产上市/下市建议,要求 CASP 建立并适当披露其关于批准数字资产上市/下市的实质性和程序性标准。(7)主要市场利益冲突管理建议,要求 CASP 管理和降低与发行、交易和上市 CASP 自有或其关联方拥有重大利益的数字资产有关的利益冲突。(8)欺诈和市场操纵建议,监管者应就加密资产市场中的欺诈和市场操纵行为开展执法行动。(9)市场监测建议,要求 CASP 落实市场监测要求,以有效降低市场滥用风险。(10)重大非公开信息管理建议,要求 CASP 建立重大非公开信息的管理系统、政策和程序,以限制不当使用此类信息。(11)加强跨境合作建议,鉴于加密资产的跨境性质,监管者应具备信息共享和与其他司法管辖区的监管者合作的能力。(12)托管总体建议,在考虑托管客户资产时,监管者应遵循 IOSCO 关于保护客户资产的建议。(13)客户资金和资产的分离和处理建议,要求 CASP 将客户资产与自有资产分离,将其置于信托或独立的破产隔离账户中。(14)托管和保管安排的披露建议,要求 CASP 以清晰、简明和非技术性语言披露托管活动的所有相关条款和条件。(15)客户资产核对和独立保证建议,要求 CASP 建立系统、政策和程序,对客户资产进行定期核对并进行独立验证。(16)保护客户资金和资产建议,要求 CASP 采取适当的系统、政策和程序,以降低客户资产损失、被盗或不可访问的风险。(17)运营和技术风险管理建议,要求 CASP 遵守有关运营和技术风险及弹性的要求,并披露这些风险。(18)零售分销建议,要求 CASP 实施系统、政策和程序,以评估每位零售客户投资加密资产的适当性/适用性。

这些建议旨在帮助 IOSCO 成员应对加密资产市场中日益突出的市场诚信和投资者保护问题,推动成员司法管辖区在监管方法上的一致性,并加强监管机构之间的合作,以更好地监管全球跨境的加密资产活动。

金融科技是一个不断发展和变化的领域,涉及多个国际组织和监管机构的合作与协调。这些国际组织在金融科技的监管方面具有广泛的专业知识和全球视野。它们的研究成果和政策建议为各国金融监管机构和中央银行提供了重要的参考,帮助各国制定适应本国实际情况的金融科技监管政策,促进金融科技的可持续发展,并确保金融系统的稳健运行。同时,它们之间也进行合作与交流,以加强监管合作和协调,共同应对金融科技带来的全球性挑战。

四、部分国家或地区关于金融科技监管的实践与发展

(一)美国

1. 金融监管体系

2017 年,美国国家经济委员会发布《金融科技框架》(A Framework for Fintech)白皮书,提出要促进金融服务的创新,在金融创新中展示强大的竞争优势,巩固美国金融体

系在全球经济中的竞争力。[1]由于金融科技并未改变金融市场的基本格局和金融业务的基本法律关系,因此美国沿用现行金融法律和监管框架,根据金融业务种类及其方式对金融科技实施归口管理。以网络借贷为例,网络贷款人向存款机构提供特定服务的,接受美联储、货币监理署等联邦监管;网络贷款人利用自有资金直接向客户发放贷款的,需要事先获得所在州发放的贷款业务许可证并接受州监管;网络贷款人向公众出售或发行票据(notes)的,由证券交易委员会依据《证券法》进行监管;网络贷款人违反消费者保护相关规定的,接受消费者金融保护局和联邦贸易委员会的监管。也就是说,不管金融科技所牵涉的金融业为哪一种,它都可以按照其功能特点归入美国现有的金融体系而受到监管。

美国的法律体系分为联邦和州两个层级,金融科技公司的活动,既可能受到联邦和州许可或注册要求的约束,也会受到联邦和州一级的法律法规的约束。如一家科技公司在多地提供服务,需要向多个州的监管机构申请执照和注册,因为每个州都有自己独特的规则和法规。国家银行监管机构会议(CSBS)发起了一项协调国家监管机构之间的许可和监督的努力,被称为"2020年愿景"计划,该计划旨在简化各州非银行金融公司的许可并协调监管。截至2023年6月底,已有55个州签署了多州货币服务业务许可协议,以协调和促进州监管机构在这些问题上的统一性和一致性。[2]

美国金融监管体系庞大,联邦层面的金融监管机构主要有以下几个(见表9-2):

表9-2 美国部分联邦金融监管机构及其职能

机构类别	管理机构	监管范围	相关职责
存款机构	美国联邦储备委员会	银行、财务公司、证券公司等金融机构的控股公司;作为美国联邦储备委员会系统成员的州级特许银行;外国银行组织;系统性支付系统和金融机构	国家成员银行的审慎监管者。操作支付系统;管理联邦储备银行对存款机构的贷款
	货币监理署	国家银行;外国银行的联邦分行和联邦特许的储蓄机构	国家银行的审慎监管者。管理特许国家银行和特殊目的银行

---

[1] *A Framework for Fintech*, National Economic Council(January 2017), https://obamawhitehouse.archives.gov/sites/obamawhitehouse.archives.gov/files/documents/A%20Framework%20for%20FinTech%20_FINAL.pdf.

[2] About NMLS, https://mortgage.nationwidelicensingsystem.org/about/Pages/default.aspx.

续表

机构类别	管理机构	监管范围	相关职责
	联邦存款保险公司	不属于美国联邦储备委员会体系成员的联邦保险存款机构和州特许银行	非会员国有银行的审慎监管者。国家和州特许银行的存款保险公司；破产银行的破产管理和决议权。监管工业贷款公司和工业银行
	全国信贷联盟署	联邦特许信贷	监督联邦信用贷款；检查信用合作社的安全性和健全性；为联邦信用合作社保险
消费者保护机构	消费者金融保护局	提供消费金融产品的银行和非银行机构；非银行抵押贷款相关公司；私人学生贷款机构；发薪日贷款人	所有银行的消费者保护规则制定机构；资产超过100亿美元的银行和大型非银行实体的监管机构
	联邦贸易委员会	商业实践	70多部消费者保护和竞争法律的管理机构，包括金融系统数据安全法
证券市场的机构	证券交易委员会	证券交易所；经纪自营商；清算和结算机构；投资基金；共同基金；投资顾问；资产超过1.5亿美元的对冲基金；投资公司；证券掉期交易商；向公众出售证券的公司	对其管辖范围内的活动和实体，特别是初级市场证券发行的执行和规则制定权力。批准自律组织制定的规则
	商品期货交易委员会	期货交易所及期货商；商品池经营者和商品交易顾问；衍生品；清算组织；指定的合约市场、掉期交易商和主要掉期市场参与者	管辖范围内实体的规则制定和执行权力

资料来源：《国会研究处报告》，Fintech: Overview of Financial Regulators and Recent Policy Approaches, Congressional Research Service（Apr. 28, 2020），https://sgp.fas.org/crs/misc/R46333.pdf.

美国联邦储备委员会，美国联邦储备委员会是美国的中央银行，它的主要职责包括促进金融体系的稳定，并通过在美国和国外的积极监控和参与，寻求最小化和遏制系统性风险以促进美国经济的有效运作。[1]虽然美国联邦储备委员会尚未决定是否追求或实施央行数字货币，但其一直在从各种角度探索央行数字货币的潜在利益和风险，其主

---

[1] About the Fed, https://www.federalreserve.gov/aboutthefed.htm.

要关注点是央行数字货币是否以及如何改善已经安全高效的美国国内支付系统。[1]

货币监理署(OCC),其是美国财政部下设的一个独立机构,负责监督国家银行、联邦储蓄协会以及外国银行组织的联邦分支机构和机构。

为了消除金融科技公司与金融机构之间的监管差异,2016年12月,OCC发布了《探索金融科技公司的特殊目的国民银行章程》,拟以发放特许牌照(special purpose national bank)的形式,对金融科技公司进行监管。2017年3月15日,OCC依据意见征询结果发布特殊目的国家银行牌照补充草案,概括性介绍了资本要求、资本流动性、金融普惠、消费者保护和申请特许牌照的程序等内容。[2] OCC于2018年7月宣布,开始接受金融科技公司特殊国家银行牌照的申请。[3] 但是不少州的银行监管部门表示,该牌照管理办法降低了非银机构进入金融服务业的竞争壁垒,各州对金融科技的监管常常比联邦政府更加严格,而OCC的这种全国性监管新规容易被科技公司利用,以规避来自州政府的监管压力。其中,反对意见最为明显的是纽约州金融服务部,该部门不仅专门发表声明指责这种简化的监管流程,甚至向法院提起诉讼,要求判决OCC无权颁发这一牌照。[4] 2021年6月,美国第二巡回法院推翻了纽约地区法院驳回OCC的动议。[5] 所以,OCC是否有权根据《国民银行法》对金融科技公司实施监管还有待进一步观察。

联邦存款保险公司(Federal Deposit Insurance Corporation,FDIC),其主要职责是保护存款人的利益并维护金融稳定。FDIC关注从事数字资产活动的投保存款机构的有关信息。[6] 注意到银行系统中越来越多地采用创新技术,FDIC通过探讨金融科技加强包容性个人银行业务、部署技术以改善小企业的信贷渠道和探索技术推动包容性的未来机遇,以发挥金融科技对包容性经济的桥梁作用。2021年8月27日,FDIC还发布了

---

[1] About CBDC, https://www.federalreserve.gov/central-bank-digital-currency.htm.

[2] https://www.occ.gov/topics/supervision-and-examination/responsible-innovation/summary-explanatory-statement-fintech-charters.pdf.

[3] OCC, *Begins Accepting National Bank Charter Applications From Financial Technology Companies*, Office of the Comptroller of the Currency, https://www.occ.gov/news-issuances/news-releases/2018/nr-occ-2018-74.html.

[4] New York Federal District Court Decision and Order, 详情见 https://www.consumerfinancemonitor.com/wp-content/uploads/sites/14/2019/05/2019.05.02-Decision_NYDFS-v.-OCC_fintech-charter.pdf.

[5] 2021年6月3日,美国第二巡回法院推翻了纽约地区法院驳回OCC驳回动议的裁决地方法院驳回OCC的动议,详情见 OCC's Fintech Charter Survives After Reversal in the Second Circuit, https://www.consumerfinsights.com/wp-content/uploads/sites/490/2021/06/Lacewell-v.-OCC-USCA-2nd-case-no.-19-4271-doc.-117-Opinion-2021-06-03.pdf.

[6] *Request for Information and Comment on Digital Assets*, Federal Register (May. 21, 2021), https://www.federalregister.gov/documents/2021/05/21/2021-10772/request-for-information-and-comment-on-digital-assets.

一份指南，为社区银行开展金融科技公司尽职调查提供了详细的参考和建议。[1]

联邦贸易委员会（Federal Trade Commission，FTC），其主要职责是通过执法、宣传、研究和教育，保护公众免受欺骗或不公平的商业行为以及不公平的竞争方法的侵害。随着新技术以极快的速度进入市场，消费者拥有更多的金融消费选择权，联邦贸易委员会关注消费者如何使用金融科技工具——从移动支付到虚拟货币再到众筹等，并利用其根据《联邦贸易委员会法》和其他法律获得的权力，对那些欺骗或损害消费者利益的不公平行为采取执法行动。[2]

美国证券交易委员会（SEC），SEC 是监管美国证券市场的主要机构，其使命包括保护投资者、促进融资和维护公平有序的市场。SEC 设立了"创新和金融技术战略中心"（FinHub），作为新兴技术监督的响应，包括智能投顾、在线借贷、众筹、财富管理应用等领域，都在它的关注范围内。[3] 近年来，SEC 还加大了对金融科技公司的执法行动。这包括涉及注册违规、未能遵守经纪商要求以及发布虚假或误导性声明的案件。

消费者金融保护局（The Consumer Financial Protection Bureau，CFPB），2010 年《多德—弗兰克华尔街改革和消费者保护法案》（Dodd Frank Wall Street Reform and Consumer Protection Act）巩固并扩大了对某些金融产品的消费者进行保护的管辖权，并为此设立了 CFPB。该机构主要负责实施和执行联邦消费者金融法，并确保消费金融产品市场公平、透明和竞争。[4] 由于许多金融科技企业主要面向消费者提供服务，因此 CFPB 有能力执行一系列适用于此类公司活动的消费者保护法（如消费者贷款法和反歧视法）。CFPB 还有权处罚不公平和具有欺骗性的行为和做法。

每一类监管机构都有权制定规则、发布指导意见、监督机构，并要求其分管对象遵守它们实施的法律。[5] 这些监管机构通过许可、注册、执行权对金融机构、市场和产品进行监管。不同金融监管机构的监管目标各不相同，包括：提高市场效率和诚信、消费者和投资者保护、资本形成和信贷获取、纳税人保护、防止非法活动以及保持金融稳定。不同类型的监管，如谨慎原则（安全和稳健）、信息披露、标准制定、竞争以及价格和利率监管，都可以作为实现这些监管目标的手段和工具。如果金融科技提供商的活动属于某个联邦监管机构[如 SEC 或商品期货交易委员会（CFTC）]的监管范围，则此类金融科技提供商将被要求向此类机构注册并受到其强制执行。例如，机器人顾问作为投资

---

[1] *Agencies Issue Guide to Help Community Banks Evaluate Fintech Relationships*, Federal Deposit Insurance Corporation（Aug. 27, 2021），https://www.fdic.gov/news/press-releases/2021/pr21075.html.

[2] *Financial Technology: Protecting Consumers on the Cutting Edge of Financial Transactions*, Federal Trade Commission, https://www.ftc.gov/news-events/topics/consumer-finance/financial-technology.

[3] Finhub, https://www.sec.gov/finhub.

[4] About us, https://www.consumerfinance.gov/about-us/.

[5] CRS, *Fintech: Overview of Financial Regulators and Recent Policy Approaches*, Congressional Research Service（Apr. 28, 2020），https://sgp.fas.org/crs/misc/R46333.pdf.

顾问的一个子集,可能需要遵守美国证券交易委员会对此类顾问的注册要求。金融科技公司可能还需要在美国财政部的金融犯罪执法网络(FinCEN)注册,从而遵守《银行保密法》(BSA)和其他反洗钱法律和法规。

2022年前,美国参众两院已陆续提交多部金融科技和数字资产相关法案,试图通过立法路径为金融科技建立完整的监管框架,但相关立法进展缓慢,主要包括:

(1)《金融科技保护法案》(Financial Technology Protection Act)于2019年被提交至国会,建议明确金融科技初创企业的监管主体、议事规则、协调机制等,以解决"多头监管"和"监管真空"问题。[1]

(2)《金融科技法案2019》(Facilitating Innovation and New Technology so Entrepreneurs Create and Hire Act of 2019)的监管对象是初创型金融科技公司,该法案侧重于"鼓励和保护创新",在监管方式上以功能监管为主。通过设立类似于"监管沙箱"(Regulatory Sandbox)的机制,并以明确监管主体、议事规则、协调机制等方式,解决"多头监管"和"监管真空"问题,从而达到保护初创型金融科技公司、支持合理金融创新和稳定就业的目的。[2]

(3)《负责任的金融创新法案》(Lummis – Gillibrand Responsible Financial Innovation Act)于2022年6月被提交至国会,计划为加密资产及交易平台建立全面的监管框架,由美国商品期货交易委员会负责监管。该法案的主要内容包括:①定义了数字资产等关键词语;②规定个人数字货币交易的税收处理,并要求加密货币经纪商报告客户信息;③明确某些无形资产证券化的信息披露要求;④规定商品期货交易委员会对数字资产交易的管辖;⑤规定数字资产交易所的注册要求;⑥规定支付稳定币的发行要求;⑦研究分布式账本技术在降低存款机构风险方面的应用;⑧规定联邦储备银行向所有存款机构提供服务;⑨规定各联邦金融机构的解释性指导时间线;⑩促进各州"监管沙箱"间的跨州合作;⑪加强联邦和州金融监管机构之间的信息共享;⑫分析去中心化金融市场和技术;⑬分析数字资产市场的能源消耗;⑭分析自我监管和注册数字资产协会;⑮制定数字资产中介机构的网络安全标准;⑯设立金融创新咨询委员会。总的来说,该法案旨在为数字资产创新创造负责任的监管环境,其中涉及关键词语的定义、税收、证券化、商品交易、支付工具、银行业创新、消费者保护、跨州监管合作等多个方面。[3]

2. 数字货币

美国对数字货币的监管情况较为复杂,没有一个统一明确的认识,不同的监管部门对不同的数字货币可能会作不一样的定性,以便纳入自己的监管。

---

[1] Financial Technology Protection Act.
[2] Facilitating Innovation and New Technology so Entrepreneurs Create and Hire Act of 2019 116th Congress.
[3] Lummis – Gillibrand Responsible Financial Innovation Act.

(1) 央行数字货币的研究

美国联邦储备委员会正在探索发行 CBDC 的影响和设计选择。虽然尚未决定是否寻求或发行 CBDC,但美国联邦储备委员会一直在从各种角度探索 CBDC 的潜在利益和风险,包括通过技术研究和实验。美国联邦储备委员会的主要关注点是 CBDC 是否以及如何改善已经安全高效的美国国内支付系统。美国波士顿联邦储备银行(Boston Fed)[1]于 2020 年 8 月宣布与麻省理工学院(MIT Digital Currency Initiative,MIT DCI)建立合作关系,正式开展名为"汉密尔顿项目"的探索性研究,旨在探索 CBDC 的设计空间,并了解 CBDC 的技术挑战和机遇。除此之外,数字美元项目也值得关注。2020 年 5 月 29 日,由美国商品期货交易委员会前主席 Giancarlo 发起的数字美元基金会发布了与埃森哲合作建立的数字美元项目的第一份白皮书,旨在提出创建美国 CBDC 的框架,并详细介绍了对代币化美元的需求以及构建数字美元系统的一些潜在方法。此外,白皮书还确定数字美元可以帮助美国维持美元作为世界储备货币的地位。[2] 在 2020 年 10 月,数字美元项目发布了 CBDC 试点计划的提案,列出了 9 个"试点"计划,以说明美国央行的数字货币如何应对不同利益相关者面临的共同挑战。[3] 在疫情的冲击之下,美国参众两院分别提出了《S. Hrg. 117 - 368—Building a Stronger Financial System: Opportunities of a Central Bank Digital Currency》《H. R. 2211 - Central Bank Digital Currency Study Act of 2021》两个议案,以加强对数字货币的研究。美国联邦储备委员会于 2022 年 1 月发布了一份报告即《货币与支付:数字化转型时代的美元》,邀请公众评论并权衡美国 CBDC 的潜在风险和收益。2022 年 3 月,时任美国总统拜登发布了一项行政命令,指示国会"评估潜在的美国 CBDC 的技术基础设施和能力需求"。

(2) 稳定币

2023 年 7 月 20 日,众议员麦克亨利(Patrick T. McHenry)提出了一份《2023 年澄清支付稳定币法案》(Clarity for Payment Stablecoins Act of 2023)的草案,主要内容包括:支付稳定币的含义,即支付稳定币是一种数字资产,用于支付或结算。发行者有义务以固定价值兑换、赎回或回购该数字资产。发行者会维持或营造该数字资产相对固定货币价值的合理预期。支付稳定币既不是法定货币,也不是证券投资基金。简而言之,支付稳定币是一种价值相对稳定的数字资产,可以用于支付,并由发行者承诺以固定价格兑换成法定货币。

根据这份提案,发行支付稳定币需要满足以下条件:发行者必须是获批的支付稳定

---

[1] Central Bank Digital Currency (CBDC),详情见 https://www.federalreserve.gov/central-bank-digital-currency.htm。

[2] *The Digital Dollar Project: Exploring a US CBDC*, The Digital Dollar Project (May 2020), https://digitaldollarproject.org/exploring-a-us-cbdc/.

[3] *Digital Dollar Project: Exploring a United States Central Bank Digital Currency Proposed Pilot Programs*, The Digital Dollar Project (May 2020), https://digitaldollarproject.org/pilot-release/.

币发行者,包括银行子公司、联邦非银行机构或州政府批准的发行者;发行者需要遵守准备金要求,将支付稳定币发行量和高流动性资产的准备金保持在至少1∶1的比例;发行者需要公开披露赎回政策,建立赎回机制;每月公布准备金组成情况和发行量,并进行第三方审计;遵守主管机构制定的资本要求、风险管理要求等;发行者只能从事与支付稳定币直接相关的业务;发行者需要接受主管机构的持续监管,提交报告并接受检查;需要遵守反洗钱相关规定。[1]

通过这些条件和要求,提案试图规范支付稳定币的发行,保障其稳定性。只有符合条件的发行者才能发行支付稳定币。

提案旨在为支付稳定币创设一个监管框架,平衡创新与系统性风险。上述支付稳定币法案只是一项立法提案,还没有正式进入美国国会的立法程序,其前景和最终通过情况还存在不确定性。

(3)证券型的数字货币

SEC负责监管以数字货币作为证券的发行和交易活动。根据现行法律,如果某个数字货币项目被认定为证券,则必须遵守SEC的注册和披露要求。在虚拟货币出现后,SEC通过豪威测试(Howey test)判断该项目是否属于证券发行,如果是,则需要向SEC注册并受《证券法》《证券交易法》等法律的监管。

SEC v. Howey是1946年美国联邦法院审理的一起案件,该案对于判断特定交易是否符合证券发行的标准具有重要影响。这个案件是SEC对Howey公司提起的一起诉讼案。[2]

在SEC v. Howey中,Howey公司通过售卖一种名为"土地投资计划"(land investment contract)的投资契约,吸引了一些投资者。根据此契约,投资者购买了一部分农田,并委托Howey公司负责管理这些土地。投资者预期通过Howey公司的努力获取一定的回报。SEC在这个案件中主要质疑这些土地投资计划是否构成了投资契约(investment contract),是否属于证券法的范畴。SEC认为,这些土地投资计划实际上是一种投资契约,并且满足了投资契约的关键要素:投资以金钱(money)的方式进行;投资者期望从投资中获得利益(profits);投资涉及共同的企业(common enterprise);利益的实现取决于发行人或第三方的努力,投资者并不主动参与其中。最终,法院判定Howey公司的土地投资计划符合投资契约的定义,并被视为证券。这个案件的判决对于确定什么样的交易可以被视为"投资合同"具有重大影响,也被称为"投资契约测试"(Howey Test)的基础。根据此测试,任何满足投资契约要件的交易,即使没有明确以股票或债券等形式存在,仍可能被视为证券,并受证券法的管辖和监管。

美国对加强金融科技监管、防范金融风险的关键性认识超乎从前,对金融科技的监

---

[1] Clarity for Payment Stablecoins Act of 2023.
[2] SEC v. Howey Co.,328 U. S. 293,(U. S. Supreme Court,66 S. Ct. 1100,1946).

管相对更严格，限制更多。不论金融科技以何种形态出现，都会根据其金融本质，把所涉及的金融业务按照其功能纳入现有金融监管体系。

(二)欧盟

2008年金融危机过后，欧盟对金融监管体系进行了改革，以便更好地应对危机，防止出现监管空白和系统性金融风险。新的金融框架包括两大支柱：一大支柱是欧盟系统性风险委员会(ESRB)；另一大支柱是由欧盟银行监管局(EBA)、欧洲保险和职业年金管理局(EIOPA)、欧洲证券和市场管理局(ESMA)共同组成的欧盟监管机构(ESAs)。此外，欧洲中央银行(ECB)负责实施欧元区银行业的单一监管机制(SSM)。[1]（见图9-2)

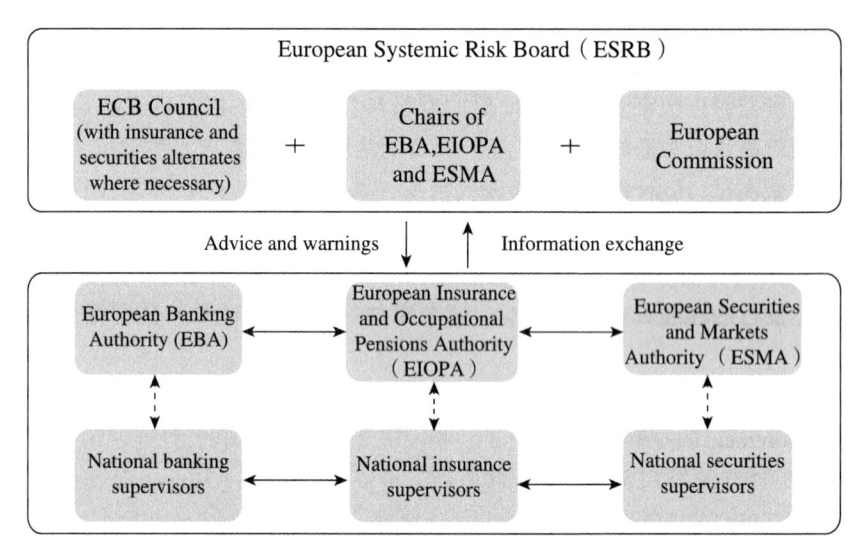

图9-2 欧盟金融监管体系

资料来源：欧盟金融监管体系，https://www.esma.europa.eu/about-esma/governance-structure。

欧盟委员会于2020年9月24日通过《数字金融一揽子计划》，内容包括数字金融战略、欧盟加密资产监管框架、欧盟数字运营弹性监管框架以及零售支付战略的提案。该计划旨在"在金融服务和现代支付方面，为消费者提供更多选择和机会，同时确保消费者保护和金融稳定"。

1. 数字金融战略

该战略旨在规范风险的同时支持金融行业的数字化转型。该战略提出了4个主要优先事项：消除数字单一市场的碎片化，调整欧盟的监管框架以促进数字创新，推动数

---

[1] European System of Financial Supervision，详情见 https://finance.ec.europa.eu/regulation-and-supervision/european-system-financial-supervision_en。

据驱动型金融,并解决数字化转型的挑战和风险,包括增强金融系统的数字操作韧性。必要时,欧盟委员会将调整现有的行为和审慎的欧盟法律框架,以继续维护金融稳定并根据"相同的业务活动,相同的风险,相同的原则"保护客户。[1]

2. 加密资产的监管

欧盟委员会提出了一个关于加密资产的框架,加密资产被定义为"一种可以电子方式存储和交易的价值或权利的数字表现形式"。它们可以作为服务的访问密钥,可以促进支付,或者可以被设计为金融工具。欧盟委员会的优先任务是确保欧盟金融服务监管框架有利于创新,并对新技术的应用不构成障碍。

该计划涵盖了目前不受现有欧盟金融服务立法约束的加密资产和电子货币代币,并具有4个一般目标。第一个目标是法律确定性。为了在欧盟内发展加密资产市场,需要建立一个明确的法律框架,明确规定所有未受现有金融服务立法约束的加密资产的监管处理方式。第二个目标是支持创新。为了促进加密资产的发展和分布式账本技术的更广泛应用,需要建立一个安全且适当的框架以支持创新和公平竞争。第三个目标是确保适当的消费者、投资者保护和市场完整性。因为未受现有金融服务立法约束的加密资产具有与其他熟悉的金融工具类似的风险。第四个目标是确保金融稳定。加密资产不断发展演变。虽然一些加密资产的范围和用途有限,但新兴的"稳定币"等类型具有被广泛接受和产生系统性影响的潜力。该计划包括一些防范措施,以应对"稳定币"可能带来的金融稳定和有序货币政策的潜在风险。[2]

3. 欧盟数字运营弹性监管框架立法提案——预防和缓解网络威胁

金融部门对软件和数字流程的依赖日益增加,这意味着信息通信技术风险是金融业固有的风险。因此,欧盟委员会建议所有公司确保它们能够承受与信息通信技术有关的所有类型的中断和威胁。银行、证券交易所、清算所以及金融科技公司必须遵守严格的标准,以防止和限制信息通信技术相关事件的影响。欧盟委员会还就向金融机构提供云计算的服务提供商(如大型科技公司)建立了监督框架。提案旨在加强金融服务的网络安全并解决更广泛的运营风险。[3]

数字化运营的弹性测试(第21~24条):根据信息通信技术风险管理框架,有必要定期测试包括的能力和职能,以便做好准备,发现弱点、不足或差距,并迅速采取纠正措施。根据金融实体的规模、业务和风险状况,可以按照比例应用数字化运营弹性测试要

---

[1] European Commission, *Digital Finance Strategy for the EU*, EUR – Lex (Sep. 24, 2020), https://eur – lex. europa. eu/legal – content/EN/TXT/? uri = CELEX:52020DC0591.

[2] EU Proposal for a Regulation of the European Parliament and of the Council on Markets in Crypto – assets, and Amending Directive (EU) 2019/1937, EUR – Lex (Sep. 24, 2020), https://eur – lex. europa. eu/legal – content/EN/TXT/? uri = CELEX:52020PC0593.

[3] Basel Committee on Banking Supervision, *Cyber – resilience:Range of Practices*, BIS (December 2018), https://www. bis. org/bcbs/publ/d454. pdf.

求:所有实体都应对信息通信技术工具和系统进行测试,但只有被主管机构确定为重要和网络成熟的工具和系统,以及根据该法规中的标准,并由欧空局(ESA)进一步开发的工具和系统,才需要进行基于 TLPT 的高级测试。该法规还规定了在多个成员国运营的金融实体对测试人员的要求和整个联盟对 TLPT 结果的认可。

信息通信技术第三方风险(第 25~39 条):该法规的目的是确保对信息通信技术第三方风险进行有效监控。为了实现这一目标,首先,通过尊重适用于金融实体的原则性监测规则,监测由信息通信技术第三方提供商产生的风险。其次,该法规协调了与信息通信技术第三方提供商的关系和服务的关键要素。这些要素包括被视为至关重要的最低限度方面,以确保金融实体能够全面监控信息通信技术第三方风险。

值得注意的是,管理这种关系的合同被要求包含完整的服务描述,明确数据处理地点,描述完整的服务水平以及定量和定性的绩效目标,包含涉及个人数据的可访问性、可用性、完整性、安全性和保护的相关规定,包含在信息通信技术第三方服务提供商发生故障时访问、恢复和返回的保证,明确信息通信技术第三方服务提供商的通知期和报告义务,包含金融实体或指定第三方的访问权、检查和审计权,包含明确的终止权和专门的退出策略。此外,由于一些合同要素可以标准化,该法规鼓励自愿采用由委员会制定的云计算服务标准合同条款。

最后,该法规旨在通过将关键的信息通信技术第三方服务提供商纳入联盟监管框架,推动金融部门对信息通信技术第三方风险的监管方法的趋同化。通过建立新的统一立法框架,欧空局作为每个关键信息通信技术第三方服务提供商的主要监管机构,有权确保在整个欧洲范围内就对金融部门运作至关重要的技术服务提供商进行有效监测。该法规设想的监管框架建立在金融服务领域现有的体制架构之上,并且根据网络安全任务,欧空局联合委员会在相关小组委员会(监督论坛)的支持下,确保跨部门协调,以便为 CTPP 提供个别决策和集体建议做好准备。

信息共享(第 40 条):为了增强对信息通信技术风险的认识,最大限度地减少其传播,支持金融实体的防御能力和威胁检测技术,该法规允许金融实体建立安排,以相互交换网络威胁信息和情报。[1]

4. 现代安全零售支付的新战略

欧盟的零售支付战略旨在进一步发展欧洲支付市场,以便欧洲能够充分受益于数字化带来的创新和机遇。欧盟委员会的目标是建立一个竞争激烈的支付市场,使所有成员受益,无论它们使用哪种货币,所有市场参与者都能够在公平和平等的条件下竞

---

[1] Proposal for a Regulation of the European Parliament and of the Council on Digital Operational Resilience for the Financial Sector and Amending Regulations (EC) No 1060/2009, (EU) No 648/2012, (EU) No 600/2014 and (EU) No 909/2014, https://eur-lex.europa.eu/legal-content/EN/TXT/? uri = CELEX: 52020PC0595.

争,在充分尊重欧盟国际承诺的情况下提供创新和最先进的支付解决方案。

由于支付处于金融数字创新的最前沿,实施这一战略将有助于欧盟委员会实现更广泛的数字金融愿景及其目标:消除市场碎片化,促进市场驱动的金融创新,应对与数字金融相关的新挑战和风险,同时确保技术中立。因此,该战略与数字金融战略以及关于加强数字运营弹性的新欧盟框架和加密资产的两项立法提案被一起提出。它也是对欧洲央行/欧元体系在2019年11月提出的更新零售支付策略的补充。

该战略的重点是:创造条件,使即时支付和欧盟范围内的支付解决方案的发展成为可能;保护消费者和确保支付解决方案安全;减少欧洲在这一领域对大型全球参与者的依赖。[1]

(三)英国

2013年的英国金融改革在英格兰银行(Bank of England,BoE)暨央行之外确立了以审慎监管局(Prudential Regulation Authority,PRA)和金融行为监管局(Financial Conduct Authority,FCA)为支柱的"双峰监管"(twin-peaks regulation)框架。其中,PRA负责实施宏观审慎监管职能,主要对象是系统性重要金融机构,包括存款机构、保险公司和大型复杂投资公司。FCA负责所有金融机构的行为监管,通过加强消费者保护、健全金融体系和提高金融市场服务效率,增强社会公众对金融体系的信心。2017年3月,为了强化宏观审慎监管,PRA被归入英格兰银行,其董事会被审慎监管委员会(Prudential Regulation Committee,PRC)取代。英国金融监管框架如图9-3所示。

英格兰银行监管体系

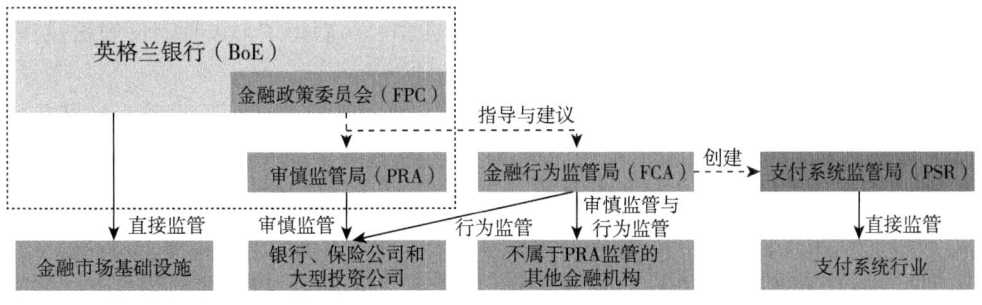

图9-3 英国金融监管框架

资料来源:金融科技域外监管巡礼(第五站):欧洲 https://www.hankunlaw.com/portal/article/index/cid/8/id/11095.html。

---

[1] Communication from the Commission to the European Parliament, the Council, the European Economic and Social Committee and the Committee of the Regions: on a Retail Payments Strategy for the EU, EUR-Lex (Sep. 24, 2020), https://eur-lex.europa.eu/legal-content/EN/TXT/? uri=CELEX:52020DC0592.

2017年4月6日，英国财政部发布了有关FinTech的监管创新计划（Regulatory Innovation Plan），[1] 该计划概述了FCA、支付系统监管局（Paynent Systems Regulator, PSR）、PRA和BoE的当前工作和未来项目。它研究了监管机构如何适应和鼓励颠覆性的商业模式，并利用新技术减轻企业的监管负担。各机构的职责如下。

1. FCA启动Innovate项目，其中的一个核心内容是设立创新中心（Innovation Hub）为新老企业的创新金融产品和服务进入市场提供帮助和支持。创建监管沙盒（Regulatory Sandbox），为监管内外的公司提供一个安全的空间，让它们在可以不承担全部监管责任的情况下，测试创新产品、服务、商业模式以及出台多项举措促进数字金融的创新和发展，如澄清云计算监管要求、开展数字和移动解决方案咨询等。

2. PSR是FCA下属的一个独立监管机构，其主要职责是促进英国支付系统的创新和竞争。PSR通过以下方式监管和推动支付系统创新：改善各类支付服务提供商进入支付系统的途径，增强小型和创新公司与大型银行的竞争能力。确保支付系统的治理透明度，满足创新参与方的需求。对间接接入支付系统的供给情况进行审查，确保其良好竞争。成立支付战略论坛，协调行业共同推进支付系统创新。为非银行支付服务提供商进入实时结算系统创造条件。

3. PRA主要通过以下方式适应金融科技的发展：降低新兴银行的准入门槛，让更多采用创新和颠覆性商业模式的银行进入市场，如仅基于应用程序的Atom Bank；为小型银行、竞争对手银行和互助银行设置更为适度的监管要求。

4. BoE是英国的中央银行，负责货币政策的制定和执行，以及金融稳定的监管。为了适应支持新技术的发展，BoE通过研究中心支持创新性研究，其中一个重点是研究科技创新如何影响中央银行。BoE还负责改进创新型公司获得中央银行支持的途径，启动金融科技加速器计划等。

在英国，金融科技公司根据其业务的性质和规模受到当局的不同监管。从事某项金融科技业务，如与消费信贷有关的活动、银行业务、投资咨询、保险分销等都属于监管范围，除非适用豁免，否则都需要得到一个或多个机构的授权和监管。

2015年11月，FCA提出了监管沙盒的计划，[2] 其特点主要是为创新公司提供一个安全的测试环境，企业可以在该"安全区域"内测试产品、服务及商业模式等，不会受到现有监管规则的制约或因触犯法规遭受不合理处罚。

尽管严格的金融监管框架可以避免金融科技带来的风险，但它在某种程度上妨碍了金融创新，对金融业和企业的发展不利，并增加了融资难的问题。监管沙盒的出现为

---

[1] HM Treasury Regulatory Innovation Plan, GOV. UK（Apr. 6, 2017），https://www.gov.uk/government/publications/hm-treasury-regulatory-innovation-plan.

[2] FCA, Regulatory Sandbox, Financial Conduct Authority（Agu. 1, 2023），https://www.fca.org.uk/firms/innovation/regulatory-sandbox.

产品和服务提供了充分的测试空间,消除了监管不确定性对金融创新的抑制作用。

根据 FCA 的监管沙盒指南,可以申请进入监管沙盒的公司主要有以下三类:(1)已获得 FCA 许可的公司,这类公司需要对现有的业务模式进行创新测试;(2)需要获得 FCA 许可才能运营的非许可公司,这类公司计划进行需要许可的监管活动,需要通过沙盒测试辅助最终获得许可;(3)希望在英国金融服务市场向英国消费者或公司提供技术创新的企业。

申请进入监管沙盒的主要条件有:该计划针对英国金融服务市场,具有真正的创新性,该创新对消费者有利,确有需要使用监管沙盒,已做好测试准备工作,如果涉及监管活动,需要准备申请相应的许可,满足这些条件的公司可以申请进入监管沙盒进行为期 6~12 个月的创新测试。[1]

监管沙盒为现有企业和新参与的创新者提供了获得监管专业知识的机会。它对金融服务市场所有部门的申请开放,并且使公司:(1)在受控环境中测试产品和服务;(2)有机会了解商业模式是否对消费者有吸引力,或者特定技术如何在市场上运作;(3)以更低的成本缩短上市时间;(4)确定可内置到新产品和服务中的消费者保护保障措施获得支持。[2]

(四)新加坡

新加坡金融管理局(Monetary Authority of Singapore,MAS)是新加坡行使中央银行职能的政府机构,同时也是负责监管金融机构的主管部门。在 1970 年以前,新加坡国内与央行相关的各种货币职能由多个政府部门和机构负责管理。1970 年,新加坡国会通过了 Monetary Authority of Singapore Act 1970,[3] 1971 年 1 月 1 日,MAS 正式成立,获得了监管新加坡部分金融机构的权力。1977 年和 1984 年,新加坡政府将保险业和证券业的监管职能交给了 MAS。2002 年与货币专员委员会合并后,MAS 还负责货币发行。作为综合金融监管机构,MAS 采用分业监管、持牌经营的监管思路,将金融机构分为银行业、证券业、保险业和支付业四类,并制定针对性的牌照准入门槛和具体监管要求。

1. 开放银行

在新加坡开展银行业务的金融机构必须符合 MAS 的准入标准,并获得 MAS 的书

---

[1] FCA,Regulatory Sandbox,Financial Conduct Authority(Agu. 1, 2023),https://www.fca.org.uk/firms/innovation/regulatory-sandbox.

[2] FCA,Regulatory Sandbox,Financial Conduct Authority(Agu. 1, 2023),https://www.fca.org.uk/firms/innovation/regulatory-sandbox.

[3] Monetary Authority of Singapore Act 1970,https://sso.agc.gov.sg/Act/MASA1970.

面授权,才能在新加坡设立银行。[1] MAS 根据业务领域、展业范围等标准将银行分为全面银行全资银行(本地注册)[Full Bank(Locally Incorporated)]、全面银行全资银行(分行)[Full Bank(Branch)]、商业银行(本地注册)[Merchant Bank(Locally Incorporated)]、商业银行(分行)[Merchant Bank(Branch)]、批发银行(本地注册)[Wholesale Bank(Locally Incorporated)]、批发银行(分行)[Wholesale Bank(Branch)]、财务公司(Finance Company)、信用卡/签账卡发行机构(Credit/Charge Card Issuer)、金融控股公司(银行)[Financial Holding Company(Banking)]。设立银行业机构须向 MAS 申请许可,并满足 MAS 在风险管理、审慎监管、公司治理、反洗钱等领域的监管要求。[2]

2016 年 11 月,MAS 与新加坡银行协会(ABS)合作,发布了一份全面的路线图《金融即服务:API 手册》(Finance – as – a – Service:API Playbook,API Playbook)。该手册为开放式 API 的设计、使用、实施和治理提供了框架和通用标准,适用于金融机构、金融科技公司和其他服务提供商。该手册在 API 的选择、设计、使用环节给出相应指导,介绍了 API 的治理、实现、用例和设计原则,以及 400 多个推荐 API 和超过 5600 个进程的列表,提出相应的数据和安全标准建议,引导银行与金融科技公司实现数据共享。该手册主要从数据标准、信息安全标准和数据治理机制角度,规划开放银行的发展与监管问题,也因此确立了关于亚洲开放银行的监管建议。此外,开放的数据不仅限于账户数据、交易数据,还有政府数据。[3] 2017 年年底,新加坡政府建立了一个 API 交换的数据共享平台,允许整个新加坡的政府机构通过 API 安全地共享数据。还建立了一个金融行业 API 注册表,每半年更新一次,在启动时按功能类别跟踪 API。现已有 7 家银行提供 API 接口服务。[4]

数字银行(digital bank),又称虚拟银行、互联网银行,一般指仅通过互联网或其他形式的电子渠道提供零售银行服务的银行。根据 MAS 的规定,申请全能数字银行(DFB)或数字批发银行(DWB)许可必须满足以下要求:(1)申请集团中至少一家实体在科技或电子商务领域已经经营了 3 年或更长时间的业务;(2)主要人员具有适当的资质和信誉;(3)能够满足适用的最低实缴注册资本要求和持续性的最低资本资金要求;(4)提供明确的价值主张,融合创新技术以满足客户需求,并覆盖新加坡未开发的细分市场;(5)证明所提出的数字银行的商业模式是可持续的;(6)提交一个可行的计划,能够有序

---

[1] Licensing and Authorisation for Banking Business, https://www.mas.gov.sg/regulation/banking/licensing – and – authorisation – for – banking – business.
[2] Banking, https://www.mas.gov.sg/regulation/Banking#_regulations – and – guidance.
[3] *Financial World:Finance – as – a – Service:API Playbook*, SME Finance(Jul. 26,2018),https://www.smefinanceforum.org/post/financial – world – finance – as – a – service – api – playbook.
[4] *Financial Industry API Register*,Monetary Authority of Singapore,https://www.mas.gov.sg/development/fintech/financial – industry – api – register.

退出所申请的数字银行;(7)提出申请的数字银行的股东承诺提供 MAS 可能要求的责任信函和承诺信函,以管理提出申请的数字银行的运营。对于 DFB 许可证,MAS 将只考虑在新加坡扎根、由新加坡人控制和总部设在新加坡的申请人。[1]

2019 年 6 月 28 日,MAS 宣布将在与传统银行相同的审慎框架内颁发最多 5 个数字银行牌照,[2] 旨在使具有创新数字商业模式的非银行参与者能够提供银行服务。DFB 牌照可以接受零售存款,而 DWB 牌照专注于为中小企业和其他非零售部门提供服务。在截止日期前共有 21 家机构申请,[3] 经过评估,2020 年 12 月 4 日,MAS 宣布 4 家成功的数字银行申请人。两家获取 DFB 牌照:由 Grab 控股公司和新加坡电信有限公司组成的财团及 Sea Ltd. 全资拥有的实体。两家获得 DWB 牌照:由绿地金融控股集团有限公司、领联香港有限公司和北京合作股权投资基金管理有限公司组成的财团以及蚂蚁集团有限公司全资拥有的实体。[4]

2. 数字代币

新加坡对数字代币采取功能监管、分类监管的思路,将其纳入现有的监管框架内,根据其功能、特征将其划分为证券型、支付型和功能型三类,受监管的主要是证券型和支付型。针对数字代币的监管,主要受《证券与期货法》(Securities and Futures Act,SFA)、《财务顾问法》(FAA)、《支付服务法案》(PSA)、《贪污、毒品交易和其他严重犯罪(没收犯罪收益)法》(CDSA)、《打击恐怖融资法》(TSOFA)等的规制,为了更好地监管金融市场,执行并落实法律规定,MAS 还发布了相关的指引与声明。尽管这些指引与声明并不属于法律法规,但作为监管部门澄清性文件,也具有指引作用。如 2017 年 11 月 14 日发布的《数字代币发行指南》(A Guide to Digital Token Offerings),目前已更新到 2020 年版。

(1)证券型数字代币

证券型数字代币是指构成 SFA 下的任何资本市场产品(Capital Market Product,CMP)的数字代币,包括证券,股票,债券,商业信托中的单位、集体投资计划权益和证券衍生品合约等。[5]

这类代币的发行需要遵守 SFA 的规定并编制经 MAS 登记的招股书,除非符合豁免的情形。可以申请豁免的情形包括:①小额发行(12 个月内不超过 500 万新币);②私募

---

[1] Eligibility Criteria, https://www.mas.gov.sg/regulation/banking/digital-bank-licence.
[2] Digital Bank Licence, https://www.mas.gov.sg/regulation/banking/digital-bank-licence.
[3] Miguel Cordon, *Receives 21 Applications for Digital Bank Licences*, Techinasia(Jan. 7, 2020), https://www.mas.gov.sg/news/media-releases/2020/mas-receives-21-applications-for-digital-bank-licences.
[4] MAS, *Announces Successful Applicants of Licences to Operate New Digital Banks in Singapore*, Monetary Authority of Singapore(Dec. 4 2020), https://www.mas.gov.sg/news/media-releases/2020/mas-announces-successful-applicants-of-licences-to-operate-new-digital-banks-in-singapore.
[5] A Guide to Digital Token Offerings, Art. 2.1.

发行(12个月内向最多50个投资人发行);③仅向机构投资者发行("机构投资者"一词有法律定义);④仅向合格投资者发行("合格投资者"一词有法律定义)。[1]

小额发行、私募发行以及向合格投资者发行还需受制于特定条件,包括广告限制。2019年,某证券型代币发行人打算通过满足SFA的豁免要求,从而在不注册招股说明书的情况下向合格投资者发售证券。然而,招股说明书注册的豁免受某些条件的约束,包括不宣传要约的要求。在该案中,发行人未能遵守广告限制,其法律顾问发布了一个向公众开放的LinkedIn帖子,呼吁关注该要约。因此,发行人将无法依赖豁免招股章程注册。在MAS发出警告后,发行人暂停在全球发行证券型代币。[2]

在满足上述条件的情况下,发起人还需准备的文件包括:①对发起人与代币持有者均有约束力的条款以及协议;②白皮书,解释相关计划、平台设计、平台经济、代币持有人的投票权以及其他权利;③由新加坡律师出具的法律意见书,说明MAS相关规定在发行人发行业务中具体的遵守情况;④关于反洗钱、反恐怖主义融资的具体情况。[3]

(2)支付型数字代币

根据2019年1月30日通过的PSA,支付型数字代币是指任何关于价值的数字表达(不包括被排除的关于价值的数字表达)。其特征为:①可以单位进行表示;②不以任何货币计价,也不由其发行者与任何货币挂钩;③是或拟是公众接受的交换媒介,是支付货物、服务或清偿债务的手段;④可以电子方式转让、储存或交易;⑤符合管理局规定的其他特征。[4]

一旦代币具备支付功能,则任何提供支付代币交易服务的公司或是发行方必须依据PSA申请牌照,[5]并遵守反洗钱和反恐怖主义融资的要求。

(3)功能型数字代币

根据《数字代币发行指南》第3.3条,功能型数字代币是指不属于MAS规范的证券型数字代币和支付型数字代币的任何其他形式的代币。功能型数字代币没有被新加坡监管部门纳入监管体系,只需要遵守反洗钱、反恐融资等普适性监管要求,包括报告可疑交易,禁止和被认定为与恐怖主义相关的个人或实体开展交易或为其提供服务等。[6]

---

[1] 根据SFA第4A(a)条,合格投资者主要包括:(1)个人净资产超过200万SGD,或者金融资产超过100万SGD,或者过去12个月内收入不少于30万SGD的个人;(2)净资产超过1000万SGD的企业。

[2] *MAS Halts Securities Token Offering for Regulatory Breach*, Monetary Authority of Singapore(Jan. 24 2019), https://www.mas.gov.sg/news/media-releases/2019/mas-halts-securities-token-offering-for-regulatory-breach.

[3] A Guide to Digital Token Offerings, Appendix 2.

[4] Payment Service Act, Art. 2.(1).

[5] A Guide to Digital Token Offerings, Art. 3.4.

[6] A Guide to Digital Token Offerings, Art. 3.3.

值得一提的是,《金融服务和市场法》(Financial Services and Markets Act 2022, FSMA)扩大了应取得金融牌照的数字代币发行方的范围。[1]根据FSMA,境外个人或合伙企业拟在新加坡开展面向新加坡以外地区的数字代币业务的,以及新加坡公司拟开展面向新加坡以外地区的数字代币业务的,均需取得有效的金融牌照,FSMA对数字代币发行方和服务提供方也提出了更高的反洗钱、反恐融资要求。

(五)中国

从体制上看,中国的金融监管体制属于"一元多头",即金融监管权力集中于中央政府,由中央政府设立的金融主管机关和相关机关分别履行金融监管职能。2023年3月,中国实行机构改革,在原中国银行保险监督管理委员会的基础上组建了国家金融监督管理总局,将原中国人民银行对金融控股公司等金融集团的日常监管职责、有关金融消费者保护职责,中国证券监督管理委员会的投资者保护职责划入国家金融监督管理总局。至此,国家金融监督管理总局作为国务院直属机构,负责除证券业之外的金融业监管,强化机构监管、行为监管、功能监管、穿透式监管、持续监管,统筹负责金融消费者权益保护,加强风险管理和防范处置,依法查处违法违规行为。

中国是全球金融科技产业发展较快、规模也较大的经济体之一。2013年"互联网金融"概念在国内正式提出后,第三方支付、P2P、众筹、加密资产等金融科技主要业务模式都获得迅速发展。中国金融监管部门对金融科技的监管取态也经历了从积极鼓励和温和监管到加强引导、严格合规监管的转变。目前,中国金融科技监管体系仍处在搭建过程,相关框架、原则、机制和工具仍在不断调整和完善。

2017年5月,中国人民银行成立了金融科技委员会,推进"数字央行"建设,强化监管科技应用实践。6月,中国人民银行发布《中国金融业信息技术"十三五"发展规划》,提出利用人工智能、大数据等技术加强金融监管能力,提高金融科技创新背景下对金融风险的识别、防范和化解能力。2018年,证监会探索监管科技在证券市场监管中的应用实践,成立了科技监管专家咨询委员会,并印发《中国证监会监管科技总体建设方案》,着力打造运转高效的监管大数据平台,实现对市场主体的全景式分析和市场总体情况的实时监控监测。2019年12月,北京市在全国率先启动金融科技创新监管试点,探索构建包容审慎的中国版监管沙箱。

2019年8月,中国人民银行公布首轮金融科技发展规划——《金融科技(FinTech)发展规划(2019—2021年)》,明确了金融科技的发展方向、任务和路径,有力推动了金融科技的良性有序发展。该轮规划着重解决金融科技发展不平衡不充分等问题,推动金

---

[1] 《金融服务和市场法》是针对金融服务和市场进行全行业监管的综合法案。新加坡议会已于2022年4月5日通过。FSMA将分阶段实施,第一阶段将于2023年4月8日开始实施。余下的在2023~2024年实施。详见https://www.mas.gov.sg/regulation/acts/financial-services-and-markets-act-2022。

融科技健全治理体系,完善数字基础设施,促进金融与科技更深度融合、更持续发展,更好地满足数字经济时代提出的新要求、新任务。2021年,中国人民银行印发《金融科技发展规划(2022—2025年)》,一是强化金融科技治理,全面塑造数字化能力,健全多方参与、协同共治的金融科技伦理治理体系,构建互促共进的数字生态。二是全面加强数据能力建设,在保障安全和隐私的前提下推动数据有序共享与综合应用,充分激活数据要素潜能,有力提升金融服务质效。三是建设绿色高可用数据中心,架设安全泛在的金融网络,布局先进高效的算力体系,进一步夯实金融创新发展的"数字底座"。四是深化数字技术金融应用,健全安全与效率并重的科技成果应用体制机制,不断壮大开放创新、合作共赢的产业生态,打通科技成果转化"最后一公里"。五是健全安全高效的金融科技创新体系,搭建业务、技术、数据融合联动的一体化运营中台,建立智能化风控机制,全面激活数字化经营新动能。六是深化金融服务智慧再造,搭建多元融通的服务渠道,着力打造无障碍服务体系,为人民群众提供更加普惠、绿色、人性化的数字金融服务。七是加快监管科技的全方位应用,强化数字化监管能力建设,对金融科技创新实施穿透式监管,筑牢金融与科技的风险防火墙。八是扎实做好金融科技人才培养,持续推动标准规则体系建设,强化法律法规制度执行,护航金融科技行稳致远。

2021年3月26日,中国人民银行发布并实施《人工智能算法金融应用评价规范》,这是一部由中国人民银行提出,全国金融标准化技术委员会归口的文件,规定了人工智能算法在金融领域应用的基本要求、评价方法和判定准则,适用于开展人工智能算法金融应用的金融机构、算法提供商及第三方安全评估机构等。该文件从安全性、可解释性、精准性和性能方面开展AI算法评价,适用对象分为资金类场景和非资金类场景。

2022年1月19日,中国人民银行、原银保监会、证监会联合发布了《金融机构客户尽职调查和客户身份资料及交易记录保存管理办法》(尚未施行)。

对比国内外监管改革的发展,中国在许多方面,如坚持总体金融监管框架稳定、修补细分领域规则、发放执照控制准入、推动沙盒监管等,与全球监管实践较为一致;在部分领域,如构建网络公司竞争框架、为支付企业建立共同的公共平台"网联"、规范网络小额贷款等方面,则进行了一些领先于全球的有益尝试。鉴于国际金融科技监管面临许多共性挑战,国际上的相关讨论和做法对中国完善监管也提供了有益的启发和参考。

(六)中国香港特别行政区

中国香港特别行政区[1]采取分业监管模式,由香港金融管理局(Hong Kong Monetary Authority,以下简称香港金管局)、保险业监管局(Insurance Authority,以下简称香港保监局)和香港证券及期货事务监察委员会(Securities and Futures Commission,以下简称香港证监会)分别监管香港的银行业、保险业和证券及期货业,相关职责定位

---

[1] 本部分所述"香港"均指中国香港特别行政区。——编者注

见表 9-3。

表 9-3　中国香港特别行政区金融监管机构及其职能

监管机构	职责定位
香港金管局①	香港金管局是香港的中央银行机构,成立于1993年4月1日,由外汇基金管理局与银行业监理处合并而成。香港金管局的四项主要职能为: ·在联系汇率制度的架构内维持货币稳定; ·促进金融体系,包括银行体系的稳定与健全; ·协助巩固香港的国际金融中心地位,包括维持与发展香港的金融基建; ·管理外汇基金
香港保监局②	香港保监局的主要职能是规管与监管保险业,以促进保险业的整体稳定,并保护现有及潜在的保单持有人
香港证监会③	监管证券及期货市场

①香港金融管理局,https://www.hkma.gov.hk/gb_chi/about-us/the-hkma/。
②保险业监管局,https://www.ia.org.hk/sc/index.html。
③证券及期货事务监察委员会,https://sc.sfc.hk/TuniS/www.sfc.hk/TC/About-the-SFC/Our-role。

1. 监管沙盒

香港特别行政区政府和各监管机构一向致力于鼓励金融机构利用金融科技,并支持促进金融科技应用与创新的措施。各监管机构先后成立了专门的金融科技部门以协调相关事宜。其中,香港金管局成立金融科技促进办公室、香港证监会成立金融科技联络办事处、香港保监局成立保险科技促进小组。[1]尽管香港要求金融科技企业在开展受监管业务时应取得相应牌照,但也为无法满足监管要求的初创企业和项目提供了监管沙盒政策,香港的监管沙盒有自己的特点:[2](1)香港沙盒并非由香港金管局统一提供,而是由各监管机构按照监管职能分别提供,即香港金管局、香港保监局和香港证监会分别推出沙盒。同时,任何公司如就跨界别金融科技产品进行试行,可申请使用其认为最适合的沙盒,并由该沙盒所属监管机构作为主要联络点协助联络其他监管机构,实现跨界别的沙盒同步测试。[3](2)香港沙盒主要面向已经获得牌照的金融机构的创新项目。例如,香港金管局要求沙盒项目的申请主体为银行及其伙伴科技公司,本地科技

[1] FintechHK,https://www.hongkong-fintech.hk/zh/community/regulators-stakeholders/index.html。
[2] 金融科技监管沙盒,载香港金融管理局网 2023 年 7 月 25 日,https://www.hkma.gov.hk/gb_chi/key-functions/international-financial-centre/fintech/fintech-supervisory-sandbox-fss/#cross-sector-fintech-services。
[3] 金融科技监管沙盒,载香港金融管理局网 2023 年 7 月 25 日,https://www.hkma.gov.hk/gb_chi/key-functions/international-financial-centre/fintech/fintech-supervisory-sandbox-fss/#cross-sector-fintech-services。

公司申请人须与香港本地银行组成合作伙伴才能提交申请;香港证监会明确要求申请进入沙盒的企业必须是持牌机构,若为初创企业,需要申请及取得适当的牌照;[1]香港保监局将沙盒申请范围限于获得授权的保险公司及持牌保险经纪公司。[2] 总体而言,对比主要面向非持牌金融机构的新加坡沙盒,中国香港沙盒的准入要求更为严格,属于持牌前提下的监管沙盒模式。

2. 虚拟资产

2022年10月31日,香港财政司(财经事务及库务局)正式发布《有关香港虚拟资产发展的政策宣言》,[3]就在香港发展蓬勃的虚拟资产行业和生态圈,阐明政府的政策立场和方针。在此之前,2018年11月1日,香港证监会发布《有关针对虚拟资产投资组合的管理公司、基金分销商及交易平台营运者的监管框架的声明》及附录1《适用于管理虚拟资产投资组合的持牌法团的监管标准》、附录2《可能规管虚拟资产交易平台营运者的概念性框架》,2019年香港证监会又相继发布了《有关证券型代币的发行声明》、《适用于管理投资于虚拟资产的投资组合的持牌法团的条款及条件》、《立场书:监管虚拟资产交易平台》及其附录1《适用于虚拟资产交易平台营运者的发牌条件和条款及条件》等一系列文件,建立起了对虚拟资产监管的框架。

香港金融科技周2022年举行期间,香港特别行政区政府发布了有关虚拟资产在港发展的政策宣言,认同虚拟资产在市场上已变得不可或缺,以及DLT和Web 3.0有潜力成为金融和商贸未来发展的趋势。香港特别行政区政府现正与金融监管机构创造便利的环境,以促进香港虚拟资产行业得以可持续和负责任地发展。

(1)证券型代币

根据2019年3月香港证监会发布的《有关证券型代币发行的声明》,证券型代币发行(Security Token Offering,STO)通常指具备传统证券发售属性的特定代币发行,当中涉及运用区块链技术以数字形式表达资产拥有权(如黄金或房地产)或经济权利(如利润或收益的分占权)的证券型代币。证券型代币一般仅发售给专业投资者。在香港,证券型代币可能属于《证券及期货条例》下的"证券",并因而受到《证券及期货条例》的规管。

在证券型代币属于"证券"的情况下,任何人如要推广及分销证券型代币(无论是在香港还是以香港投资者为对象),除非获得适用的豁免,否则须根据《证券及期货条例》就第1类受规管活动(证券交易)获发牌或注册。任何人在未获发牌的情况下从事受规管活动,除非获得豁免,否则属刑事罪行。

---

[1] 证监会监管沙盒,载证券及期货事务监察委员会网2017年9月29日,https://www.sfc.hk/TC/Welcome-to-the-Fintech-Contact-Point/SFC-Regulatory-Sandbox。

[2] 保险科技监管沙盒,载保险业监管局网2022年10月31日,https://www.ia.org.hk/tc/aboutus/insurtech_corner.html。

[3] 《有关香港虚拟资产发展的政策宣言》,载财经事务及库务局网,https://gia.info.gov.hk/general/202210/31/P2022103000455_404825_1_1667173459238.pdf。

为了保障消费者的权益,《有关证券型代币发行的声明》要求推广及分销证券型代币的中介人需要采取额外的保护消费者措施,如代币的销售对象必须被限定为"专业投资者",中介人应当勤勉履行尽职审查,确保相关推广材料的准确性,以及以易于理解的方式提供相关资料协助客户作出有关投资决定等。

在香港的现有监管制度下,需要区分虚拟资产是否属于"证券"或"期货合约"(或同等金融工具)的法律定义范围,如果不属于,则不受香港证监会监管,当然若投资者经不受规制的交易平台买卖虚拟资产或投资由不受规制的投资组合管理公司管理的虚拟资产投资组合,也不会享有《证券及期货条例》所提供的保障。

(2)虚拟资产型代币

虚拟资产是以数码形式表达价值,亦称作"加密货币"、"加密资产"或"数码代币"。这类资产的特点是具备不同形态并不断演变,意味着它们既可以是或声称是一种付款方法,亦可令代币持有人有权获得现在或日后的盈利,或让其获得某产品或服务,或同时兼具上述任何功能。[1]目前的法律框架具有一定的灵活性,香港证监会可决定虚拟资产是否受其监管,香港财经司亦可决定任何数字形式的价值表示(digital representation of value)可否被界定为虚拟资产。[2]

(3)稳定币

2022年1月31日,香港金管局发布了发布加密资产和稳定币讨论文件的咨询总结,表示将与稳定币相关的若干活动纳入监管,并在文件中阐述了监管范围和主要的监管要求。[3]

稳定币是指和某个标的保持稳定兑换比例的加密货币。通常可以分为三类,第一类是法定资产抵押稳定币,通常以法定货币,如美元,或者黄金、原油等作为抵押。第二类是加密资产抵押稳定币,这类稳定币通常以其他加密货币作为抵押。第三类是算法稳定币,这类稳定币不依赖于资产的抵押,而是依靠算法实现价格的稳定,其中心思想是通过算法调节该稳定币的市场供求关系,进而调整价格。

与稳定币相关的关键活动包括:①治理。建立和维护管理范围内稳定币安排的规则。②发行。发行、创建和销毁稳定币。③稳定。其稳定和储备管理安排(无论该等安排是否由发行人提供)。④钱包。提供服务,允许存储用户的加密密钥,从而访问用户

---

[1]《有关针对虚拟资产投资组合的管理公司、基金分销商及交易平台营运者的监管框架的声明》,载证券及期货事务监察委员会网 2018 年 11 月 1 日, https://www.sfc.hk/TC/News-and-announcements/Policy-statements-and-announcements/Statement-on-regulatory-framework-for-virtual-asset-portfolios-managers。

[2]《虚拟资产服务提供者发牌制度——由稳健监管开始》,载中华人民共和国香港特别行政区政府网 2021 年 5 月 23 日, https://www.fstb.gov.hk/sc/blog/blog230521.htm。

[3]《加密资产和稳定币讨论文件的总结》,载香港金融管理局网, https://www.hkma.gov.hk/gb_chi/news-and-media/press-releases/2023/01/20230131-9/。

范围内的稳定币的持有量和此类稳定币的管理。

可以获得牌照的主体必须是在香港注册成立的实体并持有香港金管局颁发的相关牌照,否则不得在香港开展或推广第二个问题的监管范围规定的加密活动。换句话说,外国公司/集团如果打算在香港开展相关的受监管活动或向香港公众推销这些活动,需要根据香港法律成立一家公司,并通过这家公司向香港金管局申请牌照,外国公司的香港分公司或办事处不符合"在香港成立的实体"的要求。

关键监管原则包括:①全面监管原则,将在所有权、治理和管理、财务资源要求、风险管理、反洗钱和反恐怖融资、用户保护以及定期审计和披露要求等领域制定适当的监管要求;②全面储备和允许赎回原则,稳定币安排的储备资产的价值在任何时候都应符合已发行稳定币的价值,稳定币持有人应该能够在合理的期限内允许赎回;③主营业务限制原则,受管制的实体不应从事偏离其相关牌照所准许的主要业务活动,如不应从事借贷活动。

2022年加密货币市场发生了一系列金融风险事件,如稳定币 TerraUSD 和 Luna 在2022年5月崩盘,导致全球投资者损失大约400亿美元,[1]引起了各国(地区)监管机构的高度关注。香港金管局将建立一套基于风险分析的方法确定稳定币结构的范围,以便在制度框架下实现灵活监管。考虑到适当的监管环境将有助于应对稳定币可能带来的金融稳定风险,香港金管局预计在2023年或2024年落实监管安排。

3. 虚拟资产交易所

(1)牌照管理。凡是在香港从事经营虚拟资产交易所业务的主体,必须向香港证监会申领虚拟资产牌照(VASP),如果提供证券型代币服务,需要申请1号牌(证券交易)和7号牌(提供自动化交易服务)。

根据《证券及期货条例》(第571章)和《打击洗钱及恐怖分子资金筹集条例》(第615章),在香港经营业务或积极向香港投资者推销服务的集中虚拟资产交易平台须获得香港证监会的发牌及监管,见表9-4。[2]

表9-4 中国香港特别行政区虚拟资产交易平台的牌照管理

牌照管理	证券及期货条例制度	反洗钱条例制度
许可证类型	第1类受规管活动(证券交易) 第7类受规管活动(提供自动化交易服务)	提供虚拟资产服务(经营虚拟资产交易所)

---

[1] 《加密货币回顾与展望:市值暴跌70%币圈遭遇"至暗时刻"》,载新浪财经网2022年12月29日,https://finance.sina.com.cn/stock/hkstock/ggscyd/2022-12-29/doc-imxyipam2642924.shtml.

[2] *Virtual Asset Trading Platform Operators*, Securities and Futures Commission(Jun. 1, 2023), https://www.sfc.hk/en/Welcome-to-the-Fintech-Contact-Point/Virtual-assets/Virtual-asset-trading-platforms-operators.

续表

牌照管理	证券及期货条例制度	反洗钱条例制度
许可	集中式平台提供安全代币*交易服务,使用自动交易引擎匹配客户订单,并提供托管服务作为其交易服务的辅助服务	集中式平台提供非安全代币*交易服务,使用自动交易引擎匹配客户订单,并提供托管服务作为其交易服务的辅助服务
持牌人	持牌法团 持牌代表(包括负责人员)	许可提供商(LP) 有限合伙人的持牌代表(包括负责人员)

* 鉴于虚拟资产的条款和特征可能会随着时间的推移而演变,虚拟资产的分类可能会从非证券型代币变为证券型代币(反之亦然)。为了避免违反发牌制度及确保业务的连续性,虚拟资产交易平台宜同时根据《证券及期货条例》及《打击洗钱及恐怖分子资金筹集条例》制度申请牌照。

(2)所有虚拟资产交易活动全部在单一法律实体下进行。平台营运者应确保其公司进行的所有(积极向香港投资者推广或在香港进行的)虚拟资产交易业务活动(以下简称有关活动)是在获香港证监会发牌的单一法律实体下进行的。有关活动指在平台及非平台进行的任何虚拟资产(无论代币属何种性质)交易活动,以及纯粹为提供有关交易服务而进行的任何活动。有关活动不包括于2018年11月1日发表的《致中介人的通函——分销虚拟资产基金》及政策声明附录1《适用于管理虚拟资产投资组合的持牌法团的监管标准》中所讨论的虚拟资产基金或管理虚拟资产投资组合的工作。若有关活动全部被纳入获发牌的单一法律公司实体,便能让香港证监会对该持牌实体进行详尽和全面的监察,避免对其哪些业务获香港证监会发牌和监察产生混淆。

(3)全部虚拟资产交易业务均须遵守适用的规定。平台营运者应就一切有关活动遵守所有适用的监管规定(包括香港证监会施加的任何发牌条件)。尽管该等活动未必涉及属于"证券"的虚拟资产,但可能影响平台营运者的整体适当人选资格。

(4)只向"专业投资者"提供服务。鉴于虚拟资产交易涉及重大风险,平台营运者应仅向"专业投资者"提供服务。平台营运者如向其他公司提供其交易系统作为技术解决方案,亦应确保其参与者和所有能够进入系统的最终使用者为"专业投资者"。香港对专业投资者的要求为:个人投资者,其金融资产(现金、股票等流动性高的资产)达到800万港币或100万美元;机构投资者,其金融资产达到4000万港币或500万美元。此外,交易所需履行KYC义务及投资者风险测评,确保客户有足够的净资产承担风险和交易损失。

(5)对首次代币发行的代币有最初12个月的交易限制。在发牌监管实践方面,香港目前是较为谨慎的,现如今仅有两家虚拟资产交易平台成功取得交易牌照,一是2020年发给某科技集团旗下成员公司OSL数码证券有限公司(OSL Digital Securities

Limited),二是 2022 年上半年取得牌照的 Hashkey Group。[1]通过公开渠道信息可以查询到,OSL 数码证券有限公司持有的是 1 号牌(证券交易)和 7 号牌(提供自动化交易服务)。

香港证监会的监管框架逐渐清晰,致力于将所有的虚拟资产涵盖在内,以保障投资者应对金融机构的审慎风险。至今为止,香港证监会认可了 8 家虚拟资产基金管理公司和 2 家虚拟资产交易所,并批准了两家经纪行在其综合账户安排下为客户进行虚拟资产交易。

4. 虚拟银行

2000 年 5 月,香港金管局首次发出了《虚拟银行的认可》指引,条件是有关申请机构必须符合适用于传统银行的相同的审慎准则。此后,香港金管局两次修订指引,并在 2018 年的修订版本中明确指出"银行、金融机构及科技公司均可申请在港持有和经营虚拟银行"。根据申请,现已有 8 家银行首次获批虚拟银行牌照。[2]

虚拟银行是指主要通过互联网或其他形式的电子渠道而非实体分行提供零售银行服务的银行。虚拟银行一般以零售客户为服务对象,包括中小型企业,申请人符合附表 7 所载有关认可的最低准则。对于申请成立虚拟银行(虚拟申请人),符合最低准则必须具备实质业务,不能单纯是一个概念。

(1)所有权要求:虚拟银行应以本地设立银行的形式经营。金融机构(包括现有银行)和非金融机构(包括科技公司)可申请拥有和经营虚拟银行。具体来说,可由声誉良好的银行或金融机构拥有多数股权,并由认可的相关机构监管。可由在香港设立的控股公司持有,但须遵守附加的监管条件包括:资本充足;流动资金、大额风险承担、集团内部的风险承担及资产押记、集团结构、业务活动、风险管理、董事及高级管理局的适当性;向香港金管局提交财务及其他资料等要求。

(2)实体办事处要求:虚拟银行必须在香港设立实体办事处作为主要营业地,以处理香港金管局的查询或投诉;必须保存可供金管局查阅的完整账簿、账目和交易记录,但不必设立实体分行。

虚拟银行须遵守适用于传统银行的同一套监管规定。其他如科技风险、风险管理、业务外包风险管理、资本要求,《虚拟银行的认可》都作出了指引。

五、金融科技对金融监管的挑战

金融技术的快速发展正在改变经济和金融景观,一方面,它能提高金融效率、丰富

---

[1] Securities and Future Commission:Lists of virtual asset trading platforms,载证券与期货事务监察委员会网 2023 年 8 月 3 日,https://www.sfc.hk/en/Welcome – to – the – Fintech – Contact – Point/Virtual – assets/Virtual – asset – trading – platforms – operators/Lists – of – virtual – asset – trading – platforms。

[2] 虚拟银行一览表,载香港金融管理局网 2023 年 8 月 1 日,https://www.hkma.gov.hk/gb_chi/key – functions/banking/banking – regulatory – and – supervisory – regime/virtual – banks/。

金融产品,使消费者、小企业以较低的价格、更为便捷的方法和更多的渠道获得适合自己需求的金融服务;金融科技还可以通过加强金融支持潜在的增长和减贫发展。但是另一方面,金融与科技的深度融合在创新金融产品、再造业务流程、提升服务质效的同时,也改变了金融运行机理,加大了风险防控难度,金融创新发展面临新形势与新挑战。

(一)对金融稳定的影响

金融科技提供与传统金融相同的经济功能,因此面临着类似的微观和宏观风险。并且由于金融科技业务在若干高风险业务领域快速成长,可能受到的监管不足,因而对金融稳定构成潜在影响。

1. 微观金融风险

从微观层面来看,金融科技企业可能面临各种金融风险,如期限错配、流动性错配、杠杆风险等。不同类型的金融科技业务面临的金融风险有所不同。金融科技在一定程度上会强化金融行业的本质风险,如金融科技有可能强化金融的高杠杆性。以第三方支付行业为例,网络支付机构的杠杆水平一般远高于传统银行业。可见,金融科技企业,特别是实质承担金融风险的企业需要考虑如何解决资本充足率这一棘手问题。

另外,所有业务都面临操作风险,金融科技可能加剧治理、网络安全、第三方依赖、法律监管等方面的操作风险。一些不受监管或监管较弱的金融科技企业存在监管不足的问题。网络攻击对金融系统的威胁日益严重,金融科技可能会加剧这一风险。第三方依赖使得关键基础设施中断从而造成系统性风险。

金融科技创新日新月异,去中心化的运作方式和传统中心化的监管体系不匹配,法律和监管滞后的矛盾尤其突出,传统金融监管手段呈现出不适应性,金融科技创新使监管框架面临调整压力。许多金融科技企业拥有国际客户群,不同司法管辖区的法律规定不统一,可能会产生更多的法律问题。[1]

2. 宏观金融风险

一些金融科技的创新可能会随着时间的推移放大对整个金融体系的冲击,从而提高金融的不稳定性。这些宏观金融风险涉及以下几个方面。

(1)传染风险:信誉风险蔓延是金融科技的一大问题,特别是与家庭和企业直接相互作用的活动。重大意外亏损可能被解释为整个行业存在潜在损失,可能导致传染风险加剧。

(2)顺周期性:部分金融科技服务呈现出顺周期性,可能会放大其对金融体系的

---

[1] FSB, *FinTech and Market Structure in Financial Services: Market Developments and Potential Financial Stability Implications*, The Financial Stability Board(Feb. 14, 2019), https://www.fsb.org/2019/02/fintech-and-market-structure-in-financial-services-market-developments-and-potential-financial-stability-implications/.

冲击。

(3)过度波动:金融科技设计上的"快速"特点在一定程度上可能导致过度波动的发生或加剧金融系统中的波动。在竞争更为激烈的环境中,金融消费者可以更快速、更容易地选择服务提供者,这可能导致金融系统对信息过度敏感。

(4)系统重要性:在金融科技的语境下,未来高度相关的机构极有可能以市场基础设施的形式出现,分布式账本技术的广泛应用可能减少与传统托管银行和中央交易对手相关的现有风险,数字货币和钱包可以替代传统的银行支付系统,聚合平台可能成为接入银行服务的默认方式,可能导致新风险的产生。[1]

(二)技术治理

金融科技是金融与科技的整合,科技从过去的技术支撑变成了主动赋能,甚至引领业务。技术带来的风险可以分为三个层次。

1.网络风险,技术和数字解决方案大范围的应用使可供黑客攻击的薄弱环节增加。一部分金融科技业务可能使得数据在较多机构间传播,从而加剧了网络风险,威胁整个金融系统。典型事例如2016年黑客入侵孟加拉国央行账户,导致8100万美元失窃,这成为有史以来规模最大的网络盗窃案。[2]另有数据显示,金融科技领域的支付欺诈攻击率(Sift阻止的欺诈交易占总交易的比率)在2021年激增了70%,尤其引人注意的是,这类攻击呈现出自动化趋势。[3]

2.金融科技大量依赖于底层技术的运行,如区块链、人工智能、机器学习、云计算、大数据分析等。这些技术渗透于投资决策、风险定价、资产配置等环节,改变了金融服务的方式和运行逻辑,对传统金融机构和监管发起挑战。

随着金融服务越来越多地由人工智能算法执行,即通过编程捕获数据并应用"智能"分析进行估值,形成贷款决策或买卖证券的结果。[4]在海量数据场景应用模式下,不完善的底层算法和技术的不成熟可能产生蝴蝶效应,加剧风险的扩散。以智能投顾业务为例,它通过专业化的算法设计和模型架构实现自动化流程。然而,这在一定程度上形成了技术知识壁垒,普通金融投资者无法理解其内部逻辑体系,从而轻易忽略了算

---

[1] FSB, *FinTech and Market Structure in Financial Services: Market Developments and Potential Financial Stability Implications*, The Financial Stability Board(Feb. 14, 2019), https://www.fsb.org/2019/02/fintech-and-market-structure-in-financial-services-market-developments-and-potential-financial-stability-implications/.

[2] 廖政军:《作案手段翻新黑客盯上全球银行支付系统》,载人民网,http://it.people.com.cn/n1/2016/0601/c1009-28400414.html。

[3] 《2021年金融科技领域支付欺诈攻击暴增70%》,载搜狐网2022年3月22日,https://www.sohu.com/a/531722449_469619。

[4] Brummer C & Yadav Y, *Fintech and the Innovation Trilemma*, The Georgetown Law Journal, Vol.107(235), p.269-275(2018).

法设计不合理所带来的投资决策失误问题。因此,衍生的技术风险会在不同金融机构中传播。此外,目前主流金融科技公司应用的算法模型高度相关。在资本市场面临信用危机冲击时,它们的估值模型更容易导致资产价格的大幅度波动,从而加剧了金融市场上的顺周期性问题。另外,算法歧视和算法偏见等问题也可能导致某些客户被排除在金融服务之外,或者使他们的权益受损害。

3. 对第三方服务和技术的依赖。外包虽然不是金融科技特有的方式,但很多金融科技应用程序大量依赖第三方服务提供商提供云计算或数据服务,并且,同类机构可能采购同类型的技术服务,而第三方供应商可能不属于传统的监管范围,这会增加操作风险、运营风险,影响金融稳定。外包或第三方安排需要成为金融服务公司风险管理基础设施的一部分。人们普遍担心,集中向金融机构提供某些外包和第三方服务可能产生系统性风险。随着从特定第三方获得关键服务的金融机构数量的增加,这些风险可能会变得更高。如果没有适当的监管措施,这些第三方一旦发生重大中断、中断或故障,可能会造成单点故障,对金融稳定和/或多个金融机构的安全和稳健性产生潜在的不利影响。

许多第三方供应商可能不在传统金融监管的范围之内,谁是金融产品和服务的提供者?这个问题变得难以回答。从监管机构的角度来看,监管的边界开始受到挑战。在这方面,监管当局需要确定针对重要的金融机构第三方服务提供商的监管框架是否合适。

(三)数据治理

金融科技的发展越来越依赖于技术和大数据的使用,金融行业与大数据深度融合,数据资源成为发展的核心竞争力,数据采集、数据存取、数据转移已常态化。

在宏观层面上,金融数据主权风险是指在数字经济时代,国家面临自身金融数据权益受损和国家数据主权安全受威胁的风险。作为重要的战略资源,金融数据涵盖了个人隐私、企业商业秘密、社会治理、国防和安全等敏感要素,对一个国家的经济金融市场的发展现状和未来趋势具有重要意义。

在中观层面上,对于企业而言,其可能面临以下几种金融数据风险:(1)数据泄露风险。企业在收集、存储和处理大量金融数据的过程中,存在数据泄露的风险。(2)数据操纵风险。企业的金融数据可能面临被操纵或篡改的风险。(3)数据安全风险。企业在处理金融数据时需要采取适当的安全措施防止数据未经授权被访问、篡改或破坏。如果企业的数据安全措施不足或存在漏洞,可能会面临黑客攻击、恶意软件、网络钓鱼等安全威胁,导致企业的金融数据被窃取或滥用。(4)合规性风险。企业在处理金融数据时必须遵守相关法规和合规要求。特别是对于涉及个人隐私和敏感数据的行业,如银行、保险和金融科技公司,合规性风险尤为严重。

在微观层面上,金融消费者对数据的访问、收集、使用、生成、流通等都有可能导致用户利益受到损害。

数据治理已成为各国讨论的中心议题,主要是为了推动建立数据监管体系。

(四)公平竞争的问题

大型科技公司(Big Techs)正在迅速扩大其在支付系统和金融服务领域的足迹。大型科技公司具有以下特点:一是拥有前沿技术,特别是头部金融科技公司具备开发人工智能、大数据、云计算、区块链等先进技术的研发能力,能够为金融机构提供技术解决方案。二是场景流量丰富,如 Apple 公司通过其手机应用、开发工具、软件集成获得稳定的客户群,Amazon 公司通过电商平台搭建消费场景获得资源,Google、Microsoft 依托网络搜索流量挖掘用户需求,Facebook 通过社交软件获取场景流量等。

大型科技公司拥有庞大的全球用户群,通过数字服务中固有的网络效应,受益于交叉补贴和规模经济,这使它们处于有利的地位,一旦开始提供金融服务,就会占有巨大的市场份额,导致市场高度集中。英格兰银行在 2020 年的一项调查中发现,超过 70% 的银行和 80% 的保险公司仅依赖两个云 IaaS(云计算基础服务)的提供商。[1] 在全球范围内,52% 的云服务仅由两家大型科技公司提供,而超过 2/3 的服务由 4 个大型科技公司提供。[2] 个别大型科技公司已经成长为巨无霸,有可能形成市场垄断和不公平竞争。同时,金融服务公司使用相同或相似的 IT 解决方案可能会产生羊群效应,增强了金融风险的传染性。

大型科技公司在金融服务领域的迅速增长,带来了多重政策挑战。其中一些变化属于央行和金融监管机构传统的职权范畴,如金融风险降低、监管经营弹性和消费者保护。要评估大型科技公司在整个金融周期中的弹性,需要当局更系统地监督和理解它们的商业模式,例如,算法是否会因注入系统性偏见而损害了金融稳定。[3] 除传统的金融稳定问题之外,市场力量过度集中的可能性也带来了新的挑战,以及与数据治理有关的更广泛的问题。这些新的挑战超出了央行传统的职权范畴,可能会冲击央行的核心使命,即确保稳健的货币和支付系统的完整性和平稳运行。[4] 网络效应使大型科技公司能够在细分市场中快速扩大规模,但这可能会导致市场过度集中,从而损害公平竞

---

[1] *How Reliant are Banks and Insurers on Cloud Outsourcing?*, Bank of England (Jan. 17, 2020), https://www.bankofengland.co.uk/bank-overground/2020/how-reliant-are-banks-and-insurers-on-cloud-outsourcing.

[2] Felix Richter, *Infographic Chart: Amazon Leads ＄130-Billion Cloud Market*, International Busssiness Time (Apr. 2, 2021), https://www.ibtimes.com/infographic-amazon-leads-130-billion-cloud-market-3138350.

[3] 奥古斯丁·卡斯滕斯等:《大型科技公司的金融监管》,载《中国金融》2021 年第 22 期。

[4] Carstens A. et al., *Regulating Big Techs in Finance*, SSRN (Aug. 2, 2021), https://papers.ssrn.com/sol3/papers.cfm?abstract_id=3901736.

争。大型科技公司在控制谁可以进入市场、谁接收什么样的数据以及市场如何运作方面拥有强大的影响力,这可能会阻碍创新和市场进入。此外,大型科技公司投入大量资源进行最先进的技术开发和收购,特别是数据分析能力,这使它们在技术水平上超越了许多传统银行。因而,这会引发一个问题:大型科技公司参与金融行业,是会带来一个更加多样化、更具竞争力的金融体系,还是会带来一种新的集中度、新市场势力和系统性重要性?

(五)消费者保护的问题

尽管金融科技应该给消费者带来许多好处,如金融服务更加高效便利,但也不是完全没有风险。

1. 法规监管范围的空白:如果金融科技产品不在现有金融消费者保护法规的范围内,则消费者可能获得的保护较少。[1]

2. 金融科技运营商的欺诈或不当行为:由于金融科技商业模式可能是创新的、不透明的或复杂的,许多消费者并不熟悉它们,有可能导致运营商或相关方欺诈或不当行为造成的损失风险增加。[2]

3. 平台/技术的不可靠或漏洞:如果支持金融科技产品的平台或其他系统不可靠或容易受到外部威胁,消费者也可能面临更高的损失和其他风险,包括第三方的欺诈行为。[3]

4. 业务失败或资不抵债:与成熟的金融服务提供商相比,一些金融科技企业面临更大的风险,从而威胁消费者的资金安全;[4]

5. 数字环境中的消费者披露和透明度:当有新的定价、产品功能和风险引入时,以及当消费者对数字渠道的交易理解有困难时,他们无法获得足够的产品信息,从而增加

---

[1] Boeddu G. L. et al., *Consumer Risks in Fintech New Manifestations of Consumer Risks and Emerging Regulatory Approaches: Policy Research Paper (English)*, Finance, Competitiveness and Innovation Global Practice Washington, D.C. : World Bank Group, Vol.1(1), p.10 (2021).

[2] Boeddu G. L. et al., *Consumer Risks in Fintech New Manifestations of Consumer Risks and Emerging Regulatory Approaches: Policy Research Paper (English)*, Finance, Competitiveness and Innovation Global Practice Washington, D.C. : World Bank Group, Vol.1(1), p.13 (2021).

[3] Boeddu G. L. et al., *Consumer Risks in Fintech New Manifestations of Consumer Risks and Emerging Regulatory Approaches: Policy Research Paper (English)*, Finance, Competitiveness and Innovation Global Practice Washington, D.C. : World Bank Group, Vol.1(1), p.17, (2021).

[4] Boeddu G. L. et al., *Consumer Risks in Fintech New Manifestations of Consumer Risks and Emerging Regulatory Approaches: Policy Research Paper (English)*, Finance, Competitiveness and Innovation Global Practice Washington, D.C. : World Bank Group, Vol.1(1), p.18(2021).

了风险。[1]

6. 产品不适当风险增加：金融科技可能增加未经适当评估的消费者获得风险较高或复杂的金融产品的机会，从而使消费者因产品不合适而遭受损失的风险。[2]

7. 金融科技商业模式的冲突导致不符合消费者利益的行为：金融科技商业模式可能会引起利益冲突，这些冲突可能没有被监管机构或消费者预见到。[3]

8. 算法决策导致潜在的不公平结果：在高度自动化的金融科技商业模式中，算法决策越来越常见，这可能导致不公平、歧视或有偏见的结果。[4]

9. 数据隐私：金融科技高度依赖数据的特点带来重大的隐私问题。[5]

在令人眼花缭乱的新兴技术面前，金融消费者往往处于不利地位，这要求创新企业能够为其提供安全、透明、便利的产品或服务。因此，使消费者获益和保护消费者应当成为并行的监管目标。

(六)跨境监管合作的问题

金融科技作为一种不可阻挡的创新力量，显然具有全球影响力。像比特币这样的加密货币致力于去中心化的无国界货币的设计，Facebook这样的社交媒体巨头正在寻求将自己转变为全球支付生态系统的支柱。传统金融业已开始逐步受到金融科技业的无国界竞争的影响，但就金融科技的跨境监管合作安排却明显滞后于跨境展业步伐。正如现代金融一样，金融科技(如Libra)的全球雄心和创业潜力带来了风险，即产品失败的危害可能会跨越国界广泛传播。如果一家主要的支付供应商遭遇中断、遭受网络攻击或破产，那么其后果可能会在多个司法管辖区产生影响，并以类似的方式影响弱势

---

[1] Boeddu G. L. et al., *Consumer Risks in Fintech New Manifestations of Consumer Risks and Emerging Regulatory Approaches: Policy Research Paper (English)*, Finance, Competitiveness and Innovation Global Practice Washington, D. C.: World Bank Group, Vol.1(1), p.21(2021).

[2] Boeddu G. L. et al., *Consumer Risks in Fintech New Manifestations of Consumer Risks and Emerging Regulatory Approaches: Policy Research Paper (English)*, Finance, Competitiveness and Innovation Global Practice Washington, D. C.: World Bank Group, Vol.1(1), p.30(2021).

[3] Boeddu G. L. et al., *Consumer Risks in Fintech New Manifestations of Consumer Risks and Emerging Regulatory Approaches: Policy Research Paper (English)*, Finance, Competitiveness and Innovation Global Practice Washington, D. C.: World Bank Group, Vol.1(1), p.34(2021).

[4] Boeddu G. L. et al., *Consumer Risks in Fintech New Manifestations of Consumer Risks and Emerging Regulatory Approaches: Policy Research Paper (English)*, Finance, Competitiveness and Innovation Global Practice Washington, D. C.: World Bank Group, Vol.1(1), p.38(2021).

[5] Boeddu G. L. et al., *Consumer Risks in Fintech New Manifestations of Consumer Risks and Emerging Regulatory Approaches: Policy Research Paper (English)*, Finance, Competitiveness and Innovation Global Practice Washington, D. C.: World Bank Group, Vol.1(1), p.39(2021).

消费者,而不论其国籍如何。[1]除彻底失败的最坏情况之外,具有跨国吸引力的创新还会引发棘手的问题,这些问题围绕着制定普遍被接受的投资者保护、数据安全、审慎监管、信息共享、跨境检查、持续协调、处置计划等方面,一些国家的监管当局已经展开了沟通合作,但对于开展跨境经营的金融科技业,无论是在监管还是消费者保护方面,目前尚无任何机制化安排。

与金融科技公司在全球范围内追逐市场不同的是,它仅在司法管辖范围内受到国别监管,这可能会在监管一致性以及跨境监管和执法方面带来挑战,并可能产生潜在的监管套利风险,有必要通过国际合作和信息交流解决这些问题。

鉴于金融科技的跨境展业尚处于初级阶段,目前实际遇到的监管合作问题主要集中在市场准入领域。对未来可能出现的"系统重要性"金融科技企业尚无联合评估的安排。目前,已经出现了超级庞大的金融科技公司,部分公司也正在进行全球化扩张。如果其继续目前的发展势头,未来必然需要对全球或国内"系统重要性"金融科技进行联合评估,并在评估的基础上采取相应的监管应对。

六、金融科技监管的应对

(一)将金融科技纳入金融业的监管范围

各国普遍根据业务性质,按照"相同业务、相同风险、相同规则"将金融科技纳入金融监管。

大多数经济体的金融管理部门基于功能监管和行为监管的原则建立了金融科技监管框架。一是坚持持牌准入。例如,新加坡、中国香港特别行政区金融管理部门设立了专门的数字银行牌照,要求申请机构满足一定准入标准并遵守基于风险的资本要求。二是明确监管细则。例如,英国要求从事开放银行业务的机构遵守《支付服务修订法案(第二版)》的规定,银行须按照客户要求将客户账户、交易数据开放给客户授权的第三方支付服务商,第三方支付服务商则须在金融管理部门登记备案。三是发布风险警示、打击非法交易。对加密资产交易等潜在风险较高的业务,大多数经济体的金融管理部门持审慎态度。例如,美国证券交易委员会于2017年8月发布风险警示,表示首次交易发行多为利用技术创新噱头进行的虚假宣传,提示投资者警惕诈骗行为。[2]

各监管机构发布的网站政策显示,金融科技创新监管工具不断完善。监管沙盒作为统筹金融创新和风险防控的手段,得到广泛认可和应用。全球监管机构将监管沙盒视为测试新技术提供动态和基于证据的监管环境的一种手段。为了保护消费者权益,

---

[1] Brummer C. & Yadav Y., *Fintech and the Innovation Trilemma*, The Georgetown Law Journal, Vol. 107 (235), (2018).

[2] *Investor Alert: Public Companies Making ICO - Related Claims*, U.S Securities and Exchange Commission (Aug. 28, 2017), https://www.sec.gov/oiea/investor-alerts-and-bulletins/ia_icorelatedclaims.

严防风险转移,监管层积极审慎放宽监管,降低金融科技创新监管壁垒,鼓励更多的创新方案积极落地。在此过程中,可以实现金融科技创新与有效风险管理的双赢。

除监管沙盒外,许多监管机构还设立了"创新中心"和"创新加速器",以提高对金融科技业务的了解。"监管沙盒"可以被定义为在受控和受限的环境中对创新金融科技产品进行虚拟测试;"创新中心"应以符合现有法规的新公司为基础;"创新加速器"是包含资金扶持的监管部门与业界合作的手段。这些创新协调措施的实施、经验的分享和监管知识的普及有利于提升金融科技监管的能力和水平。

(二)技术治理

1. 加强对技术的约束和引导

网络安全已成为金融科技发展要关注的优先事项。应对持续不断的网络威胁,除技术层面的要求外,也属于治理和监管范围的要求。[1]

监管机构希望银行制定专门的网络安全战略应对网络风险,这包括与治理和监督有关的要求、风险归属和问责制、信息安全、定期评估和监测网络安全控制、事件响应、业务连续性、恢复计划等。

作为使欧洲适应数字时代的关键政策目标的一部分,欧盟委员会于2020年12月提议修订《网络与信息系统安全指令》(以下简称 NIS 指令)。2023年1月13日,《关于在欧盟全境实现高度统一网络安全措施的指令》(以下简称 NIS2 指令)正式生效。由于欧洲各国近来受到不同程度的网络威胁,个人和企业迫切需要一种系统协同的安全网络防护体系。在这种背景下,NIS2 指令应运而生,取代并废止了2016年生效的 NIS 指令,为许多成员国采取更具创新性的网络安全监管方法提供了法律支持。

NIS2 指令加强了企业须遵守的网络安全风险管理要求。根据 NIS 指令,企业必须采取与风险相匹配的技术、运营和组织措施来预防网络安全风险,尽量减少潜在网络危机事件的影响。这一要求在 NIS2 指令中变得更加具体,其详细规定了事件响应和危机管理、漏洞处理和披露、评估网络安全风险管理措施有效性的政策和程序,以及网络安全和培训等一系列重点措施。

修订后的指令旨在协调不同成员国的网络安全要求和网络安全措施的实施。为了实现这一目标,它规定了监管框架的最低标准,并规定了每个成员国当局之间有效合作的机制。NIS2 指令更新了受网络安全义务约束的部门和活动清单,并规定了补救措施和制裁以确保执法。该指令将正式建立欧洲网络危机联络组织网络 EU – CyCLONe,支

---

[1] *Cyber resilience practices – Executive Summary*, The Financial Stability Board (May. 27, 2021), https://www.bis.org/fsi/fsisummaries/cyber_resilience.htm.

持大规模网络安全事件和危机的协调管理。[1]到2024年10月17日,成员国必须采取并公布遵守NIS2指令的必要措施。[2]

在我国香港特别行政区,2016年12月实施的《网络防卫计划》旨在提升香港银行体系的网络防卫能力。该计划的三大支柱为:"网络防卫评估框架"(Cyber Resilience Assessment Framework)、"专业培训计划"(Professional Development Programme)和"网络风险资讯共享平台"(Cyber Intelligence Sharing Platform)。2020年11月3日宣布推出了《网络防卫计划2.0》,旨在创建金融科技风险管理框架,制定审批标准,并确保对其金融科技合作伙伴进行持续的风险监控。2022年11月25日,香港金管局通函,发布Guidance on anti-DDoS protection,就防范分布式拒绝服务(DDoS)攻击向认可机构提供额外指引,并制定了四项原则:定期进行风险评估和漏洞管理;妥善设计防DDoS防控架构;维持对服务供应商的有效管治;建立适当的事件响应程序及定期进行演练。这为香港金融机构进行信息科技风险管理提供了实用指南。

2023年7月26日,美国证监会通过了一项新规则,要求注册人披露他们经历的重大网络安全事件,并每年披露有关其网络安全风险管理、战略和治理的重要信息。该规则要求外国私人发行人(foreign private issuers)也进行类似的披露。根据规则,注册人需要在表格8-K的第1.05项中披露任何被确定为重大的网络安全事件,并详细描述事件的性质、范围、时间和对其自身的重大影响或可能的重大影响。通常情况下,注册人一旦确认网络安全事件的重大性,就需要在4个工作日内提交8-K表格。如果美国司法部长确定及时披露会对国家安全或公共安全构成重大风险,并书面通知委员会,则披露可能会有所延迟。规则还添加了法规S-K的第106项,要求注册人描述其评估、识别和管理网络安全威胁重大风险的流程(如果有),以及网络安全威胁和之前网络安全事件的重大影响或可能的重大影响。第106项还要求注册人描述董事会对网络安全威胁风险的监督,并说明管理层在评估和管理网络安全威胁的重大风险方面的作用和专业知识。需要在注册人的10-K表格年度报告中进行这些披露。此外,上述规则还要求外国私人发行人使用6-K表格和20-F表格进行类似的披露,涵盖网络安全风险管理、战略和治理方面的重大网络安全事件。[3]

近年来,国际社会在人工智能等底层技术应用方面已初步形成技术安全、伦理道德

---

[1] *EU Decides to Strengthen Cybersecurity and Resilience Across the Union: Council Adopts New Legislation*, Council of the European Union (Nov. 28, 2022), https://www.consilium.europa.eu/en/press/press-releases/2022/11/28/eu-decides-to-strengthen-cybersecurity-and-resilience-across-the-union-council-adopts-new-legislation/.

[2] *The NIS 2 Directive*, Cyber Risk GmbH, https://www.nis-2-directive.com/.

[3] *SEC Adopts Rules on Cybersecurity Risk Management, Strategy, Governance, and Incident Disclosure by Public Companies*, U.S. Securities and Exchange Commission (Jul. 26, 2023), https://www.sec.gov/news/press-release/2023-139.

等方面的基本共识。在此基础上,有关经济体金融管理部门进一步就金融业技术运用出台相关的规范性指引,涉及应用原则、技术要求、风险防控和数据安全等方面。例如,2018年3月,欧洲监管局联合委员会(Joint Committee of The European Supervisory Authorities,JCESA)发布《关于大数据的最终报告》,围绕"稳健的大数据处理与算法"、"金融消费者保护"和"大数据披露"三个范畴提出了一份"行为与组织指引清单",以供金融机构遵循。[1]新加坡金融管理局于2018年发布《新加坡金融业使用人工智能和数据分析时的公平、道德、问责和透明度原则》,针对金融业算法模型应用中出现的算法歧视、绑架等问题,提出了"公平""道德""问责""透明"四项原则。[2]

我国香港金管局于2019年也先后发布了《人工智能的高层次原则》[3]和《关于被授权机构使用大数据和人工智能的消费者保护指导原则》[4],就香港特别行政区银行业应用人工智能时存在的算法黑箱、歧视等问题,提出了算法可解释性、算法测试、算法公平、算法伦理等方面的要求。

2019年4月8日,欧盟发布了《可信人工智能伦理准则》,该准则提出,人工智能系统应满足7项关键要求,才能被视为可信。具体的评估清单旨在帮助验证每个关键要求的应用:(1)人类代理和监督。人工智能系统应赋予人类权力,使他们能够作出明智的决定并培养他们的基本权利。同时,需要确保适当的监督机制,这可以通过人机交互、人在线循环和人员指挥方法实现。(2)技术稳健性和安全性。人工智能系统需要具有弹性和安全性。它们需要保持安全,确保在出现问题时制订后备计划,并且准确、可靠和可重复。这是确保尽量减少和防止无意伤害的唯一途径。(3)隐私和数据治理。除确保充分尊重隐私和数据保护外,还必须确保适当的数据治理机制,同时考虑数据的质量和完整性,并确保合法访问数据。(4)透明度。数据、系统和人工智能商业模式应该是透明的。可追溯性机制可以帮助实现这一目标。此外,人工智能系统及其决策应以适合利益相关方的方式加以解释。人类需要意识到他们正在与人工智能系统进行交互,并且必须被告知系统的功能和局限性。(5)多样性、非歧视和公平。必须避免偏见,因为它可能产生多重负面影响,即从弱势群体的边缘化到偏见和歧视的加剧。为了促

---

[1] *Joint Committee Final Report on Big Data*, European Insurance and Occupational Pensions Authority (Mar. 15,2018), https://www.eiopa.europa.eu/document-library/report/joint-committee-final-report-big-data_en.

[2] *Principles to Promote Fairness, Ethics, Accountability and Transparency (FEAT) in the Use of Artificial Intelligence and Data Analytics in Singapore's Financial Sector*, Monetary Authority of Singapore (Nov. 12, 2018), https://www.mas.gov.sg/publications/monographs-or-information-paper/2018/feat.

[3] *High-level principles on Artificial Intelligence*, Hongkong Monetary Authority (Nov. 1, 2019), https://www.hkma.gov.hk/media/eng/doc/key-information/guidelines-and-circular/2019/20191101e1.pdf.

[4] *Consumer Protection in respect of Use of Big Data Analytics and Artificial Intelligence by Authorized Institutions*, Hongkong Monetary Authority (Nov. 5, 2019), https://www.hkma.gov.hk/media/eng/doc/key-information/guidelines-and-circular/2019/20191105e1.pdf.

进多样性,人工智能系统应向所有人开放,而不论其如何,并让利益相关方参与其整个生命周期。(6)社会和环境福祉。人工智能系统应造福全人类,包括子孙后代。因此,必须确保它们是可持续和环保的。此外,它们应考虑环境,包括其他生物,并应仔细考虑其社会和社会影响。(7)问责。应建立机制,确保人工智能系统及其结果的责任和问责。可审计性可以评估算法、数据和设计过程,在其中起着关键作用,尤其是在关键应用中。此外,应确保提供充分的可利用的补救办法。

随着算法和人工智能的应用日益广泛,许多国家(地区)都在考虑如何最好地应对潜在的风险和挑战。普遍引起关注的问题包括:算法应用中的偏见和歧视问题;算法决策的透明度和问责制;自动化系统中的安全性和可控性等。对于许多国家(地区)来说,通过监管和技术控制建立算法问责制是一项正在进行的工作。

2021年4月21日,欧盟委员会提出了《人工智能法案》(Artificial Intelligence Act,以下简称欧盟《AI法案》),该法案旨在建立一个统一的法律框架,规范欧盟内人工智能系统的开发、上市和使用。欧盟《AI法案》采取了基于风险分级的方法,根据人工智能系统带来的具体风险水平制定法律干预措施。人工智能系统根据其风险程度被分为四类,每一类都有不同的监管要求:(1)完全禁止的非法人工智能系统,这类系统存在"不可接受的风险",如使用误导性技术、对弱势群体进行认知行为的操纵,如鼓励儿童进行危险行为的声控玩具。这类系统完全被禁止在欧盟境内上市和使用。(2)高风险人工智能系统,这类系统对人的健康、安全和基本权利造成重大不利影响。这类系统需要进行合规性评估,并遵守一系列要求,如风险管理、数据治理等,否则不能在欧盟上市。(3)有限风险人工智能系统,这类系统对人造成有限影响,如情感识别系统和生成或操作图片、音频、视频内容的系统。这类系统需要遵守透明度要求。(4)低风险或最小风险人工智能系统。不属于以上前三类的系统,其可以在欧盟开发和使用,没有额外法律义务。所以,不同风险等级的人工智能系统面临不同的监管举措,从完全禁止,到严格的上市前评估和使用要求,再到较为宽松的透明度要求,以及不施加额外要求。上述法案的适用范围也较为广泛,即便企业是欧盟范围外人工智能技术的供应商,只要使用其人工智能技术的产品或服务被提供在欧盟范围内,也需要适用法案的相关规定。欧盟的目标是在2023年年底前达成协议。[1]

2.管理第三方外包至关重要

在数字化的背景下,鉴于新的金融科技提供商的重要性日益增加,金融机构正在调整其商业模式以接受此类创新。一些公司加强了金融科技解决方案的使用,并启动了提高成本效率的项目,以应对传统银行业务模式的中介利润率受到的低利率环境的压力。外包是相对容易地获得新技术和实现规模经济的一种方式。因此,各国家和地区监管部门普遍加强了对金融外包风险的监管。

[1] European Commission, Artificial Intelligence Act, 2021/0106/(COD).

2018年10月5日,新加坡金融管理局发布了修订的《外包指南》,[1]规定了新加坡金融管理局对有外包安排或计划将其业务活动外包给服务提供商的金融机构的期望。在《银行秘密——外包条件》(Banking Secrecy – Conditions for Outsourcing)中,设置了涉及客户信息披露时外包业务的条件,要求所有商业银行在外包安排中保护客户信息的机密性,并且该规定在新加坡外也同样适用。

欧盟银行监管局于2019年2月25日发布了修订的《外包安排指南》(Guidelines on outsourcing arrangements),为其授权范围内所有金融机构的治理框架制定了具体规定,涉及外包安排和相关监管期望和流程。该指南的目的是为这些金融机构,即受资本要求指令(CRD)约束的信贷机构和投资公司,以及支付和电子货币机构建立一个更加协调的框架。2017年12月发布的关于向云服务提供商外包的建议也已纳入该指南。《外包安排指南》与《支付服务指令》(PSD2)、《金融工具市场指令》(MiFID Ⅱ)和欧盟委员会授权法规(EU)2017/565的外包要求一致,旨在确保机构能够对其所有银行、投资和支付活动和服务应用单一的外包框架。这种框架还确保了不同类型的金融机构之间的公平竞争环境。具体而言,《外包安排指南》明确规定,每个金融机构的管理机构始终对该机构及其活动负责。为此,管理机构应确保有足够的资源适当支持和确保履行这些职责,包括监督所有风险和管理外包安排。外包不能使一个机构变成一个"空壳",缺乏授权的实质内容。当服务外包给位于第三国的服务提供商时,确保对机构和支付机构的有效监管面临挑战。金融机构应确保遵守欧盟立法和监管要求(如专业保密、信息和数据的获取、个人数据的保护),特别是将关键或重要功能外包给服务提供商的。《外包安排指南》明确规定了与第三方的哪些安排可以被视为外包,该指南还区分了对关键和重要外包安排和其他外包安排的要求。关键和重要的外包对机构和支付机构的风险状况有更大的影响。因此,与其他风险较低的外包安排的要求相比,这些要求更为严格。此外,主管当局必须有效监督金融机构的外包安排,包括查明和监测个别服务提供者的风险集中,并评估这种集中是否可能对金融体系的稳定带来风险。为了查明这种风险集中度,主管当局应依靠金融机构汇编的关于外包安排的综合文件。[2]

2021年12月30日,原中国银保监会印发了《银行保险机构信息科技外包风险监管办法》,该办法共7章46条,对银行保险机构信息科技外包风险管理提出全面要求。该办法所适用的信息科技外包,是指银行保险机构将原本由自身负责处理的信息科技活

---

[1] *Guidelines on Outsourcing (Guidelines for financial institutions on risk management of outsourcing arrangements)*, Monetary Authority of Singapore(Oct. 5, 2018), https://www.mas.gov.sg/regulation/guidelines/guidelines-on-outsourcing.

[2] European Banking Authority, *Final Report on EBA Guidelines on Outsourcing Arrangements*, European Banking Authority(Feb. 25, 2019), https://www.eba.europa.eu/sites/default/documents/files/documents/10180/2551996/38c80601-f5d7-4855-8ba3-702423665479/EBA%20revised%20Guidelines%20on%20outsourcing%20arrangements.pdf?retry=1.

动委托给服务提供商进行处理的行为。银行保险机构在实施信息科技外包时应当坚持以下原则:(1)不得将信息科技管理责任、网络安全主体责任外包;(2)以不妨碍核心能力建设、积极掌握关键技术为导向;(3)保持外包风险、成本和效益的平衡;(4)保障网络和信息安全,加强重要数据和个人信息保护;(5)强调事前控制和事中监督;(6)持续改进外包策略和风险管理措施。银行保险机构应当明确不能外包的信息科技职能。涉及信息科技战略管理、信息科技风险管理、信息科技内部审计及其他有关信息科技核心竞争力的职能不得外包。《银行保险机构信息科技外包风险监管办法》还规定,银行保险机构应对信息科技外包活动及相关服务提供商进行分级管理,对重要外包和一般外包采取差异化管控措施。该办法的发布有助于进一步加强银行保险机构信息科技外包风险监管,促进银行保险机构提升信息科技外包风险管控能力,推动银行保险机构稳健开展数字化转型工作。[1]

各国家和地区要求金融机构将外包业务视为自身业务并进行统一管理,执行统一的风险管理标准。此外,金融机构也要求对外包服务机构(如相关金融科技企业)进行尽职调查、风险评估和持续监测,并在外包服务协议中明确约定服务范围和责任义务等。[2]

(三)数据治理

以数据为基础的数字化金融监管新时代已经到来。金融科技应用程序已帮助公司收集大量用户数据,金融科技的发展有赖于强大的技术支持,数据的收集、分析、处理及应用是金融科技发展的必备要素。随着金融科技的广泛应用,数据已成为生产的关键因素,金融科技数据治理也成为制约金融科技监管的重要问题。海量数据给传统金融机构监管数据治理带来前所未有的挑战。

2022年5月16日,继欧洲议会之后,欧盟理事会批准通过《数据治理法案》(Data Governance Act)。5月30日,经欧洲议会主席和理事会主席签署后,该法案在欧盟官方公报上公布,并于6月生效。该法案将在其生效15个月后正式施行。《数据治理法案》为数据的合理利用制定了统一的治理框架,鼓励数据共享、提高数据利用效率,进而让数据资源的流转利用服务更高的公共政策目标。具体包括:一是建立公共部门持有数据的再利用机制;二是建立框架以促进数据中介机构的发展;三是对数据利他行为作出规范化的引导。此外,《数据治理法案》第六章还规定成立欧洲数据创新委员会,就数据共享服务提供商、跨行业数据共享、数据再利用等提供咨询意见。

---

[1] 中国银保监会办公厅《关于印发银行保险机构信息科技外包风险监管办法的通知》,银保监办发〔2021〕141号。

[2] 李文红:《关于金融科技发展与监管的思考和建议》,载中国智库网2020年1月9日,https://www.chinathinktanks.org.cn/content/detail/id/f0it5m48。

在这项法案中,对数据的定义非常广泛,是指任何以数字化表现的行为、事实或信息,以及这些行为、事实或信息的任何汇编,包括音频、视频等形式。

"再利用/再使用"是指自然人或法人将公共部门机构持有的数据用于商业或非商业目的,而不是用于产生数据的公共任务中的初始目的,但不包括公共部门机构之间纯粹为了执行其公共任务而交换数据的情况。

这项新机制赋予了自然人和法人在得到允许的安全环境下,访问和再利用公共数据的权利。在这个过程中,上述法案对数据再利用设定了一些限制,对以下数据进行保护:(1)商业机密,包括商业、专业和公司的机密;(2)数据机密;(3)第三方的知识产权;(4)个人数据。

一些数据将不再适用《数据治理法案》中的数据保护条件,包括:(1)公共企业持有的数据;(2)公共广播公司及其附属机构为履行公共广播职责而持有的数据;(3)文化机构和教育机构持有的数据;(4)由于公共安全、国防或国家安全而受到保护的公共部门数据;(5)提供的数据不属于有关成员国法律或其他约束性规则所限定的公共部门机构范围内的活动。

与公共部门持有数据的再利用机制相关的协议规定,这些受到保护的数据类别将被禁止授予专有权,并限制非合同方实体再利用数据。违反此类规定的数据将被强制匿名化或删除处理,这就是数据的禁止排他性安排。

《数据治理法案》还规定了数据再利用的条件,要求提供数据的公共部门对公众公开数据再利用的条件,并确保成员国向相关公共部门提供必要的资源以履行这一规定的要求。此外,该法案还提到,再利用的条件应该是非歧视性、符合比例和客观合理的,考虑到数据的类别、再利用的目的以及允许再利用的数据的性质,必须合法合理化。这些条件不得用于限制竞争。

公共部门机构和数据利用方还应当遵守以下义务:(1)只有在公共部门机构或主管机构提出再利用请求之后,才能查阅数据以重新利用。在此过程中,必须确保个人数据的匿名处理,特别是在涉及商业机密信息、商业秘密,或受到知识产权保护的内容的情况下。(2)数据利用方应在公共部门提供和控制的安全处理环境中访问和再利用数据。(3)如果无法在不损害第三方权益的情况下提供远程访问,则需要在安全处理环境所在的物理场所内访问和再利用数据。

《数据治理法案》明确鼓励用户更广泛地重复使用公共部门机构持有的数据,并通过安全处理环境和匿名化技术(如差分隐私和合成数据的创建)以确保数据再利用的顺利实施。数据再利用的广泛应用将进一步推动此类技术的发展、成熟和普及,欧盟希望通过这样的举措实现数据价值的最大化。

2018年5月21日,原中国银保监会正式发布了《银行业金融机构数据治理指引》,全文共7章55条,强调了数据治理架构的建立,明确了数据管理和数据质量控制的要求,还阐释了全面实现数据价值的要求,要求加强监管监督,与银行的监管评级挂钩。

我国《银行业金融机构数据治理指引》第 4 条规定：银行业金融机构应当将数据治理纳入公司治理范畴，建立自上而下、协调一致的数据治理体系，并提出较为全面的 4 个方面的总体要求：高管责任方面，由法定代表人或主要负责人对监管数据质量承担最终责任；制度岗位方面，要求制定监管数据管理制度和业务制度，建立监管数据质量管控制度，设置监管数据相关工作专职岗位；质量管控方面，明确关键监管指标数据质量承诺，保证监管报送与对外披露的一致性，实施数据异常变动分析和报告，强化重大差错通报以及问责等；平台工具方面，应建立适应监管数据的信息系统，提高监管数据加工的自动化程度。至此，数据治理工作不再仅仅是监管报送部门或者信息科技部门的工作，而是全行性的，上至董事会高管层，下至数据采集人员、录入人员，需要做到人人有责，层层把关。

（四）公平竞争

在金融服务领域，大型科技公司原则上受制于它们从事的金融领域（银行、保险或投资业务）的监管框架。在这些部门框架下，由大型科技公司提供金融服务所产生的风险大多通过对受监管服务的现有许可要求予以解决。大型科技集团内部从事吸收存款或保险承保等活动的法人实体，必须持有相应的银行和保险牌照，并遵守行业审慎要求。目前主要有功能监管和实体监管两种方法。功能监管指的是对具备相同功能和法律关系的金融产品，根据同一规则，由同一监管部门进行监管，如属于证券、保险、银行类的服务应分别纳入相应监管主体的职责范围。实体监管则是对从事金融活动的机构和个人进行监管。从事金融业务必须获得相应的金融牌照，且所从事的业务需要对应相应的牌照种类。已获得牌照的机构需要受到监管，而对于未获得牌照且从事金融业务的机构，则需要更严格的监管，无牌照经营活动将受到严厉打击。

对于大型科技公司涉足金融服务后带来一系列的挑战，单纯的金融监管框架可能不足以应对。可以辅以特定的机构监管规则以弥补金融监管的不足之处，从而解决大型科技公司带来的政策难题。例如，对大型科技公司商业模式导致的反竞争行为的调查，这些调查主要由市场竞争监管当局推动，但也对央行和金融监管机构的履职产生了深远影响。贯穿其中的主线就是防止大型科技公司的数据集中和反竞争行为。

中国国家市场监督管理总局发布了互联网平台经济领域的反垄断指南，中国人民银行于 2021 年 1 月 20 日发布《非银行支付机构条例（征求意见稿）》，并向社会公开征求意见。该征求意见稿明确了分类监管要求，加强备付金管理，并强化了支付领域反垄断监管措施。[1]

美国众议院于 2021 年 6 月 23 日表决通过了 6 项与反垄断密切相关的法案，其中 4

---

[1] 中国人民银行《关于〈非银行支付机构条例（征求意见稿）〉公开征求意见的通知》，载中国人民银行网 2021 年 1 月 20 日，http://www.pbc.gov.cn/tiaofasi/144941/144979/3941920/4166486/index.html。

项法案直指大型平台企业（covered platform），具体包括《终止平台垄断法案》（Ending Platform Monopolies Act），该法案禁止规模巨大的在线平台同时经营其他可能产生利益冲突的业务。如果平台的营运商持有或控制除平台之外的业务，从而引发无法协调的利益冲突，则属于非法行为。若某个平台拥有一家子公司，并利用该子公司的产品或业务线来获取竞争优势，那么平台必须出售该子公司。[1]《美国选择和创新在线法案》（American Choice and Innovation Online Act）主要是防止平台通过操纵手段推广自营产品，如果一个平台给予自己的产品优惠待遇，则大多数情况下将被认定为违法，将被处以相当于受影响业务美国收入30%的巨额罚款。[2]《平台竞争与机会法案》（Platform Competition and Opportunity Act）要求平台避免进行任何合并，除非它能证明被收购的公司不对该平台所涉足的任何产品或服务构成竞争。[3]《启用服务交换增强兼容和竞争法案2021》（Augmenting Compatibility and Competition by Enabling Service Switching, ACCESS Act of 2021）则要求，如果用户提出要求，平台须允许用户将数据转移到其他地方，包括与之竞争的企业。[4]《收购兼并申请费现代化法案2021》（Merger Filing Fee Modernization Act of 2021）提高了司法部和联邦贸易委员会对最大型公司收取的评估费用，以确保这些公司的合并没有违反反垄断法，并增加了这些机构的预算。[5]《国家反垄断执法地点法》（State Antitrust Enforcement Venue Act of 2021）使联邦执法者能够更好地控制其反垄断案件的诉讼地点，从而终止被告将某些类型的案件转移到"其他地区"，削弱了多区诉讼法的好处。[6]上述法案在第117届国会虽然没有最终生效，但体现了国会对就科技巨头加强监管这一议题的关注。

2022年11月1日生效的欧盟《数字市场法案》（Digital Market Act）意在明确大型数字服务提供者的责任，遏制大型网络平台企业的非竞争性行为。该法案的主要内容包括：确定了"守门人"（gatekeepers）的概念，即指那些在欧洲市场上拥有重要影响力的数字服务提供者。守门人是提供核心平台服务（如在线搜索引擎、应用商店、信使服务）的大型数字平台。守门人必须遵守数字市场法中列出的注意事项（义务）和不能做的事项（禁令）。守门人应承担的义务包括：允许第三方在某些特定情况下与守门人自己的服务进行互操作；允许商业用户访问其在平台使用过程中生成的数据；为在其平台上投放广告的公司提供工具和信息，以便广告商和发布商能够对其广告进行独立验证；允许商业用户在守门人的平台之外推广自己的产品，并与客户签订合同。守门人不能做的事项包括：使守门人自己提供的服务和产品在排名上更加优先于门户平台上第三方提供

---

[1] H. R. 3825 – Ending Platform Monopolies Act.
[2] H. R. 3816 – American Innovation and Choice Online Act.
[3] H. R. 3826 – Platform Competition and Opportunity Act of 2021.
[4] H. R. 3849 – Augmenting Compatibility and Competition by Enabling Service Switching Act of 2021.
[5] H. R. 3843 – Merger Filing Fee Modernization Act of 2021.
[6] H. R. 3460 – State Antitrust Enforcement Venue Act of 2021.

的类似服务或产品；阻止消费者与其平台之外的企业建立联系；阻止用户卸载预装的软件或应用程序，如果用户希望卸载；在未获得有效同意的情况下，追踪终端用户在门户厂商的核心平台服务之外的活动，用于定向广告投放。[1]

考虑到大型金融科技公司的独特特征，它们可能具有系统重要性或者太大而不能倒闭。无论是基于单个实体或特定活动的监管方法，还是单一的反垄断方法，可能都无法完全涵盖金融业大型科技活动的相关风险，需要进一步评估为大型金融科技公司设计监管方法和框架的可能性。

（五）消费者保护

随着金融科技企业的迅速发展，保护消费者的利益变得尤为重要，这也是金融科技监管的核心任务。

2022年，世界银行和国际金融公司共同编写了《金融消费者保护和金融科技：消费者风险的表现和新兴监管方法概述》，详细列举了消费者新兴风险的表现形式。

美国整合了金融消费者保护体系，成立了CFPB，并颁布了相关法律以加强金融消费者保护。美国的《金融科技白皮书》指出，为了保持金融系统的全球竞争力，美国必须将消费者保护、安全和稳健放在首位，并继续引领创新发展。金融科技公司必须以消费者为重心，确保产品和服务的安全、透明和用户友好。2022年3月，CFPB宣布恢复《多德—弗兰克法案》赋予的一项权力，这将使CFPB能够迅速建立对金融科技公司和其他非银行贷款人的常规检查。[2] CFPB将审查金融机构在广告、定价和其他领域的经营是否存在歧视行为。根据《消费者金融保护法》(Consumer Financial Protection Act of 2010，CFPA)，CFPB有权对违反联邦消费者金融法的机构采取行动，包括不公平、欺骗或滥用行为或做法。

欧盟高度重视消费者数据保护与金融科技发展之间的协调。在欧盟，金融科技公司必须遵守GDPR和PSD2等法规。GDPR有助于明确如何收集信息以及如何处理，而PSD2要求金融机构和支付服务提供商遵守更加严格的安全标准，同时为消费者提供更多的信息和权益，如强制要求金融机构提供第三方访问服务，允许消费者使用开放银行API以便共享他们的金融数据，并控制其数据的使用。

根据《2012年金融服务法》，在英国提供金融服务的企业的法定监管机构是FCA。FCA的重点是金融服务公司及其内部个人的行为对FCA的三个法定目标，即保护消费者、确保市场诚信、促进有效竞争构成的风险。2023年7月27日，FCA发布了新的《消

---

[1] European Commission, Digital Markets Act, 1 November 2022.
[2] *CFPB Targets Unfair Discrimination in Consumer Finance*, Consumer Financial Protection Bureau (Mar. 16, 2022), https://www.consumerfinance.gov/about-us/newsroom/cfpb-targets-unfair-discrimination-in-consumer-finance/.

费者责任》这一最终规则和指南,为金融服务中的消费者保护设定了更高、更明确的标准,促进建立更公正、更以消费者为导向的市场环境,并要求金融机构向顾客提供符合其需求的产品和服务。[1]此外,英国还推出了金融服务补偿计划(FSCS),在金融机构破产时,给予储户每人高达8.5万英镑的补偿,并将P2P网络借贷纳入赔偿范围。

2020年9月,中国人民银行颁布了《中国人民银行金融消费者权益保护实施办法》,该办法规定了金融机构应当在法律法规和监管规定允许的范围内,充分尊重金融消费者意愿,由消费者自主选择、自行决定是否购买金融产品或接受金融服务,不得强买强卖,不得违背金融消费者意愿搭售产品和服务,不得附加其他不合理条件,不得采用引人误解的手段诱使金融消费者购买其他产品。此外,该办法还建立了健全的内控制度,如金融消费者权益保护工作考核评价制度,金融消费者风险等级评估制度,消费者金融信息保护制度,金融产品和服务信息披露、查询制度等。[2]

MAS推出了"智能金融"(Smart Financial Centre)计划,致力于促进金融科技的发展,同时加强消费者保护。MAS积极推动数字支付和在线金融服务,并对金融科技公司进行监管,以确保其合规运营并保护消费者的权益。

不同的国家和地区根据金融创新的进程,不断加强监管,增加透明度,确保用户数据的安全和隐私,以及强化消费者的权益保护。

(六)跨境协调

为了应对金融科技带来的跨境监管挑战,各国正在加快金融科技跨境政策协调和国际规则的制定。全球金融市场的开放和网络基础设施的互联互通在加强,但各国在经济金融发展阶段、监管理念和制度环境方面存在差异,这可能导致金融科技引发跨境监管套利和风险传播等问题。因此,各国之间的信息共享和监管合作至关重要。为此,一些国家已经通过双边、多边合作机制积极评估和监测全球金融科技发展的风险,并探索建立跨境金融科技应用监管信息共享的方式。跨境协调方式有以下几种。

1. 国际金融监管机构合作:国际金融监管机构如国际货币基金组织、世界银行、国际清算银行等在金融科技监管方面开展合作。它们定期举行会议和研讨会,讨论全球金融科技发展的趋势和挑战,分享监管经验,并制定一些指导性文件和报告。例如,巴塞尔委员会、金融行动特别工作组、支付和市场基础设施委员会以及国际证券委员会组织就稳定币和加密资产的监管标准,发布了一系列的报告。

2. 跨境监管合作协议:一些国家或地区之间签署了跨境监管合作协议,旨在共享信息、协调监管措施和处理跨境金融科技活动。这些协议有助于加强监管机构之间的合

---

[1] PS22/9 A new consumer Act, Financial Conduct Authority (Jul. 27, 2022), https://www.fca.org.uk/publications/policy-statements/ps22-9-new-consumer-duty.

[2] 《中国人民银行金融消费者权益保护实施办法》,中国人民银行令[2020]第5号。

作,确保金融科技公司在不同国家或地区之间的合规运营。谅解备忘录(MOU)是双方或多方达成的一项协议,表达了有关各方之间的一致意愿,并描述共同行动路线的意图,其虽然是正式文件,但并不具有法律约束力。2016 年 3 月,澳大利亚证券和投资委员会(ASIC)与 FCA 签署了第一份 Fintech MoUs。此后一些金融监管机构开始签署金融科技谅解备忘录。以英国和新加坡于 2022 年 11 月 25 日公布的 Fintech Mou 协议为例,双方认识到通过金融科技改善消费者产出、增加金融和普惠金融渠道以及加强金融服务创新的潜力,为英国和新加坡经济提供了巨大的增长机会,拟在本金融科技桥梁谅解备忘录的规定范围内,相互提供尽可能充分的互助,并将"通过建立新的结构化参与,实现参与者与行业之间密切和更强有力的合作;为参与者在金融科技问题上的持续合作提供一个正式的框架,涵盖政策到政策和企业对企业(包括贸易和投资)的参与;根据2016 年的合作协议,认可 FCA 和 MAS 之间正在进行的监管机构在金融科技问题上的参与;强调每个司法管辖区的金融科技公司可利用的设施和协助,以探索新的商机;提供机会,讨论如何改善现有支持并减少进入两个司法管辖区的障碍;促进未来讨论,包括共同推广金融科技桥和进一步创新金融服务"[1]。金融科技谅解备忘录中隐含的相互承认是,如果一家企业符合其本国监管机构提供支持的监管要求,那么当发生转介时,它就有资格获得作为谅解备忘录缔约方的外国当局的支持——即使它们各自的监管要求之间存在差异。[2]

3. 国际标准制定组织:国际标准制定组织通过制定一些与金融科技相关的标准,如数字支付、信息安全和数据隐私等,促进全球金融科技的互操作性和一致性。如 ISO 也在研究金融科技监管的标准。最近正在研究的一个数字货币钱包标准就是一例。在消费者的日常生活中,数字货币可以存放在数字硬件钱包中。硬件钱包使用安全芯片和其他技术以实现数字货币的功能。它可以支持 IC 卡、手机、可穿戴设备和物联网设备等,并具有离线支付功能。在数字货币硬件钱包的场景中,除安全的加密过程外,还存在其他安全和隐私风险(如不安全的不同模块之间通信、未经授权访问安全元件和不安全的应用程序运行环境等),需要消解这种风险。目前尚缺乏关于数字货币硬件钱包的相关标准作为指导,以确保支付的安全性。ISO 正在研究如何安全设计和开发数字货币

---

[1] *Policy Paper Memorandum of Understanding on the United Kingdom – Singapore FinTech Bridge*,GOV. UK (Nov. 25,2022),https://www.gov.uk/government/publications/memorandum-of-understanding-on-the-united-kingdom-singapore-fintech-bridge/memorandum-of-understanding-on-the-united-kingdom-singapore-fintech-bridge.

[2] Bromberg L, Godwin A & Ramsay I, *Cross-Border Cooperation in Financial Regulation:Crossing the Fintech Bridge*, Columbia Law School (Feb. 13, 2018), https://clsbluesky.law.columbia.edu/2018/02/13/cross-border-cooperation-in-financial-regulation-crossing-the-fintech-bridge/.

硬件钱包的标准,以促进数字货币硬件钱包的安全设计和实施。[1]

4. 国际合作论坛:一些国际合作论坛通过主办与金融科技相关的活动促进交流和讨论。如世界经济论坛下设有全球金融的未来议题(The Future of Global Fintech),探索全球金融科技的未来。该倡议旨在满足当前公共和私营部门对金融科技数据和经验证据的需求,这些数据和证据可以为市场发展提供信息并促进监管。[2] 国际金融论坛(IFF)也设有IFF科技金融委员会,其持续关注金融科技议题,多次将该议题列入全球年会、春季会议的主要议程,邀请各国经济、金融政策制定者,金融机构领导人,研究机构的专家学者以及相关企业领袖共同探讨这一新兴领域的最佳商业实践、监管政策制定和体系建设。[3] 这些讨论有助于推进金融科技的监管。

5. 金融科技监管沙盒:一些国家设立了金融科技监管沙盒,为金融科技公司提供创新测试的环境,同时允许监管机构对这些测试进行监督和评估。这样的跨境合作沙盒也可以让不同国家的监管机构共同参与,促进经验共享。全球金融创新网络(GFIN)是金融监管机构和相关组织的国际网络,致力于支持符合消费者最佳利益的金融创新。[4] 它旨在为创新型公司提供一种更有效的方式以便与监管机构互动,它的一个重点领域是探索跨境测试(Cross Border Testing,CBT)的概念,也称为"全球沙箱",即通过创建一个环境,允许公司在多个司法管辖区连续或同时试用和扩展新技术、产品或商业模式。[5] GFIN的三个主要职能是:作为监管机构网络,通过合作分享创新经验,包括新兴技术和商业模式;为共同政策的讨论提供论坛;为企业提供测试跨境解决方案的环境。[6]

总的来说,金融科技是一个新兴领域,但它具有的经济功能与现有的金融机构并没有根本的不同。健康的创新可以扩大行业的经济利益。与传统金融机构相类似,金融科技活动同样也受到宏观和微观金融风险的威胁。各国监管当局正在以多种方式调整其监管办法,有的创新举措,有的采用将金融科技活动纳入现有框架的方法。重新调整

---

[1] Technical Committee 68 (ISO/TC 68), *ISO/TC 68 – Newsletter – June* 2023, International Standard Organization(Jun. 28, 2023), https://committee.iso.org/sites/tc68/home/news.html.

[2] *The Future of Global Fintech*, World Economic Forum, https://www.weforum.org/centres/centre-for-financial-and-monetary-systems/projects/the-future-of-global-fintech.

[3] *Fintech*, International Finance Forum, http://www.iff.org.cn/php/list.php?tid=650.

[4] *The GFIN Cross Border Testing Lessons Learned* (Cohort 1.0), Global Financial Innovation Network, https://www.thegfin.com/crossborder-testing.

[5] *The Global Financial Innovation Network*, Global Financial Innovation Network, https://www.thegfin.com/.

[6] *Global Financial Innovation Network Consultation Document* (August 2018), Global Financial Innovation Network(GFIN), https://files.consumerfinance.gov/f/documents/bcfp_global-financial-innovation-network_consultation-document.pdf.

和审视金融科技的监管有利于全球金融稳定。[1]

———— **思考题** ————

1. 金融科技的发展会带来哪些风险？
2. 从金融消费者的角度，金融科技会带来哪些风险？
3. 如何监管大型金融科技公司？
4. 如何加强金融科技的国际监管合作？

---

[1] *Regulatory and Supervisory Issues from FinTech* (*Remarks by Svein Andresen, Secretary General, Financial Stability Board*), Financial Stability Board (Jun. 29, 2017), https://www.fsb.org/wp-content/uploads/Cambridge-Centre-for-Alternative-Finance-Regulatory-and-Supervisory-Issues-from-FinTech.pdf.

第八部分
国际反避税新篇章

◻ 教学目标

通过本部分的学习和研究，明晰国际反避税的最新发展动向与成果，掌握国际反避税相关国际公约的主要内容及其相互关系，引发对国际反避税合作意义及前景的思考，探索国际反避税措施的难点与不足，进一步关注国际反避税发展的未来趋势及其对国际税收规则的影响，积极解构中国应采取的相关做法或策略。

◻ 研究背景

除解决国际重复征税外，防止国际逃避税是国际税法的另一个重要任务。从早期国际税法的核心任务以解决国际重复征税为主，发展到晚近，国际税法的核心任务变为以防止国际逃避税为主。[1] 其中，国际反避税制度的构建与发展，不仅成为国际税法的核心与重点，更彰显了整个国际税收制度的发展趋势与方向，成为国际税法中最具活力的变动焦点。

国际反避税制度的建立可以追溯到20世纪五六十年代，该制度发展于七八十年代，成熟于九十年代。这一时期的国际反避税措施，主要囿于各国国内法的反避税规则，如转让定价税制、受控外国公司税制及资本弱化税制等。但这些国内反避税措施的有效实施都无一例外地需要借助国际反避税措施的配合，即国际税收情报交换和国际税务行政的相互合作。失去了国际税收情报交换与税务行政协助的配合，各国国内反避税措施几乎寸步难行。早期的国际税收合作主要依赖于《经合组织范本》和《联合国范本》第26条的相关规定。[2] 虽然全球大多数双边税收协定都依照两个范本的该条规定进行了规范，但基于各国税收主权的独立及相互税收利益的竞争，国际税收情报交换与税务行政协助长期停留在理论和协议表面，其合作的深度与广度都大打折扣。这无疑严重影响了各国反避税的实质进程与最终效果。

21世纪开始，尤其是美国金融危机以后，各国政府及国际社会充分意识到广泛开展国际反避税合作的重要意义。国际反避税合作与发展的新篇章由此拉开。特别是占据全球经济体量80%的二十国集团委托OECD进行的一系列国际税制改革研究颇为引人瞩目，以期通过各国签署多边税收公约加强信息交换执行力等方式完成全球税收透明度的承诺，最终达到反逃避税的目的。

---

[1] 刘剑文主编：《国际税法学》（第3版），北京大学出版社2013年版，第18～19页。
[2] 两个范本第26条均是有关税收"情报交换"的规范，主要规定了税收情报交换的范围、方式，情报的用途、保密义务等。参见经济合作与发展组织：《OECD税收协定范本注释》，国家税务总局国际税务司译，中国税务出版社2000年版，第205～210页。

□ 研究与思考方向

产生于21世纪初的一系列国际税收改革主要包括三个方面的内容：一是《多边税收征管互助公约》的签署，从国际税收监管的角度改变了原有的国际税收合作模式；二是以CRS为核心的金融账户信息交换标准的实施，对金融机构在涉税信息交换中的角色和义务进行了明确规范；三是BEPS行动计划（防止税基侵蚀与利润转移项目），拟从实体角度较大地改变国际税收规则。

这三个方面的改革，不仅极大地推进了国际反避税的新发展，也对整个国际税收规则的实施产生了深刻的影响。

□ 文献综述

首先，国际税收改革的相关文件和多边公约，无疑都是学习和研究的第一手材料。比如，《多边税收征管互助公约》（The Multilateral Convention on Mutual Administrative Assistance in Tax Matters）、《关于税收的金融账户信息自动交换标准》（Standard for Automatic Exchange of Financial Account Information in Tax Matters）、《金融账户涉税信息自动交换多边主管当局间协议》（Multilateral Competent Authority Agreement on Automatic Exchange of Financial Account Information）、《关于税基侵蚀和利润转移的行动计划》（Action Plan on Base Erosion and Profit Shifting）、《税基侵蚀和利润转移项目2015年成果最终报告》（OECD/G20 Base Erosion and Profit Shifting Project 2015 Final Reports）、《实施税收协定相关措施以防止税基侵蚀和利润转移（BEPS）的多边公约》（Multilateral Convention to Implement Tax Treaty Related Measures to Prevent Base Erosion and Profit Shifting）、《关于应对经济数字化税收挑战的双支柱解决方案的声明》（Statement on a Two-Pillar Solution to Address the Tax Challenges Arising from the Digitalisation of the Economy）等。除此之外，中国政府为履行国际承诺而制定的相应法规也是重要的研究对象。比如，2017年5月中国国家税务总局联合财政部等五部委正式发布的《非居民金融账户涉税信息尽职调查管理办法》、2020年7月国家税务总局印发的《〈中华人民共和国政府和新加坡共和国政府关于对所得避免双重征税和防止偷漏税的协定〉及议定书条文解释》等。

其次，中外学者的相关论述，也是重要的参考文献。例如，张泽平、张伦伦等率先对《多边税收征管互助公约》进行了较为详尽的解读；[1]崔晓静、李茜、李时、秦洋义、赵

---

[1] 张泽平：《融入多边合作平台 开创国际税收新格局——简评中国签署〈多边税收征管互助公约〉》，载《国际税收》2013年第10期；张伦伦：《全面解读〈多边税收征管互助公约〉》，载《国际税收》2014年第2期。

智娟和李娜等则从加入多边公约对我国税收法律制度的影响方面进行了分析和探讨。[1] 朱晓丹、刘天永、梁若莲等对 CRS 进行了很好的解读;[2] 朱晓丹、吴健、朱非墨、张美红、陈和、刘远、刘交交、张青政、杜学文等从不同视角对 CRS 的执行进行了较为深入的分析。[3] 李扬、陈孜佳、刘建、郑琼、冯力沛、陈锐明、张恒等学者从不同层面对 AEOI 标准进行了诸多研究。[4] 杰弗里·欧文斯、何振华、易明翔、霍军、庞仙梅、李娜等对 BEPS 国际税改进行了解读和研究。[5]

王雍君、樊轶侠、王卿、高金平、何杨、廖鎏曦、杨宇轩等对 BEPS 下数字经济的税收改革进行了探讨。[6] 曹明星、洪菡珑、邱冬梅、李金艳、陈新等则对 BEPS 双支柱方案的理论基础及存在的问题提出了批评和质疑。[7] 更多的学者则对双支柱方案的前景和发

---

[1] 崔晓静:《〈多边税收行政互助公约〉修订及我国之应对》,载《法学》2012 年第 7 期;李茜:《〈多边税收征管互助公约〉与国内税法的关系》,载《国际税收》2014 年第 2 期;李时、秦泮义:《借力国际公约,提升我国税收征管水平》,载《国际税收》2015 年第 2 期;赵智娟:《〈多边税收征管互助公约〉生效对我国情报交换制度的影响》,载《税收征纳》2016 年第 10 期;李娜:《〈多边公约〉的挑战:如何改进跨境税收争议解决机制》,载《国际税收》2020 年第 2 期。

[2] 朱晓丹:《OECD〈金融账户信息自动交换标准〉解析》,载《国际税收》2014 年第 8 期;刘天永:《一文读懂全球金融账户涉税信息交换标准(CRS)》,载《中国税务》2017 年第 4 期;梁若莲:《应对金融账户涉税信息自动交换推进国际税收治理现代化》,载《国际税收》2015 年第 3 期。

[3] 朱晓丹:《〈金融账户信息自动交换标准〉对避税天堂的影响——以中国香港〈2016 年税务(修订)条例草案〉为例》,载《国际税收》2016 年第 4 期;吴健、朱非墨:《〈金融账户涉税信息自动交换标准〉——国内金融机构合规新要求》,载《金融会计》2016 年第 7 期;张美红:《金融账户涉税信息自动交换标准推行的路径分析》,载《证券市场导报》2017 年第 7 期;陈和、刘远、刘交交:《双边金融账户涉税信息自动交换的内涵、问题与对策——基于中港两地的视角》,载《探求》2019 年第 1 期;张青政、杜学文:《中国个人所得税收居民确定问题研究——以 CRS 的执行为观察重点》,载《技术经济与管理研究》2022 年第 8 期。

[4] 李扬:《国际税收 AEOI 的发展与中国应对——兼评 OECD〈税收 AEOI 标准〉》,载《山西财政税务专科学校学报》2015 年第 1 期;陈孜佳、刘建、郑琼:《全球税收透明度和信息交换标准发展成果:总结与展望》,载《国际税收》2020 年第 7 期;冯力沛:《AEOI 实施背景下国家税收竞争力提升探究》,载《财会通讯》2021 年第 8 期;陈锐明、张恒:《我国"AEOI 标准"下法的移植路径选择与应用》,载《时代经贸》2021 年第 10 期。

[5] 杰弗里·欧文斯、何振华、易明翔:《BEPS 行动计划前前后后》,载《国际税收》2016 年第 4 期;霍军:《BEPS 的中国治理方略》,载《经济研究参考》2018 年第 47 期;庞仙梅:《后 BEPS 时代国际税收秩序重构与中国战略选择》,载《财会通讯》2022 年第 12 期;李娜:《全球税收治理中的多边法律工具创新:基于〈BEPS 多边公约〉视角的分析》,载《国际税收》2023 年第 2 期。

[6] 王雍君:《数字经济对税制与税权划分的影响:一个分析框架——兼论税收改革的核心命题》,载《税务研究》2020 年第 11 期;樊轶侠、王卿:《经济数字化背景下国际税收规则发展——对 OECD"统一方法"的解读与研究》,载《税务研究》2020 年第 6 期;高金平:《OECD"双支柱"改革方案之国内应对》,载《国际税收》2020 年第 12 期;何杨、廖鎏曦、杨宇轩:《全球最低税博弈:支柱二 GLoBE 规则最新方案述评》,载《国际税收》2022 年第 7 期。

[7] 洪菡珑:《引入"价值创造"是锦上添花还是有心无力?》,载《国际税收》2021 年第 2 期;邱冬梅:《"双支柱"多边共识背后的碎片化》,载《国际税收》2022 年第 5 期;李金艳、陈新:《支柱二中的 UTPR 是否偏离了国际共识及税收协定?》,载《国际税收》2022 年第 8 期。

展变化进行了持续性的探索。[1]

此外,国外学者也对相关问题展开了诸多论述。Pakistan 对《多边税收征管互助公约》的签署进行了简要介绍,[2] Michael Fischer、Tobias F. Rohner、Ross K. McGill、Danish Mehboob、Leanna Reeves 等对 AEIO 标准进行了分析和阐述;[3] Joshua Odintz、Elliott Murray、Rodney Read、Cecilia Hassan、Paul Depasquale、Lyubomir Georgiev、Joseph Scarfone、Madison Kerr、Daniel Ho、Elisa Casi、Christoph Spengel、Barbara M. B. Stage 等对 CRS 及其影响进行了深入探讨;[4] Laurens van Apeldoorn、Wouter Lips、Irma Johanna Mosquera Valderrama、Carlo Garbarino、Editorial、José M. Cantos、Michelle Hanlon、Michelle Nessa、Chris Noonan、Victoria Plekhanova 等对 BEPS 的相关问题进行了诸多探讨和论述。[5]

总之,汹涌的国际税制改革浪潮激发了中外学者蓬勃的研究热情,相关研究文献层出不穷。

---

[1] 康拉德·特雷、池登、王俪儿:《BEPS 2.0 时代来临:"双支柱方案"对五大关键领域的深远影响》,载《国际税收》2022 年第 2 期;行伟波、刘晓双:《"双支柱方案"、税收协定与跨国企业避税》,载《税收经济研究》2022 年第 3 期;朱青、白雪苑:《OECD"双支柱"国际税改方案的最新进展》,载《国际税收》2023 年第 1 期。

[2] Pakistan, *OECD Sign Multilateral Convention on Mutual Administrative Assistance in Tax Matters*, OECD (Mar. 22, 2023), https://www.oecd.org/tax/exchange-of-tax-information/convention-on-mutual-administrative-assistance-in-tax-matters.htm.

[3] Fischer M. & Rohner T. F., *Discretionary Trusts——Last Exit Before AEOI? The Swiss View*, Trusts & Trustees, 22(4), 2016: 393-400; Ross K. McGill et al., *Principles of AEOI-CRS, GATCA.: A Practical Guide to Global Anti-Tax Evasion Frameworks*, 2017: 107-125; Ross K. McGill et al., *Operational Issues of AEOI, GATCA.: A Practical Guide to Global Anti-Tax Evasion Frameworks*, 2017: 149-155; Mehboob D., *Countries Address Data Mismatches in AEOI at the Global Forum*, International Tax Review, 2019; Reeves L., *AEOI Proves Effective at Mobilising Domestic Revenue*, International Tax Review, 2021.

[4] Joshua Odintz et al., *Automatic Exchange: OECD Common Reporting Standard Implementation*, Journal of Taxation: IFA Madrid 2016 Special Edition, 2016; Scarfone J. & Kerr M., *Paved Paradise: Analysis of the Common Reporting Standard to Combat Tax Avoidance*, Liberated Arts: A Journal for Undergraduate Research, Vol. 4(1), 2018; Ho D., *Common Reporting Standard: An Unprecedented Time for Improving Tax Transparency in Hong Kong*, International Tax Journal, Vol. 44.(4), 2018; Casi E., Spengel C. & Stage B. M. B., *Cross-border Tax Evasion after the Common Reporting Standard: Game Over?*, Annual Conference on Taxation and Minutes of the Annual Meeting of the National Tax Association, Vol. 111: 1-45, 2020.

[5] Van Apeldoorn L., *BEPS, Tax Sovereignty and Global Justice*, Critical Review of International Social & Political Philosophy, 21(4), 2018; Lips W., *Great Powers in Global Tax Governance: A Comparison of the US Role in the CRS and BEPS*, Globalizations, Vol. 16(1), 2019; Valderrama I. J. M., *BEPS Principal Purpose Test and Customary International Law*, Leiden Journal of international Law, Vol. 33(3), 2020; Garbarino C., *The Impact of the OECD BEPs Project on Tax Treaties: Access, Entitlement and Investment Protection*, European Business Law Review, Vol. 31(5), 2020; Editorial, *The BEPS 2.0 Project Over the Coming Months*, Intertax, 2020, No. 10; Cantos J. M., *BEPS Project and International Tax Reform: The 2021 Agreements on Taxing Multinational Companies*, Evaluation Review, Vol. 46(6), 2022; Hanlon M. & Nessa M., *The Use of Financial Accounting Information in the OECD BEPS 2.0 Project: A Discussion of the Rules and Concerns*, National Tax Journal, Vol. 76(1), 2023; Noonan C. & Plekhanova V., *Mandatory Binding Dispute Resolution in the Base Erosion and Profit Shifting (BEPS) Two Pillar Solution*, International & Comparative Law Quarterly, Vol. 72(2), 2023; Brauner Y., *The Rule of Law and Rule of Reason in the Aftermath of BEPS*, Intertax, Vol. 51(4), 2023.

专题十

《多边税收征管互助公约》的签署

一、签署背景

2007年,美国金融危机爆发,引发了各国政府和国际社会对诸多国际经济问题的关注,其中国际税收征管概莫能外。一方面,国际逃税和避税的存在,使大量国际游资得以在离岸金融中心集聚,这些不受各国法律监控的巨额资金的存在,既对各国金融市场的有序发展是一个严重的冲击,又对各种国际秩序如国际反恐、反腐、反走私贩毒等是一种潜在的威胁;另一方面,金融危机的爆发又使各国财政纷纷吃紧,如何加强税收监管,尤其是针对本国居民海外财产的税收征管,成为重中之重。在此背景之下,各国扛起了新一轮反国际避税的大旗。美国国会于2010年3月率先出台了《海外账户税收合规法案》(Foreign Account Tax Compliance Act,FATCA),并于2014年7月正式实施。[1]

依据该法案,不仅美国的税收居民应就其海外资产披露纳税,即使与美国没有任何关系的外国金融机构,也负有和美国政府合作以披露特定的美国企业和个人账户的义务。[2] 否则,外国金融机构接受来源于美国的付款时将被扣缴30%的惩罚性预提所得税。虽然美国的这一做法引发了其他各主权国家的反对,但基于国际反逃避税的需要,各国还是纷纷和美国政府就此达成了合作意向或协议。

为了回应和效仿美国的做法,占据全球80%经济体量的二十国集团委托OECD进行了一系列国际税制改革研究,并希望世界各国通过签署税收公约执行信息交换等方式完成全球税收透明化的承诺。在此背景之下,原只对欧洲理事会和OECD成员开放的《多边税收征管互助公约》于2010年重新修订后对全球所有国家开放,并于2011年6月1日正式生效。根据OECD官网,截至2023年1月30日,已有146个司法管辖区参

---

[1] *Foreign Account Tax Compliance Act（FATCA）*, International Revenue Service（Apr. 17, 2023）, https://www.irs.gov/businesses/corporations/foreign-account-tax-compliance-act-fatca.
[2] 《美国海外账户纳税法案》,载凤凰财经网,http://finance.ifeng.com/a/20140630/12624477_0.shtml。

加了该公约,包括17个领土扩展所涵盖的司法管辖区。[1]中国也已于2013年8月正式加入了该公约。

《多边税收征管互助公约》是一项旨在通过国际税收征管互助合作,打击国际逃避税的多边条约,其最大的亮点在于全面推行以自动交换为核心的国际税收情报交换新标准;同时,该公约也堪称国际税收领域的第一个多边国际公约,其意义重大。

二、《多边税收征管互助公约》的主要内容

《多边税收征管互助公约》[2]除序言外一共包括六章32条。这六章的内容分别为公约范围、一般定义、协助的形式、关于各种协助形式的规定、特别规定和最终条款。

第一章和第二章分别界定了《多边税收征管互助公约》的适用对象、所涉税种及相关术语,主要体现《多边税收征管互助公约》效力所及的范围或领域;第三章第一部分详细规定了征管协助的具体形式(情报交换、税款追缴、文书送达),为签署国之间相互提供征管协助设计了具体的实现机制及方式;第四章和第三章的第二部分、第三部分一道,对征管过程中请求方与被请求方各自所享受的权利及应履行的义务作出规定,并特别强调了对纳税人权利的保护;第五章和第六章是为保证《多边税收征管互助公约》的顺利执行而设计的其他程序性规定。[3]

其中第三章"协助的形式",是整个公约的核心部分,其由"情报交换"、"税收追索协助"和"文书送达"共三节4个条款构成。按照该章的规定,缔约方之间可以采取的税收征管协助形式,主要包括以下三种。

(一)情报交换

第一节"情报交换",第4~10条,共7条内容构成。依该公约第4条的规定,在公约涵盖的税种范围内,凡是与缔约方运用或实施相关国内法有可预见相关性的情报,各缔约方均应进行交换。除第4条的"一般规定"和第10条的"内容矛盾的情报"做了说明以外,公约还具体规定了税收情报交换的5种方式,分别是"专项情报交换"、"自动情报交换"、"自发情报交换"、"同期税务检查"和"境外税务检查"。

1. 专项情报交换:应请求国请求,被请求国应向请求国提供符合第4条规定的、涉及任何具体人员或交易的情报。如被请求国现有税收情况资料中的情报不够充分,从而不能满足情报交换请求,该国应采取一切必要措施,提供请求国要求提供的情报。

---

[1] Jurisdictions Participating in the Convention on Mutual Administrative Assistance in Tax Matters Status - 22 march 2023, OECD, https://www.oecd.org/tax/exchange-of-tax-information/Status_of_convention.pdf.

[2] 《多边税收征管互助公约》,载国家税务总局网2014年5月21日, http://www.chinatax.gov.cn/n810341/n810770/c1152827/content.html。

[3] 张伦伦:《全面解读〈多边税收征管互助公约〉》,载《国际税收》2014年第2期。

2. 自动情报交换：两个或两个以上的缔约方应根据相互协商所确定的程序自动交换涉及不同类别案件且符合第4条规定的情报。

3. 自发情报交换：尽管没有收到事先请求，在下列情况下，缔约一方如知晓相关情报，应向缔约另一方提供：(1)缔约一方有根据认为缔约另一方可能遭受税收损失的；(2)某纳税义务人在缔约一方取得了减税或免税，因此可能会增加其在缔约另一方税收或纳税义务的；(3)缔约一方的纳税义务人与缔约另一方的纳税义务人在一个或多个国家进行商业交易，交易方式可能导致缔约一方或另一方税收减少或双方的税收均减少的；(4)缔约一方有理由怀疑因在企业集团内部人为转移利润而可能造成少缴税款的；(5)缔约一方提供给缔约另一方的情报，可能使缔约另一方获得与评估纳税义务有关的情报。

并且，各缔约方应采取必要的措施和程序，确保获得本条第1款所述情报，向缔约另一方传送。

4. 同期税务检查：应缔约一方请求，两个或两个以上的缔约方应共同协商、确定同期税务检查的案件和程序。相关各方应决定其是否希望参与某项具体的同期税务检查。

同时，该公约还对什么是同期税务检查进行了说明："在本公约中，同期税务检查指由两个或两个以上的缔约方安排，同时在各自境内，对某人或存在某种共同或关联利益的多人进行的纳税事项检查，以交换各自由此所获的相关情报为目的。"

5. 境外税务检查：(1)应请求国主管当局请求，被请求国主管当局可在其境内某项税务检查活动中的某一适当环节，允许请求国主管当局代表在场。(2)如接受上述请求，被请求国主管当局应尽快通知请求国主管当局该项税务检查的时间和地点、指定进行该税务检查的机关或官员，及被请求国对进行该检查所要求的程序和条件。有关进行该税务检查活动的所有决定均应由被请求国做出。(3)缔约一方可通知任一公约保存人其一般不接受本条第1款所述请求的意向。上述声明可在任何时间做出或撤销。

此外，公约对"内容矛盾的情报"做了特别说明："如缔约一方从缔约另一方获取的有关某人的税收情报与其掌握的情报内容相矛盾，应将该情况通知提供情报的缔约另一方。"

(二) 税收追索协助

第二节"税收追索协助"一共包括6个条款，由第11条税收主张的追索、第12条保全措施、第13条请求附随文件、第14条时效、第15条优先权及第16条延期缴纳组成，下面分述之。

1. 税收主张的追索：(1)应请求国的请求，在遵守第14条和第15条规定的条件下，被请求国应与对待自身税务主张一样，采取必要措施追索请求国的税收主张。(2)但是，需要注意的是，第1款规定仅适用于请求国某法律文书允许执行的税收主张，且除非有关缔约方间另有协议,该税收主张须不存在争议。然而,如该税收主张针对的并非某请求国居民,则除非有关缔约方间另有协议,本条第1款仅适用于对该税收主张不再有争议的情况。(3)此外,涉及已死亡人员或其财产的,根据从财产还是从受益人处追索税收主张,协助义务分别限于财产的价值或每位财产受益人获得的财产价值。

2. 保全措施:应请求国请求,即使有关税收主张存在争议,或尚未构成某文书允许执行的内容,被请求国仍应为追偿一定税额采取保全措施。

3. 请求附随文件:(1)根据本节规定提出的征管协助请求应随附:①一份声明,声明该税收主张涉及公约涵盖税种,在涉及追索的情况下,根据第11条第2款的规定,声明此税收主张不存在争议或不会产生争议;②允许在请求国执行主张的文书官方副本;③追索或采取保全措施所需的任何其他文件。(2)收到协助请求后,应尽快按照被请求国的现行规定,视具体情况,用被请求国允许主张执行的文书接受、认可、补充或替代在请求国允许主张执行的文书。

4. 时效:(1)税收主张可执行期限的问题应由请求国法律决定。协助请求函中应提供上述期限的具体规定。(2)被请求国根据协助请求采取的追索措施,如按照本国法律,造成对第1款规定期限的暂停或中断,那么此类措施也应在请求国产生同样的法律效力。被请求国应将此类措施通知请求国。(3)在任何情况下,对于距原始文书允许执行日相隔15年后提出的协助请求,被请求国没有义务履行。

5. 优先权:即使使用了被请求国追索自身税收主张所用的程序,追索协助涉及的税收主张也不得享有该国自身税收主张所特别享有的优先权。

6. 延期缴纳:如果在类似情况下,被请求国的法律或征管惯例允许延期缴纳或分期缴纳,被请求国可允许延期支付或分期缴纳,但应首先通知请求国。

(三)文书送达

第三节"文书送达"只有第17条"文书送达"这一个条文,但其包含了共5个款项,内容丰富。

1. 应请求国请求,被请求国应向收件人送达请求国发出的涉及公约涵盖税种的相关文书,包括与司法判决有关的文书。

2. 被请求国应采用下述方式完成送达:(1)按照其国内法规定的,采用送达实质类似的文书所采用的方式;(2)在可能的情况下,采用请求国要求的特定方式,或采用被请求国法律中与请求国要求方式最接近的方式。

3. 缔约一方可直接通过邮寄方式向位于缔约另一方境内的某人送达文书。

4. 本公约的任何规定均不应理解为使某缔约方依据其法律进行的文书送达无效。

5. 根据本条规定进行文书送达时,无须随附文书译本。但如果收件人不懂该文书语言,被请求国应安排将文书翻译为该国官方语言或官方语言中的一种,或附上用上述语言起草的文书内容概要。被请求国也可要求请求国将文书翻译为被请求国、欧洲委员会或经济合作与发展组织的官方语言之一,或附上用上述语言起草的文书内容概要。

三、《多边税收征管互助公约》的评述及重要意义

《多边税收征管互助公约》作为全球第一个国际税收领域的国际公约,无疑具有开创性的意义。

(一)国际税收合作模式的重心发生了根本性的转变

传统的国际税收制度设计主要是为了消除双重征税对国际经贸及投资所造成的阻碍,国际税收合作实践也主要局限于避免和消除双重征税领域。避免和消除双重征税这一国际税收制度设计的中心工作,在便利国际贸易和投资,推动经济全球化的发展等方面起到了极大的推动作用。但各国税制的差异也为跨国纳税人在国际范围内通过转移及隐匿资产与所得收入实施国际逃避税提供了可能。

虽然已有的国际税收规则制度设计中也包括防止国际逃避税的内容,比如,《经合组织范本》与《联合国范本》中第26条(信息交换)的规定为国际合作防止逃避税提供了国际法依据。但因其不是双边条约最核心和主要的内容,其在国际税收信息交换的深度和广度方面都存在极大的局限。比如,关于信息交换的方式,双边税收条约主要以"专项情报交换"为主,而"自动情报交换"、"自发情报交换"及"同期税务检查"、"境外税务检查"等均极少被涉及。尤其是"自动情报交换",这是《多边税收征管互助公约》力推的国际税收情报交换新标准,也可以说是公约的一大核心亮点。此外,在税收情报交换的范围和透明度要求方面,多边公约相对两个范本第26条的规定而言都有了极大的突破。[1]

另外,20世纪末21世纪初以来,跨国公司在利用各国税制的差异进行国际避税方面几乎发挥到了极致。这不仅对各国税制尊严是极大的挑战,减少了各国的税收收入、加剧了财政困难;同时对已有的消除重复征税、构建公平贸易投资环境也造成了扭曲,带来了新的不公平。

各国普遍认识到加强合作、共同打击跨国逃避税的必要性和紧迫性,《多边税收征管互助公约》的出台及修订正是这一国际共识的体现,标志着国际税收合作重心的转移,即从避免和消除双重征税转向打击跨国逃避税,以避免和消除双重不征税。并且,具体的征管与合作模式也从单一的双边"专项情报交换"向多边"自动情报交换"及"同期税务检查"、"境外税务检查"等多种合作模式转变。尤其是"自动情报交换"成为国际税收合作框架中的新标准和最大亮点。

---

[1] 崔晓静:《〈多边税收行政互助公约〉修订及我国之应对》,载《法学》2012年第7期。

(二)标志着全球性多边税收合作机制的形成

在国际税收合作领域,长期以来都是以双边协定为基础的合作模式,少有多边合作的安排,直到20世纪后半期才开始出现了一些区域性的多边协定,北欧五国、安第斯集团、经济互助委员会、加勒比共同体等区域组织的成员之间先后达成了避免双重征税的多边协定。但目前真正得以较好实施的只有北欧税收公约,其他几个要么不复存在,要么名存实亡。之所以会形成这种局面,一方面是因为各国的税制差异过大,无论是税种的选择、税收管辖权的确定,还是对纳税主体、征税对象以及税率等的规定都存在非常大的差别,很难在国际范围内达成一致;另一方面,也是最根本的原因,即各国担心融入多边体制会使本国的税收主权受到限制或侵蚀。因而直至2010年《多边税收征管互助公约》修订并向所有国家开放,越来越多的主要国家基于新形势下国际反避税合作的需要纷纷加入公约,国际税收合作才真正迈入了多边合作时代。虽然该公约还只是局限于国际反逃避税领域的多边合作,而非涉及整个国际税收领域,尤其是消除国际重复征税目前仍然主要在双边协议的基础上合作,但《多边税收征管互助公约》作为国际税收领域的第一个多边合作机制,其深远的历史与现实意义是不可忽视的。

(三)国际税收合作已经成为国际政治经济合作的有效组成部分

同时我们还要看到,《多边税收征管互助公约》除具有对国际税收合作本身的意义之外,对国际经济乃至国际政治关系的影响也越来越明显。二十国集团作为重要的国际组织,一直把协调国际税收合作作为其工作重心之一。早在2000年,该集团蒙特利尔财政部长和央行行长会议公报就把合作打击跨国避税作为其工作目标之一。在后来历届财长和央行行长及领导人峰会上,二十国集团都号召各国实施高标准的税收透明度和情报交换制度,积极参加全球税收论坛组织下的税收政策同行评议工作。在2013年9月6日结束的圣彼得堡二十国集团领导人会议上,税收合作再次成为重要议题之一,在会后发布的会议宣言中专设了《税收附件》,对国际税收秩序的调整与变革作出部署[1]。除二十国集团外,联合国、OECD等国际组织近年来也将推动国际税收合作、促进国际税收制度变革作为其重要的工作内容。这些都表明,国际税收在国际事务中的地位日益受到关注,《多边税收征管互助公约》在这一进程中扮演着重要的基础性作用。从这一层面上讲,公约的意义已远远超出了税收合作本身,其已经成为推动国际经济秩序和谐、影响国际关系发展的一股重要力量。[2]

---

[1] G20:Tax Annex to the Saint Petersburg G20 Leaders Declaration, OECD(Sep. 9, 2013), https://www.oecd.org/g20/summits/saint-petersburg/Tax-Annex-St-Petersburg-G20-Leaders-Declaration.pdf.

[2] 张泽平:《融入多边合作平台开创国际税收新格局——简评中国签署〈多边税收征管互助公约〉》,载《国际税收》2013年第10期。

四、中国与《多边税收征管互助公约》

(一)中国加入公约及其重要意义

2013年8月27日,中国政府正式签署《多边税收征管互助公约》,并于2015年7月1日由第十二届全国人民代表大会常务委员会第十五次会议批准。2015年10月16日,我国向OECD交存了公约批准书。根据公约第28条的规定,公约于2016年2月1日对我国生效,自2017年1月1日起开始执行。[1]

中国作为世界第二大经济体,签署第一个全球性税收合作公约,其意义与影响自不待言。一方面,公约将因中国的加入而提升其代表性和影响力;另一方面,中国将借助公约平台积极参与多边税收合作,提高国际税收征管水平。

加入公约有利于构建中国国际税收管理新格局,有利于加强国际税收交流与合作,增强中国在世界税收领域的影响力和话语权,有利于中国通过公约提供的国际合作渠道打击跨国逃避税。

(二)中国对公约的执行

根据公约批准书,2016年1月18日,中国国家税务总局作出了《关于〈多边税收征管互助公约〉生效执行的公告》(国家税务总局公告2016年第4号),[2]同年2月3日,国家税务总局办公厅又对该公告进行了解读,对中国加入公约后的具体执行进行了更为明确的说明。[3]

1. 公约在我国的适用范围

根据《多边税收征管互助公约》的相关规定,缔约方必须按类别列出本国适用该公约的税种,对于未列入的税种,缔约方不能向其他缔约方请求征管协助,也不对外提供该税种的征管协助。

由此,中国国家税务总局2016年第4号公告及其解读明确声明,除关税和船舶吨位税以外的其他所有税种均适用于《多边税收征管互助公约》。这些税种具体包括企业所得税、个人所得税、城镇土地使用税、房产税、土地增值税、增值税、营业税、消费税、烟叶税、车辆购置税、车船税、资源税、城市维护建设税、耕地占用税、印花税和契税共16个税种。

---

[1] 国家税务总局《关于〈多边税收征管互助公约〉生效执行的公告》,国家税务总局网2016年1月18日,http://www.chinatax.gov.cn/chinatax/n810341/n810825/c101434/c2127451/content.html。

[2] 国家税务总局《关于〈多边税收征管互助公约〉生效执行的公告》,载国家税务总局网2016年1月18日,http://www.chinatax.gov.cn/chinatax/n810341/n810825/c101434/c2127451/content.html。

[3] 关于国家税务总局《关于〈多边税收征管互助公约〉生效执行的公告》的解读,载国家税务总局网2016年2月3日,http://www.chinatax.gov.cn/n810341/n810760/c2004643/content.html。

也就是说,公约在我国执行以后,我国对外开展国际税收征管协助的范围将由原来的以所得税为主,扩大到税务机关征收的所有16个税种,税务机关收集纳税人涉税信息的力度将得到大大加强。但对于我国未开征的税种,我们则不对外提供任何形式的征管协助。

2. 税收征管协助的形式

我国税务机关现阶段与公约其他缔约方之间开展税收征管协助的形式为情报交换,有关具体要求按照国家税务总局《关于印发〈国际税收情报交换工作规程〉的通知》(国税发〔2006〕70号)的规定执行。

也就是说,虽然《多边税收征管互助公约》规定的税收征管协助形式包括情报交换、税收追索协助和文书送达,但我国签署公约声明只开展情报交换这一种协助形式。

(三)中国对公约的保留

按照《多边税收征管互助公约》的规定,加入公约的缔约方,可以对公约的相关条款予以保留。

根据中国国家税务总局2016年第4号公告及其解读,我国对公约作出的保留包括:(1)除上述16个税种以外的税种,我国不提供任何形式的协助;(2)不协助其他缔约方追缴税款,不协助提供保全措施;(3)不提供文书送达方面的协助;(4)不允许通过邮件方式送达文书。

可见,我国虽然加入了《多边税收征管互助公约》,但目前对于公约的适用和执行还是很有限的,主要囿于承诺列入税种的情报交换,对其他的税收征管协助形式基本都不适用。

专题十一

CRS 的实施与落地

一、CRS 的含义与产生

CRS,是英文 Common Reporting Standard 的简称,中文可译为《共同报告标准》、《共同申报准则》或《统一报告标准》等,其全部含义为金融机构尽职调查与报告义务共同标准。它是 OECD 于 2014 年发布的金融账户涉税信息自动交换标准中的核心组成部分。

说到 CRS 的产生,依然要回到前述《多边税收征管互助公约》的规范中来。如前文所述,《多边税收征管互助公约》的最大亮点是纳入了税收情报交换的新标准,即自动信息交换。有关自动情报交换在该公约中只有第 6 条的规定,即"两个或两个以上的缔约方应根据相互协商所确定的程序自动交换涉及不同类别案件且符合第四条规定的情报"。因此,缔约方之间如何确定相应程序以具体相互协商进行自动情报交换,成为该公约实施的核心问题。

为此,OECD 于 2014 年 7 月 15 日在二十国集团财政会议上发布了《关于税收的金融账户信息自动交换标准》(以下简称 AEOI 标准),旨在将税收信息透明度的国际标准从应请求的信息交换升级为自动信息交换。为了更好地敦促各国在多边领域有效实施和推进新的 AEOI 标准,OECD 于 2014 年 12 月 13 日发布了《金融账户涉税信息自动交换多边主管当局间协议》(以下简称 AEOI 协议)供各国签字,中国也于 2015 年 12 月签署了该多边协议。截至 2022 年 11 月,已有 119 个国家(地区)签署实施 AEOI 标准的多边协议,其中 110 多个国家(地区)已开展相关信息交换。[1]

AEOI 的英文全称为"Automatic Exchange of Information",中文意思为"自动信息交换",它是指所得来源国系统、定期、大批量地向纳税人居民国提供纳税人的相关所得或资产信息(包括股息、利息、特许权使用费、薪金、养老金的信息等)。[2] AEOI 标准主要

---

[1] List of CRS MCAA signatories, OECD (November 2022), https://www.oecd.org/tax/automatic-exchange/international-framework-for-the-crs/crs-mcaa-signatories.pdf.

[2] Automatic Exchange of Financial Account Information:Background Information Brief, OECD(January 2016), https://www.oecd.org/ctp/exchange-of-tax-information/Automatic-Exchange-Financial-Account-Information-Brief.pdf.

包括两部分内容：一是明确各税收辖区内金融机构所应遵守的 CRS；二是发布了 MCAA。其中第一部分 CRS 是 AEOI 标准的核心内容，它需要各国将其转化为国内法予以实施；第二部分 MCAA 则可借助现有的税收信息自动交换国际法框架予以实施。[1]

因此，我们看到，CRS 可以说是整个 AEOI 标准的核心或主要内容，狭义的 CRS 即特指这部分内容。广义的 CRS 则往往泛指 AEOI 标准乃至包括 AEOI 协议在内的全部内容。或者换个角度理解，"自动信息交换"（AEOI）是整个《多边税收征管互助公约》的核心内容与最大亮点，AEOI 协议是具体实施公约自动信息交换的主管当局间协议，该协议的主要规范是敦促 AEOI 标准的多边实施，而 AEOI 标准的实施又依赖于 CRS 本身。

二、CRS 的主要内容

如上所述，若要全面了解 CRS 的主要内容，则必须充分理解包括 AEOI 协议、AEOI 标准及 CRS 本身在内的全部涉税信息交换规则。

（一）AEOI 协议

AEOI 协议[2]除序言外共八章，分别是第一章"定义"、第二章"需报送账户的信息交换"、第三章"信息交换的时间和方式"、第四章"合规与执行的合作"、第五章"保密与数据保护"、第六章"协商与修订"、第七章"本协议的期限"和第八章"协调机构秘书处"。值得注意的是，AEOI 协议各章的内容均清晰易懂，无须赘言，但协议序言对于理解协议的制定宗旨及其与《多边税收征管互助公约》的关系具有很重要的意义。

1. 序言

AEOI 协议开篇即明确规定：签署 AEOI 协议的辖区均为《多边税收征管互助公约》或经议定书修订的公约的缔约方或其所涵盖的地区，或者已签署参加公约意向书或已明确表达签署公约的意愿，并认可在第一次金融账户涉税信息交换开始之前，确保公约的生效执行。从序言该款的规定我们可以明确地知晓，只有签署或同意参加《多边税收征管互助公约》的国家或地区，才能签署 AEOI 协议，或者换句话说，《多边税收征管互助公约》是 AEOI 协议的上位条约，AEOI 协议的签署是为了确保《多边税收征管互助公约》的生效执行。

AEOI 协议序言规定：统一报告标准由经济合作与发展组织与二十国集团成员共同

---

[1] *Standard for Automatic Exchange of Financial Account Information in Tax Matters*, OECD（Jul. 21, 2014），https://www.oecd-ilibrary.org/docserver/9789264216525-en.pdf?expires=1692241989&id=id&accname=guest&checksum=397D4C644F03E384A948C235D4EE064F.

[2] 《金融账户涉税信息自动交换多边主管当局间协议》，载国家税务总局网 2017 年 5 月 18 日，http://www.chinatax.gov.cn/n810341/n810770/c2620245/content.html。

制定,以应对逃避税行为并提高税收遵从度;已签署参加公约意向书或已表达意愿将签署公约的国家,一旦其成为公约缔约方,将成为 AEOI 协议第一章所定义的辖区;各辖区的法律已要求或应要求金融机构按照该协议第二章规定的自动信息交换范围以及统一报告标准规定的信息报送和尽职调查程序,报送有关特定账户的信息并执行相应的尽职调查程序。这些规定进一步说明,AEOI 协议第一章所定义的税收辖区,必须是已签署参加《多边税收征管互助公约》意向书或已表达意愿将签署该公约的国家或地区;成为 AEOI 协议税收辖区的国家或地区,其法律应要求金融机构按相关标准与范围报送有关特定账户的信息并执行相应的尽职调查程序;而相应的报告标准及尽职调查程序则由经济合作与发展组织与二十国集团成员共同制定,其目标是应对国际逃避税行为并提高税收遵从度。

AEOI 协议序言还规定:公约第三章授权开展税收信息交换,包括自动信息交换,并允许各辖区主管当局协商确定自动信息交换的范围和形式;公约第 6 条规定两个或多个缔约方可以相互协商一致开展自动信息交换,信息交换将以主管当局之间的双边交换为基础。总之,AEOI 协议签订的主要目的就是完成和执行《多边税收征管互助公约》所授权的税收信息交换,尤其是其中的自动信息交换;自动信息交换即便由多边达成相互协商一致,也仍然要以双边交换为基础;自动信息交换的具体范围和形式需由各辖区主管当局协商确定。

并且"各辖区将不时修订其法律以便及时反映统一报告标准的最新情况,修订后的法律一旦生效,统一报告标准的定义将适用该辖区的最新情况"。这一规定是 AEOI 协议序言对各缔约方的要求。

此外,AEOI 协议序言还对各辖区进行税收自动信息交换中所涉及的信息保密义务、信息使用范围的限制、充分尊重各辖区已有法律的适用等作出了有效规定。

2. 定义

本部分内容对"辖区""主管当局""辖区内的金融机构""报送信息的金融机构""需报送的账户""统一报告标准""协调机构秘书处""协议生效"等 AEOI 协议所涉重要概念术语进行了明确定义。

很显然,"辖区内的金融机构"、"报送信息的金融机构"和"需报送的账户"等术语在这里具有很重要的意义,其他概念则不再一一赘述。

对于"辖区内的金融机构"协议定义为各辖区内:(1)具有居民身份的金融机构,但不包括该金融机构位于该辖区之外的分支机构;(2)非居民金融机构位于该辖区境内的分支机构。

对于"报送信息的金融机构",协议则采取了排除法加以定义:"指除无需报送信息的金融机构之外的其他金融机构。"

"需报送的账户",则"指由报送信息的金融机构保有的,并根据统一报告标准中的尽职调查程序被确定为由辖区外一个或多个需报送人持有的金融账户,以及由报送信息的金融机构保有的,并由控制人是辖区外需报送人的消极非金融机构持有的金融账户"。

3. 需报送账户的信息交换

根据《多边税收征管互助公约》第 6 条和第 22 条的规定,以及统一报告标准适用的信息报送和尽职调查要求,一旦该协议生效,每个主管当局将与其他主管当局依规定获取并按年自动交换第 2 款所列信息。

对于需要报送的其他辖区账户,需交换的信息包括:(1)作为账户持有人的各个需报送人的名称、地址、纳税人识别号、出生日期及出生地(如果是个人);对于机构,在适用统一报告标准的尽职调查程序后,被认定为存在一个或多个控制人是需报送人,提供该机构的名称、地址、纳税人识别号以及需申报人的名称、地址、纳税人识别号、出生日期及出生地。(2)账号(没有账号的前提下,提供具有同等功能的其他信息)。(3)报送信息的金融机构的名称及识别编号(如有)。(4)在相关日历年度末、其他适当的报送期间期末或销户前(针对在该年度或期间内销户的账户)的账户余额或净值(包括具有现金价值的保险合同或年金合同的现金价值或退保价值)。(5)对于托管账户:①在日历年度或其他适当的报送期间内,已付至或记入该账户(及其相关账户)的利息的总金额、股息的总金额及该账户下资产产生的其他收入的总金额;②在报送信息的金融机构作为账户持有人的托管人、经纪人、名义持有人或代理人的情形下,提供日历年度或其他适当的报送期间内,因出售或赎回金融资产并已付至或记入该账户的收益总金额。(6)对于存款账户,在日历年度或其他适当的报送期间内,已付至或记入该账户的利息的总金额。(7)对于不属于第 2 款第 5 项或第 6 项的其他账户,在日历年度或其他适当的报送期间内,报送信息的金融机构作为债务人,提供已付至或记入账户持有人账户的总金额,包括在该日历年度或其他适当的报送期间付至账户持有人的赎回款项的总金额。

4. 信息交换的时间和方式

为第二章规定的信息交换目的,可以根据信息交换辖区的税收法律原则,确定需报送的账户的付款金额和性质,所交换的信息应当指明各相关金额的计价币种。

根据第二章第 2 款以及第七章中有关通知流程和具体日期的规定,从 AEOI 协议附件六中规定的年度开始,信息应当在该信息相关的日历年度终了后的 9 个月内进行交换。虽有前述规定,当该协议对双方主管当局均已生效,且双方辖区现行法律规定的日历年度内的信息报送要求与第二章规定的交换范围以及统一报告标准规定的信息报送和尽职调查程序一致时,才进行一个日历年度的信息交换。

各主管当局应基于可以扩展标记语言的统一报告标准数据模式,自动交换第二章规定的信息。

各主管当局应制订并一致同意一种或多种数据传输方法,包括加密标准,使得标准程度最大化和复杂程度及成本最小化,详见 AEOI 协议附件二。

5. 合规与执行的合作

签署一方的主管当局应在其有理由相信错误可能已导致信息报送的不正确或不完整时,或报送信息的金融机构存在违反其适用的、统一报告标准规定的信息报告要求和尽职调查程序的情形时,通知另一方主管当局。接到通知的另一方主管当局应采取国内法规定的全部适当措施,对通知中所述的错误和重大不合规行为作出处理。

6. 保密与数据保护

交换的全部信息应按照《多边税收征管互助公约》的规定(包括限制已交换信息用途的条款)得到保密和其他保护,并按照信息提供方主管当局根据本国法律所要求的以及 AEOI 协议附件三所列出的保护措施,确保个人数据得到必要的保护。

签署一方的主管当局应立即通知协调机构秘书处任何有关违反保密条款或保护失败的情形,以及随后可能采取的相应制裁和赔偿行为。协调机构秘书处应通知该协议与前述主管当局已生效的所有主管当局。

7. 协商与修订

如果该协议在实施或解释过程中遇到困难,签署一方的主管当局可以请求与一个或多个主管当局协商,以制订适当的措施,确保该协议的履行。提出协商请求的主管当局应确保协调机构秘书处知晓已制订的任何措施,并由协调机构秘书处将已制订的措施通知所有主管当局,包括未参与协商的主管当局。

所有主管当局可以通过书面协商一致的方式对本协议进行修订。除非另有约定,修订后的条款应当自书面协议最后签字方签署之日起一个月后的次月第一天起生效。

8. 该协议的期限

(1)签署一方的主管当局须在签署该协议时或在本辖区为实施统一报告标准出台必要的法律后,尽快通知协调机构秘书处:①本辖区已存在必要的法律以实施统一报告标准,并说明区分已有账户和新开账户的有效日期,以及适用的或完成的信息报送和尽职调查程序;②确认本辖区是否列入 AEOI 协议附件一;③规定一种或多种数据传输方法,包括加密方法(AEOI 协议附件二);④规定对个人数据的保护措施(如有)(AEOI 协议附件三);⑤已具备足够的措施,确保符合保密和数据保护标准要求,并在 AEOI 协议附件四中附上已完成的保密和数据保护调查问卷;⑥国内法律程序(如有)完成后,有意愿与之执行该协议的所有辖区主管当局名单。

各主管当局须立即通知协调机构秘书处上述附件的后续变动情况。

(2)生效确定:①该协议应于以下日期中的较晚日起在两个主管当局间生效。第一,两个主管当局中的后一个主管当局通知协调机构秘书处第 1 款所列信息的日期,包括根据第 1 款第 6 项规定列出的另一个主管当局所在辖区;第二,如适用的情况下,《多边税收征管互助公约》对两个辖区生效的日期。②协调机构秘书处应保存已签署该协议的主管当局名单以及该协议已相互生效的主管当局名单,并在经济合作与发展组织网站上公布(AEOI 协议附件五)。③协调机构秘书处应在经济合作与发展组织网站上公布各主管当局按照第 1 款第 1 项和第 2 项规定提供的信息。签署方向协调机构秘书处提出书面申请获取其他签署方按照第 1 款第 3 项和第 5 项规定提供的信息。

(3)签署一方的主管当局应在其确认另一方主管当局存在违反该协议的重大情形时,书面通知另一方主管当局暂停该协议下的信息交换,此类暂停立即生效。该款中的重大不合规行为包括但不限于违反该协议和《多边税收征管互助公约》的保密及数据保护条款,主管当局未能及时或充分提供该协议要求的信息,或者错误定义无须报送的金融机构或除外账户从而影响统一报告标准的实施。

(4)签署一方的主管当局可以书面通知协调机构秘书处终止参加该协议,或终止针对某一特定主管当局的协议。此类终止将于发出终止通知之日起 12 个月后的次月第一天生效。在终止的情况下,之前根据该协议接收的所有信息将继续保密并遵守《多边税收征管互助公约》条款的规定。

9. 协调机构秘书处

除该协议另有规定外,协调机构秘书处应通知所有主管当局其收到的该协议下的任何通知,并通知该协议的所有签署方新签署该协议的主管当局。

该协议的所有签署方应平等分摊并按年缴纳协调机构秘书处为管理该协议所产生的费用。尽管有前述规定,对符合《〈多边税收征管互助公约〉协调机构程序规则》第 10 条规定的国家,可以免除费用分摊。

(二)AEOI 标准

如前所述,AEOI 标准是 AEOI 协议推荐各税收辖区所实施的金融账户税收信息自动交换的标准。

早在 2014 年 2 月 13 日,OECD 即发布了《金融账户信息自动交换标准》(Standard for Automatic Exchange of Financial Account Information),2014 年 7 月 15 日,OECD 在 G20 财长会议上发布了新的 AEOI 标准,该标准对 5 个月前发布的标准进行了注释和细化,其主要目的在于将税收信息透明度的国际标准从专项信息交换升级为自动信息交换。[1]需注意的是,2017 年 OECD 又发布了 AEOI 标准第二版(Standard for Automatic Exchange of Financial Account Information in Tax Matters, Second Edition),该版本和 2014 年版本相比,除增加了 CRS XML Schema 用户指南的最后一部分外,其他内容完全相同。

无论是 2014 年版,还是 2017 年版,AEOI 标准主要包括两部分内容:

第一部分 MCAA(Model Competent Authority Agreement,主管当局间协议范本),是各国(地区)税务当局关于相互(双边或者多边)进行金融账户涉税信息自动交换的操作

---

[1] *Standard for Automatic Exchange of Financial Account Information in Tax Matters* (*First Edition*), OECD (Jul. 15, 2014), https://www.oecd-ilibrary.org/docserver/9789264216525-en.pdf? expires=1692241989&id=id&accname=guest&checksum=397D4C644F03E384A948C235D4EE064F.

程序和相关法律框架基础的规范文件;第二部分 CRS(Common Reporting Standard,共同报告标准),规定金融机构识别、收集、申报外国税收居民账户信息给本国税务主管机构的要求和程序。

简单说,MCAA 规范的是国家间的合作程序,而 CRS 是规范一国内税务主管部门对该国金融机构如何获取满足 MCAA 交换要求的信息的程序。两者相辅相成,共同构成金融信息交换的大网,即 AEOI 标准。

此外,上述两个版本的 AEOI 标准还包括了 MCAA 和 CRS 的评注,以及 CRSXML Schema 客户指南两个部分。只是 2017 版本扩展了 CRS XML Schema 客户指南的最后一部分,增加了在 CRS XML Schema 中处理更正和取消的额外技术指导,以及一套经过修订和扩大的更正示例。[1]

鉴于 AEOI 标准整体内容的冗长及紧接着在后文将对 CRS 本身进行较为详尽的介绍,故本部分只对 AEOI 标准中的引言和 MCAA 的内容进行扼要的阐述,有关 CRS 的内容及 MCAA 和 CRS 的评注、CRS XML Schema 客户指南等则不再一一述及。

1. AEOI 标准中的引言

AEOI 标准中的引言部分,首先介绍了制定和颁布 AEOI 标准的背景,其次阐释了全球金融账户信息自动交换模式的特点,最后对金融账户信息自动交换标准进行了概述。整个引言部分的内容相当完备而详尽,非一般文件引言部分三言两语而成可比。从某种意义上来说,AEOI 标准中的引言部分即可成为一个独立的法律文件而存在。因篇幅所限,这里只摘其扼要而述之。

(1)背景

随着世界日益全球化,所有纳税人更容易通过居住国以外的金融机构持有和管理投资。大量资金被存放在海外并免税,以至于纳税人无法在其本国管辖范围内履行纳税义务。离岸避税是世界各国都面临的严重问题。保持税收制度的完整性符合各国的共同利益。税务部门之间的合作在打击逃税和保护税收制度的完整性方面至关重要。这种合作的一个关键方面是信息交流。

经济合作与发展组织长期致力于各种形式的——包括应请求的、自发的和自动的——信息交流。《多边税收征管互助公约》和《经合组织范本》第 26 条为各种形式的信息交流提供了基础。特别是自 2009 年以来,经济合作与发展组织、欧盟和全球税收透明度与信息交流论坛在提高透明度和应要求交流信息方面取得了很大进展。

从 2012 年开始,政坛也更多地将焦点聚集于自动交换信息所提供的机会上。2013

---

[1] *Standard for Automatic Exchange of Financial Account Information in Tax Matters(Second Edition)*,OECD(Mar. 27, 2017),https://www.oecd.org/tax/exchange-of-tax-information/standard-for-automatic-exchange-of-financial-account-information-in-tax-matters-second-edition-9789264267992-en.htm.

年 4 月 19 日,二十国集团财政部长和中央银行行长批准自动交换作为预期的新标准。二十国集团作出这一决定之前,5 个欧洲国家(法国、德国、意大利、西班牙和联合王国)在早些时候宣布,它们打算根据这些国家与美国之间制定的《改进国际税收遵从和执行 FATCA 的政府间示范协定》(示范协定 I),发展和试点多边税收信息交换。2013 年 5 月 22 日,欧洲理事会一致同意优先努力扩大欧盟和中国的自动交换。

2013 年 6 月 12 日,欧洲联盟委员会通过了一项立法提案,在其关于行政合作的指令中扩大自动信息交流的范围。2013 年 6 月 19 日,八国集团领导人肯定了经济合作与发展组织秘书长题为"税收透明度的逐步改变"的报告,其中列出了为实施全球自动交换模式所需采取的具体步骤。八国集团领导人同意与经济合作与发展组织和二十国集团一起紧急执行其建议。2013 年 9 月 6 日,二十国集团领导人承诺将自动信息交换作为新的全球标准,并全力支持经济合作与发展组织与二十国集团国家的工作,目的是在 2014 年提出这样一个单一的全球标准。2014 年 2 月,二十国集团财政部长和中央银行行长核准了 AEOI 标准第二部分所载的自动交换税务信息的共同报告标准。截至 2014 年 5 月,已有 60 多个法域承诺迅速实施共同报告标准,包括将其转化为国内法。另有 44 个司法管辖区已同意实施标准的共同时间表。

自动交换的全球模式是起草有关财务账户的信息。许多司法管辖区,包括经济合作与发展组织与非经济合作与发展组织成员,已经自动与交换伙伴及区域内成员(如欧盟内部)就各类收入交换资料,并传送其他类别的资料,诸如居住地变更、购买或处置房地产、增值税退款、源泉扣税等。新的全球标准不限制,也不打算限制其他类型或类别的自动信息交换。它只是建立了一个信息交换的最低标准,不同法域可以选择交流超出 AEOI 标准规定的最低标准的信息。

为了最大限度地提高效率和降低金融机构的成本,共同报告标准 CRS 广泛借鉴了政府间执行 FATCA 的办法,虽然 CRS 在某些方面偏离了 FATCA 报告采取的政府间办法,但造成这种差异的原因是 CRS 的多边性质和美国的其他具体方面的不同,特别是基于公民身份征税的概念以及 FATCA 存在大量和全面的预提税。鉴于这些特点,CRS 是一个政府间最接近和类似 FATCA 的先前即存在的制度,预期在广泛参与方面 CRS 会取得进展,并且对非管辖区的投资实体不要求实行彻底审查,CRS 与美国的做法也是兼容和一致的。

(2)全球金融账户信息自动交换模式的主要特点

为了使金融账户信息自动交换模式有效,必须特别考虑到居住地管辖区的税收遵守情况,而不是使其沦为国内报告的副产品。此外,它需要标准化,以便使尽可能多的居住地管辖区和金融机构受益,同时认识到某些问题仍有待当地执行部门决定。标准化的好处是简化程序、提高效率和降低所有利益攸关方的成本。各种不同和不一致的模式如果泛滥,可能会给政府和企业收集必要信息和使用不同模式带来巨大成本。这样可能导致标准的分散,从而引发相互冲突,进一步增加遵守的成本,降低效率。总之,由于逃税是一个全球性的问题,该模式需要具有全球影响力,以便解决离岸逃税问题,而不仅仅是将问题搬迁却不解决问题。为实现这一目标,还可能需要建立鼓励遵守的机制。

2012年,经济合作与发展组织向G20提交了一份题为《自动信息交换:它是什么,如何工作,好处,还有什么需要做》的报告。该报告总结了自动交换有效模式的主要特征。有效自动交换财务信息的主要因素是:第一,关于信息报告、尽职调查和信息交换的共同标准;第二,交换信息的法律和业务基础;第三,共同或兼容的技术解决办法。

①关于信息报告、尽职调查和信息交换的共同标准

自动交换信息的有效模式要求金融机构报告信息并与居住地管辖区交换信息的共同标准。这将确保金融机构的报告符合居住国的利益。它还将提高所交换信息的质量和可预测性。其结果将为居住国提供重要的机会,以加强遵守和制定资料的最佳运用(如自动匹配本地合规的资料及进行数据分析)。

为了限制纳税人采取规避模式,将资产转移给机构或投资于模式未涵盖的产品,报告制度要求覆盖三个方面的广泛范围:

第一,所报告的财务信息范围:全面的报告制度涵盖不同类型的投资收入,包括利息、股息和类似形态的收入,并登记处理纳税人试图隐瞒其本身代表收入或逃税资产的资本情况(如要求提供账户余额信息)。

第二,需报告的账户持有人范围:综合报告制度不仅要求报告个体的情况,而且还限制纳税人利用介入的法律实体或安排以规避报告的机会。这意味着要求金融机构审查空壳公司、信托或类似安排,包括应税实体,以涵盖纳税人试图隐藏本金而就收入纳税的情况。

第三,要求报告的金融机构范围:综合报告制度不仅包括银行,还包括其他金融机构,如经纪人、某些共同投资工具和某些保险公司。

除关于收集和交换信息范围的共同标准外,有效的自动交换财务信息模式还要求金融机构遵循一套强有力的尽职调查程序共同标准,以确定应报账户并获得这些账户所需报告的账户识别信息。尽职调查程序至关重要,因为它们有助于确保所报告和交换信息的质量。此外,接收管辖区向发送管辖区反馈收到信息中的任何错误也可以成为有效自动交换模式的一个重要方面。这种反馈可以采取自发交换信息的形式,这是税务当局之间合作的另一个重要方面。

②交换信息的法律和业务基础

自动信息交换的不同法律依据早已经存在。虽然基于《经合组织范本》第26条的双边条款允许这种交换,但在多边交换文书的基础上建立自动交换关系可能更为有效。2011年修订的《多边税收征管互助公约》就是这样一份文书。它规定了所有形式的行政合作,包括严格的保密和适当使用信息的规则,并允许自动交换信息。这有利于全球达成合作。《多边税收征管互助公约》规定的自动交换要求当事方主管当局之间单独达成

协议,可由两个或两个以上当事方达成协议,从而允许与两个或两个以上当事方达成单一协议(实际的自动交换总是在双边基础上进行)。然后,这种主管当局协议在参与者之间启动和自动交换以实现"操作化"。如果有的司法管辖区之间依赖双方条约等其他信息交流文书,主管当局协议也可发挥同样的作用。

所有条约和信息交流文书都载有严格的规定,要求对所交流的信息保密,并限制可向谁披露信息以及信息可用于何种目的。经济合作与发展组织发布了《保密指南》,其中列出了与保密有关的最佳做法,并就如何确保充分的保护提供了实际指导。在与另一司法管辖区达成自动交换信息的协议之前,接收信息的司法管辖区必须具备相应的法律框架、行政能力和程序,以确保所收到信息的机密性,而且这些信息只用于文书规定的目的。

③共同或兼容的技术解决办法

在一个标准化的自动交换系统中,报告和交换信息的共同或兼容的技术解决方案是一个关键因素,特别是将被许多司法管辖区和金融机构使用的技术解决方案。标准化会降低各方的成本。

技术报告格式必须标准化,以便能够以具有成本效益的方式迅速有效地收集、交换和处理信息,并且必须建立安全和兼容的数据传输和加密方法。

(3)金融账户信息自动交换标准概述

AEOI 标准第二部分载有:主管当局协议/安排范本;关于金融账户资料的报告和尽职调查的共同标准。它们共同构成关于金融账户信息的报告、尽职调查和信息交流的共同标准。

要执行这一标准,就需要将 CRS 转化为国内法。根据该示范签署主管当局协定,就可以依据现有法律文书,如公约或双边所得税协定,进行信息交流。信息交流也可以在多边主管当局协定/安排的基础上进行,或者不同司法管辖区可以订立一项多边政府间协定或多项政府间协定,这些协定本身就是涵盖报告义务和尽职调查程序的国际条约,当然也可以订立一项更为有限的主管当局协议。这些协定的法律依据还可以是欧盟立法,只要其涵盖了 CRS 的各项内容。

①主管当局协定范本摘要

MCAA 和 CRS 将商业登记与允许交换金融账户信息的法律基础(如公约或双边税收协定)联系起来。MCAA 包括若干条款和七个章节,规定了交流方式,以确保适当的信息流动。鉴于条款载有关于国内报告和尽职调查规则的说明,这些规则是根据主管当局协议交换信息的基础。它们还包含有关保密性和安全保障的陈述,以及建立有效交换关系所必需的基础设施。

其中有一节涉及定义(第一节),包括交换信息的类型(第二节),交换信息的时间和方式(第三节),以及必须遵守的保密和数据保障(第五节)。主管当局之间的协商、遵守和执行方面的合作、协定的修正和协定的期限,包括中止和终止,则在第四节、第六节和

第七节中处理。

②共同报告标准摘要

CRS 载有支持自动交换金融账户信息的报告和尽职调查标准。执行 CRS 的司法管辖区必须制定规则,要求金融机构报告符合第一节所述报告范围的信息,并遵循第二节至第七节所载的尽职调查程序。CRS 中使用的大写术语在第八节中定义。

共同报告标准涵盖的金融机构包括保管机构、存款机构、投资实体和特定的保险公司,当这些机构被用于逃税的风险很低时才免于报告。有关需申报账户的金融信息包括利息、股息、账户结余或价值、某些保险产品的收入、金融资产的销售收入和账户内资产产生的其他收入或有关账户的付款。可报告账户包括个人和实体持有的账户(包括信托基金和基金会),标准还要求审查消极实体以报告相关的控制人。

第二节至第七节说明了报告金融机构为查明应报账户需履行的尽职调查程序。它们首先区分了个人账户和实体账户。它们还区分了原有账户和新账户,认识到金融机构从现有账户持有人处获取信息比在开设账户时要求提供信息更困难,成本也更高。

对于已存在的个人账户,金融机构必须审查账户而无须适用任何最低门槛。这些规则区分高价值和低价值的账户。对于较低价值的账户,它们提供一个基于书面证据或永久居留地址的测试,并需要根据搜索结果确定住所。如果出现相互矛盾的情况,则需要自行核证(和/或书面证据),如果没有这种证明,将向所有出现这种情况的需报告的司法管辖区提出报告。对于高价值客户,应加强尽职调查程序,包括由客户经理进行书面记录搜索和实际知识测试。

对于新的个人账户,CRS 需要一个自我认证(以及其合理性的确认),而不需要最低限度的门槛。

对于先前存在的实体账户,金融机构必须确定:实体本身是否为应报告人,一般可以根据现有信息(反洗钱/认证程序)进行确定,如果不是,则需要进行自我核证;该实体是否为消极非金融机构,如果是,则需要确定控制人的居住地。对于一些账户持有人来说,主动/被动评估直截了当,可以根据现有资料进行评估,而对于其他账户持有人来说,这可能需要自我核证。各司法管辖区可选择允许金融机构适用一个门槛,使低于 250,000 美元(或等值当地货币)的原有实体账户不受审查。

对于新的实体账户,需要进行与原有账户相同的评估。然而,由于获得新账户的自我认证比较容易,250,000 美元(或当地货币等值)的门槛并不适用。

此外,公约第九节说明了执行管辖权为确保有效执行和遵守公约而应制定的规则和行政程序。

③对 MCAA 和 CRS 的评注

对于 MCAA 和 CRS 的每一部分都有一份详细的评注,旨在解释或说明其规定。有关评注载于报告第三部分。鉴于相关实施将以国内法为基础,因此必须确保各司法管辖区适用的一致性,以避免给金融机构带来不必要的成本和复杂性,特别是那些在一个以上司法管辖区开展业务的金融机构。对于某些有限的情况,评注中规定了替代办法。

④技术解决方案

AEOI 标准还包含有关技术解决方案的指导意见。它包括一个用于交换信息的模式,并提供了一个关于数据保障保密的信息技术方面的标准,以及根据 CRS 安全传输信息的传输和加密。该文件附件 3 包含 CRS 模式及其用户指南的图解表示。根据 MCAA 的规定,主管当局将使用 CRS 模式交换拟报告的信息。报告金融机构也可以使用这种模式报告信息(国内法允许的情况下)。数据保障和保密的信息技术方面的内容以及传输和加密标准载于 MCAA 第 3 节和第 5 节的评注。

2. MCAA 主管当局间协议范本

如前所述,欲将 CRS 转化为国内法,不同税收主管当局间首先需要签订有关协议,以确保程序的有效进行和税收信息交换具有相应的法律基础。MCAA 主管当局间协议范本则是不同税收管辖区主管当局签订协议的示范文本,其主要内容详见附件一。

(三)CRS 本身

共同报告标准本身更是一个长达几十页的独立法律文件,包括一般报告规定、一般尽职调查、已存在的个人账户尽职调查、新个人账户的尽职调查、已存在的实体账户尽职调查、新实体账户尽职调查、特别尽职调查规则、定义术语、有效实施共 9 个部分的内容,除一般尽职调查要求外,主要根据不同账户性质,规定了宽严程度不同的尽职调查规则。作为 AEOI 标准的核心,CRS 主要从三个维度规定了尽职调查与报告义务,即由谁调查? 调查谁? 调查什么?[1]

基于篇幅所限,摘其主要内容加以介绍,详见附件二。

总而言之,CRS 的运行首先由一国(地区)金融机构通过尽职调查程序识别另一国(地区)税收居民个人和企业在该机构开立的账户,按年向金融机构所在国(地区)主管部门报送上述账户的名称、纳税人识别号、地址、账号、余额、利息、股息以及出售金融资产的收入等信息,再由该国(地区)税务主管当局与账户持有人的居民国税务主管当局开展信息交换,最终实现各国(地区)对跨境税源的有效监管。[2]

三、中国版 CRS 的实施

(一)实施背景

如前所述,按照相关要求,有关 AEOI 标准及 CRS 规范都必须转化为国内法才能有效实施。中国为此采取了一系列的措施,其中最引人瞩目的是颁布了相关管理办法并

---

[1] 朱晓丹:《OECD〈金融账户信息自动交换标准〉解析》,载《国际税收》2014 年第 8 期。
[2] 刘天永:《一文读懂全球金融账户涉税信息交换标准(CRS)》,载《中国税务》2017 年第 4 期。

给予实施,这被称为中国版 CRS 的落地。AEOI 标准为我国更有效地将 CRS 转化为国内法实施以改善我国 AEOI 立法和实践提供了一个契机。

在 2014 年 5 月的 G20 峰会上,我国签署了承诺遵守 AEOI 标准的宣言。虽然在当时 AEOI 标准本身还没有法律强制力,但为了共同构建高效、广泛、宽容的全球税务征收体系,为承诺遵守 AEOI 标准,中国政府相关部门开始着手分析 AEOI 标准对 CRS 的具体条文解释,以期尽快制定有关 AEOI 标准的实施细则和修改国内立法,与国际 AEOI 标准接轨。

为了落实 CRS 在中国境内的实施,2015 年 12 月中国政府签署了 AEOI 协议。为了履行金融账户涉税信息自动交换国际义务,规范金融机构对非居民金融账户涉税信息的尽职调查行为,国家税务总局起草了《非居民金融账户涉税信息尽职调查管理办法(征求意见稿)》,并于 2016 年 10 月向社会公开征求意见。

2017 年 5 月,中国国家税务总局联合财政部等正式发布了《非居民金融账户涉税信息尽职调查管理办法》(以下简称《管理办法》)并于 2017 年 7 月 1 日正式实施,《管理办法》被称为中国版的 CRS,是 CRS 中国化的重要规范性文件。根据《管理办法》,中国于 2018 年 9 月开始和其他国家与地区的主管当局交换非居民持有金融账户的涉税信息。

(二)中国版 CRS 的主要内容

《管理办法》一共七章 44 条,基本涵盖了 AEOI 标准中 CRS 的相关内容和要求,包括总则、基本定义、个人账户尽职调查、机构账户尽职调查、其他合规要求、监督管理和附则等部分内容,下面简要述之。

《管理办法》第一章总则部分共有 5 个条款,主要规定了《管理办法》制定的指导思想、适用范围、基本原则和一般管理要求等。比如,开篇第 1 条即明确规定:"为了履行《多边税收征管互助公约》和《金融账户涉税信息自动交换多边主管当局间协议》规定的义务,规范金融机构对非居民金融账户涉税信息的尽职调查行为,根据《中华人民共和国税收征收管理法》《中华人民共和国反洗钱法》等法律、法规的规定,制定本办法。"该条规定清晰说明了《管理办法》制定的背景、原因及立法依据,尤其指明是为了履行国际条约义务这一核心实质。第 2 条是有关金融机构适用范围的规定:"依法在中华人民共和国境内设立的金融机构开展非居民金融账户涉税信息尽职调查工作,适用本办法。"第 3~5 条分别规定了金融机构尽职调查应遵循诚实信用、谨慎勤勉的原则,制定科学合理的业务流程与操作规范以及账户持有人的配合义务等。

《管理办法》第二章"基本定义"包括第 6~18 条共 13 个条款,分别对金融机构、非金融机构、金融账户、非居民、账户持有人、消极非金融机构、控制人、关联机构、存量账户、新开账户、账户加总余额、非居民标识以及证明材料等重要概念进行了逐一界定。

《管理办法》第三章对个人账户尽职调查进行了详尽规定。这部分包括第 19~24 条共 6 个条款的内容。第 19 条是对新开个人账户开展尽职调查的规定,第 20 条是对存量个人低净值账户尽职调查的规定(要求金融机构在 2018 年 12 月 31 日之前完成),第 21 条是对存量个人高净值账户尽职调查的规定(要求金融机构在 2017 年 12 月 31 日之前完成),第 22、23 条是关于个人存量账户情况如净值数额、非居民标识等发生变化的尽职调查规定,第 24 条是关于现金价值保险合同或年金合同账户尽职调查的特别规定。

《管理办法》第四章对机构账户尽职调查进行了明确规定。这部分包括第 25 ~ 28 条共 4 个条款。第 25 条是新开机构账户开展尽职调查的规定,第 26 ~ 27 条是对存量机构账户身份识别的规定,第 28 条是对存量机构账户加总余额超过 25 万美元的,金融机构应在 2018 年 12 月 31 日前完成尽职调查的规定。

《管理办法》第五章是其他合规要求的规范,从第 29 ~ 36 条共 8 个条款。第 29 条是有关新开账户的尽职调查程序可以适用于存量账户的规定,第 30 ~ 31 条是金融机构委托第三方开展尽职调查的相关规定,第 32 条是建立账户持有人信息变化监控机制的规定,第 33 条是有关排除账户的规定,即对于符合相关条件的退休金账户、社保类账户、定期人寿保险合同及各种特别账户等无须开展尽职调查,第 34 ~ 35 条是有关资料保存和资料汇总的规定,第 36 条是金融机构注册登记和资料报送的相关规定。

《管理办法》第六章为"监督管理",第 37 ~ 39 条是有关金融机构的监控机制、整改措施及违法处置的规范,第 40 条是对账户持有人的违规处置规定。

《管理办法》第七章"附则"共 4 条,第 41 条是不适应该法另行规定的情形,第 42 条是国家税务总局与金融机构建立涉税信息共享机制的规定,第 43 条是有关"以上""以下"均含本数,"不满""超过"均不含本数的解释,第 44 条是有关该法施行日期(2017 年 7 月 1 日)的规定。

(三)中国版 CRS 的实施现状

从 2014 年 7 月,OECD 发布 AEOI 标准开始,中国即踏入了着手实施 CRS 的历程。2014 年 9 月,经国务院批准,中国在 G20 财政部长和央行行长会议上承诺将实施 AEOI 标准,首次对外交换信息的时间为 2018 年 9 月;2015 年 7 月,《多边税收征管互助公约》由十二届全国人大常委会第十五次会议批准,并于 2016 年 2 月生效,为中国实施 AEOI 标准奠定了多边法律基础;2015 年 12 月,经国务院批准,国家税务总局签署了 AEOI 协议,为中国与其他国家(地区)间相互交换金融账户涉税信息提供了操作层面的多边法律工具;2016 年 10 月,国家税务总局就《非居民金融账户涉税信息尽职调查管理办法(征求意见稿)》公开征求意见;2017 年 5 月 9 日,《管理办法》正式发布;2017 年 7 月 1 日,金融机构开始对新开立的个人和机构账户开展尽职调查;2017 年 12 月 8 日,中国人民银行、国家税务总局、国家外汇管理局印发了《银行业存款类金融机构非居民金融账户涉税信息尽职调查细则》(银发〔2017〕278 号),指导辖区内银行业金融机构规范开展非居民金融账户涉税信息尽职调查工作,按规定报送非居民金融账户涉税信息。2017 年 12 月 31 日前,金融机构完成对存量高净值账户的尽职调查;2018 年 5 月 31 日前，金融机构报送信息；2018年9月，国家税务总局与其他国家（地区）税务主管当局第一次交换信息；2018年12月31日前，金融机构完成对存量个人低净值账户和全部存量机构账户的尽职调查；2019年7月，在150多个承诺实施CRS的国家（地区）中，已有106个国家（地区）签署实施AEOI标准的多边主管协议，其中92个国家（地区）已开展相关信息交换。[1]

换句话说，至2019年年中，已有90多个国家（地区）和中国配对成功，开始了自动信息交换，而其中包括我们耳熟能详的开曼群岛、英属维尔京群岛、百慕大、巴拿马、瑞士等传统上著名的国际避税地，其意义非凡。

截至2023年4月，已有119个司法管辖区签署CRS多边主管协议，中国已和106个国家（地区）配对成功，展开税收信息自动交换。[2] 除上述90多个国家（地区）外，又增加了阿尔巴尼亚、文莱、多米尼加、厄瓜多尔、加纳、哈萨克斯坦、科威特、马尔代夫、蒙特塞拉特、新喀里多尼亚、尼日利亚、阿曼、秘鲁、圣马丁、瓦努阿图等国家（地区）。[3]

四、CRS落地实施的意义

总体上来说，CRS的落地实施对于国际反避税具有重大意义，这是毋庸置疑的。如前所述，原来的《经合组织范本》和《联合国范本》第26条虽然都明确规定了信息交换的问题，但往往流于形式和表面，停留于文本条款的简单规定，没有真正落到实处。双边税收协定中规定自动信息交换的则少之又少，大多以经请求的信息交换为主。《多边税收征管互助公约》第6条对自动信息交换进行了明确规定，但如何具体进行交换则没有进一步的规范。AEOI标准及其CRS的出台和实施，使《多边税收征管互助公约》第6条能够真正得到落实，也使公约缔约方对公约的执行力有了更强的信心，从而使公约的国际威信力和约束力得到加强。具体而言，其重要意义主要体现在多个方面。

---

[1] 截至2019年7月，已有106个国家（地区）签署实施AEOI标准的多边主管当局协议，其中，92个国家（地区）已开展相关信息交换，具体名单如下：安道尔、安圭拉、安提瓜和巴布达、阿根廷、阿鲁巴、澳大利亚、奥地利、阿塞拜疆、巴哈马、巴林、巴巴多斯、比利时、伯利兹、百慕大、巴西、英属维尔京群岛、保加利亚、加拿大、开曼群岛、智利、中国、哥伦比亚、库克群岛、哥斯达黎加、克罗地亚、库索拉、塞浦路斯、捷克、丹麦、爱沙尼亚、法罗群岛、芬兰、法国、德国、直布罗陀、希腊、格陵兰、格林纳达、根西岛、中国香港特别行政区、匈牙利、冰岛、印度、印度尼西亚、爱尔兰、马恩岛、意大利、日本、泽西岛、韩国、拉脱维亚、黎巴嫩、列支敦士登、立陶宛、卢森堡、中国澳门特别行政区、马来西亚、马耳他、马绍尔群岛、毛里求斯、墨西哥、摩纳哥、瑙鲁、荷兰、新西兰、挪威、巴基斯坦、巴拿马、波兰、葡萄牙、卡塔尔、罗马尼亚、俄罗斯、圣基茨和尼维斯、圣卢西亚、圣文森特和格林纳丁斯、萨摩亚、圣马力诺、沙特阿拉伯、塞舌尔、新加坡、斯洛伐克、斯洛文尼亚、南非、西班牙、瑞典、瑞士、土耳其、特克斯和凯科斯群岛、阿拉伯联合酋长国、英国、乌拉圭。相关资料参见国家税务总局网，http://www.chinatax.gov.cn/aeoi_index.html。

[2] List of CRS MCAA signatories, https://www.oecd.org/tax/automatic-exchange/about-automatic-exchange/crs-mcaa-signatories.pdf.

[3] 国家税务总局网，http://www.chinatax.gov.cn/aeoi_index.html。

(一)自动情报交换具有现实可操作性

AEOI 标准及其 CRS 的规范明确、细致,步骤严密,对自动信息交换所涉的金融机构、金融账户性质、资金额度、时间界限等都有详尽的规定,使各司法管辖区在加入全球自动信息交换的过程中如何具体操作有章可循,并乐于实施。仅账户性质而言,即分为个人账户和机构账户,每类账户又分为新开账户和存量账户,存量账户又分高净值账户和低净值账户,对于不同类别账户实施的尽职调查要求和程序有所不同。AEOI 标准及 AEOI 协议将《多边税收征管互助公约》第 6 条短短几十个字的原则性规定,演绎成为目前分别长达几十页的多个法律文本规范,其详尽程度可见一斑。

(二)信息交换标准的统一性和低成本性

正如 AEOI 标准序言所述,"标准化的好处是简化程序、提高效率和降低所有利益攸关方的成本;各种不同和不一致的模式如果泛滥,可能会给政府和企业收集必要信息和使用不同模式带来巨大成本;这样可能导致标准的分散,从而引起相互冲突,进一步增加遵守的成本,降低效率"。因此,AEOI 标准的诞生,使全球自动信息交换达成统一标准,从而大大缩减了各税收管辖区之间信息交换的成本。当然,就具体的申报金融机构而言,初始加入全球税收信息自动交换必然会在原有基础上增加相应成本,但从长远利益来看,统一性标准的实施无疑是低成本的。

(三)信息透明度增加

自动信息交换的实施与落地,极大地增强了各税收管辖区政府打击国际逃避税的信息透明度,有效地解决了信息不对称的问题。在一般行政管理中,往往是政府掌握各种管理政策和信息,而企业与居民个人处于信息不对称的地位,但在打击跨国逃避税的过程中,可能情况正好相反。从事跨国经济活动的当事人往往利用不同税收管辖区域的各种制度差异,隐匿或转移财产及收益,使各税收管辖区政府难以掌握相关税收情报,税收管理部门处于信息不对称的地位。CRS 的全球实施,使得各国政府可以有效掌控本国居民与非居民的海外资产状况,信息透明度大大增加。尤其是以严格保密法著称的各避税地迫于全球反避税浪潮的巨大压力而纷纷加入 CRS 信息交换体系,这对税收信息透明度的增加具有重要意义。

(四)反避税威慑力增强

CRS 的落地使各国反避税措施的实施更加有效、针对性更强,对跨境实施国际逃税、避税的纳税人也更具威慑力。尤其是对消极非金融机构(其大部分收入是股息、利息、租金和特许权使用费等消极收入)的特别管控,对国际逃避税而言是一个极大的打击和威慑。众所周知,大多数国际避税行为都是通过这种没有实际经营活动的消极非金融机构(空壳公司)实施的。过去,从事跨国经营的纳税人策划 10 次逃避税,可能只有一起会被查处,由此他们心存侥幸,频繁进行国际逃避税活动,最终导致全球逃避税行为愈加猖獗。如今,税收信息自动交换使得跨国纳税人的境内外资产及其收益愈加透明,几乎十之八九的逃避税活动都有可能被查处,违法成本明显增高,这使跨国投资者不再敢轻易以身试法,CRS 的反避税威慑力逐步增强。总而言之,除反避税外,CRS 的实施,对抑制和打击贪腐、跨国洗钱、贩毒以及恐怖活动等国际犯罪行为也具有一定的防范和威慑效果。

专题十二

BEPS 行动计划及 BEPS 公约的诞生

在 OECD 接受 G20 委托实施的一系列国际税制改革中,除前述《多边税收征管互助公约》的签署和 AEOI 标准及其 CRS 的实施外,另一个令人瞩目的项目则非"BEPS 行动计划"莫属了,该项目的结晶 BEPS 公约不仅成为国际税收领域的第三大国际条约,更是作为国际税法的又一核心内容受到理论与实务界的热切关注。CRS 的实施,只是为国际反避税提供了多边工具或基础,真正要防范和遏制国际逃避税必须要由各国(地区)政府针对不同的避税安排重拳出击,同时这种遏制措施还需要得到相关国家(地区)政府的认可与合作,否则国际反逃避税的推行将困难重重。因此,国际社会联手出击,共同采取措施打击逃避税行为成为必要。

一、BEPS 行动计划

(一)背景

BEPS 的英文全称为 Base Erosion and Profit Shifting,中文翻译为税基侵蚀和利润转移,它是指企业利用不同税收管辖区的税制差异和规则错配进行税收筹划的策略,其目的是人为造成应税利润"消失"或将利润转移到没有或几乎没有实质经营活动的低税负或无税负国家(地区),从而达到不交或少交企业所得税的目的。

为了遏制税基侵蚀和利润转移,2013 年,OECD 和 G20 国家联手出击,在圣彼得堡峰会启动实施国际税收改革项目,旨在修改国际税收规则,遏制跨国企业规避全球纳税义务、侵蚀各国税基的行为,这一全球行动被称为 BEPS 行动计划或 BEPS 项目。

2013 年 7 月,G20 发起 OECD/G20 BEPS 项目,并授权 OECD 制定《关于税基侵蚀和利润转移的行动计划》(以下简称 BEPS 行动计划)[1],该行动计划项下共包括 15 项具体的行动措施,旨在建立一个超越 G20 的包容性框架,为政府提供解决避税问题的国内和国际工具,确保在产生利润的经济活动地和创造价值地征税。

---

[1] Action Plan on Base Erosion and Profit Shifting(2013),OECD,https://read.oecd-ilibrary.org/taxation/action-plan-on-base-erosion-and-profit-shifting_9789264202719-en,p.10.

经过两年的研究和推进,2015年10月,OECD公布《税基侵蚀和利润转移项目2015年成果最终报告》[1],BEPS行动计划15项行动措施全部出台,为国际反逃、避税工作提供了借鉴和指导,各国可以有选择地适用各项行动中的建议。

BEPS行动计划最终报告,作为世界聚焦的15项BEPS行动计划的理论研究成果,对彰显税收公平和恢复对税收制度的信任具有积极的推动作用;作为防止BEPS现象的全球化解决方案,缩小了现有国际规则的空白,标志着国际税收秩序格局的根本性转换。

(二)主要内容

下面分别对BEPS行动计划的15项行动措施加以扼要介绍。

1. 应对数字经济的挑战

在数字经济背景下,税基侵蚀和利润转移引起了广泛关注。数字经济的蓬勃发展给国际税收带来了挑战。数字经济的特点是前所未有地依赖无形资产、大量使用数据(特别是个人数据)、广泛采用从外在自由产品中获取价值的多边经营模式,以及难以确定价值形成的所在地。由此产生的基本问题是,企业在数字经济时代是如何创造价值和实现利润的,数字经济与来源国和居民国概念之间有着怎样的关系,或者如何从税收的角度对所得进行定性。与此同时,经营活动的新方式,可能会导致在地理位置上重新配置经营活动的核心功能,因此不同的征税权分布有可能产生少缴税的现象。就其本身而言,这并不说明现行税制存在缺陷。重要的是需要密切关注从事数字经济活动的企业如何创造价值并实现利润,进而确定是否有必要,以及在多大程度上需要修改现有规定,以便使该行业的具体特点得到考虑,进而防止税基侵蚀和利润转移。

这份行动计划将有助于解决这方面的问题。但是仍然有一些具体事项需要予以考虑。需要对不同的商业模式和始终处于动态变化中的商业环境进行透彻的分析,更好地理解在这一领域中价值的产生过程。此外,对间接税也应予以考虑。为了落实这份行动计划,将建立一个专门针对数字经济的工作组。找出数字经济对现行国际税收法规的实施所造成的主要困难之处,并找到相应的解决办法,采取整体化的方法,兼顾直接税与间接税。需要考虑的问题包括但不限于:一家公司在另一国家的经济生活中有值得注意的数字化存在,但由于现行国际法规中没有相关的规定,该公司没有被征税;通过利用数字产品和服务,形成与地域有关的市场性数据,进而所创造的价值的归属;对从新型商业模式中取得的收入的定性;相关来源规则的适用,以及针对跨境提供数字产品和服务时,如何确保增值税/货物和服务税的有效征收。为了开展这方面的工作,

---

[1] OECD/G20:Base Erosion and Profit Shifting Project 2015 Final Reports, OECD, https://www.oecd.org/ctp/beps-reports-2015-executive-summaries.pdf.

需要深入地分析这一领域中的各种商业模式。

2. 抵消复合错配安排的作用

复合错配安排容易造成各国所不希望看到的双重不征税或长期推迟纳税,其具体做法诸如对一次借贷进行两次扣除、对于所做的扣除没有对应计入收入,或者错误地适用外国税款抵减或参与免税制度。

有些国家的法规允许纳税人为其国内和外国实体选择适用的税收待遇,这个做法有可能助长复合错配。由于相关各国的法律都得到了遵守,因此可能难以确定哪个国家损失了税收收入。但是,从整体来看,所涉及的各方纳税人缴纳的总税款减少了,因此损害了竞争、经济效率、透明和公平。

针对设计制定各国的本国法规,以抵消复合工具和实体的作用(如双重不征税、两次扣除、长期推迟纳税),拟定协定条款范本,并提出建议。具体可以包括以下内容:(1)修改 OECD 税收协定范本,以确保复合工具和实体(包括双重居民实体)不得被不正当地用以谋取协定利益;(2)国内法律规定,防止付款方可以扣除的付款被免税或不确认收入;(3)国内法律规定,不予扣除收款方未予计入收入[以及根据受控外国公司(CFC)或类似规定,不予征税]的付款;(4)国内法规定,不予扣除在另一管辖权范围也可扣除的付款;(5)对于有一个以上国家试图对某项交易或某个结构,适用对等或附加标准规定的情况,如有必要,应给予指导。

对于各国法律和 OECD 税收协定范本有可能做出的修改,还要特别注意其相互之间的影响。这项工作应与关于利息费用扣除限额的工作、关于受控外国公司(CFC)规定的工作,以及关于套用协定利益的工作协调进行。

3. 强化 CFC 安排

OECD 以前未曾深入开展过工作的一个领域是 CFC 规定。税基侵蚀和利润转移问题引起关注的原因之一是,有可能设立关联的非居民纳税人,通过非居民关联方输送居民企业的所得。许多国家都制定了 CFC 和反递延纳税的规定,以应对这一问题。

CFC 规定原则上可以使最终母公司的居民国得到考虑,而且其在来源国也有积极的影响,因为其使纳税人不再有动机(或者有较少的动机),即将利润转移到税收较低的第三方管辖区范围内。

不过,许多国家的 CFC 规定并不能全面对抗税基侵蚀和利润转移。应针对 CFC 规定的设计制定,提出建议。如有必要,这项工作将与其他工作协调进行。

4. 对通过利息扣除和其他款项支付实现的税基侵蚀予以限制

税基侵蚀和利润转移引起关注的另一个问题是诸如利息和其他款项支付之类的可扣除支付的大量出现。可以扣除利息费用,会造成在投资来源地和目的地的双重不征税。

从投资目的地的角度来看,对利息费用的扣除,主要源自从享受低税率的关联方获得的借贷,由此产生了大量的利息扣除,却没有确认对应的利息收入。结果是在经营性公司的应税利润中扣除了利息支出,而利息收入的征税享受了低税率,或根本没有被征税。有时候集团作为整体可能只有极少外债或基本没有外债。

从投资来源地的角度看,公司以借贷为融资手段,进行免税生产或推迟确认收入,因而申报当期利息费用扣除,同时推迟确认收入,或使其免税。

因此,关于利息费用扣除的规定需要考虑到,相关的利息收入可能没有被完全征税,或者相关的负债可能被用来不适当地减少提供贷款一方的收入,或作为融资手段推迟确认收入,或使其免税。类似的关注也涉及其他金融交易的支付款项的扣除,这些交易诸如金融和业绩担保、衍生品、专属保险和其他保险安排,特别是其中涉及转让定价领域的问题。

针对涉及制定目的在于防止通过利用利息扣除实现税基侵蚀的最佳做法提出建议。利用利息扣除的例子包括:利用关联方或第三方负债,形成大量利息扣除,或者以此作为融资手段,进行免税生产或推迟确认收入,以及在经济角度等同于利息支付的其他款项支付。这项工作将评估不同类型的限制措施的效力。

与前述工作有关,同时也是为了支持这项工作,将针对关联方金融交易的定价,提出转让定价指导意见。关联方金融交易包括金融和业绩担保、衍生品(包括银行内部交易使用的内部衍生品)、专属保险和其他保险安排。这项工作将与关于复合错配安排和CFC 规定方面的工作协调进行。

5.结合考虑透明度和实质性,更为有效地对抗有害税收行为

优惠税制依然是关键压力领域。OECD 于 1998 年发布了一份关于有害税收行为的报告,指出"竞次(race to the bottom)"将最终使所有国家适用于部分流动性税源的税率降至零,而不论这是不是一国希望实行的税收政策。这一政策性担忧,今天依然切中时弊。不过今天的"竞次"通常情况下较少以"栅栏防护"的传统形式出现,更多的则是普遍降低特定类型所得(如金融活动或提供无形资产的所得)的公司税率。

结合考虑透明度和实质性,更为有效地对抗有害的税收制度。为了促进这一目标的实现,有害税收行为论坛(FHTP)将再次把工作聚焦于探求更为行之有效的解决办法。

改进针对有害税收行为的工作,着重提高透明度,包括强制性自发交换涉及优惠税制的裁定方面的情况,要求对优惠税制采取实质性行动。将采取整体化的方法,以税基侵蚀和利润转移为背景,对优惠税制作出评估。将以现有框架为基础,吸收非 OECD 成员参与,并考虑对现有框架进行修改或增补。

6.防止协定滥用

对协定的滥用是引起对税基侵蚀和利润转移问题关注的最重要的原因之一。第三国对协定伙伴间双边框架的介入,会形成一些避税方案,如受到较低征税的外国公司的分公司、导管公司,以及通过转让定价安排人为转移收入。外国直接投资方面的数据反映出有不少公司利用某些国家的税制,通过导管结构从一国向另一国输送投资和集团

内资金。

为了维护双边关系预想的作用,必须对相关规则加以修改,以应对在居民国和来源国之间插入多层法律实体结构的做法。现行规则在许多情况下都可以较好地发挥作用,但需要进行调整,才能全面地分析全球价值链,防范两个以上国家互动所导致的税基侵蚀和利润转移。需要对现行国内和国际税收法规进行修改,以使收入的分配与产生这些收入的经济活动更为一致。

OECD 税收协定范本第 1 条的注释已经包含了一些相关规定的例子,可以用来应对套用协定利益的情形和滥用协定的其他个案,这些情形和个案都有可能造成双重不征税。制定严格的反协定滥用条款和按国内法规定行使征税权将有助于维护部分情况下的源泉征税。

为了避免对不适当的情形给予协定利益,各国需要设计制定国内规定。对此,要拟定条款范本,并提出建议。还需要开展工作,以澄清税收协定的初衷并不是用以产生双重不征税,要说明各国在决定与另一国达成税收协定之前,一般需要进行的一些税收政策方面的考虑。这项工作将与关于复合错配安排方面的工作协调进行。

7. 防止人为规避常设机构身份

必须更新常设机构的定义,以防止被滥用。在许多国家中,对涉及代理性常设机构的协定规定的解释,允许外国企业在一国的子公司的销售部门,就属于外国企业的货物在当地的销售,谈签合同。但是,由这些销售行为所取得的利润的征税,却不同于由销售商进行销售时所取得的利润的征税。在许多情况下,这就使得企业不再采用传统的由当地子公司作为"佣金安排"下的经销商的做法。其结果是利润转移至销售行为所在国家以外,而在该国所履行的功能并没有实质性的改变。与此类似,跨国公司可能人为地将其经营活动分散在其集团内多个实体之间,以符合常设机构关于准备性和辅助性活动的例外条件。

修改常设机构的定义,以防止人为规避与税基侵蚀和利润转移有关的常设机构身份,包括利用佣金安排和特别活动免税。针对这些问题的工作还将涉及相关的利润分配问题。

行动 8、9、10,确保转让定价的结果与价值创造相一致。一个主要的问题是转让定价和公平交易原则的实行。转让定价规定的作用在于将跨国公司取得的收入在其开展经营活动的各个国家之间进行分配。在许多情况下,现行基于公平交易原则的转让定价规定,可以兼具效率和效力地将跨国公司的收入在多个征税管辖权范围内进行分配。不过在其他情况下,跨国公司可以利用和/或错用这些规定,将收入与产生这些收入的经营活动相分离,并把收入转移到低税收地区。最常见的做法是以低价转让无形资产和其他流动资产、集团公司过度资本化,以及通过非关联方之间不可能开展的交易,将风险以合同方式转移到低税收地区。

在某些情况下建议采用其他收入分配方法,包括基于公式的方法。但是一方面,各国协调一致采取行动十分重要,另一方面,在各国之间就新方法的具体内容取得一致并加以落实,又存在实际的困难。这意味着与其试图抛弃现行的转让定价体系,最佳途径是直接修补现行体系中的缺陷,尤其是在无形资产、风险和过度资本化的收益方面,可能需要采取一些特殊的措施,无论在公平交易原则范畴以内还是以外。

8. 无形资产

拟定相关规则,防止通过在集团成员之间转移无形资产所引发的税基侵蚀和利润转移。这涉及:(1)为无形资产确定全面、清晰和准确的定义;(2)确保与无形资产的转移和使用相关的利润得到恰如其分的分配,这种分配应与价值创造相一致(而不是背离价值创造);(3)针对难以计价的无形资产,拟定转让定价规则或特别措施;(4)更新针对成本分摊安排的指导意见。

9. 风险与资本

拟定相关规则,防止通过在集团成员之间转移风险,或者向集团成员过度分配资本,而实现税基侵蚀和利润转移。这将涉及制定转让定价规则或特别措施,确保某个实体不因合同对其规定的风险或提供资本,而产生不适当的收益。所制定的规则需要使收益与价值创造相一致。这项工作将与关于利息费用扣除和其他款项支付方面的工作协调进行。

10. 其他高风险交易

拟定相关规则,防止通过相关交易实现税基侵蚀和利润转移。这些交易是不与或很少与第三方开展的。这将涉及制定转让定价规则或特别措施,以(1)阐明需要对交易重新定性的情况;(2)阐明在全球价值链背景下,特别是针对利润分割,转让定价方法的适用;(3)防止诸如管理费和总部费用等侵蚀税基的常见支付类型。

行动11、12、13,确保透明度,同时提高确定性和可预测性。防止税基侵蚀和利润转移意味着不同层次上的透明度。如果不能实现进一步的透明,并使企业获得确定性和可预测性,那么为了对付税基侵蚀和利润转移所采取的行动是不可能获得成功的。透明度和税收情报交换全球论坛在透明度方面取得了进展。但是针对税基侵蚀和利润转移,需要有更为整体化的方法。这意味着不同层次上更高的透明度。需要改善关于税基侵蚀和利润转移的资料收集。关于其税收筹划策略,纳税人应披露更有针对性的信息。转让定价相关资料方面的要求应该减负,但更有针对性。

11. 明确收集并分析涉及税基侵蚀和利润转移的资料的方法,并确定有针对性的行动

改善税基侵蚀和利润转移方面资料的获取和分析至关重要,这也有助于保障这份行动计划的落实。多项研究和资料表明,价值创造活动和投资活动所在地与利润申报纳税所在地之间缺乏关联的现象越来越普遍。需要开展更进一步的工作,以评估这方面的研究,并拟定措施,衡量税基侵蚀和利润转移行为的规模和后果,以及监控依据这份行动计划为应对税基侵蚀和利润转移,所采取的各项措施的作用。为此需要采用基

于结果的技术,着眼于结合对价值创造活动的分析,考量收入在各个管辖权范围内的分配;并采用相关技术,以监控这份行动计划所指出的各项具体问题。因此很重要的是需要确定纳税人应向税务机关报送的资料的种类,确定可用于分析这些资料和评估税基侵蚀和利润转移行为可能产生的影响的方法,并确定应对税基侵蚀和利润转移需要采取的行动。

针对反映税基侵蚀和利润转移的规模和经济影响的指标,提出建议,并确保可以获得相关工具,以监控和评估为应对税基侵蚀和利润转移而持续采取的行动的效力和经济作用。这项工作涉及对税基侵蚀和利润转移的规模和影响(包括对各国的溢出效应),以及为应对税基侵蚀和利润转移而采取的行动,进行经济分析。这项工作还涉及评估现有的各个资料来源,确定应该收集的新的资料类型,并从整体和微观层面确定分析方法,结合考虑保护纳税人秘密的需要和税务机关与企业管理成本的因素。

12. 要求纳税人披露其过度税收筹划安排

在税收筹划/交易方面需要一定的透明度。关于税收筹划策略,税务机关往往不能取得全面且有针对性的信息。但是,及时、全面且有针对性地取得信息,对于使管理部门能够迅速发现风险之所在,具有十分重要的意义。审计活动依然是获取相关信息的主要渠道,但是作为及早发现过度税收筹划的手段,还存在着一些限制。在这方面可能需要采取措施,改善税务机关和税收政策决策者们取得相关信息的手段。其他可能有用的措施包括纳税人和税务机关之间的合作遵从方案。

针对一些过度或滥用性交易、安排或结果,需要有强制性披露规则。要对这类规则的设计制定提出建议;同时要考虑税务机关和企业的管理成本。有越来越多的国家已经制定了这类规定,要吸取这些国家的经验。这项工作要采用模块设计的方法,形成最大限度的一致,但同时允许考虑各国独特的诉求和风险。重点之一是国际避税方案。要开展工作,探讨对"税收利益"采用宽泛的定义,以便发现这类交易。这项工作将与合作遵从方面的工作协调开展。这项工作还包括设计并落实各国税务机关之间关于国际避税方案的增强型信息共享模型。

13. 转让定价相关资料复查

透明度也与转让定价和价值链分析有关。转让定价法规管理方面的一个关键问题是,纳税人与税务机关之间信息的不对称。这有可能削弱公平交易原则的实现,为税基侵蚀和利润转移提供了更多机会。在许多国家中,税务机关几乎无力比较全面地了解纳税人的全球价值链。此外,针对转让定价相关资料所采取的不同方法,极大地增加了企业的管理成本。在这方面重要的是要让税务机关获得适当的信息,使其了解跨国企业集团其他成员在集团内劳务和其他交易中所履行的相关功能。

拟定转让定价相关资料方面的规则,以提高相对于税务机关的透明度,结合考虑企业的遵从成本。待拟定规则的内容包括要求跨国公司依据通用模板,向所有相关政府管理部门提供管理要求的,涉及其全球所得分配、经济活动和在各国已缴税项的信息。

14. 使争议解决机制更加有效

应对税基侵蚀和利润转移的行动必须辅之以确保使企业获得确定性和可预测性的行动。改善相互协商程序（MAP）的效力的工作，是对税基侵蚀和利润转移问题方面的工作的重要辅助。上述各项工作所形成的全新规则的解释和适用，有可能带来不确定的因素，这种因素应该最大限度地被减少。因而需要开展工作，考察和解决使各国不能通过 MAP 解决与协定相关的争议的障碍。还需要考虑就税收协定中现行的 MAP 规定，辅之以强制性和有约束力的仲裁规定。

一些障碍的存在，使得部分国家无法通过 MAP 解决与协定有关的争议，包括在大多数协定中，没有仲裁约定，以及在某些情况下，无法实施 MAP 和仲裁，需要为此找到解决之道。

15. 确定多边工具

从商定的政策到税收法规，相关措施需要迅速落实。需要考虑创新性的途径，以落实通过税基侵蚀和利润转移行动计划所开展的各项工作而提出的各项措施。开展税基侵蚀和利润转移行动计划中包括的若干行动，将得到多方面的结果。一些行动的结果有可能是针对一国国内法规提出建议，以及修改 OECD 税收协定范本注释和转让定价指南。其他行动可能导致修改 OECD 税收协定范本。例如，引入反协定滥用的规定、修改常设机构的定义、修改转让定价规定，以及在协定中引入针对复合错配安排的规定。如果不修改双边税收协定，仅修改 OECD 税收协定范本，并不能直接产生效果。如果采取逐个修改协定的方法，那么现行协定的庞大数量，将使这项工作耗费很长时间。如果相关国家需要对其双边税收协定全面重新谈签，则将耗费更多时间。在这方面，通过多边途径修改双边协定，将是推进这项工作比较可取的方法。

分析与确定多边工具有关的税收和其他公共事务方面的国际法问题，以使有此希望的相关管辖权政府能够落实通过税基侵蚀和利润转移工作形成的措施，以及修改双边税收协定。在此分析的基础上，有兴趣的各方将能够确定多边工具，从而为国际税收事项的处理提供创新性的方法，并在此过程中反映出全球经济瞬息万变的特性，以及迅速适应这种变化的客观需求。

二、《BEPS 公约》

为了解决由于双边税收条约的不统一而引发的 BEPS 行动计划在各国的适用问题，并简化各国修改双边税收条约的成本，2015 年 11 月起，OECD 启动了《实施税收协定相关措施以防止税基侵蚀和利润转移的多边公约》（Multilateral Convention to Implement Tax Treaty Related Measures to Prevent Base Erosion and Profit Shifting，以下简称《BEPS

公约》或 MLI)[1]的研究制定工作,2017 年 6 月 7 日,《BEPS 公约》首次联合签字仪式在法国巴黎的 OECD 总部举行,包括中国在内的 67 个国家和地区的政府代表共同签署了该公约。[2]截至 2023 年 2 月,签署该公约的国家和地区已经达到了 100 个。[3]

《BEPS 公约》是 BEPS 国际税改的重要实践成果,融合了 15 项 BEPS 行动计划的内容,以多边公约的形式为各国适用 BEPS 行动计划提供法律支持,为在全球推广 BEPS 理论研究成果、促进税改精神深植提供了重要载体。

《BEPS 公约》除序言以外,一共七章 39 条。第一章"公约范围和术语解释",包括公约范围、术语解释两个条款;第二章"混合错配",包括税收透明体、双重居民实体、消除双重征税方法的适用等条款;第三章"协定滥用",包括被涵盖税收协定的目的、防止协定滥用、享受股息低档税率的条件、转让其价值主要来自于不动产的实体的股份或权益取得的财产收益、针对位于第三方管辖区的常设机构的反滥用规定、税收协定对居民国征税权的限制等内容;第四章"规避常设机构构成",由通过佣金代理人和类似安排人为规避常设机构构成、通过特定活动豁免人为规避常设机构构成、合同拆分、与企业紧密关联的人的定义等几个条款组成;第五章"改进争议解决",包括相互协商程序、相应调整两个条款;第六章"仲裁",包括第六章的选择适用、强制性有约束力的仲裁、仲裁员的任命、仲裁程序的保密、仲裁结束前的案件解决、仲裁程序的类型、同意不同的解决方式、仲裁程序的费用、兼容等内容;第七章"最终条款",包括签署和批准、接受或核准,保留,通知,被涵盖税收协定后续修订,公约缔约方会议,解释和执行,修订,生效,开始适用,第六章之开始适用,退约,与议定书的关系,公约保存人等内容。

下面仅就《BEPS 公约》中与国际反避税措施紧密相关的内容进行介绍,详见附件三,其他诸如权利保留、通知、留存等则不再一一赘述。

三、对《BEPS 公约》的评价

《BEPS 公约》作为 BEPS 行动计划的结晶,旨在帮助各税收管辖区通过该多边协议,实施在 BEPS 项目工作中制定的各项措施并修订双边协定。《BEPS 公约》实现了税收协定历史上规模最大、范围最广的一次多边合作协调,标志着 G20 国际税改取得了重大成果。正如有学者所言,"BEPS 行动计划与以往有所不同在于它是自上而下的,而非

---

[1] Multilateral Convention to Implement Tax Treaty Related Measures to Prevent BEPS,OECD,https://www.oecd.org/tax/treaties/multilateral-convention-to-implement-tax-treaty-related-measures-to-prevent-beps.htm.

[2] 《深化国际税收合作 促进经济包容发展——国家税务总局局长王军代表中国政府签署〈BEPS 多边公约〉》,载国家税务总局网 2017 年 6 月 9 日,http://www.chinatax.gov.cn/n810219/n810729/c2663455/content.html。

[3] Signatories and Parties(MLI Positions),https://www.oecd.org/tax/treaties/beps-mli-signatories-and-parties.pdf.

自下而上的,拥有 G20 领导人强有力的政治背书","这一揽子建议的公布,并不意味着一个旧时代的结束,而更像是一个新时代的开始";"总之,BEPS 行动计划是前进的一大步,特别是在提高税收透明度和减少税基错配所带来的影响等方面"。[1]

BEPS 项目工作不仅仅涉及如何遏制税基侵蚀和利润转移问题,在更深层次上,相关工作已经关乎税收协定中有关居民身份的认定、常设机构构成、重复征税解决方法的使用等传统国际税收问题,同时更涉及争议解决的改进,尤其是仲裁解决税收争议的选择适用等,可以说这是对国际税收规则体系实施百年来最为重大的一次重塑。BEPS 行动计划及其公约的出炉,标志着一个世纪以来国际税收规则体系正在发生根本性变革。

但不可否认的是,作为一个全球性统一的国际公约,其内容给予了缔约方大量的可保留条款,从前面的介绍中我们也可以看到,几乎绝大多数的条款都给予了缔约方可以保留的空间,这无疑会导致整个公约条款统一规则的"碎片化"。当然,这也是公约灵活性与包容性的体现。公约的原则性能够帮助各国快速有效地落实 BEPS 最低标准,而它的灵活性又能最大限度地包容协定之间的差异,有利于打开一扇又一扇国际税收合作之门。[2]

四、中国与 BEPS

在 OECD 接受 G20 委托实施的一系列国际税制改革中,中国一直都是积极的参与者和引领者。从 2013 年 9 月 G20 领导人在圣彼得堡峰会上决定实施 BEPS 行动计划并委托 OECD 牵头该项工作开始,中国即充分利用这一有利契机,积极参与相关工作,在随后的历次 G20 峰会上都明确表示要求深化国际税收合作、落实国际税改计划,并向 OECD 提出一系列立场声明和建议,不断将发展中国家的诉求和理念有机融入国际税收新规则体系,为促进公平和现代化的国际税收体系建设发出中国声音、提供中国智慧。[3] 2015 年 11 月,OECD 牵头成立了《BEPS 公约》特别工作组,中国当选为该工作组第一副主席国,积极参与到公约的研究制定、组织谈判和磋商等工作中,为《BEPS 公约》的制定作出了重要贡献。2017 年 6 月 7 日,中国与其他 67 个国家和地区一起,首批联合签署了该公约。中国在签署《BEPS 公约》后,即刻将中国暂定的 BEPS 多边工具立场文书交存于 OECD,整体而言,中国基本上采纳了 BEPS 应对措施中的最低标准条款,而对某些非强制性条款则选择不适用。中国各条文的相关立场如下:

1. 被涵盖税收协定。除与智利签署的税收协定外,中国将现存的双边税收协定(中

---

[1] 杰弗里·欧文斯、何振华、易明翔:《BEPS 行动计划前前后后》,载《国际税收》2016 年第 4 期。
[2] 中国政府签署《BEPS 多边公约》,载人民网,http://world.people.com.cn/n1/2017/0609/c1002-29329241.html。
[3] 中国政府签署《BEPS 多边公约》,载人民网,http://world.people.com.cn/n1/2017/0609/c1002-29329241.html。

国内地与中国香港特别行政区、中国澳门特别行政区之间的双边税收安排,中国大陆与中国台湾地区之间的双边税务协议除外)都纳入了被涵盖税收协定中,这主要是考虑中国与智利之间的双边税收协定在许多方面都已经采纳了 BEPS 建议,无须再根据双边工具进行修改。

2. 协定滥用。在这方面中国选择不采用简化版利益限制条款,而采纳主要目的测试条款。这既是 BEPS 行动计划 6 中建议的最低标准,也是中国近几年来新谈签和重新谈签的税收协定中保持的基本立场。在采纳了主要目的测试条款以后,中国将把这一条款拓展适用于所有被涵盖税收协定。此外,中国对股息所得享受减免的预提所得税税率采纳了持股期限应达到 1 年的最低标准;不采纳"转让主要由不动产构成的公司的财产收益可享受协定待遇的最低标准为 1 年"的规定,因为国内税法的相关规定为 3 年。

3. 规避构成常设机构。中国就规避构成常设机构的所有条款(第 12~15 条)选择不适用。不过需要注意的是,中国国内税法(国税发〔2010〕75 号文)[1]在对税收协定的解读中比较多地采用了《BEPS 公约》中有关常设机构认定的标准,包括常设机构代理人、准备性和辅助性活动的界定等。由此可以看出,中国对此的立场只是暂不考虑选择适用而已,从长远来说,还是逐渐会向国际趋势靠拢。

4. 相互协商程序。由于资源和主权问题,中国暂不考虑选择接受税收仲裁条款。

5. 生效时间。如前所述,各缔约管辖区需就 BEPS 多边公约完成国内审批程序并将其通知 OECD,对被涵盖税收协定的修订才能生效。中国也选择了需要通过必要的国内立法程序批准多边公约,并将批准书交存 OECD 的这一生效要件。同时,就每一个具体的被涵盖税收协定而言,其生效不仅取决于中国交存批准书的时间,还需要考虑多边公约在其他缔约方的具体生效时间。就目前的情形来看,《BEPS 公约》已经对大多数签字国正式生效(截至 2023 年 2 月 21 日,MLI 已覆盖 100 个司法管辖区,于 2018 年 7 月 1 日生效),对少数签字国尚未生效,对中国已于 2022 年 9 月 1 日正式生效。[2]

五、BEPS2.0

2020 年 10 月,OECD 发布了一系列国际税收框架性新文件,其中包括两份蓝图报告。这两份报告共有 480 页,为新国际税收框架下的"两大支柱"提供了极为详尽的建

---

[1] 国税发〔2010〕75 号文:国家税务总局关于印发《〈中华人民共和国政府和新加坡共和国政府关于对所得避免双重征税和防止偷漏税的协定〉及议定书条文解释》的通知,国家税务总局于 2010 年 7 月 26 日发,现已部分失效。

[2] Signatories and Parties (MLI Positions), https://www.oecd.org/tax/treaties/beps-mli-signatories-and-parties.pdf.

议。[1] 蓝图报告提出了一系列极为复杂的国际税收新规则。第一支柱旨在通过公式化的方法在各国之间重新分配征税权；第二支柱旨在确保所有国际上经营的大型企业至少按最低水平纳税。在两大支柱下制定的国际税收新规则通常被称为"双支柱方案"，也被称为 BEPS2.0，[2] 而此前于 2013～2015 年进行的国际税收改革则被称为 BEPS1.0。

自 BEPS1.0 成果发布以来，虽然《BEPS 公约》的落地实施困难重重，但各国仍积极更新了其转让定价规则、税收协定及国内反避税规则，采用优惠税制和零税制的管辖区也采取了防止滥用的"实质性要求"，可以毫不夸张地说，BEPS1.0 在推动国际税收改革方面的效果是有目共睹的。但不可否认的是，BEPS1.0 的核心理念是征税权应与"价值创造地"保持一致，而新兴数字经济的发展完全颠覆了这一理念，虽然 BEPS 行动计划 1 提出了相关问题，但在《BEPS 公约》中并未有相关实质内容规范。欧洲各国基于其全球数字经济净输入国的地位，纷纷单方面制定国内法，拟对跨境数字经济企业征收数字服务税。[3] 作为全球最大的数字经济净输出国，数字服务税的开征，首当其冲的无疑是美国的大型互联网企业。2020 年年初，新冠疫情在全球的肆虐，更加凸显了解决数字经济税收问题的紧迫性。"双支柱方案"正是基于此，针对超越传统理念的经济数字化税收挑战而制定的新的国际税收规则。

第一支柱旨在通过新的联结度规则和公式化的方法在各国之间重新分配征税权。[4] 在数字经济形态下，企业无须在市场国设立物理存在，便可以一种显著/积极且持续的方式参与市场国的经济生活，从而赚取利润。新联结度规则将超越传统的常设机构门槛，即便其在来源国没有员工或办公场所，也可能负有在来源国申报和纳税的义务。具体的纳税义务水平则可能根据相关利润归属分配公式（金额 A 和金额 B）进行重新核算。总的来说，第一支柱旨在通过建立不以实体存在为标准的新联结度规则，以及通过不同于传统独立交易原则的利润分配方法，将部分剩余利润（金额 A）分配至市场或用户所在地，以使市场国家征收更多的利润，并就税收正义给予更多保障。

---

[1] OECD，Statement by the OECD/G20 Inclusive Framework on BEPS on the Two‐Pillar Approach to Address the Tax Challenges Arising from the Digitalisation of the Economy[EB/OL]．(2020‐01‐31)，https://www.oecd.org/tax/beps/statement‐by‐the‐oecd‐g20‐inclusive‐framework‐on‐beps‐january‐2020.pdf．

[2] Editorial，*The BEPS 2.0 Project Over the Coming Months*，Intertax，2020，No.10；康拉德·特雷、池登、王俪儿：《BEPS 2.0 时代来临："双支柱方案"对五大关键领域的深远影响》，载《国际税收》2022 年第 2 期；Michelle Hanlon & Michelle Nessa，*The Use of Financial Accounting Information in the OECD BEPS 2.0 Project: A Discussion of the Rules and Concerns*，National Tax Journal，2023，No.1．

[3] European Commission：Fair Taxation of the Digital Economy[EB/OL]．(2019‐08‐14)，https://ec.europa.eu/taxation_customs/business/company‐tax/fair‐taxation‐digital‐economy_en．

[4] OECD，Tax Challenges Arising from Digitalisation‐Report on Pillar One Blueprint[EB/OL]．(2020‐10‐14)，https://www.oecd‐ilibrary.org/docserver/beba0634‐en.pdf．

第二支柱旨在确保所有国际经营的大型企业至少按最低水平纳税。[1]其包含一系列复杂且相互关联的规则(如所得纳入规则、转换规则、征税不足支付规则和应予征税规则等),以确保跨国企业在每一经营管辖区的有效税率(ETR)不低于一定水平,比如有可能为12%~15%。若跨国企业在某个管辖区的有效税率较低,则需要在第二支柱规则下"补足"至最低税水平。

第一支柱主要关注税款的缴纳地点,第二支柱则关注税款缴纳的总体水平。尽管相关各国尚未就任何一个支柱达成共识,许多关键性技术问题尚待解决,学者们对"双支柱"理论也有不同的看法和认识,[2]但两大蓝图报告为共识的达成提供了一个坚实的"磋商基础",必将对未来的国际税收规则产生根本性的影响。2021年7月11日,各大媒体均纷纷报道,G20财长和央行行长就国际税收框架达成历史性协议,支持跨国企业利润的重新分配、设置全球最低公司税率等措施,并呼吁更多国家加入磋商。[3]可以预见的是,国际社会对于全球反避税,无论是基于传统的税基侵蚀与利润转移,还是针对新兴的数字经济税收征收,都必将愈加重视和严厉,国际双重不征税的现象也必将得到有效遏制。

更值得关注的问题是,美国基于其单方推行实施FACAT法案,对于G20和OECD主导之下的一系列国际税改方案,无论是《多边税收征管互助公约》、AEOI协议,还是《实施税收协定相关措施以防止税基侵蚀和利润转移(BEPS)的多边公约》它都没有参加。但对"双支柱方案",美国则积极地参与进来,恐怕也是担心其巨大的全球税收利益被各国的单边税收政策瓜分。因此,基于美国在全球数字经济中的净输出国地位,其积极推动第二支柱的最低征税水平从原来的只针对数字企业扩展到所有国际经营的大企业,其别有用心也略见一斑。

2021年10月8日,OECD/G20包容性框架第十三次全体成员大会召开,140个成员中,包括中国在内的136个税收辖区(肯尼亚、尼日利亚、巴基斯坦和斯里兰卡这4个成员未参加)就国际税收制度重大改革达成共识,并于会后发布了《关于应对经济数字化

---

[1] OECD,Tax Challenges Arising from Digitalisation – Report on Pillar Two Blueprint[EB/OL]. (2020 – 10 – 14),https://www.oecd – ilibrary.org/docserver/abb4c3d1 – en.pdf.

[2] 洪蒟珑:《引入"价值创造"是锦上添花还是有心无力?》,载《国际税收》2021年第2期;高金平:《OEGD"双支柱"改革方案之国内应对》,载《国际税收》2020年第12期;樊轶侠、王卿:《经济数字化背景下国际税收规则发展——对OECD"统一方法"的解读与研究》,载《税务研究》2020年第6期;邱冬梅:《"双支柱"多边共识背后的碎片化》,载《国际税收》2022年第5期;何杨、廖鑫曦、杨宇轩:《全球最低税博弈:支柱二 GloBE 规则最新方案述评》,载《国际税收》2022年第7期;李金艳、陈新:《支柱二中的UTPR是否偏离了国际共识及税收协定?》,载《国际税收》2022年第8期等。

[3] 《二十国集团财长和央行行长就国际税收框架达成历史性协议》,载国际在线,http://news.cri.cn/20210711/3f0b99ac – e14b – a62e – 7ed7 – 97d4dc24b528.html;搜狐网,https://www.sohu.com/a/476730969_260616;新浪网,https://finance.sina.com.cn/stock/usstock/c/2021 – 07 – 12/doc – ikqciyzk4893750.shtml。

税收挑战的双支柱解决方案的声明》。[1]截至2022年12月16日,已有138个税收辖区(新增毛里塔尼亚和阿塞拜疆加入BEPS并签署双支柱协议)就"双支柱方案声明"签字达成共识。[2]根据声明,各国计划在2022年签署一项多边公约,并在2023年实施,而欧洲各国拟开征的单边数字服务税则暂缓。OECD将制定示范规则,以便各方在2022年将第二支柱纳入国内法,并于2023年生效。[3]但"双支柱方案"能否真正落地实施,以及如何具体实施,国际社会均在拭目以待。

以"双支柱方案"为核心的BEPS2.0,既是未来国际社会反避税实施的重要举措,更是欧美在数字经济时代税收博弈的结果,无疑也将是未来全球国际税收竞争的焦点,当然也成为最新国际税收法律制度研究的聚焦之地。

综上所述,最近10年来,国际反避税的新篇章才刚刚拉开帷幕。经济全球化、人类命运共同体、后疫情时代数字经济比例的全面提升等,无论从哪个角度而言,国际社会采用统一规则遏制逃避税,甚至实施统一的税收征收规则,都是趋势所在。《多边税收征管互助公约》、AEOI及其CRS、BEPS行动计划及其公约,均是人类社会过去10年针对国际逃避税采取的一系列组合拳。BEPS2.0作为升级版的"双支柱方案",则有可能采取更为直接、更为全面且更为严厉的国际征税统一规则。由此,国际反避税的新篇章只是刚刚拉开帷幕而已,道阻且长,国际反避税工作,乃至整个国际税收制度改革,必将任重而道远!

中国作为全球第二大经济体,融入国际税收统一规则也是趋势所需,《多边税收征管互助公约》与CRS在中国的落地与实施,运行良好。我国的当务之急是有关《BEPS公约》的生效实施和"双支柱方案"的落地,作为兼具资本输入与资本输出双向性的税收管辖区,如何构建数字经济时代既具有中国特色又符合国际规则的国内税收制度,是我们目前面临的艰巨任务,也是我们必须交出的时代答卷。

---

[1] OECD, Statement on a Two – Pillar Solution to Address the Tax Challenges Arising from the Digitalisation of the Economy, https：//www.oecd.org/tax/beps/statement – on – a – two – pillar – solution – to – address – the – tax – challenges – arising – from – the – digitalisation – of – the – economy – october – 2021.pdf.

[2] Members of the OECD/G20 Inclusive Framework on BEPS joining the October 2021 Statement on a Two – Pillar Solution to Address the Tax Challenges Arising from the Digitalisation of the Economy, https：//www.oecd.org/tax/beps/statement – on – a – two – pillar – solution – to – address – the – tax – challenges – arising – from – the – digitalisation – of – the – economy – october – 2021.htm.

[3] OECD, International Community Strikes a Ground – Breaking Tax Deal for the Digital Age, https：//www.oecd.org/tax/international – community – strikes – a – ground – breaking – tax – deal – for – the – digital – age.htm.

―――― **思考题** ――――

1. 晚近国际税收协调与合作的趋势是什么？
2. 《多边税收征管互助公约》的最大亮点是什么？
3. 中国版 CRS 和 CRS 之间有何紧密联系？
4. BEPS 行动计划的主要成果有哪些？
5. 如何看待 BEPS2.0，中国对此应持何种态度？

附件一:MCAA 主管当局间协议范本

司法管辖区 A 和司法管辖区 B 关于自动交换金融账户信息以提高国际税收遵从的主管当局间示范协议

鉴于司法管辖区 A 政府和司法管辖区 B 政府在税务事项互助方面有着长期和密切的关系,并希望通过进一步发展这种关系来改善国际税务遵从;

鉴于各自司法管辖区的法律[预期要求]/[要求]/[要求或预期要求]金融机构报告有关某些账户的信息,并遵循相关的尽职调查程序,这符合本协定第 2 节所设想的交流范围和《共同报告标准》所载的报告和尽职调查程序;

鉴于[司法管辖区 A]和[司法管辖区 B]之间"避免重复征税协定"第 X 条或《多边税收征管互助公约》第 6 条[公约/其他适用的法律文书("文书")]授权为税务目的交换信息,包括自动交换信息,并允许[司法管辖区 A]和[司法管辖区 B]的主管当局("主管当局")商定这种自动交换的范围和方式;

鉴于[司法管辖区 A]和[司法管辖权区 B]已经到位(ⅰ)适当的保障措施,以确保依照本协定收到的信息保密,并仅用于[公约]/[文书]所述目的,以及(ⅱ)建立有效交流关系的基础设施(包括确保及时、准确和保密的信息交流的既定程序,有效和可靠的通信以及迅速解决问题和解决争端的能力,对交流或交流请求的关切,以及对本协定第 4 节规定的管理);

鉴于主管当局希望在依照[公约]/[文书]互惠自动交换的基础上,并在其中规定的保密和其他保护,包括限制使用根据[公约]/[文书]交换信息的条款的前提下,缔结一项协定,以改进国际税收遵从情况;

因此,现在主管部门同意如下:

1.定义

双方主要就"司法管辖区 A""司法管辖区 B""主管当局""需申报金融机构""需申报账户"等专门用语进行明确界定。

2.与需申报账户有关的信息交换

每个主管当局每年自动与对方主管当局交换双方与"需申报账户"有关的信息,包括:

(1)每名账户持有人的姓名、地址、税务编号及出生日期和地点(如属个人);如属任何账户持有人的实体,并在适用符合共同报告标准的尽职调查程序后,发现有一名或多名属申报的管制人员,则为该实体的名称、地址及税务编号,以及每名需申报人的姓名、地址、税务编号及出生日期和地点;

(2)账户编号(或在没有账户编号情况下的功能等同);

(3)申报金融机构的名称及识别编号(如有);

(4)在有关历年或其他适当报告期结束时的账户余额或价值(包括现金价值,保险合同或年金合同的现金价值或退保价值),或在该年或期间结清账户时的账户余额或价值;

(5)与其他任何托管账户、存款账户或未说明的任何账户有关的收入总额与相关信息。

3. 交换信息的时间和方式

应就[××××]及其后所有年份交换信息,并应在与信息有关的历年结束后9个月内交换信息。尽管有上述规定,但只有在两个司法管辖区都有实际立法,要求就符合第二部分规定的交换范围以及共同报告标准所载报告和尽职调查程序的某一日历年提交报告的情况下,才需要就该日历年交换信息。

主管当局将同意一个或多个数据传输的方法,包括加密标准。

4. 合规及执法合作

主管当局如有理由认为错误可能导致不正确或不完整的信息报告,或报告金融机构不遵守符合共同报告标准的适用报告要求和尽职调查程序,应通知其他主管当局。被通知的主管当局将根据其国内法采取一切适当措施,处理通知中所述的错误或不遵守情事。

5. 保密和数据保障

所有交换的信息均须遵守[公约]/[文书]规定的保密规则和其他保障措施,包括限制使用所交换信息的规定,并在必要的范围内,根据提供信息的主管当局的国内法可能规定的保障措施,确保对个人信息的必要保护。

各主管当局应将任何违反保密规定或保障措施的行为以及因此而实施的任何制裁和补救行动立即通知另一方主管当局。

6. 咨询及修订

如果在执行或解释本协定方面出现任何困难,任何一个主管当局均可要求进行协商,以制定适当措施确保本协定得到履行。

本协定可以通过主管部门的书面协议进行修改。除另有约定外,此项修改自该书面协议签字一个月期满后的下一个月第一日起生效,或为该书面协议的目的而交换的通知书的后者的日期。

7. 协议条款

如果在执行或解释本协定方面出现任何困难,任何一个主管当局均可要求进行协商,以制定适当措施确保本协定得到履行。

  本协定可以通过主管部门的书面协议进行修改。除另有约定外,此项修改自该书面协议签字一个月期满后的下一个月第一日起生效,或为该书面协议的目的而交换的通知书的后者的日期。

  最后是双方主管当局的签字。

附件二:共同报告标准(CRS)主要内容

1.一般报告规定

一般情况下,每个申报金融机构必须就该申报金融机构的每个申报账户报告下列信息:

(1)账户持有人每名需申报人的姓名、地址、住址、司法管辖区、出生日期和地点(如属个人),如属账户持有人的任何实体,并在适用符合第五、六、七部分的尽职审查程序后,被确定为拥有一名或多名需申报人的控制人,则为该实体的姓名、地址、住址、司法管辖区和TIN,以及每名需申报人的姓名、地址、住址、司法管辖区、TIN以及出生日期和地点;

(2)账户编号(或在没有账户编号的情况下功能等同);

(3)申报金融机构的名称及识别编号(如有);

(4)在有关历年或其他适当报告期结束时的账户余额或价值(包括现金价值、保险合同或年金合同的现金价值或退保价值),或在该年或期间结清账户时的账户余额或价值;

(5)任何托管账户、存款账户或未述及的任何账户之收入总额或账户价值总额。

2.一般尽职调查要求

(1)根据相应的尽职调查程序,从确定账户之日起,将该账户作为应报账户处理,除非另有规定,与应报账户有关的信息必须每年在信息所涉年份的下一个日历年度报告。

(2)账户余额或价值从日历年的最后一天或其他适当的报告期间确定。

(3)如果余额或价值阀值将在一个日历年的最后一天确定,则相关余额或价值必须在该日历年结束或在该日历年结束的报告期的最后一天确定。

(4)每个司法管辖区可允许申报金融机构利用服务提供者履行国内法律规定的报告和尽职调查义务,但这些义务仍然是申报金融机构的责任。

(5)各司法管辖区可允许申报金融机构对原有账户适用新账户尽职调查程序,以及对高价值账户适用低价值账户尽职调查程序。如某司法管辖区允许对原有账户适用新账户调查程序,则原适用于原有账户的规则继续适用。

3.已存在的个人账户尽职调查

以下程序适用于识别原有个人账户中的应报账户:

(1)无须审核、识别或报告的账户。

对于预先存在的个人现金价值保险合同或年金合同无须审核、识别或报告,只要法律有效地阻止报告金融机构将此类合同出售给报告管辖区内居民。

(2)价值较低的账户。

以下程序适用于价值较低的账户:

① 住址。如申报金融机构在其记录内载有个人账户持有人的现时居住地址,则该地址所在地的税务管辖区内申报金融机构可将该账户持有人视为居民,以决定该账户持有人是否为需申报人士。

② 查阅电子记录。如申报金融机构没有前述的文件证据,为个人账户持有人提供现居住地址,则必须审查申报金融机构以电子方式备存的数据,以查阅其住址、邮寄地址、电话号码等以确认账户持有人是否为需申报司法管辖区的居民。

③ 如果在电子查询中未发现所列的任何征象,则无须采取进一步行动直至情况发生改变,导致一个或多个迹象与该账户有关,或该账户成为一个高价值账户。

④ 如果在电子查询中发现所列的任何征象,或者情况发生变化,导致与该账户有关联的一个或多个征象,则申报金融机构必须将该账户持有人视为确定了某一契约的每个需报告司法管辖区的税务居民。

⑤ 如果在电子查询中发现"暂存邮件"指示或"暂存"地址,而没有发现其他地址,并且没有发现账户持有人的其他征象,则申报金融机构必须按最适合的情况顺序,适用前述的纸面记录查询,或寻求从账户持有人取得自我证明或书面证据,以证明该账户持有人用于税务目的的居住地。如果书面查询无法确定存款,而且试图获得自我证明或书面证据的努力不成功,申报金融机构必须将该账户作为无证账户报告。

⑥ 尽管发现存在征象,但申报金融机构无须将账户持有人视为需报告司法管辖区的居民的其他情形,如由该账户持有人居住地的账户持有人自行作出的证明,但不包括该等需申报的司法管辖区,以及证明账户持有人不可报告身份的文件证据等。

(3)高额账户的加强复核程序。

以下加强复核程序适用于高额账户:

① 查阅电子记录。关于高价值账户,申报金融机构必须审查其保存的可用电子方式查询的数据,以查找前述的任何征象。

② 查阅纸质记录。如果申报金融机构的电子检索数据库包括前述的所有资料的栏目,并记录了这些资料,则无须再进行纸面记录检索。如果电子数据库没有记录这些信息,那么对于高价值账户,申报金融机构还必须审查目前的客户主档案,如果目前的客户主档案没有载列,则申报金融机构应查明在过去5年内为前述的任何征象获得的与该账户有关的最新证明文件,如最近的开户合同或文件、根据反洗钱程序或其他监管目的而取得的最新文件、任何现行有效的授权书或签署权,以及任何转移现行资金的长期指示(有关储蓄账户的指示除外)等。

③区间数据库包含足够信息的例外。如果申报金融机构的电子查询信息包括下列各项,则申报金融机构无须进行前述的纸质查询:账户持有人的居留身份;现存于申报金融机构的账户持有人居住地址和邮寄地址;现存于申报金融机构的账户持有人电话号码(如有);就储蓄账户以外的金融账户而言,是否有长期指示将账户内的资金转移至另一账户(包括申报金融机构另一分行或另一金融机构的账户);账户持有人是否有现时的"暂存"地址或"暂存邮件"指示;账户是否有授权书或签署人等。

④客户经理实际询问。除上述的电子和纸质查询外,如果客户经理实际知道账户持有人是需申报人,则申报金融机构必须将分配给客户经理的任何高价值账户(包括与该高价值账户合计的任何金融账户)视为需申报账户。

此外,该部分还对各种征象查询的效果、低价值账户转化为高价值账户、高价值账户发生各种情况变化等进行了规定,基于篇幅所限,不再一一赘述。

(4)审查已存在的个人账户必须在[××/××/××××]前完成。

(5)除非账户持有人不再是需申报账户,否则任何根据本部分被确定为需申报账户的先前存在的个人账户,必须在以后所有年份作为需申报账户处理。

4. 新个人账户的尽职调查

以下程序适用于识别新个人账户中的需申报账户:

(1)对于新开立的个人账户,申报金融机构在开立账户时必须获得自我证明,这可能是开立账户文件的一部分,以便申报金融机构为税务目的确定账户持有人的住所,并根据申报金融机构在开立账户时获得的信息,包括根据反洗钱/认证程序收集的任何文件,确认这种自我证明是否合理。

(2)如果自我证明确定账户持有人为纳税目的居住在某一需申报管辖区,则申报金融机构必须将该账户视为需申报账户,自我证明还必须包括账户持有人在该申报管辖区的 TIN 和出生日期。

(3)如新个人账户的情况有变,使申报金融机构知悉或有理由知悉原来的自我证明不正确或不可靠,则申报金融机构不能依赖原来的自我证明,必须取得新的有效的自我证明并确定其为账户持有人的以税务目的而设立的住所。

5. 已存在的实体账户尽职调查

以下程序适用于识别原有实体账户中的应申报账户:

(1)不需要审核、识别或报告的实体账户。

除非申报金融机构另行选择,对于所有原有实体账户,或者对于任何明确确定的这类账户,以及截至[××××]年12月31日账户总结余或总值不超过 250,000 美元的原有实体账户,在账户总结余或总值超过 250,000 美元之前,不需要审查、确定或报告其为可申报账户,直至随后任何日历年的最后一天为止。

(2)受审查的实体账户。

对于截至[××××]年12月31日总账户余额或价值超过 250,000 美元的原有实体账户和截至[××××]年12月31日总账户余额或价值不超过250,000美元但截至下一个日历年最后一天总账户余额或价值超过250,000美元的原有实体账户,必须按照规定的程序进行审查。

(3)需要报告的实体账户。

关于先前存在的实体账户,只有一个或多个需申报人员实体持有的账户,或由一个或多个需申报人的控制人员的消极非金融机构持有的账户,才应视为需申报账户。

(4)确定需要报告的实体账户的审查程序。

就原有实体账户而言,申报金融机构必须采用下列审查程序,以确定该账户是由一名或多名需申报人持有,还是由一名或多名需申报人的控制人的消极非金融机构持有:

① 确定实体是否为可申报人。

(ⅰ)审查为管理或客户关系目的而保存的资料(包括根据反洗钱/认证程序收集的资料),以确定该资料是否显示账户持有人为需申报司法管辖区内的常住客户。为此目的,表明账户持有人居住在申报司法管辖区内的信息包括公司或组织的地点,或申报管辖区内的地址。

(ⅱ)如果有关资料显示该账户持有人居住在需申报的司法管辖区内,申报金融机构必须将该账户视为需申报账户,除非该账户持有人自行作出证明,或根据其掌握或公开可得的资料合理地确定该账户持有人不是需申报人。

②确定实体是否为一个或多个需申报控制人的消极非金融机构。

对于原有实体账户的账户持有人(包括需申报人实体),申报金融机构必须确定该账户持有人是否属于消极非金融机构,并有一名或多名属需申报人的控制人。如消极非金融机构的任何控制人是需申报人,则该账户必须被视为需申报账户。

(ⅰ)确定账户持有人是否为消极非金融机构。为了确定账户持有人是否为消极非金融机构,申报金融机构必须获得账户持有人的自我证明以确定其地位,除非该机构拥有其掌握的信息或可公开获得的信息,根据这些信息,申报金融机构可以合理地确定账户持有人是积极非金融机构,或是非参与管辖区金融机构投资实体以外的金融机构。

(ⅱ)确定账户持有人的控制人。为确定账户持有人的控制人,申报金融机构可依据根据反洗钱/认证程序所收集和保存的资料。

(ⅲ)确定消极非金融机构的控制人是否为需申报人。在确定消极非金融机构的控制人是否为需申报人时,申报金融机构可依赖:

如果一个或多个非金融机构持有的原有实体账户的总账户余额或价值不超过1,000,000美元,则为按照反洗钱/认证程序收集和保存的信息;或

账户持有人或其控制人为税务目的而居住的司法管辖区的控制人的自我证明。

(5)适用于先前存在的实体账户的审查时间和补充程序。

①截至[××××]年12月31日总账户余额或价值超过250,000美元的原有实体账户的审查必须在[××××]年12月31日之前完成。

②截至[××××]年12月31日账户余额总额或价值不超过250,000美元,但截至下一年12月31日超过250,000美元的原有实体账户的审查,必须在账户余额总额或价值超过250,000美元的下一年的日历年内完成。

③如果原有实体账户的情况发生变化,导致申报金融机构知道或有理由知道与账户有关的自我证明或其他文件不正确或不可靠,申报金融机构必须按照规定的程序重新确定该账户的状况。

6. 新实体账户的尽职调查

以下程序适用于识别新实体账户中的应申报账户:

确定需要报告的实体账户的审查程序。就新的实体账户而言,申报金融机构必须采用下列复核程序,以确定有关账户是由一名或多名需申报人持有,或由一名或多名需申报人的控制人之消极非金融机构持有:

(1)确定实体是否为可报告人员。

取得自我证明,这可能是开户文件的一部分,使申报金融机构能够为税务目的确定账户持有人的住所,并根据申报金融机构在开户时获得的信息,包括根据反洗钱/认证程序收集的任何文件,确认这种自我证明是否合理。如果实体证明它没有用于税务目的的居住地,申报金融机构可以依靠实体主要办事处的地址确定账户持有人的居住地。

如果自我证明表明账户持有人居住在需申报司法管辖区内,申报金融机构必须将该账户视为需申报账户,除非该机构根据其掌握的信息或公开获得的信息,合理地确定该账户持有人在这种需申报管辖区内不是需申报人。

(2)确定该实体是否为一个或多个需申报控制人的消极非金融机构。

就新实体账户的账户持有人(包括属于需申报人的实体)而言,申报金融机构必须确定该账户持有人是否属消极非金融机构,并有一名或多名属需申报人的控制人。如消极非金融机构的任何控制人员是需申报人,则该账户必须被视为需申报账户。在作出这些决定时,申报金融机构必须按照A(b)(ⅰ)至(ⅲ)项的指导原则,在适当情况下按最适当的顺序进行。

(ⅰ)确定账户持有人是否为消极非金融机构。为了确定账户持有人是否为消极非金融机构,申报金融机构必须依靠账户持有人的自我证明来确定其地位,除非该机构拥有或公开可获得的信息,根据这些信息,它可以合理地确定账户持有人是积极非金融机构,或是第八部分A(f)(ⅱ)分段所述非参与司法管辖区金融机构投资实体以外的金融机构。

(ⅱ)确定账户持有人的控制人。为了确定账户持有人的控制人,申报金融机构可依据根据反洗钱/认证程序所收集及保存的资料。

(ⅲ)确定消极非金融机构的控制人是否为需申报人。为了确定消极非金融机构的控制人是否为需申报人,申报金融机构可依赖账户持有人或其控制人的自我证明。

7. 特别尽职调查规则

在执行上述尽职调查程序时适用以下补充规则：

(1) 依赖自我证明及书面证据。

如果申报金融机构知道或理应知道自我证明或书面证据不正确或不可靠，申报金融机构不得依赖自我证明或书面证据。

(2) 现金价值保险合同或年金合同受益人金融账户备选办法。

申报金融机构可以假定现金价值保险合同或年金合同的个人受益人（不包括所有人）不是申报人，并可以将该金融账户视为申报账户以外的其他账户，除非申报金融机构实际知道或有理由知道受益人是申报人。申报金融机构有理由知道，如果申报金融机构收集的与受益人有关的信息含有第三部分第 B 段所述的征象，则现金价值保险合同或年金合同的受益人即为申报人。如果申报金融机构实际知道或理应知道受益人是需申报人，则申报金融机构必须遵守第三部分 B 段的程序。

(3) 账户余额汇总与货币规则。

① 个人账户的汇总。为了确定个人持有的金融账户的总结余或总价值，申报金融机构必须汇总金融机构或相关实体所备存的所有金融账户，但只限于参考申报金融机构的计算机系统留存的客户编号或税务编号等数据元素，以便把金融账户连接起来汇总账目结余或数值。为适用本分段所述的汇总要求，应将共同持有的金融账户的全部余额或价值归属每一个共同持有的金融账户持有人。

② 实体账户汇总。为确定某实体持有的金融账户的总结余或价值，申报金融机构必须考虑由申报金融机构或相关实体持有的所有金融账户，但仅限于参考申报金融机构的计算机留存的客户编号或税务编号等数据元素，将相关金融账户连接起来，并允许将账户余额或价值汇总。为适用本分段所述的汇总要求，应将共同持有的金融账户的全部余额或价值归属每一个共同持有的金融账户持有人。

③ 适用于客户经理的特殊汇总规则。为了确定某人所持有的金融账户的总结余或价值，以确定某一金融账户是否为高价值账户，如果客户经理知道或理应知道某一金融账户由同一人直接或间接拥有、控制或设立（信托资格除外），则申报金融机构也必须对此类账户进行汇总。

④ 应理解为包括其他等值货币的金额。所有金额均为美元，应理解为包括国内法确定的其他货币的等值数额。

8. 定义术语

本部分不仅对申报金融机构（Reporting Financial Institution）、非申报金融机构（Non-Reporting Financial Institution）、金融账户（Financial Account）、需申报账户（Reportable Account）以及杂项（Miscellaneous）等重要概念进行了界定，还分别对其项下的"金融机构""托管机构""存款机构""投资实体""金融资产""特定保险公司"；"政府实体""国际组织""中央银行""广义参与退休基金""狭义参与退休基金""政府实体、国际组织或中央银行的养老金""合格信用卡发行机构""豁免集体投资工具";"存款账户""保管账户""股本权益""保险合同""年金合同""现金价值保险合同""现金价值""原有账户""新账户""先前存在的个人账户""新个人账户""先前存在的实体账户""低值账户""高额账户""新实体账户""排除账户";"需申报人""申报管辖人""申报管辖区""参与管辖区""控制人员""NFE"(任何非金融机构实体)"消极非金融机构""积极非金融机构";"账户持有人""反洗钱/认证程序""实体""税务编号""书面证据"等进行了详尽的解释与说明。因篇幅所限,此处不再一一赘述。

9. 有效实施

一个司法管辖区必须制定规则和行政程序,以确保有效执行和遵守上述报告和尽职调查程序,包括:

(1)防止任何金融机构、个人或中介人采取意图规避报告和尽职调查程序的做法的规则;

(2)规则要求报告金融机构记录为执行上述程序而采取的步骤和所依据的任何证据,以及获取这些记录的适当措施;

(3)核实报告金融机构遵守报告和尽职调查的行政程序,在报告无记录账户时与报告金融机构采取后续行动的行政程序;

(4)采取行政程序,确保国内法界定为不报告金融机构的实体和被排除的账户继续具有较低的逃税风险;

(5)处理不遵守情事的有效执法规定。

附件三:《BEPS 公约》的主要内容

1. 序言和公约适用范围

(1)序言

本公约各缔约方,考虑到激进的国际税收筹划人为将利润转移至免税或低税地区,导致了政府公司税收的大量流失;意识到税基侵蚀和利润转移(以下称"BEPS")问题对于工业化国家、新兴经济体和发展中国家都已迫在眉睫;认识到确保利润在产生利润的实质经济活动发生地和价值创造地征税的重要性;欢迎在经济合作与发展组织/二十国集团 BEPS 项目下制定的应对措施(以下称"OECD/G20 BEPS 应对措施");注意到 OECD/G20 BEPS 应对措施包含了与税收协定相关的措施,以应对混合错配安排、防止协定滥用、解决人为规避常设机构构成问题并改进争议解决机制;意识到有必要确保税收协定相关 BEPS 措施在多边框架下迅速、协调、一致地实施;注意到有必要确保将避免双重征税协定的目的理解为消除对协定适用税种的双重征税,同时不为逃税或避税(包括意在使第三方管辖区居民间接享受协定优惠的协定套用安排)导致的不征税或少征税创造机会;认识到有必要建立一个有效机制,以同步、高效地在现有避免双重征税协定网络中作出已达成共识的修改,无须逐一开展双边谈判修订协议;达成协议如下:

(2)公约范围

本公约将修订所有符合第二条(术语解释)第一款第(一)项定义的"被涵盖税收协定"。

(3)术语解释

本公约中的术语定义如下:"被涵盖税收协定"一语是指满足下列条件的对所得避免双重征税的协定(不论是否还适用于其他税种):

该协定在下述双方或多方之间生效:公约缔约方;和/或作为该协定缔约方的管辖区或领土,且公约缔约方对其国际关系负责;并且公约缔约方已通知公约保存人,将该协定及其任何修订文书、随附文件列为拟适用于本公约的协定,协定、其修订文书和随附文件可通过标题、缔约方名称、签署日期、生效日期(如通知时已生效)确定。

此外,公约本条还对"公约缔约方""缔约管辖区""签约方"等术语作了进一步的解释,基于篇幅所限不再一一赘述。

2. 混合错配

(1) 税收透明体

在被涵盖税收协定中,按照缔约管辖区任何一方的税法视为完全透明或部分透明的实体或安排,其取得的或通过其取得的所得应视为缔约管辖区一方居民取得的所得,但仅以该缔约管辖区一方在税收上将该所得视为其居民取得的所得为限。

如缔约管辖区一方居民取得的所得按照被涵盖税收协定的规定可在缔约管辖区另一方征税,且该规定允许缔约管辖区另一方征税的原因仅仅是该所得也被视同由该缔约管辖区另一方居民取得,则不能适用该协定要求缔约管辖区一方对该所得予以免税,或对已征税款予以减征或抵免的规定。

此外,公约还对保留或不适用该条款的情形进行了明确规定。

(2) 双重居民实体

如果按照被涵盖税收协定的规定,除个人以外的人成为两个或多个缔约管辖区的居民,缔约管辖区各方主管当局应考虑其实际管理机构所在地、注册地或成立地以及任何其他相关因素,尽力通过相互协商确定其在适用该协定时的居民身份。如未能达成一致,则该人不能享受该协定规定的任何税收优惠或减免,但缔约管辖区各方主管当局就享受协定待遇的程度和方式达成一致意见的情况除外。

前一款应替代被涵盖税收协定中的下述规定适用,或者在被涵盖税收协定无相关规定的情况下适用。此类规定用于明确,除个人以外的人在被视为缔约管辖区各方中一方的居民的情况下,是否将其确定为其中一个缔约管辖区的居民。然而,前一款不应适用于被涵盖税收协定中专门确定参与双重上市公司安排的公司居民身份的规定。

此外,公约也对保留或不适用该条款的情形进行了明确规定。

(3) 消除双重征税方法的适用

公约缔约一方可选择适用 A 选项、B 选项或者 C 选项,或者选择都不适用。如果被涵盖税收协定的缔约管辖区双方或各方选择不同(或者缔约管辖区一方选择适用某选项而另一方选择都不适用),缔约管辖区一方选择的选项应适用于其居民。

A 选项

如果被涵盖税收协定规定,为消除双重征税,缔约管辖区一方居民取得的所得或者拥有的财产应在该缔约管辖区一方免税,则在缔约管辖区另一方适用被涵盖税收协定规定,对该所得和财产给予免税或者限制其征税税率的情况下,前述免税规定应不适用。如果管辖区另一方适用限制税率征税,首先提及的缔约管辖区一方对其居民的所得或财产征税时,应允许等额扣除在缔约管辖区另一方缴纳的税款。然而,扣除额不应超过在扣除前计算的归属于缔约管辖区另一方可征税所得或财产的税款。

B 选项

如果被涵盖税收协定规定,为消除双重征税,缔约管辖区一方居民取得的所得,因为在该缔约管辖区一方被视为股息处理而在该缔约管辖区一方给予免税,则在根据缔约管辖区另一方的法律,在确定该缔约管辖区另一方居民的应税利润时扣除该项所得的情况下,前述免税规定不适用。这种情况下,首先提及的缔约管辖区一方应允许从对该居民所得的征税中扣除在缔约管辖区另一方所缴纳的所得税款。然而,扣除额不应超过在扣除前计算的归属于缔约管辖区另一方可征税所得的所得税款。

C 选项

如果缔约管辖区一方居民取得的所得或者拥有的财产,根据被涵盖税收协定的规定可以在缔约管辖区另一方征税(上述规定允许缔约管辖区另一方征税,仅是因为该所得也由该缔约管辖区另一方居民取得的情况除外),首先提及的缔约管辖区一方应允许:从对该居民所得的征税中,扣除与在缔约管辖区另一方缴纳的所得税相等的数额;从对该居民财产的征税中,扣除与在缔约管辖区另一方缴纳的财产税相等的数额。然而,该扣除额不应超过在扣除前计算的归属于缔约管辖区另一方可征税所得或财产的所得税款或财产税款。

如果根据被涵盖税收协定的任何规定,缔约管辖区一方居民取得的所得或者拥有的财产在该缔约管辖区免税,在计算该居民其余所得或财产的税额时,该缔约管辖区仍可将免税所得或财产考虑在内。

此外,公约还对不选择任何选项的缔约方可保留权利和选择某一选项的缔约方应予以通知的义务及通知内容作出了规定。

3. 协定滥用

(1)被涵盖税收协定的目的

应修订被涵盖税收协定,在序言纳入下述内容:"旨在消除对本协定所适用税种的双重征税,同时防止逃避税行为所造成的不征税或少征税(包括通过协定套用安排,为第三方管辖区居民间接获得本协定下的税收优惠)。"

在被涵盖税收协定序言未提及发展经济关系或者加强税收合作意愿相关内容的情况下,公约缔约一方也可选择在被涵盖税收协定序言中纳入以下内容:"希望进一步发展其经济关系并加强税收合作。"

此外,公约也对该条款的保留和相应通知义务及通知内容等作了规定。

(2)防止协定滥用

虽有被涵盖税收协定的任何规定,如果在考虑所有相关事实和情况的基础上,可以合理认定任何直接或间接带来被涵盖税收协定待遇的安排或交易的主要目的之一是获得该待遇,则不应将该待遇给予相关所得或财产,除非可以确认,在这些情形下给予该待遇符合被涵盖税收协定相关规定的宗旨和目的。

前款应替代被涵盖税收协定的相关规定适用,或者在被涵盖税收协定无此类规定的情况下适用。相关规定用于明确,由于任何安排或交易,或与安排或交易相关的任何人,其主要目的或主要目的之一是获取被涵盖税收协定待遇,而拒绝给予本应按照被涵盖税收协定给予的全部或部分待遇。

公约缔约方也可以选择将"简化版利益限制条款"所包含的规定适用于其被涵盖税收协定。简化版利益限制条款应仅在被涵盖税收协定的缔约管辖区各方都已选择适用时,才能适用于被涵盖税收协定。

简化版利益限制条款

除简化版利益限制条款另有规定外,被涵盖税收协定缔约管辖区一方居民应不能享受被涵盖税收协定本应给予的待遇,除非在给予该待遇时,该居民是下款定义的"合格的人"。但是,被涵盖税收协定规定的下列待遇除外:①根据被涵盖税收协定中定义缔约管辖区一方居民的规定,除个人以外的人构成缔约管辖区双方或多方居民时,确定该人居民身份的待遇;②缔约管辖区一方在缔约管辖区另一方根据被涵盖税收协定的规定,对关联企业的利润在首先提及的缔约管辖区一方征税的部分作出初始调整后,给予该缔约管辖区一方企业相应调整的待遇;③允许缔约管辖区一方居民请求该缔约管辖区主管当局考虑不符合被涵盖税收协定规定的征税案件的待遇。

被涵盖税收协定的缔约管辖区一方居民,在被给予被涵盖税收协定待遇时,如果符合下列条件之一,则为合格的人:①个人;②该缔约管辖区,其行政区或地方当局,或该缔约管辖区、其行政区或地方当局的任何组织或机构;③公司或其他实体,条件是其主要种类的股票经常在一个或多个被认可的证券交易所交易;④除个人以外的人,条件是:A. 非营利组织,且属于经缔约管辖区各方互换外交照会同意的类型;B. 在该缔约管辖区一方成立并按照该缔约管辖区的税法视为单独的人的实体或安排,并且:a. 仅为或者几乎仅为个人管理或提供退休利益及其附属或附带利益而成立和经营,且由该缔约管辖区或其行政区或地方当局按此进行管理;b. 仅为或者几乎仅为第 a 分目提及的实体或安排的利益从事基金投资的目的而成立和经营;⑤除个人以外的人,如果在包括本应给予待遇的时间在内的十二个月,作为该缔约管辖区一方居民且根据第①项至第④项有权享受被涵盖税收协定待遇的人,至少一半天数直接或间接拥有该人至少 50% 的股权。

被涵盖税收协定的缔约管辖区一方居民,不论是否是合格的人,如果在该缔约管辖区一方从事积极经营活动,且其从缔约管辖区另一方取得的某项所得来源于或附属于该经营活动,则该居民有权就来源于缔约管辖区另一方的此项所得享受被涵盖税收协定待遇。

被涵盖税收协定的缔约管辖区一方居民即使不是合格的人,也应有权享受被涵盖税收协定给予某项所得的待遇,条件是在包括本应给予协定待遇的时间在内的任何十二个月,同等受益人至少一半天数直接或间接拥有该居民至少 75% 的收益权。

此外,公约还对简化版利益限制条款所涉及的"被认可的证券交易所""主要种类的股票""同等受益人""从事积极经营活动"的排除情况等进行了详尽的说明或界定。

(3)享受股息低档税率的条件

如果被涵盖税收协定规定,作为缔约管辖区一方居民的公司所支付的股息,在受益所有人或者收款人是缔约管辖区另一方居民的公司,且该公司拥有、持有或控制支付股息的公司超过一定数量的资本、股份、股票、表决权或类似所有者权益的情况下,给予免税或者限制对该股息的征税税率,则该规定应仅在包括支付股息日在内的 365 天期间(为计算该期间,直接导致公司重组的持股变化情况的时间不计算在内,如对持股公司或支付股息公司的合并或分立重组)都符合上述规定所述的所有权条件的情况下适用。

(4)转让其价值主要来自不动产的实体的股份或权益取得的财产收益

如果被涵盖税收协定规定,缔约管辖区一方居民从转让其所参与实体的股权或其他权益取得的收益,在这些股权或权益的超过一定比例的价值来自位于缔约管辖区另一方的不动产(或者该实体超过一定比例的财产由不动产组成)的情况下,可以在缔约管辖区另一方征税,则该规定:①只要转让前 365 天内的任一时间可达到相关价值部分的标准,即可适用;②除适用于规定已经涵盖的任何股权或权益以外,还应适用于诸如合伙企业或信托权益(如果尚未涵盖此类股权或权益)的股权或类似权益。

公约缔约方也可选择下款适用于被涵盖税收协定:在被涵盖税收协定中,缔约管辖区一方居民转让股权或类似权益(如合伙企业或信托中的权益)取得的收益,如果转让前 365 天内的任一时间,这些股权或类似权益超过 50% 的价值直接或间接来自位于缔约管辖区另一方的不动产,则该收益可在该缔约管辖区另一方征税。

(5)针对位于第三方管辖区的常设机构的反滥用规定

如果:①被涵盖税收协定缔约管辖区一方的企业从缔约管辖区另一方取得所得,且首先提及的缔约管辖区一方把该所得视为归属于企业位于第三方管辖区的常设机构的所得;②归属于该常设机构的利润在首先提及的缔约管辖区一方免税,则被涵盖税收协定待遇不应适用于任何一项所得,条件是第三方管辖区对该所得的征税,少于首先提及的缔约管辖区一方在假设常设机构位于该缔约管辖区一方的情况下对其就该所得征税的 60%。这种情况下,尽管有被涵盖税收协定的其他规定,本款规定适用的任何所得,仍应按照缔约管辖区另一方国内法的规定征税。

如果从缔约管辖区一方取得的前款所述的所得,与通过该常设机构进行的积极经营活动相关或附属于该活动(不包括为企业本身开展投资、管理投资,或者仅仅持有投资的活动,除非是银行、保险企业或注册的证券交易商分别开展的银行、保险或证券活动),则前款应不适用。

如果根据第一款,缔约管辖区一方居民取得的一项所得被拒绝给予被涵盖税收协定待遇,在该居民请求下,缔约管辖区另一方主管当局基于该居民未满足前两款规定的原因,认为给予相关协定待遇具有合理性,仍可就该所得给予这些待遇。缔约管辖区一方主管当局根据前述规定收到缔约管辖区另一方居民的请求后,在给予协定待遇或拒绝请求前,应与该缔约管辖区另一方主管当局商议。

(6)税收协定对居民国征税权的限制

被涵盖税收协定应不影响缔约管辖区一方对其居民的征税,根据被涵盖税收协定的以下规定所给予的待遇除外：①要求该缔约管辖区一方，在缔约管辖区另一方根据被涵盖税收协定对该缔约管辖区一方企业的常设机构或关联企业利润的税额作出初始调整后，给予该企业相关或相应调整的规定；②可能影响该缔约管辖区一方对该缔约管辖区一方居民个人的征税，如果该个人因向缔约管辖区另一方或其行政区或地方当局或其他类似机构提供服务取得所得的规定；③可能影响该缔约管辖区一方对该缔约管辖区一方居民个人的征税，如果该个人是符合被涵盖税收协定条件的学生、学徒或实习生、教师、教授、讲师、指导员、研究人员或研究学者的规定；④要求该缔约管辖区一方为该缔约管辖区一方居民就所得给予抵扣或免税，如果缔约管辖区另一方根据被涵盖税收协定可对该所得征税（包括根据被涵盖税收协定归属于位于该缔约管辖区另一方的常设机构的利润）的规定；⑤保护该缔约管辖区一方居民免于在该缔约管辖区受到某些税收征管歧视的规定；⑥允许该缔约管辖区一方居民请求该缔约管辖区或任何一方缔约管辖区主管当局考虑不符合被涵盖税收协定的征税案件的规定；⑦可能影响该缔约管辖区一方对该缔约管辖区一方居民个人的征税，如果该个人具有缔约管辖区另一方的外交、政府或领事官员的身份的规定；⑧关于根据缔约管辖区另一方社会保障法支付的养老金或其他支付，应仅在该缔约管辖区另一方征税的规定；⑨关于来源于缔约管辖区另一方的养老金和类似支付、年金、赡养费或其他抚养费，应仅在该缔约管辖区另一方征税的规定；⑩明确限制缔约管辖区一方对其居民征税的权利，或者明确作为某项所得来源地的缔约管辖区一方对该所得独享征税权的规定。

4. 规避常设机构构成

（1）通过佣金代理人和类似安排人为规避常设机构构成

虽有被涵盖税收协定中定义"常设机构"一语的规定，但除下款另有规定外，如果一人在被涵盖税收协定的缔约管辖区一方代表企业从事活动，经常订立合同或在合同订立过程中发挥主要作用，合同按惯例订立且企业不进行实质性修改，且该合同：①以该企业的名义订立；②涉及该企业拥有或有权使用的财产的所有权的转让，或使用权的授予；③涉及该企业提供的服务。

对于该人为该企业从事的任何活动，应认为该企业在该缔约管辖区一方设有常设机构，除非根据被涵盖税收协定（可能被本公约修订）关于常设机构的定义，在该企业通过位于该缔约管辖区一方的固定营业场所开展活动的情况下，不会因为这些活动将该固定营业场所认定为常设机构。

如果一人作为独立地位代理人，在被涵盖税收协定的缔约管辖区一方，代表缔约管辖区另一方的企业从事活动且代理行为是其常规经营的一部分，则前一款不适用。然而，如果一人专门或者几乎专门代表其一个或多个紧密关联企业从事活动，则不应认为该人是这些企业中任何一个的本款意义上的独立代理人。

（2）通过特定活动豁免人为规避常设机构构成

公约缔约方可选择适用 A 选项或 B 选项，或选择都不适用。

A 选项

虽有被涵盖税收协定中定义"常设机构"一语的规定,"常设机构"一语应被认为不包括:①被涵盖税收协定(被本公约修订之前)中列明的不被认为构成常设机构的活动,无论这些不构成常设机构的例外情形是否取决于该活动为准备性质或辅助性质;②专为本企业开展第①项未作规定的任何活动所设的固定营业场所;③专为开展第①项和第②项所述活动的任意结合所设的固定营业场所。前提是该活动,或者在第③项的情况下,固定营业场所的整体活动,属于准备性质或辅助性质。

B 选项

虽有被涵盖税收协定中定义"常设机构"一语的规定,"常设机构"一语应被认为不包括:①被涵盖税收协定(被本公约修订之前)中列明的不被认为构成常设机构的活动,无论这些不构成常设机构的例外情形是否取决于该活动为准备性质或辅助性质,除非被涵盖税收协定相关条款明确规定,某一特定活动只有属于准备性质或辅助性质,才不应被认为构成常设机构;②专为本企业开展第①项未作规定的任何活动所设的固定营业场所,条件是该活动属于准备性质或辅助性质;③专为开展第①项和第②项所述活动的结合所设的固定营业场所,条件是上述活动的结合使该固定营业场所的整体活动属于准备性质或辅助性质。

被涵盖税收协定(可能被 A 选项或 B 选项修订)中对不构成常设机构的活动进行列明的规定,不应适用于企业使用或者所设的固定营业场所,条件是该企业或其紧密关联企业在同一场所或者同一缔约管辖区的另一场所开展活动,并且:①根据被涵盖税收协定定义常设机构的规定,该场所或另一场所构成该企业或其紧密关联企业的常设机构;②两个企业在同一场所开展活动的结合,或者同一企业或其紧密关联企业在两个场所开展活动的结合,使整体活动不属于准备性质或辅助性质,前提是两个企业在同一场所开展的营业活动,或者同一企业或其紧密关联企业在两个场所开展的营业活动,构成整体营业活动中功能互补的组成部分。

(3)合同拆分

在被涵盖税收协定关于特定工程或活动在超过某一时限(或不同时限)之后构成常设机构的规定中,仅为确定是否超过该时限(或不同时限)的目的:①缔约管辖区一方企业在缔约管辖区另一方的建筑工地、建筑工程、安装工程或被涵盖税收协定相关规定明确的其他特定工程等场所开展活动,或者在被涵盖税收协定规定涉及监督或咨询活动的情况下,开展与该场所相关的监督咨询活动,且这些活动在一个或多个时间段内开展,累计超过 30 天但未超过被涵盖税收协定相关规定的时限;②首先提及企业的一个或多个紧密关联企业在该缔约管辖区另一方的同一建筑工地、建筑或安装工程或被涵盖税收协定相关规定明确的其他场所,在不同时间段开展相关活动(或者在被涵盖税收协定相关规定适用于监督或咨询活动的情况下,开展与该场所相关的监督咨询活动),每个时间段都超过了 30 天,这些不同时间段应计入首先提及的企业在该建筑工地、建筑或安装工程或被涵盖税收协定相关规定明确的其他场所开展活动的累计时间。

(4)与企业紧密关联的人的定义

被涵盖税收协定的规定被本公约第十二条、第十三条或第十四条的相关条款修改后,如果基于所有相关事实和情况,认定某人和某企业中的一方控制另一方,或双方被相同的人或企业控制,则应认为该人或该企业紧密关联。在任何情况下,如果一方直接或间接拥有另一方超过50%的受益权(或者在公司的情况下,超过50%的表决权和股权或受益权的价值),或者第三方直接或间接拥有该人和该企业超过50%的受益权(或者在公司的情况下,超过50%的表决权和股权或受益权的价值),则应认为该人与该企业紧密关联。

5. 改进争议解决

(1)相互协商程序

如果某人认为,缔约管辖区一方或双方所采取的措施,导致或将导致对其的征税不符合被涵盖税收协定的规定时,该人可不考虑各缔约管辖区国内法律的救济办法,将案件提交缔约管辖区任何一方主管当局。该项案情必须在不符合被涵盖税收协定规定的征税措施第一次通知之日起三年内提出。

上述主管当局如果认为所提意见合理,又不能单方圆满解决时,应设法同缔约管辖区另一方主管当局相互协商解决,以避免不符合被涵盖税收协定的征税。如双方达成协议,其执行不受缔约管辖区国内法律有关时限的限制。

缔约管辖区各主管当局应通过相互协商设法解决在解释或实施本协定时所发生的困难或疑义。缔约管辖区各主管当局也可对被涵盖税收协定未作规定的消除双重征税问题进行协商。

(2)相应调整

当缔约管辖区一方将缔约管辖区另一方已就该缔约管辖区另一方企业征税的利润——在两个企业之间的关系是独立企业之间关系的情况下,这部分利润本应由首先提及的缔约管辖区一方企业取得——包括在该缔约管辖区一方企业的利润内,并相应征税,则该缔约管辖区另一方应对该部分利润的征税额进行适当调整。在确定上述调整时,应适当考虑被涵盖税收协定的其他规定,如有必要,缔约管辖区双方主管当局应相互协商。

6. 仲裁

(1)第六章的选择适用

公约缔约方可选择本章适用于其被涵盖税收协定,并相应通知公约保存人。本章应仅在被涵盖税收协定缔约双方均已作出该项通知的情况下在缔约管辖区双方间适用。

(2)强制性有约束力的仲裁

在下列情况下:①根据被涵盖税收协定(可能被第十六条相互协商程序第一款修

订)规定,即如果某人认为,缔约管辖区一方或双方采取的措施,导致或将导致对该人的征税不符合被涵盖税收协定(可能被本公约修订)规定,该人可将案情提交给缔约管辖区一方主管当局,一人已将案件提交给缔约管辖区一方主管当局;②双方主管当局无法根据被涵盖税收协定(可能被第十六条相互协商程序第二款修订)有关规定,视案件情况(除非在达到截止期限前,缔约管辖区双方主管当局对于该案达成了不同的时限,并已通知提起该案的人),从第八款或第九款提及的起始时间开始计算,在两年内就该案的解决达成协议。

对于由该案引起的任何未决事项,如果该人书面提出仲裁申请,则上述未决事项应按本章所述形式被提交至仲裁解决,并按照缔约管辖区双方主管当局根据第十款规定达成一致的任何规则或程序进行。

对提交仲裁事项的裁决应通过第一款提及案件的相互协商执行。仲裁裁决为最终裁定。

仲裁裁决应对缔约管辖区双方具有约束力,但下列情形除外:①受案件直接影响的人不接受执行仲裁裁决相互协商后果。②缔约管辖区一方的法庭作出最终裁定,认为仲裁裁决无效。③受案件直接影响的人在任何法庭或行政法庭,就执行仲裁裁决的相互协商结果已经解决的事项提起诉讼。

(3)仲裁员的任命

仲裁庭成员的任命应遵循下列规则:①仲裁庭应由具备国际税收专业知识或经验的三位个人成员组成。②各主管当局应在第十九条(强制性有约束力的仲裁)第一款有关仲裁申请提出后60天内任命一位仲裁员。两位被任命的仲裁员,应在其中较晚的任命之日起60天内,共同任命第三位仲裁员,并由该人担任仲裁庭主席。主席应不是缔约管辖区任何一方的国民或居民。③在接受任命时,被任命的每位仲裁员必须中正不偏,独立于缔约管辖区双方主管当局、税务机关和财政部门以及受案件直接影响的所有人及其顾问,并在整个仲裁程序中保持公正性和独立性,以及在案件仲裁结束后的合理期间内,避免任何可能破坏仲裁程序中仲裁员公正性和独立性形象的行为。

(4)仲裁程序的保密

仅为适用本章规定以及被涵盖税收协定和缔约管辖区双方国内法中关于信息交换、保密和征管协助的规定的目的,仲裁庭成员和每位成员的最多三位助手(以及预备仲裁员,但仅限于证明其符合仲裁员标准所需的程度)可知悉相关案件信息。仲裁庭或预备仲裁员获取的信息以及双方主管当局从仲裁庭获取的信息,应被认为属于根据被涵盖税收协定中信息交换和征管协助的规定而交换的信息。

缔约管辖区双方主管当局应确保,仲裁员及其助手在仲裁庭程序开始前,书面同意对仲裁过程中接触到的信息保密,就像对待被涵盖税收协定信息交换和征管协助条款以及缔约管辖区适用的法律规定的保密和不泄露义务一样。

(5)仲裁结束前的案件解决

为本章以及有关被涵盖税收协定中关于通过相互协商解决案件规定的目的,在仲裁申请提交后的任一时间,在仲裁庭向缔约管辖区各主管当局送达裁决之前,如果发生以下情形,则有关案件的相互协商程序以及仲裁程序应终止:①缔约管辖区双方主管当局就解决案件达成协议;②提交案件的人撤回仲裁申请或者相互协商程序申请。

(6)仲裁程序的类型

除缔约管辖区双方主管当局就不同规则达成协议的情形外,下列规则应适用于本章的仲裁程序:①案件提交仲裁后,缔约管辖区双方主管当局应在协议约定日期前向仲裁庭提交一份解决案件中所有未决事项的建议案(把此前双方主管当局针对该案的所有共识考虑在内)。建议案应局限于对特定金额的处理(如所得或费用),或者在指明的情况下,对该案的每一项调整或类似事项,按照被涵盖税收协定征税的最高税率。如果缔约管辖区双方主管当局未能就某事项是否符合被涵盖税收协定的适用条件达成协议(以下称"门槛问题"),比如,个人是否具有居民身份或者是否构成常设机构,双方主管当局对取决于此类门槛问题的解决才能再做决定的事项,可提交可选择的解决建议案。②各缔约管辖区主管当局还可提交支持性的立场书,供仲裁庭考虑。提交解决建议案或支持性立场书的主管当局,应在解决建议案和支持性立场书提交的截止日期前,向对方主管当局提供一份复印件。各主管当局还可在协议约定日期前就对方主管当局提交的解决建议案和支持性立场书,向仲裁庭提交答辩状。在答辩状提交的截止日期前,应向对方主管当局提供一份答辩状的复印件。③仲裁庭应为每个事项和任何门槛问题,从各主管当局提交的解决建议案中选择一个作为裁决,且应不包括对裁决的任何说明或解释。仲裁裁决应以仲裁员的简单多数方式作出决定。仲裁庭应以书面形式将裁决送达缔约管辖区双方主管当局。仲裁庭的裁决应不具任何先例性价值。

(7)同意不同的解决方式

虽有第十九条(强制性有约束力的仲裁)第四款规定,如果缔约管辖区双方主管当局在收到仲裁裁决后的三个公历月内,同意以不同方式解决所有未决事项,则根据本章作出的仲裁裁决应不对被涵盖税收协定各缔约管辖区有约束力,且不应被执行。

(8)仲裁程序的费用

在按照本章进行的仲裁程序中,仲裁庭成员的费用和支出,以及缔约管辖区双方在仲裁过程中的相关成本,应通过缔约管辖区双方主管当局之间的相互协商达成协议,确定合适方式由缔约管辖区双方承担。在未能就此达成协议的情况下,缔约管辖区双方应承担其本身及其任命的仲裁员的费用。仲裁庭主席的成本和与仲裁程序相关的支出应由缔约管辖区双方分担。

(9)兼容

根据第十八条(第六章的选择适用),本章规定应替代被涵盖税收协定中用来解决相互协商案件未决事项的仲裁规定而适用,或者在未有此类规定的情形下适用。

任何相互协商案件的未决事项,虽属本章规定的仲裁程序范围,但如果此前曾根据双边或多边公约中关于对相互协商案件未决事项进行强制性有约束力仲裁的规定,设立了仲裁庭或类似机构对其进行处理,则应不能再提交仲裁。

除第一款规定外,本章的任何规定应不影响缔约管辖区承担其已经或将要加入的其他公约或协定中规定的,通过仲裁解决相互协商案件未决事项的,更大范围的义务。

公约缔约方可保留权利,使本章不适用于其已包括通过强制性有约束力仲裁解决相互协商案件未决事项的规定的一个或多个列明的被涵盖税收协定(或所有被涵盖税收协定)。

7. 最终条款

(1)签署和批准、接受或核准

自 2016 年 12 月 31 日起,本公约应开放给以下各方签署:①所有国家;②根西岛、马恩岛、泽西岛;③基于公约缔约方和签署方的一致决定,被准予成为公约缔约方的任何其他管辖区。

本公约需经批准、接受或核准。

(2)保留

受第二款制约,除以下条款明确允许外,不得对本公约作出任何保留:第三条第五款;第四条第三款;第五条第八款和第九款;第六条第四款;第七条第十五款和第十六款;第八条第三款;第九条第六款;第十条第五款;第十一条第三款;第十二条第四款;第十三条第六款;第十四条第三款;第十五条第二款;第十六条第五款;第十七条第三款;第十九条第十一款和第十二款;第二十三条第二款、第三款、第六款和第七款;第二十四条第三款;第二十六条第四款;第三十五条第六款和第七款;第三十六条第二款。

尽管有前款规定,公约缔约方选择第十八条适用第六章(仲裁),则可根据第六章所规定的有资格适用仲裁的案件的范围作出一项或多项保留。

(3)通知

受本条第五款、第六款以及第三十五条第七款制约,与以下规定有关的通知应在签署时或交存批准书、接受书或核准书时作出:第二条第一款第 1 项第 2 目;第三条第六款;第四条第四款;第五条第十款;第六条第五款和第六款;第七条第十七款;第八条第四款;第九条第七款和第八款;第十条第六款;第十一条第四款;第十二条第五款和第六款;第十三条第七款和第八款;第十四条第四款;第十六条第六款;第十七条第四款;第十八条;第二十三条第四款;第二十四条第一款;第二十六条第一款;第三十五条第一款、第二款、第三款、第五款和第七款。

(4)被涵盖税收协定后续修订

本公约的规定不影响被涵盖税收协定的缔约管辖区日后修订该协定。

(5)公约缔约方会议

为了按公约规定所要求或认为合适的方式作出决定或执行任何职能,公约缔约方可召集公约缔约方会议。

公约缔约方会议应由公约保存人组织。

任何公约缔约方均可向公约保存人申请要求召集公约缔约方会议。公约保存人应就任何申请告知所有公约缔约方。随后,如果在公约保存人告知六个公历月内,超过三分之一的公约缔约方支持该申请,公约保存人应召集公约缔约方会议。

(6)解释和执行

在解释或执行经本公约修订的被涵盖税收协定规定时,如果遇到任何问题,应根据被涵盖税收协定中关于解决被涵盖税收协定的解释或适用问题的相互协商规定(这些条款可能会被公约修订)解决。

在解释或执行本公约时遇到的任何问题,可根据第三十一条(公约缔约方会议)第三款通过召集公约缔约方会议解决。

(7)修订

任何公约缔约方都可通过向公约保存人提交修订案,提出对本公约的修订。

可根据第三十一条(公约缔约方会议)第三款召集公约缔约方会议对修订案进行审议。

(8)生效

本公约应于交存第五份批准书、接受书或核准书之日起满三个公历月后的次月第一日生效。

对于在交存第五份批准书、接受书或核准书之后完成本公约的批准、接受或核准的签署方,公约应于签署方交存批准书、接受书或核准书之日起满三个公历月后的次月第一日生效。

(9)开始适用

本公约的规定对被涵盖税收协定的各缔约管辖区的适用情况如下:①对于支付给或归于非居民的款项源泉扣缴的税收,适用于自公约对被涵盖税收协定的最后一个缔约管辖区生效之日起的下一个公历年度的第一日起发生的应税事项;②对于缔约管辖区征收的所有其他税收,适用于自公约对被涵盖税收协定的最后一个缔约管辖区生效之日起满六个公历月(或者更短的期限,如果所有缔约管辖区通知保存人其希望适用较短期限)或以后开始的纳税周期征收的税收。

(10)第六章之开始适用

虽有第二十八条(保留)第九款、第二十九条(通知)第六款和第三十五条(开始适用)第一款至第六款的规定,对于被涵盖税收协定的缔约管辖区双方,第六章(仲裁)规定的适用确定如下:①对于提交给缔约管辖区一方主管当局的案件[根据第十九条(强制性有约束力的仲裁)第一款第1项所述],自本公约对被涵盖税收协定缔约管辖区各方中最后一个生效的日期或以后开始适用;②对于在本公约对被涵盖税收协定缔约管辖区生效的较晚日期前提交给缔约管辖区一方主管当局的案件,从缔约管辖区各方将其根据第十九条(强制性有约束力的仲裁)第十款达成协议之事通知公约保存人之日起开始适用,同时应考虑根据该协议确定的条件,该案被视为已经提交给缔约管辖区一方主管当局的日期[根据第十九条(强制性有约束力的仲裁)第一款第1项所述]。

(11)退约

公约缔约方可以通过通知公约保存人的方式随时退出本公约。

根据前一款提出的退约,应自公约保存人收到通知之日起开始执行。如果在缔约方退约开始执行前,公约已对被涵盖税收协定的所有缔约管辖区生效,则该被涵盖税收协定仍应按本公约修订。

(12)与议定书的关系

本公约可由一个或多个议定书补充。

一国或管辖区只有成为本公约的缔约方,才可成为议定书的缔约方。

公约缔约方不受议定书的约束,除非该缔约方根据其规定成为议定书的缔约方。

(13)公约保存人

经济合作与发展组织秘书长应作为本公约和从属于第三十八条(与议定书的关系)的任何议定书的公约保存人。

公约保存人应于下列情况发生之日起一个公历月内通知缔约方和签署方:①根据第二十七条进行的签署;②根据第二十七条交存任何批准书、接受书或核准书;③根据第二十八条作出的对任何保留的提出、撤销或替换;④根据第二十九条作出的通知或追加的通知;⑤根据第三十三条提出的任何对本公约修订的提案;⑥根据第三十七条提出的任何退约;⑦与本公约有关的任何其他通信。

公约保存人应保存以下可供公众获取的清单:①被涵盖税收协定;②公约缔约方作出的保留;③公约缔约方作出的通知。